Johannes Wienand · Christiane Wienand (Hrsg.)

Die kulturelle Integration Europas

AF167851

Johannes Wienand
Christiane Wienand (Hrsg.)

Die kulturelle Integration Europas

VS VERLAG

Bibliografische Information der Deutschen Nationalbibliothek
Die Deutsche Nationalbibliothek verzeichnet diese Publikation in der
Deutschen Nationalbibliografie; detaillierte bibliografische Daten sind im Internet über
<http://dnb.d-nb.de> abrufbar.

1. Auflage 2010

Lektorat: Frank Schindler

VS Verlag für Sozialwissenschaften ist eine Marke von Springer Fachmedien.
Springer Fachmedien ist Teil der Fachverlagsgruppe Springer Science+Business Media.
www.vs-verlag.de

Umschlaggestaltung: KünkelLopka Medienentwicklung, Heidelberg
Gedruckt auf säurefreiem und chlorfrei gebleichtem Papier
Printed in Germany

ISBN 978-3-531-16375-8

Inhaltsverzeichnis

Die kulturelle Integration Europas

Johannes Wienand / Christiane Wienand

Das Zusammenwachsen Europas ist einer der faszinierendsten politischen, öko-nomischen und soziokulturellen Vorgänge der Neuzeit. Vor dem Hintergrund ei-ner Geschichte, die über weite Strecken von Fragmentierung, von Krieg, Gewalt und Ausgrenzung geprägt ist, haben sich schon früh mannigfaltige „Grenzdialo-ge" ausgebildet, die Kommunikation und Interaktion über territoriale und ideelle Schranken hinweg ermöglicht und zu Verständigung und Austausch und damit zugleich zu Wissens- und Kulturtransfer sowie zu vielfältigen Formen der Akkul-turation geführt haben. Diese Ansätze wurden seit dem Ende des Zweiten Welt-kriegs auf politischer und wirtschaftlicher Ebene mit beachtlichen Ergebnissen ausgebaut. Neben der politischen Einigung lassen sich dabei vielfältige Formen kultureller Integration greifen, die das heutige Europa zu einem schillernden Kon-glomerat diverser, vielfach miteinander verwobener Kulturen und Traditionen ge-formt haben.

Diesen Akkulturations-, Assimilations- und Identitätsbildungsprozessen ste-hen auch heute Tendenzen der Desintegration, Diversifizierung und Fragmentie-rung entgegen, so dass die Ausbildung einer europäischen Öffentlichkeit und Zi-vilgesellschaft, die Entwicklung einer europäischen Identität und die Formierung eines europäischen Erinnerungs- und Geschichtsraumes weniger geradlinig voran-schreiten als die Ausbildung der institutionellen Strukturen der EU und die ent-sprechende politische und ökonomische Verflechtung ihrer Mitgliedsstaaten. Wo sie nicht gerade in offene Gewalt umschlägt oder auf andere Weise die staatliche Autorität untergräbt, wird diese Diversität in sprachlicher, kultureller und sozialer Hinsicht inzwischen auch von zahlreichen Politikern, Publizisten und Wissen-schaftlern als stabiles Kernelement Europas begrüßt. Der französische Autor Ber-nard Voyenne formulierte bereits in den 1960er Jahren: „La richesse de l'Europe, c'est sa diversité. Diversité de cultures, diversité de traditions, diversité d'idéolo-gies".

Mit diesem schillernden Spektrum kultureller Integrations- und Desintegrati-onsprozesse in Europa setzen sich die hier versammelten Untersuchungen kritisch auseinander. Im Vordergrund stehen die Fragen nach den Ausprägungen und Me-chanismen dieser Phänomene: Welches sind die spezifischen Integrationsbeding-ungen, die die viel beschworene „Einheit in der Vielfalt" ermöglichen? Welche normativen, symbolischen und institutionellen Faktoren lassen sich als Erfolgs-

bzw. Mißerfolgsbedingungen einer kulturelle und nationale Grenzen überschrei-
tenden europäischen Integration angeben? Unter welchen Voraussetzungen finden
solche transnationalen und transkulturellen Formen der Identitätsbildung statt?
Wo liegen ihre Grenzen? Welchen Aspekten kommt besondere Bedeutung zu? Was
sind typische „Erfolgsgeschichten", was Beispiele für Misserfolge? Der interdiszi-
plinäre Ansatz des Bandes ermöglicht es, die Reibungsflächen politischer, kultureller und sozialer Aushandlungsprozesse in Europa in ihrer Komplexität zu erfassen
und so zu einem tieferen Verständnis der europäischen Integration beizutragen.
Die Beiträge sind sechs Themenfeldern zugeordnet, die im Folgenden vorgestellt
werden sollen. Mit ihnen werden die zentralen Facetten der kulturellen Integration
Europas beleutet.

1   Zivilgesellschaft und Öffentlichkeit

Interaktion und Kommunikation in Europa sind theoretisch (und weitestgehend
auch in der Praxis) geprägt durch einen belastbaren Rahmen rechtsstaatlicher
Grundprinzipien, darunter nicht zuletzt das Recht auf Eigentum und die individuelle Freiheit, durch eine liberal ausgeprägte Wirtschaftsordnung und eine (teils unvollständige) Trennung von Staat und Religion sowie durch eine freie Wissenschaft, einen freien Meinungsaustausch und eine zunehmende Gleichberechtigung
der Geschlechter. Europa ist damit ein supranationales Konglomerat, das sich nicht
zuletzt durch eine meist zwang- und gewaltfreie Aushandlung divergierender Interessen und Konflikte zwischen den unterschiedlichsten Individuen und sozialen
Gruppierungen auszeichnet, die die europäischen Staaten bevölkern. Dies ist ein
markanter Gegensatz zu den totalitären, feudalen und absolutistischen Ordnungs-
prinzipien, die Europa teils bis ins 20. Jahrhundert hinein geprägt haben. Die Regierungen der europäischen Mitgliedsstaaten werden heute – auch wo es sich um
konstitutionelle Monarchien handelt – institutionell demokratisch kontrolliert und
die Regierenden von einer Zivilgesellschaft durch die Formulierung eines allgemeinen Willens oder einer allgemeinen Übereinkunft legitimiert. Öffentlichkeit ist
dabei ein Kernaspekt der politischen Legitimation: Sie stellt einen demokratischen
Kontrollmechanismus und einen Kommunikationsraum dar, auf den die Zivilgesellschaft essenziell angewiesen ist.

    In dem Maße, in dem Interaktion und Kommunikation die nationalstaatlichen
Grenzen transzendieren, bilden sich auch supranationale Formen der Zivilgesellschaft und Öffentlichkeit aus. Diskutiert wird in diesem Zusammenhang, ob und
inwiefern sich mit der politischen und ökonomischen Integration Europas nicht
nur ein globaler, sondern auch ein genuin europäischer Kommunikationsraum

formiert und ob sich auf dieser Grundlage auch eine spezifisch europäische Zivilgesellschaft und Öffentlichkeit ausbildet oder ausbilden kann. Diese Fragen werden in den ersten beiden Beiträgen dieses Bandes en détail behandelt. Dabei zeichnet sich bereits deutlich ein herausragendes Charakteristikum der kulturellen Integrationsprozesse in Europa ab, mit dem sich auch die übrigen hier versammelten Aufsätze auseinanderzusetzen haben: Wenngleich die kulturelle Integration Europas – und somit die Ausbildung einer europäischen Öffentlichkeit und Zivilgesellschaft, einer europäischen Identität und eines europäischen Erinnerungsraumes – als selbstläufiger Prozess verstanden werden muss, der partiell anderen Prämissen folgt als das politische und ökonomische Zusammenwachsen der europäischen Staaten und Wirtschaftssysteme, so bestehen doch enge Wechselwirkungen zwischen diesen beiden Bereichen: Die kulturelle Integration Europas stellt keinen gänzlich distinkten und eigenlogischen Vorgang dar und kann daher nur in ihren vielfältigen Bezügen zur politischen, rechtlichen und institutionellen Entwicklung verstanden werden.

In seinem Beitrag *Konturen und Perspektiven einer europäischen Zivilgesellschaft* untersucht Hans-Jürgen Bieling die Genese und die Entwicklungsperspektiven einer europäischen Zivilgesellschaft. In Auseinandersetzung mit den Analysen von Jürgen Habermas und Antonio Gramsci zu Öffentlichkeit und Zivilgesellschaft arbeitet er heraus, dass über die Ausbildung eines europäischen Kommunikationsraumes bereits eine – wenn auch selektiv strukturierte – europäische Zivilgesellschaft entstehen konnte. Bielings Analyse zufolge fördert der europäische Staatswerdungsprozess die Genese einer Zivilgesellschaft, auch wenn sich die EU nicht als voll ausgebildeter Staatskomplex, sondern als System der supranationalen Rechts- und Regierungsstaatlichkeit konstituiert. Bieling identifiziert drei Dimensionen von Keimformen einer europäischen Zivilgesellschaft: (1) Das politisch-wirtschaftliche Verbands- und Lobbywesen sowie transnational agierende NGOs und Gewerkschaften; (2) spezifische Formen transnationaler Kommunikation wie Wahlen, kulturelle und sportliche Großereignisse, europäische Rundfunkangebote, europäische Think Tanks u.ä.; sowie (3) Formen symbolisch-diskursiver Identitätsbildung wie gemeinsam erarbeitete Unterrichtsmaterialien, vereinheitlichte Dokumente und Formulare, gemeinsame Symbole etc. Die Reichweite und die Operationsweise einer europäischen Zivilgesellschaft ist dennoch begrenzt und wird maßgeblich durch politische, ökonomische und administrative Eliten gestaltet. Die europäische Zivilgesellschaft ist demnach charakterisiert durch sozialstrukturelle und prodezurale Selektivität und Exklusivität – ein Umstand, der sich auf den ademokratischen Charakter der EU zurückführen lässt.

In einer komplementären Analyse geht Hagen Schulz-Forberg der Frage nach einer europäischen Öffentlichkeit nach. In seinem Beitrag *Europa entzaubert? Öffent-*

lichkeit und Integration Europas untersucht er die Rolle von Öffentlichkeit als inter-
mediärem Raum zwischen der Souveränität und den Bürgern – und damit als entscheidendes Axiom einer auf der Zivilgesellschaft basierenden politischen Ordnung – und unterzieht dabei die Struktur, Funktion und Dynamik des Phänomens
einer genauen Prüfung. In seiner Analyse setzt sich Schulz-Forberg ausführlich mit
den bestehenden Theorieangeboten auseinander, insbesondere mit Jürgen Habermas' kritischer Theorie und Reinhart Kosellecks Begriffsgeschichte, aber auch mit
den Schriften Immanuel Kants und den historischen Arbeiten Hartmut Kaelbles –
mithin mit Studien, die die Konzeptionalisierung des Phänomens einer europäischen Öffentlichkeit entscheidend geprägt haben. Schulz-Forberg argumentiert,
dass Öffentlichkeit in Europa in *weicher* wie auch in *starker* Form existiert, wobei
letztere in politisch-institutionelle Rahmungen eingebettet ist, während sich erstere
weitgehend unabhängig von politischer Intentionalität und Struktur themenbezogen entwickelt und entsprechend als vergleichsweise instabil angesehen werden
muss. Beide Formen sind jedoch nicht scharf begrenzt und können sich auf vielfältige Weise in wechselseitige Verhältnisse interaktiver Dynamik zueinander bege-
ben. Mit dem analytischen Raster dieser Distinktion unterzieht Schulz-Forberg die
Entwicklung von Öffentlichkeiten im Europa des 19. und 20. Jahrhunderts einer
kritischen Untersuchung, um einerseits die Ausprägungen und Entwicklungsten-
denzen der diversen Formen von Öffentlichkeit in Europa präziser herauszuarbei-
ten und um andererseits auch seine beiden Konzepte von Öffentlichkeit zu kontu-
rieren und von den bestehenden Theoriangeboten abzugrenzen. Dabei zeigt sich,
dass eine europäische Öffentlichkeit nur im Plural existiert – als dezentrales kommunikatives Netzwerk, das sich zugleich themenbezogen formiert und einer ständigen Dynamik unterworfen ist. Über eine stabile starke Öffentlichkeit hingegen
verfügt Europa nicht, was nicht zuletzt dem Demokratiedefizit der EU geschuldet
ist. Damit ist aber zugleich auch die Rolle der Öffentlichkeiten in Europa für die
kulturelle Integration ihrer Bürger prekär – ein Umstand, der für ein Phänomen
verantwortlich ist, das mit Schulz-Forberg als utopische Entzauberung Europas beschrieben werden kann.

2   Einheit und Vielfalt

„Einheit" und „Vielfalt" spielen sowohl diskursiv wie auch *in praxi* eine herausra-
gende Bedeutung für die kulturelle Integration Europas. Vielfach herangezogen im
politischen, medialen und gesellschaftlichen Diskurs, symbolisiert der Topos von
der „Einheit in der Vielfalt" sowohl die integrative Komponente als auch den Aspekt der Diversität innerhalb des europäischen Projekts. Einheit und Vielfalt sind

einerseits kulturelle Konstruktionen, deren diskursive Wurzeln bis ins 19. Jahrhundert und weiter zurückreichen, andererseits manifestieren sie sich auch mit zunehmendem Gewicht in Form politischer Programmatik. Daneben besteht auch mit der Pluralität an Kulturen, Traditionen und ethnischen Bezügen in Europa eine potenziell konfliktträchtige Vielfalt, die neben Weltläufigkeit und Multikulturalismus auch soziale Verwerfungen hervorrufen kann. Die Beiträge von Wolfgang Schmale, Georg Kreis und Hartmut Esser nähern sich der diskursiven und sozialen Dimension von Einheit und Vielfalt aus sich wechselseitig ergänzenden Forschungsperspektiven und gehen den Paradigmen der Einheit und der Vielfalt, ihrer Rolle im europäischen Diskursraum sowie ihren praktischen Manifestationen auf den Grund.

Wolfgang Schmale untersucht in seinem Aufsatz *Europa und das Paradigma der Einheit* die „Einheit" als zentralen symbolischen Referenzpunkt der im europäischen Integrationsprozess von den politischen Institutionen der Europäischen Union erbrachten Vermittlungsbemühungen. Seine wichtigste Funktion erlangt der Topos der „Einheit" Europas in den Bestrebungen zur Überwindung nationalstaatlicher Referenzsysteme. Beim diskursiven Ende des Nationalstaats handelt es sich, wie Schmale es pointiert formuliert, um „die kulturelle Dekonstruktion einer kulturellen Konstruktion". In dieser kulturellen Dekonstruktion, die freilich selbst wieder mit einer kulturellen Konstruktion einhergeht, wird die „Einheit" Europas auf vielfältige Weise zum Ausdruck gebracht: als „Mitte", „Herz" und „Seele", als „Baum", „Haus" oder „Tempel", durch eine gemeinsame Hymne, ja selbst durch das einfarbige Blau der Europaflagge. Die Einheit ist das Ideal, das der Komplexität der europäischen Realität entgegengestellt wird und so Verbundenheit erzeugen und eine integrative Kraft entfalten soll. Wie die historische Entwicklung zeigt, hat die Vorstellung von der Einheit Europas schon früh den politischen Diskurs geprägt und sich konkret in den Planungen für wirtschaftliche und politische Zusammenarbeit zwischen einzelnen europäischen Staaten niedergeschlagen. Seit 1945 hat sich in diesem Zusammenhang auch die „Integration" als Leitbegriff etabliert, die auf politischer, ökonomischer und juridischer Ebene unter dem Motto „In Vielfalt geeint" durch die Einrichtung supranationaler Institutionen in der Tat auch ein beachtliches Stück vorangebracht werden konnte – die Idee einer Einheit in der Vielfalt spiegelt dabei aber bereits ein Umdenken wider, das nicht zuletzt auch aus den Erfahrungen mit gegenläufigen, d.h. desintegrativen Tendenzen bzw. nationalistischen oder regional formierten Gegenbewegungen resultiert. Das Einheitsparadigma hat sich – zumindest in seiner Reinform – als dysfunktional erwiesen. Schmale schlägt daher den Begriff der „Kohärenz(bildung)" vor, führt aber vor allem das damit verschränkte Konzept des Hypertextes in die Debatte ein – ein Begriff, der insbesondere für die wissenschaftliche Auseinandersetzung mit der europäischen Geschichte von Nutzen ist, da er im Rahmen einer kritischen Kultur-transferforschung das Paradigma der Einheit aufbrechen und Kultur überzeugen-der als Vielzahl an Narrativen, Sinnproduktionszentren und kulturellen *métissages* darstellen kann. Die Metapher des Hypertextes ermöglicht eine neue Sichtweise auf historische Phänomene, da so die Entstehung von Kohärenzen als kontextbe-zogene Realisierungen und nicht länger als lineare Systemisierungen verstanden werden können. Dies ändert auch den Blick auf die Rolle der Nationalstaaten und rückt das Phänomen des Kulturtransfers ins Zentrum der Aufmerksamkeit – ein Phänomen, dessen Essenz in der Tendenz zur Entgrenzung und somit auch zur Transzendierung nationalstaatlicher Referenzsysteme besteht und das somit zugleich Kohärenzen erzeugt, die auf einer anderen Beschreibungsebene auch als kommunikative Grundlage diverser Formen kultureller Integration und Desinteg-ration in Europa erfasst werden können.

In Ergänzung zur Analyse der „Einheit" Europas widmet sich Georg Kreis in seinem Beitrag *Topos und Realität der europäischen Vielfalt. Europa ist überall – mindes-tens in Europa* nun dem Phänomen der „Vielfalt". Obgleich sich für den Topos der Vielfalt in der komplexen Realität der europäischen Gesellschaften deutlich umfas-sendere Anknüpfungsmöglichkeiten bieten als für das Konzept der Einheit, ist die Idee einer positiv konnotierten „Vielfalt" der europäischen Kulturen in signifikant geringerem Maße ausgeprägt als die „Einheit". Kreis macht dennoch einen beacht-lich ausdifferenzierten Diskurs ausfindig, der bis ins 19. Jahrhundert zurückreicht, und weist eine ganze Reihe von Beispielen auf, in denen das Konzept der Vielfalt als sinn- und identitätsstiftender Bezugspunkt fungiert. Die intellektuelle bzw. wissenschaftliche Auseinandersetzung mit der kulturellen, politischen und öko-nomischen Vielfalt in Europa reicht dabei von Jacob Burckhardt über Paul Valéry hin zu Jacques Derrida. Hier wird die Vielfalt geradezu als Konstituens des euro-päischen Kontinents angesehen und als Differenzmerkmal gegenüber anderen Weltregionen verstanden. Die politischen Bekenntnisse zur Vielfalt in Europa schließen an diese Überlegungen an. Auf mannigfaltige Weise schlagen sie sich in Willensbekundungen und Erklärungen nieder, teilweise auch in Form politischer Selbstverpflichtungen bzw. Zielsetzungen, wie etwa in der Präambel des Maast-richter EU-Vertrags oder in der Berliner Erklärung von 2007. In einem zweiten Schritt untersucht Kreis, wie es um das Verhältnis von Anspruch und Wirklichkeit bestellt ist, wie sich der Topos also zur Praxis der europäischen Vielfalt verhält. Hier lässt sich zeigen, dass das Ideal der Einheit in der Vielfalt auch zu ganz kon-kreten Bemühungen führt, die nationale und kulturelle Vielfalt innerhalb Europas zu stärken. So sind etwa die einzelnen Agenturen der Europäischen Union be-wusst dezentral lokalisiert, die Institution der jährlich wechselnden Ratspräsident-schaft generiert eine politische „Polyzentrale", die europäischen Verträge werden bewusst auch jenseits der großen Metropolen ausgehandelt und unterzeichnet (symptomatisch ist und bleibt die Ortschaft Schengen), und für das Konzept der europäischen Kulturhauptstadt werden sogar Standorte gewählt, die – wie etwa Istanbul im Jahr 2010 – jenseits der Grenzen der Europäischen Union liegen. Solche konkreten Maßnahmen zur Stärkung des allgemeinen Bewusstseins von der Vielfalt in Europa gehen einher mit symbolischen Bekenntnissen zur Vielfalt, wie sie sich etwa in der Gestaltung der Euro-Münzen, aber auch in Logos und sonstigen Visualisierungen Europas finden. Die vielfach beschworene Vielfalt wird in Europa auch konkret gelebt, namentlich in den europäischen Städten. Urbane Gemeinschaften nehmen als kommunikative Knotenpunkte eine besondere Stellung für die dialogische Vielfalt innerhalb Europas ein. So kann Kreis gerade mit Blick auf das Zusammentreffen verschiedenster Fremdheiten in den Städten paradigmatisch formulieren, dass das Maß an Urbanität das Maß der Europafähigkeit darstellt.

In seinem Beitrag *Integration, ethnische Vielfalt und moderne Gesellschaft* erweitert Hartmut Esser die vorangegangenen Analysen zu Diskurs und Wirklichkeit von Einheit und Vielfalt in Europa um eine systemanalytische Studie zur sozialen und institutionellen Dimension des Phänomens der Migration. Europa ist ein Kulturraum, in dem Vielfalt unter anderem auch einen Anlass für Migration darstellt und somit teils prekäre Voraussetzungen für soziale und kulturelle Integration generiert. In kritischer Auseinandersetzung mit zwei einflussreichen Modellen der Migration und Integration, namentlich mit dem assimilatorischen und dem pluralistischen Modell, erarbeitet Esser ein differenziertes Konzept für ein tiefgreifendes Verständnis der Strukturbedingungen von Integration unter den Gegebenheiten funktional und plural ausdifferenzierter Gesellschaften. Mit dem Phänomen der Migration ergeben sich für die beteiligten Akteure und für das Aufnahmeland charakteristische Problemkonstellationen, die Esser mit einem geeigneten analytischen Raster beschreibt. Die Untersysteme sozial differenzierter Gesellschaften wie auch die Eigenschaften der Akteure lassen sich so in einer horizontal (andersartig, nicht aber anderswertig) wie vertikal (andersartig und anderswertig) ausdifferenzierten Matrix erfassen. Ethnische Vielfalt besteht im Idealfall ohne ethnische Schichtungen, in denen vertikale Differenzen zwischen verschiedenen ethnischen Gruppen bestehen bleiben. Wo eine Platzierung von Individuen in der Gesellschaft auf der Grundlage funktionaler Kriterien erfolgt (etwa im Arbeitsmarkt), zeigt sich, dass es insbesondere der Erwerb aufnahmelandspezifischer Ressourcen ist, der eine Integration von Migranten ermöglicht. Die institutionellen, kulturellen und historischen Besonderheiten der Aufnahmeländer und ihrer Bildungseinrichtungen haben dagegen keine entscheidenden Auswirkungen auf den Abbau ethnischer Schichtungen. Notwendig ist damit zunächst, wie Esser herausarbeitet, die einseitige Investition in das aufnahmelandspezifische Kapital (z.B. der Zweitspracherwerb), auch wenn freilich die Bereitstellung institutioneller Strukturen zur Umsetzung der Potenziale nicht vernachlässigt werden darf. Die Ausbildung ethnischer Schichtungen ist dabei keine zwangsläufige Folge von Migration, sondern lässt sich auch auf die rechtlichen und strukturellen Voraussetzungen zurückführen, die das Aufnahmeland bereitstellt. Konnte es so bereits zu einer starken ethnischen Fragmentierung kommen, bilden sich zudem interne Mobilitätsfallen aus, indem etwa mit steigender Gruppengröße die Motivation zur Assimilation sinkt, wodurch es im weiteren Verlauf zur Entstehung von „Parallelgesellschaften" kommen kann. Von diesen Beobachtungen ausgehend erarbeitet Esser ein umfassendes Verständnis der Bedeutung von Migration in der global verflochteten, funktional ausdifferenzierten modernen Gesellschaft und beschließt seinen Beitrag mit Überlegungen zu den Möglichkeiten einer Rejustierung der institutionellen Rahmenbedingungen für Migration und struktureller Assimilation.

3   Sprache, Erinnerung und Identität

Identitätsbildungsprozesse sind wesentlich mit den Faktoren Sprache und Erinnerung verknüpft. Die Diversität der historischen und kulturellen Voraussetzungen in Europa macht beide Aspekte sowohl anschlussfähig für Prozesse der Inklusion wie der Exklusion, der Integration wie der Desintegration, der Identität wie der Alterität. Die Frage, welcher Sprache oder welchen Sprachen man sich in welchen Kontexten in einem multilingualen politischen Gebilde wie dem europäischen Staatenbund bedient, hat nicht nur praktische Implikationen, sondern drückt auch das Selbstverständnis seiner Mitglieder aus – als kollektives Selbstverständnis einer Gemeinschaft oder als partikulares Selbstverständnis einer Subgruppe. Ähnliches gilt für Europa als Geschichts- und Erinnerungsraum. So sind Sprache und Erinnerung gleichermaßen Medien der Bildung kollektiver Identitäten, wie sie als Werkzeuge der Markierung von Differenz genutzt werden können.

In seinem Beitrag *Eine Sprache für Europa, zwei oder viele? Die Sprachenfrage in der frühen europäischen Integration* untersucht Achim Trunk die Bedeutung der Sprachenfrage primär in der Anfangsphase des europäischen Integrationsprozesses, bezieht jedoch auch die weitere Entwicklung bis heute in die Überlegungen ein. Die Auseinandersetzungen um die europäischen Amts- bzw. Verkehrssprachen sind insofern von Bedeutung für die Frage nach der kulturellen Integration Europas, als sich in der Sprachenfrage nicht nur das Selbstverständnis der in den europäischen Gremien versammelten politischen Akteure widerspiegelt, sondern da diese die Entwicklungen auf sprachlichem Gebiet auch entscheidend beeinflussen konnten – mit Folgen, die auch Bereiche jenseits der europäischen Gremien

betreffen, etwa die Bildungspolitik. Trunk fokussiert zunächst auf die in der Forschung nur wenig beachtete Phase zwischen der Errichtung der ersten europäischen Wirtschaftsorganisationen nach dem Ende des Zweiten Weltkrieges und der
Gründung der Europäischen Wirtschaftsgemeinschaft im Jahr 1957. In einer Situation, in der Nationalsprachen nicht zuletzt auch als wirkmächtige Symbole nationaler Identitätsbildung fungierten, stellte sich mit dem Einigungsprozess aus
pragmatischen Gründen rasch die Frage nach einer einheitlichen Verkehrssprache.
Um dieses Spannungsfeld und seine weitere Entwicklung zu untersuchen, setzt
Trunk am Verständigungsproblem und an den entsprechenden Lösungsversuchen
an, wie sie sich anhand der Dokumente der OEEC, des Europarates, der Gemeinsamen Versammlung und der Versammlung der Westeuropäischen Union greifen
lassen. Sowohl in der OEEC wie auch im Europarat wurden zunächst – aus unterschiedlichen Gründen – Englisch und Französisch als gleichrangige Arbeitssprachen festgelegt, wobei im Europarat allerdings in Ausnahmefällen weitere Sprachen zugelassen werden konnten. Diese Amtssprachenregelungen hatte Auswirkungen nicht nur auf die Auswahl der Delegierten, sondern auch auf die Möglichkeiten und Grenzen der Kommunikation. Anhand der überlieferten Dokumente
macht Trunk charakteristische nationale Differenzen im Umgang mit der Sprachenfrage und in der Beherrschung der Sprachen ausfindig und arbeitet detailliert
die Grenzen der Verständigung heraus. Um diese Schwierigkeiten zu umgehen,
machten die Delegierten zunehmend von der Möglichkeit Gebrauch, sich der eigenen Sprache zu bedienen, und erwirkten mit der Zeit die Zulassung weiterer Ar-
beits- und Hilfssprachen. Mit der Bildung neuer Gremien, mit der Erweiterung der
Mitgliedschaften und mit dem zunehmendem Bedeutungsverlust Englands im Integrationsprozess lassen sich vor allem für die Jahre von 1952 bis 1956 entscheidende Bemühungen greifen, die Zweisprachenlösung zu Gunsten einer Anerkennung der Amtssprachen aller Mitgliedsstaaten aufzugeben. Hierbei wurde zunehmend das Prinzip der Gleichberechtigung aller Amtssprachen vertreten – ein Prinzip, das in der Montanunion bereits praktiziert wurde. Damit wurden Simultanübersetzungen sowie Übersetzungen aller amtlichen Dokumente in alle Amtssprachen notwendig – was zwar anfangs bei nur sechs Mitgliedsländern mit insgesamt
nur vier verschiedenen Amtssprachen (Französisch, Italienisch, Niederländisch
und Deutsch) überschaubar war. Dennoch markiert dieses Prinzip die Abkehr vom
Leitsprachentandem Französisch/Englisch sowie die Abkehr von der ursprünglichen Zielsetzung, ohne Dolmetscher auskommen zu können. Mit der Einführung
neuer Übersetzungsrichtungen ergaben sich allerdings technische Probleme und
Übersetzungsschwierigkeiten, die bis heute – bei 23 verschiedenen Amtssprachen
und den entsprechenden 506 Übersetzungsrichtungen – eine selbst im globalen
Vergleich einzigartige Herausforderung darstellen. Die Lösung der Sprachenfrage

hatte weit über die Frage der parlamentarischen Gremien hinausreichende Konsequenzen auch im bildungspolitischen Bereich. Trunk argumentiert allerdings, dass die heutige Bedeutung des Englischen auch für die Verständigung in den Gremien der Europäischen Union nicht auf die politische Zielsetzung der Vordenker einer europäischen Verkehrssprache zurückgeführt werden kann, sondern vielmehr den aktuellen Stand einer Entwicklung darstellt, in der sich ein globaler Kommunikationsraum ausbildet, dessen *lingua franca* schlicht aus der kulturellen, ökonomischen und politischen Dominanz der USA resultiert.

Birgit Schwelling untersucht in ihrem Beitrag *Erinnerung als Medium der kulturellen Integration Europas?* die Möglichkeiten und Grenzen einer gemeinsamen europäischen Erinnerung sowie ihre gesellschaftliche und kulturelle Bedeutung für die Ausbildung einer europäischen Identität. Da eine gemeinsame europäische Erinnerung als wesentliches Konstituens einer europäischen Identität angesehen wird und da sich eine europäische Erinnerung über entsprechende bildungspolitische Programme tatsächlich in gewissem Maße formen lässt, kommt der intellektuellen Auseinandersetzung um dieses Phänomen und der entsprechenden politischen Willensbildung ein nicht unbedeutender Stellenwert im politischen Einigungsprozess des europäischen Staatenbundes zu. So lässt sich auch ein entsprechend umfassender Diskurs herausarbeiten, in dem sowohl Befürworter wie auch Skeptiker prominent vertreten sind. Schwelling betreibt allerdings keine Ideengeschichte und legt ihrer Analyse auch kein einfaches *top-down*-Modell der kulturellen Integration Europas zu Grunde, sondern wählt einen differenzierteren kulturwissenschaftlichen Zugriff, um konkrete Tendenzen der Transnationalisierung von Erinnerung in Europa herausarbeiten zu können. Insbesondere mit Bezug zum Zweiten Weltkrieg und dessen Folgen sowie im Hinblick auf den Holocaust lassen sich bereits vor den 1990er Jahren länderübergreifende Erinnerungsmuster mit strukturellen Gemeinsamkeiten herausarbeiten, die jedoch – da nicht bewusst als solche reflektiert – an sich noch keine gesamteuropäische Erinnerung begründen und so auch keine integrative Wirkung entfalten konnten. Diese Entwicklungen legten allerdings das Fundament für eine genuin europäische Perspektive der Erinnerung, die sich nach dem Ende der politischen Teilung Europas mit diversen Initiativen zu institutionell fundierten Konstruktionen eines europäischen Erinnerungsraumes ausbilden konnte. Initiativen dieser Art (etwa die *Task Force for International Cooperation on Holocaust Education, Rememberance and Research*) gehen dabei mit deutlichen Normierungstendenzen einher, die sich in Weiterbildungsseminaren, speziellen Lehrmaterialien oder in der Einrichtung übernational begangener Gedenktage manifestieren. Beispiele wie Ungarn zeigen allerdings, dass teilweise klare Differenzen zwischen der Ebene der offiziellen Erinnerungspolitik und der gesellschaftlichen Ebene bestehen können. Zudem herrschen insbesondere zwi-

schen Ost- und Westeuropa unterschiedliche Ansichten darüber vor, welche Erinnerungen sich als zentrale Referenzpunkte eines europaweiten Erinnerungskanons
eignen – dies betrifft etwa die Beurteilung des stalinistischen Terrors gegenüber
dem Holocaust oder die Problematik der Opfer- und Täterschaft in den staatlich
organisierten Gewaltverbrechen des 20. Jahrhunderts. Die Stabilität dieser Divergenzen hat die generelle Skepsis gestärkt, einen einheitlichen europäischen Erinnerungsraum etablieren zu können. Kritiker wie Helmut König, Karl Schlögel und
Aleida Assmann plädieren daher dafür, die europäische Erinnerungskultur als
plurales und inhomogenes Erinnerungsgemenge zu verstehen. Schwelling zeigt
jedoch einen Bereich auf, in dem sich tatsächlich bereits in Ansätzen ein einheitli-
ches, europaweit gleichermaßen verbindliches Erinnerungsnarrativ entwickeln
konnte – namentlich in der Bewertung der europäischen Integration selbst, speziell
mit Bezug auf die Geschichte der europäischen Einigung nach dem Ende der
kommunistischen Herrschaft. Da sich hier die entsprechenden Narrative auf einen
transnationalen integrativen Vorgang beziehen, fallen nationale Kodierungen in
signifikant geringerem Maße ins Gewicht als etwa beim Holocaust oder bei der stalinistischen Herrschaft. Erste Ansätze einer solchen gesamteuropäisch verbindlichen Erinnerung der europäischen Integration lassen sich etwa in Planungen für
das „Musée de l'Europe" und das „Haus der Europäischen Geschichte" greifen.

In seinem Beitrag *Europäische Identität, die EU und das Andere. Von der Vergangenheit und neuen Grenzziehungen* knüpft Thomas Dietz an die vorangegangenen
Analysen an und fokussiert auf die Frage nach der Genese und Entwicklung einer
europäischen Identität. Gesellschaftliche Selbstverortung findet in einem Wechsel-
spiel zwischen Identitätsbildungsprozessen und der Konstruktion des Anderen
statt – des Fremden oder Äußeren, des Unbekannten, Verruchten oder Feindlichen.
Identitäten kommen nicht ohne Alteritäten aus: Auch positive Identifikationspunkte beruhen auf Abgrenzung und Differenzsetzung. Die Ausbildung europäischer
Zugehörigkeiten im Zuge der kulturellen und gesellschaftlichen Integration der
europäischen Gemeinschaften verläuft ebenfalls nicht ohne Narrative der Alterität,
die das Eigene in Abgrenzung zum Anderen setzen und kollektive Identitäten zumindest teils auch durch Betonung der Differenz gegen einen Bereich des Äußeren
formulieren. Um diese Vorgänge zu verstehen, muss also genauer untersucht werden, welchen Prinzipien die Abgrenzung von einem Bereich des Anderen folgt
und wo solche Abgrenzungen in Europa zu finden sind. Hier untersucht Diez drei
partiell miteinander verwobene Diskursfelder: Die gemeinsame Außenpolitik der
EU als Medium der Alteritätskonstruktion sowie temporale und geografische Narrative des „Othering". Heuristisch differenziert Diez dabei zunächst zwischen EU-
ropäischer und europäischer Identität sowie zwischen vier verschiedenen Kategorien möglicher Repräsentationen des Anderen: (a) Das Andere als existenzielle Be-

drohung, (b) das Andere als unterlegen, (c) das Andere als im Widerspruch zu universellen Prinzipien befindlich und schließlich (d) das Andere als schlicht anders, ohne implizite oder explizite Wertaussage. In der gemeinsamen Außenpolitik etwa gelingt die Identitätskonstruktion durch Setzungen von Alterität auch ohne ein als radikal bedrohliche Andersartigkeit gedachtes Außen. Die temporale Komponente erlangt im Zuge der kulturellen Identitätsbildungsprozesse in Europa eine besondere Bedeutung, da hier die Konstruktion des transnational Verbindenden mit einer für die europäischen Staaten strukturell ähnlichen Abgrenzung von der eigenen Vergangenheit einhergeht – einer Vergangenheit der Gewalt, Zerstörung und Menschenverachtung, die als Negativfolie der erfolgreichen Versicherheitlichung der jüngeren Geschichte entgegengesetzt wird. Dieser temporale Faktor der Alteritätskonstruktion wird allerdings in letzter Zeit, so Diez, von geografisch gelagerten Abgrenzungsprozessen überlagert und teilweise verdrängt. Im Zuge der Osterweiterung der Europäischen Union, dem Abbau der Grenzen im Innern und der Stärkung der Außengrenzen der EU rücken geopolitische und sicherheitspolitische Fragen in den Vordergrund, die etwa im Falle der Türkei auch mit der Rolle des Islam in Verbindung gebracht werden. Hier verstärken sich wieder Vorstellungen vom Anderen als Bedrohung und Gefahr. Diez sieht in dieser Entwicklung die Gefahr einer Verhärtung der Fronten und plädiert dafür, die temporale Facette des Diskurses als zentralen Aspekt der Identitätskonstruktion in Europa zurückzugewinnen.

4   Europa und der Osten

Die Blockbildung der Zeit nach dem Zweiten Weltkrieg bis zur Wende hat nachhaltige Spuren in Europa hinterlassen, die auch heute noch die Diskurse und Narrative um eine europäische Identität und um die kulturelle Integration Europas prägen. Der Eiserne Vorhang schuf nicht nur eine Kluft zwischen unterschiedlichen Erfahrungshorizonten, weltanschaulichen Prägungen und ökonomischen Voraussetzungen, er strukturierte auch die Formierung mentaler Geografien und beeinflusste so die Ausgestaltung differenter Werte und Traditionen, die sich wiederum zur Grundlage distinkter Europanarrative entwickeln konnten. Kohärenz und Heterogenität der Europadiskurse sind hiervon nachhaltig beeinflusst, wie die folgenden beiden Studien verdeutlichen.

In seinem Beitrag *Kommt europäische Kultur aus dem Osten? Die EU-Osterweiterung beförderte essenzielle Narrative eines kulturellen Europa* untersucht Christian Domnitz die Ausprägung, Funktion und Bedeutung primär tschechischer und polnischer Europanarrative im Zeitraum von den siebziger Jahren des 20. Jahrhunderts bis heute. Domnitz arbeitet drei Entwicklungsphasen mit charakteristischen Problemkonstellationen und Strukturmerkmalen heraus: Die Zeit des Kalten Krieges, die Zeit des Beitrittsprozesses der zentral- und osteuropäischen Staaten und die Phase nach der EU-Osterweiterung. Im Sinne der *cultural appropriation* fand in der Zeit des Kalten Krieges im so genannten Ostblock – freilich unter beschränkten Bedingungen – eine spezifische Aneignung von Europanarrativen statt. Während aber im Westen die Aufmerksamkeit noch primär auf das *institution building* gerichtet wurde, wurde Europa im Osten vor allem als kulturelles Phänomen wahrgenommen – und dies in ganz unterschiedlichen Foren, sowohl auf inoffiziellen wie auf offiziellen Ebenen. Hier formierte sich der Kern dessen, was später in Form eines kulturellen Essenzialismus auf den europäischen Selbstfindungsprozess zurückwirken sollte. Unter kulturellen Essenzialismen versteht Domnitz dabei Zuschreibungen kultureller Wesenseigenschaften in Bezug auf soziale oder politische Gebilde. Zuschreibungen dieser Art stehen im Gegensatz zu kulturellem Relativismus, tendenieren damit analytisch zur Nivellierung von struktureller Differenz und historischer Prozesshaftigkeit und zielen normativ in der Regel auf kulturelle und ethisch-moralische Kohärenz. Mit der Ausbildung der entsprechenden Narrative begann östlich des Eisernen Vorhangs – unter den spezifischen Bedingungen des Staatssozialismus – bereits lange vor 1989 das Nachdenken darüber, was Europa im Kern zusammenhält. Für die Zeit von 1989 bis etwa 2004 konstatiert Domnitz dann eine Phase der asymmetrischen Beziehungen, die von Bemühungen um einen West-Östlichen Transfer von Normen und Verfahren geprägt war, in der aber in den östlichen Staaten Europa weiterhin als wertorientierte zivilisatorische Einheit betrachtet wurde, wobei ein kulturelles Europa hier nicht selten in Differenz zur EU konzipiert wurde. Im Zuge des Beitrittsprozesses und danach konnten essenzialistische Konzeptionen einer kulturell begründeten europäischen Identität auf den europaweiten Diskurs zurückwirken – nicht zuletzt auch auf der Basis neu gegründeter institutionalisierter Netzwerke und Vereinigungen. Die Suche nach einer kulturell fundierten europäischen Identität ging dabei einher mit teils scharfen Abgrenzungsbemühungen gegenüber der außereuropäischen Sphäre, etwa mit einer deutlich antiislamischen Stoßrichtung. Heute vermischen sich (abgeschwächte) Tendenzen dieser Art mit der Auseinandersetzung um die *finalité* Europas, während sich zugleich Stimmen nach einer Diversifizierung kultureller Europanarrative mehren. Dennoch muss festgehalten werden, dass nicht zuletzt die Osterweiterung der EU einen spürbaren und nachhaltigen Impuls gesetzt hat, die Integration Europas nicht mehr primär an ökonomischen Kriterien, sondern zunächst und vor allem auch an Wertmaßstäben zu messen.

In seinem Beitrag *Bildwechsel in Stereoskopie. Rumäniens symbolische Orte im Europa der Jahre 1945-2008* untersucht Armin Heinen die ambivalente Stellung Rumäniens innerhalb der europäischen Staatenlandschaft. Anhand dreier wechselseitig verflochtener Untersuchungsfelder – der politischen Willensbildung, des intellektuellen Diskurses und alltagsgeschichtlicher Entwicklungen – analysiert Heinen zunächst die wechselhafte Selbstverortung Rumäniens in der bipolaren Welt für die Zeit von 1945 bis zur Dezemberrevolution des Jahres 1989, um vor diesem Hintergrund die Auswirkungen erklären zu können, die sich für die Zeit der Wende bis heute durch die historische Prägung Rumäniens für das Verhältnis zum übrigen Europa ergeben. Für die Zeit vor 1989 rekonstruiert Heinen eine Geschichte der Annäherung und Distanzierung. In dieser Phase – besonders unter Ceauşescu – hat Rumänien gesellschaftliche Kodierungen entwickelt, die Heinen als „balkanisches Skipt" bezeichnet: Ein subtiler und untergründiger statt offener Widerstand gegen den Staat, der zum Rückzug ins Private, zur Verweigerung gegenüber der Regierung und zur Konjunktur der Korruption führte. Die gravierenden Differenzen zum Ideal europäischer Staatlichkeit sind damit nicht das Ergebnis langfristiger Strukturentwicklungen, sondern Folge vergleichsweise kurzfristiger Prozesse des widerstrebenden Arrangements mit einem System, das von einer korrumpierten politischen Führungsschicht zunehmend in die internationale Isolation getrieben wurde. Den höchsten Grad an gesellschaftlicher Dysfunktionalität erreichte Rumänien dabei in der Zeit der Dezemberrevolution von 1989. Die öffentliche Wahrnehmung des Balkanraumes wurde in den Folgejahren primär durch den Kroatienkrieg, den Bosnienkrieg und den Kosovokrieg geprägt, was auch den Blick auf Rumänien affizierte und so dazu führen konnte, dass sich die hoffnungsvollen Anknüpfungspunkte für eine Integration Rumäniens in den Westen, die noch in den 60er Jahren den Diskurs bestimmt hatten, weitgehend auflösten. Noch immer hat sich im westlichen Europadiskurs kein stabiles Narrativ ausgebildet, in dem Rumänien als fester Bestandteil des europäischen Projekts erschiene, während sich andererseits auch in Rumänien kein Selbstverständnis etablieren konnte, in dem das Eigene als europäisch gedeutet werden könnte. Dennoch folgt aus Heinens Beobachtungen, dass Rumänien durchaus über eine Zukunftsperspektive innerhalb Europas verfügt. Erste Ansatzpunkte finden sich in der gemischtkulturellen Gesellschaft, in der Attraktivität Rumäniens als Wirtschafts- und Produktionsraum (symptomatisch ist die Bezeichnung Rumäniens als „Tigerstaat") und in der Intensivierung der Zusammenarbeit auf wissenschaftlichem Gebiet.

5   Europa und die Eliten

Politische, wirtschaftliche und intellektuelle Eliten haben sich auf politisch relevante Weise auch jenseits offizieller politischer und administrativer Strukturen für ihre

Ziele eingesetzt und damit den Entwicklungsprozess der europäischen Staatenlandschaft seit dem Zweiten Weltkrieg aktiv begleitet und mitgeprägt. Zugleich ist
der historische Wandel ihres Denkens auch dort Symptom und Indikator politischer, gesellschaftlicher und ökonomischer Veränderungen, wo konkrete Ergebnisse ihrer Interventionen ausblieben. Das europäische Projekt ist in besonderem Maße Objekt des Gestaltungswillens vielschichtig ausdifferenzierter Eliten wie Gegenstand intellektueller Diskurse. Eliten spielen hier wie dort eine nicht unerhebli-
che Rolle – ihre Bedeutung für Europa wird von den folgenden beiden Untersuchungen ins Zentrum des Interesses gerückt.

In seinem Beitrag *Ein Europa der „Hintergründigen". Antikommunistische christliche Organisationen, konservative Elitenzirkel und private Außenpolitik in Westeuropa
nach dem Zweiten Weltkrieg* untersucht Johannes Großmann die historische Bedeutung transnational agierender, nichtstaatlicher Think Tanks für die Frage nach der
Ausbildung und Auswirkung einer europäischen politischen Kultur in Europa.
Der Fokus liegt dabei auf christlich-konservativen, antikommunistischen Organisationen, deren Aktivitäten und deren Programmatik Großmann für die Nachkriegszeit bis in die 1970er Jahre hinein untersucht. Der Blick wird dabei primär auf vier
Organisationen gerichtet: Auf das *Internationale Comité zur Verteidigung der Christlichen Kultur*, das *Centre Européen de Documentation et d'Information*, das *Institut
d'Études Politiques* und auf den Geheimzirkel *Le Cercle*. Über eine Analyse der
Funktionsweise und der ideengeschichtlichen Verortung dieser Gruppierungen
arbeitet Großmann ihren Beitrag und ihre Bedeutung für die kulturelle Integration
Europas heraus. Auf detaillierten Recherchen aufbauend weist er dabei in den teils
verworrenen Kommunikationsstrukturen der Elitenzirkel entscheidende Entwick-
lungstendenzen nach, in denen sich die Arbeitsweise und die politische Programmatik der Think Tanks in Auseinandersetzung mit dem politischen Wandel der
zunehmend globalisierten Welt auf charakteristische Weise veränderte. Groß-
manns Analysen bestätigen dabei neuere Forschungsergebnisse, die die Zeit von
den 1920er Jahren bis in die 1960er Jahre hinein als eine die radikalen politischen
Brüche transzendierende ideengeschichtliche Einheit und die 1960er Jahre als eine
Art Sattelzeit begreifen. Da dieser politisch-ideengeschichtliche Umbruch in besonderem Maße Anpassungsleistungen der politischen Eliten erzwang, macht eine
Untersuchung über diesen Wandel hinweg das teils spannungsreiche Verhältnis
der Gruppierungen zur öffentlichen Willensbildung, aber auch den Einfluss der
Zirkel auf staatliche wie zwischenstaatliche Entscheidungsprozesse sichtbar. Für
die Frage nach der kulturellen Integration Europas sind diese Vorgänge insofern
von Interesse, als die Arbeit der Elitenzirkel von Anfang an auf eine – primär im
europäischen Kontext agierende, sekundär auch in Bezug auf Nordamerika konzi-
pierte – transnationale Zusammenarbeit ausgerichtet war und damit auf einem

teils explizit paneuropäischen Prinzip der Institutionalisierung beruhte, das auf der Ebene der Elitenzirkel schon früh zu einem „gelebten Europa" führte und sich im Laufe der Zeit noch intensivierte. Obgleich die Think Tanks in der Regel in nationale Untereinheiten gegliedert waren, wurden die individuellen Akteure durch diese transnationale Ausrichtung systematisch ihren nationalen Zusammenhängen enthoben und zu einer Auseinandersetzung mit der europäischen Dimension politischer und sozialer Probleme provoziert. Wie Großmann zeigt, entwickelten sich unter diesen Umständen einzelne Einrichtungen zu konservativen Sozialisierungsinstanzen, die ihre Mitglieder in eine im Bestehen begriffene europäische politische Kultur einbanden und so einen nicht unerheblichen Beitrag dazu leisten konnten, nationalistische und isolationistische Vorstellungen zu überwinden – ein Prozess, in dem sich auch die Bedeutung des politischen Konservativsmus selbst signifikant wandelte und zunehmend liberale und antinationalistische Tendenzen inkorporierte.

Georg Vobruba befasst sich in seinem Beitrag *Intellektualität in der europäischen Integration* mit der Bedeutung intellektueller Auseinandersetzung mit dem Projekt Europa und skizziert dabei zugleich die Grundzüge einer politischen Soziologie der EU-Kritik. Mit Blick auf das Phänomen der „Intellektualität" konstatiert Vobruba einen Allgemeinvertretungsanspruch der intellektuellen Eliten, eine Tendenz zu soziopolitischen Gesamtentwürfen und den Willen zu einer umfassenden Gesellschaftsgestaltung, die mit einem entsprechenden Anspruch auf institutionell realisierte Umsetzung einhergeht. Durch ihren Universalitätsanspruch ist diesen Entwürfen per se nichts spezifisch europäisches eigen, doch können sich genuin europäische Facetten mit der Frage nach den Möglichkeiten und Grenzen der realpolitischen Umsetzung im europäischen Staatenbund ergeben. Durch die politisch-administrative Ausdifferenzierung des europäischen Integrationsprozesses nach dem Zweiten Weltkrieg wurde die Absorption intellektueller Entwürfe durch die politische Programmatik und zugleich die Eingliederung der intellektuellen Elite in die Funktionselite der europäischen Verwaltung ermöglicht – ein Vorgang, durch den sich das nicht institutionalisierte intellektuelle Engagement vom politischen Gestaltungswillen zur Beobachterrolle verschieben musste. Intellektuelle tun sich heute schwer, so Vobruba, sich mit der Entwicklung von einem Europa des intellektuellen Zukunftsprojektes hin zu einem Europa der institutionell fundierten Integration zu arrangieren. So bildete sich ein Stadium der Suche nach einer soliden Selbstverortung zwischen Affirmation, Zukunftsentwurf und Kritik heraus, das bis heute andauert. Vobruba geht dieser Entwicklung auf der Grundlage intellektueller Reflexion über Europa nach und stellt dabei zunächst einen signifikanten Mangel intellektueller Europakritik fest: Es fehle an durchschlagenen Ansätzen zu einer kritischen Theorie der Europäischen Integration. Dafür macht Vobruba die

Aneignung der Europathematik durch die politische Elite der EU-Bürokratie verantwortlich. Zwischen der affirmativen Position der politischen EU-Eliten, den nationalen politischen Eliten und den zunächst indifferenten, später weitgehend ablehnenden Bevölkerungen bleibe kaum Raum für eine genuin intellektuelle kritische Auseinandersetzung mit dem Projekt Europa. Die intellektuellen Schwierigkeiten im Umgang mit Europa zeigt Vobruba anhand von Texten zur EU auf, die von Hans Magnus Enzensberger, Tony Judt und Karl Schlögel verfasst wurden. Teils formulieren sie ein Echo der allgemeinen EU-Skepsis eher als eine eigenständige intellektuelle Kritik am europäischen Integrationsprozess, teils gehen sie in einer quasi-soziologischen Analyse weitgehend ohne genuin kritische Zielsetzung auf. Vobruba schlussfolgert, das Ziel intellektueller Auseinandersetzung könne heute nicht mehr im Zukunftsentwurf liegen, da die Gestaltungsoption professionell besetzt sei. Intellektualität müsse daher in einer kritischen Beobachtung angesiedelt werden, die neue Perspektiven zwischen den Ansprüchen der Bevölkerung und der Programmatik der politischen Eliten entfalte.

6   Kultur und Kulturen in Europa

Kultur ist sinnbildende Selbst- und Weltdeutung, deren Kern in einer Vergewisserung der basalen gesellschaftlichen Werte und Normen besteht. Insofern ist Kultur nicht nur prozesshaft und somit ständigem historischem Wandel unterworfen, Kultur stellt zudem ein Konstrukt im Plural dar, dessen Komplexität die Vielfalt sozialer Sinnstiftungsprozesse widerspiegelt. Kultur ist zugleich ein diskursives wie ein praxeologisches Gebilde, wird in gesellschaftlichen Vollzügen generiert, bildet deren Anspruch auf Einheit wie deren inhärente Vielfalt in öffentlichen Symbolisierungen und Narrativen ab, findet wechselhaften Ausdruck in Sprache und Erinnerung und fungiert schließlich als einer der wichtigsten Bezugspunkte individueller und kollektiver Identität. Ihrer zentralen Stellung entsprechend spielten die europäische Kultur und die europäischen Kulturen in allen vorangegangenen Detailstudien – explizit oder implizit – eine bedeutende Rolle. Vor dem Hintergrund dieser Analysen vertiefen die folgenden beiden Beiträge nun die Frage nach der europäischen Kultur bzw. den europäischen Kulturen. In zwei komplementären Perspektiven richten die Texte von Jörn Rüsen und Hasso Spode die Aufmerksamkeit auf das Zentrum und die Peripherie des europäischen Identitätsdiskurses und untersuchen dabei besonders aussagekräftige Bemühungen um Verständigung auf ein europäisches Wertefundament.

Mit seinem Beitrag *Trinkkulturen in Europa. Strukturen, Transfers, Verflechtungen* legt Hasso Spode eine Kultur- und Diskursgeschichte des Alkoholgenusses in Eu-

ropa vor, die die Trinkkultur als kulturelles Schlüsselphänomen versteht und einer
entsprechenden kulturwissenschaftlichen Untersuchung unterzieht. In der Trinkkultur, ihrer geografischen Ausdifferenzierung und ihrem historischen Wandel
lassen sich das Wertesystem der Gesellschaft und entsprechende, teils konfliktreiche Aushandlungsprozesse greifen. Spode untersucht die historische Entwicklung
primär im 19. und 20. Jahrhundert, weist allerdings zugleich nach, dass bestimmte
Diskursmuster bis in die Antike zurückreichen und entscheidende Prägungen
auch im Mittelalter und in der Frühen Neuzeit erfahren haben. Dabei arbeitet Spode ein faszinierend vielschichtiges Tableau an Entwicklungen heraus, die sowohl
die Praxis des Alkoholkonsums als auch die wechselhafte, transnationale Dimension der Diskurse über Alkohol und Gesundheit strukturierten. Speziell in der Anti-
Alkohol-Bewegung macht Spode nicht nur umfassende Auseinandersetzungen um
gesellschaftliche und kulturelle Werte ausfindig, sondern auch transnationale Bemühungen um politische Einflussnahme, um Ausbildung institutioneller Organisationsstrukturen und Strategien der Verrechtlichung. Bereits die frühe Industrialisierung brachte eine Technisierung der Produktion, eine entsprechende Erhöhung
des Absatzes und in der Konsequenz auch eine Steigerung des Durchschnittsverbrauchs mit sich. Dies löste eine Gegenbewegung der Temperenz aus, mit der
beginnend im frühen 19. Jahrhundert, verstärkt um die Mitte des Jahrhundert, eine
Globalisierung der Alkoholmoral greifbar wird. Wirkmächtig war hier nicht zuletzt der Puritanismus und Pietismus, der von den USA ausging und in Europa
primär in den protestantisch geprägten Regionen rezipiert wurde. In diesem Zusammenhang kam es auch zur Ausbildung der ersten Temperenzgesellschaften,
doch kollabierte die Bewegung Mitte des Jahrhunderts – wohl im Zusammenhang
mit der Märzrevolution. Eine zweite Welle der Anti-Alkohol-Bewegung setzte um
die Wende vom 19. zum 20. Jahrhundert ein, in der Phase der Hochindustrialisierung, und währte bis in die 30er Jahre hinein. Die zweite Konjunktur der Anti-
Alkohol-Bewegung zeichnet sich durch wesentlich deutlicher ausgeprägte Prozesse der Internationalisierung und Verwissenschaftlichung aus, die nicht nur zu
strikten Prohibitionsgesetzen führten, sondern in denen sich auch „eugenische"
und „rassenhygienische" Ansprüche sich mit teils folgenschweren Verrechtlich-
ungstendenzen mischten, die sich nicht zuletzt etwa in zehntausenden von
Zwangssterilisationen bei Trinkern äußerten. Was als Transfer begann, zeigt sich
somit zunehmend im Gewand institutioneller, rechtlicher und ökonomischer Verflechtungen. Dies gilt auch für die Zeit nach dem Ende des Zweiten Weltkriegs,
mit dem in den meisten europäischen Ländern ein Ende der zweiten Tempe-
renzwelle und damit zugleich eine Öffnung der Wissenschaft auch für die funktionalen Aspekte des Alkoholkonsums einhergingen. Für den europäischen Staatenbund gilt dies in zunehmendem Maße mit der fortschreitenden Institutionalisie-

rung und Verrechtlichung der Europäischen Union. Spode macht Ende des 20. Jahrhunderts die Ansätze eines dritten Thematisierungszyklus aus, der sich durch eine engmaschig organisierte, global vernetzte Alkoholforschung auszeichnet. Obgleich die Impulse erneut von den USA und Skandinavien ausgehen, ist nun durch das politische Wirken des Europäischen Regionalbüros der Weltgesundheitsorganisation Europa in besonderem Maße als Einheit betroffen. Im Stile des *global governance* wurde hier hinter verschlossenen Türen von einem temperenzaffinen Expertengremium der (allerdings rein appellative) „Europäische Aktionsplan Alkohol" beschlossen, dessen Ziel einer europaweiten Reduktion des Reinalkoholkonsums um 25% sich von der Konzentration auf Risikogruppen verabschiedet hat und nun das Gros der mäßigen Konsumenten in den Blick nimmt – ein, wie Spode es formuliert, „kryptoprohibitionistischer" Aktionsplan, dessen Dynamik sich nicht zuletzt aus dem EU-Beitritt der nordischen Länder speist. Die EU hat sich inzwischen über die Tabakkontrollpolitik Kompetenzen im Bereich der Gesundheitspolitik angeeignet, die sie nun auch auf den Alkohol auszudehnen beginnt und sich dabei an Vorgaben wie dem Aktionsplan orientiert. Dabei löst sich die historisch gefestigte Nord-Süd-Differenz zunehmend auf. Heute scheint sich dagegen erstmals ein Umgang mit Alkohol abzuzeichnen – sowohl auf der praktischen wie auf der diskursiven Ebene – der eine genuin europäische Dimension aufweist, wobei der restriktiv-ambivalenter Umgang mit Alkohol an Bedeutung gewinnt.

Jörn Rüsen fragt in seinem Beitrag *Europäische Identitätsbildung durch Kultur?* nach dem kulturellen Kern der europäischen Identität. Kultur besitzt ein wirkmächtiges Potenzial für gesellschaftliche Integrationsprozesse. Soziale und kulturelle Integration wie individuelle und kollektive Identitätsbildung vollziehen sich nach Rüsen nicht primär in den Institutionen der Europäischen Union als vielmehr dort, wo die Kultivierung der Menschen zu Bürgern erfolgt – in den Städten mit ihren urbanen Lebensformen. Die Krise der Europäischen Union zeigt deutlich, dass die politischen Institutionen der Gemeinschaft als Identitätsbezug versagen – doch als Lebensform ist europäische Identität schon längst gegeben: Sie hat sich historisch entwickelt und dabei nicht nur europaweit vergleichbare Kommunikations- und Interaktionsformen ausgebildet, sondern auch einen Wertekanon erzeugt, der nationalstaatliche Grenzziehungen transzendiert und dennoch Raum für regionale Besonderheiten und Eigenarten lässt. In der solchermaßen kulturell geprägten Lebensweise und in den entsprechenden Werten manifestiert sich eine kulturelle Orientierung, die auf Grundeinheiten wie dem Bürgersinn, dem Logozentrismus, der Individualität und der Rationalität sowie ferner auf spezifischen Formen der Technologie, Demokratie und Ökonomie aufbaut und deren Normativität auf einem auf Menschen- und Bürgerrechten begründeten Rechtsstaatsverständnis beruht. Ein entscheidendes Kernelement dieses Traditionsbestandes ist

die kritische Selbstbetrachtung. Eine Rückbesinnung auf die positiven Traditions-
bestände der europäischen Geschichte genügt somit nicht: Von konstitutiver Bedeutung für die Ausbildung einer europäischen Identität ist auch die offene Auseinandersetzung mit den Katastrophenerfahrungen der europäischen Geschichte.
Ein reflektiertes Verhältnis zur zivilisatorischen Erfolgsgeschichte und zur Geschichte des eigenen Destruktionspotenzials ermöglicht es dabei, stabile Ansätze
zur Eindämmung des Ethnozentrismus auszubilden und somit in eine wertschät-
zende Auseinandersetzung mit dem Anderen einzutreten. Mit der Genese dieses
heutigen Selbst- und Weltverständnisses ging allerdings auch eine substanzielle
Neuausrichtung des ideellen Fundaments eines europäischen Selbstverständnisses
einher – ein Prozess, in dessen Verlauf zunächst die Religion, dann die universalistische Moral an Bedeutung verlor. Heute dagegen muss die europäische Identität
ihren zentralen Bezugspunkt in einem humanistischen Verständnis des Menschen
finden, dessen Kern wiederum die Menschenwürde bildet. In diesem Verständnis
wird letztlich der kategorische Imperativ Kants zum kulturellen Fundament der
europäischen Identität.

Epilog

Gerne wird das Bild von Europa als Haus oder Tempel bemüht, um die kulturelle
Einheit, das Verbindende, die gemeinsame Identität zum Ausdruck zu bringen.
Dabei wird meist übersehen, dass Europa nicht nur ein Bauprojekt auf gemeinsa-
mem Grund ist, sondern dass dieser gemeinsame Grund zugleich umspült wird
von gewaltigen Wassermassen, die nicht nur den Kontinent begrenzen, sondern
auch Kommunikationswege, Handelsbeziehungen und Kriegsführung strukturie-
ren, Künstler, Denker und Dichter inspirieren und zudem die Bevölkerung ernäh-
ren und Touristen wie Wissenschaftler gleichermaßen faszinieren – dass Europa
also von einem Element umgeben ist, das den Kontinent formt wie kaum ein anderes. Dennoch spielt das Meer in der Auseinandersetzung um die kulturellen
Grundlagen der europäischen Integration bislang kaum eine Rolle – ganz zu Unrecht, wie Michael Salewski in seinem Essay *Europa und die See: Das kulturelle Erbe*
aufzeigt. Salewski kehrt die typische Denkrichtung um und rekonstruiert Europa
nicht als „kontinentalen", sondern als „maritimen Erdteil" und ergründet dabei,
wie das Meer die Lebensformen und Werte der Bewohner Europas – sprich die europäische Kultur – prägte und noch immer prägt. Salewskis Analyse ist eine ideen-
und kulturgeschichtliche *tour de force* durch die Vielfalt der kulturellen Impulse,
die vom Meer ausgehen und die lebensweltlichen Vollzüge in Europa zutiefst beeinflussen. Salewski geht dabei weit über die Frage hinaus, wie sich die Küstenre-

gionen und Meereslandschaften entwickeln und wie die See die Lebensbedingungen der Küstenbewohner in ökonomischer Hinsicht bedingt. In einem schillernden
Tableau machtpolitischer, ökonomischer, wissenschaftlicher und künstlerischer
Rückkopplungen zeigt Salewski auf, wie die Meere auf unterschiedlichste Weise
auf den Kontinent zurückwirkten und damit Mode und Esskultur, Parklandschaften und Agrikultur, Lebensgefühl und Architektur, Forschungs- und Museums-
landschaften, gar die konfessionelle Differenzierung Europas beeinflussten. Das
Spektrum reicht dabei von Odysseus über die spanische Armada hin zu den „Pira-
tentagen" in Eckernförde, vom Import exotischer Gewürze über den Aufstieg der
großen Reedereien hin zur Entwicklung der heutigen Ozeanografie, von Jules Vernes „20.000 Meilen unter dem Meer" über das „Yellow submarine" der Beatles hin
zu Buchheims „Das Boot". Mit Blick auf die Vielfalt der Einflüsse, die vom Meer
aus den Kontinent prägen, kann Salewski daher auch von einer regelrechten Navalisierung der Gesellschaft sprechen. Noch bedeutender ist vielleicht die metaphysische Dimension, die das Meer selbst für den modernen, aufgeklärten Europäer besitzt und die an Orten wie Mont St. Michel oder Venedig lebendig ist und bleibt.

Zivilgesellschaft und Öffentlichkeit

Konturen und Perspektiven einer europäischen Zivilgesellschaft

Hans-Jürgen Bieling

1   Einleitung

In der deutschen Diskussion wird die Frage nach den Entwicklungsperspektiven einer europäischen Zivilgesellschaft nur allzu oft – und vorschnell – negativ beantwortet. Wissenschaftler aus unterschiedlichen Disziplinen argumentieren eingängig, aber zirkulär.[1] Danach kann sich eine europäische Zivilgesellschaft und Öffentlichkeit nicht herausbilden, weil es keinen europäischen *demos* gibt, der bereit ist, eine belastbare kollektive Identität auszubilden; und zugleich sorgt die fehlende Kommunikations-, Erinnerungs- und Erfahrungsgemeinschaft ihrerseits dafür, dass sich kein europäischer *demos* konstituiert. Diese substanzialistische Lesart, in der die kollektiven nationalen Identitäten mit Verweis auf „vorpolitische" Eigenheiten wie Sprache, Kultur, Religion etc. gleichsam zu einer „zweiten Natur" gerinnen, ist nicht ohne Widerspruch geblieben.[2] Kritisch-reflexive Beobachter lenken im Gegenzug den Blick auf die gesellschaftlichen Kommunikationsformen und Konstruktionsprozesse, über die zum Teil neue identitätsbildende Mythen generiert, vor allem aber transnationale Lernprozesse und eine selbstreflexive Öffnung der tradierten Lebensformen ermöglicht werden können.[3]

Letztlich ist aber auch die kritisch-reflexive Perspektive eher skeptisch, dass durch diese Öffnungs- und Lernprozesse eine europäische Zivilgesellschaft entsteht. Die Gründe für diese Skepsis sind vielfältig. Vor allem wird darauf hingewiesen, dass der politische Diskursraum nach wie vor auf nationalstaatliche Institutionen, insbesondere auf das Zusammenspiel zwischen den Regierungen und den nationalen Parlamenten sowie auf die Systeme der wohlfahrtsstaatlichen Absicherung und Umverteilung, bezogen ist. Entsprechend gibt es deutliche – materielle und institutionelle – Grenzen für all jene Strategien, die darauf setzen, die Entwicklung einer europäischen Zivilgesellschaft gleichsam „von oben" symbolisch zu inszenieren, also durch EU-Fahnen, eine EU-Hymne, eine EU-Verfassung, EU-

---

[1] Vgl. Grimm (1995); Kielmansegg (1996); Bach (2008), 12f.
[2] Vgl. Habermas (1996b); (2008b), 105ff.
[3] Vgl. Offe (2001); Habermas (2008c), 92ff.

Ausweise oder EU-Führerscheine ein grenzüberschreitendes Gemeinschaftsgefühl oder eine europäische Wir-Identität zu erzeugen. Gleichzeitig sollten diese Grenzen und damit die Möglichkeiten, die Entwicklung der europäischen Zivilgesellschaft voranzutreiben, aber auch nicht zu eng und statisch gefasst werden. So wird denn auch nachfolgend – im Sinne einer politischen Ökonomie der europäischen Sozial- und Kommunikationsbeziehungen – argumentiert, dass sich längst schon eine europäische Zivilgesellschaft herausgebildet hat. Es gibt zumindest eine Vielzahl von Arenen, Medien und Organisationen, die einen supra- und transnationalen Kommunikationsraum konstituieren, in dem gesellschaftliche Interessen artikuliert und an die supranationalen politischen Entscheidungsträger weitergegeben werden. Allerdings ist die europäische Zivilgesellschaft sozial nach wie vor sehr selektiv strukturiert. Oft gibt sie nur wenigen, vornehmlich den ökonomisch starken Akteuren die Gelegenheit, im „Vorhof" der Politik aktiv zu werden.

Genau dieses Spannungsverhältnis zwischen den vielfältigen Möglichkeiten, die Entwicklung einer europäischen Zivilgesellschaft weiterzutreiben, und ihrer selektiven Operationsweise, d.h. machtpolitischen Begrenzung, soll nachfolgend systematischer beleuchtet werden. In einem ersten Schritt wird skizziert, dass einige positive Referenzpunkte, vielleicht sogar übergreifende Konstitutionsmerkmale einer europäischen Gesellschaft bereits seit längerem existieren. Auf Grund der unterentwickelten staatlichen Qualität der europäischen Institutionen konnten sich lange jedoch keine europäische Zivilgesellschaft und Öffentlichkeit entwickeln. Hieran anschließend wird zweitens dargelegt, dass mit dem Integrationsschub seit den 1980er Jahren diese Bremse gelockert wurde. In dem Maße, wie auf der supranationalen Ebene die Elemente einer europäischen Staatlichkeit an Bedeutung gewannen, kristallisierte sich zugleich auch eine europäische Zivilgesellschaft – und Öffentlichkeit – heraus, deren Operationsweise allerdings durch eine ausgeprägte sozialstrukturelle und prozedurale Selektivität gekennzeichnet ist.[4] Diese Selektivität ist drittens wiederum maßgeblich auf die Aktivitäten der supranationalen Staatsakteure zurückzuführen, die vor allem darauf bedacht sind, ihre eigene Legitimation durch die Einbindung ausgewählter zivilgesellschaftlicher Akteure zu stärken. Die inkrementelle Erweiterung der europäischen Zivilgesellschaft vollzieht sich damit nach wie vor als „Elitenprozess",[5] was von großen Teilen der Bevölkerung – die negativen Referenden zum EU-Verfassungsvertrag in Frankreich und den Niederlanden haben dies deutlich gemacht – aber zunehmend weniger akzeptiert wird.[6] Im vierten und fünften Schritt wird daher argumentiert, dass der öffentliche Protest gegen die EU zwar ebenfalls die Genese einer europäischen Zi-

---

[4] Vgl. Eder (2003); Trenz (2006).
[5] Haller (2008).
[6] Vgl. Beckmann et al. (2006).

vilgesellschaft fördert, dieses Potenzial aber auf Grund des a-demokratischen Charakters des EU-Systems nicht ausgeschöpft und im Zeichen (sozio-)ökonomischer Krisenprozesse zum Teil sogar nationalistisch vereinnahmt und „entsorgt" wird.

2 Strukturelemente der europäischen Gesellschaft(en)

Die kurze Einleitungsskizze lässt sich auch so interpretieren, dass die Entwicklungsperspektiven der europäischen Zivilgesellschaft durch das Zusammenspiel von notwendigen und hinreichenden Faktoren bestimmt sind. Als hinreichende Faktoren lassen sich die Institutionalisierungsprozesse einer supranationalen Staatlichkeit betrachten; zumindest dann, wenn sie sich als prinzipiell resonanzoffen gegenüber unterschiedlichen gesellschaftlichen Problemlagen erweisen. Die notwendigen Faktoren bestehen im Unterschied hierzu in den gesellschaftlichen Voraussetzungen, die die Ausbildung einer supranationalen Staatlichkeit überhaupt erst ermöglichen oder aber blockieren. Mit anderen Worten, die recht ähnlichen, zumindest komplementären sozioökonomischen und politisch-kulturellen Ausgangsbedingungen in den nationalen Gesellschaften bilden eine wesentliche Grundlage dafür, dass sich die politischen Entscheidungsträger bei der Bearbeitung von innereuropäischen wie globalen Problemen auf gemeinsame Lösungen verständigen können.

Die Frage, ob und inwiefern es so etwas wie eine europäische Gesellschaft oder ein europäisches Gesellschaftsmodell gibt, wird wissenschaftlich kontrovers diskutiert. Die Antwort auf diese Frage hängt nicht zuletzt davon ab, wie detailliert oder allgemein die Kriterien für die Identifikation übergreifender gesellschaftlicher Strukturmerkmale definiert werden. Vor allem Historiker, die nicht ereignisgeschichtlich, sondern strukturgeschichtlich orientiert sind, also eher die allgemeinen Strukturprinzipien und großen Entwicklungslinien unterschiedlicher Gesellschaftsmodelle im Blick haben, sind durchaus in der Lage, die Konturen eines europäischen Gesellschaftsmodells zu benennen. So arbeitet z.B. Jacques Le Goff (2004) heraus, dass für die europäischen Gesellschaften des Mittelalters und der frühen Neuzeit vier Einflüsse konstitutiv gewesen sind, die sich auch später – in modernisierter Form – grundlegend erhalten haben:

- Erstens wurde mit der Renaissance an das Erbe des antiken Griechenlands, d.h. vor allem an den Humanismus, der die Kultur ganz Europas mehr oder weniger durchdrang, wie auch – dies allerdings erst einige Zeit später – an die griechische Idee eines demokratisch verfassten Gemeinwesens angeknüpft.
- Noch bedeutsamer war zweitens das römische Erbe, das in einer ersten transnationalen – weitgehend allerdings auf den Klerus, die Justiz und die Medizin beschränkten –

Verkehrssprache, in den nachfolgenden romanischen Volkssprachen, in der breiten Akzeptanz des römischen Rechts, dem Kaisertum, architektonischen Innovationen und in einem gewissen infrastrukturellen Know-how bestand.

- Eine dritte strukturprägende Gemeinsamkeit bestand in der funktionalen Dreiteilung der Gesellschaft, gemäß der unterschiedlichen Bevölkerungsgruppen – Priestern, Kriegern bzw. Adeligen und Arbeitern – jeweils besondere Aufgaben und damit verbundene Machtpositionen zugewiesen wurden.
- Und schließlich ist viertens noch das biblische Erbe zu nennen, das – gestützt auf die zentrale Stellung der Kirche – in der Form des Monotheismus und der normativ-moralischen Botschaften des Alten und Neuen Testaments die Kultur der europäischen Gesellschaften maßgeblich prägte.

Im Fortgang der Geschichte wurden diese Einflüsse – je nach Kontext – machtpolitisch immer wieder aufgegriffen und instrumentalisiert; und dabei fällt auf, dass jenseits aller Kontingenzen einige der sehr frühen politischen, religiösen und kulturellen Grenzlinien später erneut von Bedeutung waren:[7] So war das Europa der sechs, das sich nach dem Zweiten Weltkrieg konstituierte, zunächst weitgehend deckungsgleich mit dem Gebiet des Karolingischen Reiches; die diversen Erweiterungsrunden konzentrierten sich – freilich unter den Bedingungen des Kalten Krieges und mit Ausnahme Griechenlands – auf die katholisch oder protestantisch geprägten Nachbarstaaten; und auch nach dem Ende des Systemkonfliktes stellten sich die EU-Beitrittsverhandlungen mit Staaten, in denen die griechisch-orthodoxe Kirche oder der Islam einflussreich waren, bislang recht schwierig dar.

Die Neigung, einige der jüngeren Grenz- und Konfliktlinien kulturalistisch-religiös zu erklären, ist sicherlich groß, letztlich aber wenig angebracht. Dagegen spricht nicht nur die relative Kontingenz von außen-, insbesondere europapolitischen Prioritäten und Strategien. Auch ist zu berücksichtigen, dass der Prozess der europäischen Integration stets eine gewisse Ähnlichkeit weiterer gesellschaftlicher, vor allem sozioökonomischer Strukturmerkmale zur Voraussetzung hatte und diese auch selbst aktiv gefördert hat. Bereits vor einiger Zeit hat der Wirtschafts- und Sozialhistoriker Hartmut Kaelble (1987) mehrere typisch „europäische" Gesellschaftselemente identifiziert:

- Danach war in Westeuropa erstens das Modell der Kernfamilie schon zwischen dem 16. und 19. Jahrhundert recht einflussreich; und auch das Heiratsalter und die Zahl der Unverheirateten waren deutlich höher als in anderen Weltregionen.
- Zweitens hatte sich im Anschluss an die Industrielle Revolution in Europa – auf der Grundlage einer hohen Bevölkerungsdichte, einer starken Exportorientierung und

---

[7] Vgl. Geiss (1993).

hoch qualifizierten Beschäftigten – eine sehr industrieintensive Beschäftigungsstruktur herausgebildet.

- Drittens waren die europäischen Großunternehmen – im Vergleich zu den US-amerikanischen – durch eine andere Wirtschaftsmentalität gekennzeichnet, deren Grundlage in einer deutlich kleineren Unternehmensgröße, der Kontrolle durch Unternehmensfamilien sowie einer größeren Rolle der staatlichen Regulierung und Intervention bestand.

- Das vierte Element – eine insgesamt eher schwache soziale Mobilität – erklärt sich vor allem aus dem sozial selektiven Zugang zu Bildung und Ausbildung, die ihrerseits auf Grund der zentralen Bedeutung der (industriellen) Berufsgruppen und Qualifikationsprofile zugleich spezifische Karrierepfade nahelegten.

- Entsprechend waren die europäischen Gesellschaften fünftens zwar durch feste soziale Trennlinien, ansonsten aber durch ein eher geringes, da steuer-, vermögens- und sozialpolitisch moderiertes Ausmaß an sozialer Ungleichheit gekennzeichnet.

- Sechstens unterscheidet sich bis heute auch die Struktur der europäischen Städte von anderen Weltregionen. Bedingt durch ihr langsameres Wachstum, das wiederum die Entwicklung einer relativ umfassenden Infrastruktur und funktionsfähige Räume des öffentlichen Lebens ermöglichte, bieten sie zumeist eine recht hohe Lebensqualität.

- Ein siebtes Element bestand in dem vergleichsweise entwickelten Wohlfahrtsstaat, der selbst wiederum durch die Anforderungen der Kernfamilie, die Risiken der intensiven Industriebeschäftigung, die tradierte Kultur der – kirchlich organisierten – Armenfürsorge und öffentlichen Verantwortung sowie die Stärke der Arbeiterbewegung gefördert wurde.

- Schließlich hat achtens – bei allen Diskontinuitäten – die beträchtliche Organisationskraft, Mobilisierungsfähigkeit und politische Präsenz der Gewerkschaften mit dazu beigetragen, dass die Arbeitskonflikte in den meisten europäischen Gesellschaftenüberbetrieblich verregelt waren und im Kontext (neo-)korporatistischer Arrangements bearbeitet wurden.

Die Liste der aufgeführten europäischen Gesellschaftsmerkmale erhebt weder den Anspruch auf Vollständigkeit, noch soll mit ihr suggeriert werden, dass es nicht auch zwischen den europäischen Gesellschaften gravierende Differenzen gab und nach wie vor gibt.[8] Trotz dieser Einschränkung ist jedoch auffällig, dass sich die europäischen Gesellschaftsstrukturen seit dem Ende des Zweiten Weltkriegs im Zuge der fordistischen Modernisierung weiter angenähert haben.[9] So beobachtete Hartmut Kaelble bereits in den 1980er Jahren

„eine klare, kontinuierliche und weit fortgeschrittene soziale Integration Westeuropas: einen eigenen europäischen Weg der gesellschaftlichen Entwicklung, der häufig anders verlaufen ist und verläuft als in Nordamerika, in Japan, in Australien oder in der

---

[8] Vgl. u.a. Crouch (2000), 393ff.
[9] Vgl. auch Hobsbawm (1995), 332ff.

UdSSR; eine zunehmende Angleichung der europäischen Gesellschaften, die in einigen
Aspekten sehr weit ging und dort zwischen westeuropäischen Ländern zu Ähnlichkeiten führte, wie man sie auch zwischen amerikanischen Bundesstaaten oder Sowjetre-
publiken findet; eine allmähliche Umorientierung der Westeuropäer weg von der Aus-
schließlichkeit der nationalen Perspektiven hin zu mehr Bewusstsein von der gemeinsamen europäischen Situation und Identität."[10]

Durch den Integrationsschub seit den 1980er Jahren, also die diversen Projekte der
Vertiefung der Markt-, Währungs- und auch Politikintegration, haben sich die gesellschaftlichen Reproduktionsmuster einerseits weiter angenähert.[11] Zugleich ist
in der Folge mehrerer Erweiterungsrunden, insbesondere der EU-Osterweiterung,
andererseits aber auch die Heterogenität, vor allem das Entwicklungsgefälle in der
Europäischen Union, angestiegen. Noch ist unklar und ungewiss, ob und in welcher Form sich die nationalen Unterschiede in den kommenden Jahrzehnten re-
produzieren, verstärken oder aber abschwächen werden. Doch selbst wenn es den
neuen Mitgliedstaaten materiell schwer fällt, die eigenen Ambitionen zu realisieren, scheinen sie sich politisch-normativ an den identitätsbildenden Strukturkom-
ponenten der (west-)europäischen Gesellschaften zu orientieren, also ganz im Sinne des Leitbilds des Europäischen Sozialmodells wirtschaftliches Wachstum in
Verbindung mit einem arbeitspolitisch und wohlfahrtsstaatlich flankierten Kapita-
lismusmodell realisieren zu wollen.[12] Jenseits der EU-internen ökonomischen und
politisch-institutionellen Differenzierung bestehen mithin nach wie vor einige
übergreifende Referenzpunkte, auf die sich die politischen Diskurse in den europäischen Gesellschaften – zumeist positiv – beziehen.

3   Genese europäischer Staatlichkeit und Zivilgesellschaft

Obwohl im wissenschaftlichen Diskurs inzwischen durchaus einige übergreifende,
also allgemeine Konstitutionsmerkmale einer europäischen Gesellschaft identifiziert oder zumindest einige Aspekte als positive Referenzpunkte für gesellschaftspolitische Strategien markiert werden, wird die Frage nach der Existenz einer europäischen Zivilgesellschaft oder Öffentlichkeit von vielen Wissenschaftlern nach
wie vor negativ beantwortet. Ein Grund für diese Enthaltsamkeit besteht vermutlich darin, dass sich über vielfältige Transnationalisierungseffekte in den Bereichen
Wirtschaft, Bildung und Ausbildung, Politik, Kultur oder Tourismus zwar die gesellschaftlichen Strukturen weiter einander annähern, die Annahme einer europäi-

---

[10] Kaelble (1987), 157.
[11] Vgl. Münch (2008).
[12] Vgl. Aust et al. (2002).

schen Zivilgesellschaft und Öffentlichkeit jedoch insgesamt an anspruchvollere Kriterien geknüpft ist. Es wird entsprechend ein Verständnis von Zivilgesellschaft vorausgesetzt, das als ein Ensemble gemeinsamer europäischer Arenen, Konventionen, Netzwerke und Kooperationsformen eine europäische Öffentlichkeit ermöglicht, deren Operationsweise durch die nationalen Kommunikationsräume überlagernde Diskurse gekennzeichnet ist. Den institutionellen Kern der Zivilgesellschaft bilden nach Habermas dabei

> „jene nicht-staatlichen und nicht-ökonomischen Zusammenschlüsse und Assoziationen auf freiwilliger Basis, die die Kommunikationsstrukturen der Öffentlichkeit in der Gesellschaftskomponente der Lebenswelt verankern. Die Zivilgesellschaft setzt sich aus jenen mehr oder weniger spontan entstandenen Vereinigungen, Organisationen und Bewegungen zusammen, welche die Resonanz, die die gesellschaftlichen Problemlagen in den privaten Lebensbereichen finden, aufnehmen, kondensieren und lautverstärkend an die politische Öffentlichkeit weiterleiten. Den Kern der Zivilgesellschaft bildet ein Assoziationswesen, das problemlösende Diskurse zu Fragen allgemeinen Interesses im Rahmen veranstalteter Öffentlichkeiten institutionalisiert."[13]

Diese Deskription der Zivilgesellschaft wird anschließend noch um einige weitere Elemente erweitert: unter anderem um die besondere Rolle der Massenmedien, der Parteien oder der Markt- und Meinungsforschungsinstitute. Wichtiger als diese einzelnen Elemente ist jedoch, dass Habermas ein Verständnis von Zivilgesellschaft als kommunikativer Infrastruktur der Öffentlichkeit unterbreitet, das weithin akzeptiert werden kann und mit dem Zivilgesellschaftsbegriff anderer Theoriediskurse – zumindest was die Deskription betrifft – grundsätzlich vereinbar ist. So richtet auch das von Antonio Gramsci entwickelte Konzept der Zivilgesellschaft den Blick auf häufig als „privat" eingestufte Organisationen wie Bildungsinstitutionen, Massenmedien, Theater und Museen, politische Parteien und Vereinigungen, Diskussionsforen oder Nachbarschaftsnetzwerke, die als Arenen die öffentliche Meinung bzw. herrschende Ideologie in besonderem Maße prägen.[14] Gramscis Aufmerksamkeit galt in der damaligen Zeit nicht nur, aber doch vornehmlich den Printmedien:

> „Die Presse ist der dynamischste Teil dieser ideologischen Basis [der herrschenden Klasse, H.-J. B.], aber nicht der einzige. Alles, was direkt oder indirekt die öffentliche Meinung beeinflusst oder beeinflussen kann, gehört ihr an: die Bibliotheken, die Schu-

---

[13] Habermas (1992), 443f.
[14] Gramsci (1991ff.).

len, die Zirkel und Clubs verschiedener Art bis hin zur Architektur, zur Anlage der
Straßen und Straßennamen."[15]

Doch so ähnlich Habermas und Gramsci – jeder freilich in seiner Zeit – die verschiedenen Elemente der Zivilgesellschaft auch beschreiben, und so vergleichbar
die Funktion der Zivilgesellschaft als Arena diskursiver Deutungskämpfe auch ist,
so wenig sollten jedoch die Differenzen zwischen den beiden Theorieperspektiven
übergangen werden. Für Habermas repräsentiert die Zivilgesellschaft – als kommunikative Infrastruktur der Öffentlichkeit – in erster Linie ein kritisches Korrektiv zu den etablierten Institutionen des politischen Systems. Die von ihm entwickelte deliberative Theorie, die die emanzipatorischen Triebkräfte des gesellschaftlichen Wandels in der Lebenswelt verortet, führt dabei Elemente des staatskritischen Liberalismus und zivilgesellschaftlichen Republikanismus zusammen. Auch
Gramscis Konzeption schreibt der Zivilgesellschaft – je nach Verlauf der Klassen-
kämpfe – durchaus ein gewisses emanzipatorisches Potenzial zu. Allerdings stellt
die Zivilgesellschaft für ihn keineswegs ein offenes Kommunikationsfeld, sondern
eine vermachtete Arena der gesellschaftlichen Konsensgenerierung dar. Sie wird
dabei – und damit steht Gramsci ganz in der Tradition des staatskritischen marxis-
tischen Denkens – immer auch staatlich konstituiert und strukturiert, also poli-
tisch-strategisch durch den Staat mitgestaltet. Begrifflich kondensiert sich diese
Sichtweise in der Formel vom „integralen" oder „erweiterten" Staat, d.h. der funktionalen Aufgabenteilung zwischen der politischen Gesellschaft, also dem Staat im
engeren Sinne, der in erster Linie die administrativen und juristischen Aufgaben
wahrnimmt und die hier getroffenen Entscheidungen notfalls auch gewaltsam
durchsetzt, und der zivilen Gesellschaft, also den diversen Assoziationen, Netzwerken und Kommunikationsarenen sowie den darin eingelagerten alltäglichen
Praktiken, durch die die bestehenden Herrschaftsverhältnisse hegemonial abgesichert werden.

   Nun machen beide Konzeptionen, explizit insbesondere die von Antonio
Gramsci, darauf aufmerksam, dass sich zivilgesellschaftliche Strukturen nicht einfach autonom ausbilden, sondern immer auch der Förderung durch den Staat bedürfen. Die Entstehung eines Systems der europäischen Zivilgesellschaft – und Öffentlichkeit – ist demzufolge davon abhängig, dass (Keim-)Formen einer europäischen Staatlichkeit geschaffen werden. Entgegen der vielfach benutzen Beschwö-
rungsformel, gemäß der sich die Europäische Union nicht als Staat begreifen lässt,
ist seit den 1980er Jahren ein – allerdings begrenzter europäischer Staatswerdungsprozess – zu beobachten. Dies gilt zumindest dann, wenn man ein Staatsver-
ständnis zugrunde legt, das sich nicht am Idealbild des tradierten Nationalstaats

---

[15] Gramsci (1991), 96.

orientiert und hinreichend empfänglich ist für den Wandel von Staatlichkeit. Der Abschied von der methodologisch-nationalistischen Vorstellungswelt fällt oft nicht leicht, da der Staat vielfach noch immer mit Blick auf die formal-institutionalistische Einheit seiner legislativen, exekutiven und judikativen Institutionen, das Gewalt- und Steuermonopol sowie die enge Bindung an ein bestimmtes Staatsgebiet und Staatsvolk definiert wird.[16] Tatsächlich ist die Einheit und territoriale Bindung der unterschiedlichen staatlichen Aufgaben- und Funktionsbereiche häufig jedoch nicht mehr gegeben. Nicht zuletzt in der Europäischen Union haben sich Keimformen eines supranationalen Rechts- und Regulierungsstaates herausgebildet, die gemessen am nationalstaatlichen Ideal zwar fragmentiert und unvollständig bleiben, aber durchaus die Genese einer europäischen Zivilgesellschaft fördern.

Die Dynamik und der Charakter der europäischen Staatswerdung – und damit auch der europäischen Zivilgesellschaft – sind bislang vornehmlich ökonomisch bestimmt.[17] So waren es vor allem die Projekte der Markt- und Währungsintegration, die eine vertragliche Konstitutionalisierung und institutionelle Reformen mit sich brachten und – erweitert durch eine gewisse, als Kompromiss vereinbarte politische Flankierung – den Staatscharakter der EU stärker hervortreten ließen. Einige Stichpunkte mögen dies verdeutlichen:

- Das Mitte der 1980er Jahre lancierte Projekt des EG-Binnenmarktes stützte sich nicht nur auf ein umfassendes Weißbuch der Europäischen Kommission, sondern auch auf die Einheitliche Europäische Akte (EEA) von 1986. Die EEA implizierte die vertragliche Verankerung qualifizierter Mehrheitsentscheidungen, eine umfassende Anwendung des Prinzips der wechselseitigen Anerkennung nationaler Regulierungsstandards in Kombination mit dem Prinzip der Heimatlandkontrolle – allerdings abgeschwächt durch europäische Mindestregulierungen – sowie eine Erweiterung der europäischen Kompetenzfelder und gemeinsamen politischen Instrumente, unter anderem in den Bereichen der Regional-, Arbeits- und Sozialpolitik.
- Auch das seit Ende der 1980er Jahre verfolgte Projekt der Wirtschafts- und Währungsunion (WWU) ging mit einer vertraglichen und institutionellen Reformagenda einher. Mit den Verträgen von Maastricht und Amsterdam wurden die Kompetenzen der EU – z.B. in Form der Innen- und Justizpolitik, der Gemeinsamen Außen- und Sicherheitspolitik (GASP) sowie in Fragen der Beschäftigungs- und Finanzpolitik – nochmals erweitert, und mit der Europäischen Zentralbank (EZB) wurde sogar ein neuer supranationaler Staatsapparat geschaffen. Darüber hinaus gewannen auch die unzähligen Ausschüsse der transgouvernementalen Regulierung weiter an Bedeutung.
- Im Zuge der EU-Osterweiterung ging es zuletzt zunehmend um institutionelle Reformen, d.h. die weitere Zentralisierung und Straffung der europäischen Entscheidungsmodalitäten, um auch den globalen Einfluss der EU weiter zu steigern. Nachdem die

---

[16] Vgl. Leibfried/Zürn (2005).
[17] Vgl. Ziltener (1999); Bieling et al. (2006).

Ergebnisse des Nizza-Vertrags allgemein als unzureichend eingestuft wurden und der EU-Verfassungsvertrag im französischen und niederländischen Referendum abgelehnt worden waren, verständigten sich die Regierungen zuletzt auf den Lissabon-Vertrag. Bei diesem handelt es sich im Kern um eine leicht abgespeckte – um europäische Symbole mit einer mutmaßlich starken identitätsbildenden Wirkung bereinigte – Variante des EU-Verfassungsvertrags, die den staatlichen Charakter der europäischen Organe und Institutionen aber faktisch nochmals unterstreicht.

All diese Entwicklungen lassen es als durchaus gerechtfertigt erscheinen, von einem System europäischer Staatlichkeit zu sprechen. Wie die nationale, so lässt sich auch die europäische Staatlichkeit in Anlehnung an Nicos Poulantzas als „materielle Verdichtung eines Kräfteverhältnisses begreifen", d.h. als ein „strategisches Feld" und als einen „strategischen Prozess",

> „in dem sich Machtknoten und Machtnetze kreuzen, die sich sowohl verbinden als auch Widersprüche und Abstufungen zeigen. Daraus ergeben sich bewegliche und widersprüchliche Taktiken, deren Allgemeinziel und institutionelle Kristallisierung in den Staatsapparaten Form annehmen."[18]

Dieses offene, soziologisch-flexible Verständnis des Staates als eines Ensembles wandelbarer Arenen, Institutionalisierungsformen und Praktiken macht es möglich, die von Poulantzas entwickelte Konzeption auch auf die EU anzuwenden.[19] Allerdings kann dies nicht in Form einer einfachen Übertragung erfolgen. Die Verdichtung der gesellschaftlichen Kräfteverhältnisse stellt sich im transnationalen Raum auf Grund der fortbestehenden nationalen Fragmentierung der zivilgesellschaftlichen Strukturen und Öffentlichkeiten sehr viel komplizierter dar. Einige sprechen mit Blick auf die internationalen Regulationskomplexe denn auch von einer „Verdichtung zweiter Ordnung",[20] die sich zum Teil auf die nationalen Staatsapparate stützt, sich also als zwischenstaatlicher Prozess vollzieht, zum Teil aber auch auf Grund der bedeutsamen Rolle transnationaler privater Akteure – vor allem der transnationalen Konzerne, der Wirtschaftsverbände, Rating-Agenturen etc. – eine starke transnationale Komponente aufweist.[21] Außerdem ist zu berücksichtigen, dass die EU keinen voll ausgebildeten Staatskomplex repräsentiert, sondern nur ein System der supranationalen Rechts- und Regulierungsstaatlichkeit, das sich primär der Gewährung der bürgerlichen Freiheitsrechte verschrieben hat und

---

[18] Poulantzas (1978), 126.
[19] Vgl. Bieling (2006).
[20] Brand et al. (2007).
[21] Vgl. Robinson (2004), 85ff.

hierzu die operative und administrative Unterstützung der Mitgliedstaaten mobili-
siert.

Im Kern lässt sich die europäische Rechts- und Regulierungsstaatlichkeit auch
als Ausdruck eines „neuen Konstitutionalismus" begreifen. Hiermit werden vor allem jene Prozesse bezeichnet, über die – per Einschränkung der demokratischen
Kontrolle und Einflussnahme – in der inter- bzw. supranationalen Arena neue politisch-institutionelle und rechtliche Rahmenbedingungen definiert werden, um die
Globalisierung von Investitionen, Handelsbeziehungen und Wettbewerbsdynami-
ken voranzutreiben. Stephen Gill führt in diesem Sinne aus:

> „The new constitutionalism can be defined as the political project of attempting to
> make transnational liberalism, and if possible liberal democratic capitalism, the sole
> model for future development. New constitutionalist proposals […] emphasize market
> efficiency, discipline and confidence; economic policy credibility and consistency; and
> limitation on democratic decision-making processes. Proposals imply or mandate the
> insulation of key aspects of the economy from the influence of politicians or the mass of
> citizens by imposing, internally and externally, ‚binding constraints' on the conduct of
> fiscal, monetary and trade and investment policies. Ideology and market power is not
> enough to ensure the adequacy of neo-liberal restructuring."[22]

Wie bereits angedeutet, umschließt der „neue Konstitutionalismus" jenseits dieser
allgemeinen Zielvorgaben zugleich eine besondere institutionelle Struktur, d.h. ein
partiell verselbstständigtes, entpolitisiert-technokratisches System der Kommunikation und Entscheidungsfindung.[23] Dies unterstreicht nicht zuletzt die ausgeprägte Exekutivlastigkeit der europäischen Politik, die allerdings durch die erweiterte
Einbeziehung von nicht-staatlichen Akteuren – Wissenschaftlern, Experten und
(Wirtschafts-)Verbänden – in den politischen Entscheidungsprozess, also die Herausbildung themen- oder politikfeldspezifischer Governance-Netzwerke, zum Teil
abgeschwächt und modifiziert wird. Zumindest in diesem Sinne ist davon zu sprechen, dass sich mit der Genese einer supranationalen Staatlichkeit auch Keimformen einer europäischen Zivilgesellschaft herausbilden, die vor allem drei Dimensionen umfasst:[24]

- Die erste Dimension, gleichsam der institutionelle Kern der europäischen Zivilgesellschaft, besteht in einem sich ausdifferenzierenden Assoziationswesen.[25] Dieses umfasst
  inzwischen etwa 2.500 bis 3.000 Verbände – in den offiziellen Dokumenten und wis-

---

[22] Gill (2003), 132.
[23] Vgl. Hueglin (1997), 95.
[24] Vgl. Knodt/Finke (2005).
[25] Vgl. Greenwood (2003); Eising/Kohler-Koch (2005).

senschaftlichen Artikeln werden unterschiedliche Zahlen aufgeführt –, deren Engagement im Zuge des Integrationsschubs seit Mitte der 1980er Jahre deutlich zugenommen hat.[26] Die Aktivitäten haben vor allem das Ziel, die Entscheidungsprozesse im EU-System zu beeinflussen: entweder durch direktes Lobbying oder indirekt durch die diskursiv-strategische Umrahmung bestimmter politischer Themen. Insgesamt ist die Dominanz der Wirtschaftsinteressen nicht zu übersehen. Zugleich sollten aber auch die vielfältigen Aktivitäten transnationaler NGOs – vor allem im Bereich der Ökologiepolitik oder des Verbraucherschutzes – nicht unterschätzt werden. Zusammen mit anderen sozialen Bewegungen, den Gewerkschaften und oppositionellen Netzwerken sind einige NGOs zum Teil durchaus in der Lage, den markt- und wettbewerbsorientierten Modernisierungsdiskurs durch die Thematisierung von sozialen und ökologischen Fragen partiell zu modifizieren.

- In Ergänzung zum Assoziationswesen bilden die Prozesse der transnationalen Kommunikation eine zweite Dimension der europäischen Zivilgesellschaft.[27] So stoßen politische Wahlen und Abstimmungen, die sich – wie z.B. die Wahlen zum Europäischen Parlament – unmittelbar auf die EU beziehen oder die zumindest EU-relevant sind, so z.B. die Referenden zu den gemeinsamen Verträgen, zum Teil auch transnationale Kommunikationsprozesse an. Ähnliches gilt für medial vermittelte kulturelle und sportliche Großereignisse wie den Eurovision Song Contest, die Champions-League und diverse Europameisterschaften. Im Unterschied zu dieser ereignisbezogenen Kommunikation sind andere transnationale Prozesse dauerhafter angelegt; zumindest dann, wenn sie sich auf eine organisatorische Institutionalisierung stützen: unter anderem auf europäische Fernsehkanäle – wie z.B. Arte, Sky News, Eurosport –, auf spezifische Printmedien, also internationale Zeitschriften oder wissenschaftliche Journals, auf transnationale Think Tanks und Expertenzirkel, d.h. die Herausbildung so genannter „epistemic communities", oder eine intensivierte grenzüberschreitende bildungs- und wissenschaftspolitische Kooperation, z.B. in Gestalt der Pisa-Studie, des Bologna-Prozesses oder universitärer Austauschprogramme (Erasmus und Sokrates). Darüber hinaus fördern auch europäische Städtepartnerschaften und der Massentourismus die transnationale zivilgesellschaftliche Kommunikation.

- Als eine dritte Dimension der europäischen Zivilgesellschaft lassen sich schließlich spezifische symbolisch-diskursive Aspekte der gemeinschaftlichen Identitätsbildung markieren. Nicht selten werden gewisse Symbole von den supranationalen Akteuren gezielt entwickelt und eingesetzt, um eine gemeinsame europäische Identität zu erzeugen. Zu denken ist in diesem Zusammenhang unter anderem an die vertraglich verankerten Elemente einer „Unionsbürgerschaft", an die Verteilung von Informationsmaterial und Hochglanzbroschüren, an Unterrichtsmaterialien, EU-Karten, vereinheitlichte Personalausweise, Autoführerscheine und Nummernschilder, Krankenkassenkarten oder EU-Fahnen. Die Tiefenwirkung der symbolisch vermittelten Identitätsbildung ist keineswegs gewiss, stehen den europäischen zum Teil doch nationale Ansprüche entgegen. Entscheidend ist letztlich, in welchem Maße die symbolischen Effekte durch die

---

[26] Vgl. Middlemas (1995).
[27] Vgl. Demirovic (2000), 68f.

Verknüpfung mit Alltagserfahrungen materiell unterfüttert und fortlaufend bestätigt werden: etwa in Form der regionalen Projektförderung, der Aufhebung von Personenkontrollen an den EU-Binnengrenzen oder der Abwicklung kommerzieller Tagesgeschäfte durch den Euro als Gemeinschaftswährung.

4   Strategien der Legitimationsbeschaffung

Die skizzierten drei Dimensionen lassen erkennen, dass die Reichweite der europäischen Zivilgesellschaft begrenzt ist. Vor allem aber ist ihr Organisationsmuster durch eine ausgeprägte sozialstrukturelle und prozedurale Selektivität gekennzeichnet. Die sozialstrukturelle Selektivität besteht darin, dass die Europapolitik nach wie vor durch die politischen, wirtschaftlichen und administrativen Eliten definiert wird.[28] Die vorsichtige Öffnung der europapolitischen Beratungs- und Entscheidungsforen für Akteure der Zivilgesellschaft hat hieran bislang nur wenig geändert. So ist das Ensemble der zivilgesellschaftlichen Akteure durch eine dominante Rolle der Wirtschaftsverbände – einschließlich der durch sie repräsentierten Eliten – geprägt. Im Kontrast hierzu ist der Einfluss von sozial und ökologisch orientierten Assoziationen und NGOs noch immer sehr bescheiden. In manchen Politikfeldern mag sich dies anders darstellen, was aber letztlich allenfalls dazu führt, dass sich im europäischen Beratungs- und Entscheidungsverfahren auch einige Gegeneliten, nicht aber große Bevölkerungsgruppen repräsentiert sehen können. Letztere haben bislang keine stetige Präsenz in den Arenen der europäischen Zivilgesellschaft erlangen können, sondern sich zumeist nur punktuell, d.h. ereignisbezogen zu artikulieren vermocht, z.B. in Form der europaweiten Demonstrationen gegen den Irak-Krieg oder der sozialen Aktions- und Protesttage der Gewerkschaften und sozialen Bewegungsnetzwerke.

Die sozialstrukturelle Selektivität korrespondiert dabei mit einer prozeduralen Selektivität der europäischen Zivilgesellschaft. Die prozedurale Selektivität ist ihrerseits vor allem durch zwei bedeutsame Einflussfaktoren bestimmt: Zum einen trägt die markt- und wettbewerbsorientierte Ausrichtung der EU mit dazu bei, dass wirtschaftliche Erwägungen die Kommerzialisierung der kommunikativen Infrastruktur der EU begünstigen, so z.B. in Gestalt der Transnationalisierung der europäischen Medien-, Kommunikations- und Werbeindustrie; und zum anderen gehen die europäischen Institutionen – insbesondere die Europäische Kommission, aber auch die diversen Regulierungsinstitutionen – recht selektiv vor, wenn es um die Organisation des politischen Konsultationsprozesses geht. So zielt das Konsultationsverfahren immer auch, häufig sogar in erster Linie, darauf, die Macht und

---

[28] Vgl. Haller (2008).

Durchsetzungsfähigkeit der supranationalen Akteure zu erhöhen. Um dieses Ziel zu erreichen, werden in der Beratung notgedrungen all jene Verbände privilegiert, deren Zustimmung im weiteren Rechtssetzungsprozess vorteilhaft ist. Die Erwägungen, die für die supranationalen Akteure während der Vorbereitung und Konkretisierung von Verordnungen oder Richtlinien wichtig sind, untergliedern sich allerdings in mehrere Teilaspekte: Erstens geht es der Kommission darum, bereits im Vorfeld eines Entwurfs das spezifische sektorale oder nationale Wissen der betroffenen Verbände und der durch sie repräsentierten Gesellschafts- und Marktakteure zu mobilisieren. Zweitens sollen durch die Konsultation etwaige Probleme und Widerstände frühzeitig identifiziert und wenn möglich ausgeräumt werden. Drittens zielt das Konsultationsverfahren – und die darin signalisierte Zustimmung einflussreicher Assoziationen, Think Tanks und NGOs – zudem darauf, die Legitimationsgrundlage für die nachfolgend präsentierten Rechtsakte zu verbreitern.

All diese Erwägungen spielten bereits früher eine gewisse Rolle. Seit Beginn der 1990er Jahre haben sie jedoch insofern eine neue Qualität gewonnen, als der technokratische Diskussions-, Verhandlungs- und Entscheidungsstil zunehmend politisiert wird.[29] Hierauf verweisen bereits die nachlassende Zustimmung der Bevölkerung zur Europäischen Union und die zunehmende Europakritik in den Eurobarometer-Umfragen. Die Daten lassen sich zumindest als Indizien für die Erosion des so genannten „permissiven Konsensus", d.h. der stillschweigenden Übereinstimmung und wohlwollenden Akzeptanz der friedens- und wohlfahrtsförderlichen Integrationseffekte interpretieren.[30] Der allgemeine Stimmungsumschwung manifestierte sich zudem in einer Reihe negativer Referenden: etwa zu den Vertragsreformen – in Dänemark (1992), in Irland (2001 und 2008), in Frankreich (2005) und den Niederlanden (2005) – zum EWR-Beitritt der Schweiz (1992) bzw. zum EU-Beitritt Norwegens (1994) oder auch zur Einführung des Euro in Dänemark (2000) und Schweden (2003). Die Politisierung der europäischen Entwicklung beschränkt sich allerdings nicht nur auf die (quasi-)konstitutionellen Richtungsentscheidungen. Auch einige Richtlinien – z.B. die Übernahme-Richtlinie oder die EU-Dienstleistungsrichtlinie – sind öffentlich sehr kontrovers diskutiert worden; und zuletzt erfahren auch einige EuGH-Urteile vermehrt öffentlichen Widerspruch. Während die rechte Kritik am Beispiel sozial-orientierter Entscheidungen die Praxis der Rechtsfortentwicklung moniert,[31] die von den gleichen Autoren dem BVerfG zuvor freilich zugestanden und abverlangt worden war, richtet sich die linke Kritik gegen die wirtschaftsliberale Schlagseite vieler zuletzt gefällter Urtei-

---

[29] Vgl. Höpner/Schäfer (2008b).
[30] Vgl. Deppe (1993).
[31] Vgl. Herzog/Gerken (2008).

le.[32] So stehen vor allem die Fälle Vicking, Laval und Rüffert für die zunehmende Neigung des EuGH, die europäischen Freiheitsrechte über die, in den Mitgliedstaaten zum Teil in den Verfassungen verankerten sozialen Grundrechte zu stellen und deren Geltungskraft zu beschneiden.

Im Kontext all dieser Entwicklungen hat sich letztlich auch eine Europäisierung der europäischen (Protest-)Bewegungen vollzogen.[33] Nachdem sich die Aktivitäten der Gewerkschaften und sozialen Netzwerke in der ersten Hälfte der 1990er Jahre noch vornehmlich darauf konzentriert hatten, den wirtschaftsliberalen Charakter der EU durch soziale Mindeststandards und gemeinsame beschäftigungspolitische Instrumente abzuschwächen, war die Zeit danach – Großdemonstrationen zu EU-Gipfeln und die Institutionalisierung des Europäischen Sozialforums bringen dies zum Ausdruck – durch eine zunehmende transnationale Vernetzungs- und Protestbereitschaft gekennzeichnet. Den Regierungen der EU-Mitgliedstaaten und der Europäischen Kommission fällt es bis heute schwer, auf die strukturelle Politisierung der europäischen Integration und die wachsende Protestbereitschaft zivilgesellschaftlicher Organisationen eine zukunftsgerichtete und tragfähige Antwort zu finden. Die Anstrengungen, die europäische Politik auf eine breitere Legitimationsgrundlage zu stellen, beschränken sich weitgehend auf drei Strategieelemente:

- Das erste Strategieelement besteht darin, den politischen Diskussions- und Entscheidungsprozess effektiver zu gestalten. Durch die verschiedenen Vertragsreformen wurden das Anwendungsgebiet von einfachen oder qualifizierten Mehrheitsentscheidungen und die Mitgestaltungsmöglichkeiten des Europäischen Parlaments erweitert. Diese Reformen waren – angesichts der erweiterten Mitgliederzahl und erhöhten internen Heterogenität der EU – allerdings nur begrenzt erfolgreich, zumal sich auf Grund der nur in Ansätzen bestehenden europäischen Öffentlichkeit an der Intransparenz der Entscheidungen kaum etwas geändert hat und auch die inhaltliche Ausrichtung der europäischen Politik in den Grundzügen unverändert blieb.
- Ein zweites Strategieelement bildeten die Bemühungen, die Legitimation europäischer Entscheidungsprozesse durch eine erweiterte Einbeziehung der Zivilgesellschaft zu steigern.[34] Dies erfolgte unter anderem in der Aushandlung und Definition der EU Grundrechtecharta oder im Konvent zur Vorbereitung des EU-Verfassungsvertrags. Im Kontext der Offenen Methode der Koordinierung (OMK) wurde ebenfalls eine aktive Beteiligung der betroffenen zivilgesellschaftlichen Akteursgruppen angestrebt; und auch im üblichen Rechtssetzungsprozess sind die Optionen und Anreize für die Partizipation der Zivilgesellschaft – vornehmlich in Gestalt von Assoziationen, Wissenschaftlern, Experten und NGOs – zum Teil erweitert worden. Die zentrale programma-

---

[32] Vgl. Höpner (2008); Scharpf (2008).
[33] Vgl. Bieling/Deckwirth (2008), 182ff.
[34] Vgl. European Commission (2001).

tische Überlegung all dieser Schritte bestand darin, durch die Ausweitung der politischen Konsultation und Deliberation die Rationalität der getroffenen Entscheidungen zu verbessern und das europäische öffentliche Allgemeininteresse damit zu stärken.[35]

- Das dritte Strategieelement bestand schließlich darin, durch symbolische Inszenierungen für die öffentliche Unterstützung der EU aktiv zu werben. Wie in der Skizze der unterschiedlichen zivilgesellschaftlichen Dimensionen bereits erwähnt, gehört dieses Strategieelement bereits seit längerem zum Repertoire supranationaler Aktivitäten. In den letzten Jahren hatte es in Verbindung mit der medialen Berichterstattung jedoch weiter an Bedeutung gewonnen: etwa im Fall der Riesen-Feuerwerke, mit denen im Jahr 2004 die EU-Osterweiterung gefeiert wurde; in der zum Teil nochmals gesteigerten Inszenierung von EU-Gipfeln; oder auch in den Werbekampagnen – begleitet durch den Slogan „The Sound of Europe" –, mit denen auf das Scheitern des EU-Verfassungsvertrags reagiert wurde.

5   Probleme und Grenzen des inszenierten Europas

Wie die fortbestehende, weiterhin schwelende Legitimationskrise europäischer Politik verdeutlicht, waren die verschiedenen Strategieelemente bislang allenfalls begrenzt erfolgreich. Die Gründe hierfür liegen nicht zuletzt in einer arg verkürzten Problem- und Krisendiagnose. Nach wie vor begreifen die meisten Politiker – und auch viele Journalisten – die Legitimationskrise primär als Ausdruck eines „Vermittlungsproblems", das sich über bessere Informationen, eine größere Transparenz der Entscheidungsverfahren und durch einen pro-europäischen Wandel der nationalen politischen Kulturen prinzipiell beheben lässt. Um nicht missverstanden zu werden: Die einzelnen Aspekte können durchaus dazu beitragen, die Legitimationsgrundlagen der EU zu stärken. Dies würde zugleich allerdings den Abschied vom technokratisch-marktliberalen Entscheidungs- und Entwicklungsmodell voraussetzen, an dem sich die europäischen Entscheidungsträger noch immer orientieren. Im Prinzip sind damit bereits auch die beiden Strukturprobleme genannt, die der Bewältigung der Legitimationskrise und auch der weiteren Entwicklung der europäischen Zivilgesellschaft und Öffentlichkeit entgegenstehen:

- Das eine Strukturproblem besteht in der strategischen Engführung der europäischen Integration. Durch die ökonomischen Kernprojekte – den EG-Binnenmarkt, die WWU, die Finanzmarktintegration, die Lissabon-Strategie und die EU-Osterweiterung – werden die wirtschafts-, arbeits- und sozialpolitischen Gestaltungsspielräume der Mitgliedstaaten zumindest insofern eingeschränkt, als sie sich im Modus einer grenzüberschreitend wirksamen, marktliberalen Wettbewerbs- und Modernisierungsdynamik

---

[35] Vgl. Kohler-Koch (2008).

behaupten müssen.[36] In dem Maße, wie die nationalen Institutionen der Regulierung und Umverteilung im Sinne einer marktliberalen Angebotsprogrammatik reformiert werden, wirkt sich die EU-Politik letztlich auch auf die Sozial- und Klassenbeziehungen aus. Genauer, nach der Logik des „survival of the fittest" verstärken sich die Prozesse der sozialen Ungleichheit, Ausgrenzung und Unsicherheit, was bei den – potenziell – negativ betroffenen sozialen Gruppen wiederum eine EU-kritische Ablehnungshaltung begünstigt.

- Das andere Strukturproblem ist vornehmlich politisch-institutioneller Art. Es resultiert daraus, dass das EU-System trotz der – begrenzten – Öffnung gegenüber zivilgesellschaftlichen Organisationen nach wie vor einem konsens- und kompromissorientierten sowie technokratischen Politik- und Entscheidungsstil verhaftet ist. Der Konsens und das Aushandeln von Kompromissen ist in der Politik nicht notgedrungen ein Nachteil. Im EU-System haben die Kompromisse jedoch insofern einen autoritär-technokratischen Charakter, als sich in ihm politische Alternativen kaum artikulieren können.[37] Die fehlenden Prozessierbarkeit von Alternativen ist vor allem durch die Operationsweise des Parlaments bedingt, deren Repräsentanten in ihren Aktivitäten immer schon den potenziellen Kompromiss antizipieren müssen, also nicht nach dem Muster von Regierung und Opposition konträre Positionen zum Ausdruck bringen.

Während das erste Strukturproblem dazu beiträgt, die gesellschaftspolitischen Spannungen und indirekt – dies zeigt erneut die derzeitige Wirtschaftskrise – auch die zwischenstaatlichen Konflikte zu verschärfen, wird durch das zweite Strukturproblem verhindert, dass sich die Spannungen und Konflikte im EU-System angemessen artikulieren können. Genau diese Artikulationsfähigkeit konkurrierender gesellschafts- und europapolitischer Optionen ist jedoch von grundlegender Bedeutung, wenn es darum geht, die Relevanz und Sichtbarkeit des Parlaments zu verbessern. Mehr noch, eine kontroverse Debatte europäischer Themen würde zugleich auch den Raum der öffentlichen Kommunikation in der EU erweitern, die nationalen Öffentlichkeiten europäisieren und vermutlich auch die Qualität der europäischen Zivilgesellschaft verändern, die sich bislang eigentlich nur als das Ensemble europäischer Assoziationen darstellt. Zumindest wäre zu erwarten, dass die bislang sehr enge und selektive Organisations- und Operationsweise der Zivilgesellschaft aufgebrochen und erweitert wird. Wie weit ein solcher Prozess trägt, ist schwer abschätzbar. Doch auch ohne ein konkretes finales Leitbild sollte deutlich geworden sein, dass die Entwicklung einer inklusiven europäischen Zivilgesellschaft – und Öffentlichkeit – maßgeblich von der Institutionalisierung einer demokratisch verfassten europäischen Staatlichkeit abhängig bleibt.

---

[36] Bieling (2005).
[37] Vgl. Bieling (2008).

Literatur

Aust, Andreas/Leitner, Sigrid/Lessenich, Stephan (2002): Konjunktur und Krise des „Europäischen So-
    zialmodells". Ein Beitrag zur politischen Präexplanationsdiagnostik. In: Politische Vierteljahres-
    schrift 43. 2002. 272-301
Bach, Maurizio (2008): Europa ohne Gesellschaft. Politische Soziologie der europäischen Integration.
    Wiesbaden: VS-Verlag für Sozialwissenschaften
Baum-Ceisig, Alexandra/Faber, Anne (Hrsg.) (2005): Soziales Europa? Perspektiven des Wohlfahrtsstaa-
    tes im Kontext von Europäisierung und Globalisierung. Wiesbaden: VS-Verlag für Sozialwissen-
    schaften
Beckmann, Martin/Deppe, Frank/Heinrich, Mathis (2006): In schlechter Verfassung? Ursachen und Kon-
    sequenzen der EU-Verfassungskrise. In: Prokla 26. 2006. 307-324
Bieling, Hans-Jürgen/Steinhilber, Jochen (Hrsg.) (2000): Die Konfiguration Europas. Dimensionen einer
    kritischen Integrationstheorie. Münster: Westfälisches Dampfboot
Bieling, Hans-Jürgen (2005): Die Lissabon-Strategie und das europäische Sozialmodell. In: Baum-
    Ceisig/Faber (2005): 136-149
Bieling, Hans-Jürgen (2006): Europäische Staatlichkeit. In: Bretthauer (2006): 223-239
Bieling, Hans-Jürgen/Lerch, Marika (Hrsg.) (2006): Theorien der europäischen Integration. Wiesbaden:
    VS-Verlag für Sozialwissenschaften
Bieling, Hans-Jürgen (2008): (Ent-)Demokratisierungsprozesse im europäischen Mehrebenensystem. In:
    Brodocz et al. (2008): 119-135
Bieling, Hans-Jürgen/Deckwirth, Christina (2008): Von Seattle über Porto Alegre nach Brüssel. Die Euro-
    päisierung sozialer Bewegungen. In: Schmalz/Tittor (2008): 179-191
Brand, Ulrich/Görg, Christoph/Wissen, Markus (2007): Verdichtungen zweiter Ordnung. Die Internatio-
    nalisierung des Staates aus einer neo-poulantzianischen Perspektive. In: Prokla 37. 2007. 217-234
Bretthauer, Lars et al. (Hrsg.) (2006): Poulantzas lesen. Zur Aktualität marxistischer Staatstheorie. Ham-
    burg: VSA
Brodocz, André/Llanque, Marcus/Schaal, Gary (Hrsg.) (2008): Bedrohungen der Demokratie. Wiesba-
    den: VS-Verlag für Sozialwissenschaften
Crouch, Colin (2000): Social Change in Western Europe. Oxford: Oxford University Press
Demirovic, Alex (2000): Erweiterter Staat und europäische Integration. Skizzenhafte Überlegungen zur
    Frage, ob der Begriff der Zivilgesellschaft zur Analyse der Veränderung von Staatlichkeit beitra-
    gen kann? In: Bieling/Steinhilber (2000): 51-72
Deppe, Frank (1993): Von der „Europhorie" zur Erosion – Anmerkungen zur Post-Maastricht-Krise der
    EG. In: Deppe/Felder (1993): 7-62
Deppe, Frank/Felder, Michael (1993): Zur Post-Maastricht-Krise der Europäischen Gemeinschaft (EG).
    Marburg: Forschungsgruppe Europäische Gemeinschaften
Eder, Klaus (2003): Öffentlichkeit und Demokratie. In: Jachtenfuchs/Kohler-Koch (2003): 85-120
Eising, Rainer/Kohler-Koch, Beate (Hrsg.) (2005): Interessenpolitik in Europa. Baden-Baden: Nomos
European Commission (2001): European Governance. A White Paper. Luxemburg: Office for Official
    Publications of the European Communities
Geiss, Imanuel (1993): Europa – Vielfalt und Einheit. Mannheim: B.I. Taschenbuchverlag
Gill, Stephen (2003): Power and Resistance in the New World Order. Houndmills: Palgrave
Gramsci, Antonio (1991): Marxismus und Kultur. Hamburg: VSA
Gramsci, Antonio (1991ff.): Gefängnishefte. Kritische Gesamtausgabe. Hamburg: Argument Verlag
Greenwood, Justin (2003): Interest Representation in the European Union. Houndmills: Palgrave
Grimm, Dieter (1995): Braucht Europa eine Verfassung? München: Siemens Stiftung
Habermas, Jürgen (1992): Faktizität und Geltung. Beiträge zur Diskurstheorie des Rechts und des demo-
    kratischen Rechtsstaats. Frankfurt/Main: Suhrkamp

Habermas, Jürgen (1996a): Die Einbeziehung des Anderen. Studien zur Politischen Theorie. Frankfurt/Main: Suhrkamp

Habermas, Jürgen (1996b): Braucht Europa eine Verfassung? Eine Bemerkung zu Dieter Grimm. In: Habermas (1996a): 185-191

Habermas, Jürgen (2008a): Ach, Europa. Frankfurt/Main: Suhrkamp

Habermas, Jürgen (2008b): Europapolitik in der Sackgasse. Plädoyer für eine Politik der abgestuften Integration. In: Habermas (2008a): 96-127

Habermas, Jürgen (2008c): Europa und seine Immigranten. In: Habermas (2008a): 88-95

Haller, Max (2008): Die Europäische Integration als Elitenprozess. Das Ende eines Traums? Wiesbaden: VS-Verlag für Sozialwissenschaften

Herzog, Roman/Gerken, Lüder (2008): Stoppt den Europäischen Gerichtshof. In: Frankfurter Allgemeine Zeitung. 8. September 2008

Hobsbawm, Eric (1995): Das Zeitalter der Extreme. Weltgeschichte des 20. Jahrhunderts. München: Hanser

Höpner, Martin (2008): Das soziale Europa findet nicht statt. In: Die Mitbestimmung 54(5). 2008. 46-49

Höpner, Martin/Schäfer, Armin (Hrsg.) (2008a): Die Politische Ökonomie der europäischen Integration. Frankfurt/Main: Campus

Höpner, Martin/Schäfer, Armin (2008b): Eine neue Phase der europäischen Integration: Legitimitätsdefizite europäischer Liberalisierungspolitik. In: Höpner/Schäfer (2008a): 129-156

Hueglin, Thomas O. (1997): Regieren in Europa als universalistisches Projekt. In: Wolf (1997): 91-107

Jachtenfuchs, Markus/Kohler-Koch, Beate (Hrsg.) (1996): Europäische Integration. Opladen: Leske & Budrich

Jachtenfuchs, Markus/Kohler-Koch, Beate (Hrsg.) (²2003): Europäische Integration. Opladen: Leske & Budrich

Kaelble, Hartmut (1987): Auf dem Weg zu einer europäischen Gesellschaft. Eine Sozialgeschichte Westeuropas 1880-1980. München: Beck

Kielmansegg, Peter Graf (1996): Integration und Demokratie. In: Jachtenfuchs et al. (1996): 47-71

Klaus Dieter Wolf (Hrsg.) (1997): Projekt Europa im Übergang? Probleme, Modelle und Strategien des Regierens in der Europäischen Union. Baden-Baden: Nomos

Knodt, Michèle/Finke, Barbara (Hrsg.) (2005): Europäische Zivilgesellschaft. Konzepte, Akteure, Strategien. Wiesbaden: VS-Verlag für Sozialwissenschaften

Kohler-Koch, Beate (2008): Civil Society in EU Governance – A Remedy to the Democratic Accountability Deficit? In: Concepts & Methods 4. 2008. 3-6

Le Goff, Jacques (2004): Die Geburt Europas im Mittelalter. München: Beck

Leibfried, Stephan/Zürn, Michael (Hrsg.) (2005): Transformations of the State? Cambridge: Cambridge University Press

Middlemas, Keith (1995): Orchestrating Europe. The Informal Politics of European Union 1973-1995. London: Fontana Press

Münch, Richard (2008): Die Konstruktion der europäischen Gesellschaft. Zur Dialektik von transnationaler Integration und nationaler Desintegration. Frankfurt/Main: Campus

Offe, Claus (2001): Gibt es eine europäische Gesellschaft? Kann es sie geben? In: Blätter für deutsche und Internationale Politik 46. 2001. 423-435

Poulantzas, Nicos (1978): Staatstheorie. Politischer Überbau, Ideologie, Sozialistische Demokratie. Hamburg: VSA

Robinson, William I. (2004): A Theory of Global Capitalism. Production, Class, and State in a Transnational World. Baltimore: Johns Hopkins University Press

Scharpf, Fritz W. (2008): „Der einzige Weg ist, dem EuGH nicht zu folgen". Interview mit Fritz W. Scharpf. In: Die Mitbestimmung 54(7/8). 2008. 18-23

Schmalz, Stefan/Tittor, Anne (Hrsg.) (2008): Jenseits von Subcomandante Marcos und Hugo Chávez.
    Soziale Bewegungen zwischen Autonomie und Staat. Hamburg: VSA

Trenz, Hans-Jörg (2006): Soziologische Perspektiven: Auf der Suche nach der europäischen (Zivil-) Ge-
    sellschaft. In: Bieling/Lerch (2006): 373-397

Ziltener, Patrick (1999): Strukturwandel der europäischen Integration. Die Europäische Union und die
    Veränderung von Staatlichkeit. Münster: Westfälisches Dampfboot

Europa entzaubert? Öffentlichkeit und Integration Europas

Hagen Schulz-Forberg

Es ist ein wenig still geworden um Europa und seine Öffentlichkeit.[1] In der Politik ist der Ruf nach ihr als Mittel der demokratischen Legitimation für die Europäische Union nur noch selten zu hören. Vielmehr gilt es, das gesamte Projekt der europäischen Integration zu retten und auf ein sicheres Fundament zu stellen.

Nach dem Irland-Referendum zum Vertrag von Lissabon am 13. Juni 2008 war in Deutschland in Bezug auf eine europäische Öffentlichkeit nur die Stimme des Fraktionsvorsitzenden der Sozialdemokraten im Europaparlament, Martin Schulz, zu vernehmen. Dieser sah im Fehlen einer europäischen Öffentlichkeit einen Erklärungsgrund für die klare Abwahl des Vertrags von Lissabon durch die irische Bevölkerung. In den Augen von Schulz lag die Verantwortung hierfür bei den Staats- und Regierungschefs, die Erfolge nationalisierten und Misserfolge europäisierten und damit der Entwicklung einer europäischen Öffentlichkeit einen Bärendienst erwiesen.[2] Im Umkehrschluss würde die Auffassung Schulz', der mit seiner Einschätzung durchaus einen Konsens in der politischen Sichtweise der europäischen Öffentlichkeit repräsentierte, allerdings bedeuten, dass eine Art ehrlicher und zur Schau getragener Europa-Enthusiasmus innerhalb der Gruppe der politisch Verantwortlichen ausreichen würde, um eine solche Öffentlichkeit im Schnellverfahren herstellen zu können. Dies ist ein Trugschluss. Denn Öffentlichkeit entsteht nicht allein durch das vermehrte Nennen von Namen, Bezeichnungen, oder Institutionen; Öffentlichkeit ist auch nicht allein eine Frage der Identität, der Identifizierung mit einem politischen Gemeinwesen, oder dem Grad der individuellen Einstellung gegenüber den staatlichen Institutionen; Öffentlichkeit ist ein während der Aufklärung entstandener Grundbegriff politischer Legitimation in Europa und umfasst als solches komplexe soziale Prozesse und deren politische Wirkung und Auswirkung, das Recht der Bürger auf Kritik am Staat, sowie die Notwendigkeit von Öffentlichkeit zur Legitimation politischer und legaler Entscheidungen.

---

[1] Ich danke Ann Zimmermann für kontinuierliche Kritik und Inspiration. Milan Quastenberg danke ich für Hilfe bei der Redaktion. Bo Stråth gilt mein Dank für kollegialen Dialog, Kritik und Ansporn. Einige hier geäusserte Gedanken finden sich in Schulz-Forberg/Stråth (2010).
[2] www.faz.net, 13. Juni 2008, „Irland schockt Europa. EU Vertrag vor dem Scheitern".

Demokratische Öffentlichkeit zeichnet sich dadurch aus, dass unterschiedliche soziale Interessen, Spannungen und Konflikte erfolgreich und gewaltfrei verhandelt und von den politischen Institutionen absorbiert werden sowie einer politischen oder legislativen Lösung zugeführt werden können. Die demokratische Kontrolle der gewählten Regierung sowie der Repräsentanten ist Teil dieses Prozesses. Die Frage nach europäischer Integration gekoppelt mit der Frage nach europäischer Öffentlichkeit zielt demnach auf die Beziehung zwischen der Öffentlichkeit und politischen Institutionen. Und zu diesem Thema ist in den vergangenen zwanzig Jahren umfassend geforscht, gedacht und diskutiert worden.

Im Folgenden will ich daher versuchen, die historische und philosophische Verortung von Öffentlichkeit aufzuspüren, ihre Entwicklung in Europa nachzuvollziehen, sowie den Forschungsstand zur europäischen Öffentlichkeit zu besprechen, um schließlich die Frage nach der Beziehung zwischen Integration und Öffentlichkeit zu beantworten. Anschließend werde ich anhand des Begriffspaares *weiche* und *starke* Öffentlichkeit einen theoretischen Rahmen entwickeln und die These aufstellen, dass Europa als Projekt und Projektionsfläche für Erwartungshorizonte zukünftiger Gesellschaftsvorstellungen entzaubert zu sein scheint.

1   Öffentlichkeit in Europa

Öffentlichkeit als intermediärer Raum zwischen der Souveränität und den Bürgern entsteht in Europa historisch durch die Konzeptualisierung von Individuen, die als naturgegeben frei und gleich verstanden werden, die sich in ihrer zweiten Haupteigenschaft, als Bürger eines Gemeinwesens, in Form von beispielsweise Verbänden, Vereinen und Parteien organisieren und einem politischen Zentrum in kritischem Dialog gegenüberstehen. Selbstverständlich stehen die Bürger nicht nur dem Zentrum, welches sie repräsentiert, in einem kritischen Verhältnis gegenüber. Spannungen zwischen Individuen einerseits und der Art und Weise, auf welche sich Individuen in die Gesellschaft einbringen sollen, andererseits, bringen auch Spannungen zwischen individueller Freiheit und sozialer Solidarität hervor. Der Gedanke des Gesellschaftsvertrages, der in aufklärerischer Perspektive und ausgehend vom Individuum als Staatsbürger zwischen diesen Bürgern und dem Souverän geschlossen werden muss, impliziert demnach eine Öffentlichkeit, in welcher Form und Inhalt desselben verhandelt und konstruiert werden. Der Gesellschaftsvertrag, welcher 1762 von Jean-Jacques Rousseau explizit beschrieben wurde, beruht sowohl auf der Idee der natürlichen universellen Gleichheit aller Menschen als Individuen als auch auf der Idee der legalen universellen Gleichheit aller Menschen als Bürger. Rousseau selbst schreibt, dass es der Gesellschaftsvertrag ist, der den Menschen aus einem instinktgeleiteten Leben in ein soziales Gleichgewicht führt: „Ce passage de l'état de nature à l'état civil produit dans l'homme un changement très rémarquable, en substituant dans sa conduite la justice à l'instinct; & donnant à ses actions la moralité qui leur manquoit auparavant".[3] Und wenig später erläutert er die Rolle von moralischer und rechtlicher Gleichheit, die eine natürliche Gleichheit ausbalanciert und gleichzeitig gewährleistet: „c'est qu'au lieu de détruire l'égalité naturelle, le pacte fondamental substitue au contraire une égalité morale & légitime à ce que la nature avoit pu mettre d'inégalité physique entre les hommes, & que, pouvant être inégaux en force au en génie, ils deviennent tous égaux par convention & de droit".[4]

Der philosophische Diskurs um die Verbindung von Macht, Gesellschaft, Legitimation und Öffentlichkeit entwickelte sich als Reaktion auf die Religionskriege, die Europa von 1568 bis 1648 verheerten. Fundamental für die Konzeption des Begriffes der Öffentlichkeit war dabei die Entwicklung des Gegensatzes zwischen Öffentlichkeit und Innerlichkeit, oder zwischen dem Öffentlichen und dem Privaten. Und auch wenn Philosophen der Aufklärung sich zahlreichen Streitigkeiten und Uneinigkeiten hingaben, war doch die grundsätzliche Teilung zwischen diesen beiden Sphären – der unantastbaren Privatsphäre, die durch das Naturrecht geschützt wurde, und der äußeren Sphäre der Öffentlichkeit als intermediärer Raum zwischen dem Privaten und dem souveränen Staat – Konsens im Europa der Aufklärung. Die historisch fundamentale Entwicklung, die dieser Schaffung des individuellen Inneren folgte, lag in der neuen Lokalisierung von Moral in diesem individuellen Inneren. Selbstverständlich entstehen moralische Wertvorstellungen nicht von alleine, sondern im Dialog mit anderen und in einem allgemeinen ethischen Diskurs. Dennoch bleibt die Erfindung des subjektiven Inneren in Europa grundlegend für theoretische Modelle und normative Schlussfolgerungen, die sich auf Öffentlichkeit beziehen.

Thomas Hobbes beispielsweise unterscheidet bereits 1651 zwischen dem privaten Innenraum und dem öffentlichen Außenraum. Damit unterschied er auch zwischen Moral und Politik. Er lokalisierte die Naturgesetze und den Kern aller Menschenrechte in diesem privaten Inneren. Seine Unterteilung zwischen innen und außen illustriert wiederum einen entscheidenden Unterschied zwischen dem

---

[3] Rousseau (1762), 25: „Der Übergang aus dem Natur- in den Gesellschaftszustand bringt in dem Menschen eine sehr bemerkenswerte Veränderung hervor, indem in seinem Verhalten die Gerechtigkeit an die Stelle des Instinktes tritt und sich in seinen Handlungen der sittliche Sinn zeigt, der ihnen vorher fehlte".

[4] Ibid., 32: „der Grundvertrag hebt nicht etwa die natürliche Gleichheit auf, sondern setzt im Gegenteil an die Stelle der physischen Ungleichheit, die die Natur unter den Menschen hätte hervorrufen können, eine sittliche und gesetzliche Gleichheit, so dass die Menschen, wenn sie auch an körperlicher und geistiger Kraft ungleich sein können, durch Übereinkunft und Recht alle gleich werden".

Privaten und dem Öffentlichen und eine Grundspannung in modernen Verhandlungen von Legitimation; der Spannung zwischen der inneren Gesinnung (oder
Innerlichkeit) und der Publizität (oder Öffentlichkeit). „The Laws of Nature oblige
in *foro interno*; that is to say, they bind to a desire they should take place: but in *foro
externo*; that is, to the putting them in act, not alwayes. […]. And whatsoever Lawes
bind in *foro interno*, may be broken, not onely by a fact contrary to the Law but also
by a fact according to it, in case a man think it contrary. For though his action in
this case, may be according to the Law; yet his purpose was against the Law; which
where the Obligation is in *foro interno*, is a breach".[5]

Das innere Forum (*foro interno*) ist für Hobbes synonym mit Bewusstsein oder
Gewissen; und Gewissen wiederum ist verbunden mit der universalen menschlichen Fähigkeit, moralische Wahrheiten zu erkennen. Schon bei René Descartes ist
die menschliche Eigenschaft, Wahres und Falsches zu unterscheiden, gleichbedeu-
tend mit der inneren Vernunft, die das Urteil eines jeden Einzelnen lenkt. Für Immanuel Kant und andere liegt in dieser universellen Vernunft und der Lokalisierung dieser Vernunft im Inneren des Einzelnen auch der Ursprung für einen Got-
tesbeweis. Hier soll die Betrachtung dieser menschlichen Eigenschaft allerdings lediglich dazu dienen, die logisch-philosophische Trennung von Moral und Politik
zu verdeutlichen. Descartes schreibt: „cela témoigne que la puissance de bien ju-
ger, et distinguer le vrai d'avec le faux, qui est proprement ce qu'on nomme le bon
sens ou la raison, est *naturellement égale en tous les hommes*".[6] Die Betonung liegt hier
demnach auf der Tatsache, dass Hobbes, neben anderen, das private Innere als den
Ort der individuellen moralischen Freiheit definiert und diesen Ort vom äußeren
Forum (*foro externo*) differenziert, an welchem das Individuum den Gesetzen der
Gesellschaft unterliegt, deren Staatsbürger er ist. Innerlich muss der Mensch jedoch nur seinen eigenen Gesetzen und Überzeugungen folgen. Wenn er sich jedoch entschließt, als Bürger in einem Staat zu partizipieren, verliert er das Recht,
seinem persönlichen Gewissen rücksichtslos zu folgen, und akzeptiert, sich dem
öffentlichen Bewusstsein anzuschließen, welches durch den Souverän repräsentiert
wird.[7] Im Umkehrschluss unterliegt eben dieser Souverän jedoch ebenfalls dem
Gesellschaftsvertrag. „He that hath the Souvereign Power, is subject to the Civill
Lawes".[8]

Hobbes reflektierte hingegen nicht über die Spannungskräfte, die der Trennung von Moral und Politik innewohnen. In der Individualität formierte sich das

---

[5] Hobbes (1651/1968), 215.
[6] Descartes (1637), 3.
[7] Auch Rousseau greift diesen grundlegenden Gedanken auf: „En effet chaque individue peut *comme
homme* avoir une volonté particuliere contraire ou dissemblable à la volonté générale qu'il a *comme Ci-
toyen*", siehe Rousseau (1762), 24 (Meine Hervorhebungen).
[8] Hobbes (1651/1968), 367.

Recht zur Kritik, die sich auch öffentlich Bahn brach. Druck wurde auf den Souverän ausgeübt, und die Basis des Gesellschaftsvertrags verschob sich in der europäischen Geschichte kontinuierlich. Macht und die Rechtfertigung der Macht verschoben sich vom Souverän zu den Staatsbürgern und weiter zu verschiedenen Varianten der Realisierung von sozialer Solidarität oder der allgemeinen Gesellschaftsform. Hier liegt auch der Ursprung der fundamentalen Rolle von Öffentlichkeit. Der entscheidende neue Ausgangspunkt für diese Entwicklung war die Einsicht, dass der Mensch moralisch nur sich selbst verpflichtet ist, dass diese Autonomie den Einzelnen jedoch gleichzeitig an andere bindet. Begriffe für den Ausdruck dieser Bindung sind seit der Französischen Revolution vor allem der Begriff der Nation sowie seit dem 19. Jahrhundert auch der Begriff der Klasse. Individuen sind demnach moralische Akteure in einem sozialen Kontext. Moral ist kein universelles Gut, dass unveränderbar in seinem Inhalt ist, sie ist dynamisch. Daher ist die Fähigkeit des Menschen, „private Judge of Good and Evill actions"[9] zu sein, Grundlage für eine beständige Veränderung der sozialen Imaginationen, die durch den öffentlichen Prozess von Kritik vorangetrieben wird. Das moralische Innere ist der legitime und fruchtbare Boden für das Wachstum von Kritik an den regierenden Autoritäten durch den Staatsbürger. Öffentlichkeit findet ihre Legitimation also in der Definition des Privaten im Gegensatz zum Politischen. Daher waren auch geheime Gesellschaften, sowie das unter Privatleuten geteilte Geheimnis ein konstituierendes Element von Öffentlichkeit. Da sich im gegenöffentlichen Raum privater geschlossener Versammlungen eben diese Kritik am Souverän formierte. Neben den ersten Zeitschriften, Lesegesellschaften, Salons und Clubs sind auch die Geheimgesellschaften – die absichtlichen, weil sie bewusst öffentlich unsichtbar bleiben wollten, und die unabsichtlichen, weil sie verboten waren – Teil des Prozesses einer entstehenden räsonierenden Öffentlichkeit.

Kritik wurde und bleibt ein fundamentaler Bestandteil der Öffentlichkeit. Die Trennung zwischen dem Privaten und dem Öffentlichen ist offensichtlich bedeutend, da das Private als konstituierender Raum der legitimen öffentlichen Autorität erhalten bleiben muss.[10] Diese öffentliche Autorität muss demnach dem öffentlichen Gut nachstreben, welches den Erhalt des Privaten, sowohl im moralischen wie im wirtschaftlichen Sinn, zum Zweck hat. Bei John Locke heißt es beispielsweise, dass derjenige, der politische Macht innehat, vor allem dadurch gekennzeichnet ist, dass er „the right of making laws" hat; „for the regulating and preserving of property, and of employing the force of the community, in the execution

---

[9] Ibid., 365.
[10] Hölscher (1979); Koselleck (1959).

of such laws, and in the defence of the commonwealth from foreign injury, and all this for the public good".[11]

Die fundamentale Rolle, die Öffentlichkeit für politische Legitimation spielt, kann auch anhand der Begrifflichkeiten ,publicity', ,publicité', ,opinion publique'[12] und ,Publizität' erläutert werden, welche die historischen Begriffe sind, bevor die ,public sphere' 1989 durch die Übersetzung von Jürgen Habermas' grundlegendem Text in das Englische eingeführt wurde.[13] Während einige dieser Begriffe, vor allem der Englische, heutzutage eher mit Werbung oder Öffentlichkeitsarbeit assoziiert werden, waren sie während der Aufklärung relevant und dementsprechend bedeutsam für die politische Entwicklung in Europa.

Bereits Habermas erwähnte den englischen Unterhausabgeordneten Charles Fox, der 1792 als erster das Urteil der ,public opinion' als Lackmustest für die Legitimation seiner Politik verstand. Er schrieb: „If the public opinion did not happen to square with mine; if, after pointing out to them the danger, they did not see it in the same light than with me, or if they conceived that another remedy was preferable to mine, I should consider it as my due to my king, due to my country, due to my honour to retire, that they might pursue the plan which they thought better".[14]

Während Fox sich auf die öffentliche Meinung bezieht, machte Immanuel Kant nur drei Jahre später die Publizität als Prinzip zu einem Eckpfeiler seiner politischen Theorie. Er betont, dass das Prinzip der Publizität auf alle Formen der Maximenbildung angewandt werden müsse. Diese Maximen erreichen nur dann eine legitime Legalität wenn das Kriterium der Publizität gewährleistet ist. Umgekehrt gilt: „Alle auf das Recht anderer Menschen bezogene Handlungen, deren Maxime sich nicht mit der Publizität verträgt, sind unrecht".[15] Des weiteren ist die Publizität Grundvoraussetzung für die Vermeidung von Misstrauen gegenüber den geltenden Maximen, denn „alle Maximen die der Publizität bedürfen (um ihren Zweck nicht zu verfehlen), stimmen mit Recht und Politik vereinigt zusammen".[16]

Öffentlichkeit ist somit das entscheidende Element für einen auf der Zivilgesellschaft basierenden Staat. Beide Begrifflichkeiten treten mit dem Ende des Kal-

---

[11] Locke (1689/1993), 116.

[12] Von Michel de Montaigne bereits 1588 verwendeter Begriff, den Montaigne allerdings nicht als Moment der Kritik versteht, sondern als Form allgemeiner Auffassung. „Platon entreprend de chasser les desnaturees et preposteres amours de son temps, qu'il estime souveraine et principale; à sçavoir, que *l'opinion publique* les condemme", siehe Montaigne (1588/1850), 117. Als Begriff, der universell berechtigte Kritik und gleichzeitig einen moralisch wirksamen Bewertungsstandard von politischem Wirken beinhaltet, entwickelt sich ,öffentliche Meinung' erst im Zuge des 18. Jahrhunderts.

[13] Habermas (1962).

[14] Zitiert bei Ibid., 131-132.

[15] Kant (1795/1993), 245.

[16] Ibid., 250.

ten Krieges, den Debatten um eine ‚Rückkehr von Europa' als Leitidee und einer ‚Rückkehr nach Europa' der mittel- und osteuropäischen Länder vermehrt auf. Die Verbindung von europäischer Zivilgesellschaft und europäischer Öffentlichkeit seit Anfang der 1990er Jahre ist somit nicht nur historische Koinzidenz; beide Begrifflichkeiten sind in der europäischen philosophischen Tradition eng miteinander verbunden. Die Zivilgesellschaft legitimiert die Regierenden durch die Formulierung eines allgemeinen Willens oder einer allgemeinen Übereinkunft.

Gleichzeitig ist Öffentlichkeit sowohl ein Kernbegriff der politischen Legitimation, ein demokratischer Kontrollmechanismus, als auch ein Kommunikationsraum; aber nie nur eines von diesen dreien. Das Recht auf politische Kontrolle der Regierung resultierte aus der Verschiebung der moralischen Legitimation von den Regierenden selbst in das *foro interno*, den Raum der „perfekten Freiheit" und der daraus hervortretenden Öffentlichkeit.[17] Oder, wie es Reinhart Koselleck ausdrückte: „die Selbstgewissheit des moralischen Innenraumes liegt in seiner Fähigkeit zur Publizität".[18] In der Tat zeigt Koselleck in *Kritik und Krise*, dass der Siegeszug der Aufklärung durch Europa simultan zur Erweiterung des Privaten zum Öffentlichen hin geschieht.[19] Durch das sich Hinwenden an die Öffentlichkeit, beziehungsweise durch das Veröffentlichen, wurden privat entwickelte moralische Überzeugungen in sozialen und politischen Diskursen debattiert und verhandelt. Der öffentliche Diskurs konstituiert das wesentliche legislative Instrument der Staatsbürger, durch welchen sich das Bürgertum auch selbst konstituiert. Koselleck erklärt: „Ohne sich auf die staatlichen Gesetze zu berufen, aber auch ohne eine eigene politische Exekutivgewalt zu besitzen, entfaltet sich im dauernden Wechsel zwischen geistiger Kritik und moralischer Zensur das moderne Bürgertum".[20] Da dieser Diskurs im Idealfall aus der Bürgerschaft erwächst, ist er mit moralischer Autorität versehen und somit auch mit der Legitimation, die Regierung zu kontrollieren. Das moralische Recht des Individuums zur öffentlichen Kritik an den herrschenden Zuständen wuchs historisch aus der Entkopplung der moralischen Autorität von der Kirche und den Monarchen und ihrer Neuverortung im privaten Innenraum des Individuums als Staatsbürger.[21]

---

[17] Locke (1689/1993), 116.
[18] Koselleck (1973), 44.
[19] Ibid., 41.
[20] Koselleck (1973), 45.
[21] Siehe hierzu auch die Ausführungen von Hölscher (1978), 413-467; Hölscher (1979).

1.1 Öffentlichkeit und Geschichte – Die gegensätzlichen Theorien von Habermas und Koselleck

Reinhart Koselleck und Jürgen Habermas schrieben in den jungen Jahren der Bundesrepublik grundlegende und grundverschiedene Bücher über die Rolle von Öffentlichkeit – und verankerten diese auch explizit in diesem Kontext. Sowohl Kosellecks Begriffsgeschichte als auch Habermas' kritische Theorie finden hier ihren Ursprung.[22] Ihre Werke liegen chronologisch dicht beieinander. Auf Deutsch zuerst 1959 beziehungsweise 1962 erschienen, werden sie 1978 (Habermas) und 1979 (Koselleck) ins Französische übersetzt. Ihren durchschlagenden internationalen Einfluss feiern beide Werke jedoch erst mit der Übersetzung ins Englische. Koselleck erscheint 1988 und Habermas 1989 – beide bei MIT Press. Von hier an prägt Habermas' übersetztes Werk, das den Begriff der ‚public sphere' ins Englische einführt, eine mittlerweile zwei Jahrzehnte andauernde Debatte um die Rolle von Öffentlichkeit, Zivilgesellschaft und Demokratie. Hierbei spielt vor allem der normative Horizont für post-nationale und später in seinen Arbeiten und Kommentaren zu Europa auch transnationale demokratische Gesellschaften eine Rolle, den Habermas unter anderem mit dem Begriff der Öffentlichkeit entwickelt. Die Entwicklung dieses normativen Modells erlaubte die vielfältige Anwendung und Erforschung von Kommunikations- und Legitimationssystemen nicht nur in Deutschland und Europa, sondern weltweit, da Habermas Ideen zu Öffentlichkeit auch in Asien und dem arabischen Raum rezipiert wurden und werden.[23]

Kosellecks Gedanken zur Öffentlichkeit wurden in diesen Debatten nicht aufgenommen. Ein Grund hierfür liegt darin, dass Koselleck sich nicht explizit mit einem Modell von Öffentlichkeit auseinandersetzt, und ein weiterer Grund ist sicherlich in der politisch motivierten und sehr kritischen Besprechung von *Kritik und Krise* eben durch Habermas zu finden. Der Einfluss von Carl Schmitt auf Koselleck führte zu dieser starken Kritik durch Habermas, der Kosellecks Arbeit vereinfachend als Schmitt'sche ‚politische Anthropologie' stigmatisierte.[24] Zudem ist Kosellecks frühes Werk aber auch von einem pessimistischen Grundton sowie einer strikten Ablehnung von normativen politischen Entwürfen geprägt, die er vielmehr als typisches Produkt der Moderne betrachtet. Utopien führen möglicherweise in totalitäre Systeme wie nach der Französischen Revolution, oder im Fall der Russischen Revolution sowie des Nationalsozialismus. Alle drei Formen

---

[22] So bereits 1978 besprochen durch McCarthy (1978).

[23] Siehe hierzu beispielsweise die Arbeiten von Salvatore (2007); Salvatore (2004). Für China siehe unter anderem Niu (1999); Mayfair (1999); Yang (2003).

[24] Siehe hierzu Habermas' Bemerkungen „Zur Kritik an der Geschichtsphilosophie (R. Koselleck, H. Kesting)" in Habermas (1973), speziell 363. Zu Kosellecks Entwicklung und Verständnis des Begriffs Öffentlichkeit sowie zu den Debatten um die Rolle von Carl Schmitt siehe Olsen (2009), bes. 56-69.

von Totalitarismus sind durch die Moderne entstanden. Hier setzt sich Koselleck mit seiner historisch-dynamischen Theorie deutlich von Schmitt ab.[25] Als Historiker ist sich Koselleck zudem dem offenen Ende der Geschichte bewusst. Dennoch ist sein frühes Werk und seine Interpretation von Kritik und Krise vor allem durch seine Sicht auf die Moderne als kontinuierliche Krise geprägt; ebenso durch seine Interpretation der revolutionären und kritischen Aufklärer, denen er eine Hypokrisie vorwirft. Damit bezieht er sich einerseits auf die Wandlung von Kritik in Willkür, nachdem die kritische Meinung die politische Oberhand gewann und unfähig oder unwillig war, die eigenen Positionen selbstkritisch zu reflektieren. Andererseits liegt Hypokrisie in dem Beharren darauf, eigentlich unpolitisch zu sein. Hierin sah Koselleck einen Hauptgrund für eine Verschärfung der Krise und den Weg in den Jakobinischen Totalitarismus. Er analysierte einen Selbstbetrug der moralischen Argumentation, die er in einer Blindheit der Kritik gegenüber den eigenen politischen Motivationen und Ambitionen sah. „To Koselleck the essence of modern totalitarian ‚ideology' in all its varieties was an exclusively moral vision, self-deluding in its blindness to its own political will to power and self-righteous in its refusal to grant moral legitimacy to ‚political' alternatives", schreibt Anthony La Vopa in seiner Besprechung von Koselleck und Habermas, die erstmals beide Autoren gegeneinander aber auch miteinander als Interpreten des gleichen Themas liest.[26] Kosellecks empirische Grundlagen sind in der Zwischenzeit kritischer Prüfung unterzogen worden, und beispielsweise der Mythos der Gegenöffentlichkeit, die sich gegen das herrschende Regime richtet, kann nicht vollständig aufrecht erhalten werden, da sich diejenigen, die sich in den Freimaurerlogen und Geheimgesellschaften des 18. Jahrhunderts engagierten, aus den Eliteschmieden des absolutistischen Systems rekrutierten. Der private Rückzugsraum war also nicht nur ein Refugium der Denkfreiheit, sondern teilweise auch eine informelle Erweiterung des Absolutismus.[27]

Während Koselleck eine Pathogenese der bürgerlichen Gesellschaft ausmacht und eine pessimistische Sichtweise auf die Moderne entwickelt, installiert Habermas im *Strukturwandel* ebenso eine negative historische Interpretation der Moderne. Für Habermas ist vor allem das Anwachsen der Massenmedien verantwortlich für das Abhandenkommen der Möglichkeit anspruchsvoller Kommunikation und ernsthafter Kritik. Für Koselleck wurde die Degeneration der rationalen Kritik in utopistischen Fanatismus als Grundthese Sinnbild seiner historischen Interpretation, für Habermas, in damals neo-marxistischer und neo-freudianischer Perspektive der Frankfurter Schule, war es der Aufstieg der modernen Kulturindustrie als Re-

---

[25] Stråth (2001).
[26] La Vopa (1992), 84.
[27] Siehe hierzu vor allem die nuancierte Studien von Roche (1981a); Roche (1981b).

sultat eines Strukturwandels der Öffentlichkeit. Die neue Hegemonie der Kulturindustrie macht es für Bürger in modernen kapitalistischen Staaten schlicht unmöglich, überhaupt kritisch zu argumentieren. Der Aufstieg der kommerzia-
lisierten Massenkultur verwandelte Kommunikation zu einem Narkotikum, das
langsam aber sicher nicht nur die Öffentlichkeit, sondern auch den privaten Rückzugsraum infiltriere. Doch Habermas ist sich dem Spannungsverhältnis von Kritik,
Krise und potenziell fanatischen oder totalitären Utopien durchaus bewusst.[28] Dass
politische Legitimation durch die Verschiebung des moralischen Zentrums in das
Individuum zu einer Temporalisierung der sozialen Imagination führte, die Koselleck für die europäische Moderne betonte, ist auch ein Thema, welches Habermas
mit Öffentlichkeit verbindet. Kritik legitimiert sich gerade durch den alternativen
Entwurf einer zukünftigen Verfassung der Gesellschaft. Für Habermas bedeutet
dies, dass Utopien nicht zu vermeiden, aber zu zähmen sind, und zwar durch einen moralisch-normativen Horizont, an dem sich Demokratien orientieren sollten.
Öffentlichkeit, wie oben einführend bemerkt, fungiert hierbei als Legitimation,
Korrektiv und Kommunikationsraum – und eine demokratische Öffentlichkeit
muss eine Reihe von Eigenschaften erfüllen, um ihrer Funktion auch gerecht werden zu können.

Eine weitere Gemeinsamkeit beider Werke, neben dem kontinuierlichen Produzieren von alternativen Zukünften als Grundthema der Moderne, liegt in ihrem
Ausgangspunkt bei Kants Denken als reinster Form von normativer Modellhaftig-
keit, auch wenn sich Koselleck für Hobbes als eine Art Realitäts-Maßstab für Kant
entschließt und Habermas sich in Richtung Hegel weiterdenkt. Während Koselleck
in seiner Interpretation vor allem Hobbes als realistischen Gegenentwurf zu Kant
einsetzt und auch eher Locke, Raynal und Paine bespricht, ist es doch Kants Vor-
rede zur *Kritik der reinen Vernunft*, in der Koselleck den Kulminationspunkt oder
auch die radikalste Funktion des aufklärerischen Ideals der öffentlichen Kritik
sieht. Kant schrieb 1781: „Unser Zeitalter ist das eigentliche Zeitalter der Kritik, der
sich alles unterwerfen muss. Religion durch ihre Heiligkeit und Gesetzgebung
durch ihre Majestät wollen sich gemeiniglich derselben entziehen. Aber alsdann
erregen sie gerechten Verdacht wider sich und können auf unverstellte Achtung
nicht Anspruch machen, die die Vernunft nur demjenigen bewilligt, was ihre freie
und öffentliche Prüfung hat aushalten können".[29]

Habermas beschreibt mit Kant einen Idealfall von Publizität, den er einer Diskussion der Entstehung der historischen Begrifflichkeiten ‚public opinion', ‚opini-

---

[28] Habermas (1985); Habermas (1990a).
[29] Kant (1781), zitiert bei Koselleck (1973), 101. In der Ausgabe von 1787, nach dem Tod Friedrichs des
Großen, fehlt diese Bemerkung von Kant.

on publique' und ‚öffentliche Meinung' folgen lässt.[30] Kants bereits oben zitierte Maximen illustrieren die Verbindung von Publizität mit Legitimation sowie mit Moral, von der Kant ebenfalls im Entwurf zum Ewigen Frieden schreibt, dass „die wahre Politik keinen Schritt tun (kann), ohne vorher der Moral gehuldigt zu haben".[31] Für Habermas gilt daher „Kants Publizität als dasjenige Prinzip, das allein die Einhelligkeit der Politik mit der Moral verbürgen kann".[32]

Habermas sieht also, ähnlich wie Koselleck, in Kant einen Repräsentanten des aufklärerischen Denkens über Publizität, der den Begriff in seiner reinsten und radikalsten Form für seine politisch-moralische Philosophie verwendet. Diesen Kant'schen Idealfall findet Habermas in der bürgerlichen Öffentlichkeit des späten 18. Jahrhunderts – um ihn als Spiegel seiner eigenen Desintegration einzusetzen.

Sowohl Koselleck als auch Habermas wurden von nachfolgenden Historikern und Soziologen im Detail widerlegt, hinterfragt und kritisiert. Dennoch bleibt der Wert beider Werke darin erhalten, dass sie ihre Analysen in eine historische Theorie der Moderne einbetten, die durch das Spiel von Kritik und Krise, durch kontinuierliche Genese von alternativen Zukünften sowie normativen Horizonten geprägt ist, in deren Zusammenhang Öffentlichkeit eine zentrale Rolle spielt.

Die Bedeutung von Öffentlichkeit ist demnach eng mit dem Aufstieg des Bürgertums in Europa verknüpft, und neben ihrer philosophisch-rechtlichen Grundbedeutung und ihrer Funktion in der Staatstheorie entwickelt sich Öffentlichkeit vor allem durch soziale Realitäten. Für Koselleck generiert sich diese Praxis in neuen Formen von Gesellschaftlichkeit, vor allem durch das Öffnen der geheimen Türen der Freimaurerei, und Habermas findet in der Form der bürgerlichen Familie als Konsumeinheit einen Grund für das Anwachsen des literarischen Marktes und des lesenden Publikums.

1.2 Öffentlichkeit und Ökonomie

Grundlegend, und mit der Moralphilosophie eng verknüpft, ist für letzteres die ökonomische Theorie, die zeitgleich mit der Moralphilosophie auf Europas Bühne erscheint. Auch wenn beispielsweise Adam Smith heute eher durch seine Beiträge zur kapitalistischen Theorie in Erinnerung bleibt, war er doch viel mehr als ein Ökonom. Durch seine Verbindungen zu aufgeklärten Kreisen in Paris, die ihn in Kontakt mit Voltaire, François de Quesnay und den Physiokraten brachten – hier vor allem mit Anne Robert Jacques Turgot, der einen großen Einfluss auf Smith

---

[30] Habermas (1990c), 161-178.
[31] Kant (1795/1993), 243.
[32] Habermas (1990c), 180.

behielt – zeigt sich, dass Ideen von Recht, Freiheit und Menschenrechten mit ökonomischen Konzepten verflochten waren. Smith selbst hatte in Glasgow einen Lehrstuhl in Moralphilosophie, nicht in Wirtschaftstheorie. Diese Moralphilosophie beinhaltete die Felder Ethik, politische Ökonomie und Theologie. Die Erinnerung an Smith als Theoretiker eines kalkulierten, rationalen Eigeninteresses innerhalb eines freien Marktes ist demnach eine Fehlrepräsentation. Seine Moraltheorie war explizit sozial.[33] Die Idee und die Implementierung des freien Marktes ist historisch wiederum mit dem Anwachsen der Bedeutung von Öffentlichkeit verbunden. Zugang zu Information konstituiert ebenfalls ein Menschenrecht mit Implikationen, die weit über den ökonomischen Zusammenhang hinausgehen, wie das Recht auf den freien Zugang zu Gedanken. Aber eine freie Entscheidung im Markt benötigt eine freie Information. Es ist daher auch nicht überraschend, dass die allerersten Zeitungen vor allem von Händlern bestellt wurden, da sie Informationen enthielten, die für ihr Marktverhalten interessant waren. Schon die erste Zeitung überhaupt, die noch handgeschriebene *Fuggerzeitung* (1585-1605), diente vor allem wirtschaftlichen Zwecken – und auch die erste gedruckte Zeitung, die 1605 von Johann Carolus in Straßburg herausgegebene *Relation aller Fuernemmen und gedenckwuerdigen Historien*, bediente vor allem die städtischen Händler und Handelshäuser. Angebot und Nachfrage nach Information war und ist daher eine wichtige Dimension des liberalen Marktes, der dementsprechend neben der durch die Medien entstehenden Publizität des Politischen ebenfalls mit dem Begriff der Öffentlichkeit verknüpft ist. Märkte untermauerten die Öffentlichkeit. Der Fokus, den Habermas auf den ökonomischen Einfluss auf das Verständnis von Öffentlichkeit legt, und den die Idee des Privaten mit sich brachte, basierte vor allem auf der Idee des Privateigentums und dem Aufbau von privatem Reichtum, die im Zusammenhang mit der kulturellen und politischen Emanzipation des Bürgertums standen.[34]

Der Ursprung oder das Fundament dieser ökonomischen Freiheit der Bürgerschaft findet sich in den rechtlichen Konsequenzen der Verschiebung von Legitimation hin zum Individuum als Wurzel jeglicher öffentlicher Handlung. Von der Mitte des 18. Jahrhunderts an – mit einem Höhepunkt in der Mitte des 19. Jahr-

---

[33] Siehe beispielsweise den einführenden Satz von Smith (1759/2006) in seiner *Theory of Moral Sentiments* von 1759. Das erste Kapitel trägt den Titel: „On Sympathy", und er beginnt sein Argument mit dem Satz: „How selfish soever man may be supposed, there are evidently some principles in his nature, which interest him in the fortune of others, and render their happiness necessary to him, though he derives nothing from it, except pleasure of seeing it". Für eine Lesart, die Smith in einem sozialtheoretischen Kontext sieht, siehe Stråth (2000b). Für eine Einordnung von Smith in den philosophischen und auch theologischen Zusammenhang seiner Zeit, siehe Bruni (2006), vor allem 79ff.
[34] So Habermas (1990c), 142ff.

hunderts – ist das Zeitalter des Liberalismus in Europa mit der Idee des Privateigentums sowie mit der Idee von Öffentlichkeit verbunden.

Öffentlichkeit als wesentlicher Begriff, mit dem Unterstützung und Schutz von Bürgerrechten erzielt werden konnte, wurde seit dem frühen 19. Jahrhundert durch parlamentarische Reformen in den europäischen Staaten installiert. Seit diesem Zeitpunkt wurden in Europa Parlamente und Verfassungen eingeführt in einem Versuch, einen Ausgleich zwischen einer neuen sozialen und politischen Situation nach der Französischen Revolution und den Napoleonischen Kriegen (1803-1815) zu schaffen. Die *Reform Bill* (1832) signalisierte den Durchbruch des parlamentarischen Systems im Vereinigten Königreich und markierte gleichzeitig die Verschiebung von Öffentlichkeit in eine zentrale politische Position. Die konstitutionellen Monarchien in Europa folgten einem Modell der französischen *Charte constitutionelle* von 1814 sowie der belgischen Verfassung von 1830. Diese Verfassungen bedeuteten nicht den Durchbruch von Demokratie und Parlamentarismus aus einer teleologischen Perspektive. Sie waren vielmehr das Ergebnis von Konflikten und Verhandlungen zwischen mehr oder weniger absoluter monarchischer Herrschaft und den anwachsenden Forderungen einer Partizipation an der Macht durch die Bevölkerung, vor allem durch Versuche, monarchische Prärogativen zu definieren und zu binden. Während die parlamentarische Evolution in Europa also nicht den vollen demokratischen Durchbruch brachte, realisierte sie dennoch die rechtliche Sicherheit der Bürger und ihrer privaten ökonomischen Aktivitäten sowie somit einen wichtigen Schritt hin zu einer möglicherweise sogar demokratischeren Gesellschaft.

Der Markt, das Privateigentum und die liberale Ökonomie entfalteten sich mit der Etablierung der Herrschaft des Rechts in Europa. Die Idee der individuellen Gleichheit garantierte das Recht auf Eigentum ebenso wie die Freiheit des Einzelnen, Ideen von Gerechtigkeit, Sozialismus und andere Derivate der Aufklärung. Des weiteren findet die erfolgreiche Implementierung von liberaler Wirtschaft und bürgerlichen Rechten ihren Ausdruck in Rechtsdokumenten unter teilweiser Einbeziehung eines öffentlichen Diskurses im deliberativen Prozess. Das *Preußische Allgemeine Landrecht* von 1794, das Österreichische *Allgemeine Bürgerliche Gesetzbuch* von 1811 und der Schlüsselmoment für das bürgerliche Privatrecht, der Napoleonische *Code Civil* von 1804, wurden auch im Interesse einer neuen politischen Klasse geschrieben, des Bürgertums.

Habermas stilisierte diese Zeit zu einer Phase der idealen Form von Öffentlichkeit. Und dies war ihm durchaus bewusst, ja es war gewollt. Die Logik des emanzipierten, gleichberechtigten und gleich befähigten Bürgers, der in öffentlichen Deliberationen einem vernunftgeleiteten Argument folgt, hat als Modell starken Einfluss auf die Forschung zur Öffentlichkeit ausgeübt. Die Kritik an Koselleck und auch an Habermas ist vielfältig. Beide etablieren eine reine Denkfigur mit Kant, und Öffentlichkeit erhält eine normative Funktion. Selbstverständlich war diese Öffentlichkeit nie gleichberechtigt und auch nicht ohne innere Spannungen und ohne Machtverhältnisse. Frauen spielten keine Rolle,[35] oder nur in Neben-öffentlichkeiten.[36] Und dass es sich nicht um einen machtfreien Raum des reinen Arguments handelte, ist ebenfalls keine Frage, und dies ist Habermas selbst bewusst.[37]

Auf der Ebene der historischen Entwicklung von Öffentlichkeit hat Hartmut Kaelble eine Langzeitstudie über die europäische Entwicklung vorgenommen und Öffentlichkeit in Europa als ein aktives Kommunikationsnetzwerk beschrieben, das sich ohne die gleichzeitige Existenz eines Machtzentrums entwickelte.[38] In Europa findet sich eine historische Entwicklung von Öffentlichkeit, die in Form einer Transgression der nationalen Machtzentren auftritt und das Potenzial eines Feedbackraumes hat, der zur Unterstützung von Kritik innerhalb der integrierten nationalen Öffentlichkeiten dient, insbesondere als Raum, in dem alternative Beispiele und nachahmungswürdige Modelle verhandelt werden.

Eine paneuropäische Öffentlichkeit wuchs Kaelble zufolge im 18. Jahrhundert mit der *République des Lettres*, die ein Diskussionsforum für die Verhandlung und den Transfer von Ideen, Vorstellungen und intellektuellen wie kulturellen Überzeugungen darstellt. Öffentlichkeit als Begriff beschreibt demnach nicht nur eine politische Funktion, sondern auch eine unpolitische – auch wenn gerade Koselleck in diesem Unpolitischen die Hypokrisie der Aufklärer sah.

Doch für Kant, den Denker von Innerlichkeit und Öffentlichkeit in der deutschen Aufklärung, war Öffentlichkeit vor allem auch eine veröffentlichte Meinung, die er explizit als an ein Lesepublikum gerichtet sah, nicht unbedingt an ein politisches Zentrum. Kant schreibt: „Ich verstehe aber unter dem öffentlichen Gebrauche seiner eigenen Vernunft denjenigen, den jemand als Gelehrter von ihr vor dem ganzen Publikum der *Leserwelt* macht".[39] Die *République des Lettres* konstituierte sich als Netzwerk europäischer Eliten, welches Universitäten, Akademien, monarchische Höfe und die Kirchen einschloss.[40] Neben den Eliten existierten eine Vielzahl an partiellen Öffentlichkeiten, wie die weibliche oder auch die alltägliche.[41]

---

[35] Siehe hierzu vor allem Landes (1998); Landes (1988).
[36] Fraser (1989); Fraser/Bartky (1992).
[37] Siehe beispielsweise Calhoun (1992).
[38] Kaelble (2002a); Kaelble (2007b); Kaelble (2002b).
[39] Kant (1784/1994); siehe zu der Differenz von Privatem und Öffentlichkeit als Differenz von Politischem und Unpolitischem auch Warner (2002), 44-56.
[40] Requate (2002b).
[41] Darnton (1995); Darnton (1984).

Diese als Alltagsöffentlichkeit zu bezeichnende Sphäre konstituierte sich aus der Sicht von Kaelble und anderen durch Gerüchte, Tratsch, generelle mündliche Kommunikation sowie Versammlungen auf öffentlichen Plätzen und in Kaffeehäusern, Kneipen und Geschäften, die sich als Foren von Informationsaustausch und Debatte etablierten.[42] Die wichtige Ableitung, die aus dieser Existenz von Kommunikationsnetzwerken hergeleitet wird, betrifft die Tatsache, dass in diesen Netzwerken neben Alltäglichem eben auch die Idee und Bedeutung Europas seit dem späten 17. Jahrhundert diskutiert wurde.[43] Ein logistisches, wirtschaftliches und diskursives Netzwerk existierte ebenso. Reisen, Verkehrsrouten, Handel und Briefverkehr in intellektuelle und politische Zentren sowie eine kontinentale Verbreitung von Büchern, Journalen und Zeitungen generierten einen europäischen Markt, auch wenn die Zensur die Fähigkeit zum Zugang zu diesem Markt begrenzte.[44] Innerhalb dieser Öffentlichkeit entwickelte sich auch eine Dynamik, die eine Peripherie-Zentrum Beziehung etablierte und in der Europa als Appellationsinstanz eine wichtige Rolle für periphäre europäische Öffentlichkeiten spielte, welche wiederum einen wichtigen Beitrag zur Entwicklung der allgemeinen europäischen Öffentlichkeit und des Verständnisses von Europa leisteten.[45]

Es lässt sich demnach aus den von Koselleck, Habermas und Kaelble entwickelten Perspektiven schließen, dass Öffentlichkeit in Europa sowohl in *weicher* als auch in *starker* Form existiert. Ersteres bezeichnet ein kommunikatives und diskursives Netzwerk. Letzteres ein System von Machtverhandlungen innerhalb eines politisch-institutionellen Rahmens. Ich möchte betonen, dass beide Arten von öffentlichem Diskurs, die ich hier identifiziere, nicht streng getrennt voneinander waren oder sind; sie sind verflochten, da sie sich gegenseitig beeinflussen und Macht in beiden Diskursen, oft unter Bezug auf die gleichen semantischen Felder, verhandelt wird.

2   Die nationale Schließung der europäischen Öffentlichkeit im 19. Jahrhundert

In der europäischen Öffentlichkeit ging es auch um die Frage nach der Bedeutung von Europa selbst. Im 19. Jahrhundert stand dies in einem Spannungsverhältnis zu der Frage der Nation. Zwar blieb das kommunikative und diskursive Netzwerk der Aufklärung in Europa bestehen, doch die zunehmende Dichte der nationalen

---

[42] Siehe hierzu Frank (2009).
[43] Bödeker (2005); Osterhammel (1998).
[44] François/Bödeker (1996); Kaelble (2001).
[45] Requate (2002b); Todorova (1997); Wolff (1994).

Kommunikationsstrukturen, die im Zuge der Nationenbildung entstanden, führte auch zu einer zunehmenden Bedeutung und Effektivität der nationalen Öffentlichkeiten. Ein Hauptgrund für diese Verdichtung, und sicherlich ein entscheidender, lag in der Abnahme der nationalen Zensur in der zweiten Hälfte des 19. Jahrhunderts. Des weiteren ist ein starker Trend hin zu nationalen Zentren festzustellen, obwohl imperiale und transnationale Strukturen fortbestanden. In der Nachfolge des belgischen Vorbilds (eher ein bi-nationaler Staat) von 1830, etablierte sich vor allem mit der italienischen und deutschen Vereinigung (1861 und 1871) eine Staatskonzeption, welche die Idee der Nation als grundlegend beinhaltete, ja mit ihr synonym wurde. Diese Entwicklung etablierte die teilweise fatale ethnische Fundierung von Staaten innerhalb des Kataloges von politischer Legitimation. Die Bedeutung einer europäischen Öffentlichkeit jedoch verlor zunehmend an Bedeutung nach den europäischen Revolutionen von 1848.

Dennoch existierten auch weiterhin europäische Organisationen und Ideen von Europa als utopischem Friedensraum. In den 1830er Jahren gründete Giuseppe Mazzini 1834 das ‚Junge Europa‘ als Sammlungsorganisation von ‚Junges Polen‘, ‚Junges Italien‘ und ‚Junges Deutschland‘, und dieser dachte und handelte innerhalb eines eindeutig europäischen Netzwerkes. Mazzini selber, eine Art hyperaktiver Revolutionär, war eine Schlüsselfigur im Europa des 19. Jahrhunderts sowohl im Bereich der politischen Idee als auch der politischen Bewegung. Er war Altgroßmeister einer freimaurerischen Organisation, der Grande Oriente d'Italia, und insofern steht er auch in der Tradition der subversiven, geheimen Kritik und des moralischen Urteils, das unabhängig von etablierter Politik war. Der revolutionäre Moment von 1848 und 1849 wurde in Europa aus der Kritik an den Beschlüssen des Wiener Kongresses von 1815 geboren. Große Teile West- und Mitteleuropas politisierten und organisierten sich gegen restriktive Monarchien. Das Verlangen nach einer Institutionalisierung von Öffentlichkeit durch die Einrichtung von Parlamenten und einer republikanischen Staatsorganisation mit einem nationalen Machtzentrum waren Hauptbestandteile der Revolutionen von 1848/49. Parlamente, die im Zuge des Wiener Kongresses etabliert wurden, installierten keineswegs die Bevölkerung als Machtvehikel der Gesellschaft. Vielmehr waren diese Verfassungen konservativ und eher eine Beschreibung und Feststellung der monarchischen Herrschaft. Es war die Opposition gegen das Metternich-System, das zu einer starken Installierung von nationalen und regionalen Zentren als politische Referenzpunkte des Bürgertums führte, die hier vor allem dadurch zum Ausdruck kam, dass die Bürger ihre Kapazität wahrnahmen, im Besitz politischer Rechte zu sein. In den 1850er Jahren hatten die meisten deutschen Staaten ein Parlament und eine Verfassung. In Folge der Revolutionen erlebte Europa einen wirtschaftlichen Aufschwung, und die zu Besitz und Einfluss gelangten moderaten Liberalen erkannten die Gefahren weiterer Revolutionen. Und selbst die radikaleren Liberalen, die im Spannungsfeld ihrer Sympathie für ‚das Volk' und ihres Sinns für Eigentum gefangen waren, gaben sich mit dem Gedanken an kontinuierliche Reformen anstelle von Revolutionen zufrieden. Das Bürgertum verlor sein revolutionäres Potenzial.[46] Aber 1848 war nicht nur das Jahr von Mazzini und der aufgeklärten Bourgeoisie. Es war auch das Jahr von Karl Marx, Friedrich Engels, Louis Auguste Banqui und Michail Bakunin. In einer frühen Reaktion auf liberalen Welthandel – auch als Globalisierung *avant la lettre* zu bezeichnen – beginnt sich das soziale und sozialistische Lager zu formieren und das revolutionäre Moment verlagert sich zu den Arbeitern. In den Dekaden nach den 1848er Revolutionen wurde die soziale Frage zentral innerhalb des Prozesses der Nationenbildung sowie bei Verhandlungen politischer Macht in ganz Europa. Erfolgreiche Politik musste Sozialpolitik beinhalten. Aus dieser Perspektive verkörperten die deutschen *Kathedersozialisten* und der aus ihnen hervorgehende *Verein für Socialpolitik* sowie auch Bismarcks Sozialreformen einen europäischen Trend.

Der offizielle Nationalismus in Europa, der gegen Ende des 19. Jahrhunderts eine Form der konservativen Integration durch Symbole und Rituale darstellt, erlaubte es den Regierungen, sich diskursiv von sozialen und politischen Prozessen hin zu Vorstellungen von nationaler Kultur zu verschieben. Populismus, Rassismus und andere exklusive Diskurse schließen sich an diese Phase der nationalen Schließung der europäischen Öffentlichkeit an.[47]

Der Prozess der Nationenbildung bedeutete für Öffentlichkeit in Europa demnach vor allem eine klare Implementierung eines Machtzentrums, das nationalen Öffentlichkeiten als Referenzpunkt diente – und dies nicht nur als Kommunikationsnetzwerk, sondern als Institution politischer Entscheidungsfindung.

Trotz aller Nationalisierung blieb auch im 19. Jahrhundert eine transnationale kommunikative Struktur in Europa erhalten. So hatte beispielsweise im Jahr 1844 die *Augsburger Zeitung* ein Netz an 250 Auslandskorrespondenten in Europa, davon allein 20 in Paris.[48] Doch auch wenn Kommunikation, diskursiver Austausch und Wissenstransfer europaweit innerhalb gewisser Bevölkerungsschichten erhalten blieb, lag das politische Gravitätszentrum, das alle Bürger eines Staates mit seinen Entscheidungen betraf, in den europäischen Nationen. Im Rahmen der Nationen wurde von nun an um die Bedeutung Europas debattiert und gestritten.[49]

Während die transnationale Öffentlichkeit in Europa stagnierte, entwickelten sich die Öffentlichkeiten unter Beibehaltung einiger ähnlicher Muster, die sich in

---

[46] Siehe hierzu bereits in seiner Einleitung Hobsbawm (1985).

[47] Siehe zum Begriff des offiziellen Nationalismus Anderson (1983); Seton-Watson (1977).

[48] Requate (2002b), 29.

[49] Malmborg (2002).

der historischen Rückschau ergeben. In den nationalen Öffentlichkeiten wurden Kritik und Reform zunehmend akzeptiert, praktiziert und institutionalisiert. Gleichzeitig öffneten sie sich für mittlere und untere Schichten sowie für Frauen und Minderheiten. Eine klare Verbindung zwischen nationaler Bildungspolitik und nationalen Öffentlichkeiten etablierte sich ebenfalls. Allgemeines Wahlrecht, Alphabetisierung, politische Volksparteien und eine kontinuierliche Einführung von neuen Medien hinterließen einen bleibenden Einfluss in europäischen Gesellschaften.[50]

Über Europa als Diskurs wurde auch im späten 19. Jahrhundert weiterhin debattiert und gestritten, doch vor allem in nationalen und internationalen Foren. International ist hier wörtlich zu nehmen. Die entstehenden internationalen Organisationen, wie die Weltausstellungen, das Olympische Komitee, wissenschaftliche Kongresse oder auch die politischen, gesellschaftlichen und technologischen Tagungen, waren jedoch nicht europäisch im geografischen Sinn, sie waren global. Auch war Europa in einem transnationalen Sinn nicht präsent. Selbst wenn eine wachsende Anzahl von internationalen Organisationen, die heute als zivilgesellschaftlich bezeichnet würden, festzustellen ist,[51] bedeutete international im 19. Jahrhundert auch eine Verbindung mit Kolonialismus, der wiederum zum Nationalismus und den nationalen Öffentlichkeiten gehörte. In gewisser Weise spiegelten diese internationalen Strukturen also den Wettbewerb der Nationen untereinander wider. Internationalismus war demnach nicht immer transgressiv, sondern oft ein den Nationalismus verstärkendes Element.

Zwischen den Weltkriegen zielten eine Reihe von Organisationen auf eine europäische Öffentlichkeit ab. Hier sind wohl vor allem Richard Graf Coudenhove-Kalergis Paneuropa-Union sowie das Europäische Kohle und Stahlkartell von Emil Mayrisch zu nennen, letzteres ein Modell für die 1951 gegründete Europäische Gemeinschaft für Kohle und Stahl (Montanunion). Die Paneuropa-Union war ein Sammelbecken für viele Europa-Enthusiasten, die auch nach dem Zweiten Weltkrieg europäisch dachten und handelten, wie beispielsweise Konrad Adenauer oder Winston Churchill. Auch schlug Coudenhove-Kalergi Beethovens Neunte als europäische Hymne vor, er dachte über eine europäische Kultur nach und er gründete sogar für kurze Zeit Anfang der 1930er Jahre eine europäische Partei, die sich an eine europäische Öffentlichkeit wandte.[52] Doch Coudenhove-Kalergis schwierige Persönlichkeit wie auch die national divergierenden Interessen der ein-

---

[50] Kaelble (2007a); Kaelble (2002b).

[51] Wie beispielsweise das Internationale Rote Kreuz oder die Heilsarmee, aber auch weitere Organisationen. Siehe beispielsweise Fischer-Tiné (2007).

[52] Burgard (2000).

zelnen Paneuropa Sektionen bedeuteten ein klares Scheitern seiner Initiative.[53] Mit dem Siegeszug des Nationalsozialismus in Deutschland und dem Zweiten Weltkrieg waren pro-europäische Initiativen erst recht unmöglich geworden.

Während des Zweiten Weltkrieges jedoch überlebte Europa als Vorstellung für eine friedliche, tolerante und progressive Zukunft, als Ideal für eine neue moralische Orientierung für Widerstandsbewegungen gegen Hitler-Deutschland[54] und gegen Vorstellungen eines gegen die Sowjetunion konzipierten faschistischen Europabildes.[55]

Die Schließung der europäischen Öffentlichkeit in Form der *République des Lettres* und ihre Kristallisierung in Form von nationalen Öffentlichkeiten mit stärkerem politischem Charakter brachte nach dem Ersten Weltkrieg eine Vielzahl an europäischen Diskursen zum Vorschein, die das Nationale überschritten. All diese Diskurse und Ideale hatten ebenfalls einen viel stärker politisch orientierten Charakter als die *République des Lettres* und die Philosophie der Aufklärung, auch wenn hier die Grundlagen für den Begriff der Öffentlichkeit liegen.

3 Öffentlichkeit nach dem Zweiten Weltkrieg und die alternativen Konzeptionen von Moderne

Während Diskurse, persönliche Netzwerke und ökonomische Beziehungen in Deutschland und Europa nicht vollständig neu justiert, aufgelöst und auf ‚Stunde Null' gestellt wurden, haben die Geschichts- und auch die Sozialwissenschaften ihre Kategorien und Paradigmen nach dem Zweiten Weltkrieg tatsächlich auf neue Füße gestellt und einen klaren Schnitt mit der Vergangenheit vollzogen. Wege der Interpretation, soziale Theorie und wissenschaftliche Konzepte spielten eine wichtige Rolle für das Verständnis von Nachkriegseuropa als etwas vollkommen Neues. Die Frankfurter Schule, die Habermas prägte, ist ein gutes Beispiel dieses Bruchs, beziehungsweise bewussten Neuanfangs nach dem Krieg. Weg von der Geschichtsphilosophie hin zur sozialen Theorie.[56] Auch und gerade für die deutsche Geschichtswissenschaft wurde der Bruch von 1933/1945 das beherrschende Thema der neuen Sozialgeschichte der 1960er Jahre sowie der jahrzehntelangen Debatte um den so genannten deutschen Sonderweg.[57] Eines der einflussreichsten

---

[53] Ziegerhofer-Prettenthaler (2004).

[54] Altgeld et al. (1995); Lipgens (1968).

[55] Confrancesco (1983); Neulen (1987).

[56] Breisach (2003), 177-184. In der radikalen Kritik der Geschichtsphilosophie, die als reaktionär verstanden wurde, liegt auch einer der Gründe für Habermas' frühe Kritik an Koselleck, der in den Augen von Habermas zu einer alten, zu überwindenden Wissenschaftstradition gehörte.

[57] Siehe hierzu in zusammenfassender und kritischer Perspektive Eley (2005), 65-90.

Narrative blieb jedoch die Nation, die als homogene Einheit verstanden wurde und immer noch als solche verstanden wird: Sprache, Kultur und Bevölkerung wurden als durch gemeinsame Identität oder gar Ethnizität verbunden betrachtet. In Westeuropa wird die Idee der Nation mit dem Wohlfahrtsstaatsgedanken verbunden, also als sich gegenseitig Wohlfahrt sichernde Schicksalsgemeinschaft in unmittelbarer Nähe zur Gefahr des Kommunismus im Osten. Die Vorstellungen von Kulturnation aus der Zwischenkriegszeit fanden in diesem neuen Begriff eine Kontinuität, die durch die Debatten um kulturelle Identität, Leitkultur und ähnliches seit den 1990er Jahren ihren Ausdruck erfährt.

Wurden nach dem Ersten Weltkrieg Grenzen neu gezogen, fand nach dem Zweiten Weltkrieg vor allem eine Verschiebung von Menschen statt, und die europäischen Nationalstaaten homogenisierten sich.[58] Dies gilt für West- wie Osteuropa. Während sich die Bevölkerungsverschiebungen in Westeuropa im Vergleich zu Mittel- und Osteuropa auf bescheidene Art und Weise abspielten, war dennoch das Verständnis des Nationalstaates das eines Gemeinwesens, welches vermeintlich aus einer Bevölkerung bestand, die sich als Schicksalsgemeinschaft basierend auf Kernbegriffen wie Fortschritt, Modernisierung und Wohlfahrt verstand. Dieses homogenisierte Bild des modernen Nationalstaates hat erheblichen Einfluss auf das normative Modell einer als modern verstandenen demokratischen Öffentlichkeit. Ein immer noch hochaktuelles und problematisches Modell, wie die Spannungen um die so genannten neuen Minderheiten in den mittel- und osteuropäischen Mitgliedsstaaten oder die Integration der Roma und Sinti in der EU zeigen.

Heute ist Moderne in Europa demnach auf mindestens zwei Arten und Weisen konzipiert.[59] Zum Einen wird sie als in der Frühen Neuzeit beginnende Epoche verstanden, die mit der Temporalisierung politischer Begriffe, die Utopien aller Arten nährten, assoziiert wird, sowie mit der Trennung von Politik und Moral. Die Philosophie der Aufklärung brach mit der zyklischen Vorstellung der Vergangenheit, nach der die Geschichte uns lehrt und wir durch das Lernen daraus zu einem antiken Ideal zurückkehren können, von dem ausgehend wir wieder von vorne beginnen. Die fortschrittliche Perspektive ersetzte die zyklische. Moderne bedeutete die Trennung der Gegenwart von der Vergangenheit, die als eine ferne andere, meist schlechtere Welt konzipiert wird, sowie die Trennung von der Zukunft, die als radikal anders und neu, meistens besser imaginiert wird. Und all dies durch menschliches Handeln.

---

[58] Judt (2005), 27.

[59] Auf globaler Ebene sind noch auf weitere Modelle der Moderne zu verweisen wie die Idee der multiplen Moderne (Eisenstadt 2002) oder globalen Moderne (Dirlik 2007), oder auch der kritisch-revisionistischen Moderne (Kaviray 2005).

Kritik agiert als einer der Hauptagenten dieser Konzeptualisierung von Moderne, die sich als Glaube in Historizität und Handlung manifestiert.[60] Historizität im Sinne einer Trennschärfe zwischen Gegenwart und Vergangenheit sowie einer möglicherweise wieder anderen Zukunft; Handlung im Sinne von menschlicher Performanz, welche die Gegenwart so radikal von der Vergangenheit unterscheidet und die Welt ebenso radikal weiter verändern wird. Die mögliche Perfektionierbarkeit der Welt, während der Aufklärung als Begriff der *perfectabilité* durch Rousseau eingeführt, blieb ein Teil der politischen Imagination.[61]

Selbstverständlich ist dieser Prozess nicht konfliktfrei. Soziale Kritik äußert sich auf Grund von Erfahrungen und wird in neue Erwartungshorizonte übersetzt, die in der Öffentlichkeit debattiert werden. Der widersprüchliche, durch verschiedene Meinungen geprägte öffentliche Diskurs über die Übersetzung von Erfahrung in Erwartung ist der Nährboden der Moderne, der Ort, an dem Vorstellungen von Zukunft geformt wurden und werden.[62] Formen reflexiver Moderne oder der so genannten zweiten Moderne schließen sich an diese Form der Konzeptualisierung von Moderne an, mit dem Unterschied, dass ein selbst-reflexives Element als fundamental angesehen wird, um die zukunftgenerierenden Prozesse zu beherrschen und demokratisch-kosmopolitisch zu rahmen.[63] Hiermit bildet die selbst-reflexive Moderne eine Art Brücke zur zweiten Form der Moderne.

Das zweite Muster der Konzeption von Moderne definiert sich entlang der Parameter des Nationalstaates der Nachkriegszeit: Demokratisierung, soziale Konvergenz, Industrialisierung und soziale Stratifikation wie Diversifikation in sprachlich und kulturell homogenen Containern. Moderne wird hier als permanenter Prozess der Verbesserung verstanden, jedoch nicht als ergebnisoffen. Somit entstehen Parameter von fortschrittlich und rückständig angesehenen Elementen von Gesellschaft. In diesen Denkmustern ist Moderne eigentlich eine Variante des Modernisierungs-Paradigmas der Nachkriegszeit und des Kalten Krieges. Heute findet sich ein solch expliziter Modernisierungsdiskurs nur noch selten und ist von dem Begriff der Globalisierung abgelöst worden – bis zum Kollaps der vom Marktkonzept geprägten Sprache durch die Implosion der Finanzmärkte im Herbst 2008.

Die Idee der Perfektionierung ist ein entscheidender Faktor in dieser Variante der Moderne. Die europäischen Wohlfahrtsstaaten, insbesondere nach den 1950er

---

[60] Wittrock (2000).

[61] Die Denkfigur der Perfektionierbarkeit entwickelt im Dreischritt von Turgot, der von einer 'perfection plus grande' sprach, über Condorcet, der die Perfektionierung ('perfectionnement') einführt, zu Rousseau, der schliesslich eine grundsätzliche Perfektionierbarkeit der menschlichen Gesellschaft denkt. Siehe hierzu Koselleck (2006), S. 77-79.

[62] Zu einer globalen Interpretation dieses Grundmusters siehe Dirlik (2007).

[63] Siehe hier vor allem Beck/Grande (2004); Beck/Lau (2004). Sowie bereits 1990 wenn auch nicht so explizit Giddens (1990).

Jahren, wurden unter Demarkation der Stunde Null von 1945 als Schicksalsge-
meinschaften erfahren. Vor allem Jürgen Habermas und seine Theorie der rationalen Kommunikation ist hier ein wichtiger Vertreter. Vernunft und Deliberation in
demokratischen kommunikativen Systemen fördert stetige Verbesserung hin zu
einer guten Gesellschaft. Die Konzeptualisierung dieser neuen, demokratischen
und scheinbar homogenen Nationalstaaten der Nachkriegsmodernisierung hat einen wichtigen Einfluss durch Habermas auf das Verständnis von Öffentlichkeit.
Während, wie erwähnt, Kosellecks moral-basiertes Verständnis von Öffentlichkeit,
die den Bürger in die legale Position der Kritikfähigkeit setzt, von der Forschung
nicht wahrgenommen wurde, ist das Modell von Habermas ungemein einflussreich gewesen und hat Grundannahmen und normative Ideale der nationalen Öffentlichkeit in die Konzeptualisierung der europäischen Öffentlichkeit einfließen
lassen.

Habermas selbst ist sich der inhärenten Widersprüche der Moderne durchaus
bewusst, ebenso wie den sich wiederholenden Situationen von Kritik und Selbstkritik. Das Ziel ist es, gerade im Bewusstsein dieser Grundlagen der Moderne,
normative Orientierungsmuster zu schaffen. Seine Partizipation in wichtigen Debatten über Legitimation und Charakter der deutschen Demokratie zeigen diese
Verantwortung, die aus der Erkenntnis der möglichen nicht-demokratischen Utopien erwächst. Die Öffentlichkeit beschreibt bei Habermas dementsprechend ein
Ideal, das eine notwendige Funktion innerhalb eines normativen Horizontes hat.
Explizit überblendet er jedoch sein Konzept von Öffentlichkeit nicht mit seinen Re-
flektionen über die Moderne[64] – ein Versuch, den ich in diesem Beitrag unterneh-
me. Seine Entwürfe sind somit, neben aller Normativität, auch immer in ihrem historischen Kontext zu verstehen. So erscheinen seine einflussreichen Essays zum
Post-Nationalismus im Jahr 1998, und er beschreibt darin wiederum Idealtypen:
‚Global governance' und ‚multi-level democracy'. Er schlussfolgert, dass ein soziales Europa mit einer kosmopolitischen Wertekonfiguration der Weg in die Zukunft
sei.[65]

Heute jedoch, mehr als zehn Jahre nach dem Erscheinen dieses Textes, sind
Europa und die Welt in einem vollkommen anderen Aggregatzustand. Globale
Verschiebungen seit dem 11. September 2001 fanden statt; ethnische und religiöse
Konflikte können an vielen Orten der Erde, vor allem in Afrika, beobachtet wer-
den, die Sorge um Energieressourcen erhöht Intensität, Interessenkonflikt und
Konfliktpotenzial in einer neuen geopolitischen Konfiguration, die Anzahl von
Hungeraufständen wächst, die Weltfinanzordnung ist im Umbruch (um es positiv
auszudrücken). In Europa besteht die EU inzwischen aus 27 Mitgliedsstaaten, die

---

[64] Habermas (1985).
[65] Habermas (1998).

mit einer gescheiterten Verfassung und einer politischen Krise ohne Aussicht auf Lösungen leben müssen. Unter den Eindrücken dieser Entwicklung sind auch die Kommentare und Gedanken von Habermas in eine eher pessimistische Richtung gerückt, wie sein Band mit dem Titel *Ach, Europa* von 2008 zeigt.[66] Nicht nur sieht Habermas immer noch, oder vielleicht eher erneut, eine Bedrohung der vernunftgeleiteten und Vernunft ermöglichenden Öffentlichkeit, wenn er beispielsweise schreibt: „Öffentlichkeiten sind eine voraussetzungsreiche und daher unwahrscheinliche evolutionäre Errungenschaft moderner westlicher Gesellschaften. Auch an ihren Ursprungsorten können wir nicht sicher sein, dass sie uns erhalten bleiben. Zusammen mit dem Zerfall dieser komplexen und anfälligen Kommunikationsstruktur würde allerdings eine wesentliche soziale Grundlage moderner Gesellschaften – der rechtstaatlichen Demokratien als sich selbst bestimmender Assoziationen freier und gleicher Bürger – verschwinden".[67]

In diesen Überlegungen von Habermas schwingen die Gedanken der Aufklärung überdeutlich mit. Die Grundlage der Rechtstaatlichkeit und ihre Verbindung mit dem Öffentlichkeitsbegriff der Aufklärung bleibt erhalten. In Bezug auf eine Realisierung von Öffentlichkeit in Europa kann jedoch festgestellt werden, dass die Voraussetzungen für diese Form von Öffentlichkeit, die sich innerhalb Europas historisch, wie gezeigt, auf nationaler Ebene kristallisierten, schlicht nicht gegeben sind.

Als eine Art Placebo für dieses Fehlen wurden in der Forschung oft logische Abkürzungen genommen, oder, anders gesagt, es wurde auf Mechanismen vertraut, die, sobald sie einmal festgestellt wurden, auf eine kontinuierliche Europäisierung verweisen, die schlussendlich in eine europäisch-demokratische Realität münden werden. Diese als Ablaufketten angenommenen Denkmuster, die in einen demokratischen Zusammenhang mit der EU gestellt wurden, sind in der Literatur der letzten zwei Jahrzehnte zu beobachten. Die Konfiguration der Moderne, die eine Projektion von gesellschaftlicher Entwicklung in die Zukunft vornimmt unter der Annahme einer steten Verbesserung auf dem Weg zu einem *telos*, wird hier sichtbar. Hierbei überlagerten sich unglücklicherweise oft die Begrifflichkeiten der akademischen Diskurse mit denen der europäischen Institutionen. Unter der Annahme, dass eine Art Problemlösungsmaschine fortwährend aktiv sei, wurde angenommen, dass der Markt sich selbst regulieren würde, dass eine neo-liberale Wirtschaftsordnung zu einer stabilen Demokratie führen würde, dass Effekte der Globalisierung durch die europäischen Wohlfahrtsstaaten ausgeglichen würden, dem so genannten europäischen sozialen Modell, das ebenfalls aus dem Markt hervorgeht. Auf diese Art und Weise ließe sich das Denkmuster beschreiben, das

---

[66] Habermas (2008).
[67] Ibid., 188.

der Agenda von Lissabon vom März 2000 zu Grunde lag. Die Agenda versprach ein wirtschaftlich höchst kompetitives und gleichzeitig sozial gerechtes Europa. Andere logische Ketten vermuteten, dass Öffentlichkeit durch Identitätsbildung erwachsen würde, dass Identität wiederum durch Kommunikationspolitik in einem top-down Prozess herstellbar wäre etc. Selbst das Verständnis von Krise wurde angenommenen Ablaufketten untergeordnet. Während nach den gescheiterten Referenden zum europäischen Verfassungsvertrag in Frankreich und Holland von einer Krise die Rede war, wurde gleichzeitig angenommen, dass diese Krise sich wiederum schlicht und einfach durch mehr Information, Dialog und Kommunikation beheben würde. Der nach den Referenden entwickelte *Plan D*, das *White Paper on Communication* ebenso wie die ausgerufene Phase der Reflektion waren politisches Stückwerk in der Hoffnung auf eine quasi automatische Besserung der allgemeinen Stimmung, die Europa wieder attraktiver machen würde. Ein alternatives Szenario, also eine Stagnation oder ein Scheitern weiterer europäischer Integration, war in den Denkmustern der Europavorstellungen nicht vorhanden.

3.1 Theoretische Entwicklungen von Öffentlichkeit seit Habermas

Mit der Übersetzung von Habermas ins Englische ging ein höchst kreativer transatlantischer, ja globaler theoretischer Prozess einher. Mit dem Ende des Kalten Krieges und der wachsenden Bedeutung Europas als Plattform für politische und kulturelle Forderungen, erfuhr das Thema der Öffentlichkeit ein erstaunliches Comeback auf internationaler Ebene. Nicht nur das viel diskutierte Ende der Geschichte von Francis Fukuyama signalisierte eine Neuinterpretation aufklärerischer Grundbegriffe der europäischen Moderne, auch die Begrifflichkeiten von Öffentlichkeit und Zivilgesellschaft gehören in diesen Zusammenhang. Seit Anfang der 1990er Jahre tummeln sich Rechtswissenschaftler, Soziologen, Politologen, Kommunikations- und Medienforscher sowie Historiker im Feld der europäischen Öffentlichkeit. Eine theoretische Debatte um den Begriff der Öffentlichkeit an sich fand aber nur bedingt statt. Interessante Entwicklungen nahm diese Debatte in der anglo-amerikanischen Forschung. Wie Nick Crossley und John Michael Roberts gezeigt haben, entspann sich eine Debatte um Öffentlichkeit in hauptsächlich drei Forschungsschulen: dem Ansatz der späten Moderne, der Postmoderne, und der relationalen Schule.

Der erste Ansatz baut auf Habermas auf, akzeptiert seine Prämissen, wie die generelle Notwendigkeit des Zugangs zu Information, der Voraussetzung von Gleichwertigkeit derjenigen, die an öffentlichen Prozessen teilnehmen, der Suche nach Wahrheit und generellen Normen sowie deren rationale, also auf Vernunft basierende Legitimation.[68] Vor allem übernimmt diese Richtung der Forschung die Trennung zwischen System und Lebenswelt, die Habermas installierte, um eine Unterscheidung zwischen der Welt der politischen Entscheidungen, der Deliberation und dem Machtkampf innerhalb institutionalisierter politischer Systeme und der nicht-politischen Öffentlichkeit, also der Allgemeinheit, zu unterscheiden. Demnach existiert eine politische und eine kulturelle Öffentlichkeit.[69] Ich bin der Auffassung, dass diese Trennung zu starr ist und die Interaktivität und Kommunikation zwischen beiden Sphären nicht adäquat beschreibt.

Auf einer anderen Ebene findet Habermas auch bei der Übertragung des Konzeptes der Vergangenheitsbewältigung, die elementarer Bestandteil der postnationalen Gesellschaft ist, internationale europäische Strukturen.[70] Andere wenden die Habermas'schen Kriterien einer idealtypischen Öffentlichkeit auf Europa an.[71]

Die Schule der Postmoderne wiederum distanziert sich von Habermas und postuliert eine Öffentlichkeit der Pluralität. Anstelle eines konsensgetriebenen Deliberationssystems bestehen vielmehr eine Vielzahl von Gegenöffentlichkeiten. Diese sind nicht im kritischen Dialog mit der Öffentlichkeit konzipiert, sondern als parallel existierende Öffentlichkeiten, in denen sich Zugehörige schwächerer sozialer Gruppen zusammen finden und Gegendiskurse zum etablierten System entwickeln und zirkulieren lassen. Vernunft kann demnach heruntergebrochen werden in eine „myriad of practical and habitual modes of regulating public dialogue".[72]

Nancy Fraser formulierte drei Postulate der postmodernen Konzeption von Öffentlichkeit: (1) müsse anerkannt werden, dass „participatory parity is not merely the bracketing, but rather the elimination, of systematic social inequalities"; (2) wenn die benannten Ungleichheiten existieren, dann ist eine facettenreiche Vielzahl von Öffentlichkeiten, die sich in einem Spannungsverhältnis gegenüberstehen, wünschenswerter als eine einzige, als modern bezeichnete, Öffentlichkeit, die sich nur um Deliberation sorgt; (3) schließlich muss eine postmoderne Konzeption von Öffentlichkeit die Inklusion von Themen und Interessen beinhalten, die nicht in einer als maskulin-bürgerlich verstandenen Ideologie von ‚Privatheit' verschwinden dürfen. Hier geht es Fraser um die Anerkennung von Macht und Ungleichheit im Privaten, die öffentlich gemacht und wenn nicht abgeschafft, so doch

[68] Garnham (2000); Garnham (1986); Weintraub (1997); Gerhards (2002); Franzius (2004); Klein et al. (2003); Steeg (2002); Trenz/Eder (2004); Eder (2003).
[69] Cohen (1996); Cohen/Arato (1988); Cohen/Arato (1992).
[70] Cronin (2003).
[71] Kleinsteuber (2004).
[72] Habermas/von Mallinckrodt (2004), 16.

eingeschränkt werden müssen. Der Privatraum wird somit auch zu einem Raum des Rechts.[73]

Der dritte Trend, den Crossley und Roberts ausmachen, wird als relationale Schule bezeichnet. Hier manifestiert sich Öffentlichkeit in historisch gewachsenen Milieus und in weiter gefassten sozialen Beziehungen. Relationale und institutionelle Gegebenheiten werden als „patterned mix of institutional relationships among cultural, economic, social, and political practices" definiert.[74] Öffentlichkeit ist ein solches relationales oder institutionelles Instrument und wird demnach auch definiert als „a contested participatory site in which actors with overlapping identities as legal subjects, economic actors, and family and community members, form a public body and emerge in negotiations and contestations over political and social life".[75] Ausgehend von dieser Kritik an Habermas entwickelte sich ein Feld von zunehmend dialogischen Ansätzen zu Öffentlichkeit. Jedoch nicht dem Vernunft geleiteten Dialog von Habermas folgend, sondern eher dem Bakhtin'schen partizipatorischen Dialog, sowie dem semiotischen Verständnis von der Entstehung von Bedeutung und Wahrnehmung in der Öffentlichkeit, die schon immer pluralistisch, konfliktreich und heteroglott war.[76]

So stellen Mustafa Emirbayer und Mimi Sheller klar: „publics are not simply spaces or worlds where politics is discussed [...], but, rather, interstitial networks of individuals and groups acting as citizens. States, economies, and civil societies may all be relatively ‚bounded' and stable complexes of institutions, but publicity is emergent".[77] Öffentlichkeit ist also ein besonderer Kommunikationsraum für die Artikulierung symbolischer Codes, Werte und Repräsentationen, die individuelle und politische Orientierungen ausdrücken.

Auf Grund dieser vernetzten und dynamischen Eigenschaften haben sich Sheller und John Urry sogar dazu hinreißen lassen, von einer globalen Öffentlichkeit zu reden. In dieser sind Geld, Ideen und Menschen miteinander verbunden, und sie zirkulieren mit stets steigender Intensität und Frequenz. Durch Entwicklungen auf globaler Ebene hätte sich die Bedeutung von Öffentlichkeit nun speziell in vier Punkten verändert: (1) neue Formen von Freizeitgestaltung und Konsummustern können festgestellt und an globalen Ereignissen wie der Fußballweltmeisterschaft oder MTV festgemacht werden. (2) Ökonomische Öffentlichkeiten und Netzwerke haben sich etabliert und zirkulieren um Institutionen wie die Weltbank und den Internationalen Währungsfonds. (3) Eine globale politische Öffentlichkeit

---

[73] Fraser (1995), 295ff.
[74] So beispielsweise Somers (1993), S. 595.
[75] Ibid. S. 589.
[76] Gardiner (2004).
[77] Emirbayer (1998).

von transnationalen, staatenähnlichen Gebilden wie der EU, der UN oder der UNESCO sowie transnationalen Nichtregierungsorganisationen wie Amnesty International als auch von global vernetzten sozialen Bewegungen beschreiben eine neue globale Arena der politischen Meinungsbildung und des politischen Meinungsaustauschs. (4) Schließlich sei durch die Globalisierung in den letzten beiden Jahrzehnten eine Neukonfiguration der allgemeinen Kommunikation und somit auch allgemeinen Öffentlichkeit eingetreten, noch verstärkt durch neue Medien.[78]

Was in diesen relationalen Konzepten einer globalen Kommunikation fehlt, ist erstens eine kritische Reflektion der politischen Verfasstheit der globalen Gegenwart und zweitens ein Nachdenken über die Verschiebungen der ökonomischen Praxis in der Welt, die durch die Finanz- und Wirtschaftskrise seit 2008 deutlich werden. Es scheint vielmehr, dass eine Art Idealisierung oder zumindest ein Glaube an die existierenden Formen und Institutionen der globalen Institutionen existiert, der eine friedliche Entfaltung von globaler Verbesserung als unausgesprochenes Leitmotiv annimmt. Hunger, Revolten, Terrorismus, Energiekrisen, Demokratiedefizite, Populismustendenzen etc.; all diese elementaren Faktoren werden nicht kritisch bedacht, und es scheint, als ob diese als Phänomene betrachtet würden, die im Zuge der integrierten Weltöffentlichkeit automatisch verschwänden. Wenn es also um politische Integration und Prozesse von Legitimation geht, ist die relationale Schule lediglich dann empfehlenswert, wenn ein Verständnis von symbolischen Codes und Prozessen von Bedeutungsgenese und -transfer im Fokus der Untersuchung steht.

Im Prinzip macht eine Einteilung in diese drei Schulen aus heutiger Sicht wenig Sinn, beziehungsweise scheint es vernünftig, eine Mischung aus allen dreien anzustreben. Während das demokratische normative Ideal einer offenen, reflektierenden Gesellschaft aus den spätmodernen Theorien erstrebenswert ist, muss die postmoderne Kritik ernst genommen werden, vor allem wenn es um die Frage nach Machtverhältnissen in Öffentlichkeiten sowie im Privaten geht. Und die relationale Schule kann ein vielfältiges Methodenarsenal zur Verfügung stellen, jedoch nicht ausreichend zum tieferen Verständnis von politischen Prozessen beitragen.

3.2 Macht und Öffentlichkeit: weich oder stark?

Neben der allgemeinen Rückkehr von Debatten um die Zivilgesellschaft und ihre Rolle in Gegenwart und Geschichte, in denen auch Öffentlichkeit eine Rolle spielte, ist auf europäischer Ebene vor allem eine Motivation oder eine Erkenntnis leitende Frage festzustellen: wie kann die wachsende Distanz zwischen den europäischen

---

[78] Sheller/Urry(2003).

Institutionen und den Europäern erklärt werden, und wie kann es zu einer Änderung dieses Zustandes kommen? Oft gefördert von europäischen Forschungsprogrammen, stürzten sich Forscher aus vielen Disziplinen auf die Fragen nach transnationaler Kommunikation, Machtverhandlungen und politischer Legitimation in Europa. Die Forschung beschäftigt sich hauptsächlich mit Fragen nach der Zivilgesellschaft, den sozialen Bewegungen, der politischen Kommunikation, dem Kulturtransfer, dem Wissenstransfer, der Diskurs- oder Debattenanalyse oder auch mit Fragen nach der demokratischen Qualität der europäischen Öffentlichkeit.

Die theoretischen Annahmen, die den Studien zu Grunde liegen, scheinen von einer Verwirrung darüber geprägt zu sein, was denn nun eine voll ausgebildete Öffentlichkeit sei und worauf sich schon alleine der Begriff von Europa denn beziehen soll. Es lässt sich feststellen, dass durch die Verbindung von Öffentlichkeit und Europa die Komplexität verstärkt wurde und akademische Debatten oft viel Energie verbrauchen, überhaupt Operationalisierungen von Forschung abzuleiten und umzusetzen und die Schlussfolgerungen der Forschung in einen adäquaten Zusammenhang zu bringen. Hier ist die Forschungslage vielstimmig. Welches Verständnis von Öffentlichkeit steht in welcher Beziehung zu einer normativen Vorstellung von Europa?[79] Können wir nur dann von einer europäischen Öffentlichkeit sprechen, wenn nationale Öffentlichkeiten miteinander kommunizieren?[80] Oder ist eine sich entwickelnde transgressive Europäisierung von nationalen Öffentlichkeiten, die sich zunehmend europäischen Diskursen öffnen, der Maßstab einer Existenz oder Abwesenheit von europäischer Öffentlichkeit?[81] Wenn man letzterer Logik folgt und die Europäisierung vor allem an der zunehmenden Verwendung des Wortes Europa oder von Worten, die ‚euro' in irgendeiner Weise beinhalten, wäre dann erstens eine anti-europäische Strömung, wie beispielsweise die neue europäische Partei Libertas, die sich in ganz Europa formiert, ein Indikator für eine europäische Öffentlichkeit? Und läge zweitens die Substanz der Öffentlichkeit in Europa in der Quantität von Europa-Referenzen?

Des weiteren finden sich in Debatten um Öffentlichkeit auch immer Annahmen über eine kollektive Identität und ihre angebliche Wirkung beziehungsweise Rolle. Diese nicht auf empirischen oder theoretischen Grundlagen formulierten, angenommenen Erwartungen und Essenzialisierungen werden häufig auf Europa projiziert. Als Illustration für die Widersprüchlichkeit von Annahmen über Identität und ihre Wirkung und somit auch als Illustration des tatsächlichen Erkenntniswerts, der sich mit der Frage nach einer angeblichen europäischen Identität verbindet, können die unterschiedlichen Argumentationen von Dieter Grimm und

---

[79] Ferree et al. (2002).
[80] Peters et al. (2005).
[81] Gerhards (1993); Risse (2004).

Jürgen Habermas dienen. Ersterer leitet seine Schlussfolgerungen über europäische Öffentlichkeit von der Überzeugung ab, dass eine gemeinsame Identität vor der Errichtung einer europäischen Öffentlichkeit vorhanden sein muss, Letzterer sagt das genaue Gegenteil, nämlich dass eine Identität aus der Öffentlichkeit erwachsen wird.[82]

Ich möchte an dieser Stelle meine Überlegungen zu einer weichen und einer starken Öffentlichkeit einführen. Diese beiden Begriffe sollen nicht als Gegensätze verstanden werden, auch wenn Assoziationen zu stark vs. schwach oder hart vs. weich auf der Hand liegen. Es sind zwei Formen von Öffentlichkeit, die miteinander verbunden sind, nicht im Gegensatz zueinander stehen, oder auf einer Skala von Integration, Macht, oder Partizipation eingeteilt werden können. Meine Überlegungen zeigen sicherlich Ähnlichkeiten zu bereits formulierten Konzeptionen von Öffentlichkeit, doch auch deutliche Unterschiede.

Habermas differenziert beispielsweise zwischen einer politischen und einer kulturellen Öffentlichkeit, die in einem oszillierenden Verhältnis zueinander stehen. In seinen Überlegungen von 2008 stehen sich nun auch bei Habermas vor allem die Zivilgesellschaft und die Regierung gegenüber, und Öffentlichkeit, von Habermas in „gesellschaftliche Funktionssysteme" aufgeteilt, entspannt sich zwischen diesen beiden Polen als vielfältiges kommunikatives und mediales Feld, das eine öffentliche wie auch eine veröffentlichte Meinung enthält. Hiermit kommt Habermas zu einem fast schon reinen, aufklärerischen Modell, in dem der Staat seinen Bürgern gegenübersteht. Allerdings ist nicht ganz deutlich, welche Rolle die Parteien und Politiker spielen. Bei Habermas stehen sie lediglich als Repräsentanten des Staates in einem Verhältnis zur veröffentlichten Meinung beziehungsweise dem medialen System. Die Zivilgesellschaft setzt sich aus NGOs, Advokaten, Experten und Intellektuellen zusammen.[83]

Habermas' Überlegungen zu einer politischen Öffentlichkeit kommen dem sehr nahe, was ich hier als starke Öffentlichkeit bezeichnen möchte. Erik O. Eriksen hat die Habermas'sche politische Öffentlichkeit weiterentwickelt und definiert sie als „legally institutionalized discourses specialized on collective will-formation close to the center of the political system".[84] Demnach ist eine politische Öffentlichkeit eine rechtlich institutionalisierte Struktur der demokratischen Entscheidungsfindung mit ebenso institutionalisierten Formen von Deliberation, Repräsentation und Verhandlung. Die Idee einer literarischen Öffentlichkeit, der *République des Lettres*, findet sich ebenfalls bei Habermas. Allerdings bleibt eine strikte Trennung

---

[82] Habermas (1990b); Habermas/von Mallinckrodt (2004). Habermas folgend siehe Peters (2005). Zu der entgegengesetzten Meinung siehe Grimm (1995).
[83] Habermas (2008), 171.
[84] Eriksen (2004), 36.

von privatem und öffentlichem Leben vorhanden. Zwar akzeptierte er das Vorhandensein von Macht im Privatraum wie auch im literarischen Raum, dennoch
hält er die Trennung aufrecht, indem er von einer Kolonisierung der Lebenswelt
durch die Medien redet.[85] Habermas hält die Lebenswelt, die er in Abgrenzung zur
ursprünglich phänomenologischen Verwendung des Begriffs durch Edmund Hus-
serl in seine kommunikative Theorie als zentral einbaut, demnach für einen Ort
der Kultur, der Gesellschaft – im Sinne von sozialer Zusammenkunft und Solidarität unter Menschen – und des Persönlichen, die dem System der Politik gegenübersteht, zumindest modellhaft.[86]

Nancy Fraser hingegen verwendet die Begriffe schwach und stark in Bezug
auf Öffentlichkeit. Schwache Formen zeichnen sich durch vergleichbar weniger
Macht oder gar Machtlosigkeit aus. Die schwache Öffentlichkeit hat demnach ein
Machtdefizit und somit ein Einflussdefizit in Bezug auf Entscheidungsfindungs-
prozesse. Die starke Öffentlichkeit hingegen hält die Fäden der Macht in der Hand.
Da sie ihren Einflussbereich erhalten wollen, sind starke Öffentlichkeiten durch eine Exklusivität gegenüber schwachen Öffentlichkeiten gekennzeichnet. Die Stimme der schwachen, marginalisierten Gruppen der Gesellschaft muss somit durch
kontinuierlichen Kampf um das Gehörtwerden aufrechterhalten werden, da diese
Stimme sonst eben nicht gehört würde. Schwach und stark sind demnach Kategorien von Macht und Einfluss.[87] Ihr Argument, dass eine Pluralität von Öffentlichkeiten auf europäischer Ebene gefunden werden kann, ist empirisch nachvollziehbar und somit auch überzeugend.

Ein weiterer Autor, der eine Trennung von schwacher und starker Öffentlichkeit einführt, ist Slavko Splichal, welcher die Bedeutung der Öffentlichkeit, oder
vielmehr des Begriffes der Publizität, als Wurzel für die heutige Idee einer demokratischen Öffentlichkeit sieht. Auch Splichal kehrt zu Kant zurück und stellt dem
normativen Ideal von Kant Jeremy Bentham gegenüber.[88] Splichals Kritik richtet
sich vor allem gegen den seiner Meinung nach viel zu starken Fokus auf Medien-
analysen als Studien zu Öffentlichkeit. Anstatt sich auf die Massenmedien zu konzentrieren, sollte die Forschung sich Kants Maxime, die ich oben besprochen habe,
vornehmen und diesen demokratischen Maßstab als Vorlage zu einer Operationalisierung nehmen. Kants normative Idee von Öffentlichkeit ist für Splichal eine
starke Öffentlichkeit. Eine schwache ist die von Bentham, der eben eher eine veröffentlichte Öffentlichkeit meint.[89] Der Unterschied zwischen schwach und stark liegt

---

[85] Calhoun (1992); Habermas (1996); Habermas (1962).
[86] Habermas (1988), 209
[87] Fraser (1992).
[88] Splichal (2006).
[89] Ibid., vor allem 710, 711.

demnach für Splichal in dem Gewicht, das wir der moralischen Basis von Öffentlichkeit geben. Und sein Ziel ist eine kosmopolitische Form der Öffentlichkeit.

Ich verstehe hier weiche und starke Öffentlichkeit als Formen von Öffentlichkeit, die im Bezug zueinander stehen können, aber dies nicht zwingend müssen. Macht wird in beiden Formen verhandelt, und die weiche Öffentlichkeit bezeichne ich als weich, nicht als schwach, da sie nicht politisch institutionalisiert ist. Demnach ergibt sich auch für die starke Öffentlichkeit die Definition: sie ist politisch institutionalisiert, muss aber, so meine Erweiterung der theoretischen Annahme, in der Lage sein, mit der weichen Öffentlichkeit im Dialog zu stehen. Die weiche Öffentlichkeit kann großen Einfluss auf die starke Öffentlichkeit haben, beispielsweise durch moralische Codes oder durch Expertenmeinungen, die in keiner Weise demokratisch legitimiert sind, aber auch ein Teil der Medien kann einen starken Einfluss ausüben. Weiche Öffentlichkeiten sind kommunikative Netzwerke von instabiler, themenbezogener Natur, zum Beispiel im Bereich des Wissenstransfers. Auch finden sich in weichen Öffentlichkeiten oft Akteure, die ein gemeinsames Interesse haben. Die konkrete Formulierung dieses Interesses findet im öffentlichen Dialog statt. Sollte ein gewisses Ziel erreicht werden, verschwinden themenbezogene Öffentlichkeiten und ihre Akteure häufig wieder, aber nicht immer. Beispielsweise hat die Umweltschutzbewegung in ganz Europa eine permanent prominente Rolle übernommen.

Allgemein sind alle Formen der Kommunikation, die unabhängig von einer politischen oder institutionalisierten Struktur stattfinden, Teil der weichen Öffentlichkeit. Dabei fallen nicht alle Medien hierunter, die als Mittel zur Kommunikation verwandt werden. Vielmehr sind Medien oft sehr stark institutionalisiert und politisch. In einer voll ausgebildeten, pluralistischen Demokratie spielen sie *per definitionem* eine entscheiden Rolle der Machtbeobachtung und -kontrolle. Medien müssen aber nicht zwangsläufig immer der starken Öffentlichkeit angehören. Weiche kommunikative Strukturen können ebenso eine wichtige Rolle spielen, so in Form von subversiven Öffentlichkeiten, Gegenöffentlichkeiten oder allgemein kritischen und alternativen Spektren des öffentlichen Meinungsaustausches mit Hilfe von Medien. Dabei können die Kommunikationsteilnehmer ein Machtzentrum bewusst vermeiden, ja sogar ignorieren. Demnach verstehe ich weiche Öffentlichkeiten nicht im Sinne von Fraser und Splichal als schwache Öffentlichkeiten.

Der Einfluss der weichen Öffentlichkeit generiert sich aus ethischen oder moralischen Diskursen, nicht aus demokratischer Legitimation heraus. Teilnehmer in weichen Öffentlichkeiten folgen ihren Überzeugungen und formulieren sie als Kritik. Des weiteren sind symbolische Diskurse in europäischen Gesellschaften integraler Bestandteil der weichen Öffentlichkeiten. Filme, Lieder, Bilder und Gemälde schaffen einen vernetzten, ästhetischen Zugang zu Bedeutung, der sich im Internet durch die inzwischen etablierten many-to-many, one-to-many und one-to-one Kommunikationsplattformen noch verstärkt. Europäische historische Vorstellungen sind ebenfalls Teil dieser Öffentlichkeit; Erinnerungsorte, Orte der Wissensproduktion, der Erfahrung etc.; die Liste kann verlängert werden. Alle Elemente der Kommunikation, alle bedeutungsvollen Orte der Verhandlung und des Austauschs, alle sozialen, ökonomischen, kulturellen Repräsentationen und die politischen Bedeutungen und Interpretationen dieser Repräsentationen sind ebenfalls Teil der Öffentlichkeit. Auf diese Diskurse und Repräsentationen wird in neuen argumentativen und ästhetischen Situationen zurückgegriffen, wodurch sie eine Bedeutungsveränderung erfahren. Diese Elemente der weichen Öffentlichkeit haben einen Einfluss auf die starke Öffentlichkeit, da beide Formen der Öffentlichkeit dem gleichen diskursiven Regime unterliegen und Formen und Sprachen von Macht und Legitimation in beiden Bereichen der Öffentlichkeit ähnlich verstanden werden. Die beiden Formen von Öffentlichkeit sind nur modellhaft voneinander getrennt. Sie stehen sich nicht wahrhaftig getrennt gegenüber. Das Konzept der Zivilgesellschaft mag dies verdeutlichen. In allen Bereichen der Öffentlichkeit ist ihre Rolle, Bedeutung und Funktion gleich anerkannt.

Weiche Öffentlichkeit bezeichnet auch eine Flexibilität, eine Beweglichkeit des kommunikativen Systems, das seine Formen und Strukturen verändert. Sobald eine Beweglichkeit der Akteure und der Kommunikationsstrukturen nicht gewährleistet ist, verhärten sich die Strukturen der Kommunikation und somit auch der Öffentlichkeit, die sich wieder in das Private zurückzieht oder exklusiv wird. Eine starke Zensur, eine Einschränkung der Kommunikationsmöglichkeiten oder eine Monopolisierung des Medienmarktes weisen auf Verhärtungen von weicher Öffentlichkeit hin.

Was macht eine Öffentlichkeit stark? Es geht bei starker Öffentlichkeit nicht nur um den Grad ihrer Institutionalisierung, auch wenn dies elementar ist für einen demokratischen Prozess. Eine starke Öffentlichkeit hat die Fähigkeit, soziale Spannungen, Diskurse und alle an sie gerichteten Forderungen aus der weichen Öffentlichkeit in einem dynamisch-dialogischen Prozess zu absorbieren und einer Lösung zuzuführen. Die Stärke ist also nicht nur vom Grad der Institutionalisierung abhängig, sondern vielmehr von der Fähigkeit der Institutionen, im Dialog mit der weichen Öffentlichkeit sowie in kontinuierlicher Selbstreflektion der eigenen Abläufe eine demokratische, transparente, nachhaltige Öffentlichkeit zu garantieren, in der gestritten werden kann. Dynamisch bezeichnet in diesem Prozess vor allem die Fähigkeit der Institutionen, sich kontinuierlich zu verändern, ohne sich aufzulösen. Im Gegensatz zu starker Öffentlichkeit steht die schwache Öffentlichkeit, die meiner Meinung dann gegeben ist, wenn die regierenden Institutionen den dynamischen Dialog mit der Gesellschaft nicht adäquat oder gar nicht umsetzen.

Eine starke Öffentlichkeit ist auch in Richtung eines Machtzentrums, das sich aus mehreren Akteuren oder Polen zusammensetzt, orientiert und institutionalisiert. Ich verstehe unter Institutionalisierung einen Grad an Organisation der kommunizierenden Akteure sowie eine Hierarchie der Deliberation innerhalb des Entscheidungsfindungsprozesses. Die in Richtung Machtzentrum orientierte und institutionalisierte Öffentlichkeit beinhaltet ebenso eine juristische Öffentlichkeit. Legislative und exekutive Elemente partizipieren in dieser institutionalisierten Öffentlichkeit, ebenso wie Gerichte – und dies in demokratischen wie in nichtdemokratischen Gesellschaften. Somit ist es nicht der parlamentarische und der demokratische Prozess, der mit Institutionalisierung gemeint ist. Auch in nichtdemokratischen Gesellschaften kann es eine für alle sichtbare institutionalisierte Form von Öffentlichkeit geben – die aber eben nicht stark ist, sondern schwach – und alle anderen Formen der Kommunikation sind illegal und von daher notwendigerweise subversiv und wahre Gegenöffentlichkeiten. Beispielsweise haben die niederländischen Verleger und ihr geheimes Verteilungsnetzwerk eine Gegenöffentlichkeit im absolutistischen Europa dargestellt. Während des Kalten Krieges erfüllten die verschiedenen *Samisdat* und *Tamisdat* diese Funktion der kritischen Gegenöffentlichkeit. Die volle kommunikative Entfaltung konnte in diesen weichen Öffentlichkeiten nicht stattfinden, da Zensur und die Einschränkung der zur Verfügung stehenden Kommunikationsmittel die Gegenöffentlichkeit unbeweglicher machten. Doch um nicht entdeckt zu werden, war eine klare Struktur innerhalb der Gegenöffentlichkeit andererseits auch notwendig.

Als der wichtigste Ort der Legitimation politischer Systeme hat Öffentlichkeit in Europa die entscheidende Verbindung zwischen der privaten Meinungsbildung, der Mobilisierung von Kritik im Geheimen und im Privaten sowie der Äußerung dieser Kritik gebildet: die weiche forderte und fordert die starke Öffentlichkeit heraus, indem von moralbasierten Diskursen Gebrauch gemacht wird, die in Europa stets der Motor von Öffentlichkeit, von Kritik und Krise, von neuen Horizonten einer als besser konzipierten Zukunft war. Dabei ist die Öffentlichkeit zu dem Ort geworden, an dem sich Demokratien in allen Aspekten beweisen müssen.[90] Es kann gefolgert werden, dass der kontinuierliche Dialog zwischen der weichen und der starken Öffentlichkeit entscheidend für die Entwicklung von Demokratie ist. Beide Öffentlichkeiten sind verflochten, überlappen sich und konstituieren sich gegenseitig. In Demokratien führt ihre Verflechtung zu einer interaktiven Dynamik zwischen bottom-up und top-down Prozessen.

---

[90] Klier (1990), 23.

Es ist nicht meine Absicht, hier einen harmonischen Dialog zwischen weicher und starker Öffentlichkeit als normatives Ideal einer Demokratie zu installieren, denn diesen Dialog gilt es nicht zu essenzialisieren. Vielmehr ist die kontinuierliche Absorption sozialer Spannungen durch bottom-up und top-down Prozesse ein nicht-perfekter Prozess von Kritik und Krise, der keiner auflösenden Horizontverschmelzung teleologisch entgegenstrebt, sondern der eben nicht perfekt ist und demnach auch nicht notwendigerweise zur Perfektion führt. Der Dialog von weicher und starker Öffentlichkeit bedeutet vielmehr Auseinandersetzung, Krise und Veränderung. Dass eine friedliche Absorption der sozialen Spannungen immer das Resultat diese Dialoges sein wird, ist nicht garantiert.

3.3 Europäische Öffentlichkeit?

Aus der Forschung zur europäischen Öffentlichkeit geht ein Bild hervor, das den Eindruck entstehen lässt, als müsste man sich eine Öffentlichkeit herbeireden: Sie existiert im Plural, sie ist ein Netzwerk, dass sich um Ereignisse herum formt und substanziell von einzelnen Akteuren abhängt, und sie wird durch Skandale und Konflikte vorangetrieben. Eine europäische Debatte über europäische Themen findet dann statt, wenn eine Entscheidung auf europäischer Ebene einen Einfluss auf Mitgliedsstaaten hat.[91] Der Korruptionsskandal der Santer-Kommission war ein solcher Konflikt, ebenso die Sanktionen gegen Österreich im Jahr 2000 und den rechtspopulistischen FPÖ-Vorsitzenden Jörg Haider. Schließlich kam es im Oktober 2004 zu berechtigter öffentlicher Empörung, als der italienische Abgeordnete und designierte EU Kommissar, Rocco Buttiglione, diskriminierende Aussagen über Homosexuelle und die Stellung der Frau in der Gesellschaft traf und von seinem designierten Amt zurücktreten musste.

Dass Öffentlichkeit themenbezogen ist, kann natürlich nicht besonders überraschen, denn das ist sie schließlich stets. Hartmut Kaelble zufolge hat sich die europäische Öffentlichkeit nach dem Zweiten Weltkrieg entwickelt und sechs Eigenschaften im Vergleich zu nationalen Öffentlichkeiten herausgebildet: (1) sie ist kompositorisch und nicht homogen, (2) sie ist vielsprachig und nicht einsprachig, (3) sie ist durch unstrukturierte und nicht institutionalisierte Kommunikation und Ideendiffusion gekennzeichnet, (4) sie vermisst ein Machtzentrum, (5) die europäische Öffentlichkeit variiert in ihrer Intensität von Mitgliedsstaat zu Mitgliedsstaat,

---

[91] Wessler (2004).

(6) sie ist durch elitäre Partizipation geprägt.[92] Kaelble stellt den normativen Modellen einer nationalen Öffentlichkeit die emergente historische Entwicklung der europäischen Kommunikation gegenüber. Er beschreibt also eine weiche Öffentlichkeit, die historisch erwachsen ist, bereits vor den Nationalstaaten existierte und sich in besonderer Art und Weise nach dem Zweiten Weltkrieg in Westeuropa herausbildete. Dennoch sind diese historischen Kategorien lediglich beschreibend, und es bleibt die Frage bestehen, ob es sich um eine Öffentlichkeit handelt, die eben nur auf Grund der Besonderheiten der EU auch einen besonderen Charakter hat – und vor allem, ob denn eine realistische weitere Integration von europäischer Öffentlichkeit wahrscheinlich ist. Die unterschwellige Annahme von stetiger Konvergenz, die ich Kaelble hier nicht unterstellen will, gilt es kritisch zu hinterfragen.[93] Führt denn eine festgestellte Europäisierung zu einer europäischen Öffentlichkeit? Ist das Um- und Übersetzen von Richtlinien aus Brüssel in nationale Gesetze ein Indikator für eine wachsende europäische Öffentlichkeit? Wie Klaus Eder beobachtet: „We have mechanisms built into political communication that link participation and deliberation to governance. Their outcome can be democratic, but not necessarily so".[94] Das Ende ist also offen – und trotz veränderter Kompetenz des europäischen Parlaments nicht notwendigerweise eine Demokratie auf europäischer institutioneller Ebene.[95]

Die fragende Feststellung eines kommunikativen Raumes, der sich im Werden, ‚in the making', befindet, führt zu Schlussfolgerungen, die auf Funktionen einer sich scheinbar selbst antreibenden Maschine hinweisen.[96] Philip Schlesinger stellt fest, dass es sich um ein fragiles kosmopolitisches Gebilde handelt, voller Spannungen und Ambiguitäten.[97] Während wir es also in Europa durchaus mit einer reflexiven Institutionalisierung zu tun haben, die Öffentlichkeiten verschiedener Art ausbildet und keinem nationalstaatlichen Muster folgt, bleibt die Festestellung von Fragilität und vor allem die Grundfrage nach dem Sinn und Zweck von Öffentlichkeit, die Anlass für hochtouriges Forschen auf europäischer Ebene war und ist. Denn dass sich Menschen, Gruppen, Akteure aller Art innerhalb Europas unterhalten, austauschen, streiten, gemeinsame Interessen vertreten oder gegenseitig in Konkurrenz treten, ist unbestritten. Dass sie dies nicht in einem so hohen

---

[92] Kaelble (2002a), 11-14. Zum Thema der elitären Verfassung der europäischen Öffentlichkeiten siehe auch Ergebnisse der Studien des Forschungsprojektes *Europub.com - The Transformation of Political Mobilisation and Communication in European Public Spheres*, siehe Koopmans (2005).

[93] Meyer (2008) hat wichtige historische Lücken geschlossen und auf eine in ihren historischen Zusammenhängen stark kontextualisierte Entwicklung von Öffentlichkeit in Europa higewiesen.

[94] Eder (2007), 51.

[95] Liebert (2007).

[96] Fossum/Schlesinger (2007).

[97] Schlesinger (2007).

Maße tun wie oft vermutet, selbst nicht im Internet, dem Ort der vermuteten medialen horizontalen Demokratisierung,[98] ist ein Ergebnis der Forschung zu europäischer Öffentlichkeit.[99] Doch legt man einen europäisch gewachsenen Maßstab des
Begriffes und der Funktion von Öffentlichkeit an, so sieht es um die von mir als
stark bezeichnete europäische Öffentlichkeit recht schwach aus: „Mangels einer
europäischen Öffentlichkeit könnten die Bürger nicht einmal dann die immer dich-
teren und immer tiefergreifenden politischen Entscheidungen der Kommission
und des Rates kontrollieren, wenn die Befugnisse des Europäische Parlamentes
hinreichend erweitert würden",[100] schreibt Habermas 2008. Die internationalen Organisationen erfüllen in keiner Weise die wesentlichen Voraussetzungen von
Transparenz, Zugänglichkeit und Responsivität, formuliert er weiter in Referenz
auf Patrizia Nanz und Jens Steffek.[101] In Europa führt dies so weit, dass „die Bürger
das europäische Parlament unter falschen, nämlich nationalen Fragestellungen
[wählen]".[102] Etwas weiter schreibt Habermas: „Da politische Öffentlichkeiten nur
innerhalb der nationalen Gesellschaften bestehen und europäische Themen nur
unzureichend einbeziehen, ist eine rechtzeitige Teilnahme der Bürger an europäischen Entscheidungsprozessen nicht möglich. Wenn diese schließlich die nationale
Ebene erreichen, ist die politische Meinungs- und Willensbildung der Bürger nicht
mehr gefragt".[103]

Die Europäische Union ist also doppelt nicht in der Lage, die Ansprüche einer
starken Öffentlichkeit zu erfüllen. Einerseits ist die historisch so wichtige Legitima-
tionsfunktion der Publizität nicht gegeben, auch nicht in einer *sui generis* europäischen Variante, andererseits ist das nationalstaatliche Ideal, das nach dem Zweiten
Weltkrieg in Form der voll ausgebildeten pluralistischen Demokratie seit den späten 1960er Jahren modellhaft wurde, ebenfalls in keiner Weise zu finden.

Bleibt die Frage nach der Lösung, die von wissenschaftlicher Seite überwiegend in einer Europäisierung[104] oder in einer Transnationalisierung der nationalen
medialen Öffentlichkeiten gesehen wird.[105] Es bleibt jedoch das Problem, inwiefern
eine zunehmende horizontale Kommunikation zwischen nationalen Räumen, die

---

[98] Rucht et al. (2008); Zimmermann (2006).

[99] Siehe hierzu die Ergebnisse der Forschung am Sonderforschungsbereich ‚Staatlichkeit im Wandel' an
der Universität Bremen im Bereich europäische Öffentlichkeit, die ebenso wie Zimmermann und andere
Untersuchungen keine vermehrte horizontale Kommunikation zwischen den Mitgliedsstaaten ausmachen und eine segmentierte Öffentlichkeit vorfinden. Wessler (2008).

[100] Habermas (2008), 189-190.

[101] Nanz (2007).

[102] Habermas (2008), 190.

[103] Ibid., 190.

[104] Siehe hierzu u.a. Featherstone/Radaelli (2003); Risse/van der Steeg (2003).

[105] So u.a. Bernhard Peters und Jürgen Habermas in Bezug auf Peters. Siehe Habermas (2008); Wessler
(2007).

sich aus den bisherigen Forschungsergebnissen nicht erkennen lässt, zu einer zunehmenden Partizipation und möglichen Politisierung der europäischen Öffentlichkeit führen soll – und zu welchem Zweck? Um Europa demokratischer zu machen? Ohne die Institutionalisierung einer politischen Öffentlichkeit, die Partizipation und Resonanz auf dem Weg zu Entscheidungen zulässt, ist nicht mit einer Besserung zu rechnen. Auch bleibt die Frage, ob die EU denn unbedingt einem nationalstaatlichen Modell von Demokratie entsprechen muss oder ob sie ihrer historisch so ungemein bedeutsamen Rolle als Wächter und Stabilisator von Demokratien in Europa treu bleiben sollte. Bei allem Mangel an politischer Öffentlichkeit darf nicht vergessen werden, dass die europäischen Bezüge in der Presse Europas inzwischen einen „remarkable level of Europeanised debate in the print media"[106] ausweisen. Zusätzlich wächst in Europa eine Gesellschaft, die eigene Züge trägt, die sozialen Beziehungen werden zunehmend entgrenzt, wie Steffen Mau schreibt,[107] ein Europa von *Eurostars and Eurocities*[108] ist vorhanden. Eine teleologische Schlussfolgerung in Richtung einer sich somit auch bald selbst politisierenden europäischen Öffentlichkeit sollte allerdings vermieden werden.

Eine Schlussfolgerung von Ruud Koopmans hingegen kann ernst genommen werden, der im Abschluss an ein groß angelegtes Forschungsprojekt zur Politisierung von öffentlicher Kommunikation in Europa 2005 schrieb: „Without political reforms that improve the accessibility of the European policy process, the stark inequalities in access to the European public debates will continue to reinforce the elite bias of the European public sphere and the European policy process faces strong risk of further undercutting public support for European integration and European institutions".

Öffentlichkeit in Europa existiert also in weicher und starker Form, als Kommunikationsraum, aus dem Legitimation und moralisch gerechtfertigte Kritik erwächst, und als politisch institutionalisierte demokratische Struktur. Gleichzeitig sind diese Räume nicht als starre Container zu verstehen, die sich klar abgetrennt gegenüberstehen. Sie sind verflochten. Und sie sollten stets gemeinsam bedacht werden, wenn Öffentlichkeit in Europa untersucht wird. Die weiche und die starke Öffentlichkeit und ihre diskursiven Formationen stehen in einer gegenseitigen Abhängigkeit und sind doch voneinander zu unterscheiden.

Die innerhalb der EU auf politischer Ebene bisher durch ein elitäres top-down Verhältnis vorhandene Kommunikation reflektiert den fehlenden Zugang und schlicht das Nicht-Vorhandensein von – man kann sagen klebrigen – Strukturen von politischer Öffentlichkeit in Europa. Europa ist in Bezug auf politische Öffent-

---

[106] Koopmans (2005), 8.
[107] Mau (2007); Mau/Verwiebe (2009).
[108] Favell (2008).

lichkeit eher mit einer Teflonschicht versehen. Themen und Probleme werden in den Medien diskutiert, Proteste auf den Straßen reflektieren die Wut einiger EU-Bürger und doch bleibt scheinbar nicht hängen, was der EU entgegengeworfen wird. Die politische Öffentlichkeit in der EU braucht daher mehr Klebrigkeit.

Die Auseinandersetzung mit dem Thema Öffentlichkeit in Europa sollte sich nicht ausschließlich um Medien und Mediendiskurse entspinnen, sondern die Substanz des öffentlichen Diskurses als fundamentales demokratisches Prinzip in die Betrachtung aktiver integrieren anstatt auf indirekte Art und Weise, und unter Anwendung unausgesprochener aber erwarteter Mechanismen, von den Mediendiskursen Rückschlüsse auf politische Entwicklungen zu ziehen. Ob sich die EU innerhalb einer Öffentlichkeit etablieren wird, bleibt ungewiss, ist von politischen Entscheidungen und Reformen abhängig und nicht als Ergebnis von konvergierenden Europäisierungen zu erwarten. Wenn die Rolle von Öffentlichkeit als Rahmen für soziale Spannungen und politische Lösungen verstanden wird, ist die EU weit entfernt von einer tragenden Rolle innerhalb der europäischen Öffentlichkeiten.

4   Europa Entzaubert?

Historisch hat Europa stets eine wichtige Rolle als utopische Projektionsfläche für Zukunftsvorstellungen gespielt. Nach dem Kalten Krieg sind die historischen Europadiskurse zunehmend mit den europäischen Institutionen identifiziert worden. Die EU hat die utopische Funktion der Europa-Vorstellungen teilweise übernommen. Neben allen normativ-theoretischen Überlegungen und empirischen Enttäuschungen, die allenfalls auf Teilöffentlichkeiten verweisen, spielte die Vorstellung von Europa eine wichtige Rolle.

Historisch hat sich Europa einerseits nach dem Zweiten Weltkrieg institutionell entwickelt und auf Grund des Erfolges dieser Integration sich auch kontinuierlich erweitert. Andererseits fungierte Europa historisch als utopische Denkfigur. Appelle, Projektionen von Zukünften, Rechtfertigung der eigenen Taten oder des eigenen Zustandes – wie in vielen Fällen der europäischen Peripherie historisch festzustellen – durch den Appell an eine Idee von Europa entwickelten sich vor allem seit der Aufklärung. Europa als Begriff war stets zukunftsfähig. Die Übersetzung von Erfahrung in Erwartung veränderte die Ansprüche und Vorstellungen von Europa stets von Neuem. Über die Geschichte der europäischen Idee ist viel geschrieben worden und vor allem die dominante Rolle der Friedensvision hat die Zukunft, die mit Europa assoziiert wurde, geprägt. Seit dem Ende des Kalten Krieges war Europa Projektionsfläche von friedlicher Zukunft, von Sicherheit, gegenseitigem Respekt und einer Ahnung von Gemeinsamkeit, welche die Europäer kontinuierlich zusammenbringen würde. Doch der rhetorische Überbau, der bereits mit dem Vertrag von Maastricht 1992 einen ersten Realitäts-Dämpfer erhielt, fand nie sein institutionelles Fundament. Mit den Balkan-Kriegen in den 1990er Jahren wuchsen der Anspruch und der Selbstanspruch an ein handlungsfähiges und mit einer gemeinsamen Stimme sprechendes Europa.

Noch heute bilden Gedanken zu einem europäischen Kosmopolitismus zumindest indirekt mit der EU als Verräumlichung dieses Kosmopolitimus anregende theoretische Modelle. Die EU wird zunehmend mit europäischen Erinnerungen angefüllt, welche sich in transnationale Narrative verwandelt haben.[109] Hier sind vor allem die Erinnerung an den Holocaust und an die Schandflecken des kolonialen Erbes hervorzuheben. Und bis vor kurzem noch war die EU auch in ihrer historisch relativ neuen Funktion als Verkörperung der Idee von Europa ein Magnet für positive Zukunftsszenarien, wie die Debatte um ein Kerneuropa zeigte,[110] aber auch der Glaube an die Verfassung.

Mit dem Scheitern des Verfassungsvertrages hat sich die EU utopisch entladen. So scheint es zumindest. Seit den Referenden in Frankreich und den Niederlanden im Mai und im Juni 2005 wurde die Erfahrung in Europa in keine neuen Erwartungen mehr an die EU übersetzt. Vielmehr kämpft die EU mit den Folgen der Erweiterung und mit inneren Spannungen. Im Zuge der Finanz- und Wirtschaftskrise traten ebenfalls wieder die Nationen hervor. Eine gemeinsame europäische Antwort existierte nicht, sie war ein Lippenbekenntnis. Die EU ist erstmals in ihrer Geschichte nicht mehr Motor nationalen Wirtschaftswachstums und Garant von Demokratie in den Mitgliedsstaaten. Diese Eigenschaften sind ihr eigentlicher Charakter und macht sie historisch so bedeutend. Portugal, Irland, Griechenland, Ungarn und andere fallen wirtschaftlich zurück, in Italien hat trotz Mitgliedschaft in der EU eine politische Entwicklung eingesetzt, die alles andere als demokratisch ist. In Budapest verbrannten Demonstranten die Flagge der EU.

Doch aus der Peripherie kommen – wieder einmal – Appelle an Europa: In Weißrussland und Moldawien ist die Flagge der EU ein Protestsignal der Regimegegner, ebenso wie es in der Ukraine der Fall war. Doch findet weder das Verbrennen der Flagge innerhalb der EU, noch ihr Hissen außerhalb der EU eine Reaktion in einer europäischen Öffentlichkeit. Die Lösung der Krise wird durch die nationalen Zentren erwartet. Die mittelfristige Zukunft wird nicht mit Brüssel verhandelt, sondern mit Berlin, Paris, Sofia, Madrid, Dublin, Athen, Warschau etc.

---

[109] Und die historische Forschung hat vergleichende Studien zur Wahrnehmung und politisch-kulturellen Funktion des Holocaust in Europa vorgelegt. Beispielsweise Karlsson/Zander (2006).
[110] Siehe Levy et al. (2005).

Sowohl Habermas als auch Koselleck sehen in dem Hervortreten von Öffentlichkeit ein zentrales europäisches Thema von moralischem Selbstverständnis und politischer Kultur. Eine weiche und eine starke Öffentlichkeit charakterisieren Europa auf transnationaler wie auf nationaler Ebene. Historisch bildeten sich die nationalen Zentren als Hauptakteure in einer starken Öffentlichkeit heraus. In den demokratischen Rechtsstaaten Westeuropas hatte sich gegen Ende der 1960er Jahre ein pluralistisches, offenes, demokratisches Europa in seinen damaligen Mitgliedsstaaten verwirklicht. Heute sind in allen 27 Mitgliedsstaaten demokratische Strukturen vorhanden, wenn auch noch längst nicht alle den pluralistischen Demokratien Westeuropas nahe kommen.

Im Zuge eines seit Jahrzehnten empfundenen demokratischen Defizits, das sich in wahrgenommener Distanz zu den Bürgern der EU ausdrückte, sind viele integrative Projekte entstanden und politische Debatten geführt worden. In Europa jedoch steht Öffentlichkeit in einem direkten Verhältnis zu politischer Legitimation und zu den kontinuierlichen Verhandlungen von Krisen und Zukunftsszenarien – und somit in direktem Zusammenhang zu Vorstellungen von Integration. Öffentlichkeit und die sich generierenden Zukunftsalternativen sind der Motor dieser Integration. Angenommene Effekte von sich bildenden oder sich in einem Prozess befindenden Netzwerken und Kommunikationsstrukturen blieben nach empirischer Überprüfung eben meist: Annahmen, unbestätigt.[111] Ein Automatismus der kontinuierlichen Integration kann, trotz allerorten festgestellten Europäisierungstendenzen innerhalb der Nationalstaaten, auf der Ebene der politischen Kommunikation nicht beobachtet werden. Während das entgrenzte Europa sich auf gesellschaftlicher Ebene findet und einen eigenen Charakter ausbildet, ist dies in keiner Weise ein Hinweis auf eine dem quasi logisch nachfolgende politische Institutionenbildung.

Ist die Beobachtung einer Entzauberung Europas zutreffend? Ist Europa die positive utopische Luft ausgegangen? Es gibt zumindest Anzeichen dafür. Die Wahlen im Juni 2009, wiesen erneut eine sehr niedrige Wahlbeteiligung aus. Die Parteien machten Wahlkampf nach dem bewährten Motto: Für die Nation in Europa, die EU-weite Grüne Partei hat noch am ehesten ein europäisches Profil und auch europaweite Erfolge, die sich in einem Anstieg der Stimmen um 1,7% auswiesen. Dennoch bleibt die europäische Grüne Partei eigentlich unsichtbar in den verschiedenen nationalen politischen und medialen Diskursen. In den Europawahlen kam allerdings viel eher zum Ausdruck, dass es in Europa einen Rechtsruck zu

---

[111] Trenz (2008). Allgemein ist die Perspektive auch in der politikwissenschaftlichen und soziologischen Forschung kritischer geworden. Siehe hierzu beispielsweise die Working Papers des ARENA Instituts in Oslo, die von einem annehmenden und mehr Integration erwartenden Grundton zu einem kritischeren Standpunkt umschwenken (www.arena.uio.no).

verzeichnen gibt. Rechte und teilweise rechtsextreme Parteien, die wie in Österreich mit offen antisemitischen Parolen Wahlkampf betrieben, sind ironischerweise
europaweit vernetzt und die Libertas-Partei versucht, eine starke Gruppierung im
Parlament zu installieren. Während der andauernden Handlungsstarre der Europäischen Institutionen haben sich die Europagegner im Europaparlament stark
vermehrt. Vielleicht wird eine Reaktion auf diese Europagegner die Befürworter
wieder intensiver an Europa arbeiten lassen, aber eine Gewissheit, dass Europa to-
lerant und pluralistisch bleibt beziehungsweise wird, ist nicht gegeben. Habermas
gab seinem Band von 2008 den Titel *Ach, Europa*. Dies drückt ein seufzendes Kopf-
schütteln, gemischt mit Verzweiflung aus. Schwärmerei oder gar ein Anhimmeln
ist nicht gemeint.[112] Es wird an Europa gelitten, nicht mehr um es gestritten.

Literatur

Altgeld, Wolfgang/Brandt, Harm-Hinrich/Kißener, Michael (Hrsg.) (1995): Widerstand in Europa. Zeit-
    geschichtliche Erinnerungen und Studien. Konstanz: UVK
Anderson, Benedict (1983): Imagined Communities. Reflections on the Origin and Spread of National-
    ism. London: Verso
Beck, Ulrich/Grande, Edgar (2004): Das kosmopolitische Europa. Gesellschaft und Politik in der zweiten
    Moderne. Frankfurt/Main: Suhrkamp
Beck, Ulrich/Lau, Christoph (2004): Entgrenzung und Entscheidung. Was ist neu an der Theorie reflexi-
    ver Modernisierung? Frankfurt/Main: Suhrkamp
Breisach, Ernst (2003): On the Future of History. The Postmodernist Challenge and its Aftermath. Chi-
    cago: University of Chicago Press
Bruni, Luigino (2006): Civic Happiness. Economics and Human Flourishing in Historical Perspective.
    London: Routledge
Burgard, Oliver (2000): Das gemeinsame Europa. Von der politischen Utopie zum außenpolitischen
    Programm. Meinungsaustausch und Zusammenarbeit pro-europäischer Verbände in Deutschland
    und Frankreich, 1924-1933. Frankfurt/Main: Verlag Neue Wissenschaft
Bödeker, Hans-Erich (2005): German Travellers to Italy in the Eighteenth Century. Motives, Intentions,
    Experiences. In: Schulz-Forberg (2005): 181-223
Calhoun, Craig (Hrsg.) (1992): Habermas and the Public Sphere. Cambridge: MIT Press
Cohen, Jean/Arato, Andrew (1988): Civil Society and Social Theory. In: Thesis Eleven 21. 1988. 40-64
Cohen, Jean/Arato, Andrew (Hrsg.) (1992): Civil Society and Political Theory. Cambridge: MIT Press
Cohen, Jean (1996): The Public Sphere, the Media and Civil Society. In: Sajó (1996): 19-50
Confrancesco, Dino (1983): Il mito europeo del fascismo (1939-1945). In: Storia contemporanea 14. 1983.
    5-45

---

[112] Habermas (2008), 7: „Von Enzensbergers Lobgesang auf die europäische Vielfalt – Ach Europa! –
bleibt heute nur noch der seufzende Ton. Eine Diskussion mit Außenminister Frank-Walter Steinmeier
gab erneut Anlass, über die Zukunft Europas nachzudenken und der Selbsttäuschung entgegenzutre-
ten, als sei nach dem Gipfel von Lissabon der drohende Rückfall der Europäischen Union in die nur zu
bekannten Machtspiele der nationalen Regierungen gebannt".

Conrad, Sebastian/Sachsenmaier, Dominic (2007): Competing Visions of World Order. Global Moments and Movements, 1880s-1930s. Basingstoke: Macmillan

Cronin, Ciara (2003): Democracy and Collective Identity. In Defence of Constitutional Patriotism. In: European Journal of Philosophy 11. 2003. 1-28

Crossley, Nick/Roberts, John M. (Hrsg.) (2004): After Habermas. New Perspectives on the Public Sphere. Oxford: Blackwell Publishing

Darnton, Robert (1984): The Great Cat Massacre and Other Episodes in French Cultural History. New York: Basic Books

Darnton, Robert (1995): The Forbidden Best-Sellers of Pre-Revolutionary France. New York: Norton

Descartes, René (1637): Discours de la methode pour bien conduire sa raison, & chercher la verité dans les sciences. Plus La dioptriqve. Les meteores. Et La geometrie. Qui sont des essais de cete methode. Leiden: Maire

Dirlik, Arif (2007): Global Modernity. Modernity in the Age of Global Capitalism. Boulder: Paradigm Publishers

Eder, Klaus (2003): Öffentlichkeit und Demokratie. In: Kohler-Koch/Jachtenfuchs (2003): 85-120

Eder, Klaus (2007): The Public Sphere and European Democracy. In: Fossum/Schlesinger (2007): 44-64

Eisenstadt, Shmuel (Hrsg.) (2002): Multiple Modernities. New Brunswick: Transaction Publishers

Eley, Geoff (2005): A Crooked Line. From Cultural History to the History of Society. Ann Arbor: University of Michigan Press

Emirbayer, Mustafa/Sheller, Mimi (1998): Publics in History. In: Theory and Society 27. 1998. 727-779

Eriksen, Erik O. (2004): Conceptualizing European Public Spheres. General, Segmented and Strong Publics. In: ARENA Working Paper 3/4. 2004. 36

Favell, Adrian (2008): Eurostars and Eurocities. Free Movement and Mobility in an Integrating Europe. Studies in Urban and Social Change. Malden: Blackwell

Featherstone, Kevin/Radaelli, Claudio M. (2003): The Politics of Europeanization. Oxford: Oxford University Press

Ferree, Myra Marx et al. (2002): Four Models of the Public Sphere in Modern Democracies. In: Theory and Society 31. 2002. 298-324

Fischer-Tiné, Harald (2007): Global Civil Society and the Forces of Empire. The Salvation Army, British Imperialism, and the ,Prehistory' of NGOs (ca. 1880-1920). In: Conrad/Sachsenmaier (2007): 29-67

Fossum, John Erik/Schlesinger, Philip (2007): The European Union and the Public Sphere. A Communicative Space in the Making? London: Routledge

François, Etienne/Bödeker, Hans-Erich (Hrsg.) (1996): Aufklärung / Lumières und Politik. Zur politischen Kultur der deutschen und französischen Aufklärung. Leipzig: Universitäts-Verlag

Frank, Robert/Kaelble, Hartmut/Passerini, Luisa (Hrsg.) (2009): Building the European Public Sphere. History and the Global Perspective. Brussels: Peter Lang

Franzius, Claudio/Preuß, Ulrich K. (Hrsg.) (2004): Europäische Öffentlichkeit. Baden-Baden: Nomos

Fraser, Nancy (1989): Unruly Practices. Power, Discourse, and Gender in Contemporary Social Theory. Minneapolis: University of Minnesota Press

Fraser, Nancy (1992): Rethinking the Public Sphere: A Contribution to the Critique of Actually Existing Democracy. In: Calhoun (1992): 109-142

Fraser, Nancy/Bartky, Sandra Lee (1992): Revaluing French Feminism. Critical Essays on Difference, Agency, and Culture. Bloomington: Indiana University Press

Fraser, Nancy (1995): Politics, Culture, and the Public Sphere: Toward a Postmodern Conception. In: Nicholsen/Seidman (1995): 287-314

Gardiner, Michael E. (2004): Wild Publics and Grotesque Symposiums: Habermas and Bakhtin on Dialogue, Everyday Life and the Public Sphere. In: Crossley/Roberts (2004): 28-48

Garnham, Nicholas (1986): The Media and the Public Sphere. In: Golding et al. (1986): 37-53

Garnham, Nicholas (2000): Emancipation, the Media and Modernity. Oxford: Oxford University Press

Golding, Peter/Murdock, Graham/Schlesinger, Philip (1986): Communicating Politics. Mass Communications and the Political Process. Leicester: Leicester University Press

Gerhards, Jürgen (1993): Westeuropäische Integration und die Schwierigkeiten der Entstehung einer europäischen Öffentlichkeit. In: Zeitschrift für Soziologie 22. 1993. 96-110

Gerhards, Jürgen (2002): Das Öffentlichkeitsdefizit der EU im Horizont normativer Öffentlichkeitstheorien. In: Kaelble et al. (2002): 135-158

Giddens, Anthony (1990): The Consequences of Modernity. Cambridge: Polity Press

Grimm, Dieter (1995): Does Europe Need a Constitution? In: European Law Journal 1(13). 1995. 282-302

Gumbrecht, Hans Ulrich/Reichardt, Rolf/Schleich, Thomas (1981): Sozialgeschichte der Aufklärung in Frankreich. München und Wien: Oldenbourg

Habermas, Jürgen (1962): Strukturwandel der Öffentlichkeit. Frankfurt/Main: Suhrkamp

Habermas, Jürgen (1973): Kultur und Kritik. Verstreute Aufsätze. Frankfurt/Main: Suhrkamp

Habermas, Jürgen (1985): Der philosophische Diskurs der Moderne. Zwölf Vorlesungen. Frankfurt/Main: Suhrkamp

Habermas, Jürgen (1988): Theorie des kommunikativen Handelns. Zur Kritik der funktionalistischen Vernunft; Bd. 2. Frankfurt/Main: Suhrkamp

Habermas, Jürgen (1990a): Die Moderne, ein unvollendetes Projekt. Philosophisch-politische Aufsätze, 1977-1990. Leipzig: Reclam

Habermas, Jürgen (1990b): Die nachholende Revolution. Frankfurt/Main: Suhrkamp

Habermas, Jürgen (1990c): Strukturwandel der Öffentlichkeit. Untersuchungen zu einer Kategorie der bürgerlichen Gesellschaft. Frankfurt/Main: Suhrkamp

Habermas, Jürgen (1996): Between Facts and Norms. Contributions to a Discourse Theory of Law. Cambridge: MIT Press

Habermas, Jürgen (1998): Die postnationale Konstellation. Politische Essays. Frankfurt/Main: Suhrkamp

Habermas, Jürgen (2008): Ach, Europa. Frankfurt/Main: Suhrkamp

Habermas, Rebekka/von Mallinckrodt, Rebekka (2004): Interkultureller Transfer und nationaler Eigensinn. Europäische und anglo-amerikanische Positionen der Kulturwissenschaften. Göttingen: Wallstein

Hagen, Lutz M. (Hrsg.) (2004): Europäische Union und Mediale Öffentlichkeit. Köln: Halem

Hobbes, Thomas/Macpherson, C. B. (1651/1968): Leviathan. Baltimore: Penguin Books

Hobsbawm, Eric (1985): The Age of Capital 1848-1875. London: Abacus

Hölscher, Lucian (1978): Öffentlichkeit. In: Koselleck et al. (1978): 413-467

Hölscher, Lucian (1979): Öffentlichkeit und Geheimnis. Eine begriffsgeschichtliche Untersuchung zur Entstehung der Öffentlichkeit in der frühen Neuzeit. Stuttgart: Klett-Cotta

Judt, Tony (2005): Postwar. A History of Europe Since 1945. New York: Penguin Press

Kaelble, Hartmut (2001): Europäer über Europa. Die Entstehung des modernen europäischen Selbstverständnisses im 19. und 20. Jahrhundert. Frankfurt/Main: Campus

Kaelble, Hartmut (2002a): The Historical Rise of a European Public Sphere? In: Journal of European Integration History 8(2). 2002. 9-22

Kaelble, Hartmut/Kirsch, Martin/Schmidt-Gernig, Alexander (2002b): Transnationale Öffentlichkeiten und Identitäten im 20. Jahrhundert. Frankfurt/Main: Campus

Kaelble, Hartmut (2007a): Sozialgeschichte Europas. 1945 bis zur Gegenwart. München: Beck

Kaelble, Hartmut (2007b): The European Public Sphere. Florenz: Europäisches Hochschulinstitut

Kant, Immanuel (1781): Critik der reinen Vernunft. Riga: Hartknoch

Kant, Immanuel (1784/1994): Beantwortung der Frage: Was ist Aufklärung? In: Was ist Aufklärung? Leipzig: Reclam: 8-17

Kant, Immanuel (1795/1993): Zum ewigen Frieden. Ein philosophischer Entwurf. In: Schriften zur Anthropologie, Geschichtsphilosophie, Politik und Pädagogik. Frankfurt/Main: Suhrkamp: 192-251

Karlsson, Klas-Göran/Zander, Ulf (Hrsg.) (2006): The Holocaust on Post-War Battlefields. Genocide as Historical Culture. Malmö: Sekel

Kaviray, Sudipta (2005): An Outline of a Revisionist Theory of Modernity. In: European Journal of Sociology 46(3). 2005. 497-526.

Klein, Ansgar et al. (Hrsg.) (2003): Bürgerschaft, Öffentlichkeit und Demokratie in Europa. Opladen: Leske & Budrich

Kleinsteuber, Hans J. (2004): Strukturwandel der Europäischen Öffentlichkeit? Der Öffentlichkeitsbegriff von Jürgen Habermas und die European Public Sphere. In: Hagen (2004): 29-46

Klier, Peter (1990): Im Dreieck von Demokratie, Öffentlichkeit und Massenmedien. Berlin: Duncker & Humblot

Kohler-Koch, Markus/Jachtenfuchs, Beate (2003): Europäische Integration. Opladen: Leske & Budrich

Koopmans, Ruud (2005): The Transformation of Political Mobilisation and Communication in European Public Spheres. Executive Summary. www.eurpolcom.eu/exhibits/exec_summary.pdf

Koselleck, Reinhart (1973): Kritik und Krise. Eine Studie zur Pathogenese der bürgerlichen Gesellschaft. Frankfurt/Main: Suhrkamp

Koselleck, Reinhart/Conze, Werner/Brunner, Otto (1978): Geschichtliche Grundbegriffe. Frankfurt/Main: Klett-Cotta

Koselleck, Reinhart (2006a): Begriffsgeschichten. Frankfurt/Main: Suhrkamp

Koselleck, Reinhart (2006b): Die Verzeitlichung der Begriffe. In: Koselleck (2006a): 77-85

Landes, Joan B. (1988): Women and the Public Sphere in the Age of the French Revolution. Ithaca: Cornell University Press

Landes, Joan B. (1998): Feminism, the Public and the Private. Oxford Readings in Feminism. Oxford: Oxford University Press

La Vopa, Anthony J. (1992): Conceiving a Public: Ideas and Society in Eighteenth-Century Europe. In: The Journal of Modern History 64. 1992. 79-116

Levy, Daniel/Pensky, Max/Torpey, John (Hrsg.) (2005): Old Europe, New Europe, Core Europe. Transatlantic Relations after the Iraq War. London: Verso

Liebert, Ulrike (2007): Transnationalising the Public Sphere? The European Parliament, Promises and Anticipations. In: Fossum/Schlesinger (2007): 259-278

Lipgens, Walter (Hrsg.) (1968): Europa-Föderationspläne der Widerstandsbewegungen 1940-1945. München: Oldenbourg

Locke, John (1689/1993): Two Treatises on Government. London: Longman

Malmborg, Mikael af/Stråth, Bo (Hrsg.) (2002): The Meaning of Europe. Variety and Contention within and Among Nations. Oxford: Berg

Mau, Steffen (2007): Transnationale Vergesellschaftung. Die Entgrenzung sozialer Lebenswelten. Staatlichkeit im Wandel. Frankfurt/Main: Campus

Mau, Steffen/Verwiebe, Roland (2009): Die Sozialstruktur Europas. Konstanz: UVK

Mayfair, Mei-hui Yang (1999): Spaces of Their Own. Women's Public Sphere in Transnational China. Minneapolis: University of Minnesota Press

McCarthy, Thomas A. (1978): The Critical Theory of Jürgen Habermas. London: Hutchinson

Meyer, Jan-Henrik (2008): Tracing the European Public Sphere. A Comparative Analysis of British, French and German Newspaper Coverage of European Summits (1969-1991). Berlin: Diss.

Montaigne, Michel de (1588/1850): Essais (4 Bde); Bd. 1. Paris: Pierre Didot

Nanz, Patrizia/Steffek, Jens (2007): Zivilgesellschaftliche Partizipation und die Demokratisierung internationalen Regierens. In: Niesen/Herborth (2007): 87-110

Nicholsen, Linda J./Seidman, Steven (1995): Social Postmodernism. Beyond Identity Politics. Cambridge: Cambridge University Press

Niesen, Peter/Herborth, Benjamin (Hrsg.) (2007): Anarchie der kommunikativen Freiheit: Jürgen Habermas und die Theorie der internationalen Politik. Frankfurt/Main: Suhrkamp

Niu, Hui (1999): Habermas' Theory of Public Sphere and Social Change in Contemporary Urban China. Conference Paper: American Sociological Association

Neulen, Hans Werner (1987): Europa und das 3. Reich: Einigungsbestrebungen im deutschen Machtbereich 1939-45. München: Universitas

Olsen, Niklas (2009): Beyond Utopianism and Relativism: History in the Plural in the Work of Reinhart Koselleck. Florenz: Diss.

Osterhammel, Jürgen (1998): Die Entzauberung Asiens. Europa und die asiatischen Reiche im 18. Jahrhundert. München: Beck

Peters, Bernhard et al. (2005): National and Transnational Public Spheres: The Case of the EU. In: European Review 13 Suppl. 1. 2005. 139-160

Requate, Jörg/Schulze-Wessel, Martin (2002a): Europäische Öffentlichkeit. Transnationale Kommunikation seit dem 18. Jahrhundert. Frankfurt/Main: Campus

Requate, Jörg/Schulze-Wessel, Martin (2002b). Europäische Öffentlichkeit: Realität und Imagination einer appellativen Instanz. In: Requate (2002a): 11-42

Risse, Thomas/van der Steeg, Marianne (2003): An Emerging European Public Sphere? Empirical Evidence and Theoretical Clarifications. http://userpage.fu-berlin.de/~atasp/texte/030624_european publicsphere.pdf

Risse, Thomas (2004): Auf dem Weg zu einer europäischen Kommunikationsgemeinschaft: Theoretische Überlegungen und empirische Evidenz. In: Franzius (2004): 139-151

Roche, Daniel (1981a): Le peuple de Paris: Essai sur la culture populaire au XVIIIe siècle, Collection Historique. Paris: Aubier Montaigne

Roche, Daniel (1981b): Die ,Sociétés de pensée' und die aufgeklärten Eliten des 18. Jahrhunderts in Frankreich. In: Gumbrecht et al. (1981): 77-115

Rousseau, Jean-Jacques (1762): Du Contract Social; Ou Principes du Droit Politique. Amsterdam: Marc Michel Rey

Rucht, Dieter/Yang, Mundo/Zimmermann, Ann (2008): Politische Diskurse im Internet und in Zeitungen: Das Beispiel Genfood. Wiesbaden: VS Verlag für Sozialwissenschaften

Salvatore, Armando/Eickelman, Dale F. (2004): Public Islam and the Common Good, Social, Economic, and Political Studies of the Middle East and Asia. Leiden: Brill

Salvatore, Armando (2007): The Public Sphere: Liberal Modernity, Catholicism, Islam. New York: Macmillan

Sajó, András (1996): Rights of Access to Media. Den Haag: Kluwer Law International

Schlesinger, Philip (2007): A Fragile Cosmopolitanism: On the Unresolved Ambiguities of the European Public Sphere. In: Fossum/Schlesinger (2007): 65-83

Schulz-Forberg, Hagen (Hrsg.) (2005): Unravelling Civilisation. European Travel and Travel Writing. Brüssel: Peter Lang

Schulz-Forberg, Hagen/Stråth, Bo (2010): The Political History of European Integration. The Hypocrisy of Democracy-Through-Market. London: Taylor & Francis

Seton-Watson, Hugh (1977): Nations and States: An Enquiry Into the Origins of Nations and the Politics of Nationalism. London: Methuen

Sheller, Mimi/Urry, John (2003): Mobile Transformations of ,Public' and ,Private Life'. In: Theory, Culture and Society 20(3). 2003. 107-125

Smith, Adam (1759/2006): The Theory of Moral Sentiments, Dover Philosophical Classics. Mineola: Dover Publications

Somers, Margaret R. (1993): Citizenship and the Place of the Public Sphere: Law, Community, and Political Culture in the Transition to Democracy. In: American Sociological Review 58(5). 1993. 587-620

Splichal, Slavko (2006): In Search of a Strong European Public Sphere: Some Critical Observations on Conceptualizations of Publicness and the (European) Public Sphere. In: Media, Culture & Society 28(5). 2006. 695-714

Steeg, Marianne van de (2002): Rethinking the Conditions for a Public Sphere in Europe. In: European Journal of Social Theory 5. 2002. 499-519

Stråth, Bo (Hrsg.) (2000a): After Full Employment. European Discourses on Work. Brüssel: Peter Lang

Stråth, Bo (2000b): The Concept of Work in the Construction of Community. In: Stråth (2000a): 65-104

Stråth, Bo (2001): Review of Reinhart Koselleck (2000), Zeitschichten. Studien zur Historik mit einem Beitrag von Hans-Georg Gadamer. In: European Journal of Social Theory 4(4). 2001. 531-535

Todorova, Maria N. (1997): Imagining the Balkans. Oxford: Oxford University Press

Trenz, Hans-Jörg/Eder, Klaus (2004): The Democratizing Dynamics of a European Public Sphere. Towards a Theory of Democratic Functionalism. In: European Journal of Social Theory 7. 2004. 5-25

Trenz, Hans-Jörg (2008): In Search of the European Public Sphere: Between Normative Overstretch and Empirical Disenchantment. www.arena.uio.no/publications/working-papers2008/papers/wp08_12.pdf

Warner, Michael (2002) Publics and Counterpublics. New York: Zone Books

Weintraub, Jeff/Kumar, Krishan (Hrsg.) (1997): Public and Private in Thought and Practice: Perspectives on a Grand Dichotomy. Chicago: University of Chicago Press

Wessler, Hartmut (2004): Europa als Kommunikationsnetzwerk. Theoretische Überlegungen zur Europäisierung von Öffentlichkeit. In: Hagen (2004): 13-28

Wessler, Hartmut (Hrsg.) (2007): Der Sinn von Öffentlichkeit. Eine Auswahl der Schriften von Bernhard Peters. Frankfurt/Main: Suhrkamp

Wessler, Hartmut (2008): Transnationalization of Public Spheres, Transformations of the State. New York: Macmillan

Wittrock, Björn (2000): Modernity: One, None, or Many? In: Daedalus 129. 2000. 31-60

Wolff, Larry (1994): Inventing Eastern Europe: The Map of Civilisation on the Mind of the Enlightenment. Stanford: Stanford University Press

Yang, Goubin (2003): The Internet and the Rise of a Transnational Chinese Cultural Sphere. In: Media, Culture & Society 25. 2003. 469-490

Ziegerhofer-Prettenthaler, Anita (2004): Botschafter Europas: Richard Nikolaus Coudenhove-Kalergi und die Paneuropa-Bewegung in den zwanziger und dreißiger Jahren. Wien: Böhlau

Zimmermann, Ann (2006): Demokratisierung und Europäisierung online? Massenmediale politische Öffentlichkeiten im Internet. Berlin: Diss.

Einheit und Vielfalt

Europa und das Paradigma der Einheit

Wolfgang Schmale

„Einheit" stellt in Europa, insbesondere in der Europäischen *Union*, das zentrale Paradigma dar. Dies gilt auf der symbolischen wie auf der ideellen Ebene. Das symbolische Auftreten ist ganz auf die Vermittlung des Eindrucks von Einheit hin ausgerichtet. Europatag, Europahymne und Europa-Flagge folgen dem Einheitssymbolismus, den Staaten im Allgemeinen verwenden, obwohl die EU bekanntermaßen (noch) kein Staat ist. Die EU-Flagge, zwölf Sterne im Kreis mit absolut gleichen Abständen angeordnet, auf blauem Hintergrund, drückt das Ideal der Einheit sehr direkt aus. Einheit impliziert immer auch Harmonie, was ebenfalls durch die Flagge dargestellt wird. Dasselbe gilt für die Farbe Blau, die seit der Erfindung des Symbols der Olympischen Ringe Ende des 19. Jahrhunderts international für Europa steht, die aber als ‚Farbe Europas' weiter zurückreicht.[1] Europa ist dabei allerdings nicht „bunt", sondern einfarbig, wodurch die Idee der Einheit auch suggestiv unterstützt wird.

Auf Grund einer langen Tradition im politischen Denken erweist sich die Idee der Einheit als Ideal, das der konflikt-, gewalt- und kriegreichen Wirklichkeit hoffnungsvoll entgegengestellt wird. Dieses Ideal fungiert bis heute als stärkster Ausdruck der Finalität auch der Europäischen Union. Die „Genealogie" von Plänen zur europäischen Einigung und Einheit wird in der Regel bis auf eine Schrift Pierre Dubois' von ca. 1306 zurückgeführt. Er betitelte das Pamphlet mit „De recuperatione terrae sanctae". Es ging um eine geeignete Strategie, in Europa Frieden zu schaffen, zu der nicht nur die Schaffung einiger gemeinsamer Institutionen gehörte, sondern auch die Lenkung gewissermaßen der kriegerischen Energien nach außen, nämlich gegen die Heiden, die das Heilige Land beherrschten. Kreuzzugsidee und Idee der politischen Einigung wurden verknüpft. Diese Verknüpfung wurde im 15. und teilweise noch im 16. Jahrhundert beibehalten, bevor dann Pläne entstanden, die der Idee des Gleichgewichts der Mächte (wie in den 1630er-Jahren Sullys „Großer Plan") bzw. der Idee des Ewigen Friedens verpflichtet waren, die seit den Schriften des Abbé de Saint-Pierre (1713, anlässlich des Kongresses von

---

[1] Zur Emblematik, Europaikonografie und zu Europabildern sei auf zwei Überblickswerke verwiesen: Pastoureau/Schmitt (1990) und Öhner et al. (2005).

Utrecht) und später seit Kants Schrift zum Ewigen Frieden (anlässlich des Baseler Friedenskongresses von 1795) weit verbreitet wurde. Das 19. Jahrhundert fügte die Idee der „Vereinigten Staaten von Europa" hinzu, die nach allerlei Zuschneidungen – bis heute etwa bei den Föderalisten – Anhänger, anderweitig freilich Gegner[2] hat.

Dazwischen existierte eine Unzahl von Europaplänen und Ideen auch in Ostmitteleuropa, die in den letzten Jahren größere Beachtung gefunden haben.[3] Die „Genealogie" der Pläne ist nicht ganz so klar und eindeutig, wie es die ältere Forschung und Literatur[4] suggerierte; einiges, was auf Grund der Forschung heute zum Pläne-Kanon zählt, war zwischendurch lange vergessen, aber die Durchgängigkeit eines politischen Denkens, dessen Kern und Ziel europäische Einigung bis hin zu einem europäischen Staat war, wird dadurch nicht aufgehoben.[5]

Im Licht der langen Ahnengalerie von Europaplänen kommt an der Zuträglichkeit des Paradigmas der Einheit kaum Zweifel auf. Wie auch immer die Pläne im Einzelnen ausgestaltet waren, in der Regel hielten sie sich an das Prinzip, dass die europäischen Staaten sich freiwillig auf gemeinsame Institutionen wie einen Europäischen Rat und ein Europäisches (Schieds-)gericht einigen müssten. Eine europäische Einigung mit dem Schwert wurde nicht propagiert, gleichwohl gab es – so schon bei Pierre Dubois – Vorschläge für eine gewaltbewehrte Sanktionsmöglichkeit im Falle eines gravierenden Fehlverhaltens eines Mitglieds, oder die ‚Ablenkung' kriegerischer Energien nach Außen, außerhalb Europas.

Die „Einigung" mit dem Schwert oder unter Zuhilfenahme des Schwerts neben anderen Mitteln fehlte nicht.[6] Auf dem Höhepunkt seiner Macht beherrschte Karl V. große Teile Europas (Spanien, Sardinien, Sizilien, das südliche Italien, große Teile des ehemaligen Burgund – die beiden Niederlande und die Freigrafschaft Burgund –, die Österreichischen Erblande, Westungarn, Böhmen und Mähren, Schlesien). Er war Kaiser, 1525 hatte er den französischen König Franz I. gefangen genommen, er hielt den Vormarsch der Osmanen auf, sein Tunisfeldzug galt als Triumph und es entstand ein Kolonialreich. Der Versuch Karls V., eine „Europäische Universalmonarchie" zu errichten und auf diese Weise europäische Einheit zu

[2] Vgl. etwa Lübbe (1994).

[3] Hier ist besonders hinzuweisen auf: Duchhardt/Morawiec (2003); Duchhardt/Németh (2005); Borodziej et al. (2005); Reijnen (2005); Loew (2004).

[4] In der deutschsprachigen Forschung wirkten sich besonders aus: Raumer (1953); Foerster (1963); Foerster (1967); ähnlich einflussreich auf Grund der breiten Rezeption: Rougemont (1962); französische Ausgabe unter dem Titel: Vingt-huit siècles d'Europe, Paris 1961. Die englische und französische ältere Forschung ist bei Heater (2005) gut aufgearbeitet.

[5] Die Rezeptionsgeschichten sehr gut aufgearbeitet hat: Heater (2005).

[6] Die folgende „Chronologie" übernimmt Textbausteine aus dem ersten Kapitel meines Buches, Schmale (2008).

schaffen, evoziert Bilder weiterer Herrscher in der europäischen Geschichte, denen ähnliche Ambitionen nachgesagt wurden. Ob Ludwig XIV. tatsächlich beabsichtigte, wie die zeitgenössische Propaganda warnte, sich Europa als Alleinherrscher zu unterwerfen und auf diese Weise zwangsweise Einheit herzustellen, ist umstritten, aber der Vorwurf stand im Raum. Derselbe Vorwurf wurde gegenüber Napoleon I. erhoben, der allerdings erst in der Verbannung detailliertere Angaben zu seinen vermeintlichen Plänen einer europäischen Einigung machte, was offenbar seine Kriege in einem günstigeren Licht erscheinen lassen sollte. Sicher trug Napoleon kulturhistorisch gesehen zu mancherlei Vereinheitlichung bei, aber mehr nicht. Nicht selten wird Hitler in dieser Reihe genannt. Nationalsozialisten, Kollaborateure, Faschisten und autoritäre Rechtskonservative wie in Frankreich um den Maréchal Pétain befürworteten eine gewaltsame Einigung Europas unter Führung Hitlers und des nationalsozialistischen Deutschlands. Eine Vielzahl von Dokumenten belegt diese Haltung,[7] der sich Hitler allerdings nie anschloss; eine und sei es gewaltsame Einigung Europas interessierte ihn nicht, sie kam in seinem Konzept rassenantisemitisch begründeter Herrschaft nicht vor. Es muss als ein Widerspruch in sich gelten, Europa durch Gewalt zur Einheit zu zwingen!

Der nach 1945 politisch konkret beschrittene Weg wurde mit anderen, aber nicht weniger auf Einheit zielenden Leitbegriffen beschritten: Der wichtigste wurde „Integration".[8] Der heute im Vordergrund stehende Unionsbegriff wurde 1972 in Paris (Europäischer Gipfel) aufgewertet, als die „Umwandlung" der „Gesamtheit der Beziehungen der Mitgliedstaaten in eine Europäische Union" zum wichtigsten Ziel erklärt wurde. Im so genannten Spinelli-Bericht des Europäischen Parlaments von 1984 wurde versucht, den Unionsbegriff in der Tradition der europäischen Föderalisten verfassungsrechtlich zu konkretisieren. Durchgesetzt hat sich die Formulierung weiterer gemeinsamer Ziele, die sich vorrangig auf Demokratie und Menschenrechte beziehen, sowie der Zusammenbau von bisheriger Integration in Gestalt supranationaler Institutionen mit Elementen des Intergouvernementalismus.[9] Nach außen wird die Einheit durch im Grunde typisch nationalstaatliche Symbole, wie oben eingangs erwähnt, vermittelt: Flagge, Hymne, Europatag (analog zu den Nationalfeiertagen). Hinzu kommt eine Devise – „In Vielfalt geeint".

Diese Fakten belegen die Verbindlichkeit des Paradigmas der Einheit in Bezug auf die Europäische Union und ihre Vorgängerinnen. Ergänzen lässt sich noch die Bedeutung des Paradigmas der „Mitte", denn jede Einheit hat in der europäischen Vorstellungswelt auch eine Mitte oder ein Herz. In der Frühen Neuzeit, ja bis ins

---

[7] Lipgens (1985), dort das von Michael Salewski verfasste Kapitel zu nationalsozialistischen „Einheitsplänen". Als genauere Fallstudie zu Frankreich siehe Bruneteau (2003).
[8] Zur Begriffsgeschichte siehe Herbst (1986).
[9] Weidenfeld/Wessels (2007), 185.

20. Jahrhundert in bestimmten Fällen, wurde besonders Böhmen als der „Bauch-
nabel Europas" bezeichnet, mithin als Europas Mitte. Seit 1989 kennen wir einen
angeregten Wettbewerb um die Position, Europas Mitte zu sein. Etwas pseudowis-
senschaftlich wird die Mitte geografisch begründet; je nachdem, von wo aus gemessen wird – aus westlicher Richtung vom Graben zwischen der amerikanischen
und der eurasischen Kontinentalplatte, der unter Island verläuft, oder von der
französischen Atlantikküste –, befindet sich die vermeintliche geografische Mitte
Europas in Frankreich, in Deutschland, in der Ukraine in der Nähe von Lemberg
oder in Litauen. Andere reklamieren für sich, im „Herzen Europas" zu liegen.[10] Die
Rede von einer „Seele Europas" stellt im Grunde nichts anderes als eine weitere
Variante des Paradigmas der Mitte dar. Nicht zufällig rankt sich um den von Met-
ternich geprägten Begriff „Mitteleuropa" (heute im Englischen „Central Europe",
im Französischen „Europe centrale", und als Entlehnung hieraus neuerdings im
Deutschen auch „Zentraleuropa") eine reiche Literatur.[11]

Beim Versuch, das komplexe Gebilde namens Europäische Union, wie es der
EU-Vertrag façonniert, darzustellen, wird gern auf das Wort und das Bild der
„Tempelkonstruktion" zurückgegriffen.[12] Das wiederum steht in der Tradition der
Metapher vom „europäischen Haus", die im 15. Jahrhundert benutzt wurde, die in
bebilderten Broschüren zur Popularisierung des Marshallplanes vorkam und die
vom letzten Präsidenten der Sowjetunion Michail Gorbatschow eingesetzt wurde.
Haus, Gebäude, Tempel, auch sie sind Metaphern der Einheit.

Unter den zahlreichen Ideen und Plänen für eine europäische Einheit wurde
in den 1940er und frühen 1950er-Jahren dem Ziel eines föderal verfassten Europas
der Vorzug gegeben, auch wenn die praktische Politik weit dahinter zurück blieb.
Entscheidend war, dass eine umfassende europäische Einheit nur im Rahmen eines
Europäischen Staates vorstellbar erschien. Und war es nicht so, dass der Ruf nach
europäischer Einheit den Kontinent seit rund 700 Jahren begleitete? War er nicht
der am meisten vertraute Ruf seit den politischen Europaplänen des Pierre Dubois
um 1306, des Georg von Podiebrad (1464), des Sully (1638), des Abbé de Saint Pierre (1713), des Immanuel Kant (1795), eines Victor Hugo (1849), eines Aristide Bri-
and (1930), eines Altiero Spinelli im Gefängnis von Ventotene (1941), der Geschwister Scholl (1942)?

1965 wurden die damals drei Gemeinschaften EGKS, EWG und Euratom zur
EG verschmolzen (Fusionsvertrag vom 8. April 1965, inkraftgetreten am 1. Juli
1967), ein Schritt, der der Logik der politischen Einheit folgte. 1973 definierten die

---

[10] Kreis (2004), hier 42-46.
[11] Vgl. statt vieler Breysach (2003).
[12] Siehe statt vieler anderer Illustrationen die entsprechende Zeichnung in Weidenfeld/Wessels (2007),
188.

Staats- und Regierungschefs der EG auf dem Dezembergipfel in Kopenhagen in einem offiziellen Dokument *die* „europäische Identität", und zwar vor allem außenpolitisch. Dieser Schritt folgte ebenso der Logik der politischen Einheit und machte die enge Verbindung zwischen Einheit und Identität überaus deutlich, ohne das eine und das andere herstellen zu können. Die Feierliche Erklärung von Stuttgart 1983 zur Europäischen Union, die Einheitliche Europäische Akte von 1986, der Vertrag von Maastricht 1992 und die Folgeverträge bis zum Vertrag von Lissabon 2007 setzen diese „Logik" fort.

Der Versuch (2001 bis 2005, von der Erklärung von Laeken über den Europäischen Konvent bis zu den negativen Referenden in Frankreich und den Niederlanden), die EU mit einer Verfassung auszustatten, stellte bisher den stärksten tatsächlichen Schritt in Richtung eines Europäischen Staates dar. Bezüglich des Vertrages von Lissabon, der im Dezember 2007 an die Stelle der nicht durchsetzbaren Verfassung trat, wurde herausgehoben, dass er die wesentlichsten Elemente aus dem Verfassungsentwurf übernehme. Die Lösung der unzweifelhaften politischen, moralischen und Akzeptanzkrise der EU wird unverändert darin erblickt, dass auf dem Weg zu mehr EU-Einheit Fortschritte erzielt werden. Insoweit wird europäische Identität im engen Konnex mit der angestrebten politischen Einheit gesehen.

Ideell ist „Einheit" nach wie vor eng mit „Christentum" korreliert. Hartnäckig hält sich die Auffassung, die *zwölf* Sterne seien ein christliches Symbol, d.h. die Flagge wird als abstrakter Ausdruck eines Europas gesehen, das seine Einheit aus der Eigenschaft, *der* christliche Kontinent zu sein bzw. gewesen zu sein, gewinnt. Diese Interpretation, die offiziell schon immer zurückgewiesen wurde, hängt damit zusammen, dass christliche Motive im Zuge der Debatten um eine Europäische Flagge im Europarat – denn die Flagge war zunächst das Symbol, auf das sich die Mitglieder des Europarats einigten, bevor es von der EG übernommen wurde – eine Rolle spielten; vielleicht haben sich auch Argumente des Gründers der Pan-Europa-Bewegung, Graf Coudenhove-Kalergis[13], der sich auf der Grundlage des Emblems der Pan-Europa-Union mit einem überarbeiteten Vorschlag an den Debatten beteiligte, festgesetzt, denn für Coudenhove-Kalergi spielte der Bezug auf das Christentum in der Europasymbolik immer eine entscheidende Rolle.

Aus den Diskussionen um eine Europäische Verfassung zwischen 2001 und 2005 wissen wir, dass die Vorstellung eines Europas, das seine Einheit nach wie vor im Christentum findet, weit verbreitet bleibt, auch wenn im Verfassungsentwurf keine entsprechenden Aussagen verankert wurden. In der Auseinandersetzung um eine Vollmitgliedschaft der Türkei in der EU wird gleichfalls regelmäßig darauf verwiesen, dass ein islamisches Land nicht Mitglied der christlich geprägten EU sein könne.

---

[13] Zur Persönlichkeit siehe vor allem Ziegerhofer-Prettenthaler (2004).

Dass „Einheit" einen so hohen Stellenwert in Europa hat, hängt historisch somit auch mit dem Christentum zusammen. Daraus zu folgern, das Europa des 21.
Jahrhunderts, vor allem das EU-Europa, sei essentiell christlich und vertrüge kein
Mitglied mit einer nicht-christlichen Mehrheitsreligion, kann keineswegs als zwingend angesehen werden. Das Legat der Christentums- und Kirchengeschichte Europas besteht eher in der Bereitstellung von Denkrahmen, von Paradigmen, sicher
auch von Werten und sozialen Gegebenheiten, weniger aber in der Religion und
im Glauben als solchen. Das christliche Europa, das seine Einheit im Christentum
praktisch findet, stellt einen Mythos aus dem 19. Jahrhundert[14] dar.

Aus heutiger Sicht, der Sicht der „Zweiten Moderne" (Ulrich Beck), der „li-
quid modernity" (Zygmunt Bauman[15]), der – allgemein gesprochen – Globalisierung, der globalen Netzwerkgesellschaft (Manuel Castells[16]) kann „Einheit"
nicht mehr so ohne weiteres unhinterfragt als Paradigma Geltung beanspruchen.
Ist nicht die Vielfalt das Eigentliche? Die EU hat sich das Motto „In Vielfalt geeint"
gegeben. Sie versucht, beidem zu entsprechen. Im Europadiskurs der EU lassen
sich zwei häufig verwendete Metaphern ausmachen; die des Netzwerks, die die
Vielfalt beschreibt, und die des Baumes, die die Einheit zum Gegenstand hat.[17]
Beides steht aber nicht gleichberechtigt nebeneinander, vielmehr wird unverändert
Einheit, nicht Vielfalt, als das Eigentliche angesehen. Mit Blick auf die zitierten
neuen Epochenbegriffe liegt es hingegen nahe, „Vielfalt" und „Kohärenz(bildung)"
miteinander zu verbinden, anstatt einem möglicherweise heute dysfunktionalen
Einheitsparadigma nachzuhängen.

„Einheit" bedeutet in der europäischen Geschichte gleichermaßen „Heiliges"
wie „Böses", „Einheit" bedeutet Frieden – „Einheit" bedeutet Krieg; „Einheit" bedeutet Integration – „Einheit" bedeutet ethnische Säuberung, Euthanasie, Genozid.
Die negativen Ausprägungen von Einheit werden heute selten diskutiert, weil sie
für überwunden gehalten werden. Die Einheit der Europäischen Union – EU steht
hier zumeist als Kürzel für die gemeinsamen europäischen Einrichtungen, die seit
dem Zweiten Weltkrieg entstanden sind – beruht nicht zuletzt auf der Überwindung totalitärer Einheit, die für die erste Hälfte des 20. Jahrhunderts kennzeichnend war. Die *Union* funktioniert als Betriebssystem *demokratisch hergestellter europäischer Einheit und Gemeinsamkeit*, in der jede Form von Totalitarismus systemisch
und normativ ausgeschlossen ist. Auch wenn bezweifelt werden kann, dass es in
erster Linie idealistische Gründe gewesen seien, die zur Einleitung des „Einheit"-
bringenden Integrationsprozesses geführt hätten, so waren diese im Kontext welt-

---

[14] Zum 19. Jahrhundert siehe besonders Perkins (2004).
[15] Bauman (2003).
[16] Castells (1996).
[17] Quenzel (2005).

politischer Zwänge, US-amerikanischen Drucks und innereuropäischer „systemi-
scher" Notwendigkeiten wie insbesondere der deutsch-französischen Aussöhnung,
nicht unbedeutsam. Die Akteure der europäischen Integration hatten europäische
Ideale interiorisiert, mental bewegten sie sich in der Vorstellung von „der" europäischen Kultur im Singular, die durch den Nationalsozialismus, die anderen Fa-
schismen und die Verbrechen des Weltkriegs in ihrer Fortexistenz bedroht gewesen war. Das Integrationswerk gilt als erfolgreiche Umsetzung der jahrhunderteal-
ten Idee von Frieden durch Einheit.

Infolgedessen fallen Reaktionen auf Situationen, die sich nicht durch Einheit
auszeichnen, zumeist empfindlich aus. Selbst simple alltägliche Uneinigkeit über
zu treffende politische und ökonomische Maßnahmen wird in den Medien höchst
kritisch gesehen. Das grenzt oft an „Paranoia". Warum darf ein Ministerrat nicht
einmal ohne Einigung in einer Frage auseinander gehen? Warum darf sich ein EU-
Gipfel nicht durch kontroverse Meinungen und Debatten auszeichnen? Warum
darf ein Land nicht einmal nachdrücklich „nein" sagen? Hinter dieser „Paranoia"
steckt die Angst, Europa könne wieder durch Nationalismen in Uneinigkeit und in
eine negative „Vielfalt", nämlich Vielfalt der Nationalismen, zurückfallen. Unbe-
rechtigt ist die Angst nicht, denn gerade in Krisenzeiten (die beiden Ölschocks, die
Finanz- und Wirtschaftskrise 2008/2009) erweist sich die nationalistische protekti-
onistische Versuchung bei den Mitgliedern der EU (EG) als sehr groß. Mental ist
das Verhältnis zwischen Vielfalt und Einheit noch nicht austariert. Wir sind unsicher, wieviel Vielfalt wir zulassen können; wir sind unsicher, ob wir Meinungsver-
schiedenheiten unter „Vielfalt" oder unter „destruktivem Nationalismus" einordnen müssen. Vielen Menschen ist bewusst, dass sowohl Einheit wie Vielfalt immer
auch eine Gratwanderung bedeutet, wo die Abgründe des „Bösen" – Einheit, die
zu Totalitarismus führt, Vielfalt, die in Krieg mündet – allgegenwärtig sind. Gerade letzteres haben die Kriege, die in den 1990er-Jahren im ehemaligen Jugoslawien
stattfanden und deren Folgen auch zehn, fünfzehn Jahre danach allzu spürbar und
sichtbar sind, angstvoll in Erinnerung gerufen. Dass diese Erinnerung wach bleibt,
dafür sorgt nicht nur das Kosovo, sondern auch der kurze russisch-georgische
Krieg im Sommer 2008, der, gemessen an der heißen Problemlage insgesamt im
Kaukasus, nur ein kleinerer Vulkanausbruch war.

Über die Europäizität des Kaukasus streitet man sich, aber es ist klar geworden, dass „europäische Einheit und Vielfalt" im 21. Jahrhundert nicht mehr nur
vom Einigungswillen in der EU selbst abhängt, sondern auch vom Geschehen in
angrenzenden Regionen, mag man sie nun als europäisch ansehen oder nicht, wie
dem Kaukasus, dem Nahen Osten, der nordafrikanischen Mittelmeerküste und
dem Maghreb, dem so genannten Mittelmeerraum. Ob „Vielfalt" in Krieg mündet
oder nicht, entscheidet sich außerhalb der EU, aber wirkt auf die EU zurück.

Man könnte freilich festlegen, dass Einheit und Vielfalt positiv definierte Begriffe sind und dass totalitäre Einheit oder in Krieg mündende Vielfalt aus der Definition ausgeschlossen sind bzw. anderer Bezeichnungen bedürfen. Die Wirklichkeit verhält sich aber nicht streng getrennt nach Begriffsdefinitionen; hier eine kleine Transformation, dort eine kleine Verschiebung, da eine Uminterpretation, und schon ist der Übergang vom „heilig Gehaltenen" zum Negativen in die Wege geleitet. Die Augen dürfen hiervor nicht verschlossen werden. Eine konstruktiv-kritische Auseinandersetzung mit den Paradigmen des gegenwärtigen (EU-)Europas soll kein Tabu sein.

Historisch geht der positive Blick auf Europa in „Einheit" auf. Alles, was nicht zu Einheit führt, ist negativ konnotiert. Jedenfalls war es lange so. Die katholische Kirche des Mittelalters schuf die Vorstellung vom mystischen Körper der Kirche. Der mystische Körper muss als absoluter Ausdruck von Einheit gelten, alle historischen kirchlichen und weltlichen *ordo*- und Ordnungsvorstellungen in Europa sind von diesem absoluten Ideal beeinflusst gewesen. Die Vorstellung war gleichwohl ambivalent, nicht nur mit Blick auf die Realität der Kirchenschismen und der Unmöglichkeit einer weltlichen Universalmonarchie, sondern weil die werdenden Nationalmonarchien sich seit dem Spätmittelalter selber als mystisch-politische Körper verstanden. Das Paradigma der Einheit des mystischen Körpers wurde auf den weltlichen Einzelstaat übertragen. Parallel dazu entwickelte sich unter dem Dach der kosmologischen Sicht von Gott, All und Welt eine zunehmende Unterscheidung der Kontinente. Die von der übrigen Welt isolierte Darstellung Europas, die der mittelalterlichen Weltkartenökumene nicht mehr bedurfte, um Europa einen Sinn zu geben, war im 15. und 16. Jahrhundert zur Selbstverständlichkeit geworden.

In diese Zeit fällt das *Begreifen* Europas als Einheit: Die Entdeckungs- und Erkundungsfahrten rund um die Welt dienten nicht zuletzt der Selbstbeschreibung Europas als einzigartig, während die Expansion des Osmanischen Reiches eine Situation der Bedrohung schuf, die nicht weniger der Selbstprofilierung zuarbeitete. Erstmals kann von einer Identität Europas gesprochen werden, die Johannes Putsch erstmals 1537 ikonografisch festhielt. Er passte die Konturen des europäischen Kontinents den Umrisslinien eines weiblichen Körpers an. Das Bild ist heute zumeist unter dem Titel „Europa regina" bekannt und wird besonders für historische Studien über das frühneuzeitliche Europa gerne als Cover benutzt. Der Holzschnitt ist vielschichtig, weil er zum einen ein habsburgisches Propagandablatt darstellt, das ganz im Sinne der von Karl V. angestrebten Universalmonarchie „sprach", zugleich aber auch europäische Einheit und Identität idealtypisch visualisierte. Im Grunde stellt das Blatt Europa als Christliche Republik dar, als einen mystisch-politischen Körper, der mit dem geografischen Körper ineinszusetzen ist.

Trotz seiner Herkunft aus der habsburgisch-katholischen Entourage war der Holzschnitt in Europa weit verbreitet, und zwar unabhängig von den Konfessionen.

Als Bild der Einheit wirkte die „Christliche Republik" bis weit in das 18. Jahrhundert, trotz konfessioneller Spaltungen und Bürgerkriege, trotz der vielen Kriege der europäischen Staaten und Mächte. Im 18. Jahrhundert wurde es allerdings sukzessive durch die Vorstellung von einer europäischen Kultur im Singular ersetzt, während politisch das System der Balance of Power den Vorstellungshorizont bestimmte. Kultur wie politisches System sind als Versuche zu werten, zeitgemäße Begriffe von Einheit, aber eben doch von Einheit, zu schaffen. Zeitgemäß bedeutet, dass ein Festhalten an der Vorstellung von Europa als mystisch-politischen Körper der Christlichen Republik zu sehr von den Realitäten abwich, als dass dies noch hätte ernst genommen werden können. Man findet immer wieder Hinweise, dass der Holzschnitt aus dem 16. Jahrhundert, der mehrere Varianten erfuhr, im 18. Jahrhundert in Kindergeografiebüchern eingesetzt wurde, um Geografie kindlich-lustig begreifbar zu machen. Zeitgemäß bedeutete, die faktische, vor Augen stehende Vielfalt in Europa mit dem scheinbar nicht hintergehbaren Einheitsbegriff zu verbinden.

Ganz gleich, ob man an Montesquieu und dessen Korrelation zwischen Sitten und Klima im *Esprit des Lois* (1748), an Voltaires *Essai sur les mœurs et l'esprit des nations* (1756) oder an die „Völkertafeln"[18] (1. Hälfte 18. Jahrhundert) denkt, allenthalben wird versucht, der sichtbaren Vielfalt Tribut zu zollen und sie zugleich als Teil der einen europäischen Kultur zu verstehen. Schon im 18. Jahrhundert hierarchisiert sich der Blick von einem vermeintlich höher entwickelten Westen zu einem mehr oder weniger rückständigeren Osten Europas,[19] aber an der kulturellen Einheit wird festgehalten, die durch die anthropologische Schöpfung des *homo europaeus*[20] untermauert wird.

Die Kulturgeschichtsschreibung der Aufklärung verstand sich als empirische Wissenschaft. Die aus wissenschaftlichen und Bildungsreisen bzw. aus der Lektüre von Reise- und anderen Berichten sowie aus dem Quellenstudium gewonnenen Erkenntnisse wurden oftmals in die teleologische Perspektive vom Fortschritt des menschlichen Geistes eingebettet. Vorzugsweise Europa wurde an der Spitze dieses Fortschritts gesehen. Im 19. Jahrhundert wurde diese Perspektive wieder christlich und konfessionsübergreifend aufgefüllt. In Schriften von Romantikern zeichnete sich eine Verklärung des christlichen Mittelalters und einer vermeintlichen europäischen Einheit unter dem Dach des Papstes und der Kirche ab. Im Lauf des Jahrhunderts mit wachsendem Imperialismus kam der universale christliche Mis-

---

[18] Stanzel (1999).
[19] Wolff (1994).
[20] Schmale (2001), 165-183 und Bluche (2009).

sionsauftrag dazu, der kaum mehr von rassistischen Positionen getrennt wurde. Die vielen heute geradezu als „natürlich" erscheinende enge Korrelation von der europäischen Kultur als christlicher Kultur wurde in dieser Strenge erst im 19. Jahrhundert zementiert.[21]

Die letzten zwei, drei Jahrzehnte des 19. Jahrhunderts und die gesamte erste Hälfte des 20. Jahrhunderts arbeiteten faktisch jeder Form von europäischer Einheit entgegen. Maßstab und Modell von Einheit wurde der Nationalstaat, der jedoch nicht einfach zu Vielfalt in Europa beitrug, wie es im heutigen Denkmodell und überwiegend auch in der Praxis der Fall ist, sondern sich als eigene Kultur für sich verstand und als vermeintlich autarker Staat auch zunehmend aggressiv gegenüber den anderen Nationalstaaten auftrat. Wie immer fehlte es nicht an Versuchen, das Paradigma der europäischen Einheit den Zeiten anzupassen: Seit dem Vormärz entwickelte sich die Vorstellung von den „Vereinigten Staaten von Europa", die auf der Annahme eines brüderlichen Miteinanders der Nationalstaaten im Schoße der europäischen Kultur beruhte. Diese Vorstellung besteht bis heute, vielleicht gerade, weil sie gegenüber dem sich durchsetzenden autoritär-totalitären Einheitsparadigma des imperialistischen Nationalstaats immer als Verheißung eines friedlichen und Wohlstand gewährenden Europas gelten konnte.[22]

Und: haben wir das nicht heute erreicht? Die Europäische Union heißt zwar nicht „Vereinigte Staaten von Europa" und die Föderalisten, damals nach dem Ende des Zweiten Weltkriegs wie heute, sehen dieses Ziel nach wie vor als ausständig an, aber faktisch kann die EU schon so gesehen werden. Rechtshistoriker sehen die EU durchaus im Zwischenraum zwischen Staatenbund und Bundesstaat angekommen.[23]

Aus verständlichen Gründen konzentrierte sich die Idee von der „Einheit in der Vielfalt" lange Zeit auf das Problem der Nationalstaaten in Europa. Solange diese gegeneinander und nicht miteinander arbeiteten, ihre nationalen Interessen absolut setzten und keiner multilateralen Diskussion unterzogen, sich als autark, rassisch und/oder ideologisch überlegen fühlten, konnte Vielfalt im Grunde immer wieder nur Krieg bedeuten. Nicht immer gelingt es, nach ungefähr einem halben Jahrhundert europäischer Integration die nationale Vielfalt in konstruktive Wegmarken umzusetzen, die die Vielfalt zu einer Stärke macht, von der alle profitieren, aber es ist schon oft gelungen und es gelingt immer wieder. Insoweit erfüllt sich Einheit in Vielfalt.

---

[21] Perkins (2004).

[22] Eine systematische Erforschung dieser Idee existiert noch nicht, sehr hilfreich ist jedoch der Sammelband, der sich mit der gleichnamigen Zeitschrift befasst: Petricioli et al. (2004).

[23] Kristoferitsch (2007).

Unter Vielfalt ist allerdings sehr viel mehr als die nationale und beispielsweise regionale Vielfalt zu verstehen. Benjamin Lieberman arbeitete in seinem Buch über die Geschichte ethnischer Säuberungen heraus, wie seit dem frühen 19. Jahrhundert nationale Einheit mittels ethnischer Säuberungen – hier als übergreifender Begriff gewählt – und Genoziden hergestellt wurde.[24] Vertreibungen wurden im 20. Jahrhundert immer wieder als zulässiges politisches Mittel angesehen, nationale Einheitlichkeit zu schaffen, von der wiederum – jedenfalls nach 1918 – erwartet wurde, dass sie zur Befriedung des Kontinents beitragen würde.[25] Die eigentliche Vielfalt Europas war aber immer die kulturell-ethnische Vielfalt der Menschen gewesen, die oft, aber nie ausschließlich, mit bestimmten religiösen Zugehörigkeiten verbunden war. Vielfalt herrschte auch bei Gruppenzugehörigkeiten oder individuellen einschließlich sexueller Orientierungen, die im Totalitarismus des 20. Jahrhunderts tödlichen Verfolgungen ausgesetzt waren. Man kann nicht umhin, mit Mark Mazower,[26] Tony Judt,[27] Benjamin Lieberman und vielen anderen festzustellen, dass der europäische Integrationsprozess nach 1945 in einem ethnisch, ethnisch-kulturell und von vielen Minderheiten mittels Massenmord, Genozid oder Vertreibung „gesäuberten" Kontinent begann. Mit Dan Diner kann von „Zivilisationsbruch" gesprochen werden,[28] der durch das nationalsozialistische Deutschland, gestützt auf eine breite europäische Kollaboration, begangen wurde.

Die europäischen Nationen wurden sich fremd, nach 1945 entdeckten sie sich gegenseitig neu, soweit das nicht durch den Eisernen Vorhang verhindert wurde. Das Fremde und Andere war früher vorwiegend außereuropäisch oder „exotisch" gewesen, nun waren es die „Nachbarn" in Europa selbst, die das Andere, das Fremde darstellten. Der in Gang kommende Massentourismus einerseits, sich stetig ausweitende Begegnungs- und Vernetzungsprogramme des Europarats und später der EG/EU andererseits, trugen dazu bei, dass aus den sich fremd Gewordenen in Europa wieder „Nachbarn" wurden und eine gewisse Vertrautheit im Umgang miteinander hergestellt wurde. Trotz aller gegenseitigen Kenntnis- und Wissenslücken und des Fortbestehens alter Stereotype und Vorurteile wurde hier eine erhebliche Integrationsleistung erbracht, ohne dass alle Fremdheiten innerhalb Europas hätten beseitigt werden können. Vielfalt, gerade auch kulturelle Vielfalt, bedeutete nach dem Zweiten Weltkrieg zunächst nationale Vielfalt. Die nach 1945 wieder angestoßene innereuropäische Mobilität der Menschen und das Ausmaß, das sie seitdem wieder erreicht hat, stellt eine erhebliche Leistung dar. Die

---

[24] Lieberman (2006).
[25] Bingen et al. (2003).
[26] Mazower (1998).
[27] Judt (2006).
[28] Uhl (2003), darin der Beitrag von Dan Diner; Diner (2008).

diesbezüglich erfolgte Integrationsleistung ist nicht zu unterschätzen und muss anerkannt werden, gleichwohl hinkt sie hinter den sozialkulturellen Veränderungen in Europa durch Migration von außerhalb Europas hinterher. Wie unsäglich kleinlich erscheinen die gut gepflegten nationalen Stereotype, die in den zwischenstaatlichen Beziehungen immer wieder zum Vorschein kommen; die zwischenmenschlichen ‚transnationalen' Beziehungen sind da oft schon weiter. Die Problemstellungen liegen auf Grund der Zuwanderungen längst anderswo.

Ausgehend von individuellen und kollektiven Identitäten weist Europa eine „bunte" Gemengelage vor, in der die Zugewanderten eine wichtige Rolle spielen. Die unterschiedlichen Entwicklungen in Ost- und Westeuropa bis 1989, sodann, unter veränderten Vorzeichen, nach 1989, tragen zur Gemengelage bei. Europa tut sich mit ethnisch-kultureller Vielfalt, die aus Afrika, dem türkischen, dem kurdischen, dem arabisch-islamischen und anderen Räumen stammt, schwer; nicht von ungefähr wird von der „Festung Europa" gesprochen.

Das Paradigma der Einheit hat sich auf die „Meistererzählungen" europäischer Geschichte übertragen. Sicher verschreibt sich kaum mehr jemand dem optimistischen Titel, der der deutschen Übersetzung von Denis de Rougemonts berühmter Europa-Anthologie 1962 gegeben worden war: *Vom Mythos zur Wirklichkeit*, aber zum Beispiel die Historiografie der Integrationsgeschichte Europas sieht diese vor allem in der Perspektive des fortschreitenden Erfolgs. Die sanfte „Revolution" von 1989 beflügelte den Optimismus; zwei Buchtitel von Hagen Schulze geben dies sehr schön wieder: *Die Wiederkehr Europas* (1990) und *Phoenix Europa* (1998).[29] Wesentlich schwieriger unternimmt sich eine der Perspektive der Vielfalt als dem Eigentlichen folgende Betrachtung europäischer Geschichte und Kultur, die nicht auf die europäische Kultur im Singular abzielt, sondern auf Kultur als Hypertext.

Ein Hypertext beruht auf vielen Stellen der Sinnentstehung und Sinnproduktion, ein Hypertext ist an den Enden offen. Entscheidend ist, dass Sinn nicht nur an einer Stelle produziert wird, sondern an vielen. Viele dieser Sinnproduktionen werden mit vielen anderen vernetzt, aber nicht alles mit allem. Der Hypertext stellt kein Meisternarrativ zur Verfügung, sondern viele Narrative. Ein Hypertext ist ein ständiger Prozess der Verknüpfung von Sinn mit Sinn. Der Hypertext zielt auf Kohärenzbildung, nicht aber auf die Generierung eines Meisternarrativs. So wie Meisternarrativ und Paradigma der Einheit Geschwister sind, sind Kohärenz und flüssige Konzeption von europäischer Kultur Geschwister. Hypertexte ermöglichen ständig neue und sinnvolle Kohärenzen, die durchaus ein geschichtliches Herkommen haben, aber nicht ein einziges und sei es komplexes, dessen sich eine Meistererzählung annimmt, sondern sehr unterschiedliche geschichtliche Her-

---

[29] Schulze (1990); Schulze (1998).

kommen, die sich zu einem historischen Hypertext verflechten lassen. Nur so lässt sich im Übrigen die Vielzahl und Vielfalt der europäischen National- und Regional- sowie Lokalgeschichten, ja individuellen biografischen Geschichten miteinander verbinden; nur so lässt sich in der Vielzahl und Vielfalt der Erinnerungen und Gedächtnissen Kohärenz bilden, ohne zu verdrängen, ohne auszuschließen.

Den Weg zu dieser Sichtweise bereitete die Kulturtransferforschung.[30] Die Kulturtransferforschung bricht das Paradigma der Einheit auf. Nachdem sich die Initialforschung zunächst auf das 18. und 19. Jahrhundert schwerpunktartig konzentriert hatte, bezieht sich die Kulturtransferforschung inzwischen auf Epochen seit der Antike, auf das Mittelalter, auf die Frühe Neuzeit, auf das 20. Jahrhundert. Die Kulturtransferforschung befasst sich in der Regel mit faktisch nachweisbaren Transfers und ist vor allem einer Ethik der Kritik verpflichtet, die Neuinterpretationen der Geschichte in Feldern ermöglicht, die auch gesellschaftspolitisch umkämpft sind. Karady verweist in seinem Buch über „Juden in der europäischen Moderne" auf die Ermöglichung der Moderne durch jüdische Kulturtransfers;[31] Dan Diner[32] sieht die jüdische Gesellschaft und Kultur als Netzwerkgesellschaft und Netzwerkkultur, in der die heute im Werden befindliche europäische Integrationsgesellschaft vormodelliert ist. Der Nationalsozialismus lässt sich umgekehrt auch als Strategie der Verweigerung und der Unterbindung kultureller Transfers verstehen, seine negative Einzigartigkeit, die am Schlimmsten in der Judenvernichtung ausgeprägt war, resultiert u.a. aus dieser diktatorisch und gewaltsam umfassend durchgeführten Strategie.

Ein anderer Aspekt betrifft beispielsweise das Verhältnis zwischen Europa und, wie es oft, aber etwas eurozentristisch heißt, Außereuropa. Anfangs war dies kaum ein Gegenstand der Kulturtransferforschung, höchstens der Akkulturationsforschung, deren Wurzeln nicht zufällig in der Kolonialismusforschung liegen. Die Enthierarchisierung des Blicks ist relativ jungen Datums. Zum einen wurde die Transformation von Kultur in Europa durch die Transfers aus nicht-europäischen Regionen zunehmend thematisiert, zum anderen der kulturelle *métissage* in „Übersee". Damit verschieben sich die Achsen politischer und kultureller Bewertungen. Es wird die europäische Expansion hinsichtlich ihrer kulturellen Folgen für „Außereuropa" relativiert, um nicht zu sagen: entdramatisiert, soweit es sich um frühneuzeitliche Kulturtransferprozesse in den Amerikas handelt. Dabei geht es in der weiteren Folge nicht nur um historische Gewichtungen und gegebenenfalls Wer-

---

[30] Im Folgenden verwende ich Textbausteine aus einem früheren Buchbeitrag, siehe Schmale (2005). Vgl. aus der jüngeren Literatur z.B. den stark theoretisch orientierten Band von Celestini/Mitterbauer (2003); Schmale (2003b).

[31] Karady (1999).

[32] Diner (2002).

tungen, sondern auch um Fragen historischer Schuld, wie sie beispielsweise im Kontext von „Fünfhundert Jahre Kolumbus" 1992 diskutiert wurden oder wie sie in den Debatten um die so genannte Globalisierung mindestens implizit eine Rolle spielen. Kulturtransferforschung könnte in diesem Zusammenhang kritisch als eine der vielen Finten des westlichen Kulturimperialismus interpretiert werden, der manchmal als Movens der Globalisierung ausgemacht wird. „Der Westen" entlastet sich, so könnte man weiter kritisch hypothetisieren, indem er einerseits aus einer historischen gewaltsamen europäischen bzw. später europäisch und nordamerikanischen Akkulturation vom Ende des 15. Jahrhunderts bis ins 19. bzw. 20. Jahrhundert einen historischen *métissage* macht, an dem beide oder alle kulturellen Seiten beteiligt sind, und indem er das Konzept des *métissage* auch auf Europa bzw. Nordamerika selbst überträgt: „Seht, auch ihr habt uns verändert!" Die Gegenthese lautet, dass endlich der aus Kolonialismus, Imperialismus und auch noch Entkolonialisierung ererbte Blick kulturell-hierarchischer Überlegenheit abgelegt wird und sich die Erkenntnis durchsetzt, dass die vermeintlich überlegenen europäischen und nordamerikanischen Kulturen, erstens, so überlegen nicht waren, zweitens, bestimmte Leistungen sozusagen nicht aus sich selbst heraus, sondern nur auf Grund von Kulturtransfers nach Europa/Nordamerika erbringen konnten, und, drittens, dass die impliziten oder expliziten kulturell hierarchischen Wertungen keine objektiven Maßstäbe, als die sie seit der Spätaufklärung galten, sondern Instrumente ideologischer Verzerrung darstellen. Das löst noch nicht die Frage, ob überhaupt „objektive Maßstäbe" möglich sind bzw. inwieweit es möglich ist, den Kulturvergleich im Sinne einer „vergleichenden Leistungsschau", als der dieser gelegentlich immer noch betrieben wird, aus den Argumentationsarsenalen zu verbannen.

Die eigentlichen Impulse der Kulturtransferforschung wurden seit Mitte der 1980er-Jahre durch die Erforschung des französisch-deutschen bzw. deutsch-französischen Kulturtransfers gewonnen. Forschungsgeschichtlich gesehen kam frühzeitig eine Vertiefung der Arbeit durch die Bearbeitung französisch-sächsischer Transfers hinzu. Zeitlicher Kern der Forschungen ist die zweite Hälfte des 18. bis in die erste Hälfte des 20. Jahrhunderts, eine Epoche, die eng mit der Entwicklung nationalstaatlicher Kulturen verbunden ist. Beiden Aspekten – Frankreich-Deutschland/Deutschland-Frankreich; nationalstaatliche Kultur – inhärent ist eine forschungs- und gesellschaftspolitische Relevanz. Die umfassende Erforschung kultureller Transfers zwischen zwei Nationen, die von einem Teil der politischen Klassen und einem Teil der Bevölkerung als Erbfeinde verstanden wurden und die für zwei (vielleicht nur vermeintlich) unterschiedliche Modelle von Nationalstaatlichkeit und Nationalkultur standen, ist zwangsläufig gesellschaftspolitisch relevant. Wenn aufgezeigt wird, wie Transfers aus der französischen Kultur die deutsche oder eine regionale Kultur wie die sächsische veränderten, und wenn vice versa aufgezeigt wird, dass das vermeintlich Deutsche oder Französische eigentlich ein kultureller *métissage* ist, der dem im 19. Jahrhundert und in der ersten Hälfte des 20. Jahrhunderts sehr engen exklusiven Vorstellung von Nationalkultur widerspricht, dann ist das, ob man will oder nicht, gesellschaftlich und politisch relevant. Solche Forschungen stützen die Entgrenzung jedweder Vorstellung nationaler Grenzen, und im speziellen französisch-deutschen/deutsch-französischen Fall kann dies nicht vom Hintergrund der politischen Aussöhnung seit den 1950er-Jahren gelöst werden. Den métissage-Charakter vermeintlicher Nationalkulturen gerade auch für die Hochzeit des Nationalismus nachzuweisen, bedeutet ein starkes kulturwissenschaftliches Argument zugunsten kultureller, gesellschaftlicher, politischer und wirtschaftlicher Entgrenzungsprozesse, auch politisch gewollter Entgrenzungsprozesse. Es könnte eingewendet werden, dass politisch gewollte Entgrenzungsprozesse nicht die Kulturtransferforschung benötigen, um stattzufinden, aber wer würde wagen zu prophezeien, dass diese Entgrenzungsprozesse auf Jahrzehnte hinaus unwiderruflich sind – und das müssen sie sein, um die erwarteten positiven Effekte zu erzielen und für möglichst viele Menschen nachvollziehbar zu machen – und dass nicht der Augenblick kommt, wo kulturwissenschaftliche Erkenntnisse von Nutzen sein könnten? Jenseits einer unmittelbaren Nutzanwendung, der die Kulturwissenschaften eher skeptisch gegenüber stehen, die aber weder sinnlos noch unmoralisch wäre, ist die mentalitätsformende Funktion kulturwissenschaftlicher Forschung und ihrer Vermittlung in die Öffentlichkeit zu bedenken. Die Dekonstruktion wenn nicht Entlarvung von beispielsweise „Nation" und „Rasse", die lange Zeit als nicht hintergehbare „natürliche" Kategorien dargestellt wurden, durch die Kulturwissenschaften, hat ihre Wirkung nicht verfehlt. Die Kulturtransferforschung knüpft konzeptionell direkt daran an, indem sie vermeintlich unhintergehbare Kategorien als hintergehbar, auch als falsifizierbar, gegebenenfalls als inhuman dekonstruiert.

Die Erforschung des *métissage*-Charakters vermeintlicher Nationalkulturen erstreckt sich längst nicht mehr auf den deutsch-französischen/französisch-deutschen oder sächsisch-französischen Fall, sondern, zunächst wieder bilateral, auch auf andere europäische Länder sowie zunehmend multilateral auf *métissage*-Netzwerke. Die Kulturtransferforschung wird über kurz oder lang zu einer gründlichen Revision der immer noch höchst lebendigen Nationalgeschichtsschreibung führen.[33]

---

[33] Ich habe selbst mit meiner „Geschichte Frankreichs", Schmale (2000), einen entsprechenden Versuch unternommen. Das Buch enthält einen drei Kapitel umfassenden Abschnitt „Kulturelle Referenzen und interkulturelle Geschichte Frankreichs (Spätmittelalter bis erste Hälfte des 20. Jahrhunderts)", während

Robert Kagan's Buch „Of Paradise and Power", das die Folgen der unterschiedlichen US-amerikanischen und – teilweise – europäischen Positionen in der Frage des Irakkrieges aufarbeitet, zieht eine relativ scharfe Linie zwischen zwei Kulturen diesseits und jenseits des Atlantik (Mars versus Venus – USA versus EU) und knüpft methodisch an Huntingtons Clash of Civilizations an.[34] Dagegen hat sich Étienne Balibar gewendet.[35] Er hält Kagan entgegen, dass Europa kein fest umgrenzter Raum, den man anderen fest umgrenzten Räumen entgegenstellen oder den man mit diesen vergleichen kann, sondern eher durch und durch selber ein Grenzraum ist: Grenzräume sind historisch oftmals Räume mit hoher kultureller Transferfrequenz. Balibar versucht weiterzudenken, wie aus dem Charakter des Grenz- oder Transferraums eine internationale politische Rolle erwachsen könnte, die sich auf sinnvolle Weise von derjenigen der USA unterscheidet. Hierin dürfte vielleicht eine der faszinierendsten Herausforderungen der Kulturtransferforschung liegen.

Mit den vorangegangenen Bemerkungen sind nur einige, nicht alle Themenfelder angesprochen worden. Unausweichlich ist in diesem Zusammenhang die Frage nach dem zugrunde gelegten Kulturbegriff. Was sind die Kulturen, zwischen denen etwas transferiert wird? Was an Kultur wird transferiert? Oder ist der Transfer selber Kultur? Wenn der Kulturbegriff für den Transfer selber verwendet wird, wie es Lutz Musner ausgeführt hat,[36] kann dann noch von Transfer zwischen Kulturen gesprochen werden, oder muss in diesem Fall Kultur durch einen anderen Begriff ersetzt werden? Zum Beispiel durch den des Hypertextes?

Die knapp und unvollständig vorgestellten Themengebiete, in denen Kulturtransferforschung geleistet wird, haben das gemeinsam, dass sie durch diese Forschung einer impliziten oder expliziten Entgrenzungsstrategie unterworfen werden, die sich nicht am Paradigma der Einheit orientieren muss und von der nicht verlangt wird, dass sie ein Meisternarrativ produziert. Diese Forschung, bei aller augenblicklichen konzeptuellen Disparität, generiert unsere Auffassung von Geschichte neu nach den Prinzipien eines Hypertextes. Auf den ersten Blick scheint dieser Begriff vom oben beschriebenen impulsgebenden Kern der Kulturtransferforschung weg zu führen: Wenn kulturelle Transfers zwischen Frankreich und Deutschland oder Österreich und Frankreich untersucht werden, so wird die Vorstellung von Nationalkulturen, von klar begrenzten Kulturen, zunächst akzeptiert, und zwar aus folgenden Gründen: Die Vorstellung von der Nationalkultur beruhte

---

der letzte Abschnitt zur Nachkriegsgeschichte schon prinzipiell vom interkulturellen Charakter der Geschichte ausgeht.

[34] Deutsche Ausgabe: Kagan (2003); Huntington (1997).

[35] Balibar (2003).

[36] Musner (2005).

auf der Vorstellung fixer kultureller Grenzen, die zumeist auch als politische Grenzen angesehen wurden. Politische und kulturelle Grenzen begründeten sich geradezu gegenseitig im Nationalismus. Diese Vorstellungen wurden jeweils von einer kritischen Bevölkerungsmasse geteilt und machtpolitisch durchgesetzt. Als geschichtsmächtige Vorstellung, Konstruktion, Erfindung oder wie auch immer war die Nationalkultur, unabhängig von ihrer zumindest heute erkannten Dekonstruierbarkeit, ein „Faktum" (und ist es teilweise heute noch). Man kommt in der Kulturtransferforschung um die Arbeit mit solchen Vorstellungen, die Kultur nicht entgrenzt sondern begrenzt denken, nicht herum, gerät aber in einen gewissen Konflikt mit dem Postulat der Entgrenzung von Arbeitsbegriffen. Die Erforschung des *métissage*-Charakters auch vermeintlich nationaler Kulturen verweist ja gerade auf Phänomene der Entgrenzung in einer begrenzt gedachten kulturellen Einheit. Der Konflikt löst sich dadurch auf, dass die Nation im Sinne von Erfindung, Konstrukt oder Vorstellung zum harten historischen Faktum wurde, indem systematisch propagandistisch ausgeblendet wurde, was der Behauptung der Nationalkultur als fix geo-physisch oder „naturgeografisch" umgrenztem Raum widersprach. Es geht somit nicht um die vermeintliche kulturelle Einheit Nation selbst, sondern um die kulturelle Dekonstruktion einer kulturellen Konstruktion. Die Kategorie Kultur als Einheit, nämlich Nationalkultur, kommt aus einer anderen Zeitebene als die Kulturtransferforschung selbst, sie gehört im Sinne Kosellecks einer anderen Zeitschicht an.[37] Die implizite Kategorie der Einheit wird durch die Annahme von Mehrfachcodierungen entschärft.

Es geht außerdem nicht um „Objektivität", sondern um eine Selbstversicherung, die uns heute notwendig erscheint: Wir leben damit und leben davon – wir müssen damit leben, dass Kulturen „hybrid" oder interkulturell zu verstehen sind, sonst könnten wir unsere Alltagswelt nicht mehr bewältigen. Dieses „wir" ist relativ: In der Wissenschaft wie in der Gesellschaft gibt es erheblichen Widerstand gegen ein solches Kulturverständnis, in dem sich nicht nur wissenschaftliche Kategorien niederschlagen, sondern das einem politischen Wollen gleichkommt, durch das gesellschaftliche Verhältnisse verändert werden.

Lutz Musner begreift Kultur als den Transfervorgang selber, als Übersetzung von sozioökonomischen und institutionellen Strukturen und Verhältnissen. Er benutzt auch den Begriff des Materiellen. Ein Großteil der Kulturtransferforschung setzt beim Transfer materieller kultureller Einheiten an, ohne diese materiellen Transfers von der Frage ihrer Codierung und des (zumeist modifizierenden) Transfers von Codierungen oder „Übersetzungen" zu entkoppeln. Aus geschichtswissenschaftlicher Sicht sind viele der materiellen Einheiten, mit denen hantiert wird, heuristischer Natur, wobei der Weg zur Definition einer zunächst

---

[37] Vgl. Koselleck (2000).

heuristischen Einheit als eine Art essenzialistischer Einheit häufig sehr kurz ist. Die Rede von „dem Adel", „dem Bürgertum", „den Arbeitern", „der Hofkultur", der „Volkskultur", „dem Feudalsystem", „der europäischen Kultur" usw. belegt das. Aber das ist nicht genuin geschichtswissenschaftlich, sondern entspricht der Art und Weise, wie wir seit der Erfindung des systemischen Denkens im 17. und vor allem 18. Jahrhundert Welt begreifen. Zunehmend werden jedoch diese Kollektiv-singulare durch plurale Formulierungen ersetzt. Die zu untersuchenden Einheiten pluralisieren sich, entgrenzen sich in unserem Blick. Sie verlieren dadurch nicht ihre Materialität, doch entsystemisiert sich ihr Zusammenhang bzw. die Art und Weise, in der wir Zusammenhänge erkennen. Systemisches Begreifen, linear gedachte Zusammenhänge und klare Grenzziehungen hängen eng zusammen. Das sind drei wesentliche Komponenten des allgemeinen Wahrnehmungssystems, das mit der Aufklärung etabliert wurde und von dem wir uns heute allmählich wieder entfernen.

Um das gegenwärtig im Werden befindliche Wahrnehmungssystem zu beschreiben, eignet sich die Metapher vom Hypertext. Ein Hypertext ist, wie oben beschrieben, ein Netzwerk informationeller Einheiten bzw. ein Netzwerk von materiellen Einheiten und Codierungen oder Übersetzungen. Der Hypertext ist nie abgeschlossen. Im Hypertext eröffnen sich Sinn und Bedeutung nicht durch vorgegebene lineare und sequenzielle Perspektiven, sondern durch individuell erstellte Verknüpfungen und Kontexte, Sinn und Bedeutung werden im aktiven individuellen Rezeptions- und Wahrnehmungsvorgang ausgebildet. Freilich werden Verdichtungen vorgefunden, die aber nicht apriorisch imperialistisch sind, sondern erst im jeweils erzeugten Kontext Auswirkungen haben. Auch im Hypertext entstehen Kohärenzen, nur dass sie nicht wie im Fall linearer Systemisierung vorgegeben sind, sondern jeweils geschaffen werden. Damit wird der kulturimperialistische Octroi einer Whig- oder Tory-Version einer Geschichte oder der Geschichte verunmöglicht.

Durch die Kulturtransferforschung wird (metaphorisch gesprochen) ein hypertextartiges Verständnis von Geschichte und Gegenwart generiert. Unsere Alltagswelt funktioniert mehr und mehr nach dem Hypertext-Muster, so dass deren Repräsentation im Medium des Hypertextes adäquat erscheint; verständlich wird uns Geschichte, wenn wir sie wie einen Hypertext sehen lernen. Damit geht kein Kohärenzverlust einher, wie es warnend immer wieder eingeworfen wird. Wir kommen ja in der Kulturtransferforschung nicht darum herum, mit der Annahme der materiellen Existenz von einander unterscheidbarer Einheiten, die zweckmäßigerweise als Kohärenzen zu bezeichnen sind, zu arbeiten. Von einander unterscheidbar heißt nicht linear abgegrenzt. Materielle Grundlage und Codierung sind im Begriff der Kohärenz nicht zu trennen. Kohärenzen sind nicht auf einer

Perlenschnur aufgereiht, sondern in alle Richtungen mit einander verbunden. Beliebig viele Kohärenzen können Cluster oder sozusagen Makrokohärenzen ausbilden, in denen „Einheiten" wie die „Nation" oder eine räumlich radizierte „Kultur" als zeitgebundene Codierungen materieller geschichtlicher Verhältnisse wiedererkannt werden können.

Statt von Kulturtransfer könnte man auch von Transfers zwischen bzw. von Kohärenzen, Kohärenzclustern, Makrokohärenzen unterschiedlicher Komplexität, unterschiedlicher sozialer, unterschiedlicher räumlicher, unterschiedlicher zeitlicher Reichweite sprechen und dann tatsächlich den Transfer „Kultur" nennen. Entscheidend ist, dass die Transferforschung die Entstehung und Modifizierung von Kohärenzen infolge der Transfers bestimmter Elemente, die ihrerseits unterschiedlich benannt werden (beispielsweise kulturelle Referenzen oder Struktureme bzw. Kultureme[38]), zum Gegenstand hat. Die Orientierung am Hypertextprinzip hilft, den historischen Wertkonnotationen des kollektivsingularen Vergegenwärtigungsbegriffs „Kultur" und damit den apriorischen identitätsorientierten und essenzialistischen Grenzstiftungen zu entkommen.

Soll man das wollen? Diese Frage stellt sich. Die Kritik an den identitätsorientierten und essenzialistischen Grenzstiftungen, die oft hinter dem Kulturbegriff stehen, richtet sich vor allem gegen Verabsolutierungen, die in den oben angesprochenen Kollektivsingularen stecken. Sie richtet sich nicht gegen die zu vermutende soziale und individuelle Notwendigkeit von Identitätsstiftungen. Mein Vorschlag lautet, um wirklich auch wissenschaftlich entgrenzt denken zu können, einerseits Lutz Musners Argument aufzugreifen und „Kultur" als Transfer zu definieren und andererseits den ab- und aufstufbaren Kohärenzbegriff zu verwenden. Damit lässt sich das historische Erkenntnismaterial auf revolutionäre Weise neu ordnen.

Literatur

Balibar, Étienne (2003): L'Europe, l'Amérique, la guerre. Réflexions sur la médiation européenne. Paris: La Découverte

Bauman, Zygmunt (2003): Flüchtige Moderne. Frankfurt/Main: Suhrkamp

Bingen, Dieter et al. (Hrsg.) (2003): Vertreibungen europäisch erinnern? Historische Erfahrungen – Vergangenheitspolitik – Zukunftskonzeptionen. Wiesbaden: Harrassowitz

Bluche, Lorraine et al. (Hrsg.) (2009): Der Europäer – ein Konstrukt. Wissensbestände, Diskurse, Praktiken. Göttingen: Wallstein Verlag

Borodziej, Włodzimierz et al. (Hrsg.) (2005): Option Europa. Deutsche, polnische und ungarische Europapläne des 19. und 20. Jahrhunderts. Göttingen: Vandenhoeck & Ruprecht

---

[38] Schmale (2003b).

Breysach, Barbara (Hrsg.) (2003): Europas Mitte – Mitteleuropa – europäische Identität? Berlin: Logos Verlag

Bruneteau, Bernard (2003): „L'Europe nouvelle" de Hitler. Une illusion des intellectuels de la France de Vichy. Monaco: Rocher

Castells, Manuel (1996): The Information Age: Economy, Society and Culture. Volume 1: The Rise of the Network Society. Oxford: Blackwell

Celestini, Federico/Mitterbauer, Helga (Hrsg.) (2003): Ver-rückte Kulturen. Zur Dynamik kultureller Transfers. Tübingen: Stauffenburg-Verlag

Diner, Dan (2002): Geschichte der Juden – Paradigma einer europäischen Historie. In: Stourzh (2002): 85-103

Diner, Dan (2008): Gegenläufige Gedächtnisse. Über Geltung und Wirkung des Holocaust. Göttingen: Vandenhoeck & Ruprecht

Duchhardt, Heinz/Morawiec, Małgorzata (Hrsg.) (2003): Vision Europa. Deutsche und polnische Föderationspläne des 19. und frühen 20. Jahrhunderts. Mainz: von Zabern

Duchhardt, Heinz/Németh, István (Hrsg.) (2005): Der Europa-Gedanke in Ungarn und Deutschland in der Zwischenkriegszeit. Mainz: von Zabern

Foerster, Rolf H. (Hrsg.) (1963): Die Idee Europa 1300-1946. Quellen zur Geschichte der politischen Einigung. München: Deutscher Taschenbuchverlag

Foerster, Rolf H. (1967): Europa. Geschichte einer politischen Idee. Mit einer Bibliographie von 182 Einigungsplänen aus den Jahren 1306 bis 1945. München: Nymphenburger Verlagshandlung

Heater, Derek (2005): Europäische Einheit – Biographie einer Idee. Übersetzt und annotiert von Wolfgang Schmale und Brigitte Leucht. Bochum: Winkler

Herbst, Ludolf (1986): Die zeitgenössische Integrationstheorie und die Anfänge der europäischen Einigung 1947-1950. In: Vierteljahreshefte für Zeitgeschichte 34. 1986. 161-205

Huntington, Samuel P. (⁶1997): Der Kampf der Kulturen. The Clash of Civilizations. Die Neugestaltung der Weltpolitik im 21. Jahrhundert. München: Europa-Verlag

Judt, Tony (2006): Geschichte Europas von 1945 bis zur Gegenwart. München: Hanser

Kagan, Robert (2003): Macht und Ohnmacht. Amerika und Europa in der neuen Weltordnung. Berlin: Siedler

Karady, Viktor (1999): Gewalterfahrung und Utopie. Juden in der europäischen Moderne. Frankfurt/Main: Fischer Taschenbuch Verlag

Koselleck, Reinhart (2000): Zeitschichten. Studien zur Historik. Mit einem Beitrag von Hans-Georg Gadamer. Frankfurt/Main: Suhrkamp

Kreis, Georg (2004): Europa und seine Grenzen. Bern: Haupt

Kristoferitsch, Hans (2007): Vom Staatenbund zum Bundesstaat? Die Europäische Union im Vergleich mit den USA, Deutschland und der Schweiz. Wien: Springer-Verlag

Lieberman, Benjamin (2006): Terrible Fate. Ethnic Cleansing in the Making of Modern Europe. Chicago: Dee

Lipgens, Walter (Hrsg.) (1985): Documents on the History of European Integration. Volume I: Continental Plans for European Union, 1939-1945. Berlin: de Gruyter

Loew, Peter Oliver (Hrsg.) (2004): Polen denkt Europa. Politische Texte aus zwei Jahrhunderten. Frankfurt/Main: Suhrkamp

Lübbe, Hermann (1994): Abschied vom Superstaat. Vereinigte Staaten von Europa wird es nicht geben. Berlin: Siedler

Mazower, Mark (1998): Dark Continent: Europe's Twentieth Century. London: Penguin Books

Mitterbauer, Helga/Scherke, Katharina (Hrsg.) (2005): Ent-grenzte Räume. Kulturelle Transfers um 1900 und in der Gegenwart. Wien: Passagen-Verlag

Musner, Lutz (2005): Kultur als Transfer. Ein regulationstheoretischer Zugang am Beispiel der Architektur. In: Mitterbauer/Scherke (2005): 173-193

Öhner, Vrääth/Pribersky, Andreas/Schmale, Wolfgang/Uhl, Heidemarie (Hrsg.) (2005): Europa-Bilder. Innsbruck: Studien-Verlag

Pastoureau, Michel/Schmitt, Jean-Claude (1990): Europe. Mémoire et emblèmes. Paris: Édition de l'Épargne

Perkins, Mary Anne (2004): Christendom and European Identity. The Legacy of a Grand Narrative Since 1789. Berlin: de Gruyter

Petricioli, Marta et al. (Hrsg.) (2004): Les Etats-Unis d'Europe. The United States of Europe. Un Projet Pacifiste. A Pacifist Project. Bern: Lang.

Quenzel, Gudrun (2005): Konstruktionen von Europa. Die europäische Identität und die Kulturpolitik der Europäischen Union. Bielefeld: Transcript

Raumer, Kurt von (1953): Ewiger Friede. Friedensrufe und Friedenspläne seit der Renaissance. Freiburg: Alber

Reijnen, Carlos (2005): Op de drempel van Europa. De Tsjechen en Europa in de twintigste eeuw. Kampen: Klement

Rougemont, Denis de (1962): Europa. Vom Mythos zur Wirklichkeit. München: Prestel

Schmale, Wolfgang (2000): Geschichte Frankreichs. Stuttgart: Ulmer

Schmale, Wolfgang (2001): Die Konstruktion des Homo Europaeus/The Making of Homo Europaeus. In: Comparare. Comparative European History Review 1. 2001. 165-183

Schmale, Wolfgang (Hrsg.) (2003a): Kulturtransfer. Kulturelle Praxis im 16. Jahrhundert. Innsbruck: Studien-Verlag

Schmale, Wolfgang (2003b): Einleitung: Das Konzept „Kulturtransfer" und das 16. Jahrhundert. Einige theoretische Grundlagen. In: Schmale (2003a): 41-61

Schmale, Wolfgang (2005): Kulturtransfer und der Hypertext der Geschichte. In: Mitterbauer/Scherke (2005): 215-226

Schmale, Wolfgang (2008): Geschichte und Zukunft der Europäischen Identität. Stuttgart: Kohlhammer

Schulze, Hagen (1990): Die Wiederkehr Europas. Berlin: Siedler

Schulze, Hagen (1998): Phoenix Europa. Berlin: Siedler

Stanzel, Franz K. (Hrsg.) (1999): Europäischer Völkerspiegel. Imagologisch-ethnographische Studien zu den Völkertafeln des frühen 18. Jahrhunderts. Heidelberg: Winter

Stourzh, Gerald (Hrsg.) (2002): Annäherungen an eine europäische Geschichtsschreibung. Wien: Verlag der Österreichischen Akademie der Wissenschaften

Uhl, Heidemarie (Hrsg.) (2003): Zivilisationsbruch und Gedächtniskultur. Das 20. Jahrhundert in der Erinnerung des 21. Jahrhunderts. Innsbruck: Studien-Verlag

Weidenfeld, Werner/Wessels, Wolfgang (Hrsg.) ([10]2007): Europa von A bis Z. Baden-Baden: Nomos

Wolff, Larry (1994): Inventing Eastern Europe. The Map of Civilization on the Mind of the Enlightenment. Stanford: Stanford University Press

Ziegerhofer-Prettenthaler, Anita (2004): Botschafter Europas. Richard Nikolaus Coudenhove-Kalergi und die Paneuropa-Bewegung in den zwanziger und dreißiger Jahren. Wien: Böhlau

Topos und Realität der europäischen Vielfalt. Europa ist überall – mindestens in Europa

Georg Kreis

Seit über einem halben Jahrhundert ist in Europa auf verschiedenen Ebenen ein Vergemeinschaftungsprozess im Gang. Diese Ebenen sind mit unterschiedlichen Arten von Vielfalt ausgestattet und wirken wechselseitig aufeinander ein.[1] Für die nachfolgenden Darlegungen, die der Bedeutung der Kategorie der europäischen Vielfalt nachspüren, ist es wichtig, zwischen einer Vielfalt der internationalen Verhältnisse und einer Vielfalt der innergesellschaftlichen Verhältnisse zu unterscheiden und diese dann doch miteinander zu verknüpfen. Irgendwie kommt dabei – durch die Sache, aber auch durch die Thematik dieses Bandes gegeben – als zwar bloß nachträglich in Erinnerung gerufene, zugleich aber als primäre Basis verstandene Kategorie die Kultur ins Spiel. Hat nicht schon einer der wichtigsten Gründungsväter der Europäischen Gemeinschaft, Jean Monnet, gesagt, dass er, wenn er nochmals von vorne anfangen könnte, mit der Kultur beginnen würde?[2] Für die Anwälte des Kulturellen bedeutet der Rekurs auf die Kultur sicher eine gewisse Befriedigung. Andererseits wird aber auch betont, dass Kultur einen Eigenwert hat und nicht einfach für politische oder wirtschaftliche Zwecke eingespannt und schon gar nicht für nachträgliche Reparaturarbeiten beigezogen werden kann. Kultur wird in der Europa-Literatur zu Recht, aber etwas einseitig, als Agent des Transnationalen gepriesen, als Kommunikation jenseits des Nationalstaats. Dabei wird aber ausgeblendet, dass Kultur schon immer auch als nationales Instrument gepflegt wurde und noch immer wird.[3] Dies ist bekanntlich auch der Grund, warum die nationalen EU-Mitglieder der übergeordneten Ebene möglichst keine Kompetenzen (und Mittel) für eine übernationale Kulturpolitik einräumen.

Im Folgenden geht es zunächst nicht um die reale Kulturpolitik der Europäischen Gemeinschaft. Ein erster Abschnitt ruft den Topos der Vielfalt in Erinne-

---

[1] Frei (1985), 11-131.

[2] « Si c'était à refaire, je commencerais par la culture. » Hier zitiert nach einem Vortrag, den Catherine Lalumière, damals Vizepräsidentin des Europäischen Parlaments, im Oktober 2004 bei der Einweihung der Jean-Monnet-Professur an der Universität von Montreal gehalten hat. Die Rednerin erklärte einleuchtend, dass Monnet diese Bemerkung auf seine eigene Ausbildung bezogen hat. Siehe Lalumière (2004).

[3] Nieland (2008), 167-189; Rüsen (2008), 215-228.

rung. Dieser bezieht sich zwar auf eine starke Realität, ist aber möglicherweise gerade deswegen auf der symbolischen Ebene im Vergleich zum oft beschworenen Paradigma der Einheit schwächer entwickelt. Ein zweiter Abschnitt fragt nach den politischen (theoretischen) Bekenntnissen zur europäischen Vielfalt, während der dritte Abschnitt der Frage nachgeht, wie die Praxis diesen Bekenntnissen Rechnung trägt. Im breiten Feld der Praxis zeigt sich, dass die beiden eingangs angesprochenen Ebenen der internationalen Vielfalt und der innergesellschaftlichen Vielfalt, die immer auch eine transnationale ist, ineinander übergehen. Der vierte Abschnitt zeigt, dass auch in der EU neben dem traditionellen nationalstaatlichen ein neues, die privaten Lebensverhältnisse berücksichtigendes Vielfaltverständnis Platz greift. Der fünfte Abschnitt will aufzeigen, dass die Städte die Orte sind, wo private Vielfalt öffentliche Wirksamkeit hat und Vielfalt und Einheit in einer Weise zusammenwirken, die man als europäisch verstehen kann.

1 Die Denkfigur der europäischen Vielfalt

Zahlreiche Publikationen geben Auskunft darüber, seit wann Europa als *Einheit* gedacht wird.[4] Es gibt aber – wenn man von Denis de Rougemonts Epos zum tausendjährigen Föderalismus absieht[5] – keine entsprechenden Zusammenstellungen, die zeigen, dass sich auch der Topos der europäischen *Vielfalt* durch die Jahrhunderte belegen ließe. Eine 1993 – nach Maastricht – erschienene Schrift über „Diversity and Convergence" bildet mit ihrem Akzent auf Vielfalt ebenfalls eine Ausnahme. Auch sie stellt zutreffend fest, die bisherigen wissenschaftlichen Analysen seien größtenteils davon ausgegangen, dass nationale Eigenheiten einer vergehenden Welt angehörten und vor allem die Zusammenführung zum Gegenstand des Nachdenkens gemacht werden müsse. Nun sei es aber gerade die institutionelle Integration (Maastricht!), welche wiederum die nationalen Eigenheiten ins Bewusstsein rücken und das Interesse an komparativen Studien wiederbeleben würde.[6] Die Einheitsfigur setzt zwar grundsätzlich voraus, dass mehr oder weniger Vielfalt besteht, denn nur dann macht es überhaupt Sinn, die bestehende Einheit zu evozieren. Vielfalt bezieht sich zunächst auf den umfassenden Singularplural Kultur, es gibt aber auch die ökonomische und politische Vielfalt, alles zuweilen

---

[4] Seit den 1960er Jahren häufte sich diese Art von Publikationen, vgl. etwa Duroselle (1965); Lund et al. (1962/1971); Foerster (1963). Schließlich ist auch die Quellen-Sammlung von Schulze/Paul (1994) auf die Europaidee ausgerichtet; einzig das letzte Kapitel steht unter der Frage „Einheit trotz Vielfalt?", wobei damit mit wenigen Ausnahmen die nationale und nicht auch die innernationale Vielfalt gemeint ist. Ältere wichtige Vorläuferpublikationen stammen von Chabod (1947); Gollwitzer (1951); Curcio (1958).

[5] Rougemont (1961).

[6] Bekemans/Picht (1993), 9.

auch zusammengefasst im Begriff der Zivilisation, wobei die Abgrenzung zwischen dem einen und dem anderen Begriff unklar bleibt – und unklar bleiben darf.

Fragt man, was Europa sei und was es ausmache, wird auf die Vielfalt hingewiesen. Die Vielfalt nimmt im Europaverständnis sogar die Position eines zentralen Charakteristikums ein. Man betont gerne, wie dies der bekannte Politologe Werner Weidenfeld tut, nicht einfach die Vielfalt, sondern die *Dichte* der Vielfalt. Sie lasse kein isoliertes Nebeneinander zu, sondern in allen Varianten – vom Frieden bis zum Krieg – nur ein Miteinander.[7] In Michail Gorbatschows Bild vom „Gemeinsamen Haus" nimmt die Vorstellung von der großen Dichte ebenfalls einen wichtigen Platz ein.[8]

Wie die Geschichte Europas zeigt, hatte die Vielfalt tatsächlich ambivalente Qualität, sie konnte Stärke und Schwäche bedeuten: Stärke in Form fruchtbarer Konkurrenz aus produktiver Differenz oder Schwäche in Form unfruchtbarer Blockaden und destruktiver Feindseligkeit. Die nach 1945 eingetretene Wende war, so gesehen, eine Überwinden der Schwäche und ein Hinwenden zur Stärke. Ob Miteinander oder Gegeneinander, die fragliche Vielfalt hat eine spezifische Eigenschaft: Es ist eine über Staatsstrukturen gegebene politische Vielfalt und nicht „bloß" kulturelle Vielfalt, die ohne Staatsstrukturen auskommt und die es auch in Asien, Afrika, Südamerika, eigentlich überall auf der Welt gibt.[9]

Die politische Vielfalt, bis zu einem gewissen Grad die Folge kleinräumiger Geländekammern mit unterschiedlichen Regimen, ist die positive Gegenbezeichnung zum negativen, aus der deutschen Einigungsbewegung des 19. Jahrhunderts hervorgegangenen Begriff der „Vielstaaterei",[10] bekannt auch aus den Verhältnissen im Italien des 15. Jahrhunderts und in der Schweiz noch heute unter dem Begriff des „Kantönligeist". In der politisch gefassten Vielfalt wird beinahe so etwas wie ein – natürlich positiv verstandenes – Alleinstellungsmerkmal im Vergleich zu anderen Kontinenten gesehen, insbesondere eben gegenüber Asien, das bereits seit Jahrhunderten eine Gegengröße zu Europa bildete (Stichwort: Perser), aber auch

---

[7] Weidenfeld (2004), 22.

[8] „Europa ist in der Tat ein gemeinsames Haus, wo Geografie und Geschichte die Geschicke von Dutzenden von Ländern und Völkern eng mit einander verwoben haben. (…) Was die Handhabung internationaler Angelegenheiten betrifft, so ist die politische Tradition Europas die reichhaltigste der Welt. Die europäischen Staaten haben realistischere Vorstellungen voneinander, als dies in jeder anderen Region der Fall ist. Ihre gegenseitige politische ,Bekanntschaft' ist umfassender, dauert bereits länger und ist daher enger", siehe Gorbatschow (1987), 252, zitiert nach Schulze/Paul (1994), 415-417.

[9] Staatlich wird hier im breitesten Sinn verstanden und meint anachronistisch alle, auch archaische Formen politischer Organisation.

[10] Der Begriff der „Vielstaaterei" ist heute im Gebrauch, zum Beispiel in der Kritik an der fehlenden Konzertation in der europäischen Fischereipolitik; vgl. die Ausgabe der Zeitschrift Das Parlament 32/33 (2009).

gegenüber (Nord-)Amerika und Australien, weniger gegenüber Afrika und Süd-amerika.[11]

Hält man Ausschau nach Schlüsselbelegen zur Formel der „Vielfalt in der Einheit", stößt man früher oder später auf die mittlerweile beinahe berühmten Formulierungen eines bekannten Basler Historikers: Jacob Burckhardt erklärte Ende der 1860er Jahre:

> „Europäisch ist: das Sichaussprechen aller Kräfte, in Denkmal, Bild und Wort, Institu-tion und Partei, bis zum Individuum, das Durchleben des Geistigen nach allen Seiten und Richtungen, das Streben des Geistes, von allem, was in ihm ist, Kunde zu hinter-lassen."

Burckhardt ging implizit zwar davon aus, dass auch andere, nichteuropäische Kulturen der Welt grundsätzlich ähnliche Grundvoraussetzungen hätten, dass sie diese aber nicht über ein kontradiktorisches Ausleben valorisierten. Auch bei Burckhardt ist Asien oder der Orient als negative Folie wichtig, das junge Amerika tritt dagegen wider Erwarten kaum als Gegengröße in Erscheinung.[12] Von Europa sagt er, dass es sich nicht „wie der Orient" an Weltmonarchien und Theokratien lautlos hingebe. Die Völker des Morgenlands, heißt es weiter, hätten stets nur den gleichen Reichstypus reproduziert, der Okzident dagegen habe über einen anderen Boden – „eine zackige Welt von lauter Vorgebirgen und Inseln" – und über ein anderes, nämlich freiheitliches und vielfältiges Kli-ma verfügt. Burckhardt war ein ausgesprochen konservativer Geist und lehnte die Modernisierung seiner Zeit (zum Beispiel die Nachtzüge zwischen Europas Hauptstädten) zutiefst ab: An die Adresse derjenigen, welche meinten, dass es in Europa zuviel Vielfalt und vor allem disharmonierende Vielfalt gebe, be-merkte er:

> „Von einem hohen und fernen Standpunkt aus – wie der des Historikers sein soll – klingen Glocken zusammen schön, ob sie in der Nähe disharmonieren oder nicht. Dis-cordia concors."[13]

---

[11] Die Wertschätzung des Kleinräumigen gegen das Großräumige wurde z.B. vom amerikanischen Pub-lizisten Jeremy Rifkin in Rifkin (2004) bestätigt. Vgl. auch Montesquieus (auch auf die „orientalische Despotie" ausgerichteten) Vorstellungen von der Determinierung der politischen Kultur durch Größe und Klima in Montesquieu (1748/2006).

[12] Kreis (2007b), 9-27.

[13] Zeittypischen Überlegenheitsvorstellungen entsprechend erklärt Burckhardt an dieser Stelle auch: „Denn Europäisch ist: nicht bloß Macht und Götzen und Geld, sondern auch den Geist zu lieben. Sie schufen die hellenische, römische, keltische und germanische Kultur, welche die asiati-schen Kulturen schon dadurch weit besiegen, dass sie vielgestaltig waren und dass in ihnen das Individuum sich voll entwickeln und dem Ganzen die höchsten Dienste leisten konnte", Burck-

Burckhardts Formulierung von den „Vorgebirgen", mithin auf Europas topografische Eigenheiten, nimmt gewissermaßen Paul Valérys berühmtes Diktum von 1919 vorweg, das Europa als das schmale Kap des asiatischen Kontinents bezeichnet hat.[14] Dem französischen Schriftsteller Paul Valéry ging es damals darum, den Gegensatz zwischen dem freien vielfältigen Westen und dem uniformen und unfreien bolschewistischen Reich zu betonen. Gibt es ältere Würdigungen der europäischen Vielfalt? Es muss sie sicher geben, sie sind aber – wie gesagt – nicht leicht greifbar. Sicher gibt es auch jüngere. Ende der 1980er Jahre steigerte der französische Soziologe Edgar Morin diese Formel: Es sei für Europa typisch, dass Unterschiede stets versammelt und niemals verschmolzen würden. Es falle schwer, Europa zu denken und zu definieren, weil es eine *unitas multiplex*, eben eine Einheit in der Vielfalt oder Vielfalt in der Einheit gebe und übrigens das Außereuropäische im Europäischen stets enthalten sei. Was damals 1988 eine neue Botschaft war, dürfte sich inzwischen als beinahe banale Wahrheit etabliert haben:

> „Wir leben in der Illusion, dass Identität etwas Einheitliches und Unteilbares ist, während sie eigentlich immer eine *unitas multiplex* darstellt."[15]

Die Erprobung im Umgang mit Vielfalt kann sogar zu einem Bedürfnis nach weiterer Vielfalt, einer Suche nach Gegenpositionen oder mindestens nach Varianten seiner selbst führen. Der französische Philosoph Jacques Derrida jedenfalls postuliert zu Beginn der 1990er Jahre, Paul Valérys Bild vom „cap" aufgreifend, man müsse zu Hütern eines Europa werden,

> „das gerade darin besteht, dass es sich nicht in seiner eigenen Identität verschließt und dass es sich beispielhaft auf jenes zubewegt, was nicht es selber ist, auf das andere Kap oder das Kap des anderen, ja auf das andere des Kaps."[16]

---

hardt (1869/1929), 368 (= Historische Fragmente 84); Kaegi (1973), 155ff. u.a. Zur umgekehrten Formel der von Horaz mit Akzent auf der Einheit verwendeten „concordia discors" vgl. Kaegi (1973), 159. Die Einsicht von 1869 erfuhr 1885 eine Bekräftigung: „Eine verborgene höchste Kraft erzeugt hier Zeitepochen, Nationen, Individuen von endlos reichem, besonderem Leben. Die abendländische Entwicklung hat das echteste Zeichen des Lebens: Aus dem Kampf ihrer Gegensätze entwickelt sich wirklich Neues; neue Gegensätze verdrängen die alten; es ist nicht ein bloßes resultatloses Wiederholen von Militär- und Palast- und Dynastie-Revolutionen wie 700 Jahre lang in Byzanz und noch länger im Islam. Die Menschen werden bei jedem Kampf anders und geben Zeugnis davon; wir schauen in tausend individuelle Seelen hinein und können die Stile des Geistes nach Jahrzehnten datieren, während zugleich das Nationale, das Religiöse, das Lokale und anderes zahllose geistige Nuancen von sich aus hineinbringen". Im weiteren vgl. auch Kreis (2006), 101-120.
[14] Valéry (1919/1957), 1004.
[15] Morin (1988), 185 und 199.
[16] Derrida (1992).

Europa wurde – es war bereits davon die Rede – und wird zum Teil noch heute vor allem im Gegensatz zu Asien definiert. Während noch im 18. Jahrhundert Asien tendenziell als überlegen oder mindestens ebenbürtig bewundert wurde, setzten sich im Europa des 19. Jahrhunderts abwertende Vorstellungen durch. Dazu gehörte neben der Vorstellung vom asiatischen Despotismus die Vorstellung von der massenhaften Gleichförmigkeit. Ein Johann Gottfried Herder führte das Wort von den „asiatischen Barbaren" im Mund.[17] Beinahe zweihundert Jahre erklärte Klaus Hänsch, kein zweiter Herder, aber immerhin Dr. phil. in Politologie, SPD-Spitzenpolitiker und 1994 bis 1997 Präsident des Europäischen Parlaments, dass europäische Identität und Zusammenhalt in „der eurasischen Steppe oder in ostanatolischen Gebirgszügen" nicht zu finden seien, und er bediente damit ungeniert das alte Stereotyp.[18]

In den 1960er Jahren wehrten sich Stimmen des kulturellen Milieus gegen das angeblich allzu ökonomistische Verständnis der Europäischen Gemeinschaft. So warnte der französische Publizist Bernard Voyenne vor der Herrschaft der Komitees und der Gefahr eines „régime concentrationnaire". Die Einheit Europas sei zwar nötig, sie sei sogar eine Frage von Sein oder Nichtsein, sie müsse sich aber darauf beschränken, der Vielfalt einen Sinn, eine Richtung und eine Krönung zu geben, statt sie zu sterilisieren. Darum meinte er, im Sinne einer Gegenrede die lebendige Vielfalt hervorheben zu müssen:

> „Entre tous les hommes au monde, l'Européen est certainement celui qui s'est montré jusqu'à présent le plus fier, le plus entreprenant, le plus amoureux de liberté et de responsabilité. Que cela ne soit pas compatible avec un régime concentrationnaire, il n'est même pas besoin d'en débattre. (…) La richesse de l'Europe, c'est sa diversité. Diversité de cultures, diversité de traditions, diversité d'idéologies. Il se peut que cette diversité constitue aujourd'hui un obstacle difficile à surmonter. Mais la pire tentation, et la pire illusion, serait de prétendre les supprimer au lieu de les assumer *toutes* dans un équilibre supérieur. (…) Préoccupée, tour à tour, de ses diversités vivantes et de son unité vitale, l'Europe n'a besoin que de les penser *ensemble* pour exister enfin et, sans doute, pour durer, dans un avenir digne de son prodigieux passé."[19]

Die Vielfalt ist im europäischen Selbstverständnis oft nicht nur eine Gegebenheit in Europa, sie wird auch als Unterscheidungsmerkmal bezüglich anderer Kontinente verstanden. Wörtlich konnte noch jüngst der niederländische Universitätsakademiker Wim Blockmans an prominenter Stelle verkünden: „In contrast to North America or Australia, Europe has a long history of cultural diversity". Als Mittelal-

---

[17] Herz/Jetzlsperger (2008), 16ff.
[18] Hänsch (1993), 390.
[19] Voyenne (1964), 238ff.

ter-Historiker kann man das vielleicht behaupten. Blockmans erklärt die europäische Vielfalt aus dem Umstand, dass Europa nie unter massivem Einfluss von außen gestanden habe und nie eine dominante Gruppe dafür gesorgt habe, dass Sprache und andere kulturelle Eigenheiten zu einem allgemeinen Standard geworden seien.[20] Darum sei auch keine partikulare Elite imstande gewesen, ihre Sprache anderen aufzudrängen, wie dies in China während beinahe zweitausend Jahren der Fall gewesen sei. Blockmans räumt allerdings auch ein: „Linguistic diversity is certainly not exceptional as such", aber im Vergleich mit den großen Gebilden, eben China, der arabischen Welt, den USA, sei doch ein – hier offenbar positiv gewerteter – Mangel an innerkontinentalen Verständigungsmöglichkeiten festzustellen. Zu unserer modernen Gegenwart erklärt der Mediävist, dass sie auf viele Jahrhunderte alten Identitäten beruhe und dass die Vielfalt der Schlüssel zu Europas Erfolg sei und darum respektiert werden müsse:

> „In the ongoing movement towards European integration from below, based on the centuries-old identities, respect for added value of diversity will prove to be the clue to success."[21]

2   Politische Bekenntnisse zur europäischen Vielfalt

In offiziellen und offiziösen Erklärungen zum Projekt der europäischen Einheit finden sich mit einer gewissen Selbstverständlichkeit und zumeist verbunden mit Superioritätsphantasien auch Bekenntnisse zur europäischen Vielfalt. So sprach Winston Churchill in seiner bekannten Zürcher Europarede vom September 1946 von „diesem edlen Kontinent, der letzten Endes die schönsten und kultiviertesten Gebiete der Erde umschließt und sich eines gemäßigten und ausgeglichenen Klimas erfreut".[22] Hendrik Brugmans, der künftige Rektor des Collège d'Europe von Bruges, pries im Mai 1948 in seiner am Haager Kongress gehaltenen Rede Europas kulturelle Vielfalt mit der Nennung von Mozart, Charles Péguy und Shakespeare

---

[20] Der Gedanke, dass die europäischen Völker nie über längere Zeit einen Hegemon ertragen hätten, findet sich auch andernorts, z. B. in der zitierten Rede Brugmans von 1948: „Niemals hat der Europäer für längere Zeit die Vorherrschaft einer herrschsüchtigen Gruppe geduldet". Redetext in englischer Version in Lipgens/Loth (1991), 51-55.

[21] Blockmans (2003), 17 und 22.

[22] Churchills Zürcher Rede, z. B. in Schulze/Paul (1994), 398-400. Ähnlich übrigens auch der Tenor beim bereits zitierten Voyenne (1964), 239: « Cela est difficile, sans doute, mais les peuples qui ont franchi les océans, discipliné la matière, canalisé les fleuves, percé les isthmes, construit les polders, vécu les plus grandes aventures intellectuelles, bâti des cathédrales, des palais, des jardins incomparables, atteint les sommets les plus sublimes de l'art et de la religion, ne peuvent que s'enflammer à l'idée de ces difficultés si exaltantes et, très exactement, créatrices. »

und bemerkte weiter, das „Zauberwort" Europa bedeute einen persönlichen Lebensstil und eine Philosophie derjenigen Menschen, die sich nicht gleichschalten lassen und „die ständig mit sich selbst im Kampfe liegen, wo keine Gewissheit als Wahrheit hingenommen wird, wenn sie nicht ständig von neuem entdeckt wird".[23]

Die ersten Verträge zur EGKS (1951) und EWG/EAG (1957) kamen ohne Beschwörung der europäischen Vielfalt aus. Die Kopenhagener Identitätserklärung vom 14. Dezember 1973 legte den Akzent zwar auf die Außenbeziehungen, ein kurzes Bekenntnis zum „Bemühen, die reiche Vielfalt ihrer nationalen Kulturen zu erhalten", durfte jedoch nicht fehlen. Der Maastrichter EU-Vertrag bekannte sich dagegen trotz der Zielsetzung „einer immer engeren Vereinigung der Völker Europas" in der Präambel zum Respekt vor der Geschichte, der Kultur und der Tradition der Völker und lancierte dazu den Begriff der Subsidiarität. Im EG-Vertrag wurde ferner im Kultur-Artikel 128 (nach der Amsterdamer-Revision zu Art. 151 geworden) bestimmt, die Gemeinschaft müsse bei ihrer Tätigkeit den kulturellen Aspekten Rechnung tragen, „insbesondere zur Wahrung und Förderung der Vielfalt ihrer Kulturen". Die Präambel des Verfassungsvertrags von 2004 erklärte, das „in Vielfalt geeinte" Europa werde das „große Unterfangen fortsetzen, das einen Raum eröffnet, in dem sich die Hoffnung der Menschen entfalten kann". Der Lissabonner Vertrag von 2007 schließlich verweist wiederum auf die „Solidarität zwischen den Völkern unter Achtung ihrer Geschichte, ihrer Kultur und ihrer Traditionen".

Darüber hinaus dürfte die Zahl der von EU-Politikern und Brüsseler Chefadministratoren abgegebenen Vielfalt-Bekenntnisse Legion sein. Hier beispielhalber zunächst ein Hinweis auf Ausführungen des starken Kommissionspräsidenten Walter Hallstein 1964 vor dem Europäischen Gemeindetag (der offenbar regelmäßig abgehalten wurde), die dem Auditorium entsprechend die Wichtigkeit von Regionalpolitik hervorhob und erklärte, dass sich diese nicht in der Konservierung liebenswürdiger folkloristischer Eigenarten erschöpfen dürfe, welche die Gemeinschaft wie eine bunte Verpackung umhüllten. Man müsse mehr wollen:

„Wenn wir von einem Europa in der Vielfalt sprechen, so denken wir an ein Europa, in dem der ganze Reichtum seiner geistigen und seelischen Anlagen, in dem die Mannigfaltigkeit seines Denkens und Handelns sich in einer vollklingenden Harmonie entfalten können. Wir suchen nicht die kalte Leere der Gleichmacherei, den hohlen Schall eines glatten Perfektionismus. Wir wollen auch keine babylonischen Türme bauen, keinen zentralistischen Leviathan schaffen."[24]

---

[23] Redetext in englischer Version in Lipgens/Loth (1991), 51-55.

[24] Hallstein gab indirekt zu verstehen, dass egalitäre Elemente, bzw. homogenisierende Effekte, mehr von der Moderne, der Technik, ausgingen als von der Gemeinschaftspolitik. 7. Europäischer Gemeindetag in Rom vom 15. Oktober 1964. Zitiert nach Schulze/Paul (1994), 403f.

Stellvertretend für viele weitere als zweites Beispiel die einschlägige Passage der
Berliner Erklärung von 2007 zum 50-jährigen Bestehen der Römischen Verträge:

> „Wir wahren in der Europäischen Union die Eigenständigkeit und die vielfältigen Tra-
> ditionen ihrer Mitglieder. Die offenen Grenzen und die lebendige Vielfalt der Spra-
> chen, Kulturen und Regionen bereichern uns."[25]

Derartige Erklärungen sind eines, etwas anderes ist die Praxis. Wie trug diese bisher diesen Erklärungen Rechnung?

3   Zur Praxis der europäischen Vielfalt

Angesichts der standardisierenden Tendenz bei gewissen Produkten (Stichwort:
vorgeschriebene Gurkenkrümmung) ist doch darauf hinzuweisen, dass es (mehr
und mehr) auch Bestrebungen gibt, die nationale Vielfalt zu respektieren. Das
drückt sich zum Beispiel in der Rechtsprechung aus[26] oder in einem ganz anderen,
bloß symbolischen Bereich, wenn die Euro-Münzen auf der einen Seite ein Ein-
heitsbild und auf der anderen Seite eine nationale Prägung haben, so dass man, sofern das überhaupt interessiert, von Zeit zu Zeit feststellen kann, aus welchem
Mitgliedsland der zufällige Wechselgeldprozess uns Euros in die Geldbörse ge-
spült hat.[27]

3.1   Die Zentrumsproblematik

Zunächst mag es – wie bei der Betonung der Gemeinsamkeit – wichtiger erscheinen, in Überwindung des europäischen Partikularismus überhaupt so etwas wie
ein die Einheit markierendes Zentrum zu haben. Wie auf der nationalen Ebene besteht aber das grundsätzliche Problem des Verhältnisses zwischen Zentrum und
Peripherie in der Erwartung, dass gewisse zentrale Institutionen in Berücksichtigung anderer Landesteile beziehungsweise Unionsgebiete dezentral angesiedelt
werden. So sind die rund 20 Agenturen – ohne dass man sich dessen bewusst wäre
und diese Geografie im Kopf hätte – auf „ganz" Europa verteilt.[28] In Warschau befinden sich zum Beispiel: die Europäische Agentur für die operative Zusammenar-

---

[25] www.eu2007.de/de/News/download_docs/Maerz/0324-RAA/German.pdf.
[26] Thematisiert wird dies z.B. bei Schwarze (2008).
[27] Bis zur Entwicklung des „ecu", vgl. Lager (1995).
[28] Siehe europa.eu/agencies/community_agencies. Das Internet führt bis zu einem gewissen Grad zur
Aufhebung der Geografie, auf diesen Seiten sind aber die jeweiligen Standorte immer auch auf einer
europäischen Karte eingetragen.

beit an den Außengrenzen (FRONTEX), in Helsinki die Europäische Behörde für Lebensmittelsicherheit (EFSA) und die Europäische Chemikalienagentur (ECHA), in Valenciennes die Europäische Eisenbahnagentur (ERA), in Bilbao die Europäische Agentur für Sicherheit und Gesundheitsschutz am Arbeitsplatz (EU-OSHA) etc.

3.2 Der Präsidialturnus

Das Polyzentrale wird nach 1957 durch die im Halbjahresturnus – beinahe wie die zur karolingischen Zeit wandernden Hofsitze – wechselnden Sitze der Ratspräsidentschaften betont. Jede Präsidentschaft lässt sich für die ihr zur Verfügung gestellten Präsidialmonate einiges einfallen, um gegen innen wie nach außen Sichtbarkeit zu gewinnen. Österreich zum Beispiel, das für die erste Jahrshälfte von 2006 nach 1998 zum zweiten Mal seit seinem EU-Beitritt im Jahr 1995 den Ratsvorsitz in der Europäischen Union übernommen hatte, entwickelte über die Hauptaufgabe der politischen Geschäftsführung und der Organisation der (beiden) regulären Tagungen des Europäischen Rates – die bereits seit 1975 (damals noch außerhalb des rechtlichen Rahmens der Gemeinschaftsverträge) durchgeführten „Gipfel" – hinaus ein ganze Reihe von hochrangigen Treffen (über 150), von denen die Hälfte in der österreichischen Hauptstadt, die andere Hälfte aber – was für die Pflege der örtlichen Vielfalt von Bedeutung ist – im „Hinterland" (zum Beispiel in Villach, Bregenz, Innsbruck, Salzburg, Bad Ischl, Graz, Rust, Krems) abgehalten wurde.[29]

3.3 Die Vertragsgeografie

Naheliegenderweise wurden einige wichtige Verträge in nationalen Hauptstädten unterzeichnet, angefangen mit Rom 1957, doch bemerkt man auch in dieser Kategorie eine Streuung mit Paris, Kopenhagen, Dublin, Lissabon, Amsterdam. Die Vertragsgeografie lässt die politische Aufmerksamkeit aber auch auf kleinere Orte fallen, Prototyp dieser Kategorie ist das luxemburgische Schengen, das beinahe stereotyp als „kleines Winzerdorf an der Mosel" apostrophiert wird.[30] Es gibt die wichtigen Verträge von Maastricht, Amsterdam und Nizza, den Barcelona-Prozess, die Erklärung von Laeken, die Kopenhagen-Kriterien, den Göteborg-Terminplan und neuerdings auch das für die Universitäten wichtig gewordene Bologna-System. So entsteht im kollektiven Bewusstsein ein europäischer Raum von Tam-

---

[29] Siehe aws.m-services.at/pdf/au/de/au52.pdf.

[30] In Schengen erinnert übrigens ein Denkmal an das 1985 unterzeichnete Abkommen zur Regelung der Polizeikontrolle im Personenverkehr.

pere bis Messina, von Porto bis Weimar und Thessaloniki, ein Raum, in dem stets weitere Orte dieser Art geschaffen werden.

3.4 Die Europäischen Kunstausstellungen

Hält man Ausschau nach institutionalisierter Vielfalt, geraten auch die Europäischen Kunstausstellungen ins Blickfeld. Sie sind Veranstaltungen des intergouvernementalen Europarats, weshalb es an sich nichts Außerordentliches ist, dass sich die von ihm patronierten Themenausstellungen auf verschiedene Regionen Europas verteilen und auch thematisch die kulturelle Vielfalt zum Ausdruck bringen.[31]

3.5 Das Europamuseum

Bemerkenswert ist, dass die EU sich selbst – naheliegenderweise in Brüssel – noch nicht zum Gegenstand einer eigenen permanenten Ausstellung gemacht hat. Es gibt mittlerweile in der belgischen Hauptstadt zwar ein offiziöses Museum.[32] Da werden nicht nur die offiziellen Seiten der Integrationsgeschichte beleuchtet, sondern auch ganz normale Europäerinnen und Europäer präsentiert, welche die 27 Mitgliedstaaten repräsentieren. Im Belgien ist es eine belgische „Normalfamilie", in anderen Ländern eine andere, wobei man sich, gerade unter dem Aspekt der sozio-kulturellen Vielfalt, bei den heutigen Patchwork-Verhältnissen freilich fragen kann, was eine Familie ist. Wer die europäische Vielfalt stärker berücksichtigt sehen, zugleich aber auch das „Paradigma der Einheit" pflegen will, spricht sich in Diskussionen zu diesem Projekt eher für Wanderausstellungen (exposition itinerante) oder für eine Berücksichtigung europäischer Themen in den nationalen Foren aus.[33]

3.6 Die Kulturhauptstädte

Vielfalt wird in inszenierter und speziell finanzierter Weise auch mit den so genannten Kulturhauptstädten gelebt. Jürgen Mittag, ein guter Kenner dieser Prozesse,[34] deutet die von der griechischen Kulturministerin Melina Mercouri 1983/85

---

[31] Richter (2008), 19-54.

[32] www.expo-europe.be/de/site/musee/musee-europe-bruxelles.html.

[33] Kreis (2008b). Mit weiteren Beiträgen von Krzysztof Pomian, Andrea Mork, Hartmut Kaelble, Claus Leggewie u.a.

[34] Mittag (2008). Athen wurde 1985 mit dem „bescheidenen" Budget von 7,7 Mio. Euro finanziert, für Lille stand 2004 der Maximalkredit von 73,7 Mio. Euro zur Verfügung. Von der EU standen direkt nur etwa 1,8% zur Verfügung, doch konnten über andere EU-Fonds zusätzliche Mittel eingeworben werden. Für eine Liste der Kredite vgl. Oerters (2008), 97-124.

lancierte und vom deutschen Außenminister Hans-Dietrich Genscher unterstützte Initiative als einen kompensatorischen Akt, der auf die fehlende Dynamik in der Europapolitik (Eurosklerose) und die fehlende Identifikation mit dem Europaprojekt (Bürgerverdrossenheit) reagiert oder mindestens wegen dieses Bedarfs eine gute Realisationschance gehabt habe.[35] Mit anderen Worten: Es sind *joint ventures* zwischen Akteuren, denen es „wirklich" um Kultur geht und solchen, welche in der Kultur ein probates Vehikel (Gemeinschaftskitt) zu politischen Zwecken sehen. Die Entschließung vom 13. Juni 1958 hielt fest, das Ziel bestünde darin „die Völker der Mitgliedstaaten einander näher zu bringen" und „einen Beitrag zu einem besseren Verständnis der Bürger Europas für einander (zu) leisten".[36] Die für die Auswahl der Kulturhauptstädte maßgebenden Kriterien sind:

- die Förderung kultureller Veranstaltungen von europaweiter Ausstrahlung und Anziehungskraft,
- die Förderung des kreativen Schaffens,
- die Beteiligung der Bürger und die Nachhaltigkeit der Bewerbung,
- die mediale Verbreitung und touristische Wirkung der Bewerbung,
- die Förderung eines internationalen Dialoges sowie
- die Herausstellung des historischen Erbes und der Lebensqualität der Stadt.[37]

Wegen der in kulturellen Angelegenheiten nicht gegebenen EU-Kompetenz wurde für die Kulturminister eine spezielle Konferenz-Organisation als Entscheidungsgremium geschaffen. Auch diese Verteilung, die im Turnus von den Mitgliedstaaten selbst vorgenommen wird, zeigt die Tendenz, neben den bereits gegebenen und starken Zentren die kulturelle Vielfalt zu fördern, indem sie Nebenzentren berücksichtigt. Von den ersten zwölf „Austragungsorten" waren neben drei anderen Städten (Florenz, West-Berlin und Glasgow) neun nationale Hauptstädte. Später kamen vermehrt andere Orte zum Zug wie Weimar und Avignon, Salamanca und Brügge, Graz und Genua etc., 2009 neben Vilnius auch Linz, 2010 neben Pécs auch Essen – und Istanbul. Bereits 2008 wurde mit Stavanger (Norwegen) bewusst ein nicht-EU-Land berücksichtigt.[38]

---

[35] Mercouri soll erklärt haben: „This does not mean that we should impose our ideas. On the contrary we must recognize the diversities and the differences amongst the people of Europe. The determining factor of a European identity lies precisely on respecting these diversities with the aim of creating a dialogue between the cultures of Europe. It is time for our voice to be heard as loud as that of the technocrats. Culture, art and creativity are not less important than technology, commerce and the economy". Zitiert nach Mittag (2008), 55.

[36] Mittag (2008), 67.

[37] Bericht der Jury vom 10. März 2005, siehe www.kultur2010.de.

[38] Stockholm, erst 1998 Kulturhauptstadt, wurde vor Schwedens Beitritt zur EU von 1995 ausgewählt. Auch Basel (Schweiz) hatte sich 1997 zusammen mit der deutsch-französischen Nachbarschaft im Hin-

Im Falle von Essen, das im Jahr 2005 im Hinblick auf 2010 unter zehn deutschen Bewerbungen ausgesucht wurde,[39] kann man die weiter verfeinerten Kriterien ablesen. Das Projekt sollte:

- neue Fragen aufgreifen
- von europäischer Relevanz sein
- auf absehbare Zukunft die Agenda vieler Städte in Europa bestimmen und
- der betreffenden Stadt exemplarische und sinnlich erfahrbare Antworten zu geben fähig sein.[40]

Der Entscheid zu Gunsten des Ruhrgebiets führte unter anderem aus: Das Gebiet stehe heute „exemplarisch für die enormen ökonomischen, ökologischen, kulturellen, sozialen und städtebaulichen Probleme im Strukturwandel von der Industrie- zur Dienstleistungs- und Wissensgesellschaft – aber auch für die erfolgreichen Ansätze zu deren Lösung". Hier gehe es „um Sein oder Nichtsein eines Kerngebietes der industriellen Vergangenheit Deutschlands – und Europas". Essen könne „als Kulturhauptstadt zum Kristallisationspunkt der europäischen Diskussion über die Rolle der Kultur im Strukturwandel werden" und eine ganze Region „kulturell umwidmen". Notwendig sei „die Bildung eines veränderten kollektiven Bewusstseins: Verödete Anlagen sollen zu Produktionsstätten eines neuen urbanen Selbstverständnisses werden, das die Region als Beispiel gelungener Modernisierung in die Zukunft tragen kann". Hinzu komme, dass Essen synonym für die deutsche Kriegsindustrie in den beiden Weltkriegen gewesen sei und mit dem Projekt eine „Abkehr von der Vergangenheit" markiert werden könne.[41]

---

blick auf das Jahr 2001 beworben – allerdings ohne Erfolg. Anknüpfungspunkt war der 500 Jahre zuvor eingegangene Beitritt der Stadt zur Eidgenossenschaft, was bis zu einem gewissen Grad eine Abkehr vom nichtschweizerischen Umfeld bedeutete. Es gibt bereits eine neue Initiative für eine Basler Bewerbung, allerdings für die Zeit nach 2020.

[39] Anfänglich, 2002, waren 18 Kandidatenorte im Spiel. Essen präsentierte sich als Regionalprojekt, in dem insgesamt 53 Städte zusammengefasst waren. Beworben hatten sich Braunschweig, Bremen, Essen/Ruhrgebiet, Görlitz, Halle an der Saale, Karlsruhe, Kassel, Lübeck, Potsdam und Regensburg. Die Jury, die – selbstverständlich – erklärte, dass alle zehn Bewerber „jede für sich einzigartige Städte" seien und jede eine „würdige" Kulturhauptstadt Europas wäre, setzte sich zusammen aus: Isabel Pfeiffer-Poensgen (Vorsitzende), Generalsekretärin der Kulturstiftung der Länder; Professor Werner Durth, Technische Universität Darmstadt; György Konrád, Schriftsteller, Budapest; Waltraud Luschny, Stellvertretende Chefredakteurin von ARTE; Professor Adolf Muschg, Präsident der Akademie der Künste, Berlin; Professor Wieland Schmied, Präsident a.D. der Bayerischen Akademie der Schönen Künste; Professor Walter Siebel, Carl-von-Ossietzky-Universität, Oldenburg.

[40] Bericht der Jury vom 10. März 2005, siehe www.kultur2010.de.

[41] Ibid.

Die Kulturhauptstadt-Projekte sind *per se* ein Erfolg, sie werden immer reicher, immer aufwendiger (sie sind „spektakuläre Ganzjahresprogramme").[42] Ob und in welchem Maße sie aber den ursprünglich angestrebten Zielen wirklich dienen, bleibt eine offene, nicht wirklich klärbare Frage. Man darf – beruhigt, sofern man je beunruhigt war – davon ausgehen, dass es erwünschte Transfers von alleine gebe, wenn es polyzentrische Strukturen gibt. Die Programme sind vor allem eine gute Geldquelle für Planer, Architekten, Designer, Event-Organisatoren etc.[43] Während in die Vorbereitung eine Unmenge von Mitteln gesteckt wird, steht für die Nach-bereitung sozusagen nichts zur Verfügung. Auch Jürgen Mittag ist skeptisch, er bemerkt, dass die Auftritte vor allem dem „Städte-Lifting" dienen und als Marke-tinginstrumente verwendet werden, und „nur zu einem begrenzten Maße den Pro-zess der europäischen Integration erhellen". Integrationsfördernd könnte sein, dass die Jury teilweise international zusammengesetzt ist und sich Kulturschaffende anderer Regionen am Event beteiligen. Zudem kann man in der Stärkung der loka-len Identität einen indirekten Beitrag zur größeren Akzeptanz nationaler und supranationaler Institutionen sehen. Jedenfalls gibt es die Meinung, dass gute Lokal-verhältnisse eine unerlässliche Voraussetzung für gute Einstellungen zu überge-ordneten Größen sind.[44] Jürgen Mittag kommt dann auch zu einem versöhnlichen Schlussurteil:

> „Die Denkanstöße, die von der Kulturhauptstadtinitiative ausgehen, sind nicht in kon-kret messbaren Kausalzusammenhängen zu beziffern, langfristig aber, über erste sicht-bare Spuren hinaus, ist das Potenzial der Kultur als Motor und Ressource sozialen und wirtschaftlichen Wandels im Allgemeinen und das der Kulturhauptstadt im Besonde-ren jedenfalls nicht gering zu erachten."[45]

4 Die neue Vielfalt

Traditionelle Vielfaltvorstellungen haben sich vornehmlich an der zwischenstaatli-chen und polyzentrischen Vielfalt orientiert und sind dabei nicht umhin gekom-men, die einzelnen Staaten und Städte in sich einheitlicher zu sehen, als sie je wa-ren. Auch im Falle der Schweiz denkt man die helvetische Konföderation vor allem als Kompositum aus 26 Kantonen. Diese sind zwar als Teilstaaten sehr wohl politi-

---

[42] Vgl. Mettler (2008), 125-144. Zum Erfolg gehört auch die Nachahmung, innerhalb der EU mit dem Kleinformat des Kulturmonats, sodann im amerikanischen und im arabischen Raum.

[43] Eine positive Bilanz findet sich in der Zwischenevaluation von Myerscough (1994). Man geht mit (zu) großer Selbstverständlichkeit davon aus, dass von Bauten der Architekturavantgarde von Alvar Aalto bis Zaha Hadid wichtige kulturelle Impulse ausgehen.

[44] Vgl. etwa Hainard et al. (1991).

[45] Mittag (2008), 96.

sche Einheiten, aber sie tragen eine kulturelle Vielfalt *in sich*, die über den Teilstaa-ten-Pluralismus hinaus geht. Immerhin zeigt bereits die Berücksichtigung der allerdings wiederum staatlichen Kommunalstrukturen eine weiter differenzierte Vielfalt. Mit der seit den 1970er Jahren eingetretenen Pluralisierung der Gesellschaft verstärkte sich jedoch die sozio-kulturelle Vielfalt in einem Ausmaß, dass Vielfalt heutzutage weniger denn je einzig in staatlichen Kategorien gedacht werden kann.[46]

Abbildung 1:   Vielfalt und Einheit in der Visualisierung des Marshallplanes (ERP: European Reco-very Program) mit buntem Segel und einheitlicher Zielrichtung, 1947 das Original, 2003 eine abgewandelte Kopie von Bärbel Rhades (Deckblatt der Zeitschrift Osteu-ropa, Juli 2003).

Die europäische Emblematik hat, wie zum Beispiel das Plakat von 1947/48 zur Marshallplan-Hilfe zeigt, immer die im Gemeinschaftsprojekt versammelte Natio-nenvielfalt zum Ausdruck gebracht.[47] Sie hat aber – und dies trifft auch für das Schiff zu – stets eine gewisse Erhabenheit angestrebt.

---

[46] Wenn Tony Judt zur „Vielgestaltigkeit Europas" sagt, dass sie zugenommen habe, meint auch er, dass die europäische Bevölkerung heterogener geworden sei, als sie je zuvor war, und er meint damit „ein-ander überschneidende Umrisse und Bruchlinien europäischer Identität und Erfahrung"; vgl. Judt (2006), 872.

[47] Hier ist auf den paradoxen, von Alan Milward bereits 1992 festgestellten Sachverhalt aufmerksam zu machen, dass das Nationale durch den europäischen Zusammenschluss nicht verloren gegangen, son-dern in gewisser Hinsicht sogar stärker geworden ist. Vgl. Milward (1992).

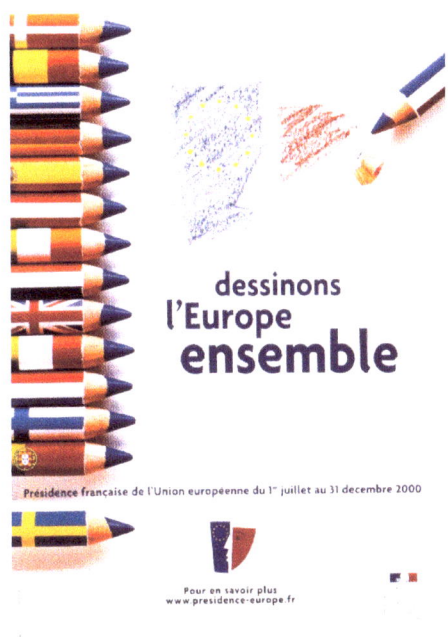

Abbildung 2: Vielfalt und Einheit der unterschiedlichen und doch gleichen Farbstifte. Das Logo der französischen Präsidentschaft in der zweiten Hälfte des Jahres 2000 mit der Aufforderung, Europa gemeinsam zu zeichnen (aus: Idee Europa, Berlin 2003, S. 363)

Weniger Erhabenheit ausstrahlend und beinahe an die Grundschule erinnernd ist das Logo der französischen Präsidentschaft aus dem Jahr 2000: Die Stifte der Farbstifte je in nationalen Farben, die Farbe aber überall die gleiche, nämlich Europablau. In jüngerer Zeit wird des öfteren auch eine Vielfalt jenseits der Nationen zum Ausdruck gebracht. Dazu zwei besonders signifikante Beispiele:

Abbildung 3: In der österreichischen Präsidentschaft 2006 eingesetzter Barcode als EU-Symbol von Rem Koolhaas/AMO: (Quelle: http://publications.europa.eu/code/de/de-5000200.htm).

Der bereits im Jahr 2001, aber erst in der österreichischen Ratspräsidentschaft eingesetzte multicolore Strichcode vereinigte sämtliche EU-Mitgliedstaaten in einem einzigen Symbol. Er war ursprünglich für die EU-15 gemeint, ist aber beliebig erweiterbar und konnte darum problemlos für die EU-25 verwendet werden. Die nationalen Farbstreifen sind entlang der geografischen Lage der nationalen Mitglieder von West nach Ost angeordnet. Das Besondere bestehe vor allem darin, dass mit dem aus den Supermärkten bekannten Barcode ein alltagskultureller Bezug geschaffen worden sei.[48] Anzumerken ist freilich, dass weder die temporäre „Aufwertung" Österreichs durch das EU-Präsidium noch das bürgernahe Logo die Akzeptanz oder gar Integration der österreichischen Bevölkerung gefördert habe. Manches weist aber darauf hin, dass Ablehnung und Skepsis während der Präsidentschaft im Gegenteil sogar gewachsen sind.[49]

Abbildung 4:   Logo zum 50. Jahrestag der Unterzeichnung der Römischen Verträge 1957 in der deutschen und der englischen Variante (Quelle: http://europa.eu/50/anniversary_log o/index_de.htm).

Im Falle des anderen Beispiels, des im Jahr 2007 zum 50. Jahrestag der Römischen Verträge geschaffenen Logos, ist dies noch stärker ausgeprägt. Bei der farblich wie formal mit unterschiedlichen Buchstaben gestalteten Schrift „gemeinsam/together" stünden nicht mehr nationalstaatliche Verweise im Zentrum, sondern seien die sprachlichen, ästhetischen und alltagskulturellen Bezugnahmen wichtig.[50] Dieser Schriftzug bringe visuell die Stimme der jüngeren Generation zum Ausdruck, welche ohne nationales oder supranationales Pathos spielerisch Europas traditionelle Werte (Frieden, Stabilität, Wohlstand) mit dem Recht auf Individualität und private Vielfalt in Einklang bringen möchte.[51]

Zur europäischen Vielfalt gehört, dass das österreichische Logo von einem Niederländer, dem Architekten Rem Koolhaas (und seiner Denkfabrik AMO) entwickelt wurde und das deutsche Logo von einem polnischen Designstudenten, Zymon Skrzypczak aus Poznan, der aus 1700 Mitbewerbern ausgesucht worden war.

---

[48] „Merkmale der Europäischen Union sind Weiterentwicklung, Dynamik und Bewegung. [...] Der Strichcode ist nicht nur Symbol der Europäischen Union und ihrer Mitgliedstaaten, er stellt zusätzlich die Vielfalt und den Farbenreichtum Europas dar". Siehe www.eu2006.at/de/The_Council_Presidency/ Logo.html. Die Regierung publizierte ein äußerst ansprechendes Buch mit zahlreichen Abbildungen zu den verschiedenen Nutzungen des Präsidial-Logos. Vgl. auch Bernhardt et al. (2009), 33ff. und 146-152.
[49] Die Regierung Schüssel hat versucht, EU-Themen in Österreich stärker als früher zu verankern, ist aber letztlich damit gescheitert. Innenpolitisch ist die Anti-EU Stimmung gestiegen. Vor allem die Kronenzeitung und die FPÖ neu, aber auch die SPÖ haben Anti-EU Themen erfolgreich verstärkt - aber der Trend war längst eingeschlagen (Einschätzung von Oliver Rathkolb, Universität Wien). Vgl. auch Metz/ Notz (2006).
[50] Bernhard et al. (2009), 151.
[51] Ibid.

5 Städtische Schwerpunkte in dieser Vielfalt

Die Erweiterung des Vielfaltverständnisses von den traditionellen Nationalformationen, die (zumeist unter Vernachlässigung der von der EU gemiedenen, vom Europarat hingegen ernst genommenen Minderheitenfrage) als mehr oder weniger kompakte Größen verstanden wurden, hin zu privaten Gruppen und Individuen führt beinahe zwangsläufig zum sozialen Ort der Städte. Was sind Städte und warum sind sie für Europas dialogische Vielfalt wichtig? Die Wichtigkeit der Städte wird zuweilen auch quantitativ mit der Feststellung ausgedrückt, dass etwa 80 Prozent der Einwohner Europas in Städten lebten. Die Städte sind aber vor allem in qualitativer Hinsicht wichtig als Orte der verdichteten Kommunikation. Sie bilden urbane Clusters des aufgeweckten und zugleich gelassenen Interagierens nach gegebenen und dennoch gestaltbaren Regeln. Diese Regeln müssen auf vergleichsweise engem Raum zwischen sozialen Gruppen unterschiedlichster Art ausgehandelt werden.[52]

Der Schriftsteller Adolf Muschg hat in einem wertvollen Text die hohe Bedeutung der Städte und des Städtischen für Europa hervorgehoben und dabei indirekt auch eine wichtige Seite der europäischen Vielfalt angesprochen, wenn er von Europa sagt, dass Europa nicht ein bestimmter Raum sei, dass es vielmehr eine Art sei, den Raum zu verstehen und Räume zu öffnen.[53] Mit leicht anderen Formulierungen sagt Jürgen Mittag zu den Kulturhauptstädten im Grunde das Gleiche:

> „Die ‚Wiedergewinnung' öffentlicher Räume, die Entwicklung neuer Formen von Urbanität und die Mobilisierung eines bislang ungekannten lokalen Bürgerengagements kann in diesem Zusammenhang ebenso neue Perspektiven verheißen wie die Aussicht auf eine intensivere transnationalere Zusammenarbeit zwischen den Kulturakteuren und eine stärkere Rückkoppelung der Europäischen Union an ihre Bürger."[54]

Die idealtypische Stadt sollte man sich nicht als homogenes und geschlossenes Gebilde vorstellen.[55] Die Stadt besteht zu einem wichtigen Teil aus ziemlich unterschiedlichen Privatwelten und Fremdheiten. Zur Stadt gehört, dass Begegnungen mit Bekannten die Ausnahmefälle sind, während im Dorf der Fremde die Ausnahme bildet. Außer der Fähigkeit, mit andersartigen Privatwelten kleinräumig zusammenzuleben, muss eine urbane Gemeinschaft aber auch die Fähigkeit in sich

---

[52] Kreis (2005b).

[53] Muschg (1999). Muschg, der in diesem Text auf Grund der Gemeinsamkeiten der Städte neue Zivilisationsallianzen fordert, war übrigens auch in der Jury für die Auswahl der deutschen Kulturhauptstadt für 2010.

[54] Mittag (2008), 96.

[55] Offen muss hier die Frage bleiben, was das Verhältnis der idealtypischen Stadt zu den stets größer werdenden Agglomerationen ist.

tragen, das öffentliche Leben zu pflegen. Nicht im Sinne einer permanenten und umfassenden, sondern einer temporären und partiellen Öffentlichkeit. Mal den „Tag der Zünfte", mal die „festa nostra", mal die Vernissage im Museum der Kulturen, mal den Apéro vor dem Openair-Kino, mal die Partei-Demo auf dem Marktplatz, mal die Debatte im lokalen Parlament. Im steten Wechsel zwischen Privatheit/Anonymität einerseits und Öffentlichkeit/Prominenz anderseits, dies nicht in vollständiger Indifferenz, sondern in der produktiven Auseinandersetzung mit dem Anderen im kulturellen Dialog.

Das ist das vielfältige Europa: Man ist zunächst und vor allem man selbst, man nimmt den anderen wahr, setzt sich mit ihm auseinander und versucht sogar, gemeinsame Probleme gemeinsam zu lösen. Das Maß an Urbanität ist das Maß der Europafähigkeit. Gemeint sei mit Europafähigkeit nicht einfach die landläufige EU-Kompatibilität, gemeint ist mehr, nämlich die Kapazität des Gedankenaustauschs mit dem weiteren Europa und die Fähigkeit, gleichzeitig ein Mehreres zu sein.[56] Gemäß diesem Verständnis ist der integrierte Ausländer übrigens sozusagen der ideale Stadtbürger und sind die Städte die idealen Orte Europas. Ausländer (beziehungsweise Bürgerinnen und Bürger anderer Staaten oder selbst nur anderer Regionen) sind, einmal disloziert, weniger der Versuchung ausgesetzt, ihre eigene Lebenshaltung zu verabsolutieren. Und die Städte sind, weil sie selbst in höherem Masse Differenz in sich tragen, wichtige Fermente der europäischen (und außereuropäischen) Vielfalt. Für Europa und die Städte gilt, dass sie nur so lange sie selbst sind, als nicht eines ihrer innewohnenden Elemente überhand nimmt und wuchernd die anderen erstickt. Eine städtische Stadt gestattet, lokalpatriotisch und zugleich kosmopolitisch, Orts- und zugleich Weltbürger bzw. -bürgerin zu sein.

Literatur

Bekemans, Léonce/Picht, Robert (Hrsg.) (1993): European Societies between Diversity and Convergence. Brügge: Presses Interuniversitaires Europeennes

Bernhardt, Petra et al. (2009): Europäische Bildpolitiken. Politische Bildanalyse an Beispielen der EU-Politik. Wien: Facultas

---

[56] Wolfgang Schmale sieht in der ausgeprägten Rezeptionsbereitschaft ebenfalls ein europäisches Wesensmerkmal. Dabei geht es ihm vor allem um eine Gegenrealität zu den vorherrschenden, stets etwas simplen Wurzelvorstellungen, welche Identität gerne als von der Vergangenheit bestimmt definieren. Geschichte *wirke* nicht von selbst, sondern existiert vor allem über Rezeption (Römer suchten ihren eigenen Ursprung bei den Griechen, die Christen bei den Juden). Dieses Sein ist nicht in der Vergangenheit programmiert, es ist durch so etwas wie Selbstzuordnung in der jeweiligen Gegenwart bestimmt. Man ist, wozu man sich bekennt. Der Terminus des *gemeinsamen Erbes* darf gleichwohl in Gebrauch bleiben, weil man Erbschaften annehmen, zum Teil aber auch ausschlagen kann, siehe Schmale (2008).

Blockmans, Wim (2003): Europe? Which Europe? In: Plessen (2003): 17-22

Burckhardt, Jacob (1869/1929): Weltgeschichtliche Betrachtungen. Historische Fragmente aus dem Nachlaß (= Gesamtausgabe; Bd. 7). Stuttgart: Deutsche Verlags-Anstalt

Chabod, Federico (1947): Lezioni di storia moderna: Sommario metodologico. L'idea di nazione. Roma: Edizioni Italiane

Curcio, Carlo (1958): Europa. Storia di un'idea. Florenz: Vallecchi

Derrida, Jacques (1992): Das andere Kap. Die vertagte Demokratie. Zwei Essays zu Europa. Frankfurt/Main: Suhrkamp

Duchardt, Heinz (Hrsg.) (2006): Europa-Historiker. Ein biographisches Handbuch; Bd. 2. Göttingen: Vandenhoeck & Ruprecht

Duroselle, Jean-Baptiste (1965): L'idée d'Europe dans l'histoire. Paris: Denoël

Foerster, Rolf Hellmut (Hrsg.) (1963): Die Idee Europa 1300-1946. München: Deutscher Taschenbuchverlag

Frei, Daniel (1985): Integrationsprozesse. Theoretische Erkenntnisse und praktische Folgerungen. In: Weidenfeld (1985): 11-131

Gollwitzer, Heinz (1951): Europabild und Europagedanke. Beiträge zur deutschen Geistesgeschichte des 18. und 19. Jahrhunderts. München: Beck

Gorbatschow, Michail (1987): Perestrojka. Die zweite russische Revolution. München: Knaur

Hänsch, Klaus (1993): Vertiefung der Gemeinschaft und gesamteuropäische Identität. Ein System konföderaler Zusammenarbeit in Europa. In: Europa-Archiv 13/14. 1993. 389-396

Hainard, François et al. (1991): Identité, animations territorialisées et gestion de crises. Basel: Direction de programme du PNR 21

Herz, Dietmar/Jetzlsperger, Christian (²2008): Die Europäische Union. München: Beck

Judt, Tony (2006): Geschichte Europas von 1945 bis zur Gegenwart. München: Hanser

Kaegi, Werner (1973): Jacob Burckhardt. Eine Biographie; Bd. 5. Basel: Schwabe-Verlag

Kreis, Georg (2005a): Vorgeschichten zur Gegenwart. Ausgewählte Aufsätze; Bd. 3. Basel: Schwabe-Verlag

Kreis, Georg (2005b): Europastadt Basel – eine Frage der Urbanität. In: Kreis (2005a): 91-98

Kreis, Georg (2006): Jacob Burckhardt (1818-1897). In: Duchardt (2006): 101-120

Kreis, Georg (Hrsg.) (2007a): Antiamerikanismus. Zum europäisch-amerikanischen Verhältnis zwischen Ablehnung und Faszination. Basel: Schwabe-Verlag

Kreis, Georg (Hrsg.) (2007b): Überlegungen zum Antiamerikanismus. In: Kreis (2007a): 9-27

Kreis, Georg (Hrsg.) (2008a): Europa als Museumsobjekt. Basel: Europa Institut der Universität Basel

Kreis, Georg (2008b): Ist Europa museumsreif? Von den Anstrengungen zur Europäisierung Europas. In: Kreis (2008a): 9-17

Lager, Carol (1995): L'Europe en quête de ses symboles. Bern: Lang

Lalumière, Catherine (2004): L'Europe et la culture. www.cerium.ca/L-Europe-et-la-culture?lang=fr

Lipgens, Walter/Loth, Wilfried (Hrsg.) (1991): Documents on the History of European Integration; Bd. 4. Berlin: de Gruyter

Lund, Erik et al. (Hrsg.) (1962/1971): A History of European Ideas. London: Hurst

Mettler, Elisabeth (2008): Nachhaltige Effekte oder Strohfeuer für ein Jahr. Die Kulturstadtjahre Glasgow 1990, Luxemburg 1995 und Weimar 1999. In: Mittag (2008): 125-144

Metz, Almut/Notz, Kristina (2006): So klingt Europa. Eine Bilanz des österreichischen EU-Vorsitzes im ersten Halbjahr 2006. www.cap.lmu.de/download/2006/CAP-Analyse-2006-03.pdf

Milward, Alan S. (1992): The European Rescue of the Nation-State. Berkeley: University of California Press

Mittag, Jürgen (Hrsg.) (2008): Die Idee der Kulturhauptstadt Europas. Anfänge, Ausgestaltung und Auswirkung europäischer Kulturpolitik. Essen: Klartext

Montesquieu, Charles de (1748/2006): Vom Geist der Gesetze. Stuttgart: Reclam

Morin, Edgar (1988): Europa denken. Frankfurt/Main: Campus

Muschg, Adolf (1999): Stadt Europa. Basel: Schwabe-Verlag

Myerscough, John (1994): European Cities of Culture and Cultural Months. Full Report. Study Prepared for the Network of Cultural Cities of Europe. Glasgow: Network of Cultural Cities of Europe

Nieland, Jörg-Uwe (2008): Europa braucht Kultur – braucht die Kultur Europa? Beobachtungen und Anmerkungen zur medialen Wahrnehmung des Kulturhauptstadtjahres 2007 der Großregion Luxemburg. In: Mittag (2008): 167-189

Oerters, Katrin (2008): Die finanzielle Dimension der europäischen Kulturhauptstadt. Von der Kulturförderung zur Förderung durch Kultur. In: Mittag (2008): 97-124

Plessen, Marie-Louise von (Hrsg.) (2003): Idee Europa. Entwürfe zum „Ewigen Frieden". Ordnungen und Utopien für die Gestaltung Europas von der pax romana zur Europäischen Union. Berlin: Henschel

Richter, Lorenz (2008): Die Kunstausstellungen des Europarats. Kunst und Kultur als Basis europäischer Identität seit den 1950er Jahren. In: Mittag (2008): 19-54

Rifkin, Jeremy (2004): Der europäische Traum. Vision einer leisen Supermacht. Frankfurt/Main: Campus

Rougemont, Denis de (1961): Vingt-huit siècles d'Europe. Paris: Payot

Rüsen, Jörn (2008): Europäische Identitätsbildung durch Kultur? Die Rolle der Kultur für die europäische Erinnerung. In: Mittag (2008): 215-228

Schmale, Wolfgang (2008): Geschichte und Zukunft der europäischen Identität. Stuttgart: Kohlhammer

Schulze, Hagen/Paul, Ina Ulrike (Hrsg.) (1994): Europäische Geschichte. Quellen und Materialien. München: Bayerischer Schulbuchverlag

Schwarze, Jürgen (Hrsg.) (2008): Rechtseinheit und Rechtsvielfalt in Europa. Freiburg: Universität Freiburg

Valéry, Paul (1919/1957): La Crise de l'esprit, Variété I, Lettres, 1919. In: Oeuvres; Bd. 1. Paris: Gallimard

Voyenne, Bernard (1964): Histoire de l'idée européenne. Paris: Payot

Weidenfeld, Werner (Hrsg.) (1985): Die Identität Europas. Fragen, Positionen, Perspektiven. München: Hanser

Weidenfeld, Werner (Hrsg.) ([3]2004): Europa-Handbuch; Bd. 1. Die Europäische Union – Politisches System und Politikbereiche. Gütersloh: Verlag Bertelsmann-Stiftung

Integration, ethnische Vielfalt und moderne Gesellschaft

Hartmut Esser

Die neueren, auch öffentlichen, Debatten um die Integration von Migranten sind im Wesentlichen von zwei Positionen bestimmt:[1] Einerseits das früher eher vorherrschende *assimilationistische* Modell, wonach eine erfolgreiche Integration – nach wie vor – vor allem von der Übernahme und dem Erwerb von *aufnahmeland*spezifischen Kompetenzen, Beziehungen und Orientierungen abhänge und die Pflege und Förderung der eigenethnischen Eigenschaften, wenn zwar nicht hinderlich oder gar schädlich, so doch auch nicht förderlich sei. Und andererseits das derzeit stärker favorisierte *pluralistische* Modell, wonach die über die bloße „Assimilation" hinaus gehende Beibehaltung und Pflege eigenethnischer Kompetenzen, Beziehungen und Orientierungen, neben ihren Funktionen für Selbstwertgefühl und „Anerkennung", deutliche Vorteile gerade auch für die Platzierung bzw. die *strukturelle* Integration der Migranten und ihrer Kinder in das *Aufnahme*land mit sich bringe.[2]

Die beiden Positionen sind nicht nur wegen ihrer unterschiedlichen theoretischen Argumente, Hypothesen, empirischen Belege und Trendaussagen umstritten. Es geht auch – mehr oder weniger offen – um Mutmaßungen über hinter den beiden Ansätzen evtl. sich verbergende *normative* Positionen. Ein – mehr oder weniger offen vorgetragenes – Argument ist dann, dass bestimmte theoretische Positionen (und empirische Ergebnisse) nicht viel mehr seien als ideologische Übertreibungen, wenn nicht noch anderes, die sich deshalb schon erledigten, weil sie den falschen Kräften in die Hände spielen würden. Das ist in der Tat ein durchaus gravierendes Problem, weil kaum irgendwo sonst als im Bereich von Migration und Integration die (sozial-)wissenschaftlichen Analysen so eng mit normativen Wertungen und politischen Konzepten verknüpft sind. Das ist etwa im Zusammenhang des „Streitfalls Zweisprachigkeit" so gewesen,[3] bei dem die Positionen

---

[1] Vgl. dazu etwa Phalet (2006); Faist (2008).

[2] Vgl. dazu insbesondere die Auseinandersetzung zwischen der „Theory of Segmented Assimilation" bzw. dem Konzept der „Selective Acculturation", wie sie insbesondere Portes, Rumbaut und Zhou vertreten (Portes/Zhou [1993]; Portes/Rumbaut [2001]; vgl. kurz und programmatisch dazu etwa: Bean/Stevens [2003], 96ff.; Zhou [1999]) und der „New Assimilation Theory" (nach Alba/Nee [1999]; Alba/Nee [2003]; Alba [2008]).

[3] Vgl. u.a. Gogolin et al. (2006); Gogolin (2006); Gogolin/Roth (2007).

sich an einem gut eingrenzbaren und zentralen Problem gut kristallisieren konnten. Noch in den allerneuesten Stellungnahmen dazu werden nicht die wissenschaftlichen Ergebnisse selbst als der Anlass zum Streit genommen, sondern „dass es … zu *präskriptiven* öffentlichen Einlassungen kam, etwa zu politischen Ratschlägen über die Beurteilung und Gestaltung von Bildungsprozessen".[4]

In einem etwas weiteren Zusammenhang lautet die Vorhaltung dann etwa so: Mit der Übernahme von eher assimilationistischen Positionen und davon oft nur schwer unterscheidbar würden eine ideologische Rechtfertigung der Dominanz der Mehrheitsbevölkerung, der Unbeweglichkeit der Aufnahmegesellschaft und der einseitig bleibenden Zumutungen allein an die Migranten geliefert, ethnische Eigenständigkeiten und die daraus angeblich drohende Gefahr von ethnischen Konflikten dramatisiert, ein unangemessenes Loblied auf die neo-liberale Ellbogengesellschaft (unter der Bezeichnung „moderne Gesellschaft") gesungen und eine Art säkularisierter Eschatologie der (vergeblichen) Hoffnung auf das dort mögliche Ende aller ständischen, nationalen und ethnischen Absonderungen und Askriptionen vorgegaukelt. Die Problematik berührt eine alte Auseinandersetzung in den Sozialwissenschaften: die um die (Un-)Vermeidlichkeit von Werturteilen und gewisse gesellschaftliche Folgen im „Verwertungszusammenhang" sozialtheoretischer Aussagen und um bestimmte Querverbindungen zwischen Wissenschaft und Öffentlichkeit bzw. politischer Praxis. Die Position der analytischen, „kritisch-rationalen" Wissenschaftstheorie dazu ist eigentlich einfach (und nur schwer zu bestreiten): Für die Triftigkeit einer wissenschaftlichen Hypothese oder eines Ergebnisses sind weder die normative Wünschbarkeit, noch die Herkunft einer Hypothese von besonderem Belang. Und da jedermann im Prinzip die Argumente und empirischen Ergebnisse selbst überprüfen könnte, gibt es auch ein institutionalisiertes Korrektiv für evtl. unsachgemäße wissenschaftliche Analysen und verzerrt dargestellte Sachverhalte und damit auch für die Aufdeckung versteckter normativer Wertungen und wissenschaftlich nicht begründeter praktischer Vorschläge.

Damit aber käme es vor allem darauf an, ob die theoretischen Analysen und empirischen Belege der jeweiligen Positionen triftig sind oder nicht. Wir gehen die hier wohl wichtigsten Aspekte der Reihe nach durch und behandeln dabei auch einige, in diesem Zusammenhang besonders wichtige allgemeine soziologische Konzepte: Ethnische Ungleichheit, ethnische Differenzierung und die besondere Beziehung der Integration ethnischer Gruppierungen unter den strukturellen Bedingungen einer funktional differenzierten, offenen, „modernen" Gesellschaft. So weit das möglich ist, sollen die eher theoretischen Argumente mit belastbaren empirischen Daten unterfüttert werden. Zum Schluss werden vor diesem Hinter-

---

[4] Gogolin (2009b), 19 (Hervorhebung nicht im Original).

grund dann auch einige politisch-praktische Anmerkungen gemacht, die dann natürlich den Bereich der Triftigkeit der theoretisch-empirischen Aussagen überschreiten, aber gleichwohl vor deren Hintergrund mehr oder weniger naheliegend erscheinen können.

1   Ethnische Ungleichheit

Ethnische Schichtungen sind ein Spezialfall der Sozial-Integration von Migranten und – allgemeiner – der sozialen Ungleichheit. Die *Sozial-Integration* bezeichnet die Inklusion von *Akteuren* in bestehende soziale Systeme gegenüber der Exklusion daraus. Sie kann bei fremdethnischen Migranten im einfachsten Fall zwei Bezüge haben: die ethnische Gruppe und die Aufnahmegesellschaft. Daraus ergeben sich – in Anlehnung an das bekannte Berry-Schema – vier Typen der Sozial-Integration: die multiple Inklusion als Inklusion in beide sozialen Systeme, die Assimilation als Inklusion nur in die Aufnahmegesellschaft, die Segmentation nur in die ethnische Gruppe und die Marginalität als die Exklusion aus beiden Bezügen. Inklusion und Exklusion können sich, wieder vereinfachend, auf vier Dimensionen beziehen: Kulturation, Interaktion, Identifikation und Platzierung. Kulturation, Interaktion und Identifikation beziehen sich auf *horizontal* bewertete Eigenschaften, wie verschiedene Sprachen, Netzwerke oder Identitäten; sie sind anders*artig*, aber nicht anders*wertig*. Das ist anders bei der Platzierung, bei der es um Rechte, Bildung, Einkommen, beruflichem Status und institutionellen Zugängen geht. Sie bestimmt die Positionierung in einer *vertikalen* Achse der Kontrolle von Ressourcen: die Eigenschaften sind andersartig *und* anderswertig. Die vier (Berry-)Typen können sich entsprechend auf die vier Dimensionen beziehen, so dass man schon im einfachsten Fall 16 verschiedene Konstellationen erhält – und ein wichtiger Teil jeder Sozialtheorie der Integration und der interethnischen Beziehungen ist die – theoretisch begründete und empirisch belegte – Bestimmung der logischen und kausalen Beziehungen zwischen ihnen.

Vor diesem Hintergrund lassen sich allgemein zunächst verschiedene Typen der *sozialen Ungleichheit* unterscheiden. Die bezieht sich auf systematische Unterschiede *zwischen* sozialen *Kategorien*, also ganzer Bevölkerungs-Aggregate (oder auch „Gruppen") von Akteuren in bestimmten Eigenschaften, hier also in Kulturation, Interaktion, Identifikation und Platzierung. Daraus ergeben sich zwei grundlegende Konstellationen: Die *Gleichheit* zwischen den Kategorien als die *Angleichung* der Zwischengruppen-Unterschiede auch bei weiterhin möglichen, auch starken, individuellen Varianzen, etwa im mittleren Einkommen nach Geschlecht oder in sprachlichen Fertigkeiten nach nationaler Herkunft; und die *Ungleichheit* als systematische *Unterschiede* zwischen den Kategorien darin. Betrachtet man nun verschiedene ethnische Gruppen, dann beschreibt die Gleichheit der ethnischen Gruppen darin die *ethnische Homogenität* der Bevölkerung einer Gesellschaft und die Ungleichheit die *ethnische Heterogenität*. Bei der Homogenität gibt es – logischerweise – keine weitere Differenzierung nach den Eigenschaften, wohl aber bei der Heterogenität. Unterschiedlichkeiten in den *horizontalen* Eigenschaften, wie nach Kulturation, Interaktion und Identifikation, seien dann als *ethnische Vielfalt* bezeichnet, und das kennzeichnet wohl das, was gelegentlich als „multikulturelle" Gesellschaft verstanden wird. Die *ethnische Schichtung* schließlich ist dann jener Spezialfall der Sozial-Integration, in dem es systematische Unterschiede zwischen ethnischen Gruppen in den *vertikal* bewerteten Eigenschaften gibt, also: für Rechte, Bildung, Einkommen, Status, institutionellem Zugang. Hätte man nun gesellschaftstheoretisch eine Präferenz für die ethnische Vielfalt, dann wäre die Vermeidung oder die Auflösung ethnischer Schichtungen und damit die strukturelle *Assimilation* die schon *logische* Voraussetzung dafür.

Wie aber könnte das gehen? Es gäbe, ausgehend von der nicht seltenen und beklagenswerten Situation der ethnischen Unterschichtung, vereinfacht gesehen drei Möglichkeiten für eine solche „Assimilation" in der vertikalen Dimension: Den Aufstieg der unteren Schichten, den Abstieg der oberen Schichten oder eine „interaktive" Mischung aus beidem. „Normativ" dürften Vorstellungen des sozialen Abstiegs zur Herstellung einer (nur noch horizontalen) ethnischen Vielfalt kaum Konsens finden, auch wohl nicht in einer Konvergenzbewegung der einen Gruppe von unten nach oben und der anderen von oben nach unten. Daher kommt – „normativ"! – eigentlich nur die Aufstiegsperspektive für die unteren Gruppen in Frage, die Erreichung eines gesellschaftlichen Pareto-Optimums also, bei dem sich niemand mehr verbessern kann, ohne einen anderen schlechter zu stellen.

Das ist durchaus eine gewisse „Einseitigkeit", keine Frage. Aber diese Art der „Assimilation" nach oben ist ja – trotz des schlimm klingen Begriffs – wohl nicht das Problem. Sondern: Woran liegt es, dass die Migranten und ihre Nachkommen oft gerade in der Platzierung nachhinken, und hängt das nicht möglicherweise daran, dass eine gewisse „Assimilation" auch in den horizontalen Dimensionen wenigstens der Kulturation und der Interaktion erfolgen müsste, um das hinzukriegen? Die Frage bezieht sich letztlich auf die Arbeitsmarktchancen und dem vorgelagert – wie inzwischen auch gut in der Öffentlichkeit angekommen ist – auf die Bildungsungleichheiten. Greift man die Entstehung der ethnischen Bildungsungleichheiten einmal als sozialtheoretisch besonders signifikanten Vorgang heraus, gibt es, wieder vereinfachend, zwei Ansätze: Es liegt vor allem an der Unbeweglichkeit, an der Monokulturalität, an der („institutionellen") Diskriminierung und an der (nach nationalen und regionalen institutionellen Strukturen variierenden) (Un-)Durchlässigkeit des Bildungssystems. Oder aber es liegt speziell daran, dass das für den Bildungserfolg in einem bestimmten Aufnahmeland nötige Kultur- und Sozialkapital, darunter insbesondere die Sprache und interethnische Beziehungen, mit dem mit der Migration verbundenen Kontextwechsel (meist: kaum vermeidlich) seine Effizienz verliert und dass die nun nötigen Investitionen in ein neues Kultur- und Sozialkapital auf Grund verschiedener Umstände, darunter ohne Zweifel auch die nötigen Opportunitäten für die erforderlichen interethnischen Kontakte, unterbleiben. Die gesellschaftstheoretisch meist lieber gehörte Antwort ist: Das in Beton gegossene Bildungssystem, das deutsche oder das bayerische zumal, ist es, und wenn man das endlich ändern würde, wäre das Problem gelöst. Also: Durchlässigere Schulsysteme, mehr „Anerkennung" der kulturellen Besonderheiten, Stärkung der ethnischen Ressourcen und Netzwerke, Bekämpfung der ethnischen Diskriminierungen! Alles nachvollziehbar und, wenn es denn wirklich die Ursachen sind und etwas nützen würde, sofort zu machen!

Was weiß man aber aus der sozialtheoretischen und – vor allem dabei – der empirischen Forschung dazu? Das ist ein wahrlich weites Feld, aber im „Streitfall Zweisprachigkeit" sind die theoretischen und empirischen Zusammenhänge an einem zentralen Aspekt der Sozial-Integration inzwischen gut geklärt. Umgesetzt auf die beiden Positionen heißt das: Von welcher Seite des Ausgleichs sprachlicher Differenzen her findet man die stärkeren Effekte für den Bildungserfolg der Migrantenkinder? Sollen die Schulen nun in (allen) Muttersprachen unterrichten oder sollte man dafür sorgen, dass die Migrantenkinder – möglichst früh – in Kontakt mit der Zweitsprache kommen, damit sie für den Schulerfolg besser gerüstet sind und dabei natürlich alles tun, um bei individuellen Schwierigkeiten zu helfen und auszugleichen, auch muttersprachig, versteht sich? Und da sind die empirischen Evidenzen nach den bisher vorliegenden, wenigstens einigermaßen belastbaren Ergebnissen eindeutig: So gut wie alles hängt beim Bildungserfolg von der *Zweit*sprachkompetenz ab, und für die unterstützenden oder gar ausgleichenden Effekte der Muttersprache und deren Förderung oder der ethnischen Einbettungen und Ressourcen gibt es kaum wirkliche Belege. Und noch dazu: Je *früher* es *inter*-ethnische Kontakte gibt, umso müheloser gelingt das alles.

Es sei noch ergänzt, dass es für die alternativen Hypothesen, wonach das Problem der ethnischen Ungleichheiten einseitig am Bildungssystem und dessen monokulturellen Vorgaben liege, keine sonderlich belastbaren Belege gibt. „Diskriminierungen", Rosenthal-Effekte und Vorgänge des „stereotype threat" in den Schulen kommen vor, ohne Frage, aber sie tragen, nach allem was man einigermaßen verlässlich weiß, kaum die Hauptverantwortung für die Nachteile der Migranten(kinder), und auch die ethnischen Netzwerke und familiären Einbettungen sind, wenn überhaupt, nur unter der Bedingung hilfreich, dass in ihnen der Erwerb der im *Aufnahme*land aufstiegswirksamen Ressourcen unterstützt werden.[5]

Auch gibt es für die These, dass die Probleme der Migranten(kinder) vor allem an den institutionellen, kulturellen oder historischen Besonderheiten der Aufnahmeländer lägen und es nur entsprechender institutioneller Änderungen dort bedürfe, kaum hinreichend deutliche Belege: Ethnische Schichtungen und Bildungsungleichheiten gibt es praktisch in allen Einwanderungsländern, auch in den „klassischen", und die Mechanismen und Ergebnisse sind von einer schon beeindruckenden Ähnlichkeit. In den betreffenden (Mehrebenen-)Analysen sind, wie üblich, die Kontexteffekte stets deutlich kleiner als die individuellen Effekte, meist kaum nennenswert und spezifischen kontextuellen Umständen, institutionellen Regelungen oder kulturellen Besonderheiten kaum zurechenbar.[6] Aus den Pisa-Studien, die oft als Beleg bemüht werden, lässt sich die so oft herausgestellte Wirkung der Bildungssysteme für die ethnische Bildungsungleichheit schon deshalb nicht herauslesen, weil die für den Vergleich der diversen Länder nötigen individuellen Merkmale der Migrantenkinder und ihrer Familien fehlen und manchmal man für einen Datensatz, etwa für Kanada, zwar die Migranten (-kinder) identifizieren kann, aber sonst nichts über sie weiß, z.B. wie gut sie z.B. bereits die Landessprache können, welche Bildung die Eltern haben oder wie hoch das Einreisealter war. Die Kontrolle der familien- und migrationsbiografischen Hintergründe wäre aber nötig, um auf wirkliche Kontext-Effekte schließen zu können, und das eben ist mit den Pisa-Daten nicht möglich, weil die erforderlichen Daten sehr unterschiedlich und unvollständig erhoben wurden. Für den Spracherwerb hat Tubergen gefunden, dass es, wenn man Belgien herausnimmt und die relevanten Hintergrundmerkmale kontrolliert, keine besonderen Unterschiede gibt.[7] Am besten schneiden die Migranten in Dänemark und den beiden klassischen Einwanderungsländern USA und Australien ab, und es wird schon schwer, das spezifischen kontextuellen Umständen zuzurechnen. Und die Kontexteffekte sind manchmal auch anders als erwartet: Die Zweitsprachkenntnisse der Migranten sind in Ländern mit eher „right wing"-Regierungen *besser* als unter liberaleren Verhältnissen, und eine Vermutung könnte sein, dass das womöglich an der dann stärkeren Verschließung von ethnischen Optionen liegt, was – nur scheinbar: paradoxerweise – die Motivation zu den aufnahmelandspezifischen Investitionen stärkt.[8]

---

[5] Vgl. für die unterschiedlichen Effekte des ethnischen Sozialkapitals nach Bildungsorientierungen Kroneberg (2008).

[6] Vgl. dazu insgesamt und für verschiedene Bereiche der Sozialintegration Tubergen (2006).

[7] Tubergen (2006), 100.

[8] Siehe unten noch näher zu anderen Effekten dieser so genannten Mobilitätsfalle aus der leichteren Verfügbarkeit der ethnischen Optionen.

Für den Arbeitsmarkterfolg gilt Ähnliches: so gut wie alles, was offenbar zählt, sind die aufnahmelandspezifischen (oder überkulturell verwendbaren) Humankapital-Ressourcen und Kenntnisse in der jeweils dominanten Sprache,[9] während die Muttersprachen der Migranten, bis auf Englisch, wie insgesamt die so oft propagierte Mehrfachintegration (wie Bilingualität, gemischte Netzwerke und Doppelidentitäten) über den stets starken Effekt der „Assimilation" dabei hinaus nicht viel nutzen oder gar abträglich sind.[10] Das gilt selbst für Kanada, dem oft so gern gelobten Land der interaktiven Multikulturalität: Wer da nicht eine der offiziellen Landessprachen spricht, hat mindestens so schlechte Karten wie anderswo.[11]

Kurz: Die „interaktive" ethnische Öffnung des Bildungssystems (oder anderer Bereiche der Aufnahmegesellschaft) hat nach allem, was man einigermaßen verlässlich weiß, jene besonders deutlichen Wirkungen auf den Abbau der ethnischen Schichtungen nicht, jedenfalls nicht in dem Maße, das man ihr oft so gerne zuschreibt. Aber muss man sich auch keine übertriebenen Sorgen machen: Über die Generationen hinweg entspricht die sprachliche und die strukturelle Assimilation und der damit verbundene soziale Aufstieg (mit Unterschieden je nach spezieller Situation der Familien- und Migrationsbiografie) nach wie vor dem, was man aus den Zeiten der „Old Immigration" kennt. Richard Alba und Victor Nee haben in ihrer „New Assimilation Theory" – unter anderem – auf einen dabei gern übersehenen, aber verbreiteten Mechanismus aufmerksam gemacht:[12] Das *generelle* subjektive Interesse der Eltern an einer Verbesserung der Lebenssituation ihrer Kinder veranlasst sie, eher nebenbei und ganz ohne Zwang oder Gefühl der einseitigen Zumutung, genau zu dem, was dann auch schließlich *objektiv* der erfolgreichste Weg ist: die Aneignung von Ressourcen, die im *Aufnahme*land (oder darüber hinaus) zählen. Und die Vertreter der Gegenseite, etwa Alejandro Portes und seine Kolleg(inn)en mit ihrer „Theory of Segmented Assimilation", räumen inzwischen, wenn zwar noch etwas verstohlen, ein, dass über die Generationen hinweg es auch unter den Auspizien der „New Immigration" wohl wieder eher die „einseitige" Assimilation als Aufstieg in die Mittelschichten ist, die den Haupttrend beschreibt.[13]

Sozialtheoretisch können natürlich auch *externe* Schließungen (über rechtliche Benachteiligungen, und kulturelle Stereotype, soziale Distanzen und Diskriminierungen), dafür sorgen, dass die Assimilationsoption nicht zum Zuge kommt.[14] Nur

---

[9] Vgl. u.a. Kalter (2005); Kalter (2006).
[10] Vgl. Esser (2009).
[11] Vgl. dazu u.a. Carliner (1981) oder Pendakur/Pendakur (2002); Esser (2006), 473ff.
[12] Alba/Nee (2003).
[13] Vgl. Portes (2005); Portes/Fernandez-Kelly (2008).
[14] Vgl. Esser (2008).

scheinen das empirisch, wie sich zeigt, eher nicht die entscheidenden Faktoren für die Nachteile bei der strukturellen Assimilation und der Verfestigung von ethnischen Schichtungen zu sein: So gut wie immer und auf fast allen Ebenen verschwinden die ethnischen Differenzen, wenn die allgemeinen Mechanismen und Bedingungen der Platzierung kontrolliert werden, in Deutschland freilich mit zwei (gelegentlichen) Ausnahmen: die türkischen und die italienischen Migranten(kinder).

Kurz: Die „einseitige" Investition in das aufnahmelandspezifische Kapital ist eine notwendige, aber freilich auch noch alleine nicht hinreichende Bedingung, und die Beseitigung der externen Barrieren und die Bereitstellung von Hilfen bei der Umsetzung der Potenziale gehören ohne Zweifel auch dazu. Die „Einseitigkeit" ist eine Folge davon, dass es auch in „modernen" Gesellschaften und unter zunehmend transnationalen und globalisierten Verhältnissen weiterhin institutionelle und kulturelle Kerne lokaler, regionaler und staatlicher Kontexte gibt, „soziologische Tatbestände", die sich nicht so einfach ändern (lassen), und dass mit jedem Kontextwechsel, nicht nur für Migranten, sich die Frage stellt, mit welcher Strategie man der damit praktisch immer verbundene Entwertung gewisser Kapitalien begegnet: Investition in aufnahmelandspezifisches Kapital oder die weitere Nutzung des mitgebrachten ethnischen Kapitals (von politischen Versuchen der Aufwertung des ethnischen Kapitals einmal abgesehen).

2   Ethnische Differenzierung

Ethnische Differenzierungen sind ein Spezialfall der sozialen Differenzierung von Gesellschaften. Die *soziale Differenzierung* bezieht sich allgemein auf *soziale Systeme*, also *nicht* auf individuelle Akteure, Kategorien oder Aggregate von Bevölkerungen, wie die soziale Ungleichheit und die ethnischen Schichtungen. Für größere gesellschaftliche Verbände lassen sich (idealtypisch) zwei deutlich verschiedene Formen der sozialen Differenzierung unterscheiden: die funktionale und die plurale Differenzierung. Die *funktionale Differenzierung* beschreibt die Unterteilung der Gesellschaft in arbeitsteilig verbundene, unterschiedliche funktionale Sphären, wie Wirtschaft, Politik, Bildungswesen, Recht, Wissenschaft, Religion oder Kunst. Für die „Konstitution" der funktionalen Differenzierung ist es dann typisch, dass sie zwar, wie jede Gesellschaft von Akteuren und deren Agieren getragen wird, aber von *bestimmten* Akteuren und *fixierten* Bevölkerungskategorien abgekoppelt ist, und dass der Zugang zu den verschiedenen Teilsystemen im Prinzip jedermann offen steht: Die Platzierungen erfolgen dort nicht nach kaum änderbaren askriptiven Eigenschaften, wie Geschlecht, Hautfarbe, Geburt, Religion oder kulturellen Habitualisierungen, sondern nach funktionalen Leistungen. Das hat strukturell u.a. die Überlappung von Zugehörigkeiten der Akteure zu den verschiedenen Sozialsystemen, die „Kreuzung der socialen Kreise" und im Zuge davon, tendenziell die Auflösung von Statuskristallisationen und damit eine gewisse „Entstandardisierung" und „Individualisierung" der kategorialen Eigenschaften zur Folge. Die funktionale Form der Differenzierung ist das Kernmerkmal des Typs der so genannten „modernen Gesellschaft" und die Abkopplung von Funktionssystemen und Bevölkerungskategorien ist der strukturelle Grund für die Durchlässigkeit des Systems und die „Individualisierung" der Eigenschaftskombinationen. Die *plurale Differenzierung* bedeutet dem gegenüber das Nebeneinander von im Grunde selbständigen Einheiten von abgegrenzten Bevölkerungsteilen mit – mehr oder weniger – eigener funktionaler Vollständigkeit unter einem – wie immer gestalteten und gehaltenen – gesellschaftlichen Dach. Die Platzierung in die verschiedenen Teilsysteme erfolgt vor dem Hintergrund – mehr oder weniger: „exklusiver" – askriptiver Eigenschaften, wie etwa ständische Zugehörigkeit, nationale Herkunft oder regionale Verankerung.

Die Untersysteme sozial differenzierter Gesellschaften können, wie die Eigenschaften der Akteure bei der sozialen Ungleichheit, im Gesamtzusammenhang horizontal und vertikal angeordnet sein. Eine *horizontale* soziale Differenzierung liegt vor, wenn die Teilsysteme zwar andersartig, aber gleichrangig sind – etwa in Bezug auf ihre funktionale Bedeutung oder die Macht- und Prestigeposition im Gesamtkontext. Und entsprechend gibt es eine *vertikale* soziale Differenzierung, wenn die Teilsysteme sich (auch) nach „Bedeutung", Macht und Rang unterscheiden. Typisch für die funktionale Differenzierung ist dagegen, dass es *keine* Unterschiede in der (funktionalen) Bedeutung zwischen den funktionalen Sphären, es also *nur* eine horizontale Differenzierung gibt – bei u.U. freilich massiven Ungleichheiten der in den Teilsystemen tätigen Akteure und Kategorien, etwa auf Grund von Angebot und Nachfrage der entsprechenden funktionalen Leistungen. Diese strukturelle Gleichheit der Funktionssysteme liegt an dem Grundprinzip der arbeitsteiligen Differenzierung: Alle Teile sind gleichermaßen aufeinander angewiesen und keines kann dauerhaft an Dominanz gewinnen, wie etwa die Politik, die Wirtschaft, die Religion, das Gesundheitswesen oder die Müllabfuhr. Plurale Differenzierungen können dagegen neben einer horizontalen auch in einer vertikalen Variante vorkommen: horizontal als Verband etwa gleich mächtiger Untereinheiten oder vertikal als – wie immer bedingte – Rangordnung, wie bei ständischen oder regionalen Unterschieden, der politischen Dominanz bestimmter Dynastien oder bei Gefällen nach der wirtschaftlichen Situation in einem Land. Die horizontale Form der pluralen Differenzierung sei als *fragmentarische Differenzierung*, die vertikale als *stratifikatorische Differenzierung* bezeichnet, und das mittelalterliche Feudalsystem war das wohl deutlichste Beispiel dafür, getragen und verstärkt über eine ständische Arbeitsteilung der – ideologisch und repressiv abgesicherten – Erfüllung bestimmter funktionaler Aufgaben.

Bei jeder Form der sozialen Differenzierung bestehen – zumindest latent – zentrifugale Tendenzen: In den funktionalen Sphären zur Durchsetzung der jeweiligen funktionalen Imperative, in den pluralen Untergesellschaften zur Verteidigung oder Verbesserung der jeweiligen Position im Gesamtverband. Vor diesem Hintergrund stellt sich das Problem der *System-Integration*: Der Zusammenhalt der gesellschaftlichen Teilsysteme in einer (differenzierten) Einheit. Für eine solche System-Integration können im Wesentlichen drei Mechanismen sorgen: kollektiv geteilte Werte, herrschaftliche Organisation, und Interdependenzen. Kollektive *Werte* bedeuten die Identifikation mit der jeweiligen Gesellschaft als partikulare „Ganzheit" und sorgen so für eine auch emotionale Bindung an die jeweiligen Verhältnisse. Herrschaftliche *Organisationen* leisten das über die Schaffung eines souveränen Koordinationsmechanismus, getragen meist über staatliche Organisationen, aber auch durch „korporatistische" Netzwerke von Eliten der verschiedenen Segmente, oft auch unterstützt von kollektiven Werten und auch religiösen Legitimationen, nicht zuletzt aber auch von der Möglichkeit des Einsatzes militärischer Gewalt abgesichert. *Interdependenz* bedeutet dagegen, dass die Akteure und die Teil-Systeme gegenseitig aufeinander angewiesen sind, weil jeder wichtige Ressourcen benötigt, die der jeweils andere kontrolliert – und umgekehrt. Offene und kompetitive Märkte (aller Art) wären die deutlichste Form der System-Integration über Interdependenzen.

Die drei Mechanismen der System-Integration unterscheiden sich deutlich in ihrem Bezug zu den Interessen der Akteure. Werte und hierarchische Organisationen sind den Akteuren und Untergruppen eher *extern*: Werte hängen an einer erfolgreichen Sozialisation und der Konstruktion legitimierender Ideologien bzw. an der auch erlebbaren Attraktivität der kollektiven Zugehörigkeit. Und hierarchische Organisationen (und korporatistische Netzwerke) setzen, neben gemeinsamen Interessen der herrschenden Eliten als politische „Unternehmer", erfolgreiche Institutionalisierungen und, wenn es darauf ankäme, effektive Sanktionierungen voraus. Über die Interdependenzen geschieht die System-Integration dagegen *intern*: Die Akteure und die Teil-Systeme schaffen den gesellschaftlichen Zusammenhalt *selbst*, und zwar unintendiert und als Nebenprodukt ihrer (bilateralen) Tauschbeziehungen in den horizontal angeordneten Funktionssystemen. Vor diesem Hintergrund entstehen dann strukturell eher auch weitere Mechanismen der (internen) System-Integration: Die Neutralisierung von „Konfliktfronten" durch multiple Zugehörigkeiten; die Verwicklung in formal geregelte „Verfahren" ohne „Ansehen der Person", die „Kreuzung der socialen Kreise" und die Verknüpfung von ansonsten geschlossenen Verkehrskreisen und Milieus über ertragreiche und informationshaltige Brückenbeziehungen – „weak ties". Nicht zuletzt entwickelt sich dann auch eher ein „System-Kapital" des weitläufigen diffusen Vertrauens und evtl. sogar ein daraus abgeleitetes eigenes Interesse an dem offenen arbeitsteiligen Zusammenhalt, das sich in einer – dann jedoch auch kollektiv geteilten – Hochwertung eines „Wertes", nämlich die Bindung an die *abstrakten* Prinzipien der Tauschgerechtigkeit und einer „civic society", wie Individualität, Liberalität und Fairness, etwas, was Emile Durkheim wohl mit seinem Konzept der „organischen Solidarität" gemeint hat. Unter diesen Umständen bedarf es der externen Bindungen über partikulare und auf das Kollektiv insgesamt bezogener Ideologien und der Kontrolle über die Hierarchien (bis auf die Sicherung eines gewissen Rahmens der Tauschvorgänge und des Ausgleichs von Startnachteilen) nicht nur nicht, sie würden die Vorgänge der funktionalen Systemintegration nur stören. Die System-Integration über kollektive Werte und herrschaftliche Organisation sei als *ideologisch-repressive Integration*, die über Interdependenzen als *funktionale Integration* bezeichnet.

Gefährdungen der System-Integration und (mehr oder weniger: offene) Konflikte gibt es in beiden Gesellschaftstypen: In funktional differenzierten Gesellschaften über die Bedeutung und Reichweite der jeweiligen funktionalen Imperative und auf den verschiedenen Märkten über die Höhe der jeweiligen Preise, in den plural differenzierten Gesellschaften über den Rang der jeweiligen Einheit und darüber, dass die speziellen Kapitalien, wie etwa die ständisch zugeordnete Lebensgrundlage, alltagsrelevante Institutionen und kulturelle Traditionen, darunter besonders die Sprache, oder Weltbilder und (religiöse) Legitimationen, nicht im Gesamtzusammenhang abgewertet oder gar von einem Prestigesymbol zum Stigma umgewertet werden. Die unterschiedliche Schärfe der Reaktionen auf Einschränkungen und Ungleichheiten hängt von einer bestimmten Besonderheit der Art der für die Alltagsgestaltung wichtigen Kapitalien ab: Ist es jeweils ein *spezifisches* Kapital, das nur in bestimmten Kontexten des jeweiligen Verbandes seinen Wert hat, oder ist es ein (stärker) *generalisiertes* Kapital, dessen Verwendbarkeit nicht an derart spezifische gesellschaftliche Bedingungen gebunden ist? Insoweit bei der pluralen Differenzierung die Kapitalien in den Untereinheiten strukturell eher spezifisch, bei der funktionalen Differenzierung eher über bestimmte sonstige Besonderheiten hinweg generalisiert sind, geht es bei der pluralen Differenzierung meist eher um das Problem einer womöglich kompletten Entwertung des betreffenden spezifischen Kapitals, wenn sich der partikulare Zusammenhang ändert, während es unter den Bedingungen einer funktionalen Differenzierung eher darum geht, das für die nötige Marktmacht effiziente generalisierte Kapital zu erlangen oder zu erhalten, wie technisches und administratives Wissen, das im Grunde überall und immer wieder nachgefragt wird, auch wenn sich die Konjunkturen und „Verfassungen" ändern. Insofern das (funktionale) generalisierte Kapital im Prinzip (natürlich selbst wieder von gewissen strukturellen Bedingungen und auch askriptiven Startvor- und Nachteilen abhängig) von jedermann erworben werden kann und es somit stets auch eher einen *individuellen* exit der Investition darin geben kann, das spezifische Kapital aber zu einer – materiellen wie emotionalen – Bindung an das Weiterbestehen der jeweiligen speziellen kollektiven Verhältnisse führt, werden hier *politische* Investitionen nahe liegend – von der Einforderung von Minderheitenrechten und Autonomiebestrebungen bis hin zur Mobilisierung von sozialen Bewegungen der Dominanzgewinnung in allen ihren Spielarten – eine bei (neo-)feudalen Verhältnissen etwa der vertikalen „kulturellen Arbeitsteilung" zwischen Regionen nur zu verständliche Reaktion. Werner Sombart hat so seine Frage, „Warum gibt es in den Vereinigten Staaten keinen Sozialismus?" beantwortet und Albert O. Hirschman sein Konzept von „Exit, Voice and Loyalty" begründet: Wenn es keine individuellen Auswege gibt und wenn partikulare ständische, regionale, emotionale oder ideologische Bindungen stark sind, dann wird eine *kollektive* Reaktion wahrscheinlicher als eine individuelle. Das ist auch der Grund, warum es bei der pluralen Differenzierung immer auch der *externen* Mechanismen der übergreifenden System-Integration bedarf, auch wenn die nicht immer als Zumutung erlebt werden, während bei der funktionalen Differenzierung bis auf eine gewisse externe Absicherung der Markttransaktionen und – gegebenenfalls – des (individuellen) Ausgleichs von Startnachteilen bei den Investitionen in das generalisierte Kapital, speziell bei Bildung und Ausbildung, allein schon die *internen* Mechanismen ausreichen.

Handelt es sich bei den plural differenzierten Teilsegmenten um ethnische Gruppen, liegt eine *ethnische Differenzierung* vor, die jeweils entsprechend wieder in einer horizontalen und einer vertikalen Variante möglich ist. Beispiele für eine *horizontale* ethnische Differenzierung wären das (inzwischen so gut wie aufgelöste) System der verzuiling in den Niederlanden (mit seiner horizontalen Elitenvernetzung) oder die Verhältnisse in den so genannten Vielvölkerstaaten (ohne die dort oft zu findende repressive Dominanz bestimmter ethnischer Gruppen) oder regionaler Autonomien (wie in Kanada oder inzwischen in Großbritannien). Für eine *vertikale* ethnische Differenzierung wären Kastengesellschaften das wohl extremste Beispiel, aber auch rassistische Systeme, wie die Apartheid im früheren Südafrika, stratifizierte Formen der „kulturellen Arbeitsteilung" nach Regionen oder auch das dauerhafte Bestehen von nach innen und außen abgegrenzten „Ghettos", wie manche das für die Farbigen in den USA nach wie vor vermuten. Die horizontale Form der ethnisch pluralen Gesellschaften sei als *ethnische Fragmentierung*, die vertikale als *ethnischer (Neo-)Feudalismus* bezeichnet.

3   Ungleichheit, Differenzierung und funktionale Integration

Die beschriebenen Zusammenhänge sind konzeptionelle Zusammenfassungen möglicher Zustände und es ist damit natürlich noch nichts über empirische Verteilungen oder kausale Zusammenhänge und Mechanismen gesagt, geschweige denn über politische Maßnahmen und normative Wertungen. In Abbildung 1 sind sie zusammengefasst.

Soziale Ungleichheit (Sozial-Integration)		Soziale Differenzierung (System-Integration)
Inklusion und Exklusion (Akteure)	Homogenität/Heterogenität (Kategorien)	Funktionale/plurale Differenzierung
Multiple Inklusion Assimilation Segmentation Marginalität	Ethnische Gleichheit Ethnische Ungleichheit - *Ethnische Vielfalt* - Ethnische Schichtung	*Funktionale Integration* Ethnische Differenzierung - Ethnische Fragmentierung - Ethnischer (Neo-)Feudalismus

Abb. 1: Varianten der (ethnischen) Ungleichheit und Differenzierung

Setzt man, was man natürlich auch bleiben lassen könnte, als Referenzpunkt die Konstitutionsbedingungen funktional differenzierter, „moderner", offener Gesellschaften und fragt sich, welche der unterschiedlichen Möglichkeiten sozialer Ungleichheit am ehesten dazu passen und die innovativen Potenziale der internationalen Migration noch am ehesten zum Zuge kommen lassen, dann ergeben sich zwei Zuordnungen: *multiple Inklusion* und *ethnische Vielfalt* für alle (vier) Dimensionen der Sozial-Integration. Multiple Inklusionen nach Kulturation, Interaktion und Identifikation sind bei funktionaler Differenzierung ohne wieteres möglich und nahe liegend und evtl. sogar von Vorteil, weil es (nur) auf die funktional relevanten Eigenschaften ankommt, eine „Kreuzung" der Zugehörigkeiten strukturell vorgesehen und es auch kein Verlangen nach kultureller und sozialer „Assimilation" gibt, schon gar nicht nach einer Identifikation mit der jeweiligen (Aufnahme-) Gesellschaft. Auch eine Mehrfachintegration bei dem für die ethnische Vielfalt zentralen Prozess der Platzierung und den dazu nötigen oder hilfreichen kulturellen und sozialen Bedingungen ist ohne wieteres möglich und strukturell angelegt: Die multiple Inklusion bedeutet immer auch den Erwerb der jeweiligen aufnahmelandspezifischen Ressourcen, geht damit über die Assimilation hinaus und impliziert damit die für die ethnische Vielfalt zentrale (logische) Bedingung: die Gleichheit auch in der vertikalen Dimension. Die anderen Alternativen verschenken entweder die Möglichkeiten der ethnischen Diversifikationen, sind mit den normativen Postulaten der funktional differenzierten Gesellschaften nicht gut vereinbar oder widersprechen auch technisch den Funktionsbedingungen der modernen Gesellschaften: (Dauerhafte) Marginalität und Segmentation bei der Platzierung bedeuten strukturell die ethnische Schichtung. Und bei der (bloßen) Assimilation in Kulturation, Interaktion und Identifikation kommen die vielfach vermuteten mobilisierenden Folgen der ethnischen Vielfalt nicht zum Tagen. Außerdem gibt es Hinweise, dass eine forcierte oder gar offensiv verlangte Assimilation und die Zumutung der „einseitigen" Aufgabe der ethnischen Zugehörigkeiten die Sozial-Integration in die funktional wichtigen Bereiche eher behindert, nicht zuletzt auch aus reaktiven Distanzierungen von außen und der ebenso reaktiven Organisation ethnischer Schließungen nach innen.

Bei funktionaler Differenzierung kann es, weil es *nur* auf die funktionalen Leistungen ankommt, jede Form der ethnischen (und anderen) Vielfalt geben, sei es als individueller Lebensstil oder aber auch als Etablierung dauerhafter „Milieus" und „Szenen" kultureller Vorlieben, Netzwerke oder Identitäten. Mit der funktionalen Differenzierung wären horizontal angeordnete, selbstgenügsame „Parallelgesellschaften" und andere Formen ethnischer Fragmentierungen zwar nicht grundsätzlich inkompatibel, aber es gäbe mit der für die ethnischen Vergemeinschaftungen typischen „Überzeugung von der Vortrefflichkeit der eigenen und der Minderwertigkeit fremder Sitten"[15] mindestens höhere Transaktionskosten, die die volle Ausschöpfung der produktiven Potenziale der funktionalen Arbeitsteilung behindern. Wenn schon ethnische Schichtungen als dauerhaftes Strukturmerkmal mit der funktionalen Differenzierung nicht gut vereinbar sind, dann gilt das erst recht für den (Neo-)Feudalismus der vertikalen ethnischen Differenzierungen, etwa in der Form von Quasi-Kasten. Die Passung von ethnischer Pluralisierung und funktionaler Differenzierung bezieht sich insbesondere aber auf den jeweiligen Typ der System-Integration: Spezifische und auf eine kollektive Identifikation bezogene Werte und vertikal durchgreifende herrschaftliche Organisationen sind bei funktionaler Differenzierung überflüssig, wenn nicht für den funktionalen Austausch sogar hinderlich und unproduktiv. Allein bedeutsam ist die *funktionale Integration*, die durch die wechselseitige Kontrolle interessanter Ressourcen intern und unintendiert erzeugte Interdependenz also, die, neben überlappenden Netzwerken und Brückenbeziehungen, für ein *eigenes* Interesse der Akteure am funktionalen Austausch und dessen Befreiung von askritpiven Hindernissen sorgt und,

---

[15] Weber (1922/1972), 237.

wie die multiple Inklusion und die ethnische Vielfalt, vor allem an der erfolgreichen Platzierung der Akteure in den Funktionssystemen und der Ausschöpfung
ihrer Produktivitätspotenziale hängt. In Abbildung 1 sind die drei zu einander
„passenden" Konstellationen kursiv gekennzeichnet.

Daraus ergeben sich einige, zunächst nicht unbedingt sofort erkennbare, Konsequenzen, die alle in die gleiche Richtung weisen: Die multiple Inklusion, bezogen auf welches Merkmal auch immer, setzt stets auch schon (logisch) eine *Angleichung* an die Aufnahmegesellschaft voraus, etwa den Zweitspracherwerb für eine
„Bi"-Lingualität". Für die ethnische Vielfalt als die Form einer horizontalen Ungleichheit ist die strukturelle *Assimilation* demnach eine (logisch) notwendige Bedingung. Und die für die funktionale System-Integration nötigen *Interdependenzen*
gibt es nur dann, wenn die Akteure empirisch über Ressourcen verfügen, die sie
möglichst für viele andere interessant machen, es also eher generalisiertes statt
spezifisches Kapital gibt, was nicht ohne Angleichungen in den dafür nötigen anderen Ressourcen geht, etwa bei der Sprache oder beim Zugang zu Netzwerken.
Kurz: Die Nutzung der Potenziale der Migration und die der „offenen" Gesellschaften (für alle) hängt, was immer dann noch die Prozesse behindern mag, an
der *strukturellen Assimilation* der Migranten und der dafür nötigen oder günstigen
Bedingungen.

4 Ethnische Konflikte und Mobilitätsfallen

Ethnische Differenzierungen entstehen insbesondere im Zuge von zwei Vorgängen: Die Bildung neuer (National-)Staaten, bei der verschiedene, nicht unbedingt
schon vorher bestehende ethnische Gruppierungen unter der Dominanz einer speziellen Verfassung und politischen Organisation, oft repressiv, zusammengefasst
werden, wobei das so erzeugte „gemeinsame Schicksal" zur Umdeutung relativ
zufälliger kultureller Gemeinsamkeiten veranlasst, darunter auch die Fiktion des
Glaubens an eine gemeinsame Abstammung. Solche Ethnisierungen können auch
friedlich und „horizontal" geschehen, etwa als gewollte nationale Zusammen-
schlüsse, womöglich über das Aushandeln von ethnischen Einheiten einer neuen
„National"-Kultur durch die Eliten, nicht zuletzt durch die dabei von ihnen ins
Spiel gebrachten Interessen gesteuert.[16] Oder aber sie können als – unintendierte –
Folge von internationalen und interkulturellen Migrationen in der Herausbildung
ethnischer Netzwerke, Enklaven oder – mehr oder weniger: vollständig ausgebau-
ter – ethnischer Gemeinden entstehen.

---

[16] Vgl. Wimmer (1996).

Ethnische Ungleichheiten und Pluralisierungen sind freilich alles andere zwangsläufige Folge von Migrationen, und wenn es dazu kommt, sind einige Unterschiede zu den Ungleichheiten und Pluralisierungen zu bereits länger etablierten regionalen, kulturellen und religiösen Pluralisierungen zu beachten. So sind schon auf Grund der jeweils unterschiedlichen Umstände die plural differenzierenden Prozesse bei Migranten meist nicht besonders stark angelegt: die ethnische Systembildung ist eine erst allmählich einsetzende und keineswegs zwangsläufige Folge der Migration und ihrer Umstände. Meist kommt es „nur" zur Ungleichheit und anschließend zur Assimilation und sei es über die Generationen hinweg. Sie hängt strukturell vor allem an der (rechtlichen und strukturellen) Offenheit der Aufnahmegesellschaften, und manche ethnische Systembildung ist nichts als eine Reaktion auf Undurchlässigkeiten, etwa solche der offensiven nationalen und ethnischen Absonderung der Aufnahmegesellschaft und der Betonung der Verpflichtung auf deren „Leitkultur", kollektive Werte und Identifikationen als Voraussetzung der Integration. Bei der Entstehung ethnischer Enklaven spielen oft Kettenwanderungen eine besondere Rolle, über die sich die Gruppengrößen in Schüben verstärken und sich die Komposition der Migrantenpopulation mehr und mehr auf „normale" Familien mit ihren dann umfassenderen Nachfragen nach gewissen funktionalen Leistungen umstellt, die, wenn sie in/von der Aufnahmegesellschaft nicht erfüllt werden, zu eigenen ethnischen „Angeboten" führen können und, wenn es die Marktlage erlaubt, über ethnische Unternehmer und von ihnen getragene ethnische Organisationen erbracht werden. Das sind gewiss bereits Formen der ethnischen Pluralisierung – bis hin zur Etablierung „institutionell vollständiger" ethnischer Gemeinden, die es u.U. erlauben, alle Alltagsbeziehungen allein darin zu unterhalten, was wiederum distanzierende Reaktionen der Aufnahmebevölkerung oder, wenn es sie schon vorher gab, deren Verstärkung nach sich ziehen kann.

Soziale Distanzen sind, latent als abweisende Stereotypisierungen, manifest als negative Diskriminierungen, Formen ethnischer Konflikte auf der Mikroebene der alltäglichen Kontakte. Ethnische Konflikte gibt es daneben auch als gruppenbezogene spontane Ausbrüche von Gewalt, etwa in der Form von „race riots", als ethnisch aufgeladene Protestaktionen oder als – mehr oder weniger – organisierte Formen des politischen Handelns und der Mobilisierung ethnischer Bewegungen auf der Makroebene – bis hin zu Autonomiebestrebungen und Bürgerkriegen. Anders aber als bei der pluralen Differenzierung einer „statischen" und historisch länger angelegten Fragmentierung, etwa nach Regionen, sind offene und systematisch politisierte ethnische Konflikte bei Migranten, die meist auf Grund individueller oder familiärer Entscheidungen mit dem Ziel der individuellen Verbesserung der Lebenschancen wandern und damit zunächst nichts weiter als ein „Aggregat" der ethnischen Ungleichheit bilden, kaum zu erwarten. Es gibt zwar hier wie dort das – durchaus gravierende Problem (der Gefahr) der Entwertung des jeweiligen spezifischen Kapitals, aber das erzeugt, bei Migranten(familien) in funktional differenzierten Aufnahmegesellschaften, zunächst „nur" eine spezielle individuelle Problemlage, die in im Prinzip auch über individuelle Investitionen gelöst werden kann, wodurch sich das „gemeinsame Schicksal" mildert und sich die für die Mobilisierung kollektiver ethnischer Konflikte nötigen Motive beträchtlich verdünnen, so dass politische Unternehmer meist kaum auf Widerhall stoßen. Daraus wird erklärbar, dass lang andauernde, intensive und gut organisierte Konflikte zwar zwischen „statischen" und historisch etablierten ethnischen Gruppen verbreitet sind und, wie es scheint, auch zunehmend vorkommen, zwischen Migranten und Einheimischen aber so gut wie nicht – sieht man von gelegentlichen Ausbrüchen spontaner Gewalt ab, die aber meist eher mit generellen Marginalisierungen und individuellen Provokationen zu tun haben oder einen (unorganisierten) fremdenfeindlichen Hintergrund haben.

Hinzu kommt ein bekannter Mechanismus der „Pazifizierung" auch starker objektiver Konfliktlagen: bei (neo-)feudalen Unterschichtungen haben die oberen „Stände" kein besonders Interesse an einer Änderung der Situation und den unteren fehlt es an Mitteln dazu. Es ist eine weitere Variante der System-Integration: Die in den (Neo-)Feudalismus eingebaute und ideologisch abgesicherte „Deferenz" derjenigen, die auf den unteren Stufen der ethnischen Hühnerleiter stehen. Das gilt – entsprechend abgemildert – auch für (neo-)feudale Unterschichtungen durch Migranten und daher ist die oft übertrieben dramatisierte Befürchtung der Entstehung von „Parallelgesellschaften" mit anschließenden massiven Gewaltausbrüchen sozialtheoretisch äußerst unwahrscheinlich – und wird empirisch auch kaum beobachtet, jedenfalls nicht vorwiegend als Folge ethnischer Marginalisierung im Zuge von Migrationen.

Gleichwohl sind die ethnischen Fragmentierungen in Form von – mehr oder weniger – ausgebauten ethnischen Enklaven von Migranten auch nicht vollkommen bedeutungslos, wenngleich weniger für die System-Integration als für die in funktional differenzierten Aufnahmegesellschaften so zentrale strukturelle Assimilation und das Entstehen ethnischer Schichtungen. Immer können dabei, wie oben gesehen, externe Barrieren und die Unbeweglichkeit der Aufnahmegesellschaft dabei beteiligt sein: die erhöhte Sichtbarkeit der ethnischen Gruppen und Institutionen und der fremdethnischen Gewohnheiten führen oft genug zu externen Abwehrreaktionen, die dann eine schließende Ethnisierung der Migranten verstärken können. Daneben gibt es aber auch Vorgänge, die die Tendenzen zur strukturellen Assimilation von *innen* her aushöhlen können und so – unintendiert – die gleichen Effekte wie die externen Barrieren haben können: Die schon mit steigender Gruppengröße strukturell einsetzende Absenkung des Assimilationsmotivs, verstärkt über die Zunahme der binnenethnischen Opportunitäten im Zuge eines institutionellen Ausbaus der ethnischen Opportunitäten, hat u.U. die Folge, dass dann *weniger* in die aufnahmelandspezifischen Ressourcen investiert wird, die zu einem Aufstieg dort hätte verhelfen können. Der Ausbau ethnischer Enklaven zu „institutionell vollständigen" ethnischen Gemeinden kann so zu einer unmerklichen und beabsichtigten „Mobilitätsfalle" werden, mit der strukturellen Folge der Verfestigung ethnischer Schichtungen auch bei vollkommener Offenheit der Aufnahmegesellschaft und bei „freier" Entscheidung der Investition in dieses oder jenes Kapital.[17] Die dazu nötigen Gruppengrößen und Segregationen wachsen und entstehen, wie der institutionelle Ausbau insgesamt, meist unintendiert, etwa im Zuge von Kettenwanderungen, Wohnortwahlen nach Affiliations-Präferenzen und auf Grund von „Nachfragen" nach besonderen ethnischen Leistungen und dem darauf reagierenden „Angebot" von ethnischen Unternehmern, wiewohl natürlich hier auch Verteilungseffekte, etwa nach Einkommen, und Diskriminierungen eine bedeutende Rolle spielen können. Sozialtheoretisch ist vor allem wichtig, dass sich die Vorgänge unintendiert, aber nach zwingenden Pfadabhängigkeiten entwickeln können, wie die Beiträge von Blau, Schelling oder Breton schon vor langer Zeit verdeutlicht haben; es sind besonders lehrreiche Fälle eines Mechanismus der unintendierten Entstehung starker Sozialstrukturen aus schwachen individuellen Motiven.[18]

Empirisch sind Vorgänge der ethnischen Mobilitätsfalle als Folge ethnischer Differenzierungen systematisch freilich kaum untersucht worden, allein wohl weil der Aufwand bei der Operationalisierung der institutionellen Ausstattung enorm ist. Soweit die Hypothese aber überhaupt einmal überprüft worden ist, und sei es indirekt, ist sie gut belegbar. Etwa am Beispiel der Sprache: Mit steigender Gruppengröße und zunehmender ethnischer Konzentration sinkt – unter Kontrolle der relevanten anderen Einflussgrößen – der Zweitspracherwerb und es steigt die Neigung zum Erstspracherhalt, insgesamt also die zur ethnischen Segmentation.[19] Das lässt sich am einfachsten über den dann jeweils geringeren Exposure zur Zweitsprache erklären, aber auch über die Verringerung der Motivation, die sich aus der Differenz der möglichen Erträge aus Erst- und Zweitsprachgebrauch ergibt. Die beiden einzigen Studien, die sich explizit mit der Operationalisierung der „institutional completeness" abgemüht haben – der Klassiker von Breton von 1964 und eine Untersuchung von Fong and Ooka von 2002 über die internen Schließungs-

---

[17] Vgl. dazu neben Breton (1964) auch den ebenso klassischen, jedoch so gut wie vergessenen Beitrag von Wiley (1970).
[18] Vgl. dazu ausführlich Esser (2008), 89ff.
[19] Vgl. Chiswick (1991); Chiswick (1998).

Effekte des Ausbaus chinesischer Enklaven – belegen die Vermutung darüber hinaus nachhaltig.[20] Und bei Portes and Rumbaut findet sich in einem der ersten Beiträge zum CILS-Projekt der eher beiläufige Hinweis, dass gerade die gut ausgebaute ethnische Ökonomie der Kubaner in Süd-Florida – für die Autoren paradoxerweise und gegen die Prämissen ihrer Pluralisierungstheorie – zu einer *Erhöhung* der Schul-Dropouts geführt habe, also zu Behinderungen in der Aufwärtsmobilität. In eigenen (frühen) Untersuchungen zu Kontext-Effekten ethnischer Konzentrationen in Städten (West-)Deutschlands wurde freilich gefunden, dass es die Effekte auf der Ebene auch kleinräumiger städtischer Einheiten offenbar nicht gibt:[21] Alle bivariaten Konzentrationseffekte ließen sich als Folgen einer „selektiven Migration" in die Quartiere, aber nicht als eigenständiger Enklaveneffekt erklären. Gefunden wurden dagegen massive Effekte der Bezugsgruppeneinbettung in ethnisch homogene „strong ties", also der Nahraumvariante der ethnischen Vergemeinschaftungen, auf die Hinwendung der Migranten nach innen und die Distanzierung nach außen, auch unabhängig davon, ob es in der einheimischen Nachbarschaft negative oder positive Stereotype bzw. soziale Distanzen gab. Dem entsprach im übrigen eine analoge Abschottung der einheimischen Bevölkerung von ihren ausländischen Nachbarn – auch das ganz gleich wie die sich verhielten. Für die strukturelle Assimilation der Migranten hat die binnenethische Exklusivität der kulturellen Fertigkeiten, Nahbeziehungen und Orientierungen jedenfalls offenbar die gleichen Folgen wie ein institutioneller Ausbau der ethnischen Gemeinden: In einer Analyse der ersten 24 Wellen des Sozio-Ökonomischen Panels zeigt sich, dass ethnisch homogene Netzwerkeinbindungen und ethnische Identitäten sich gegenseitig stark bedingen und dass die ethnische Identifikation den für die strukturelle Assimilation so wichtigen Zweitspracherwerb stark behindert.[22]

Ethnische Gemeinden, Binnenbeziehungen und Identitäten haben also keineswegs schon automatisch jene segensreichen schützenden Effekte, wie sie die These von der Binnenintegration und die „Theory of Segmented Assimilation" angenommen haben. Es kann sicher nicht bestritten werden, dass funktionierende binnenethnische, familiäre Kontrollen und ethnische Orientierungen für das Selbstwertgefühl und das psychische Wohlergehen allgemein einen hohen Wert haben. Aber für den sozialen Aufstieg sind sie nur dann förderlich, wenn sie sich mit Orientierungen und Motiven zur strukturellen Integration in die Aufnahmegesellschaft verbinden.[23]

---

[20] Breton (1964); Fong/Ooka (2002).

[21] Esser (1986).

[22] Und das dann wieder die ethnischen Identifikationen bestärkt; vgl. Esser (2009).

[23] Vgl. Kroneberg (2008) für die Unterschiede im Bildungserfolg bei hispanischen und asiatischen Migrantenkindern in den USA.

5   Integration und die „moderne Gesellschaft"

Gesellschaftstheoretische Normen können, wie alle Wertvorstellungen, nicht „objektiv" begründet werden. Aber man kann sie sich als politische Ziele setzen und dann danach fragen, wie man am besten dahin kommt. Geht man davon aus, dass dauerhafte ethnische Schichtungen in modernen, demokratisch verfassten, "offenen" Gesellschaften, ebenso wie andere askriptiv begründete Ungleichheiten in den Lebenschancen, etwa nach Geschlecht, Religion oder regionaler Zugehörigkeit, kein wünschenswertes Ergebnis sind, werden die sozialtheoretischen Erkenntnisse zu den Mechanismen und Bedingungen der (Sozial- und System)Integration, in – im Prinzip – funktional differenzierten Gesellschaften, den hauptsächlichsten Zielregionen der aktuellen internationalen Migration auch praktisch-politisch wichtig. Im Anschluss an die pluralistische und die assimilationistische Position können auch hier zwei Perspektiven unterschieden werden: eine, die auf den Erhalt oder auch die Aufwertung des von Verlust bedrohten (kulturellen, sozialen und symbolischen) Kapitals in dem neuen Kontext abzielt und die Migranten als neue und eigenständige *kollektive* Einheiten „anerkennen" und damit die soziale Differenzierung der Aufnahmegesellschaft um eine ethnische Dimension erweitern möchte; und eine, die an den *individuellen* Prozessen orientiert ist und die ethnischen Besonderheiten (nur) als ein weitere (individuelle) sozio-demografische Dimension der sozialen Ungleichheit wertet.

Die *erste* Perspektive läuft auf eine – mehr oder weniger: konsequente – Minderheitenpolitik für die verschiedenen ethnischen Gruppierungen und damit auf eine ethnische Differenzierung „parallel" zur gegebenen funktionalen Differenzierung hinaus. Die Lösung des Problems der Integration wird in der eigenen Organisation der ethnischen Gruppen, der damit einhergehenden institutionellen Aufwertung der jeweiligen ethnischen Kapitalien und auch einer eigenen politischen Repräsentation der ethnischen Gruppen gesehen. Das (vergangene) niederländische Versäulungssystem und die kanadische Sprachenpolitik mögen als die wohl deutlichsten Fälle dieser Strategie angesehen werden, auch wenn sie sich nicht auf die Anerkennung der Migranten, sondern auf die der Eigenständigkeit religiös-politischer Gruppen beziehungsweise Regionen und Provinzen beziehen. Praktische Konsequenzen in dieser Perspektive sind unter anderem die Ausrichtung der kulturellen Vorgaben speziell des Bildungssystems auf die Besonderheiten der ethnischen Gruppen, etwa in der gezielten Förderung der muttersprachigen Fertigkeiten der Migranten (-kinder), als Wert „an sich" und auch unabhängig von der weiteren Verwertbarkeit oder als Teil und Symbol der kollektiven Eigenständigkeit. Die *zweite* Perspektive geht davon aus, dass eine solche Lösung in funktional differenzierten Gesellschaften längerfristig nur schwer haltbar ist und –

mittelfristig – womöglich Nachteile für die Migranten, etwa über den Mechanismus der Mobilitätsfalle, wie Produktivitäts- und Transaktionsverluste insgesamt, mit sich bringt. Die System-Integration der derart kulturell und ethnisch pluralisierten Gesellschaften wird daher nicht über eine Anerkennung der ethnischen Gruppen als eigene kollektive Einheiten, sondern über die erfolgreiche Sozial-Integration der *Individuen* (bzw. der Familien) in die relevanten Funktionssysteme hinein angestrebt. Ethnische und kulturelle Eigenheiten und die sprachliche Vielfalt sind in dieser Perspektive selbstverständliche Formen der individuellen Lebensgestaltung, ganz so wie andere Lebensstile, Szenen und Milieus auch, einschließlich der bei solchen Vielfältigkeiten unvermeidlichen Irritationen, externen Effekte und Abstimmungsprobleme. Das zentrale Problem dabei ist die unter Umständen unterschiedlich große Nähe oder Ferne der verschiedenen Gruppen zu den jeweiligen institutionellen und kulturellen Vorgaben eines Aufnahmelandes, wodurch sich unterschiedlich starke, vor allem kulturell bedingte Startnachteile bei der strukturellen Integration ergeben. Eine politisch motivierte Unterstützung des Integrationsprozesses setzt daher in dieser Perspektive an den *individuellen* Investitionen in das jeweilige *aufnahme*landspezifische Kapital (oder in andere, möglichst weltweit, generalisierbare Kapitalien) an, das aber nur insoweit es diese Startnachteile ausgleicht. Insofern unterscheidet sich die entsprechende Integrationspolitik nicht grundlegend von anderen sozialen „Kompensationen", wie etwa die der Startnachteile von Kindern aus sozial benachteiligten Familien allgemein und der Verringerung von Statusvererbungen insgesamt. Die wichtigste praktische Konsequenz wäre in dieser Perspektive die Unterstützung des Erwerbs von aufnahmelandspezifischen Kapitalien, etwa die jeweilige Zweitsprache, und an die Förderung ethnisch-spezifischer Kapitalien, etwa über muttersprachigen Unterricht, wäre, wenn das denn etwas helfen würde, natürlich auch zu denken. Leider spricht nicht viel dafür, dass das so ist.

Die Auseinandersetzung zwischen den beiden Modellen wird auch vor dem Hintergrund der geänderten Gesamtsituation geführt: Im Rahmen einer andauernden internationalen Migration und einer zunehmenden Transnationalisierung verlören, so heißt es, die institutionellen und kulturellen Vorgaben der jeweiligen Aufnahmeländer ihre prägende Kraft und die ethnischen Gruppen und Netzwerke bekämen eine eigene strukturelle Grundlage in ihrer transnationalen Organisation, die sich sozusagen „über" die Grenzen der Nationalstaaten und deren Besonderheiten legten. Damit verfielen die Grundlagen aller jener Vorstellungen (der „Old Immigration"), wonach die langfristige Perspektive in der Integration in die Aufnahmegesellschaft hinein bestünde, und nur eine Politik der „Anerkennung" der ethnischen Gruppen als eigene Einheiten werde dieser geänderten Lage gerecht. Die oben beschriebenen empirischen Ergebnisse zu den Mechanismen und Bedingungen der Sozial-Integration in ihren verschiedenen Dimensionen zeigen jedoch, wenigstens in der Tendenz und über die Generationen hinweg, dass die, nicht nur: strukturelle, Assimilation nach wie vor der *empirische* Regelfall ist, und das weitgehend unabhängig von der jeweiligen Migrations- und Integrationspolitik der Einwanderungsländer. Auch hat sich gezeigt, dass die ethnischen Ressourcen, darunter speziell die muttersprachigen Kompetenzen, wenn überhaupt, nur einen sehr begrenzten Wert für die strukturelle Integration (und den ökonomischen Erfolg insgesamt) haben und dass der exklusive Verbleib in binnenethnischen Beziehungen ein deutliches Hindernis ist. Für eine dann auch *normative* Forderung nach einer Integrationspolitik als ethnische Minderheitenpolitik sind das keine besonders guten Voraussetzungen: Sie liegen quer zu dem, was empirisch geschieht, nach bewährten Modellen theoretisch erwartet werden kann und in funktional differenzierten, modernen Gesellschaften produktiv und längerfristig haltbar ist.

Die kulturelle und ethnische Pluralisierung der Aufnahmegesellschaften (und der Welt insgesamt) wird gelegentlich auch als eine nachhaltige Gegenbewegung zu den Prozessen der ökonomischen Globalisierung und politischen Universalisierung beziehungsweise der „Modernisierung" allgemein angesehen und das Aufkommen immer neuer ethnisch und religiös imprägnierter Konflikte scheint diese Auffassung zu unterstützen. Anders als oft vermutet, widerspricht die Beobachtung der ethnischen Pluralisierung der (Aufnahme-) Gesellschaften und der Ethnisierung gesellschaftlicher Spaltungen jedoch *nicht* der Hypothese einer auch derzeit immer noch weiter voranschreitenden Modernisierung und funktionalen Differenzierung: So sind etwa die als dauerhaft und *kollektiv* verfestigt erscheinenden ethnischen Enklaven in den städtischen Zentren der Aufnahmegesellschaften meist nichts weiter als das Ergebnis des beständigen „replenishment" der Gruppen und Areale durch andauernde *individuelle* Neueinwanderungen und einer ebenso stetigen *individuellen* Absorption in die Aufnahme- (oder die Welt-) Gesellschaft hinein, eines Fließgleichgewichtes also, das der oberflächlichen Betrachtung punktueller Einzelfallstudien ebenso entgeht wie der groben statistischen Beschreibung im Vergleich von Querschnittsanalysen. Vieles spricht ferner dafür, dass bei diesem Prozess der individuellen Absorption *gerade* die Prinzipien und Mechanismen der modernen funktional differenzierten Gesellschaft helfen. Die wirksamste Vorkehrung gegen leistungsfremde Diskriminierungen und ungerechtfertigte Ungleichheiten sind *kompetitive* Märkte, bei denen funktions- und produktivitätsfremde Gesichtspunkte der Platzierung, wie ethnische Vorbehalte oder Bevorzugungen, zu Wettberwerbsnachteilen führen. Kulturelle Variationen und Idiosynkrasien, religiöse Freiheiten und Identitäten aller Art haben – als individuelle Lebensstile – *nirgendwo* einen natürlicheren Platz als dort. Und die mit der Migration oft verbundene Mobilisierung der talentiertesten Personen lässt sich *gerade* in der auf Innovation beruhenden Dynamik der modernen Gesellschaften produktiv nutzen, wie die Geschichte der (klassischen) Einwanderungsgesellschaften trotz aller Abweichungen im Einzelnen zeigt. Die Dynamik der kulturellen Pluralisierung wird durch die kollektive Organisation der ethnischen Gruppen unter Umständen eher unterbunden, ebenso wie durch ethnische Schichtungen, und es gibt Hinweise darauf, dass die ethnische Organisation, etwa institutionell vollständiger ethnischer Enklaven, über den Mechanismus der Mobilitätsfalle einer der Gründe auch für die ethnische Schichtung und für das Verschenken dieser Vorteile sein kann.

Das alles heißt keineswegs, dass diese Prozesse naturwüchsig und unvermeidlich wären, sich zielgerichtet auf einen erlösenden Endzustand hinbewegten, dass plurale, vormoderne oder ethnisch fragmentierte Gesellschaften keine erträglichen Lebensbedingungen bilden könnten oder dass die intergenerationale Absorption kein Problem darstelle und man nur lange genug abzuwarten brauche. Das Problem und die Gefahr einer sich verfestigenden ethnischen Schichtung in den funktional differenzierten, modernen Gesellschaften hat gerade damit zu tun, dass es, anders als die traditionelle Assimilationstheorie angenommen hatte, einen solchen „unvermeidlichen" oder gar „teleologisch" vorgeschriebenen Weg in die Sozial-Integration nicht gibt, auch nicht in (primär) meritokratisch organisierten und (vergleichsweise) offenen Gesellschaften. Der Grund für die ethnischen Differenzierungen und Ungleichheiten sind aber nicht, wie gelegentlich angenommen wird, die Funktionsweisen der modernen (Markt-)Gesellschaft und die dadurch erzeugten Ungleichheiten. Es sind (wenigstens tendenziell: transitorische, mindestens aber von universalisierenden Gegentendenzen umgebene) Nebenprodukte des immer weiteren Einbezugs von Bevölkerungen unterschiedlichster kultureller Einbettung in den inzwischen weltweiten Prozess der funktionalen Differenzierung und internationalen Arbeitsteilung, mit, wie sich im Zuge der allerneuesten Entwicklungen zeigt, Anzeichen auch schon einer deutlichen globalen Interdependenz und einem daher rührenden hohen Interesse, die Probleme nicht auf die bisher übliche segmentierende Weise und im Alleingang zu lösen. In diesem Prozess ist die Entstehung von, auch starken, Ungleichheiten zwar unvermeidlich, und die Ungleichheiten bilden sogar einen zentralen Teil der Anreize, auf denen die Produktivitätsvorteile der Marktgesellschaften beruhen, deren Produktivität im Übrigen größere Ungleichheiten durch den höheren surplus erst möglich macht. Aber nach den Prinzipien der funktionalen Differenzierung werden (oder sollen sogar!) es eben nicht immer dieselben Gruppen unabhängig von ihren Leistungen und Potenzialen sein, die gewinnen oder verlieren, und erst recht nicht solche, die ihre Vor- und Nachteile allein auf Grund kultureller, ethnischer oder religiöser Eigenschaften haben. Das Problem für eine derartige „marktgerechte" funktionale Integration sind dann aber in der Tat der durch die Migrationssituation meist unvermeidliche Verlust an spezifischem Kapital und die damit einhergehenden kulturell und ethnisch verteilten Startnachteile in den (formal) meritokratischen Prozessen.

Gravierend werden diese askriptiven Gefährdungen des Absorptions- und Aufstiegsprozesses vor allem an bestimmten kritischen biografischen Schnittstellen, vornehmlich solchen, an denen die Migranten(-kinder) oft noch nicht wettbewerbsfähig sein können, wie bei der schulischen Bildung, oder an denen die oft vorhandenen Tendenzen zur sozialen Distanz oder Diskriminierung nicht kompetitiv gebremst werden, wie bei der beruflichen Bildung – auch wenn dafür die wirklich belastbaren empirische Belege bislang fehlen, speziell für die Vermutungen über institutionelle und andere Diskriminierungen in Schulen und Betrieben. Die Systematisierung der Zusammenhänge von Sprache, Bildung, Arbeitsmarkt und Integration hat zudem ergeben, dass exakt an diesen beiden Schnittstellen ein *Kollektivgut*problem aufseiten der *einheimischen* Bevölkerung besteht, das die meritokratischen Prozesse und den Mechanismus der funktionalen Integration ernstlich bedrohen kann: Die Verbesserung der schulischen Chancen für die Migranten (-kinder) geht – wenigstens teilweise – nicht ohne die Hinnahme gewisser Zugeständnisse an die Privilegien der einheimischen Kinder vonstatten, etwa durch die Zulassung bestimmter ethnischer Mischungen in den Vor- und Grundschulen oder den Verzicht auf die Meidung „problematischer" Schulen. Und bei der Annahme von Bewerbungen auf Lehrstellen durch die Betriebe und Arbeitgeber kann es, weil Fehlplatzierungen dort für die einzelnen Akteure nicht besonders folgenreich sind beziehungsweise weil sich die berufliche Ausbildung für die Betriebe und Arbeitgeber oft nicht (mehr) auszahlt, zu leistungsfremden Diskriminierungen kommen, die es auf stärker kompetitiven Feldern nicht geben würde (und in der Tat auch weitgehend nicht gibt).

Insofern es jeweils um sehr entscheidende Verzweigungen in den biografischen Chancen der Migranten(-kinder) geht und weil auf Grund des Kollektivgutcharakters des Problems eben *nicht* zu erwarten ist, dass sich diese Probleme endogen und von alleine lösen, kann man hier, sofern sich die Vermutungen in systematischen empirischen Untersuchungen, die es bislang kaum gibt, erhärten lassen, auch *politische* Vorgaben und Eingriffe ins Auge fassen. Zu denken wäre etwa an Quoten für Ausländerkinder in Vor- und Grundschulen und bei der Vergabe von Lehrstellen sowie eine deutlich stärkere Unterstützung der Migranteneltern bei der Schul- und Berufswahl ihrer Kinder und allen Vorgängen davor. Diese für funktional differenzierte Gesellschaften eigentlich auch „systemfremden" Eingriffe erhalten ihre Rechtfertigung aus der damit vermutlich tatsächlich wirksamen Vermeidung von ethnischen Schichtungen – die Voraussetzung also für die Nutzung der Potenziale der ethnischen und kulturellen Vielfalt und all der Talente, die die Migranten im Prinzip stets mitbringen. Das aber sind, neben der Unterbindung schon der strukturellen Ursachen von ethnischen Konflikten, gesellschaftliche Güter von kaum bezifferbarem Wert, einem Wert, der *allen* zugute kommt, nicht zuletzt auch denjenigen wieder, die ohnehin die besseren Chancen haben und auch etwas tun müssten, aber dazu nicht leicht zu bewegen sind: den Einheimischen.

Alles andere kann man dann getrost der Initiativkraft, den Ambitionen und den Talenten der Migranten und ihrer Kinder überlassen. Sie brauchen weder motiviert noch beschützt, betreut, belehrt oder gar erzogen zu werden, etwa über „Integrationskurse" oder Einbürgerungstests. Und sie müssen, wie alle Mitglieder der „civic society" einer funktional differenzierten, modernen Gesellschaft, auch in keiner Weise in irgendeiner besonderen kollektiven Identität noch besonders „anerkannt" werden. Ebenso wenig wie man verlangen müsste, dass sie sich selbst mit irgendwelchen kollektiven Werten, etwa nationaler oder religiöser Art, identifizieren müssten, die über das hinausgehen, was dort als „Leitkultur" selbstverständlich ist: die Anerkennung der Prinzipien von Liberalität, Individualität und ausgleichender Gerechtigkeit.

Literatur

Abraham, Martin/Hinz, Thomas (Hrsg.) (2005): Arbeitsmarktsoziologie. Probleme, Theorien, empirische Befunde. Wiesbaden: VS Verlag für Sozialwissenschaften

Alba, Richard (2008): Why We Still Need a Theory of Mainstream Assimilation. In: Kalter (2008): 37-56

Alba, Richard/Nee, Victor (1999): Rethinking Assimilation Theory for a New Era of Immigration. In: Hirschman et al. (1999): 137-160

Alba, Richard/Nee, Victor (2003): Remaking the American Mainstream. Assimilation and Contemporary Immigration. Cambridge: Harvard University Press

Anstatt, Tanja (Hrsg.) (2007): Mehrsprachigkeit bei Kindern und Erwachsenen. Erwerb, Formen, Förderung. Tübingen: Attempo

Bean, Frank D./Stevens, Gillian (2003): America's Newcomers and the Dynamics of Diversity. New York: Russell Sage Foundation

Berry, John W. et al. (Hrsg.) (2006): Immigrant Youth in Transition. Acculturation, Identity, and Adaptation Across National Contexts. Mahwah: Lawrence Erlbaum Publishers

Breton, Raymond (1964): Institutional Completeness of Ethnic Communities and the Personal Relations of Immigrants. In: American Journal of Sociology 70. 1964. 193-205

Carliner, Geoffrey (1981): Wage Differences by Language Group and the Market for Language Skills in Canada. In: The Journal of Human Resources 16. 1981. 384–399

Chiswick, Barry R. (1991): Speaking, Reading, and Earnings among Low-Skilled Immigrants. In: Journal of Labor Economics 9. 1991. 149–170

Chiswick, Barry R. (1998): Hebrew Language Usage. Determinants and Effects on Earnings among Immigrants in Israel. In: Journal of Population Economics 11. 1998. 253–271

Esser, Hartmut (1986): Social Context and Interethnic Relations. The Case of Migrant Workers in West German Urban Areas. In: European Sociological Review 2. 1986. 30–51

Esser, Hartmut (2006): Sprache und Integration. Die sozialen Bedingungen und Folgen des Spracherwerbs von Migranten. Frankfurt/Main: Campus

Esser, Hartmut (2008): Assimilation, ethnische Schichtung oder selektive Akkulturation? Neuere Theorien der Eingliederung von Migranten und das Modell der intergenerationalen Integration. In: Kalter (2008): 202-229

Esser, Hartmut (2009): Pluralisierung oder Assimilation? Effekte der multiplen Inklusion auf die Integration von Migranten. Mannheim (unpubl. Manuskript)

Faist, Thomas (2008): Diversität als neues Paradigma für Integration? In: Nova Acta Leopoldina 97. 2008. 189-207

Fong, Eric/Ooka, Emi (2002): The Social Consequences of Participating in the Ethnic Economy. In: International Migration Review 36. 2002. 125-146

Gogolin, Ingrid (2006): Wem nützt oder schadet Zweisprachigkeit? www.humboldt-foundation.de: 8002/de/netzwerk/veranstalt/hoersaal/ebook_expert_09_2006/gogolin.pdf

Gogolin, Ingrid (Hrsg.) (2009a): Streitfall Zweisprachigkeit. Wiesbaden: VS Verlag für Sozialwissenschaften

Gogolin, Ingrid (2009b): Streitfall Zweisprachigkeit – The Bilingualism Controversy: Les Préludes. In: Gogolin (2009a): 15-30

Gogolin, Ingrid et al. (2006): Eine falsche Front im Kampf um die Sprachförderung. Stellungnahme des FÖRMIG-Programmträgers zur aktuellen Zweisprachigkeitsdebatte. www.blk-foermig.uni-hamburg.de/cosmea/core/corebase/mediabase/foermig/pdf/Presse/Endfassung_Kampf_um_Sprachfoerderung.pdf

Gogolin, Ingrid/Roth, Hans-Joachim (2007): Bilinguale Grundschule. Ein Beitrag zur Förderung der Mehrsprachigkeit. In: Anstatt (2007): 31-45

Hirschman, Charles/Kasinitz, Philip/DeWind, Josh (Hrsg.) (1999): The Handbook of International Migration. The American Experience. New York: Russell Sage Foundation

Kalter, Frank (2005): Ethnische Ungleichheit auf dem Arbeitsmarkt. In: Abraham/Hinz (2005): 303-332

Kalter, Frank (2006): Auf der Suche nach einer Erklärung für die spezifischen Arbeitsmarktnachteile von Jugendlichen türkischer Herkunft. Zugleich eine Replik auf den Beitrag von Holger Seibert und Heike Solga: ›Gleiche Chancen dank einer abgeschlossenen Ausbildung?‹. In: Zeitschrift für Soziologie 35. 2006. 144-160

Kalter, Frank (Hrsg.) (2008): Migration und Integration (Sonderheft 48 der Kölner Zeitschrift für Soziologie und Sozialpsychologie). Wiesbaden: VS Verlag für Sozialwissenschaften

Kroneberg, Clemens (2008): Ethnic Communities and School Performance Among the New Second Generation in the United States. Testing the Theory of Segmented Assimilation. In: The Annals of the American Academy of Political and Social Science 620. 2008. 138-160

Pendakur, Krishna/Pendakur, Ravi (2002): Language as Both Human Capital and Ethnicity. In: International Migration Review 36. 2002. 147-177

Phalet, Karen (2006): Foreword. In: Berry et al. (2006): ix-xii

Portes, Alejandro (2005): To Assimilate or Not ... and to What Mainstream? Comments on Richard Alba and Victor Nee's Remaking the American Mainstream. http://cmd.princeton.edu/papers/To%20Assimilate%20or%20Not%20comments.pdf

Portes, Alejandro/Fernández-Kelly, Patricia (2008): No Margin for Error: Educational and Occupational Achievement Among Disadvantaged Children of Immigrants. In: The Annals of the American Academy of Political and Social Science 620. 2008. 12-36

Portes, Alejandro/Rumbaut, Rubén G. (2001): Legacies. The Story of the Immigrant Second Generation. Berkeley: University of California Press

Portes, Alejandro/Zhou, Min (1993): The New Second Generation: Segmented Assimilation and Its Variants. In: Annals of the American Academy of Political and Social Sciences 530. 1993. 74-96

Rose, Peter I. (Hrsg.) (²1970): The Study of Society. An Integrated Anthology. New York: Random House

Tubergen, Frank van (2006): The Integration of Immigrants in Cross-National Perspective. Origin, Destination, and Community Effects. Utrecht: ICS Dissertation Series

Weber, Max (1922/1972): Wirtschaft und Gesellschaft. Grundriß der verstehenden Soziologie. Tübingen: Mohr

Wiley, Norbert F. (1970): The Ethnic Mobility Trap and Stratification Theory. In: Rose (²1970): 397-408

Wimmer, Andreas (1996): Kultur. Zur Reformulierung eines sozialanthropologischen Grundbegriffs. In: Kölner Zeitschrift für Soziologie und Sozialpsychologie 48. 1996. 401-425

Zhou, Min (1999): Segmented Assimilation. Issues, Controversies, and Recent Research on the New Second Generation. In: Hirschman et al. (1999): 196-212

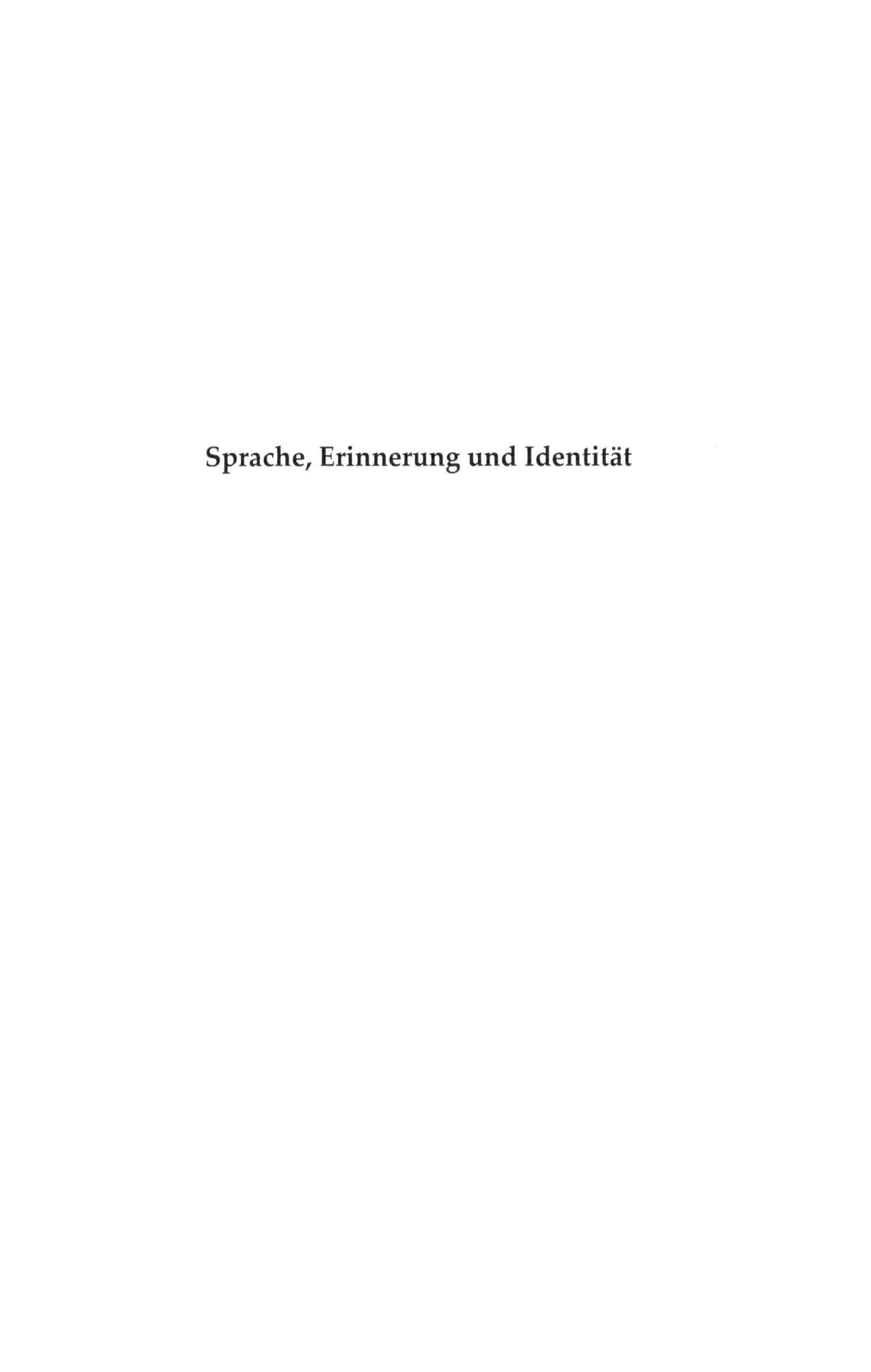

Sprache, Erinnerung und Identität

Eine Sprache für Europa, zwei oder viele? Die Sprachenfrage in der frühen europäischen Integration

Achim Trunk

„Es hatte aber alle Welt einerlei Zunge und Sprache. Da sie nun zogen gegen Morgen, fanden sie ein ebenes Land, im Lande Sinear, und wohneten daselbst, und sprachen unter einander: Wohlauf, lasset uns Ziegel streichen, und brennen. Und nahmen Ziegel zu Stein, und Thon zu Kalk, und sprachen: Wohlauf, lasset uns eine Stadt und Thurm bauen, des Spitze bis an den Himmel reiche, daß wir uns einen Namen machen; denn wir werden vielleicht zerstreuet in alle Länder. Da fuhr der Herr hernieder, daß er sähe die Stadt und den Thurm, die die Menschenkinder bauten. Und der Herr sprach: Siehe, es ist einerlei Volk, und einerlei Sprache unter ihnen allen, und haben das angefangen zu thun; sie werden nicht ablassen von allem, das sie vorgenommen haben zu thun. Wohlauf, lasset uns hernieder fahren, und ihre Sprachen daselbst verwirren, daß keiner des anderen Sprache vernehme. Also zerstreuete sie der Herr von dannen in alle Länder, daß sie mußten aufhören die Stadt zu bauen. Daher heißet ihr Name Babel, daß der Herr daselbst verwirret hatte aller Länder Sprache, und sie zerstreuet von dannen in alle Länder."[1]

1   Europäische Einigung und Sprachenvielfalt

Sprache ist – so vermittelt es bereits die biblische Geschichte vom Turmbau zu Babel – ein unersetzliches Mittel der Kommunikation. Ohne sie ist keine weiterreichende Arbeitsteilung, keine komplexe Organisation menschlicher Gesellschaften, letztlich keine höhere Kultur möglich. Doch ist Sprache mehr als nur ein bloßes Kommunikationsmittel (und auch hierauf verweist die Bibelstelle): Sie ist zudem Mittel der Selbstdarstellung, Vehikel des Geltungsbedürfnisses sowie Werkzeug zur Ein- und zur Ausgrenzung von Menschen, Grundlage also von Gruppenbildungen und Zuschreibungen von kollektiver Identität.

Dank ihrer gemeinsamen Sprache waren die Babylonier der Bibel eine mächtige Einheit – imstande, ein Projekt von gigantischem Ausmaß in Angriff zu nehmen. Umgekehrt führte die Zerstörung der Kommunikationseinheit zum zwangsläufigen Scheitern ihres Vorhabens. Diese „babylonische Sprachverwirrung" ist sprichwörtlich geworden, und regelmäßig wird sie als Bild für die sprachlichen

---

[1] Mose 1.11.1-9.

Verhältnisse im gegenwärtigen Europa, insbesondere jener in den Organen der Europäischen Union (EU), gebraucht. Hierin schwingt mit, dass auch die europäische Integration – die *construction européenne*, wie man im Französischen meist sagt, also: der europäische Bau – ein gigantisches Vorhaben darstellt. Nicht einen Turm zu errichten, der bis zum Himmel reichen soll, war und ist sein Ziel, sondern – um im Bild zu bleiben – ein europäisches Haus zu erbauen, in welchem alle Völker Europas gleichberechtigt und in Frieden und Wohlstand miteinander leben können. Ausgangspunkt und Ergebnis dieses Vorhabens sind jedoch im Vergleich mit jenen beim Turmbau zu Babel vertauscht: Im Europa des 20. Jahrhunderts stehen Sprachenverwirrung und Zerstreuung am Anfang; Einheit und Einigkeit sollten erst durch den Bau geschaffen werden. In welcher Sprache man sich auf der Baustelle verständigen wollte, in welchem Idiom die Hausordnung abgefasst sein würde und wie sich die Hausbewohner untereinander verständigen könnten – dies waren von Beginn der europäischen Konstruktion an entscheidende Fragen, und sie sind es zum Teil bis heute.

Auch wenn es konkrete Vorschläge zur Einigung Europas schon deutlich früher gegeben hat, datieren die ersten erfolgversprechenden Versuche, sie in die Praxis umzusetzen, aus den Jahren um 1950.[2] Nach der Katastrophe zweier Weltkriege sahen nicht nur Angehörige der politischen, wirtschaftlichen und kulturellen Eliten, sondern auch weite Kreise der Bevölkerung in vielen westeuropäischen Ländern eine europäische Einigung als Notwendigkeit an: Nur wenn sich Europa in der einen oder anderen Form einigen könne, war demzufolge die Voraussetzung dafür gegeben, dass der Niedergang des in Trümmern liegenden Kontinents aufgehalten und eine dauerhafte Erholung eingeleitet werden konnte. Den auf solch eine Einigung zielenden Prozess taufte man im Deutschen „europäische Integration", was man mit „Herstellung eines europäischen Ganzen" oder „Wiederherstellung einer europäischen Einheit" übersetzten kann.[3] In ihrem Zentrum stand und steht die Schaffung europäischer Einrichtungen, die für die Nationalstaaten bindende Entscheidungen treffen können; für sie schuf man den neuen Begriff „supranational".

Als erste Organisationen, die in diesem Sinne nicht nur zwischen-, sondern überstaatlich zu sein oder zu werden beanspruchten, wurden zunächst 1949 der Europarat und dann 1951 die Montanunion (EGKS) begründet.[4] Vorangegangen war 1948 die Errichtung der Organisation für europäische wirtschaftliche Zusam-

---

[2] Zur unmittelbar an den Zweiten Weltkrieg anschließenden Phase der Integrationsbemühungen siehe die Beiträge in Loth (1990).

[3] Der aus dem Spätlatein stammende Begriff „Integration" bezeichnet die Herstellung oder Wiederherstellung einer Einheit aus Getrenntem, also dessen Eingliederung in ein übergeordnetes Ganzes.

[4] Die Montanunion hieß offiziell Europäische Gemeinschaft für Kohle und Stahl, kurz EGKS.

menarbeit (OEEC),[5] der aber ebenso wie der im gleichen Jahr ins Leben gerufene Brüsseler Pakt das supranationale Element fehlte. Es folgten die ehrgeizigen Projekte einer Europäischen Verteidigungsgemeinschaft (EVG) und einer Europäischen Politischen Gemeinschaft (EPG), die jedoch beide 1954 scheiterten. In den Jahren um 1950 herum wurden also, was die Organisationsformen der Integration anbelangte, entscheidende Weichen gestellt. Wenn die heute viel erzählte Erfolgsgeschichte der Europäischen Integration fast immer 1957 mit der Gründung der Europäischen Wirtschaftsgemeinschaft (EWG) in Rom einsetzt[6] und suggeriert, dass die Integration, einmal begonnen, stets gleichgerichtet weiterverlief – immer mehr Länder fanden sich zu einer immer weiter reichenden Integration bereit –, so erscheint sie nur deswegen so plausibel, weil man den Jahren vor Abschluss der Römischen Verträge wenig Beachtung schenkt.[7] Demgegenüber steht in diesem Beitrag die vorangegangene Phase im Zentrum der Aufmerksamkeit; in ihr ist eine prinzipiell offene Situation zu beobachten.

Nun wies Europa in dieser Zeit wie schon seit Jahrhunderten eine große sprachliche Vielfalt auf. Sie wurde durchaus als Ausdruck des kulturellen Reichtums angesehen. Als europäische Normalität empfand man es weithin, wenn ein Staat von einer als einheitlich begriffenen Staatsnation bevölkert war, die sich nicht zuletzt über den Gebrauch einer Nationalsprache definierte. Diese Nationalsprachen stellten jeweils ausgebaute Kommunikationssysteme dar, waren darüber hinaus aber im Laufe der Geschichte auch zu Symbolen nationaler Identität avanciert. Der Mentor der europäischen Bewegung, Richard Graf von Coudenhove-Kalergi (1894-1972), postulierte nun bereits seit der Zwischenkriegszeit das „mehrsprachige Vaterland Europa";[8] er sah also auch das vereinigte Europa der Zukunft weiterhin durch sprachliche Vielgestalt charakterisiert. Seine Formel leuchtete vielen Menschen nach 1945 ein, doch die Frage nach der bestmöglichen Form der Kommunikation konnte sie nicht beantworten. Eben dies war die Sprachenfrage der europäischen Integration: Wie sollte sich der Europäer von morgen mit Europäern aus anderen Winkeln des geeinten Kontinents verständigen? Sollte in Europa eine Sprache soweit gefördert werden, dass alle Europäer ihrer mächtig sein

---

[5] Diese Organisation – im Englischen *Organization for European Economic Cooperation*, kurz: OEEC – ist auch bekannt als Europäischer Wirtschaftsrat.

[6] Schlagzeilen zum fünfzigjährigen Gründungstag der EWG wie „50 Jahre Europa" waren 2007 an der Tagesordnung.

[7] Für diese teleologische Betrachtung der europäischen Integration, die keine Rückschläge kennt, sondern nur einen steten Fortschritt sieht, hat Jost Dülffer die treffende Bezeichnung „Adventserzählung" geprägt; vgl. Dülffer (2004), 52-54.

[8] Neujahrsbotschaft. Zur Veröffentlichung am 31. Dezember 1952, von Richard Coudenhove-Kalergi, Präsident und Gründer der Paneuropa-Bewegung, zitiert nach dem Exemplar im Nachlass Heinrich von Brentanos. In: Bundesarchiv, Koblenz (im Folgenden BAK), N 1239 (= Nachlass von Brentano), Nr. 118, Bl. 238.

und so miteinander kommunizieren könnten? Wenn ja, welche Sprache sollte dies sein? Wenn nein, wie sollte die Verständigung ansonsten ermöglicht werden: durch massenwirksame Sprachlernprogramme, durch gezielte Bildung künftiger Eliten oder durch andere Maßnahmen?

Eine Antwort auf die Sprachenfrage hätte also darin bestehen können, einer einzelnen Sprache zu einer Vorrangstellung zu verhelfen, wodurch sie sich zu einer europäischen Verkehrssprache, womöglich gar zur neuen *lingua franca* Europas hätte entwickeln können. In der Geschichte Europas hatte es fast immer Sprachen gegeben, die eine solche Funktion erfüllten. So hatte das Lateinische im Abendland seit der Antike und über das Mittelalter hinaus die Vorherrschaft in zentralen Bereichen – Bildung, Verwaltung, Kultus, interethnische Kommunikation – inne. In der Frühen Neuzeit wurde Latein als Bildungssprache wie auch als internationales Verständigungsmedium dann vom Französischen abgelöst, welches über hundert Jahre unangefochten diese Funktion erfüllte.[9] Als Sprache der Diplomatie blieb Französisch auch danach noch sehr lange unumstritten. In der Zeit unmittelbar nach dem Zweiten Weltkrieg jedoch gab es keine *lingua franca* mehr in Europa. Latein hatte zwar als Bildungssprache überdauert, doch kam ihm keine Bedeutung mehr als Kommunikationsmittel bei, und es gab auch keine Anzeichen dafür, dass es eine solche wiedererlangen könnte. Eigens zur einfachen und herrschaftsfreien Kommunikation erdachte Kunstsprachen wie Esperanto oder Volapük hatten keine größere Verbreitung gefunden. Die größten Sprecherzahlen wiesen Russisch, Deutsch, Englisch, Französisch und Italienisch auf; als Kommunikationsmedium für ganz Europa konnte jedoch keine dieser Sprachen gelten. Dennoch war denkbar, dass sich eine europäische Verkehrssprache durchsetzen ließ. Zu fragen ist, ob hierfür eine Notwendigkeit gesehen wurde – und falls ja, welche Alternativen erwogen wurden.

Die Verbreitung einer allgemeinen Verkehrssprache hätte nun weitreichende Konsequenzen haben können. Sie hätte zunächst einmal ganz praktisch die innereuropäische Kommunikation erleichtert. Sie hätte zusätzlich aber auch – ob beabsichtigt oder nicht – eine neue kulturelle Gemeinsamkeit geschaffen, die das Bewusstsein der Zusammengehörigkeit hätte verstärken und zur Herausbildung eines europäischen Gemeinschaftsgefühls beitragen können. Ein solches wiederum konnte für die weitere politische Entwicklung Westeuropas von entscheidender Bedeutung werden, denn oft sind Weichenstellungen im kommunikativen Bereich

---

[9] Französische Nachkriegspolitiker wie der „gaullistische Erzengel" Michel Debré (1912-1996) blickten mit Stolz auf die Epoche zurück, in welcher Französisch die übergreifende Sprache der führenden Zivilisation der Welt gewesen sei; vgl. Michel Debré, Europe et liberté. Exposé, verfasst für eine Konferenz im *Maison de la liberté*, Lyon, 5. Februar 1954. In: Centre de l'Histoire de l'Europe du Vingtième Siècle, Archives d'Histoire Contemporaine, Paris (im Folgenden CHEVS), 1 DE 26, S. 4.

gleichzeitig auch Weichenstellungen im politischen Bereich. Nicht zuletzt dieser Umstand macht die europäische Sprachenfrage interessant.

Schließlich begründen sich Vorstellungen von kollektiver Identität oftmals sehr stark über sprachliche Gemeinsamkeiten. Ein Gefühl von Verbundenheit, von der Zugehörigkeit zu einem Kollektiv lässt sich dort leichter stiften, wo eine gemeinsame Sprache gesprochen wird; scheitert dagegen die Kommunikation bereits an der Sprachbarriere, ist es weit schwerer herstellbar. Sprache ist zudem eines der greifbarsten Merkmale, das zur Abgrenzung eines Kollektivs nach außen herangezogen werden kann. Im weiten Teilen des 19. und auch noch des 20. Jahrhunderts wurde Sprache vielfach als direkter Ausdruck einer „Volksseele" verstanden. Diese Auffassung ist obsolet; heute erkennt man in Ethnien wie in Nationen soziale Konstrukte, nicht etwa Super-Organismen, die eine Seele besäßen. Der Einfluss, den Sprache auf Vorstellungen von kollektiver Identität ausübt und der über diesen Hebel auch politische und wirtschaftliche Entwicklungen langfristig beeinflussen kann, ist aber weiterhin zu berücksichtigen. Zwar demonstrieren verschiedene Beispiele, dass sprachliche und politische Einheit im neuzeitlichen Europa keinesfalls zwangsläufig miteinander verknüpft sind – etwa das der viersprachigen Schweizer Nation oder jenes der drei Nationalitäten in Bosnien, die alle die gleiche Sprache sprechen, ihr und sich aber drei verschiedene Namen geben. Die Bedeutung der Sprache bei der Bildung von Vorstellungen nationaler Identität und über diese für die Herausbildung von Nationalstaaten und die Integration heterogenster Bevölkerungsgruppen ist in sehr vielen anderen Fällen jedoch ebenso offensichtlich.

Die Antworten, die auf die europäische Sprachenfrage letztlich gegeben wurden, waren kurz und einfach: Im Europarat beschränkte man sich auf die Verwendung zweier Sprachen, des Französischen und des Englischen; in der Montanunion und in allen an dieser anknüpfenden Einrichtungen, so der EWG, der Euratom und *last but not least* auch der EU, galten und gelten dagegen alle Amtssprachen der Mitgliedsländer als prinzipiell gleichberechtigte Arbeitssprachen. Diese Antworten waren aber nie unumstritten; es gab vielmehr Debatten und Auseinandersetzungen über sie. Welche Möglichkeiten im Kreis früher Europapolitiker gesehen und diskutiert wurden und welche realistisch vorhanden waren, wird im folgenden beleuchtet.

Bei den dabei im Fokus stehenden Europapolitikern handelt es sich um die Mitglieder jener parlamentarischen Versammlungen, die seit 1949 auf europäischer Ebene eingerichtet worden waren. So war das von der Öffentlichkeit anfangs am stärksten beachtete Organ des Europarates dessen so genannte Beratende Versammlung. In dieser trafen sich, als sie 1949 das erste Mal zusammentrat, 100 zum Teil äußerst prominente Politiker aus zwölf Ländern, darunter auch etliche vorma-

lige oder potenzielle Regierungschefs – aus Großbritannien etwa Winston Churchill (1874-1965) oder Harold Macmillan (1894-1986), aus Frankreich Georges Bidault (1899-1983) oder Guy Mollet (1905-1975), aus Italien Alcide De Gasperi (1881-
1954). Auch im parlamentarischen Organ der Montanunion, Gemeinsame Versammlung genannt und 1952 ins Leben gerufen, gaben in den ersten Jahren hoch-
karätige Politiker ihr Stelldichein. Diese parlamentarischen Versammlungen stellten zwar keine Entscheidungszentren europäischer Politik dar, sie bündelten aber
elitäre Sichtweisen auf die europäische Integration in einem parlamentarischen
Diskurs.

Wenn der Blick auf die sprachlichen Verhältnisse und Diskurse innerhalb der
politischen Eliten Westeuropas auch keine Aussagen über die Situation in breiten
Bevölkerungsschichten erlaubt, so ist er dennoch aufschlussreich, handelte es sich
bei den Europapolitikern doch um eine Gruppe, die über das Potenzial verfügte,
weitere Entwicklungen auf sprachlichem Gebiet entscheidend zu beeinflussen. Im
folgenden werden daher die verschiedenen Ansätze nachgezeichnet, mit denen
man das europäische Verständigungsproblem lösen wollte, und der Diskurs der
Europapolitiker hierüber wird beleuchtet; nicht zuletzt wird aber auch seinen Voraussetzungen – welche Sprachen beherrschten die Politiker überhaupt, und wer
sprach mit wem in welcher Sprache? – Aufmerksamkeit geschenkt. Abschließend
wird ein Blick auf die Sprachenfrage im heutigen Europa geworfen.

2   Zwei Leitsprachen für Europa

Der Ausgang des Zweiten Weltkriegs stellte die Weichen auch im Bereich künftiger Welt- und Verkehrssprachen. Während Deutsch als Medium der nationalsozialistischen Gewaltherrschaft und des rassistischen Vernichtungskrieges diskreditiert
war und seinen Nimbus als Kultur- und Wissenschaftssprache einbüßte, konnten
Englisch und Russisch als die Sprachen der beiden sich herausbildenden Supermächte auf eine stark zunehmende Bedeutung rechnen. Die beiden europäischen
Hauptsiegermächte profitierten sprachlich von dieser möglichen Entwicklung (so
Großbritannien), oder sie hatten zumindest den Status und das Prestige ihrer Sprache gewahrt (so Frankreich). Der sich bald zuspitzende Ost-West-Konflikt engte
den Kreis der Sprachen mit Potenzial zur Vorrangstellung in (West-)Europa weiter
ein: Russisch – im katholisch wie im protestantisch geprägten Teil Europas ohnehin wenig populär – fiel durch seine Konnotation mit dem stalinistischen System
der Sowjetunion definitiv aus. Für das so genannte Freie Europa kamen als künftige Verkehrssprachen somit nur noch Englisch und Französisch in Frage, da andere
Sprachen entweder einen problematischen politischen oder historischen Kontext

besaßen (so Spanisch und Italienisch) oder von vornherein eine zu geringe Reichweite und Verbreitung aufwiesen (z.B. Dänisch oder Neugriechisch).

Einen ersten Ansatz zur (zunächst wirtschaftlichen) Einigung Europas stellte nun 1948 die Gründung der OEEC dar. Ihr gehörten bei der Gründung 17 westeuropäische Länder an.[10] Sie sollte den wirtschaftlichen Wiederaufbau der europäischen Länder befördern, indem sie deren Wirtschaftspolitiken koordinierte; sie war aber insbesondere auch als Instrument zur Umsetzung der von den USA zur Verfügung gestellten Marshall-Plan-Hilfe gedacht. Als Sitz der Organisation wurde Paris ausgewählt, und als ihre Arbeitssprachen legte man Englisch und Französisch fest. Dies stellte zunächst einfach eine pragmatische Lösung des Kommunikationsproblems dar, war doch in den Mitgliedsländern ein Dutzend verschiedener Amtssprachen in Gebrauch. Dass die Sprachen des Geldgeber- wie des Gastgeber-Landes Vorrang haben sollten, stellte dabei eine naheliegende Entscheidung dar. Diese Bevorzugung der beiden verbliebenen europäischen Sprachen mit Potenzial zur Verkehrssprache stand aber auch im Einklang mit dem Plan einer Strömung innerhalb der Europabewegung. Diese gab auf die Sprachenfrage nämlich eine einfache und klare Antwort, indem sie ein System mit zwei Leitsprachen – Englisch und Französisch – propagierte: Wenn ganz Europa (besser noch: die ganze Welt) entweder Französisch oder Englisch sicher beherrsche und die jeweils andere Sprache zumindest verstünde, sei die Kommunikation gewährleistet, ohne die Vorherrschaft einer einzelnen Macht zu befördern. Für das Konzept eines Leitsprachen-Tandems für Europa sprach neben solch grundsätzlichen Erwägungen auch die in vielen Ländern geschichtlich gewachsene Ausrichtung auf jeweils eine dieser beiden Sprachen als bevorzugter moderner Fremdsprache.

Die OEEC erlangte in den folgenden Jahren zwar durchaus ökonomische Bedeutung, politische Impulse zu einer weiterführenden Integration Europas gingen jedoch von ihr nicht aus. Um diese weiterhin als Notwendigkeit angesehene Integration dennoch auf den Weg zu bringen, wurde 1949 der Europarat begründet. Dessen organisatorische Konstruktion – einem aus den Außenministern der Mitgliedsstaaten bestehender Ministerrat als oberstem Organ, das seine Beschlüsse nur einstimmig fassen konnte, stand mit der Beratenden Versammlung ein parlamentarisches Gremium zur Seite, das lediglich unverbindliche Resolutionen und Empfehlungen verabschiedete – stellte einen Kompromiss zwischen den Wünschen der französischen und der britischen Regierung, die gemeinsam die Initiative zu seiner Gründung ergriffen hatten, dar. Sie folgte zwar noch dem Prinzip

---

[10] In der OEEC schlossen sich Großbritannien, Irland, Dänemark, Norwegen, Schweden, Island, Frankreich, Italien, Belgien, Niederlande, Luxemburg, Portugal, Schweiz, Österreich, Griechenland, Türkei sowie die westdeutschen Besatzungszonen zusammen; insgesamt wurden in diesen Ländern zwölf verschiedene Amtssprachen gebraucht.

klassischer internationaler Einrichtungen, die Souveränität ihrer Mitgliedsstaaten nicht anzutasten. Doch wurde seitens der Befürworter einer europäischen Integration von Anfang an lautstark der Wunsch nach einem Ausbau des Europarates zu einer „politischen Autorität mit begrenzten Aufgaben, aber echten Befugnissen" artikuliert.[11] Aus einem intergouvernementalen sollte so ein supranationaler Ansatz, aus dem Europarat der Ausgangspunkt einer politischen Einigung des Kontinents werden.

Im Europarat fanden sich zunächst zehn Länder zusammen: Neben Frankreich und Großbritannien waren dies Italien, die Beneluxstaaten, Irland sowie die skandinavischen Länder Dänemark, Norwegen und Schweden. Noch 1949 traten Griechenland und die Türkei, 1950 dann Island dem Europarat bei. Ebenfalls 1950 wurde die Bundesrepublik Deutschland assoziiertes Mitglied, welches zwar keinen Vertreter im Ministerrat hatte, aber Delegierte in die Beratende Versammlung zu entsenden berechtigt war. Der Europarat nahm wie die OEEC seinen Sitz in Frankreich, allerdings nicht in dessen Metropole Paris, sondern in Straßburg unweit der deutsch-französischen Grenze. Die Regelung der Sprachenfrage entsprach derjenigen, die die OEEC praktizierte: Während man in den Mitgliedsländern der ersten Stunde neun verschiedene Amtssprachen verwandte – im Jahr darauf waren es bereits dreizehn[12] – legte die Satzung des Europarates fest, dass seine amtlichen Sprachen ausschließlich Französisch und Englisch seien. Unter bestimmten Umständen konnte zwar die Verwendung anderer Sprachen zugelassen werden, alle offiziellen Dokumente des Europarates waren jedoch nur in diesen beiden Sprachen herauszugeben. Wenn also ein Delegierter die Erlaubnis erhielt und nutzte, in der Beratenden Versammlung beispielsweise auf Italienisch vorzutragen, erschienen in den Sitzungsberichten trotzdem nur die Übersetzungen ins Englische und Französische. Dass an eine völlige Gleichberechtigung dieser beiden Sprachen gedacht war, ging aus dem Umstand hervor, dass die Reihenfolge ihrer Nennung in der französischen Ausgabe der Satzung „Französisch und Englisch" lautete, in der englischen Version dagegen „Englisch und Französisch" – nicht einmal hieraus ließ sich also ein Rang ableiten.[13]

---

[11] Ronald Mackay hatte formuliert, „the aim and goal of the Council of Europe is the creation of a European political authority with real powers but limited functions". In: Beratende Versammlung (siehe Anm. 14), 5. September 1949, S. 520. Diese Formel wurde in eine der ersten Resolutionen aufgenommen und dadurch sehr bekannt; vgl. ibid., 6. September 1949, S. 562.

[12] Die Amtssprachen der Gründungsmitglieder des Europarats waren Französisch, Englisch, Italienisch, Niederländisch, Dänisch, Schwedisch und Norwegisch. Noch 1949 kamen Griechisch sowie Türkisch hinzu, 1950 erweiterte sich die Liste der Amtssprachen der Mitgliedsstaaten um Deutsch und Isländisch.

[13] Satzung des Europarates, Artikel 12.

Diese Sprachenregelung wurde für die interessierte Öffentlichkeit besonders in den Debatten der Beratenden Versammlung fassbar. In dieses Gremium entsandten die Mitgliedsländer, abhängig von ihrer Bevölkerungszahl, eine unterschiedlich große Zahl von Vertretern. Als die Versammlung im August 1949 das erste Mal zusammentrat, war dies vielerorts von hohen Erwartungen begleitet; man erhoffte sich von ihr besondere europapolitische Impulse. Dass sie kein Parlament im mittlerweile eingebürgerten Sinne darstellte, da sie nicht aus allgemeinen Wahlen hervorging, sondern durch Delegierung aus den nationalen Parlamenten zustande kam, war dabei unerheblich. Von den Delegierten erwartete man selbstverständlich, dass sie in der Lage waren, sich in einer der beiden Amtssprachen verständlich auszudrücken. In der Wahl, die ein Abgeordneter nun zwischen diesen beiden Sprachen traf, zeigte sich seine persönliche Bildung, die häufig die nationalen Bildungstraditionen seines Herkunftslandes widerspiegelte; sie konnte aber auch dazu dienen, eine bestimmte Haltung zu europäischen oder auch nationalen Fragen auszudrücken.

Wie sich die Delegierten zwischen dem Französischen und dem Englischen entschieden und welches Muster diese Wahlen über die verschiedenen Länder ergab, lohnt daher einen näheren Blick. Hier soll er auf die Situation in der Sitzungsperiode des Jahres 1950 geworfen werden.[14] Für Delegierte aus Frankreich und Großbritannien lag es nahe, sich in den Debatten jeweils der eigenen Muttersprache zu bedienen, und abgesehen von gelegentlichen Höflichkeitsfloskeln war dies auch durchgängig der Fall.[15] Nicht anders lag der Fall bei den Vertretern Irlands, deren in fast jedem Debattenbeitrag zu spürendes Bedürfnis, sich von Großbritannien abzugrenzen, sie keineswegs dazu brachte, deswegen die Hauptsprache ihres Landes durch Französisch zu ersetzen.[16] Umgekehrt bedienten sich die belgischen Delegierten – ob mit flämischem oder wallonischem Hintergrund – durchgängig des Französischen.[17] Auch die Abgeordneten aus Luxemburg hielten ihre Reden stets auf Französisch.[18]

---

[14] Die Protokolle der Debatten in der Beratenden Versammlung im Jahr 1950 sind abgedruckt unter dem Titel: Council of Europe, Consultative Assembly. Second Session. Reports, Part I-III, Strasbourg 1950 (im Folgenden: Beratende Versammlung). Es liegt selbstverständlich auch eine französische Ausgabe vor.

[15] 27 britische und 26 französische Delegierte oder Ersatzdelegierte (eine dem Europarat eigene Stellung) nahmen an den Debatten mit eigenen Redebeiträgen teil; sie verwendeten durchgehend ihre Landessprache.

[16] Die sieben im Plenum hervorgetretenen irischen Delegierten sprachen Englisch. Der irische Außenminister Séan MacBride (1904-1988) hielt als Vertreter des Ministerkomitees des Europarates allerdings eine Rede überwiegend auf Französisch. In: Beratende Versammlung, 11. August 1950, S. 148-152.

[17] Zehn Politiker aus Belgien meldeten sich 1950 in der Beratenden Versammlung zu Wort; sie sprachen stets Französisch.

[18] Die beiden Luxemburger Delegierten sprachen in ihren wenigen Wortmeldungen Französisch.

Abbildung 1: Sprachwahl der Delegierten in der Beratenden Versammlung des Europarates in der Sitzungsperiode des Jahres 1950

überwiegend Englisch
keine klare Tendenz
überwiegend Französisch

Die Schattierungen geben an, welche der beiden Amtssprachen des Europarates von den Politikern eines Landes bevorzugt wurde. Die Delegierten der Länder mit heller Schattierung bedienten sich für ihre Reden ausschließlich oder ganz überwiegend des Französischen, die der dunkel schattierten Länder verwendeten ausschließlich oder deutlich überwiegend das Englische. Mit einer mittleren Schattierung sind jene Länder markiert, deren Vertreter teils Französisch, teils Englisch sprachen (im Falle der Bundesrepublik zum Teil auch Deutsch), ohne dass sich eine klare Bevorzugung einer Sprache erkennen ließ. Die Zahlenwerte für die Delegationen der einzelnen Länder sind in Anm. 15-24 angegeben; ermittelt wurden sie auf der Grundlage der Sitzungsprotokolle (vgl. Anm. 14).

Während diese Verhältnisse nahelagen und wenig überraschten, waren die der anderen Länder aufschlussreicher, da nicht evident. Die italienischen Abgeordneten der Beratenden Versammlung hielten mit zwei Ausnahmen alle Reden in französischer Sprache. Ein Politiker sprach Englisch, der andere Italienisch, was unter bestimmten Voraussetzungen ja zulässig war und offiziell ins Französische übersetzt wurde.[19] Sogar ganz ausnahmslos des Französischen bedienten sich die Vertreter Griechenlands und der Türkei.[20] Das gegenteilige Bild zeigten die Delegationen Norwegens und Islands: Hier wurde ausschließlich Englisch gesprochen.[21] Auch die Dänen und die Schweden bevorzugten deutlich die englische Sprache, wobei sich jedoch einzelne Abgeordnete fanden, die generell Französisch sprachen.[22]

Besonders heterogen waren dagegen die Vorlieben der Politiker aus den Niederlanden und aus Westdeutschland. Während in der niederländischen Delegation eine gewisse Bevorzugung des Englischen zu beobachten war,[23] benutzte fast die Hälfte der deutschen Abgeordneten das Französische, eine etwas geringere Zahl das Englische, und nicht wenige hielten ihre Reden gleich auf Deutsch.[24] Ein Vertreter der Saar schließlich verteilte seine beiden Beiträge paritätisch.

Wenn man die Sitzungsperiode der Beratenden Versammlung 1950 insgesamt betrachtet, so verwandte die Mehrheit jener 154 Abgeordneten, die in der Versammlung das Wort ergriffen, durchgehend die französische Sprache.[25] In absoluten Zahlen waren dies 83 Politiker, was einen Anteil von 54% ausmacht. Stets Englisch sprachen 65 Delegierte. Dies entspricht 42% der Delegierten. Die sieben ver-

---

[19] Von den 20 an den Debatten beteiligten italienischen Politikern sprach der Sozialdemokrat Paolo Treves (1908-1958) stets Englisch, der Republikaner Ugo la Malfa (1903-1979) hielt seine Reden auf Italienisch, alle übrigen auf Französisch.

[20] Die fünf türkischen und die sechs griechischen Abgeordneten, die Reden in der Beratenden Versammlung hielten, verwendeten allesamt das Französische.

[21] Vier Politiker aus Norwegen und einer aus Island beteiligten sich aktiv und stets in englischer Sprache an den Debatten.

[22] Unter den sieben dänischen Delegierten, die 1950 Reden in der Beratenden Versammlung hielten, fand sich einer, unter den sechs schwedischen zwei, die dies nicht auf Englisch, sondern auf Französisch taten.

[23] Von elf niederländischen Politikern, die in die Debatten eingriffen, taten dies sieben auf Englisch und vier auf Französisch. Bei der Zahl der Redebeiträge war die Zahl noch ausgeglichener (27 auf Englisch, 21 auf Französisch).

[24] Neun der westdeutschen Vertreter hielten Reden auf Französisch, sieben auf Englisch, fünf auf Deutsch. Was die Zahl der Beiträge anbelangt, so war die Bevorzugung des Französischen noch deutlicher (20 gegenüber zwölf in englischer Sprache und neun in deutscher).

[25] Dass mehr Delegierte zu Wort kamen, als die Beratende Versammlung Sitze hatte, lag an einer für sie eigentümlichen Konstruktion: Man unterschied zwischen dem Vertreter eines Landes (in den Amtssprachen *Représentant* bzw. *Representative* genannt) und dem Stellvertreter oder Ersatzdelegierten (*Suppléant* bzw. *Substitute*). Reiste der eigentliche Vertreter ab, konnte ein Stellvertreter seinen Platz einnehmen.

bleibenden Abgeordneten verwendeten ihre deutsche oder italienische Muttersprache oder sprachen mal Englisch, mal Französisch.

Der britische *Labour*-Politiker Hugh Dalton (1887-1962), der 1950 die Gruppe
der *Labour*-Vertreter der britischen Delegation anführte, legte in seinen Erinnerungen nahe, dass in der Straßburger Versammlung – „an international gathering
where most speak French and very few speak English"[26] – ganz überwiegend
Französisch verwandt worden sei. Diese Wahrnehmung überspitzt die tatsächlichen Verhältnisse, aber sie enthält einen zutreffenden Kern: Französisch war hier
keineswegs eine der internationalen Kosmetik wegen geduldete Sprache zweiten
Ranges, sondern ein mindestens ebenso bedeutsames Kommunikationsmedium
wie Englisch. Die Bedeutung des Französischen mag mit seinem Rang als Sprache
der Diplomatie und internationaler Geschäfte zusammengehangen haben; es könnte sich auch um einen Ausdruck politischer Sympathie für Frankreich als Prototyp
eines bestimmten Verständnisses vom Nationalstaat gehandelt haben (so im Falle
der Türkei), oder als Mittel, die Distanz zu Großbritannien zu betonen (etwa im
Falle Griechenlands, das sich Adversent des Vereinigten Königreichs in der Zy-
pernfrage sah). Französisch stellte darüber hinaus einen Ausdruck spezifisch europäischer Bildung dar; seine Verwendung betonte sicherlich auch den Willen, Europa keineswegs zu einem Anhängsel der USA herabsinken zu lassen.

Interessant ist die geografische Verteilung der Sprachenwahl: Europa war in
dieser Perspektive recht sauber zweigeteilt. Dem das Englische bevorzugenden
Norden stand ein eher frankophiler Süden Europas gegenüber (vgl. Abbildung 1).
Bei einer Großzahl der Delegierten ließ sich die Sprachwahl recht einfach erklären:
Entweder stammten sie aus einem Land, in dem eine der beiden Leitsprachen auch
Amtssprache war, oder ihre Muttersprache war einer der beiden Sprachen relativ
nahe verwandt, so dass es ihnen leichter fiel, diese zu lernen, als die jeweils andere.
Dies erklärt die Sprachenwahl fast aller Abgeordneter, die nicht aus den Nieder-
landen, Westdeutschland, der Türkei oder Griechenland stammten.

Die Delegation, die ein Land in der Beratenden Versammlung vertrat, stellte
nun zwar keinen repräsentativen Querschnitt von dessen Bevölkerung und noch
nicht einmal von dessen politischer Elite dar,[27] erfolgte die Auswahl ihrer Mitglieder doch auch nach deren Sprachfertigkeiten. Dennoch erlaubte der Blick auf die
Situation in der Beratenden Versammlung im Jahr 1950 einen gewissen Optimismus, dass die europäische Sprachenfrage im Prinzip gelöst sei: Man konnte zu dieser Zeit durchaus annehmen, dass das System zweier Leitsprachen ein erfolgsver-
sprechendes Modell für die europäische Zukunft darstellte. Der hier versammelte
Teil der europäischen Eliten schien bereits, so wie es das Modell forderte, imstande

---

[26] Dalton (1962), 323.

[27] Einige Gruppencharakteristika dieser Europa-Parlamentarier stellt Trunk (2007) auf S. 23-31 vor.

zu sein, in der einen Leitsprache zu verhandeln und Darlegungen in der jeweils anderen zumindest zu folgen. Diese Lösung des Kommunikationsproblems in einem Europa selbstbewusster, sich langsam wieder erholender Nationalstaaten erschien elegant, da technisch einfach umsetzbar, ohne gleichzeitig die sprachliche Vorrangstellung irgendeiner der Nationen zu installieren. Das Modell des Leitsprachen-Tandems hatte zu diesem Zeitpunkt nicht nur viele Argumente für sich, sondern schien durchaus auch im Trend der Zeit zu liegen.

3   Die Grenzen der Verständigung

Die Voraussetzung für das Funktionieren des Modells zweier Leitsprachen bestand darin, dass jeder, der an der Kommunikation teilhaben wollte, die eine der beiden Sprachen aktiv beherrschen, also sprechen und verstehen, und in der anderen zumindest über passive Kenntnisse, d.h. über ein ausreichendes Hörverständnis, verfügen musste. Fehlte es an letzterem, so kam die Kommunikationsgemeinschaft nicht ohne Übersetzungsdienste aus, oder die Kommunikation war gestört. Wie stellte sich dies nun in der Praxis dar? Welche Sprachen beherrschten die Europapolitiker der ersten Stunde? In welchen kommunizierten sie miteinander? Und gab es Schwierigkeiten bei der Verständigung? Dies lässt sich anhand von Selbst- und Fremdeinschätzungen, aber auch aus den von ihnen hinterlassenen Unterlagen erschließen.

Für britische Politiker auf europäischem Parkett war es demzufolge wichtig, Französisch zu beherrschen. Hugh Dalton betonte rückblickend, dies stelle keineswegs eine Frage der Dünkelhaftigkeit dar – „we must not be snobbish either about knowing, or not knowing, French" –, sondern sei schlichte Grundlage der politischen Arbeit auf dieser Ebene.[28] (Als Vertreter einer Arbeiterpartei wäre ihm Snobismus in dieser Frage allerdings auch nicht positiv angerechnet worden.) Wenn nicht zumindest zwei der zwölf Labour-Vertreter in Straßburg aktiv Französisch beherrscht hätten, so Dalton weiter, wäre die Delegation kaum mehr als eine „deaf-and-dumb charade" gewesen. Seinem innerparteilichen Konkurrenten Herbert Morrison (1888-1965), immerhin dem britischen Vize-Premier, der die Labour-Delegierten 1949 anfangs angeführt hatte, bescheinigte Dalton jedenfalls nicht nur geringes Engagement, er kritisiert auch, dass dieser überhaupt kein Französisch gesprochen habe. Morrison sei in Straßburg daher ein „fish out of water" gewesen.[29] Auch die übrigen Delegierten seiner Partei prüfte und bewertete er diesbezüglich, und seine Ergebnisse fasste er in Berichten an den britischen Premiermi-

---

[28] Ibid.
[29] Ibid.

nister und *Labour*-Chef Clement Attlee (1883-1967) zusammen, die er nach Beendigung der Sitzungsperioden erstellte. 1949 erteilte er etwa Aidan Crawley (1908-1993) diesbezüglich eine sehr gute Note.[30] James Callaghan (1912-2005) bescheinigte er, Französisch halbwegs gut zu verstehen und auch ganz passabel zu sprechen. In seinem Bericht im Jahr darauf vermerkte er wohlwollend, Callaghan habe auf seinen Hinweis hart (und offenkundig erfolgreich) an der Verbesserung seiner Sprachkenntnisse gearbeitet.[31]

Dalton selbst, der aus der Oberschicht stammte, galt unter den *Labour*-Vertretern als im Französischen besonders bewandert. Er hielt Ansprachen auf Französisch, die im französischen Rundfunk übertragen wurden,[32] und nach seinem Tod 1962 wurde in Nachrufen sein Fremdsprachvermögen gerühmt.[33] Dass jedoch selbst die Fertigkeiten Daltons an eine Grenze stießen, legt eine kleine Episode nahe. In einer Sitzung der Beratenden Versammlung schob Dalton dem jungen *Labour*-Delegierten Charles Crosland (1918-1977) eine eilig dahingeschriebene Nachricht zu: „Azara wrote, when you had been speaking for 5 minutes, ‚Il est très jeun (*sic*) mais nest (*sic*) très brave (*sic*)'. Very fresh, clean, confident & sensible. You have done well for the team, and for your own name! Hugh".[34] Offenkundig hatte der italienische Christdemokrat Antonio Azara (1883-1967) notiert, dass Crosland zwar sehr jung sei, sich aber nicht sehr kurz fasse („Il est très jeune mais n'est pas très bref"). Es ist nicht sehr wahrscheinlich, dass Dalton sein Lob für Crosland durch die Wiedergabe des fehlerhaften Französisch Azaras noch steigern wollte; vielmehr erscheint naheliegend, dass ihm die Fehler beim schnellen Dahinschreiben selbst unterliefen.

Während die anglo- oder frankophonen Politiker lediglich eine einzige Fremdsprache zu beherrschen brauchten, reichte dies bei allen anderen nicht aus, um den Debatten ohne Unterstützung durch Dolmetscher folgen zu können. Wenn man die italienischen Abgeordneten betrachtet, so ist schwer feststellbar, inwieweit sie Kompetenz im Englischen besaßen. Sie lieferten nämlich mit ganz wenigen Ausnahmen generell keine Beiträge auf Englisch ab. Im Französischen dagegen

---

[30] Vgl. Dalton an Attlee, 10. September 1949. In: London University, British Library of Political and Economic Science, London (im Folgenden BLPES), Dalton Papers 9/7, Nr. 81. S. 45-48, Bl. 45.

[31] Daltons Bewertung lautete 1949, Callaghan „seemed to understand quite a lot and to speak quite passably"; ibid., Bl. 47. 1950 urteilte er, Callaghan „understands quite well and speaks passably". Dalton an Attlee, 1. September 1950. In: BLPES, Dalton Papers 9/9, Nr. 62-64, Bl. 63.

[32] So hielt Dalton am Samstag, den 3. September 1949 eine Ansprache, die vom *Radio Strasbourg* ausgestrahlt wurde. Vgl. BLPES, Dalton Papers 9/7.

[33] So schrieb Hugh Gaitskell (1906-1963), der zu dieser Zeit die *Labour*-Partei führte, Dalton sei ein Mann gewesen, der mit Staatsmännern wie mit Sozialisten des Auslandes in ihren eigenen Sprachen habe reden können; vgl. Gaitskell (1962); paraphrasiert nach dem Exemplar im King's College London, Liddell Hart Centre for Military Archives, London (im Folgenden LHCMA), Liddell Hart Papers/1/208.

[34] Notiz Daltons an Crosland. In: BLPES, Crosland Papers 10/2 (Corr. with Hugh Dalton).

waren die meisten mehr oder weniger bewandert. So kommunizierte der Präsident der Gemeinsamen Versammlung, Giuseppe Pella (1902-1981), mit Guy Mollet als dem Chef der sozialistischen Fraktion in dieser Versammlung ohne Schwierigkeiten auf französisch.[35] Doch auch hier müssen Einschränkungen gemacht werden. Der italienische Christdemokrat Natale Santero etwa erläuterte 1956 in der Beratenden Versammlung, eigentlich habe er die Dienste der Simultanübersetzung nicht heranziehen wollen, doch glaube er, sich in seiner Muttersprache klarer ausdrücken zu können. Darum halte er seine Rede auf Italienisch.[36] Auch eine weitere Anekdote aus der Feder Hugh Daltons wirft ein Schlaglicht auf die sprachlichen Kompetenzen seiner Kollegen: Ein italienischer Delegierter habe ihm gegenüber abschätzig einen seiner Kollegen beurteilt, dieser spreche „Französisch wie eine spanische Kuh".[37] In klarer Erkenntnis der Verhältnisse im Europarat, aber sicherlich auch gedacht als kleiner Seitenhieb auf seine englischen Kollegen, merkte Dalton rückschauend an, selbst dies sei immerhin besser gewesen, als über gar kein Französisch zu verfügen.[38]

Auch in der Bundesrepublik wurde den Sprachkenntnissen bei der Auswahl der Delegierten Beachtung geschenkt. Im Vorstand der CDU bestand 1952, wie der Christdemokrat Hermann Pünder (1888-1976) festhielt, Einigkeit darüber, dass nur solche Abgeordnete in die neu zu bildende Gemeinsame Versammlung entsandt werden sollten, die nicht nur über Sachkenntnis, Zeit, allgemeines Vertrauen sowie Ansehen im Ausland verfügten, sondern eben auch „über hinreichende Sprachkenntnisse wenigstens in einer der beiden Fremdsprachen".[39] Dabei war Pünder offenbar entfallen, dass in der Gemeinsamen Versammlung alle Amtsprachen der Mitgliedsländer – und das bedeute zu diesem Zeitpunkt für die Abgeordneten: *drei* Fremdsprachen – Verwendung finden sollten. Bei den „beiden Fremdsprachen", die er hier kanonisch anführte, handelte es sich mit Sicherheit um Englisch und Französisch; das Modell des Europarates hatte also durchaus Wurzeln im Bewusstsein der Politiker geschlagen.

Nun gab es deutsche Politiker wie den Sozialdemokraten Carlo Schmid (1896-1979) oder den Christdemokraten Heinrich von Brentano (1904-1964), die ausgesprochen gute Sprachkenntnisse besaßen und sich ihrer auch gern bedienten. Diese stellten jedoch die (auf europäischer Ebene gern vorgezeigte) Ausnahme dar. Un-

---

[35] Pella an Mollet, 24. November 1955 (Kopie). In: Archiv der sozialen Demokratie der Friedrich-Ebert-Stiftung, Bonn (im Folgenden AdsD), Nachlass Kreyssig, Nr. 118.

[36] Beratende Versammlung, 8. Dezember 1954, S. 880.

[37] In Daltons Wiedergabe: „qui parle français comme une vache espagnol". Bericht Daltons an Attlee über die Sitzungsperiode 1949 der Beratenden Versammlung, 10. September 1949. In: BLPES, Dalton Papers 9/7, Bl. 45 (wie Anm. 30). Vgl. Dalton (1962): 323.

[38] Vgl. ibid.

[39] Schreiben Pünders, 9. Juli 1952. In: BAK, N 1005 (= Nachlass Pünder), Nr. 401.

ter Kollegen machten sie sich übrigens nicht immer beliebt, wenn sie ihre besseren Fremdsprachkenntnisse zur persönlichen Profilierung auszunutzen wussten. Dies zeigt Pünders Bericht von einem Treffen zwischen deutschen und französischen Christdemokraten: „Bi[chet] hielt eine sehr gute und offenbar warmherzige, christliche Rede, auf die unser Herr von Brentano recht gewandt in französisch, etwas zu lang, antwortete".[40] Während die Ansprache Robert Bichets (1903-2000) Pünder also „warmherzig" erschien – genauer konnte er dies mangels Hörverständnis wohl nicht beurteilen –, verdiente die Rede Brentanos lediglich das ambivalente Prädikat „recht gewandt" und wurde dennoch kritisiert, weil Brentano sich zuviel Raum mit ihr verschafft hatte.

Während Schmid sein exzellentes Französisch seinem familiären Hintergrund verdankte,[41] war sein Parteifreund Gerhard Lütkens (1893-1955) im Exil in London gewesen und hatte dort seine Englischkenntnisse ausgebaut.[42] Auch beispielsweise der Sozialdemokrat Karl Mommer (1910-1990) beherrschte Französisch gut.[43] Viele andere bundesdeutsche Vertreter aber stießen hier schnell an ihre Grenzen. Hermann Pünder etwa hielt von sich selbst fest, er könne leider nicht gut französisch sprechen; immerhin verstehe er es recht gut.[44] Zum CSU-Abgeordneten Richard Jaeger (1913-1998) notierte sein CDU-Kollege Otto Lenz (1903-1957), dieser spreche kein Wort Französisch.[45] Ein beträchtlicher Teil der deutschen Abgeordneten war insgesamt auf dem Gebiet der modernen europäischen Nachbarsprachen wenig gebildet, verfügte also weder über ausreichende Kenntnisse des Französischen noch des Englischen, so dass sie in der Beratenden Versammlung gezwungen waren, Deutsch zu sprechen.[46]

Die niederländerischen Europapolitiker dagegen stellten so etwas wie die idealen Vertreter in einem System mit zwei Leitsprachen dar. Im Regelfall beherrschten sie beide Arbeitssprachen des Europarates sicher und zeigten sich so sprachlich nach beiden Seiten hin kompetent und offen. Die volkskatholische Abgeordnete

---

[40] Ibid.

[41] Schmid war im südwestfranzösischen Perpignan als Sohn eines deutschen Vaters und einer französischen Mutter geboren worden. Vgl. Schmid (1979), sowie die Darstellung von Weber (1996).

[42] Vgl. den Nachruf des Präsidenten der Beratenden Versammlung, Boggiano Pico, auf Lütkens. In: Beratende Versammlung, 16. April 1956, S. 4.

[43] Vgl. etwa das Schreiben Mommers an Filippe Caracciolo (1903-1965) vom Generalsekretariat des Europarates, 27. August 1953. In: AdsD, Nachlass Mommer, Nr. 5 (b); oder die handschriftlichen Notizen Mommers in französischer Sprache, z.B. auf Drucksachen des Europarates. In: ibid.

[44] Vgl. Hermann Pünder, Tagebuch, 20. August 1950 (Transkript S. 24). In: Archiv für Christlich-Demokratische Politik der Konrad-Adenauer-Stiftung, St. Augustin (im Folgenden ACDP), I-232-001.

[45] Vgl. Otto Lenz, Tagebuch, 5. November 1954 (Transkription). In: ACDP, I-172-008.

[46] In der Beratenden Versammlung waren dies 1950 unter anderem der Sozialdemokrat Erik Nölting (1892-1969) und die Freidemokraten Hubertus von Golitschek (1910-1969) oder Hermann Schäfer (1892-1966).

Margaretha Klompé (1912-1986) beispielsweise schrieb gleichermaßen korrekte englische wie französische Texte, glaubte aber dennoch, sich bei ihrem Briefpartner Ronald Mackay (1902-1960) von der britischen *Labour*-Partei für ihr schlechtes Englisch entschuldigen zu müssen.[47] In der Beratenden Versammlung meldete sie sich meist auf Englisch zu Wort, in der Gemeinsamen Versammlung zunächst in aller Regel auf Französisch. Der Sozialdemokrat Marinus van der Goes van Naters (1900-2005) sprach sehr gut Englisch, sehr gut Französisch und zudem auch sehr gut Deutsch.[48] Selbst dort, wo er Niederländisch hätte sprechen können, bediente er sich meist des Französischen, um so, wie er erläuterte, die Abgeordneten in ihrer Mehrzahl direkt zu erreichen, anstelle sie zum Gebrauch von technischen Hilfsmitteln der Direktübersetzung zu zwingen.[49]

Doch der polyglotte, gleichermaßen in Sprechen und Verstehen des Französischen wie des Englischen mächtige Europapolitiker vom niederländerischen Schlag blieb die Ausnahme. Die Mehrzahl der Beteiligten hatte mittlere bis größere Schwierigkeiten, zumindest eine der beiden Sprachen passiv zu verstehen. Dies demonstrieren verschiedene kleine Begebenheiten. So entwickelte sich etwa 1950 in einer Kommission der Beratenden Versammlung, dem Ausschuss für allgemeine Angelegenheiten, eine hitzige Diskussion über die von einigen geforderten europäischen „Sonderbehörden" und deren Zuständigkeiten. Die Position der britischen *Labour*-Partei, verfochten von Charles Crosland, zog dabei den kürzeren: Fast alle Abgeordneten stimmten für den Vorschlag, die politischen Aspekte der Verteidigung müssten als Aufgabengebiet möglicher Sonderbehörden in Betracht gezogen werden, wogegen die Position der *Labour*-Partei darauf beharrte, dass Verteidigung – laut Satzung des Europarats ausdrücklich keines seiner Aufgabengebiete – außerhalb des Fokus zu bleiben hätte. Mit Crosland votierten bei dieser Abstimmung lediglich drei Skandinavier, die aber seinem Urteil zufolge von der hitzigen Debatte, die bis dahin bereits fünf Stunden anstelle der vorgesehenen dreißig Mi-

---

[47] Klompé an Mackay, 21. September 1951 (Kopie). In: Office Universitaire de Recherche Socialiste, Paris (im Folgenden OURS), Archives Guy Mollet 140.

[48] So die Einschätzung der Sprachfertigkeiten Goes van Naters' in einem fünfseitigen Bericht über den „Geheime(n) Besuch von Herrn van der Goes van Naters am 18.11.53 in Saarbrücken – Vortrag und Diskussion vor profranzösischen Saar-Journalisten", Typoskript, undatiert, ohne Autorenangabe. In: AdsD, Nachlass Mommer, Nr. 5 (b), Mappe Naters. Seine sehr guten Deutschkenntnisse zeigen etwa die Briefe, welche er seinen bundesdeutschen Kollegen schrieb – etwa an von Brentano, vgl. Goes van Naters an Brentano, 10. Januar 1953. In: BAK, N 1239, Nr. 163, Bl. 023; oder an den SPD-Vorsitzenden Erich Ollenhauer (1901-1963); siehe den Fragenkatalog, den er im Juli 1955 zur Außenpolitik der SPD formulierte (Kopie im AdsD, Nachlass Wehner, 1/HWAA002077). Auch bei vielen anderen niederländischen Delegierten können gute bis sehr gute Deutschkenntnisse festgestellt werden.

[49] The Assembly of Western European Union. Proceedings. Official Report of Debates (im Folgenden: WEU-Versammlung), Second Session, Strasbourg o.J. (1956), hier 23. April 1956, S. 18f. (Es liegt auch eine französische Ausgabe vor.)

nuten gedauert hatte, kaum etwas verstanden hatten,[50] da sie sprachlich einfach nicht zu folgen imstande waren. Es gab also erhebliche Verständigungsprobleme, die nicht auf der inhaltlichen Ebene angesiedelt waren, sondern schlichtweg das Kommunikationsmedium Sprache betrafen.

Aber auch die direkte Kommunikation zwischen englischen und französischen Muttersprachlern gestaltete sich oftmals problematisch. Als der *Labour*-Politiker Ronald Mackay 1950 mit dem belgischen Sozialisten Georges Bohy (1897-1972) über die Vorgehensweise bei einem geplanten Treffen beriet, entschuldigte er sich zunächst einmal dafür, dass sein Entwurf des Protokolls hierzu auf Englisch abgefasst sei. Sodann kündigte er an, dafür sorgen zu wollen, dass bei dem Treffen eine Übersetzerin zugegen sein werde, die sein Englisch ins Französische und Bohys Französisch ins Englische übersetzen werde – schließlich müsse man sich in der Tat sehr genau verstehen.[51] Die Passivkenntnisse der Briten im Französischen und umgekehrt der Französischsprachigen im Englischen reichten also nicht aus, um sich wirklich genau zu verstehen. Dass dies kein Einzelfall war, zeigt eine andere Episode: Als der Sekretär der Internationalen Abteilung der *Labour*-Partei, Saul Rose, 1955 seine Funktion quittierte und somit bei den Treffen der sozialistischen Fraktion in der Beratenden Versammlung nicht mehr dolmetschen konnte, fand seine Empfehlung, an seiner statt einen Berufsübersetzer zu engagieren, beim französischen Sozialistenführer Guy Mollet sofort offene Ohren.[52]

Direkte Kommunikation mit seinen britischen Kollegen, ohne dabei den Umweg über einen Dolmetscher zu gehen, wünschte sich auch der französische Außenminister Robert Schuman (1886-1963). Der britische Botschafter in Paris berichtete 1951 nach London, Schuman habe ihm anvertraut, wieviel leichter es sei, eine freundliche Diskussion zu führen, wenn es keine Übersetzung gebe. Er gebe sich daher jede erdenkliche Mühe, ohne Dolmetscher auszukommen. Er finde es allerdings extrem schwierig, dem Englischen von Außenminister Ernest Bevin (1881-1951) zu folgen; dagegen spreche Herbert Morrison immerhin etwas langsamer und klarer.[53] Der Wille zur Kommunikation ohne Umweg über Dolmetscher war also vorhanden, die Schwierigkeiten waren jedoch nicht zu leugnen.

Dass die Verständigung dagegen – zumindest innerhalb der politischen Strömungen – weit besser funktionierte, wenn man eine gemeinsame Sprache sprach, zeigt das Beispiel der frankophonen Sozialisten. So ist die Korrespondenz des

---

[50] Vermerk zur Sitzung des *General Affairs Committee* vom 24. August 1950, am Folgetag von Crosland aufgesetzt. In: BLPES, Dalton Papers 9/12, Bl. 15 u. 16.

[51] Vgl. Mackay an Bohy, 11. Dezember 1950. In: BLPES, Mackay Papers 20/2.

[52] Vgl. Rose an Mollet, 27. Juli 1955, Mollet an Rose, 29. Juli 1955. In: OURS, Archives Guy Mollet 140.

[53] Vgl. das Schreiben des britischen Botschafters in Paris, Sir Oliver Harvey, an R.E. Barclay im *Foreign Office*, 30. August 1951. In: Public Record Office, Kew, Surrey (im Folgenden PRO), FO 800/638 (Europe) 1951 (= The Papers of Herbert Morrison).

französischen Sozialistenführers Guy Mollet mit belgischen Sozialisten wie Georges Bohy, Fernand Dehousse (1906-1976) oder Victor Larock (1904-1977) nicht nur weit umfangreicher, sondern auch inhaltlich detaillierter als diejenige mit britischen Kollegen – und erst recht als jene mit deutschen oder italienischen Sozialisten.[54] Man könnte fast von einem Zirkel frankophoner Sozialisten sprechen, zu dessen Konstitution selbstredend außer der Sprache auch inhaltliche, historische oder formale Gemeinsamkeiten von Belang waren.

All dies demonstrierte, wie ausgeprägt die Kommunikationsprobleme waren. In einem Gremium, in dem nur Englisch und Französisch gesprochen werden sollten, konnten Franzosen und Briten oft nur mit Hilfe von Übersetzern miteinander kommunizieren. Selbst die Kenntnisse in der jeweils nur einen, seit Jahrhunderten in ihrer Bedeutung herausgehobenen modernen Fremdsprache waren also nicht allzu gut. Vorsichtige Rückschlüsse auf die Verhältnisse in der Breite der europäischen Gesellschaften erscheinen möglich. Alles in allem ist zu konstatieren, dass den Fähigkeiten, die die in Straßburg versammelten Europapolitiker auf dem Gebiet der modernen Fremdsprachen besaßen, oft enge Grenzen gezogen waren. Wenn etwa etliche Politiker aus Westdeutschland (und in den folgenden Jahren zunehmend auch solche aus Italien) von der Möglichkeit Gebrauch machten, sich der eigenen Sprache zu bedienen, so war dies wohl weniger der Fall, weil sie einen Vorteil darin sahen (in konkreten Verhandlungen hätte sich dies anders dargestellt). Es sollte auch nicht nur den Anspruch der eigenen Nation auf politischen Rang ausdrücken, sondern es rührte in erster Linie daraus her, dass sie die anderen Sprachen einfach nicht ausreichend beherrschten.

Auch das im Europarat verwirklichte Modell des Leitsprachen-Tandems konnte also die zum Teil erheblichen Verständigungsschwierigkeiten nicht ohne weiteres beheben. Die schiere Verständigung blieb ein dauerhaftes Problem. Das ernüchterte Fazit, das der französische Sozialist Pierre-Olivier Lapie (1901-1994) im Jahr 1953 zu den Debatten der Beratenden Versammlung zog, kann daher nicht verwundern. Lapie erkannte die engen Grenzen, die dem parlamentarischen Diskurs unter solchen Bedingungen gesetzt waren:

> „Je mehr ich diese Versammlung beobachte, desto schwieriger finde ich es, ihr Autorität zuzubilligen. Der Scherz wird nicht begriffen. Die Ironie wird nicht erfasst. Der Simultanübersetzung, welche die Nuancen beseitigt, ist zu misstrauen. Man unterbricht nicht. Man protestiert nicht. Es läuft nie ein allgemeines Schaudern durch den Raum, wie es doch von Zeit zu Zeit durch eine politische Versammlung geht."[55]

---

[54] Vgl. die Korrespondenz im OURS, Archives Guy Mollet 140.

[55] „Plus j'observe cette Ass[emblée] plus je trouve difficile d'y prendre l'autorité. La plaisanterie n'est pas comprise. L'ironie n'est pas saisie. Il faut se méfier de la traduction simultanée qui écarte les nuances. On n'interrompe pas. On ne proteste pas. Jamais ne passe un frisson général, comme parfois dans

4   Weichenstellung in Kleineuropa

Die politische Entwicklung der Jahre war rasant. 1950 scheiterte der Versuch, den
Europarat in ein Gebilde mit eigenständigen Machtbefugnissen umzubauen. Im
selben Jahr trat der französische Außenminister Robert Schuman mit einem Plan
an die europäische Öffentlichkeit, der die Errichtung einer Europäischen Gemeinschaft für Kohle und Stahl vorsah. Der Plan verfolgte eine neue Strategie: Die Integration sollte sich auf einzelne Aufgabenbereiche, im konkreten Fall also die
Montanindustrie,[56] beschränken, für diese sollte aber ein Organ geschaffen werden,
welches die Nationalstaaten bindende Entscheidungen fällen durfte. Für diese Eigenschaft, sozusagen über den Nationalstaaten zu stehen, führte der Plan den Begriff „supranational" in den Integrationsdiskurs ein.[57] Nach intensiven Verhandlungen einigten sich sechs Regierungen auf die Gründung dieser auch Montanunion
genannten Gemeinschaft. Mitgliedsländer in diesem „kleineuropäischen" Zirkel
waren Frankreich, Belgien, die Niederlande, Luxemburg, Italien und die Bundesrepublik Deutschland. Großbritannien blieb der Einrichtung fern.

Anders als im ursprünglichen Plan Schumans vorgesehen, besaß die Montanunion auch ein parlamentarisches Organ, die Gemeinsame Versammlung, deren 78
Mitglieder genauso wie jene der Beratenden Versammlung des Europarates nicht
vom Volk gewählt, sondern von den Parlamenten der Mitgliedsstaaten delegiert
wurden. Insbesondere in den ersten Jahren gab es größere personelle Überschneidungen zwischen diesen beiden Versammlungen. 1952 trat die Gemeinsame Versammlung erstmals zusammen; wie die Beratende Versammlung tagte sie in
Straßburg. Auch die Gemeinsame Versammlung hatte kaum mehr als beratende
Befugnisse. Ihre Debatten kreisten vorwiegend um sachpolitische Fragen, die sich
im weitesten Sinne aus der Integration der Montanindustrie ergaben.[58]

Auch in der Montanunion musste die Sprachenfrage beantwortet werden. Die
entsprechende, auch für die Gemeinsame Versammlung gültige Regelung, besagte
nun, dass die Nationalsprachen aller Mitgliedsländer prinzipiell gleichberechtigte
Arbeitssprachen der Montanunion sein sollten. Für die Verständigung waren dementsprechend Hilfsdienste vorgesehen – insbesondere die Herausgabe sämtlicher

---

une assemblée politique". Eintrag von Lapie in sein Notizbuch, 29. Januar 1953. In: Archives Nationales
Paris (im Folgenden AN), 331 AP, Cahier des notes manuscrits 1953-1958. Notes. No. 7, Année 1953,
S. 9f.

[56] Eine Bewertung findet sich bei Trausch (1995), 105-128.

[57] Thiemeyer (1998), 5-23.

[58] Die gedruckten Berichte der Sitzungen firmieren unter dem Reihentitel: Europäische Gemeinschaft
für Kohle und Stahl, Gemeinsame Versammlung. Verhandlungen der Gemeinsamen Versammlung.
Ausführliche Sitzungsberichte. Ausgabe in deutscher Sprache, Straßburg. Im Folgenden: Gemeinsame
Versammlung.

amtlichen Dokumente in allen Amtssprachen sowie Simultanübersetzungen in der Versammlung. Da die Montanunion anfangs nur sechs Mitgliedsländer umfasste, war der hiermit verbundene Aufwand überschaubar; in den Mitgliedsländern waren nur vier verschiedene Amtssprachen – Französisch und Italienisch, Niederländisch und Deutsch – im Gebrauch. Dennoch stellte die prinzipielle Abkehr von der Bevorzugung zweier Leitsprachen und der damit verbundenen Hoffnung, dass prinzipiell alle Beteiligten ohne Dolmetscher auskommen könnten, einen Schritt von praktischer wie symbolischer Bedeutung dar. Diese Abkehr stellte ein Ergebnis der Vertragsverhandlungen dar, die die Vertreter der sechs Regierungen miteinander führten; die Parlamentarier aus der bereits existierenden Beratenden oder der noch einzurichtenden Gemeinsamen Versammlung hatten hierauf kaum Einfluss.

Dass diese Lösung technisch nicht ganz einfach umzusetzen war, lag auf der Hand; es erschien daher durchaus möglich, dass sich in der Praxis der Versammlung mit der Zeit eine andere Regelung durchsetzen würde. Es lag nahe, den englisch-französischen Bilingualismus des Europarates als Ausgangspunkt zu nehmen und nun, da Großbritannien der neuen Gemeinschaft nicht angehörte, einfach das Englische zu streichen, so dass das Französische als alleinige Arbeitssprache verblieb. Auf diese Variante der Sprachenfrage kam bereits bei der allerersten Sitzung der Gemeinsamen Versammlung ihr Alterspräsident, der italienische Christdemokrat Antonio Boggiano-Pico (1873-1965), zu sprechen:

> „Bisher hatte ich im Laufe der letzten Jahre die Ehre, von diesem Platze aus als Alterspräsident und infolgedessen als vorläufiger Präsident der Versammlung des Europarates das Wort an Sie in französischer Sprache, einer der beiden Amtssprachen, zu richten. Ich hätte es sehr gern auch diesmal getan, zur Ehre dieses elsässischen Bodens und insbesondere dieser reizenden Stadt, deren Gäste wir wieder sind, und vor allem zur Ehre der französischen Erde, auf der diese Europäische Gemeinschaft entsprungen ist. Da aber die Satzungen […] die Verwendung von vier Sprachen vorsehen, so dass die Mitglieder aller Delegationen bei ihren Reden sich vollkommen unbehindert fühlen können, möchte ich nicht durch die Verwendung einer anderen als meiner Muttersprache, der Sprache Dantes, ein schlechtes Beispiel geben. Ich habe daher die Ehre, mich bei meiner ersten Ansprache in italienischer Sprache an Sie zu wenden."[59]

Boggiano-Pico wandte sich also von vornherein gegen jede Tendenz, dem Französischen eine – *de iure* ja bereits ausgeschlossene – bevorzugte Stellung durch die Hintertür wieder zuzuweisen. Auffallend war auch seine Apostrophierung des Italienischen als der „Sprache Dantes", die ihren herausragenden kulturgeschichtlichen Stellenwert betonte und so ihren Anspruch begründete, auf europäischem

---

[59] Gemeinsame Versammlung, 10. September 1952, S. 1. Im Original Italienisch.

Parkett völlig gleichbehandelt zu werden. Diese kulturell begründete Gleichrangigkeit der Sprachen und damit auch der Länder, in welchen diese gesprochen wurden, stand für Boggiano-Pico keineswegs im Widerspruch dazu, dass Frankreich eine politische Führungsrolle bei der europäischen Integration einnahm und einnehmen sollte.

Doch war damit noch nicht für alle Abgeordneten die Frage, ob man sich bei der Arbeit der Gemeinsamen Versammlung nicht doch besser im wesentlichen des Französischen bedienen sollte, endgültig verneint. Margaretha Klompé – zu diesem Zeitpunkt übrigens die einzige Frau unter den Abgeordneten – trug ein dreiviertel Jahr später als Berichterstatterin des Ausschusses für Politische Angelegenheiten und Außenbeziehungen ihren Bericht in französischer Sprache vor. Vorweg begründete sie ihre Sprachenwahl aber auf Niederländisch:

> „Obgleich ich, wie Sie in der Vergangenheit haben feststellen können, grundsätzlich Verfechterin des Gebrauchs meiner Muttersprache bin, vertrete ich die Auffassung, dass ich mich, wo mir jetzt die Ehre zufällt, der Versammlung im Namen des Ausschusses für Politische Angelegenheiten einen Bericht vorzulegen, der französischen Sprache bedienen muss. Ich spreche hier nämlich nicht als Vertreterin meines Volkes, sondern als Berichterstatterin eines Ausschusses.“[60]

Sie bezog sich also nicht auf das enorme Prestige, welches das Französische auf internationalem Parkett besaß; sie ließ sich vielmehr von der Vorstellung leiten, diese Sprache genieße eine faktische Vorrangstellung als inoffizielle Amtssprache der Gemeinschaft. Dies drückte am selben Tage auch ihr Landsmann van der Goes van Naters offen aus:

> „Obwohl ich hier mein Land vertrete, werde ich wie die Berichterstatterin bei dieser ersten Ausspache über die politischen Angelegenheiten mich der Sprache bedienen, die, von Prestigefragen abgesehen, nach meiner Ansicht die allgemeine Arbeitssprache werden könnte, was ich in unser aller Interesse begrüßen würde.“[61]

Selbst wenn van der Goes van Naters unter bundesdeutschen Sozialdemokraten im Ruch stand, ausgesprochen frankophil zu sein, war er als Sozialdemokrat und Niederländer unverdächtig, ein französisch dominiertes Kleineuropa womöglich katholisch-konservativer Prägung zu befürworten, das sich durch die Verwendung des Französischen gegen Großbritannien abgrenzen wollte; seine Haltung war vielmehr im Wunsch nach direkter Kommunikation begründet. Die überwiegende Mehrheit unter den Abgeordneten ließ sich jedoch im Gegensatz etwa zu Klompé

---

[60] Gemeinsame Versammlung, 16. Juni 1953, S. 85. Im Original Niederländisch.
[61] Ibid., S. 90. Im Original Französisch.

oder Goes van Naters durch die Probleme, welche die Verwendung von vier Sprachen in den Debatten mit sich brachten, nicht vom Anspruch ihrer Landessprachen auf Gleichberechtigung abbringen. Die „technischen Schwierigkeiten, die mit der Viersprachigkeit der Gemeinschaft verbunden sind", so postulierte Klompés Parteifreund Emanuel Sassen (1911-1995), „dürfen nicht dazu führen, dass [...] zwei der vier Amtssprachen einen Vorrang gegenüber den beiden anderen erhalten".[62] Tatsächlich entschied die Praxis der Gemeinsamen Versammlung die Sprachenfrage bald im Sinne der prinzipiellen Gleichberechtigung der Sprachen. Auch den Befürwortern einer einzigen Arbeitssprache war dies bewusst. Als Klompé, sieben Monate nach ihrem ersten Auftritt als Berichterstatterin, erneut einen Ausschussbericht präsentierte, bediente sie sich umstandslos ihrer Muttersprache; auf die Sprachenfrage ging sie mit keinem Wort mehr ein.[63]

Wenn also in der Anfangsphase der Gemeinsamen Versammlung Abgeordnete ihre Sprachwahl begründeten, dann erläuterten sie entweder, warum sie französisch sprachen, oder warum sie eben nicht französisch sprachen. Dies hatte eine Reihe von Gründen: Man maß dem Französischen allgemein das Potenzial zu, sich zur vorrangigen Sprache der gesamten Montanunion zu entwickeln. Französisch genoss schließlich hohes Prestige, es war die Sprache des Gastgeberlandes, es war die Sprache jener Nation, die man weithin als den politischen Motor der europäischen Integration ansah, es hatte eine ruhmvolle Vergangenheit als internationale Verkehrssprache, es war sozusagen die übriggebliebene Sprache des Leitsprachen-Tandems, und es war zudem in immerhin dreien der sechs Staaten der Montanunion auch Amtssprache. Trotz alledem wurde Französisch nicht zur Leitsprache der Montanunion. Die faktische Entwicklung führte in der Gemeinsamen Versammlung vielmehr zu einer Situation, in der Französisch noch nicht einmal eine privilegierte Bedeutung bei den allgemeinen Arbeitsabläufen besessen hätte. Verhindert wurde eine solche Stellung als *primus inter pares* unter den Sprachen durch den Willen der Parlamentarier, auf der europäischen Bedeutung ihrer Landessprachen zu bestehen, gleichgültig, wie sehr dies die Arbeit einer Versammlung, die sich als Kern eines künftigen europäischen Parlamentes verstand, behinderte.

Eine weitere Versammlung westeuropäischer Parlamentarier gab in Straßburg 1952 und 1953 ein Zwischenspiel: Die so genannte *Ad hoc*-Versammlung, die aus den Abgeordneten der Gemeinsamen Versammlung und neun weiteren Delegierten derselben Länder bestand, erörterte auftragsgemäß ein einziges, aber fundamentales Thema: die Gründung einer Europäischen Politischen Gemeinschaft

---

[62] Gemeinsame Versammlung, 14. Januar 1954, S. 14-21, Zitat S. 17, Sprachwechsel S. 19.
[63] Gemeinsame Versammlung, 15. Januar 1954, S. 49-53.

(EPG).[64] Eigens zu diesem Zweck – *ad hoc* – war diese Versammlung geschaffen worden. Sie erarbeitete den Entwurf für einen Vertrag, der die EPG begründen sollte; dieser Vertrag hätte gewissermaßen eine Art rudimentäre europäische Verfassung dargestellt. In der *Ad hoc*-Versammlung von einer überwältigenden Mehrheit befürwortet, trat dieser Vertrag jedoch nie in Kraft. Sein Scheitern ist eng verknüpft mit jenem der Europäischen Verteidigungsgemeinschaft. Diese sollte den sektoralen oder funktionalistischen – also von einer Funktion ausgehenden –, betont sachpolitischen Ansatz, den die Montanunion eingeführt hatte, auf das Feld der Verteidigung übertragen. Der Versuch, auf funktionalistischem Wege eine europäische Armee zu schaffen, fand jedoch 1954 sein unspektakuläres Ende: Fünf der sechs betroffenen nationalstaatlichen Parlamente „Kleineuropa" hatten den EVG-Vertrag bereits ratifiziert, als die französische Nationalversammlung beschloss, sich mit der Ratifizierung gar nicht mehr zu befassen. Damit war auch die EPG Makulatur.[65]

In der *Ad hoc*-Versammlung galt dieselbe Sprachenregelung wie in der Gemeinsamen Versammlung. Auch hier versuchten einzelne Politiker, durch die Wahl der Sprache politische Zeichen zu setzen. Der niederländische Volkskatholik Pieter Blaisse (1911-1990) etwa meldete sich sechzehn Mal zu Wort, sprach dabei aber nur ein einziges Mal ausschließlich Niederländisch. Ein anderes Mal machte er einige niederländische Vorbemerkungen und hielt seine Rede im Übrigen auf Französisch. In allen anderen Fällen lieferte er seine Beiträge komplett in französischer Sprache ab.[66] Solche Versuche, den Integrationsgedanken zu fördern, indem man eine europäische Leitsprache propagierte, blieben jedoch Einzelfälle; die weit überwiegende Mehrheit der Delegierten nutzte stattdessen die Regelung dazu, in ihrer Landessprache vorzutragen. Dabei konnte die Sprachenwahl auch gezielt eingesetzt werden, um ihrem Verständnis von nationaler Identität Ausdruck zu verleihen. So bediente sich der belgische Christsoziale Pierre de Smet in der *Ad hoc*- wie auch in der Gemeinsamen Versammlung teils des Niederländischen, teils des Französischen, um so, wie er erläuterte, die Besonderheit Belgiens abzubilden: „Belgien ist ein zweisprachiges Land, und ich bleibe der Zweisprachigkeit meines

---

[64] Die veröffentlichten Protokolle tragen den Titel: *Ad hoc*-Versammlung, beauftragt mit der Ausarbeitung eines Vertragsentwurfes für die Gründung einer Europäischen Politischen Gemeinschaft. Aussprache. Wörtlicher Bericht über den Verlauf der Sitzungen. Ausgabe in deutscher Sprache, Straßburg o.J. (1953). Im Folgenden: *Ad hoc*-Versammlung.
[65] Zu der im Pleven-Plan vorgeschlagenen Verteidigungsgemeinschaft vgl. Volkmann/Schwengler (1985).
[66] Vgl. *Ad hoc*-Versammlung, 8. Januar 1953, S. 118-123; 9. Januar 1953, S. 169, 173 u. 175; 10. Januar 1953, S. 266, 270f. u. 271; 7. März 1953, S. 340, 406, 407f. u. 413; 9. März 1953, S. 468f., 473 u. 480f.; 10. März 1953, S. 498f., 501 u. 516.

Landes treu".[67] Einen Wechsel vom Niederländischen zum Französischen mitten in einer Rede begründete er bei einer Gelegenheit allerdings damit, er wolle insbesondere auch von den Vertretern der größeren Staaten gut verstanden werden; er gestand damit ein, dass für eine gelingende Kommunikation die Verwendung des Französischen die günstigere Wahl darstellte.[68]

Die Entwicklung, die die Sprachenfrage in der Gemeinsamen Versammlung nahm, wirkte auch auf den Europarat zurück. Hier waren durchaus nicht alle Delegierten mit der Zweisprachen-Regel zufrieden, spiegelte in ihren Augen der Status einer Sprache doch auch den Rang einer Nation wider. Nicht zuletzt die bundesdeutschen Politiker bemühten sich darum, die Regel zumindest aufzuweichen. Eine der ersten Initiativen zur Aufwertung des Deutschen kam allerdings von außerhalb des Europarates: 1951 wandte sich ein deutscher Verlag, der parlamentarische Drucksachen vertrieb, zunächst an Heinrich von Brentano[69] und antichambrierte anschließend beim Generalsekretariat des Europarates, ob man die Sitzungsberichte der Beratenden Versammlung oder anderes amtliches Material auf Deutsch herausgeben dürfe. Das Generalsekretariat lehnte das Anliegen jedoch unter Verweis auf die im Statut festgelegte Regelung ab.[70]

Im folgenden Jahr machte der deutsche Freidemokrat Karl Georg Pfleiderer (1899-1957) seinen Kollegen Hermann Pünder auf einen Vorstoß aufmerksam, der die Tandem-Lösung gesellschaftlich verankern wollte. Der französische Sozialist Gérard Jaquet (*1916) hatte ein Schreiben einer französischen Gesellschaft mit Namen *Le Monde Bilingue* verbreitet, mit dem er die Unterstützung auch deutscher Parlamentarier für eine „europäische Zweisprachigkeit" erbat.[71] Hier sei nun, befand Pfleiderer, ein abgestimmtes Vorgehen aller deutschen Delegierten über die Parteischranken hinweg notwendig – schließlich stelle es ihr gemeinsames Anliegen dar, Deutsch als dritte Sprache des Europarates verankern zu lassen. Pünder stimmte dem voll und ganz zu.[72] Sein Parteifreund Eugen Gerstenmaier (1906-1986) qualifizierte das Anliegen, „dass in allen europäischen Kulturstaaten zwei Fremdsprachen gelehrt und gelernt werden sollen, nämlich Englisch und Französisch", kurz und knapp als eine „etwas naive Forderung". Der entsprechende Vor-

---

[67] Gemeinsame Versammlung, 20. Juni 1953, S. 179; im Original Niederländisch. Siehe des weiteren ibid., 13. Mai 1954, S. 83-88. Vgl. auch die Sprachwahl de Smets in der *Ad hoc*-Versammlung, 7. Januar 1953, S. 81f; 9. Januar 1953, S. 206; 6. März 1953, S. 323-326; 9. März 1953, S. 448f.

[68] Vgl. *Ad hoc*-Versammlung, 6. März 1953, auf S. 323f.

[69] Dr. Hans Heger an Brentano, 27. April 1951; Abschrift im BAK, N 1005, Nr. 433, Bl. 144.

[70] Vgl. die Niederschrift eines Besuchs von Dr. Hans Heger und Klaus Heger beim Sekretär des Europarates am 18., 19. und 20. Oktober 1951; Abschrift ibid., Bl. 127-130.

[71] Pfleiderer an Pünder, 8. April 1952; ibid., Bl. 47.

[72] Pünder an Pfleiderer, 9. April 1952; ibid., Bl. 46.

stoß gehe „nun doch ein wenig zu weit".[73] In diesem Zusammenhang fragte er sich aber, wie es in der Beratenden Versammlung mittlerweile um die geplante Simultanübersetzung ins Deutsche stehe. Offenbar wurde eine solche Simultanübersetzung als erster Schritt auf einem Weg betrachtet, der schließlich zur vollen Gleichberechtigung des Deutschen als dritter Amtssprache des Europarates führen sollte.

Doch nicht nur von deutscher Seite wurde das Ansinnen erhoben, den Status der eigenen Sprache aufzuwerten – auch aus Italien wurden entsprechende Wünsche laut. Der Europarat kam diesen Wünschen nur ein kleines Stück entgegen. Anstatt Deutsch und Italienisch in den Rang von Amtssprachen des Europarates zu erheben (und damit das Leitsprachen-Tandem gänzlich aufzugeben), wurde es den Delegierten erleichtert, in der Beratenden Versammlung ihre Reden auch auf Italienisch und Deutsch zu halten. Sie wurden nun simultan ins Englische und ins Französische übersetzt, so dass die entsprechenden Redner nicht mehr vollständig aus jedem Debattenzusammenhang herausfielen. Die entsprechenden Beiträge wurden vom Übersetzungsdienst unverzüglich in die beiden offiziellen Sprachen des Europarates übertragen und den Abgeordneten, die dies wünschten, über Kopfhörer zugespielt. Die Kosten für den Übersetzungsdienst waren von der bundesdeutschen bzw. der italienischen Regierung zu tragen. In den Ausschüssen musste dagegen weiterhin entweder Englisch oder Französisch gesprochen werden. Deutsch und Italienisch firmierten nun unter *langue non officielle* des Europarates; sie hatten somit zwar nicht den Status der beiden Amtssprachen erlangt, waren gegenüber zahlreichen anderen Sprachen – vom Norwegischen bis zum Türkischen – aber deutlich privilegiert.[74]

Während man den Ansatz der zwei Leitsprachen in der Arbeit des Europarates also weiter verfolgte, erteilte die Beratende Versammlung dem Anliegen, diesem Modell Vorbildcharakter für die europäischen Gesellschaften zuzuweisen, 1954 eine schroffe Absage. Seit über zwei Jahren hatte auf ihrer Agenda die Frage gestanden, ob und wie eine „Europäische Sprachengemeinschaft" auf der Basis der englisch-französischen Zweisprachigkeit zu schaffen sei.[75] Einer Empfehlung ihres Ausschusses für kulturelle und wissenschaftliche Fragen folgend, strich die Beratende Versammlung diesen Punkt nun kurzerhand von der Tagesordnung.[76] Aus dem Plenum wurde kein Widerspruch hiergegen formuliert.

---

[73] Gerstenmaier an Pünder, 8. April 1952; ibid., Bl. 48.

[74] Vgl. etwa das offizielle Protokoll der Vormittagssitzung der Beratenden Versammlung vom 9. Mai 1953 (= Drucksache AS [5] CR 4), z.B. im AdsD, Nachlass Mommer, Nr. 5 (b).

[75] Die „question concernant l'institution d'une communauté linguistique européenne par application d'un bilinguisme franco-anglais", wie sie im französischen Original hieß, war am 25. Mai 1952 auf die Agenda gesetzt worden. In: Beratende Versammlung, 24. September 1954, S. 800.

[76] Ibid.

Während die italienischen Delegierten 1952 in der Beratenden Versammlung ihre Reden noch ganz überwiegend auf Französisch gehalten hatten, hatte sich ihre Sprachwahl zwei Jahre darauf zu einem Übergewicht an Beiträgen in ihrer Muttersprache verschoben. Wiederum zwei Jahre später hatten die italienischen Delegierten offenbar sämtliche Bemühungen aufgegeben, sich ohne Übersetzer verständlich zu machen; sie sprachen nun praktisch ausschließlich Italienisch. In der gesamten Sitzungsperiode gab es nur eine einzige Rede eines italienischen Delegierten, die nicht auf Italienisch, sondern auf Französisch gehalten wurde, und bei dieser fungierte der Vortragende als Sprecher einer Einrichtung der Versammlung, er sprach also nicht für sich selbst.[77] Immerhin kündigte der Sozialdemokrat Paolo Treves (1908-1958) einmal vorweg auf Französisch an, im Folgenden Italienisch sprechen zu wollen. Er bedaure, wenn dies unhöflich wirke, aber es handele sich lediglich um einen simplen Austausch unter italienischen Kollegen – und außerdem seien ja nur solche anwesend.[78] Übrigens nahmen nach dem Beitritt Österreichs zum Europarat 1956 auch Delegierte aus der Alpenrepublik an den Sitzungen der Beratenden Versammlung teil. In der Konsequenz, mit der sie ihre Landessprache bevorzugten, glichen sie den italienischen (und übertrafen sie die bundesdeutschen) Kollegen.

Noch eine weitere, eine vierte europäische Versammlung tagte in den 1950er Jahren in Straßburg: Als man den Brüsseler Pakt 1955 zur Westeuropäischen Union (WEU) umgestaltete, wurde in deren Rahmen ebenfalls eine parlamentarische Versammlung gebildet. Personell stellte diese eine verkleinerte Beratende Versammlung dar; ihr gehörten nämlich jene Mitglieder der Beratenden Versammlung an, die aus einem der sieben WEU-Mitgliedsländer kamen. Neben den Vertretern der sechs Staaten der Montanunion saßen hier mithin auch Parlamentarier aus Großbritannien. Ihre Debatten drehten sich hauptsächlich um sicherheitspolitische Fragen, um ein Gebiet also, das per Satzung von den Zuständigkeiten des Europarates ausgenommen worden war. Doch auch die Versammlung der WEU besaß, ganz so wie die parlamentarischen Organe des Europarates und der Montanunion, nur sehr eng begrenzte Befugnisse.

Die Auseinandersetzungen, die in der ersten Sitzungsperiode der WEU-Versammlung 1955 nun über die Sprachenfrage geführt wurden, stellten im Grunde genommen ein Nachgeplänkel dar.[79] Der Satzungsentwurf sah für die Versammlung vor, dass im Plenum wie in den Ausschüssen Reden in allen fünf Amts-

---

[77] Dabei handelte es sich um den Beitrag Antonio Boggiano Picos im Namen des *Bureau de l'Assemblée* zur europäischen Menschenrechtskonvention. In: Beratende Versammlung, 25. Oktober 1956, S. 879-881.

[78] Vgl. Beratende Versammlung, 19. Oktober 1956, S. 526.

[79] Vgl. WEU-Versammlung, First Session, Strasbourg o.J. (1955), 24. Oktober 1955, S. 106-115 u. 133.

sprachen der Mitgliedsstaaten gehalten werden konnten. Diese sollten dann simultan ins Englische und ins Französische übersetzt werden. Die Sitzungsberichte, Drucksachen und alle anderen Dokumente sollten dagegen nur auf Englisch und Französisch herausgegeben werden. Man hatte sich hier also weitgehend der in der Gemeinsamen Versammlung praktizierten Regelung angenähert, aber einige Einschränkungen vorgenommen, die ihre Durchführung vereinfachen sollten. An der Frage der Simultanübersetzung schieden sich jedoch die Geister. Zwei deutsche Abgeordnete – der Sozialdemokrat Gerhard Lütkens und der Freidemokrat Max Becker (1888-1960) – brachten gleichlautende Änderungsanträge ein, mit denen sie simultane Übersetzung in alle fünf Sprachen, nicht lediglich in zwei Leitsprachen, forderten. Ihre Forderung erfuhr breite Unterstützung. So befürworteten etwa die britischen *Labour*-Delegierten Ernest Popplewell (1899-1977) und Robert Mellish (1913-1998) das Anliegen. Der italienische Christdemokrat Lodovico Montini (1896-1990) betonte, das Prinzip der Gleichberechtigung aller fünf Sprachen sei grundlegend, und sein monarchistischer Landsmann Roberto Lucifero verallgemeinerte dies zu der Aussage, alle Länder der WEU müssten das Gefühl der vollkommenen Gleichheit haben (was einmal mehr zeigte, wie eng der Zusammenhang war, den man zwischen dem Status einer Sprache und dem Rang einer Nation sah). Der französische Volksrepublikaner Robert Bichet stimmte ebenfalls zu, machte aber zur Bedingung, dass sich die Gleichstellung der fünf Sprachen nicht auch noch auf die gedruckten Dokumente der Versammlung erstrecke. Der britische Konservative Charles Fletcher-Cooke (1914-2001) dagegen glaubte, das Vorhaben sei technisch nicht zu bewerkstelligen. Bei der Abstimmung enthielt er sich ebenso wie der *Labour*-Vertreter Hendrie Oakshott (1904-1975). Der luxemburgische Christsoziale Nicolas Margue (1888-1976) schließlich nutzte die Gelegenheit, die Besonderheiten seines Landes, in dem die Menschen weder Französisch noch Deutsch sprächen, sondern die luxemburgische Sprache, bekannter zu machen.

Nur Marinus van der Goes van Naters stellte sich einmal mehr dem Strom entgegen und wies – übrigens auf Französisch – darauf hin, die Vielzahl an Sprachen in einer Diskussion führe nicht unbedingt zu einer Annäherung der Meinungen, sondern schaffe neue Trennungen. Die Versammlungen müssten sich davor hüten, zusätzliche Hindernisse für direkte Kontakte der Abgeordneten zu errichten – und gleichgültig, wie gut ein Übersetzer sei, er stünde dem direkten Kontakt im Wege. Dem Änderungsantrag und damit dem Wunsch nach der direkten Übersetzung in alle Sprachen wurde schließlich trotzdem stattgegeben.[80] Dass van der Goes van Naters sich von dieser Lösung keineswegs überzeugen ließ, machte er

---

[80] Vgl. ibid., S. 106 (Satzungsentwurf); S. 106-108 (Becker); S. 108f. (Lütkens); S. 109f. (Popplewell); S. 110 (Margue); S. 110f. u. 113f. (Fletcher-Cooke); S. 111 (Bichet); S. 113 (Goes van Naters); S. 114 (Montini); S. 114 (Oakshott); S. 114f. (Lucifero); S. 115 (Mellish); S. 115 (Abstimmungsergebnis).

ein halbes Jahr danach noch einmal deutlich, als er seine Position in der Sprachenfrage noch einmal grundsätzlich und bezogen auf alle europäischen Versammlungen markierte: Die Zweisprachigkeit – also die Verwendung von Englisch und
Französisch als Arbeitssprachen – sei der mehrsprachigen Lösung vorzuziehen.[81]

Die Zulassung aller Amtssprachen in den Debatten machte einen leistungsfä-
higen Übersetzungsdienst erforderlich. Ein solcher wurde in der Gemeinsamen
Versammlung durchaus bereitgestellt; die Lösung erwies sich dennoch nicht als
frei von Komplikationen. Häufig gab es Übersetzungsschwierigkeiten.[82] So sah sich
Hermann Pünder gefordert, während einer Sitzung der Gemeinsamen Versamm-
lung 1953 einen seiner Meinung nach unbeholfen ins Deutsche übertragenen Text-
abschnitt auf die Schnelle umzuformulieren.[83] Überhaupt wurde ein beträchtlicher
Teil der Sitzung jenes Tages von Übersetzungsfragen eingenommen.[84] Bei anderer
Gelegenheit rüffelte der deutsche Sozialdemokrat Gerhart Kreyssig (1899-1982) die
Übersetzung des zur Abstimmung vorgelegten Änderungsantrages; sein christde-
mokratischer Landsmann Hermann Kopf (1901-1991) unterstützte ihn dabei.[85]
Umgekehrt demonstrierte manch einsprachiger Schlagabtausch, wie lebendig eine
Debatte ohne Sprachhürden sein konnte.[86]

Zudem stellten sich viele organisatorische und technische Probleme bei der
Umsetzung. Diese Schwierigkeiten waren oft nicht ganz einfach zu lösen, wie die
Vorkehrungen, die man für die Sitzung der Gemeinsamen Versammlung in Rom
im Herbst 1957 treffen musste, anschaulich zeigen. Hier wurde geregelt, dass die
Ansprache zum Dîner, die der Versammlungspräsident, der deutsche Christdemokrat Hans Furler (1904-1975), auf Deutsch hielt, ins Italienische zu übersetzen
sei. Die Antwort darauf, auf Italienisch gehalten, sei dann ins Französische zu
übertragen. Für den internationalen Pressetermin legte man dagegen fest:

> „Herr Präsident Furler wird in dt. Sprache eine Erklärung abgeben, die ins Italienische
> zu übersetzen ist. Anschließende Fragen in ital. Sprache sind dem Herrn Präs. in dt.
> Sprache zuzuflüstern, die Antworten sind laut ins It. zu übertragen. Fragen von Vertre-
> tern der angelsächsischen Presse in engl. Sprache sind ins It. zu übertragen und dem

---

[81] Vgl. ibid., 23. April 1956, S. 18f.

[82] Vgl. als Beispiele unter vielen: Gemeinsame Versammlung, 20. Juni 1953, S. 202-207, oder ibid.,
19. Mai 1954, S. 269.

[83] Vgl. ibid., 20. Juni 1953, S. 202.

[84] Vgl. ibid., S. 204-207.

[85] Vgl. ibid., 19. Mai 1954, S. 269.

[86] Man betrachte etwa den Wortwechsel in französischer Sprache zwischen Pierre Wigny, Paul-Henri
Spaak und Jean Monnet; vgl. ibid., 23. Juni 1953, S. 203.

Herrn Präs. in dt. Übersetzung zuzuflüstern, dessen Antworten sowohl ins It. als auch ins Engl. laut zu übertragen sind."[87]

Dass die vier- oder fünfsprachigen Versammlungen unter diesen Bedingungen eine zentrale Funktion von Parlamenten im eingebürgerten Sinne, nämlich die öffentliche Artikulation politischer Gegensätze in Plenardebatten, nur in weit eingeschränkterem Maße als ein einsprachiges Parlament (aber auch als die zweisprachige Beratende Versammlung) ausüben konnten, ist evident. Allen europäischen Versammlungen gemeinsam war zudem das Fehlen entscheidender Befugnisse solcher „Normal"-Parlamente – vor allem das Recht zur Gesetzgebung oder zur Kontrolle einer vom Parlament abhängigen Regierung. So erklärt sich, dass diese Einrichtungen mit der Zeit aus dem Fokus der öffentlichen Aufmerksamkeit herausrückten. Doch nicht nur in der Öffentlichkeit, sondern auch bei den Europapolitikern selbst war festzustellen, dass man den Versammlungen mit den Jahren eine immer geringere Bedeutung beimaß. Dies äußerte sich etwa darin, dass ihnen Politiker ersten Ranges zunehmend fernblieben; statt dessen dominierten hier nun Vertreter aus der zweiten Reihe der nationalen Parlamente. Da somit weder die Beratende noch die Gemeinsame Versammlung als neues, zentrales Identifikationsangebot an alle Europäer wirksam werden konnten, konnten beide auf diesem Wege auch keine dauerhaften Impulse für die europäische Integration liefern.

Dass das europäische Kommunikationsproblem durch die Entscheidung für die prinzipielle Gleichberechtigung aller Nationalsprachen nicht behoben, sondern im Vergleich zu den Verhältnissen im zweisprachigen Europarat vielmehr verschärft worden war, empfanden die meisten Europapolitiker nicht als gravierenden Mangel. Obwohl beschränkte Fremdsprachenkenntnisse die Verständigung selbst unter ihnen – also unter den Angehörigen auch in punkto Sprachbildung privilegierter Eliten –, spürbar behinderten, entwickelten nur wenige Europapolitiker den Wunsch, hier aktiv einzugreifen.

Die Antwort auf die Sprachenfrage, die sich mit der Verlagerung der Integration auf das Europa der Sechs durchsetzte, betraf jedoch keineswegs nur die parlamentarischen Versammlungen, sie beeinflusste auch die weitere sprachliche Entwicklung in den westeuropäischen Gesellschaften insgesamt. Nachdem auf europäischer Ebene die englisch-französische Tandem-Lösung stark an Boden verloren hatte und die Versuche, das Französische offiziell zur privilegierten Arbeitssprache im „Europa der Sechs" zu erheben, gescheitert waren, existierte keinerlei

---

[87] Notiz betreffend die Veranstaltungen, die von dem Herrn Präsidenten bzw. von dem Präsidium der Gemeinsamen Versammlung in der Zeit zwischen dem 31. Oktober und dem 10. November 1957 in Rom durchgeführt werden, verfasst vom stellvertretenden Generalsekretär Walter Hummelsheim. In: BAK, N 1255 (= Nachlass Hans Furler), Nr. 11: Europa. Montanunion 1957, S. 2.

Druck oder auch nur Anreiz mehr, in den Nationalstaaten bildungspolitisch auf entsprechende Vorgaben zu reagieren. Da die europäische Ebene generell als zunehmend bedeutsam betrachtet wurde, wären andernfalls sicherlich in vielen Ländern die Schwerpunktsetzungen in der Fremdsprachen-Bildung überprüft worden, und es hätte sich ein neues Motivationsmoment für individuelle Bildungsanstrengungen ergeben. Eine entsprechende Entwicklung blieb nun aus.

Dass der Europarat ein Modell der zwei Leitsprachen verfolgte, rechtfertigte sich durch das hohe Prestige der beiden Sprachen, vor allem aber war es im politischen Übergewicht Frankreichs und des Vereinigten Königreichs im jungen Europarat begründet. Die Antwort des Europarats auf die Sprachenfrage spiegelte also eine politische Vorstellung – jene von der gemeinschaftlichen Führung Europas durch Großbritannien und Frankreich – wider. Europa sollte sich um dieses politische Gravitationszentrum herum auch sprachlich einigen, wobei das Leitsprachen-Tandem zwar keine einzelne *lingua franca* liefern konnte, aber ein voll funktionstüchtiges Surrogat hierfür zu werden versprach. Dieser Leitsprachendualismus scheiterte letzlich daran, dass auch das Europa unter britisch-französischer Führung scheiterte: Das Beiseitestehen Großbritanniens, begründet im Unwillen der britischen Politik, sich auf jedwede ihr Land bindenden Integrationsschritte einzulassen, machte das von vielen gewünschte französisch-britische Gravitationszentrum der Integration obsolet. Durch den hierdurch verursachten politischen Bedeutungsverlust des Europarates (der seinen sichtbaren Ausdruck zunächst im Scheitern des Versuchs, ihn 1950 in eine Organisation mit eigenständigen Entscheidungsrechten umzubauen, fand), büßte der bilinguale Ansatz stark an Leuchtkraft ein.

Frankreich konnte nun, solange es allein auf sich gestellt war, weder politisch noch sprachlich ein ausreichendes Gewicht in die Waagschale werfen: Es konnte politisch die Integration erst wieder vorantreiben, wenn es dabei von einem neuen Partner unterstützt wurde. Diesen neuen Partner fand die französische Politik *nolens volens* in der westdeutschen Bundesrepublik. Analog dazu erfüllte das Französische für sich allein nicht die Bedingungen, die man an eine europäische Verkehrssprache stellte; seine Verbreitung und sein Stellenwert in den nationalstaatlichen Bildungskulturen war dafür nicht überall groß genug. Ein französisch-deutscher Bilingualismus wurde niemals in Betracht gezogen; da er starke Erinnerungen an die erst kurze Zeit zurückliegende deutsche Gewaltherrschaft auf dem Kontinent geweckt hätte, wäre er mit Sicherheit auf keinerlei Akzeptanz gestoßen. So fiel auch diese Variante aus. Was blieb, war die betonte Gleichberechtigung – wie der Staaten so auch der Sprachen. Die Entwicklung in der Sprachenfrage spiegelte also allgemeinpolitische Entwicklungen wider, ohne sie eins zu eins abzubilden.

5   Tendenzen und Perspektiven

Wenn in der europäischen Sprachenfrage bis Mitte der 1950er Jahre die entscheidenden Weichen gestellt worden waren, so bedeutete dies jedoch nicht, dass von
da an keinerlei Entwicklung mehr stattgefunden hätte. Der Europarat zeigte sich
hierbei sehr konservativ. Er übernahm in den folgenden Jahrzehnten bei sich ver-
größerndem Mitgliederkreis zunehmend die Rolle eines Mediators der kulturellen
Annäherung zwischen den europäischen Ländern. Insbesondere die weltpolitische
Zäsur um 1990 veränderte sein Gesicht; zahlreiche mittel-, ost- und südosteuropäische Länder traten ihm bei. Die Sprachenregelung der ersten Stunde dagegen
wurde fast unverändert beibehalten: Bis heute besitzen im Europarat nur Französisch und Englisch den Status von Amtssprachen. Immerhin gab es eine kleine
Modifikation bei den Arbeits- oder Hilfssprachen: Zu diesen zählt nämlich mittlerweile neben dem Deutschen und dem Italienischen auch das Russische.

Dieser weitgehende Stillstand führte bisweilen zu Friktionen. Nach dem Ende
der Franco-Diktatur und dem folgenden Beitritt Spaniens 1976 etwa hielten sehr
viele spanische Delegierte in dem nun Parlamentarische Versammlung genannten
Organ ihre Reden auf Spanisch. Die Redner mussten sich nun aber selbst darum
bemühen, dass eine Übersetzung ihrer Rede in eine der Amtssprachen (oder zumindest in eine der Hilfssprachen) dem Sekretariat der Versammlung vorgelegt
wurde. War dies – möglicherweise, weil die Delegierten der Auffassung waren,
auch Spanisch sei eine Weltsprache, derer man sich umstandslos im Europarat be-
diene könne –, nicht der Fall, so erschien in den Sitzungsberichten anstelle der Rede lediglich eine lapidare Bemerkung, dass gemäß Artikel 18 und 23 der Ge-
schäftsordnung die Rede nicht veröffentlicht werde.[88]

Die politischen Integrationsbemühungen hatten sich aber, wie erwähnt, bereits
in den frühen 1950er Jahren vom Europarat auf den „kleineuropäischen" Zirkel
der Sechs verlagert. Nach dem Scheitern der sehr weitreichenden Projekte EVG
und EPG und der daraus resultierenden tiefen Ernüchterung lieferte die Doppel-
krise des Jahres 1956 (Suez und Ungarn) den Anstoß für einen neuen Anlauf zur
Integration. Dieser – bekannt geworden als *rélance européenne*, als europäischer
Neustart also – führte 1957 zum Abschluss der Römischen Verträge, mit denen
EWG und Euratom begründet wurden. Beide wurden aus dem Mitgliederkreis
und nach dem institutionellen Schema der Montanunion gebildet.[89] Auch deren
Sprachenregelung wurde übernommen. An dem Prinzip der Gleichberechtigung

---

[88] Vgl. unter vielen anderen Beispielen die Bemerkung zur nicht veröffentlichten Rede des spanischen
Delegierten Delagdo im Oktober 1979: Conseil de l'Europe, Assemblée parlementaire, Trente et unième
session ordinaire. Compte rendu des débats, Straßburg 1980, S. 304.
[89] Serra (1989).

aller Nationalsprachen hielt man im Folgenden fest; auch bei der Gründung der Europäischen Union, mit der man die weltpolitische Zäsur von 1989-91 beantwortete, änderte sich hieran nichts.

Die Sprachenlage hatte sich zwischenzeitig jedoch durch die wiederholten Erweiterungen der Europäischen Gemeinschaften bzw. der EU umgestaltet. Im verwaltungsmäßigen Innenbereich der drei Europäischen Gemeinschaften Montanunion, Euratom und EWG, der 1967 zur einheitlichen Europäischen Kommission zusammengelegt wurde, besaß das Französische (anders als im öffentlichkeitswirksamen Parlament) zunächst eine Position als *primus inter pares*. Diese Stellung ergab sich nicht zuletzt daraus, dass sämtliche europäische Institutionen in (im weiteren Sinne) frankophonen Gebieten angesiedelt waren. Diese Position wurde jedoch durch die Norderweiterung der drei Gemeinschaften 1973 erschüttert. Mit dem Hinzutreten des Vereinigten Königreichs, Irlands und Dänemarks gab es erstmalig auch Englisch sprechende „Eurokraten" (die zudem oft wenig Französisch verstanden), was auf den internen Umgang abfärbte. Englisch wurde in der Kommission zunehmend zu einer ebenso wichtigen Sprache wie Französisch. Die folgenden Erweiterungsrunden – Süderweiterung 1981/1986, kleine Norderweiterung 1995, große Osterweiterung 2004 sowie deren Nachschlag 2007[90] – erhöhten den Anteil an Beamten, die Englisch weit besser als Französisch beherrschten, signifikant. Die Position des Französischen wurde so weiter geschwächt. Heute ist es in der europäischen Verwaltung eher dem Englischen nachgeordnet als umgekehrt.

Im Europäischen Parlament sind die veränderten Sprachenverhältnisse, zu denen die wiederholten Erweiterungen führten, besonders greifbar. Sein institutioneller Vorläufer, die Gemeinsame Versammlung, war mit vier Sprachen gestartet, die simultan ineinander zu übersetzen waren. Es gab also sechs Übersetzungspaare (damit ist jede Kombination aus zweien der Sprachen gemeint – etwa Italienisch mit Deutsch). Da jedoch für eine Übersetzung vom Deutschen ins Italienische andere Fertigkeiten erforderlich sind als für eine Übersetzung vom Italienischen ins Deutsche, ist eigentlich die Zahl der Übersetzungs*richtungen* die aussagekräftigere Größe. Diese lag entsprechend anfangs bei zwölf. Eine solche Aufgabe war bereits technisch und organisatorisch nicht einfach zu lösen. Nun stieg die Zahl der Amtssprachen in den Europäischen Gemeinschaften durch die Norderweiterung auf sechs, durch die Süderweiterung auf neun, durch die kleine Norderweiterung auf elf, durch die Osterweiterung auf 20, durch deren Nachschlag und den Umstand,

---

[90] 1981 trat Griechenland den Europäischen Gemeinschaften bei, 1986 Spanien und Portugal. 1995 schlossen sich Schweden, Finnland und Österreich der EU an, 2004 Polen, Ungarn, Slowenien, Tschechien und die Slowakei, Estland, Lettland und Litauen, Malta sowie Zypern. 2007 folgten Bulgarien und Rumänien.

dass 2007 auch das irische Gälisch zur Amtssprache erhoben wurde, schließlich auf die gegenwärtigen 23.[91] Die Zahl der Übersetzungspaare kletterte entsprechend von ursprünglich sechs auf 15, dann 36, weiter auf 55, zuletzt 190 bis auf die heutigen 253. Die Zahl der Übersetzungsrichtungen war jeweils doppelt so hoch; derzeit liegt sie also bei 506.[92] Dies stellt eine enorme organisatorische und technische Herausforderung dar, die die EU mit einem ausgebauten Apparat an Übersetzern zu meistern versucht. Dass die Übertragung bei eher exotischen Übersetzungsrichtungen, z.B. vom Maltesischen ins Bulgarische oder vom Gälischen ins Lettische, ohne Zwischenübersetzungen in gängige Drittsprachen kaum zu bewerkstelligen ist, liegt auf der Hand. Ebenso evident ist, dass hierdurch die Ungenauigkeiten vervielfacht werden und die Kommunikation leidet.

Auf lange Sicht ermöglichte das Prinzip der Gleichberechtigung aller Nationalsprachen die kontinuierliche Aufwertung des Englischen. Dieses gewann seine Bedeutung als Sprache der politischen, ökonomischen und kulturellen Supermacht USA. Wie groß die Bedeutung des Englischen mittlerweile ist, zeigt auch ein Blick auf die heute in der Bevölkerung der EU-Länder verbreiteten Sprachkenntnisse. Hierzu liegen verschiedene so genannte Eurobarometer-Umfragen vor, die von der Europäischen Kommission beauftragt und bezahlt werden. Die aktuellste darunter wurde im Jahr 2005 durchgeführt; ihre Befragten repräsentierten statistisch, wie es heißt, die Gesamtbevölkerungen der damals 25 Mitgliedsländer sowie vier beitrittswilliger Staaten. Der Umfrage zufolge beherrschte beinahe die Hälfte – exakt: 44% – der Befragten in der 25er EU keine einzige Fremdsprache. Dies zeigt, wieweit man zu diesem Zeitpunkt von einem einheitlichen Kommunikationsraum Europa entfernt war. Unter den Fremdsprachen war Englisch die weitaus verbreitetste: 38% der Befragten gaben an, über ausreichend Englischkenntnisse zu verfügen, um eine Unterhaltung in dieser Sprache führen zu können. Damit waren Englischkenntnisse beinahe dreimal so verbreitet wie Kenntnisse des Französischen oder Deutschen (je 14%). Spanisch- und Russischkenntnisse spielten mit je 6%, Italienischkenntnisse mit 3% keine nennenswerte Rolle.[93] Noch deutlicher wird dieses

---

[91] Die Amtssprachen waren von 1951 bis 1973 Französisch, Italienisch, Niederländisch und Deutsch. 1973 traten Englisch und Dänisch hinzu, 1981 Neugriechisch, 1986 Spanisch und Portugiesisch, 1993 Schwedisch und Finnisch, 2004 Polnisch, Slowenisch, Ungarisch, Tschechisch, Slowakisch, Estnisch, Lettisch, Litauisch sowie Maltesisch. 2007 wurde Irisch EU-Amtssprache. Im selben Jahr kamen noch Rumänisch und Bulgarisch hinzu. Zusätzlich haben in der EU auch drei Regionalsprachen Amtsstatus, nämlich Baskisch, Katalanisch und Galizisch.

[92] Zur Berechnung der künftig noch möglichen Entwicklungen sei hier die allgemeine Formel angegeben. Bei n Sprachen errechnet sich die Anzahl der Übersetzungspaare, genannt p, wie folgt: $p = \frac{1}{2}(n^2 - n)$. Die Formel für die Übersetzungsrichtungen, bezeichnet als r, lautet demzufolge: $r = n^2 - n$.

[93] Eurobarometer Spezial 243 (Welle 64/3): Die Europäer und ihre Sprachen. Durchgeführt im Auftrag der Generaldirektion Bildung und Kultur und koordiniert von der Generaldirektion Presse und Kommunikation. Befragung November/Dezember 2005, Veröffentlichung Februar 2006. Im Internet als pdf

Bild, wenn man sich ansieht, welches die *erste* Fremdsprache war: Für insgesamt 30% der Bürger der 25er Union stellt dies Englisch dar und nur für je 6% Französisch bzw. Deutsch.[94] Rechnet man die Menschen mit Englisch als Muttersprache und die mit englischen Fremdsprachkenntnissen zusammen, sprachen immerhin etwa 51% der Bevölkerung in der EU konversationstaugliches Englisch.[95] Es zeigte sich allerdings ein deutliches Gefälle in Europa: Während in Schweden und den Niederlanden acht von neun Befragten angaben, Unterhaltungen auf Englisch führen zu können, sah sich in Ländern wie Belgien, Deutschland oder Österreich lediglich etwa die Hälfte der Befragten des Englischen in dieser Form mächtig. In Spanien, Ungarn oder Tschechien war dies sogar nur etwa jeder Vierte (vgl. Abbildung 2).[96]

Der Umfrage zufolge gab es 2005 außer den Ländern mit zumindest teilweise frankophoner Bevölkerung kein Land in der EU, in dem etwa einem Touristen Französisch nützlicher gewesen wäre als Englisch. Zwar lag in allen rein romanischsprachigen Ländern die Verbreitung von Englischkenntnissen unter dem EU-Durchschnitt, was die Vermutung nahelegt, dass dort möglicherweise Französischkenntnisse den entsprechenden Platz eingenommen hätten. Die sprachliche Verwandtschaft erleichtert schließlich den Erwerb einer Fremdsprache sehr. Tatsächlich aber lag selbst in den beiden kulturell stark auf Frankreich ausgerichteten Ländern Rumänien und Portugal Englisch vorne; immerhin erreichte Französisch hier recht hohe Werte. In Italien und Spanien konnte davon keine Rede sein: Hier waren Französischkenntnisse sehr wenig verbreitet und Englisch trotz eines niedrigen Wertes mit Abstand die Fremdsprache Nr. 1.[97] Kurz gesagt: Eine Teilung der EU auf dem Gebiet der Fremdsprachenkenntnisse in eine eher anglophone und eine eher frankophone Zone ist im frühen 21. Jahrhundert definitiv nicht gegeben. Wenn sich eine solche Teilung bei den Eliten der 1950er Jahre hatte beobachten lassen, so spiegelte das bereits damals nicht zwingend die Situation in den Bevölkerungen wider. Die Entwicklung nach der Zäsur um 1990 hat nun dazu geführt, dass Französisch nicht nur seine Position auf Augenhöhe mit dem Englischen ein-

---

abrufbar: http://ec.europa.eu/education/languages/pdf/doc631_de.pdf. Die angegebenen Zahlen zu den Fremdsprachenkenntnissen finden sich auf S. 9 u. 13 bzw. im Anhang in Tabelle D48T.

[94] Ibid., Anhang, Tab. D48b.

[95] Die Werte ergeben sich aus der Addition der Angaben zu den Muttersprachen (ibid., Tab. D48a) und jener zu den Fremdsprachenkenntnissen (Tab. D48T).

[96] Die prozentualen Ergebnisse im einzelnen: Irland 99, Vereinigtes Königreich 99, Malta 90, Schweden 89, Niederlande 88, Dänemark 86, Zypern 76, Finnland 63, Luxemburg 61, Belgien 59, Österreich 58, Slowenien 57, Deutschland 56, Kroatien 49, Griechenland 48, Estland 46, Lettland 39, Frankreich 37, Litauen 32, Portugal 32, Slowakei 32, Italien 31, Polen 29, Rumänien 29, Spanien 27, Tschechien 24, Ungarn 23, Bulgarien 23, Türkei 27.

[97] Die Werte: Italien 31% Englisch- gegenüber 14% Französischsprechenden; Spanien 27% gegenüber 12%; Portugal 32% gegenüber 24%; Rumänien 29% gegenüber 24%. Ibid., Tab. D48T.

gebüßt hat, sondern sogar den Rang der zweitverbreitetsten Sprache im integrierten Europa (errechnet aus der Summe von Mutter- wie konversationstüchtigen Fremdsprachlern) an das Deutsche hat abtreten müssen.[98]

Dass die Verbreitung des Englischen mit an Sicherheit grenzender Wahrscheinlichkeit noch weiter wachsen wird, demonstrieren schließlich die Ergebnisse zweier weiterer Fragen nachdrücklich: Auf die Frage danach, welche beiden Sprachen neben der eigenen Muttersprache künftig die nützlichste für Karriere und persönliches Vorwärtskommen sein werde, nannten EU-weit 68% das Englische. Auf den weiteren Plätzen folgten Französisch mit 25%, Deutsch mit 22% und Spanisch mit 16%.[99] Und auf die Frage danach, welche beiden Fremdsprachen die Kinder lernen sollten, zeigte sich eine nochmals ausgeprägtere Präferenz für das Englische: Hier wählten 77% Englisch, 33% Französisch, 28% Deutsch und 19% Spanisch.[100] Dass Englisch in praktisch allen Ländern als am nützlichsten und für die Bildung der Kinder als am erstrebenswertesten eingestuft wird, ist ein Trend, der einheitlich für die westeuropäischen Länder wie für die jüngst beigetretenen Staaten gilt.[101] Englisch ist, ganz besonders in den Augen der jüngeren Generation, die weitaus attraktivste Fremdsprache.

In einem vereinten Rechts- und Wirtschaftsraum, wie ihn die EU heute darstellt, ist ungehinderte Kommunikation eine Notwendigkeit. Das Bedürfnis nach einer Verkehrssprache in der Europäischen Union dürfte somit weiter wachsen. Auf absehbare Zeit kann diese Rolle nur das Englische ausfüllen. Für das Modell des Leitsprachen-Tandems Englisch und Französisch bestünden heute keine tragfähigen Voraussetzungen; hätte es sich in den 1950er Jahren zusammen mit einem erfolgreicheren Europarat durchgesetzt, könnte dies womöglich anders aussehen. Der Bilingualismus der frühen Europa-Exponenten ist also gescheitert. Nun hat das Englische seinen Bedeutungsvorsprung gegenüber dem Französischen aber in erster Linie der kulturellen, ökonomischen und politischen Dominanz der USA zu verdanken; sie ist kein Ergebnis gezielter Integrationsmaßnahmen, und sie steht mit der europäischen Integration nur indirekt und insofern in Zusammenhang, als diese durch die ökonomischen Integrationsmaßnahmen auch die gesellschaftliche

---

[98] Zum einen stieg die Zahl der EU-Bürger mit deutscher Muttersprache durch die Angliederung der DDR an die Bundesrepublik sowie durch den Beitritt Österreichs zur EU. Zum anderen schlossen sich insbesondere bei der Osterweiterung von 2004 etliche Länder an, in denen Deutschkenntnisse vergleichsweise verbreitet, solche des Französischen dagegen kaum vorhanden sind: Polen (20% Deutsch-gegenüber 3% Französischsprechenden), Ungarn (26% gegenüber 2%), Tschechien (28% gegenüber 2%), Slowenien (50% gegenüber 4%); vgl. ibid., Tab. D48a in Kombination mit Tab. D48T.

[99] Ibid., S. 31 u. Anhang Tab. QA2a.

[100] Ibid., S. 34 u. Anhang Tab. QA2b.

[101] Nur in Luxemburg kommt Französisch bei diesen Fragen auf Platz 1. Es ist aber als Fremdsprache nicht ganz zutreffend charakterisiert, da es in diesem Land Verwaltungssprache ist.

Verflechtung der europäischen Länder verstärkt und damit den Kommunikations-
bedarf erhöht hat.

Abbildung 2:   Ergebnisse von im Jahr 2005 durchgeführten repräsentativen
Umfragen in 29 europäischen Ländern zur Sprechfähigkeit im
Englischen.

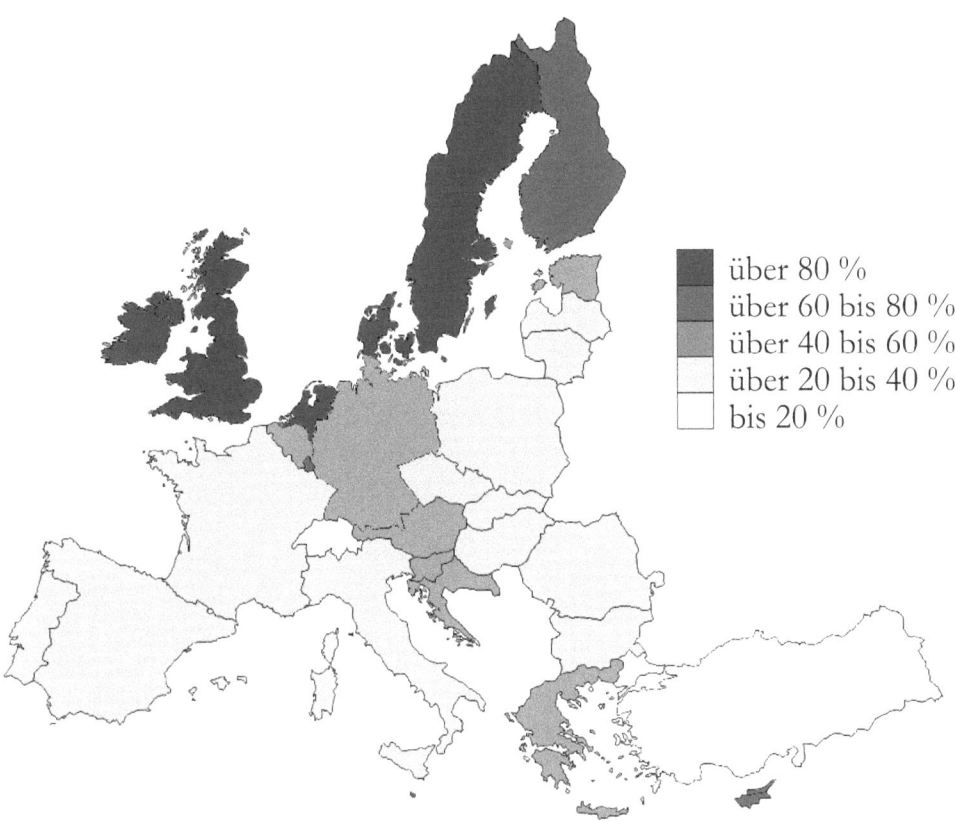

über 80 %
über 60 bis 80 %
über 40 bis 60 %
über 20 bis 40 %
bis 20 %

Die Schattierungen stehen für den Prozentsatz der jeweiligen Bevölkerung, welcher entweder angibt,
Englisch als Muttersprache zu haben, oder – als Nichtmuttersprachler – sich selbst als befähigt ein-
schätzt, ein Gespräch auf Englisch zu führen. Je dunkler die Schattierung, desto höher ist der Anteil der
Bevölkerung, welcher in diesem Sinne über aktive Englischkenntnisse verfügt. Die Zahlenwerte für die
einzelnen Länder sind in Anm. 96 angegeben; ermittelt wurden sie aus den Daten des Eurobarometer
Spezial 243 (vgl. Anm. 93-95).

Wenn man festhält, dass auf absehbare Zeit nur eine einzige Sprache das Potenzial
zur allgemeinen Verkehrssprache besitzt, so beschränkt sich dieses Phänomen aber
keineswegs auf Europa oder die EU: Auch weltweit ist nur eine *lingua franca* in

Sicht – eben Englisch. Daher kann eine mögliche europäische Verkehrssprache Englisch auch nicht zum Merkmal der Abgrenzung Europas nach außen und dadurch zum kulturellen Kitt nach innen werden. Die Entwicklung betrifft vielmehr zumindest alle westlichen Länder; sie ist als Teil der „Globalisierung" anzusprechen. Nun ist anzunehmen, dass mit zunehmender Verbreitung des Englischen gleichzeitig die anderen Standardsprachen an Bedeutung einbüßen werden, dass nicht zuletzt auch kleinere Regionalsprachen oder Dialekte noch weiter marginalisiert werden – womöglich, bis sie ganz verschwinden. Möglicherweise stellt dies den Preis der verbesserten Verständigungsmöglichkeit zwischen größten Menschengruppen dar. Während jedoch die europäischen Nationalstaaten des 19. und überwiegend auch die des 20. Jahrhunderts in der Beiseitedrückung aller anderen als der Nationalsprache meist aktiv, nicht selten aggressiv vorgingen, ist der Ablauf heute ein ganz anderer. Die Verbreitung der künftigen europäischen Verkehrssprache Englisch verläuft zwar nicht – wie in den 1950ern debattiert – im Gefolge legitimierter Entscheidungen, sondern weitgehend ungeplant, der Marktmacht wie dem Willen einer großen Mehrheit der Menschen folgend, aber sie verläuft auch ohne den Einsatz politisch-administrativer Zwangsmaßnahmen. Der Verständigung der Europäerinnen und Europäer untereinander wird diese kaum aufzuhaltende Verbreitung des Englischen zuträglich sein; wie stark die sprachliche Vielfalt als kulturelles Merkmal Europas durch sie verringert werden wird, bleibt abzuwarten.

Literatur

Dalton, Hugh (1962): High Tide and After. Memoirs 1945-1960. London: Muller

Dülffer, Jost (2004): Europäische Zeitgeschichte, Narrative und historiographische Perspektiven. In: Zeitgeschichtliche Forschungen 1. 2004. 51-71

Gaitskell, Hugh (1962): The Quality of Hugh Dalton. In: Guardian. 14. Februar 1962

Hudemann, Rainer/Kaelble, Hartmut/Schwabe, Klaus (Hrsg.) (1995): Europa im Blick der Historiker. Europäische Integration im 20. Jahrhundert – Bewusstsein und Institutionen. München: Oldenbourg

Loth, Wilfried (Hrsg.) (1990): Die Anfänge der europäischen Integration 1945-1950. Bonn: Europa-Union-Verlag

Schmid, Carlo (1979): Erinnerungen. Bern: Scherz

Serra, Enrico (Hrsg.) (1989): Il rilancio dell'Europa e i trattati di Roma. Brüssel: Bruylant

Thiemeyer, Guido (1998): Supranationalität als Novum in der Geschichte der internationalen Politik der fünfziger Jahre. In: Journal of European Integration History 4. 1998. 5-23

Trausch, Gilbert (1995): Der Schuman-Plan zwischen Mythos und Realität. Der Stellenwert des Schuman-Planes. In: Hudemann et al. (1995): 105-128

Trunk, Achim (2007): Europa, ein Ausweg: Politische Eliten und europäische Identität in den 1950er Jahren. München: Oldenbourg

Volkmann, Hans-Erich/Schwengler, Walter (Hrsg.) (1985): Die Europäische Verteidigungsgemeinschaft.
        Stand und Probleme der Forschung. Boppard: Boldt
Weber, Petra (1996): Carlo Schmid 1896-1979. Eine Biographie. München: Beck

Erinnerung als Medium der kulturellen Integration Europas?

Birgit Schwelling

1 Einleitung

Die Debatte um die kulturellen Grundlagen Europas und die damit verbundene Frage nach der Existenz und Möglichkeit der Schaffung einer europäischen Öffentlichkeit und Identität sind seit einigen Jahren in das Zentrum des gesellschaftlichen und wissenschaftlichen Interesses gerückt. Dieses Interesse ist zum einen auf den Erweiterungsprozess der Europäischen Union zurückzuführen, der Fragen nach der Finalität und den Fundamenten des Projekts der europäischen Integration dringlich erscheinen lässt. Zum anderen haben Ereignisse wie die niedrige Wahlbeteiligung an der zweiten Direktwahl zum Europäischen Parlament im Jahr 1984 oder die Ablehnung des Maastricht-Vertrages im dänischen Referendum im Jahr 1992 die fehlende Identifikation der Bürger der Mitgliedsstaaten der Europäischen Union und ihrer institutionellen Vorläufer bereits seit den 1980er Jahren deutlich werden lassen. Die nicht mit dem wirtschaftlichen und politischen Zusammenwachsen Europas Schritt haltende gesellschaftliche und kulturelle Integration war zwar nicht erst seit diesem Zeitpunkt zu beobachten. Aber auf Grund der zunehmenden Übertragung politischer Kompetenzen an die Brüsseler Zentrale wurde diese Diskrepanz nun zunehmend als Defizit interpretiert. In Stichworten wie symbolisches Defizit,[1] Öffentlichkeitsdefizit,[2] Legitimitätsdefizit,[3] Demokratiedefizit[4] oder auch Identitätsdefizit[5] spiegelt sich diese Diagnose wider.

Die Frage nach der Existenz gemeinsamer europäischer Erinnerungen und nach deren integrativer Kraft lässt sich insofern in diesen größeren Kontext einordnen, als damit Fragen nach der Legitimität des europäischen Projekts und insbesondere nach den Grundlagen einer gemeinsamen europäischen Identität be-

---

[1] Patel (2004).
[2] Gerhards (2000); Gerhards (2002).
[3] Höreth (1999).
[4] Decker (2002).
[5] Schmale (2000), 266ff.

rührt sind, sind Erinnerungen doch erprobte und erfolgreiche Anknüpfungspunkte bei der Schaffung und Stabilisierung kollektiver Identitäten. In der Geschichte der Nationalstaaten etwa finden sich unzählige Beispiele für eine solche Identitätsfundierung. Traditionen werden, wie Eric Hobsbawm gezeigt hat, „erfunden", um „den gesellschaftlichen Zusammenhalt oder die Mitgliedschaft in Gruppen, wirklichen oder künstlichen Gemeinschaften, her[zu]stellen oder [zu] symbolisieren".[6] Erinnerung, so lässt sich mit Aleida Assmann argumentieren, ist „jene partielle Ausleuchtung von Vergangenheit, wie sie ein Individuum oder eine Gruppe zur Konstruktion von Sinn, zur Fundierung ihrer Identität, zur Orientierung ihres Lebens, zur Motivierung ihres Handelns brauchen".[7]

Vor diesem Hintergrund erstaunt es nicht, dass diejenigen, denen am Projekt der gesellschaftlichen und kulturellen Integration Europas sowie an der Bildung einer kollektiven europäischen Identität gelegen ist und die sich in den diesbezüglichen gesellschaftlichen Diskurs einbringen, häufig für die Fundierung einer solchen Identität durch eine gemeinsame europäische Erinnerung plädieren, wie die folgenden Beispiele illustrieren.

Der Staatsrechtler Ernst-Wolfgang Böckenförde hat vorgeschlagen, bei der Konstruktion einer gemeinsamen europäischen Identität bei einem „gemeinsamen europäischen Geschichtsbild" anzusetzen, in dem „die eigene Geschichte zugleich als Teil und Faktor der Geschichte Europas" wahrgenommen und erinnert werden soll. Als primäre Produzenten eines solchen Geschichtsbildes sieht er die Schulen: „Geschichte Europas als eigenes Unterrichtsfach, die Volks- oder Nationalgeschichte als integrierender Teil davon, und das mit aufeinander abgestimmten Lehrbüchern". Nicht zuletzt angesichts der gewaltsamen Geschichte Europas im 20. Jahrhundert erscheinen Böckenförde die Möglichkeiten des Gelingens einer solchen Konstruktion heute noch „prekär". Aber für die Zukunft sieht er die Verankerung eines gemeinsamen Geschichtsbildes durchaus als möglichen Weg.[8]

Auch der Historiker Johannes Fried sieht die Schaffung einer gemeinsamen Erinnerung als wesentlichen Faktor der kulturellen Integration. Europas Bürger werden, so Fried, „trotz Kooperation keine Integration und keine kollektive Identität" vorweisen können, solange ihre „nationalen Erinnerungsbilder divergieren". „Sollte es besser kommen, sollte Europa zur Integration finden, müssten wir uns daran gewöhnen, die Epoche der Nationalstaaten als eine *Durchgangsphase* unserer Geschichte, nicht als deren letztes *Ziel* zu erinnern. Europa zu entdecken und zu bauen verlangt Vergessen, verlangt Erinnern und verlangt unbewusste und bewusste Gedächtnisarbeit, kurzum: einen konstruktiven Erinnerungsprozess, der

---

[6] Hobsbawm (1998), 109.
[7] Assmann (1999), 408.
[8] Böckenförde (2003).

eine identitätsstiftende Wirkung entfaltet. Solange die Nationen ihre alten Vergangenheiten bewahren, wird es kein integriertes Europa, kein Bewusstsein ‚Wir Europäer' geben können".[9]

Und die Historikerin Ute Frevert, um einen letzten, auf ein gemeinsames Gedächtnis als Bezugsgröße einer europäischen Identität abzielenden Vorschlag anzuführen, spricht von einer „Gedächtnisoffensive",[10] die im europäischen Maßstab zu einer kollektiven Identität führen könnte. Als Vorlage sieht sie die Bemühungen der Nationalstaaten des 19. und frühen 20. Jahrhunderts, durch Schaffung gemeinsamer Symbole und Gründungsmythen eine emotionale Bindung und ein Zugehörigkeitsgefühl herzustellen. Europa müsse dabei seine negativen Erfahrungen nicht ignorieren, ganz im Gegenteil. In Soldatenfriedhöfen und ehemaligen Vernichtungslagern sieht Frevert gar „europäische Erinnerungsorte *par excellence*", aus denen ein „europäischer Funke"[11] schlagen könne: „Aus dieser geteilten Erfahrung könnte ein gemeinsamer ‚europäischer Traum' erwachsen: der Traum von einem Europa ohne Rassenhass und Nationalismus, ohne ethnische Säuberungen und Massengräber, ohne Kriegstreiberei, Todesstrafe und Fanatismus".[12]

Zu diesen die Konstruktion gemeinsamer europäischer Vergangenheitsbezüge fordernden Interventionen gesellen sich inzwischen Stimmen, die sich hinsichtlich der Existenz solcher gemeinsamer Erinnerungen in der Gegenwart und der Möglichkeiten einer zukünftigen Konstruktion eher skeptisch zeigen. So hat beispielsweise Stefan Troebst angesichts der vielfach gespalteten Erinnerung an die Gewaltgeschichte des 20. Jahrhunderts festgestellt, dass „der primäre Bezugsrahmen für Erinnerungskulturen in Europa der nationalstaatliche bzw. nationalgesellschaftliche" sei und auf absehbare Zeit auch bleiben werde.[13] Ähnlich skeptisch äußert sich Bernd Faulenbach: „Die Entwicklung einer europäischen Erinnerungskultur […] wird auf unabsehbare Zeit die nationalen Erinnerungskulturen nicht substituieren, sondern allenfalls ergänzen können".[14] Auch Hans-Ulrich Thamer teilt diese Ansicht, wenn er feststellt, dass „die Erinnerungskultur, zumindest soweit sie sich auf zeitgeschichtliche Erfahrungen bezieht, vorerst primär an nationalen Erzählungen orientiert bleiben" werde. Einer europäischen Erinnerungskultur und einem europäischen Geschichtsbewusstsein seien dadurch „enge nationale Grenzen gesetzt".[15]

---

[9] Fried (2001), 587.
[10] Frevert (2003), 168.
[11] Ibid., 169.
[12] Ibid., 183.
[13] Troebst (2006), 49.
[14] Faulenbach (2004), 110.
[15] Thamer (2007), 175.

Der Problematik von gesamteuropäisch-verbindlichen Erinnerungen kann man sich auf einem dritten Weg nähern, der im Folgenden beschritten werden soll. Es soll dabei weniger um eine Annährung über Zukunftsprojektionen gehen – auch wenn am Ende ein Ausblick in die zukünftige Entwicklung gewagt werden soll. Auch soll nicht erneut der Nachweis geführt werden, dass von der Existenz einer gesamteuropäisch verbindlichen Erinnerungskultur derzeit nicht die Rede sein kann. Vielmehr wird eine Annährung über die Frage versucht, ob sich Tendenzen und Initiativen der Transnationalisierung von Erinnerungen in Europa finden lassen, wer die Akteure und Träger einer solchen Entwicklung sind, welche Inhalte und Spezifika diese Erinnerungen aufweisen und an welche Schranken solcherlei Initiativen stoßen. Mit „transnational" werden dabei zunächst ganz allgemein „all diejenigen Interaktionen zwischen Individuen, Gruppen, Organisationen und Staaten bezeichnet [...], die über Grenzen hinweg agieren und dabei gewisse über den Nationalstaat hinausgehende Strukturmuster ausbilden".[16] Übertragen auf die hier im Zentrum der Aufmerksamkeit stehende Frage sind im Folgenden solche transnationalen Interaktionen von Interesse, die auf die Konstruktion einer gesamteuropäisch verbindlichen Erinnerung abzielen. Eine Formulierung von Peter Burke aufnehmend, lautet die zu untersuchende Frage also, wer von wem mit dem Ziel der Herstellung kultureller Integration auf europäischer Ebene was zu erinnern vorschlägt oder verlangt und an welche Grenzen solcherlei Vorschläge stoßen.[17]

Wie sich im dritten Abschnitt zeigen wird, sind solche, auf die Bildung einer Erinnerungsgemeinschaft europäischen Maßstabs abzielenden transnationalen Initiativen erst seit den 1990er Jahren zu beobachten. Ihnen gehen jedoch Entwicklungen voraus, die mit dem Ende des Zweiten Weltkriegs einsetzten und ohne die diese Initiativen nicht denkbar wären. Die Transnationalisierung von Erinnerungen in Europa wird daher als Prozess beschrieben, der sich graduell und Schritt für Schritt entwickelt und dessen Ergebnis derzeit noch offen ist. Facetten dieses Prozesses, auf die im zweiten Abschnitt näher eingegangen werden soll, reichen von der Ausbildung übergreifender Muster und Strukturmerkmale der Erinnerung im nationalen Kontext bis hin zu Phänomenen der gegenseitigen Beobachtung sowie der Entwicklung punktueller transnationaler Diskurse über die Deutung vergangener Ereignisse. In diesen Erinnerungen dominiert der Bezug auf den Zweiten Weltkrieg und auf die Gewaltgeschichte des 20. Jahrhunderts. Trotz der zu beobachtenden Gemeinsamkeiten in den Mustern und Strukturen der diesbezüglichen nationalen Erinnerungen stoßen Initiativen der Transnationalisierung in diesem Zusammenhang an deutliche Grenzen und auf massive Kritik. Eine integrative

16 Kaelble et al. (2002b), 9.
17 Burke (1991), 298.

Wirkung scheint von ihnen deshalb derzeit nicht auszugehen. Auf lange Sicht aussichtsreicher scheinen hingegen andere Initiativen zu sein, die ihren Schwerpunkt nicht auf die Gewaltgeschichte des 20. Jahrhunderts, sondern auf die Geschichte der europäischen Integration legen. Ihr integratives Potenzial wird im letzten Abschnitt diskutiert.

2   Facetten der Transnationalisierung von Erinnerungen in Europa

Hartmut Kaelble hat in seinen bahnbrechenden Studien zur Sozialgeschichte Europas aufgezeigt, dass der geografische Erfahrungsraum der Masse der Europäer bis in die 1950er Jahre hinein in der Regel nicht über das eigene Land, oft sogar nicht über die eigene Region hinausreichte. Wenn jedoch der Weg in andere europäische Länder führte, geschah dies im Rahmen der beiden Weltkriege und ihrer unmittelbaren Folgen. Für Soldaten, Kriegsgefangene, Flüchtlinge, Verfolgte und Deportierte waren die ersten Begegnungen mit dem europäischen Ausland eine traumatische, von der Ausnahmesituation des Krieges geprägte Erfahrung.[18]

Vor dem Hintergrund dieser massenhaften und traumatischen Kriegs-, Unterdrückungs- und Verfolgungserfahrungen ist es wenig erstaunlich, dass der Zweite Weltkrieg in den Erinnerungskulturen nahezu aller europäischen Gesellschaften einen zentralen Stellenwert einnimmt.[19] Die Identität der heutigen europäischen Gesellschaften baue, so Etienne François, „auf dem Vermächtnis des Zweiten Weltkriegs" auf.[20] Henry Rousso hat gar davon gesprochen, dass die Erinnerungen an den Zweiten Weltkrieg „im Vorstellungshaushalt zahlreicher europäischer Länder einen übermäßig großen Raum" einnehmen würden.[21] Die vergleichende Erinnerungsforschung hat herausgearbeitet, dass die Nationen jeweils gesondert ihre Erinnerungen an den Zweiten Weltkrieg formulierten, transnationale Formen der Erinnerung hingegen kaum vorhanden waren.[22] Diese nationalen Erinnerungen wiesen jedoch zahlreiche strukturelle Gemeinsamkeiten auf, die sich an Inhalten, Phasen und Konjunkturen des Erinnerns festmachen lassen. So nahm der Mord an den europäischen Juden bis in die 1960er Jahre hinein insgesamt we-

---

[18] Kaelble (1997), 54f.

[19] Flacke (2004).

[20] François (2004), 13.

[21] Rousso (2004), 367.

[22] Die nach dem Zweiten Weltkrieg entstandenen transnationalen Versöhnungsinitiativen unter anderem im Umfeld der Kirchen bilden hier sicherlich eine wichtige Ausnahme, deren Untersuchung insbesondere unter dem Gesichtspunkt der Konstruktion transnationaler Erinnerungen an den Zweiten Weltkrieg lohnend wäre. Hierzu liegen allerdings bisher kaum Forschungsergebnisse vor. Anregend in dieser Hinsicht, wenn auch nur skizzenhaft Goebel (2007).

nig Raum ein. Es dominierte ein heroisches Bild des Zweiten Weltkriegs und eine stark patriotisch grundierte Erinnerung, die darauf ausgerichtet war, die jeweiligen Nachkriegsgesellschaften zu integrieren und Konflikte und Verwerfungen der Kriegs- und Besatzungszeit zu glätten. Im Zentrum der Erinnerungen stand der Widerstand gegen die deutschen Besatzer. Kollaboration und Kollaborateure wurden in der unmittelbaren Nachkriegszeit scharf verurteilt, dann zunehmend tabuisiert.[23] Ab den 1960er Jahren kam es im westlichen Europa zur Infragestellung dieser Meistererzählungen und zu deren Dekonstruktion. Die im Zentrum stehenden Geschichten von Helden und nichtjüdischen Opfern wurden nun sukzessive durch die Vergegenwärtigung schmerzlicher und traumatischer Erfahrungen abgelöst. Mit diesen Tendenzen der kritischen Selbstbefragung nationaler Mythen und Geschichtsbilder in den europäischen nationalen Gesellschaften ging einher, dass der Holocaust und die jüdischen Opfer immer stärker in das Zentrum des Erinnerns rückten.[24]

Solche länderübergreifenden Erinnerungsmuster begründen noch keine gesamteuropäisch-verbindliche Erinnerung. Bei ihnen handelt es sich um nachträglich beobachtbare Gemeinsamkeiten, die den nationalen Gesellschaften selbst nicht bewusst gewesen sein dürften und von daher nicht mit einer „gelebten" europäischen Erinnerung und mit Vorstellungen von gemeinsamen, auf Europa bezogenen Sinnhorizonten und Zugehörigkeitsgefühlen verbunden waren. Dennoch können diese strukturellen Gemeinsamkeiten der nationalen Erinnerungen als Grundlage transnationaler Initiativen gewertet werden, weil die nationalen Gesellschaften zwar zunächst nicht miteinander, aber doch dieselben historischen Ereignisse erinnert haben, wenn auch aus jeweils nationaler, spezifischer Perspektive.

Einen bedeutenden Einfluss auf die zunehmende Vergegenwärtigung des Mordes an den europäischen Juden in den Erinnerungen der europäischen Nationalstaaten hatten die Medien. So lenkte die internationale Berichterstattung über den Prozess gegen Adolf Eichmann (1961) die internationale Aufmerksamkeit auf die Verbrechen der Nationalsozialisten. Ein weiteres wichtiges Ereignis war die Ausstrahlung des mehrteiligen Fernsehfilms Holocaust (1978/79) in zahlreichen Ländern, die ungewöhnlich hohe Einschaltquoten erzielte. Diese und ähnliche medial breit rezipierte Ereignisse führten zu heftigen innergesellschaftlichen Debatten.[25] Insgesamt ist noch wenig untersucht, ob diese im nationalen Rahmen stattfindenden Debatten außerhalb der jeweiligen Länder wahrgenommen, beobachtet und kommentiert wurden. Es gibt jedoch erste Hinweise, dass solche gegenseitigen

---

[23] François (2004), 19.

[24] Ibid., 21.

[25] Überblick bei Kroh (2008a), 52ff. Die Rezeption des Eichmann-Prozesses in der Bundesrepublik und der DDR untersucht Krause (2002).

Beobachtungen im Kontext vergangenheitsbezogener Debatten tatsächlich nachzuweisen sind. So hat Johan Östling gezeigt, dass die in anderen Ländern stattfindenden Debatten in Schweden durchaus zur Kenntnis genommen und kommentiert wurden:

> „For instance, the Historikerstreit in West Germany in 1986-8 was thoroughly dis-
> cussed in Sweden and could have been a stimulus to Swedish self-examination. Other
> national confrontations, such as the controversies surrounding the Austrian president
> Kurt Waldheim, the philosopher Martin Heidegger and the French Vichy regime, were
> also commented on in the media."[26]

Wenn solche gegenseitigen Beobachtungen stattfinden und nationale Debatten um
die Bedeutung vergangener Ereignisse kommentiert werden, ist, neben der Ausbildung vergleichbarer Muster der Erinnerung, eine weitere Grundlage für die
Transnationalisierung von Erinnerungen gegeben.

Eine dritte Dimension kommt hinzu, wenn neben der gegenseitigen Wahrnehmung ein Gesellschaften und Nationen übergreifender diskursiver Austausch
über vergangenheitsbezogene Inhalte stattfindet. Auch hierzu weist die Forschung
noch kaum Ergebnisse auf. Erste Studien deuten darauf hin, dass ein diskursiver
Austausch zwischen nationalen (Teil-)Öffentlichkeiten in den 1990er Jahren beispielsweise im Zusammenhang mit der Debatte um Steven Spielbergs Spielfilm
„Schindlers Liste" (1993/94) sowie der Diskussion um Daniel Goldhagens Studie
„Hitlers willige Vollstrecker" (1996) stattgefunden hat, wobei hier weniger ein europäischer als ein transatlantischer Austausch zu beobachten war.[27] Ob solche
temporären transnationalen Teilöffentlichkeiten im Zusammenhang mit diesen
oder ähnlichen Debatten auch innerhalb Europas entstanden sind, und ob diese
Diskurse genuin europäische, vom transatlantischen Austausch abweichende Charakteristika aufweisen, wäre noch genauer zu untersuchen.

Eine integrative Funktion mit europäischer Perspektive dürfte von den bisher
beschriebenen Entwicklungen kaum ausgegangen sein. Gleichwohl hat die sukzessive Steigerung der gegenseitigen Aufmerksamkeit und Wahrnehmung sowie die
zunehmende Fokussierung des Holocaust in der Erinnerung der westeuropäischen
Staaten die Grundlage für die in den 1990er Jahren einsetzenden Initiativen der
Konstruktion einer gesamteuropäisch verbindlichen kollektiven Erinnerung geschaffen. Sie zeichnen sich durch zwei Merkmale aus, die für den Beginn der
Transnationalisierung von Erinnerungen in Europa im engeren Sinn sprechen. Mit
diesen Initiativen ist erstens das Ziel der Schaffung von gemeinsamen Sinnhori-

---

[26] Östling (2008), 209.
[27] Kroh (2008a), 69f.

zonten und Zugehörigkeitsgefühlen verbunden, die über die nationalen Gesellschaften hinausgehen. Zweitens werden institutionelle Rahmen geschaffen, die die Voraussetzung schaffen, diese Konstruktionen auf Dauer zu stellen. Es handelt sich jetzt also um Versuche der Etablierung einer transnationalen Erinnerungsgemeinschaft auf europäischer Ebene, deren integrativer Kitt in kollektiven Erinnerungen als „Stoff sozialer Gruppenbindung"[28] gesucht wird. Mit einem solchen Ansinnen ist jedoch stets – und dies lässt sich auch an den im folgenden Abschnitt aufgezeigten Entwicklungen demonstrieren – ein hohes Maß an Vereinheitlichung und Normierung verbunden. Denn kollektive Erinnerung bedarf der Verständigung, die die pluralen Perspektiven auf das vergangene Ereignis in *eine* oder zumindest einige wenige Versionen integriert.[29]

3   Tendenzen der Normierung von Erinnerungen auf europäischer Ebene

Im Zentrum dieser seit den 1990er Jahren sich herausbildenden Initiativen der Transnationalisierung von Erinnerungen steht die Ermordung der europäischen Juden durch die Nationalsozialisten. Diese Entwicklungen sind nicht ausschließlich auf Europa beschränkt – auch Akteure aus den USA, Kanada, Argentinien und Israel sind an den im Folgenden zu beschreibenden Initiativen beteiligt, so dass eine über Europa hinausgehende Transnationalisierung der Erinnerung an den Holocaust zu konstatieren ist. Sie haben jedoch insofern eine genuin europäische Komponente, als europäische Akteure im Rahmen der Initiativen weitaus in der Überzahl sind und sie außerdem auf der Ebene der europäischen Institutionen nicht ohne Einfluss und Wirkung geblieben sind. Dass die europäischen Institutionen als genuin supranationales Machtzentrum an dieser Entwicklung partizipieren, ist besonders hervorzuheben, weil dadurch die institutionellen Voraussetzungen für die Entstehung einer europäischen Erinnerung in besonderem Maße gegeben sind.

Zwei in engem Zusammenhang stehende Initiativen bzw. Ereignisse sind für den Prozess der Transnationalisierung der Erinnerung an den Holocaust von zentraler Bedeutung: Zum einen handelt es sich um das von der schwedischen Regierung initiierte „Stockholm International Forum on the Holocaust", zu dem sich im Januar 2000 über 600 Teilnehmer zusammenfanden, darunter Politiker, Zeitzeugen und Wissenschaftler, und dem drei weitere Konferenzen ähnlichen Charakters folgten.[30] Das Stockholm Forum gilt angesichts der Beteiligung von über zwanzig

---

[28] Assmann (2002), 42.
[29] Margalit (2000), 35.
[30] Ausführlich Kroh (2008a). Zuvor bereits Levy/Sznaider (2001) sowie Jeismann (2001).

Staatspräsidenten und Regierungschefs und der breiten Presseberichterstattung als das bedeutendste Ereignis im Kontext von Versuchen der Etablierung einer transnationalen Erinnerung auf europäischer Ebene. Daniel Levy und Natan Sznaider haben in diesem Zusammenhang konstatiert, dass auf der Konferenz die „Basis eines (offiziellen) europäischen Gedächtnisses" geschaffen wurde.[31] Wichtigstes Ergebnis der Konferenz stellt die von den Teilnehmern verabschiedete „Erklärung des Stockholmer Internationalen Forums über den Holocaust" dar, in der der zentrale Stellenwert der Erinnerung an die Ermordung der europäischen Juden herausgestellt und die daraus zu ziehenden Konsequenzen für die Gegenwart benannt werden. Die Unterzeichner der Deklaration verpflichten sich zu Maßnahmen, die inhaltlich auf den Holocaust bezogen und in den Bereichen Erinnerung, Forschung und Erziehung angesiedelt sind. Zentrale Maßnahme ist dabei die Einrichtung eines Holocaust-Gedenktages in den Teilnehmerländern.

Bei der Erklärung handelt es sich zwar nicht um einen völkerrechtlich bindenden Vertrag, aber dennoch ist er nicht wirkungslos geblieben. Zum einen haben inzwischen zahlreiche europäische und außereuropäische Staaten den 27. Januar oder alternativ ein anderes Datum aus der jeweiligen nationalen Erfahrung des Zweiten Weltkriegs zum Gedenktag an den Holocaust erklärt. Zum anderen hat die Erklärung insbesondere auf der Ebene der europäischen Institutionen insofern Wirkung gezeigt, als das Europäische Parlament in seiner Entschließung „zum Gedenken an den Holocaust sowie zu Antisemitismus und Rassismus" anlässlich des 27. Januar 2005 explizit auf die Deklaration verweist, das Dokument damit also als relevant anerkennt.[32] Schließlich hat die „Task Force for International Cooperation on Holocaust Education, Remembrance and Research", auf die im nächsten Abschnitt näher eingegangen wird, die Anerkennung der Stockholmer Deklaration zum Kriterium der Aufnahme neuer Mitgliedsstaaten erklärt.

Die im Mai 1998 von Schweden, den USA und Großbritannien auf Initiative des schwedischen Premierministers Göran Persson ins Leben gerufene „Task Force for International Cooperation on Holocaust Education, Remembrance and Research" ist neben den Stockholmer Konferenzen die zweite bedeutende Initiative im Zusammenhang mit der Etablierung des Holocaust als negativem Gründungsmythos Europas. Die Task Force ist ein Expertengremium, in dessen Rahmen Ministerialbeamte, Gedenkstättenvertreter, Museumsmitarbeiter, Pädagogen und Forscher regelmäßig zusammenfinden, um Projekte im pädagogischen, erinnerungskulturellen oder wissenschaftlichen Bereich mit Bezug auf den Holocaust zu erarbeiten, umzusetzen und zu finanzieren. Schwerpunkte der Förderung umfassen dabei die Lehrerfortbildung, die finanzielle Förderung thematisch einschlägi-

---

[31] Levy/Sznaider (2001), 211.
[32] Kroh (2008a), 163.

ger studentischer Projekte, die Übersetzung von Büchern und Lehrmaterialien, die Durchführung von Aufsatzwettbewerben und Ausstellungen sowie die Einrichtung von Archiven und Internetangeboten mit pädagogischen Inhalten. Derzeit sind 26 überwiegend europäische Staaten Mitglied in der Organisation.[33]

Die Task Force legt den Schwerpunkt ihrer Förderung auf Länder, in denen die Erinnerung an den Holocaust keinen zentralen Stellenwert einnimmt. Dabei geht die Organisation davon aus, dass ein solches Defizit insbesondere in den mittel- und osteuropäischen Staaten zu konstatieren sei.[34] Ein zentrales Förderinstrument stellen die so genannten „Liaison-Projekte" dar. Unter Schirmherrschaft der Task Force übernehmen dabei im Umgang mit dem Holocaust „erfahrene" Länder (in der Praxis west- und nordeuropäische Staaten) eine Art Patenschaft für „unerfahrene" Staaten (mittel- und osteuropäische Staaten) und bilden eine so genannte „Liaison Working Group". Im Rahmen solcher Patenschaften werden überwiegend Weiterbildungsseminare für Lehrer durchgeführt sowie thematisch einschlägige Lehrmaterialien in die Sprache des entsprechenden „Liaison-Staates" übersetzt. Die Patenschaften haben sich zu einem Instrument entwickelt, mit dem speziell mittel- und osteuropäische Länder für eine Mitgliedschaft in der Task Force vorbereitet wurden bzw. werden.[35]

Die von der Task Force verfolgte Förderstrategie lässt deutlich werden, dass die starke Fokussierung auf die Erinnerung an den Holocaust auf europäischer Ebene ein im Wesentlichen westeuropäisches Projekt darstellt. Die Erinnerungskulturen in den mittel- und osteuropäischen Staaten werden sowohl in den offiziellen Verlautbarungen der Organisation als auch implizit durch die Förderpraxis als Kulturen dargestellt, denen diesbezüglich Defizite eigen sind und die daher gegenüber den west- und nordeuropäischen Erinnerungskulturen einen Nachholbedarf aufweisen. Es handelt sich dabei insofern um einen einseitigen Prozess der Einflussnahme, als die Förderung nicht auf die Initiierung eines Austauschs und Abgleichs zwischen spezifisch nationalen, divergierenden Erinnerungskulturen aufbaut, sondern eine klare Vorstellung von dem Inhalt *der* europäischen Erinnerung aufweist. Diese ausschließlich auf den Holocaust bezogene Erinnerung soll durch Maßnahmen und Programme in den Bereichen Bildung, Forschung und Gedenken in denjenigen Ländern, die in diesem Bereich bisher kaum Aktivitäten entwickelt haben, implementiert werden. Angesichts dessen ist Jens Kroh zuzustimmen, wenn er die Task Force als „kulturhegemoniales Instrument" bezeichnet,

---

[33] Nicht-europäische Mitgliedsländer sind Argentinien, Israel und die USA. Vgl. www.holocausttask force.org. Vgl. auch Kroh (2008a); Kroh (2008b).
[34] www.holocausttaskforce.org/project/index.php?content=guidelines/menu.php.
[35] Kroh (2008a), 215.

„mit dessen Hilfe der Westen den Einfluss- und Geltungsbereich seines Ge-schichtsbildes erweitert".[36]

Diese Entwicklung ist in den europäischen Ländern und auf der Ebene der eu-ropäischen Institutionen nicht ohne Einfluss geblieben. Sowohl die Task Force als auch die Konferenz in Stockholm haben wesentliche Anregungen zur Etablierung und insbesondere Institutionalisierung der Erinnerung an den Holocaust auf euro-päischer Ebene geliefert. Dies wird zum einen auf der Ebene der europäischen Staaten selbst deutlich, und zwar sowohl bei EU-Mitgliedsstaaten als auch in ande-ren europäischen Ländern. Inzwischen sind der 27. Januar oder alternativ ein an-deres Datum aus der jeweiligen nationalen Erfahrung des Zweiten Weltkriegs in zahlreichen EU-Mitgliedsstaaten sowie anderen europäischen und nicht-europäischen Ländern als Gedenktag an den Holocaust etabliert.[37] Insofern kann im Zusammenhang mit diesem Gedenktag tatsächlich von einem Prozess der Eu-ropäisierung ausgegangen werden, auch wenn sich der formale Status und die konkrete Praxis des Gedenktages in den einzelnen Ländern beträchtlich unter-scheiden.[38]

Zum anderen hat die durch die Stockholmer Konferenzen und die Task Force ausgelöste Entwicklung und Dynamik auch auf der Ebene der europäischen Insti-tutionen Wirkung gezeigt. So hat das Europäische Parlament die Empfehlungen der Stockholmer Konferenz aufgegriffen und die EU-Mitgliedsstaaten im Jahr 2000 in einer Erklärung dazu aufgefordert, den 27. Januar als Holocaust-Gedenktag zu etablieren. Auch der Europarat griff diesen Vorschlag auf, indem die Bildungsmi-nister der damals 44 Mitgliedsstaaten im Oktober 2000 eine Entschließung verab-schiedeten, den Gedenktag ab dem Jahr 2003 auch in Schulen zu begehen, aller-dings ohne sich auf den 27. Januar als fixem Datum festzulegen. Anlässlich des 60. Jahrestages des 27. Januar hielt der Europarat in Straßburg im Jahr 2005 erstmals eine eigene Gedenkfeier ab.[39] Ebenfalls aus diesem Anlass verabschiedete das Eu-ropäische Parlament am 27. Januar 2005 eine Resolution „zum Gedenken an den Holocaust sowie zu Antisemitismus und Rassismus", wobei in diesem Dokument ausdrücklich auf die Resolution des Stockholmer Forums Bezug genommen wur-de.[40] Angesichts dieser engen Verschränkung haben Beobachter inzwischen kons-tatiert, dass die Implementierung der Erinnerung an den Holocaust „zur europäi-

---

[36] Ibid., 221. An anderer Stelle spricht Kroh (2005), 749 von der „Oktroyierung eines westlichen Ge-schichtsbildes".

[37] Schmid kommt in seiner Zählung auf 34 von 55 OSZE-Mitgliedsstaaten, die Ende 2007 einen Gedenk-tag zur Erinnerung an den Holocaust eingeführt hatten, davon 21 am 27. Januar. Schmid (2008), 191.

[38] Ibid., 192ff.

[39] Ibid., 187f.

[40] Ibid., 190; Kroh (2008a), 163.

schen Eintrittskarte" geworden sei[41] und dass sich „die beitrittswilligen Nationen Mittel- und Osteuropas sozusagen als Vorbedingung für ihre Mitgliedschaft in der EU der Frage nach ihrer Verstrickung in den Holocaust stellen" müssen.[42]

Die mittel- und osteuropäischen Staaten haben auf diesen Prozess insofern positiv reagiert, als die meisten der von der Task Force finanzierten Projekte in Polen, Litauen, Tschechien und Ungarn zu finden und außerdem zahlreiche mittel- und osteuropäische Staaten inzwischen der Task Force beigetreten sind.[43] Dem Projekt der Implementierung der Holocaust-Erinnerung in mittel- und osteuropäische Erinnerungskulturen scheint daher ein gewisser Erfolg nicht abzusprechen zu sein. Andererseits aber lassen sich Entwicklungen beobachten, die begründete Zweifel am Erfolg der Strategie aufkommen lassen. Zum einen werden die erinnerungshegemonialen Tendenzen von Seiten mittel- und osteuropäischer Staaten als „unerwünschte Ermahnung, gar als unterschwelliger Antisemitismusvorwurf aufgefasst". Der Holocaust gilt in diesen Ländern zum Teil als „fremdes, da genuin deutsches, entsprechend mit den eigenen National- und Imperialgeschichten unverbundenes Erinnerungsphänomen".[44] Zum anderen stellt sich die Frage, ob die Übernahme westlicher Erinnerungsmuster tatsächlich gesellschaftliche Wirkung zeigt. Hier sind begründete Zweifel angebracht, wie bereits ein kurzer Blick auf das Beispiel Ungarn zeigt.[45]

Mit der Einführung eines Holocaust-Gedenktages im Jahr 2000, der Enthüllung eines Denkmals in Erinnerung an die ermordeten ungarischen Juden am Ufer der Donau im Jahr 2005 sowie der Neugestaltung der ungarischen Ausstellung im Staatlichen Museum Auschwitz-Birkenau 2002 hat die ungarische Regierung, wie Regina Fritz und Imke Hansen gezeigt haben, auf den „vom Aufarbeitungsgedanken geprägten Vergangenheitsdiskurs auf EU-Ebene" reagiert, wobei die Integration der Erinnerung an den Holocaust in die ungarische Erinnerungslandschaft als Grundvoraussetzung für die Aufnahme Ungarns in die EU interpretiert wurde.[46] Die Erinnerungskultur in Ungarn ist allerdings sehr viel stärker durch die Erinnerung an die kommunistischen Verbrechen geprägt, woraus ein gewisses Spannungsverhältnis zwischen dem Holocaust-Gedächtnis und der Erinnerung an den Kommunismus resultiert. Seit dem Zusammenbruch des Kommunismus haben konservative Regierungen den Schwerpunkt eher auf die Erinnerung an die kommunistische Vergangenheit gelegt, während die linksliberale Regierung seit 1992 die Vergegenwärtigung des Holocaust stärker in den Fokus gerückt hat. Dieser

---

[41] Judt (2006), 933.

[42] Østergård (2008), 26f.

[43] Zahlen bei Kroh (2008a), 212.

[44] Troebst (2009), 228f.

[45] Zu Ungarn vgl. Fritz/Hansen (2008), daraus auch die folgenden Informationen.

[46] Ibid., 72f.

Wandel auf der Ebene der politisch-offiziellen Erinnerung hat allerdings auf der gesellschaftlichen Ebene noch wenig Echo gefunden. Umfragen zeigen, dass „die Erinnerung an den Holocaust noch nicht Teil des kollektiven Bewusstseins der ungarischen Nation" geworden ist,[47] von einer Etablierung und Verankerung dieser Erinnerung in der breiten Bevölkerung also derzeit nicht die Rede sein kann. Die Integration westlich geprägter Erinnerungsinhalte, -formen und -rituale in die ungarische Erinnerungskultur scheint daher eher pragmatisch-politischen Erwägungen geschuldet als dass sie ein Ergebnis zivilgesellschaftlicher Initiativen oder anderer gesellschaftlicher Impulse wäre.

4   Konfliktlinien, Widerstände und kritische Positionen

Diese Versuche der Implementierung und Integration der Erinnerung an den Holocaust in die jeweiligen nationalen Erinnerungskulturen, wie sie am Beispiel von Ungarn kurz aufgezeigt wurden, sind keine Einbahnstraße. Die neuen Mitgliedsstaaten bringen ihrerseits ihre jeweiligen Erinnerungen auf europäischer Ebene ein und verlangen nach deren Anerkennung. Im Kern geht es dabei um die Forderung nach Integration der Erinnerungen an die stalinistischen bzw. kommunistischen Verbrechen und deren Opfer in den europäischen Erinnerungskanon. Dies hat auf europäischer Ebene, auch im Rahmen der europäischen Institutionen, zu heftigen Kontroversen geführt.

Die grundlegenden Positionen in diesem Konflikt lassen sich an der Auseinandersetzung über die Eröffnungsrede der vormaligen lettischen Außenministerin und nachmaligen EU-Kommissarin Sandra Kalniete auf der Leipziger Buchmesse 2004 verdeutlichen. Kalniete hatte die Position vertreten, dass „[…] behind the Iron Curtain the Soviet regime continued to commit genocide against the peoples of Eastern Europe and, indeed, against its own people", und sie fuhr nach Verweis auf Dokumente, die diese Behauptung stützen, fort: „These confirm the truth that the two totalitarian regimes – Nazism and Communism – were equally criminal".[48] Salomon Korn, Vizepräsident des Zentralrates der Juden in Deutschland, hatte daraufhin demonstrativ den Saal verlassen. Wie Korn später in der Süddeutschen Zeitung erklärte, halte er diese Gleichsetzung nationalsozialistischer und kommunistischer Verbrechen auch trotz des bedauernswerten Schicksals der Familie Kalniete – sie wurde von den Sowjets in den 1940er Jahren nach Sibirien deportiert, Sandra Kalniete selbst wurde 1952 dort geboren und lernte ihre Heimat Lettland erst als Siebenjährige kennen – für völlig unangemessen. Auch das bekla-

---

[47] Ibid., 72.
[48] Zit. nach Korn (2004).

genswerte Schicksal ihrer Familie gebe Kalniete nicht das Recht, der Sowjetunion den gleichen rassistischen Ausrottungswillen zuzuschreiben wie dem Nationalsozialismus. Kalniete habe ihre persönlichen Erfahrungen zum Maßstab der Beurteilung historischer Zusammenhänge erhoben. Als Politikerin müsse sie aber erkennen, dass „das Einzelne nicht fürs Ganze" stehe: „das Ganze des geschichtlichen Kontextes ist eben mehr als die Summe der Einzelschicksale".[49]

Auf der Ebene der europäischen Institutionen hat sich dieser Konflikt um die Frage nach der Bewertung der europäischen Gewaltgeschichte des 20. Jahrhunderts im Kontext von Plenardebatten des Europäischen Parlaments zum Teil wiederholt. So hatten im Zusammenhang mit der Debatte über ein EU-weites Verbot des Hakenkreuzes Anfang 2005 ungarische und litauische Abgeordnete die Ergänzung der Resolution durch ein Verbot von Hammer und Sichel gefordert, was letztlich dazu führte, dass keines der Symbole von Seiten der EU verboten wurde.[50] Ein Kompromiss wurde hingegen im Zusammenhang mit der „Entschließung des Europäischen Parlaments zum 60. Jahrestag des Endes des Zweiten Weltkriegs in Europa am 8. Mai 1945" gefunden. Darin wird nicht nur der Befreiung vom Nationalsozialismus und dessen Opfern gedacht, sondern ebenso festgehalten, „dass das Ende des Zweiten Weltkriegs für einige Nationen eine erneute Diktatur, diesmal durch die stalinistische Sowjetunion, bedeutete".[51] Diese Konflikte verweisen auf die unterschiedliche, nur bedingt zu harmonisierende Erfahrung der Erinnerungen an den Zweiten Weltkrieg und die Gewaltverbrechen des 20. Jahrhunderts und auf eine zutiefst gespaltene Erinnerungskultur.[52] Sie geben außerdem Hinweis darauf, dass die kommunistischen Verbrechen in den westeuropäischen Gesellschaften, sieht man einmal von der besonderen Situation in Deutschland ab, kaum eine Rolle spielen und dass Versuchen der Gleichsetzung von sowjetischen und nationalsozialistischen Verbrechen in westeuropäischen Gesellschaften große Vorbehalte entgegengebracht werden. Henry Rousso hat in diesem Zusammenhang darauf hingewiesen, dass in zahlreichen europäischen Ländern „sich ein bedeutender Teil der Intellektuellen und gelehrten Milieus schwer [tut] mit dem Umstand, dass dieses Erbe [des Kommunismus] für viele Millionen Europäer eine stark negative Last darstellt, vor deren Hintergrund die Bilanzen der großen kommunistischen Parteien Westeuropas letztlich als recht nachsichtig erscheinen".[53] Nichtsdestotrotz lässt die im Zusammenhang mit der Resolution zum 60. Jahrestag des Kriegsendes gefundene Kompromissformel jedoch auch deutlich werden, dass Annäherungen der

---

[49] Ibid.
[50] Fritz/Hansen (2008), 75; Hammerstein/Hofmann (2009), 190f.
[51] Zit. nach Fritz/Hansen (2008), 75.
[52] Vgl. auch Troebst (2006).
[53] Rousso (2004), 364.

divergierenden Sichtweisen und entsprechende Harmonisierungen der Erinnerungen nicht ausgeschlossen sind.

Ein zweiter wichtiger Hinweis hinsichtlich der Spezifika europäischer Erinnerungen lässt sich aus der Kritik Salomon Korns an den Ausführungen von Sandra Kalniete entnehmen. Korn nahm auch Anstoß daran, dass Kalniete in ihrer Rede kein Wort über die Kollaborations-Verbrechen verloren habe, die Letten während der deutschen Besatzung der Jahre 1941 bis 1944 verübt haben: 80.000 Letten gehörten der lettischen SS-Legion an, und weitere 30.000 wurden in der lettischen Polizei eingesetzt. Sie waren die willigen Helfer der Vernichtung der lettischen Juden, von denen nicht mehr als 3.000 den Holocaust überlebt haben. Korn sah in diesen Ausblendungen von Teilen der Geschichte kein „gutes Omen" für das erweiterte Europa. Die Auseinandersetzung der mittel- und osteuropäischen EU-Mitgliedsstaaten „mit ihrer bis in die Gegenwart nachwirkenden antisemitischen Vergangenheit", mit Opfermythen und der Problematik von Opfer- und Täterschaft stehe entweder noch gänzlich aus oder habe erst in Ansätzen begonnen.[54] Damit hat Korn auf ein Problem verwiesen, das sich im Rahmen der Versuche der Institutionalisierung und Implementierung des Holocaust als gesamteuropäisch-verbindlicher Erinnerung in ähnlicher, gewissermaßen noch potenzierter Form widerspiegelt. Korns Kritik und seine daraus resultierende Forderung richtet sich weniger auf die Ebene der Erinnerungskultur als Ebene des Gedenkens, der Symbolbildung und der Sinnstiftung als vielmehr auf die Problematik der *Aufarbeitung* von Vergangenheit im Sinne einer mehrdimensionalen, arbeitsteiligen und vielschichtigen Aufgabe, die die juristische, politische und gesellschaftliche Auseinandersetzung mit und Ahndung von Regimeverbrechen umfasst. Diese Ebene nun ist im Rahmen der aufgezeigten Versuche der Etablierung und Institutionalisierung einer gemeinsamen europäischen Erinnerung merkwürdig abwesend, obgleich deren inhaltlicher Kern auf die Gewaltverbrechen des 20. Jahrhunderts bezogen ist.

Diese Tendenz spiegelt sich auch auf der Ebene der europäischen Institutionen wider. Wie Michael Weigl in seiner Analyse von Verträgen und anderen Schlüsseldokumenten des europäischen Integrationsprozesses gezeigt hat, bedarf es keiner Aufarbeitung von diktatorischen Vergangenheiten, um die Eintrittskarte für die Europäische Union zu lösen.[55] Dies betrifft zum einen die von Salamon Korn vermisste und angemahnte Aufarbeitung der Kollaboration und Verstrickung in den Holocaust, zum anderen aber auch den kritischen Umgang mit den kommunistischen Verbrechen. Weder die Verfechter eines auf der Erinnerung an den Holocaust basierenden gesamteuropäischen Geschichtsbildes noch diejenigen, die die Verbrechen der kommunistischen Regime in der Bewertung und Erinnerung

---

[54] Korn (2004).
[55] Weigl (2009).

gleichgestellt sehen wollen, insistieren auf einer kritischen Aufarbeitung. Vielmehr werden hier wie da nicht Taten und Täter, sondern Opfer und kollektive Traumata in der Erinnerung zentral gestellt.

Die Aufarbeitung verbrecherischer und diktatorischer Vergangenheiten verlangt die präzise und konkrete Benennung des vergangenen Geschehens, der Täter und ihrer Taten, der Opfer und dessen, was sie erlitten haben. Von daher führen Prozesse der Aufarbeitung der Gewaltverbrechen des 20. Jahrhunderts zwangsläufig zu unterschiedlichen, jeweils spezifischen und unverwechselbaren Erinnerungen, die in Deutschland ganz andere sind als in den von den Nationalsozialisten ehemals okkupierten Ländern, bei allen strukturellen Ähnlichkeiten in Frankreich andere als in Italien oder Schweden, in westeuropäischen Ländern insgesamt andere als in den mittel- und osteuropäischen Ländern. Eine Anerkennung dieser unterschiedlichen und mannigfaltigen Erinnerungen und die Forderung nach Aufarbeitung des vergangenen Geschehens sind weder im Kontext der Versuche der Etablierung des Holocaust als gesamteuropäischer Erinnerung noch im Zusammenhang mit den Bestrebungen, den kommunistischen Verbrechen einen ebenbürtigen Stellenwert einzuräumen, zu erkennen. Im Gegenteil: Der von den Stockholmer Konferenzen und der Task Force initiierte Prozess zielt auf eine Angleichung der Erinnerungen an den Holocaust und damit auf eine „partielle Synchronisierung nationaler Erinnerungskulturen" ab.[56] Damit ist zwangläufig auch eine Relativierung der spezifisch deutschen Verantwortung für den Holocaust verbunden.

Diese Normierungstendenzen haben inzwischen auch von wissenschaftlicher Seite zu massiver Kritik geführt. Helmut König beklagt die damit verbundene „Moralisierung, Entwirklichung und Mythisierung des Vernichtungsterrors der Nazis", insgesamt Merkmale, die weniger mit einer kritischen Reflexion des Geschehens zu tun haben, als vielmehr auf die Etablierung einer „Gedächtnisreligion" hindeuten:

> „Rituale treten an die Stelle von Erinnerungen an konkrete, benennbare, in Raum und Zeit lokalisierbare Geschehnisse. Zum Wesen religiöser Rituale und Zeremonien gehört, dass sie Zeit und Geschichte ausschalten und vergangene Ereignisse in die Gegenwart hineinziehen. Dadurch aber wird die Erinnerung abstrakt, sie löst sich von den realen Koordinaten der vergangenen Ereignisse, von lokalen Gegebenheiten und der Beziehung auf Personen, Situationen, Umstände, Räume und Orte. Zurück bleibt ein entleertes, inhaltsloses Konstrukt, auf das sich vielleicht alle als gemeinsamen Bezugspunkt verständigen können, das aber alle Herausforderung verloren hat und zum Kitsch wird, weil es der Härte der realen Erfahrungen und antagonistischen Erinnerungen gar nicht mehr angemessen ist."[57]

---

[56] Kroh (2008b), 173.
[57] König (2008b), 26.

Vor diesem Hintergrund wird inzwischen von verschiedener Seite ein Moratorium eingefordert, das darauf abzielt, die mit dem Zweiten Weltkrieg, dem Holocaust und den kommunistischen Verbrechen, im Übrigen auch mit Flucht und Vertreibung verbundenen Erinnerungen in Europa in ihrer Pluralität, Mannigfaltigkeit, auch in ihrem Antagonismus und in ihrer Konkurrenz zunächst einmal anzuerkennen. Anstatt diese pluralen Erinnerungen vorschnell zu homogenisieren und zu normieren, sollten „Räume für konkrete Erzählungen und Erfahrungen" geöffnet werden.[58] Ähnlich wie König argumentiert Karl Schlögel, der mit den „Visionen eines europäischen Gedächtnisraums [...] etwas Angestrengtes, Forciertes, Künstliches" verbunden sieht[59] und dagegen auf „die Entstehung eines geschützten Raumes für den Strom der Erzählungen" setzt, „die jetzt, am Ende des Kalten Krieges und am Ende der Verfeindung möglich geworden ist".[60] Auch Aleida Assmann plädiert für die Schaffung eines solchen Raums der Auseinandersetzung über potenziell konfliktreiche Erinnerungen, wobei ihre Anregung mit der Formulierung von „Regeln für den verträglichen Umgang mit der Vergangenheit", die von der Regel der „Unterscheidung zwischen Erinnerung und Argument" über ein „Verbot der Schuldaufrechung und der Opferkonkurrenz" bis hin zur „Notwendigkeit der Kontextualisierung" von Erinnerungen reichen, bereits wieder eine gewisse Normierung, und sei es nur der Spielregeln, enthält.[61]

Angesichts dieser vehementen Kritik und Skepsis scheint derzeit fraglich, ob sich die Versuche der Konstruktion eines auf der Erinnerung an die Gewaltverbrechen des 20. Jahrhunderts gegründeten gesamteuropäisch verbindlichen Geschichtsbildes zukünftig tatsächlich als erfolgreich erweisen werden, was daran zu messen sein wird, ob sie schließlich eines Tages eine Entsprechung auf gesellschaftlicher Ebene finden werden. Das Dilemma, mit dem solche Versuche stets zu rechnen haben, hat Henry Rousso bereits vor einigen Jahren treffend auf den Punkt gebracht:

> „Wie vermeidet man einerseits die Illusion der *tabula rasa* und die Konstruktion eines vollkommen künstlichen Gedächtnisses ohne reale historische Basis sowie andererseits das unablässige Wiederkäuen einer noch von nationalen Leidenschaften beherrschten mörderischen Vergangenheit?"[62]

Die „schmerzlichen Erfahrungen der Vergangenheit", von denen in der Präambel des europäischen Verfassungsentwurfs noch die Rede war, sind jedenfalls aus dem

---

[58] Ibid., 27.
[59] Schlögel (2007), 291.
[60] Ibid., 294.
[61] Assmann (2006), 266ff.
[62] Rousso (2004), 377.

Vertrag von Lissabon (2007) verschwunden.[63] Möglicherweise ist dies ein Indiz dafür, dass es zukünftig eine andere Erinnerung ist, die Europa schließlich als Medium der kulturellen Integration dienen wird.

5   Quo vadis, europäische Erinnerung?

Im Schatten der geschilderten Versuche der Konstruktion eines auf der Erinnerung an den Holocaust, zum Teil auch an die stalinistischen Verbrechen basierenden einheitlichen Geschichtsbildes und der damit verbundenen Konflikte hat sich eine andere Erinnerung auszubilden begonnen, die zwar nicht unverbunden ist mit den Weltkriegen, den Gewaltverbrechen und den Diktaturerfahrungen des 20. Jahrhunderts, aber nichtsdestotrotz und vielleicht gerade deshalb eine positive, zukunftsgerichtete Ausrichtung aufweist. Gemeint ist die Geschichte der europäischen Integration, die inzwischen als Grundlage für eine Erzählung über die erfolgreiche Überwindung der Feindschaften zwischen den europäischen Völkern dient. Über lange Jahre waren die Versuche der Etablierung einer solchen Erinnerung eher zögerlich. Abgesehen von der Etablierung zweier Europatage am 5. Mai und am 9. Mai[64] lassen sich in diese Richtung weisende Initiativen kaum finden, was angesichts der vergleichsweise jungen Geschichte der Europäischen Union nicht verwunderlich sein dürfte. In den vergangenen Jahren jedoch wird die Idee von verschiedener Seite aufgegriffen und deren Umsetzung insbesondere in zwei geplanten Museen angestrebt.

Zum einen handelt es sich um das auf eine Privatinitiative zurückgehende „Museé de l'Europe", das sich mit der anlässlich des 50. Jahrestages der Unterzeichnung der Römischen Verträge veranstalteten Ausstellung „C'est notre histoire! 50 Jahre Europäisches Abenteuer" im Jahr 2007 in Brüssel erstmals der Öffentlichkeit präsentierte und für die Zukunft eine Dauerausstellung zum europäischen Einigungsprozess an einem festen Standort in Brüssel plant.[65]

Zum anderen befindet sich derzeit das „Haus der Europäischen Geschichte" in Planung, das seinen Standort ebenfalls in Brüssel finden und voraussichtlich im Sommer 2014 eröffnen wird. Diese Initiative geht auf eine Anregung des Präsidenten des Europäischen Parlaments, Hans-Gert Pöttering zurück – einer Anregung,

---

[63] Joerges et al. (2008b), 9.

[64] Der 5. Mai wurde 1964 als Gedenktag an die Gründung des Europarats eingerichtet. 1986 folgte die Einführung des 9. Mai durch die Europäische Gemeinschaft in Erinnerung an die Schuman-Erklärung von 1950. Beide Tage sind jedoch in den Gesellschaften der Mitgliedsländer weitgehend unbekannt geblieben.

[65] www.expo-europe.be/site/musee/musee-europe-bruxelles.html. Vgl. auch Jeismann (2004); Leggewie (2008).

der das Präsidium des Parlaments im Dezember 2008 folgte, indem es den Aufbau
eines solchen Museums einstimmig beschloss. Das von einem namhaft besetzten
Sachverständigenausschuss erarbeitete Konzept für das Museum sieht eine chro-
nologische Präsentation vor, die die Geschichte der europäischen Einigung eingebettet in einen breiteren Kontext der Darstellung europäischer Phänomene und
Entwicklungen erzählen will, wobei darunter ausdrücklich nicht „die Summe nationaler oder regionaler Geschichten Europas" verstanden werden soll.[66] Ziel ist es
zu verdeutlichen, „dass ein vereintes Europa auf Basis gemeinsamer Werte in einer
Welt des Fortschritts in Freiheit friedlich zusammenleben kann".[67] Damit werden
klare Bezüge zu den europäischen Institutionen geschaffen, die auch räumlich zum
Ausdruck gebracht werden sollen, denn das Museum soll „eingebettet sein in den
Strom der Besucher zu den europäischen Institutionen".[68] Darüber hinaus wird als
Ziel formuliert, „zu einer weitergehenden Beteiligung der Bürger an den politi-
schen Entscheidungsprozessen im vereinten Europa" anzuregen.[69]

Angesichts dieser Zielsetzung erstaunt es ein wenig, dass die Kommission mit
ihrem Papier nicht an die Öffentlichkeit getreten ist, um bereits im Planungsstadi-
um eine „weitergehende Beteiligung der Bürger" zu ermöglichen. Die Presse-
Berichterstattung über das geplante Museum und die eingesetzte Expertenkom-
mission war in Deutschland äußerst spärlich, in Polen hingegen gab das Konzept-
papier Anlass zu einer kritischen öffentlichen Debatte, freilich ohne dass an deren
Beginn das Papier überhaupt zugänglich gewesen wäre.[70] Die Kritik von polnischer Seite lässt aber zum einen deutlich werden, dass eine Übereinstimmung darüber, was als genuin europäisches, in seiner Bedeutung über einzelne Nationen
und Regionen hinausgehendes Ereignis zu werten sei, nicht einfach zu erzielen ist.
So wurden von polnischer Seite etliche Ereignisse im Konzept vermisst, ohne die
jedoch die europäische Geschichte nicht zu verstehen sei.[71] Zum anderen zeigt sich
eine ähnliche Problematik wie im Zusammenhang mit den Versuchen der Etablierung der Erinnerung an den Holocaust als europäisch-verbindlich. Das Konzept-
papier sei, so die Kritik von polnischer Seite, „von einer säkularisierten, vor allem
auf den Westen, besonders auf Deutschland und Frankreich bezogenen Sicht geprägt".[72] Die polnischen Interventionen lassen darüber hinaus deutlich werden,

---

[66] Vgl. Konzeptionelle Grundlagen für ein Haus der Europäischen Geschichte. Oktober 2008, S. 9. www.
europarl.europa.eu/meetdocs/2004_2009/documents/dv/745/745721/745721_de.pdf.
[67] Ibid., 5.
[68] Ibid., 8
[69] Ibid., 5.
[70] Sauerland (2008).
[71] Ibid. Hingewiesen wurde u.a. auf die fehlende Thematisierung des sowjetisch-polnischen Krieges von
1920 sowie die Rolle der Solidarność im Jahr 1989.
[72] Ibid.

dass die Initiierung einer öffentlichen Debatte über das Konzept für ein „Haus der Europäischen Geschichte" dringend geboten wäre. Wie definiert man genuin europäische Entwicklungen, Ereignisse und Phänomene? Welche Indikatoren müssen gegeben sein, damit von nationalen Ereignissen behauptet werden kann, sie hätten auf die europäische Geschichte insgesamt Einfluss ausgeübt? In welchem Verhältnis stehen nationale und europäische Ereignisse und Entwicklungen? Eine Debatte über solche und ähnliche Fragen anhand der Konzeption für das geplante Museum hätte endlich einen Gegenstand, der von gesamt-europäischem Interesse wäre und daher das Potenzial der Etablierung einer transnationalen Öffentlichkeit auf europäischer Ebene hätte, deren Nicht-Existenz seit längerem beklagt wird.

Der Erfolg dieser und ähnlicher Initiativen wird nicht unwesentlich von der Schaffung einer solchen Debatte und Öffentlichkeit abhängen. Denn im Unterschied zu den Versuchen der Etablierung der Erinnerung an den Holocaust als gesamteuropäisch-verbindlich, haben sie keinen gesellschaftlichen Vorlauf. Während die Auseinandersetzung mit dem Völkermord an den Juden zumindest in den westeuropäischen Gesellschaften seit den 1960er, verstärkt seit den 1970/80er Jahren intensiv geführt wurde, können Initiativen der Konstruktion einer europäischen Erinnerung aufbauend auf die Geschichte der europäischen Integration auf eine solche Verankerung in den nationalen Gesellschaften nicht setzen. Vorausgesetzt, dass die Öffentlichkeit in den Prozess der Entstehung dieses Museums einbezogen wird, werden die letztgenannten Initiativen auf lange Sicht nichtsdestotrotz wohl eher greifen als solche, die auf die Erinnerung an den Holocaust als gemeinsamer Basis für ein europäisches Gedächtnis setzen. Zwar ist die Geschichte der europäischen Integration bis 1989 mit demselben Problem behaftet wie die Erinnerung an den Holocaust. Auch mit ihr ist eine zwischen West und Ost gespaltene Erinnerung verbunden. Mit dem Epochenjahr 1989 wurde jedoch ein Prozess eingeleitet, der diese Konstellation grundlegend verändert hat. Im Konzept für das „Haus der Europäischen Geschichte" läuft diese Entwicklung auf das Datum des 1. Mai 2004 zu, als zehn neue Mitgliedsstaaten der EU beigetreten sind. „Die Spaltung des Kontinents ist endgültig überwunden"[73] lautet das sinnstiftende Angebot, das in der Ausstellung mit diesem Datum verbunden sein wird. Auf längere Sicht hat eine solche Konzeption gegenüber den Versuchen einer auf die Gewaltverbrechen des 20. Jahrhunderts gegründeten europäischen Erinnerung einen entscheidenden Vorteil. Sie wird sich beziehen können auf einen Prozess, der als integrative Geschichte erzählt werden kann. Was unter Bezugnahme auf den Zweiten Weltkrieg und die nationalsozialistischen und kommunistischen Gewaltverbrechen des 20. Jahrhunderts auf Grund der dominanten nationalen, nicht einfach in-

---

[73] Konzeptionelle Grundlagen für ein Haus der Europäischen Geschichte. Oktober 2008 (wie Anm. 66), S. 26.

einander übersetzbaren Kodierungen der diesbezüglichen Erinnerungen nur schwer möglich scheint, kann auf lange Sicht unter Rekurs auf den Prozess der europäischen Integration unter besonderer Hervorhebung der Phase seit dem Ende der kommunistischen Herrschaft in Europa möglicherweise gelingen: Die Konstruktion einer europäischen Erinnerung sui generis.

Literatur

Assmann, Aleida (1999): Erinnerungsräume. Formen und Wandlungen des kollektiven Gedächtnisses. München: Beck

Assmann, Aleida (2002): Gedächtnis als Leitbegriff der Kulturwissenschaften. In: Musner et al. (2002): 27-45

Assmann, Aleida (2006): Der lange Schatten der Vergangenheit. Erinnerungskultur und Geschichtspolitik. München: Beck

Assmann, Aleida/Harth, Dietrich (Hrsg.) (1991): Mnemosyne. Formen und Funktionen der kulturellen Erinnerung. Frankfurt/Main: Fischer

Baerns, Barbara/Raupp, Juliane (Hrsg.) (2000): Information und Kommunikation in Europa. Forschung und Praxis. Berlin: Vistas

Böckenförde, Ernst-Wolfgang (2003): Grundlagen europäischer Solidarität. In: Frankfurter Allgemeine Zeitung. 20. Juni 2003. 8

Burke, Peter (1991): Geschichte als soziales Gedächtnis. In: Assmann/Harth (1991): 289-304

Conrad, Christoph/Kessel, Martina (Hrsg.) (1998): Kultur & Geschichte. Neue Einblicke in alte Beziehungen. Stuttgart: Reclam

Decker, Frank (2002): Governance Beyond the Nation-State. Reflections on the Democratic Deficit of the European Union. In: Journal of European Public Policy 9. 2002. 256-272

Eckel, Jan/Moisel, Claudia (Hrsg.) (2008): Universalisierung des Holocaust? Erinnerungskultur und Geschichtspolitik in internationaler Perspektive. Göttingen: Wallstein

Faulenbach, Bernd (2004): Eine europäische Erinnerungskultur als Aufgabe? Zum Verhältnis gemeinsamer und trennender Erinnerungen. In: Flegel et al. (2004): 91-112

Faulenbach, Bernd/Jelich, Franz-Josef (Hrsg.) (2006): „Transformationen" der Erinnerungskulturen in Europa nach 1989. Essen: Klartext

Flacke, Monika (Hrsg.) (2004): Mythen der Nationen. 1935 – Arena der Erinnerungen; 2 Bde. Berlin: Deutsches Historisches Museum

Flegel, Silke et al. (Hrsg.) (2004): Von der Osterweiterung zur Europäischen Nation? Die EU auf dem Weg ins 21. Jahrhundert. Bochum: Institut für Deutschlandforschung der Ruhr-Universität Bochum

François, Etienne (2004): Meistererzählungen und Dammbrüche. Die Erinnerung an den Zweiten Weltkrieg zwischen Nationalisierung und Universalisierung. In: Flacke (2004): Bd. 1, 13-28

Frevert, Ute (2003): Eurovisionen. Ansichten guter Europäer im 19. und 20. Jahrhundert. Frankfurt/Main: Fischer

Fried, Johannes (2001): Erinnerung und Vergessen. Die Gegenwart stiftet die Einheit der Vergangenheit. In: Historische Zeitschrift 273. 2001. 561-593

Fritz, Regina/Hansen, Imke (2008): Zwischen nationalem Opfermythos und europäischen Standards. Der Holocaust im ungarischen Erinnerungsdiskurs. In: Eckel/Moisel (2008): 59-85

Gerhards, Jürgen (2000): Das Öffentlichkeitsdefizit der EU: Theoretische Überlegungen und empirische Befunde. In: Baerns/Raupp (2000): 46-60

Gerhards, Jürgen (2002): Das Öffentlichkeitsdefizit der EU im Horizont normativer Öffentlichkeitstheorien. In: Kaelble et al. (2002a): 135-158

Goebel, Stefan (2007): Coventry und Dresden: Transnationale Netzwerke der Erinnerung in den 1950er und 1960er Jahren. In: Süß (2007): 111-120

Hammerstein, Katrin/Hofmann, Birgit (2009): Europäische „Interventionen". Resolutionen und Initiativen zum Umgang mit diktatorischen Vergangenheiten. In: Hammerstein et al. (2009): 189-203

Hammerstein, Katrin et al. (Hrsg.) (2009): Aufarbeitung der Diktatur – Diktat der Aufarbeitung? Normierungsprozesse beim Umgang mit diktatorischer Vergangenheit. Göttingen: Wallstein

Hobsbawm, Eric (1998): Das Erfinden von Traditionen. In: Conrad/Kessel (1998): 97-118

Höreth, Marcus (1999): No Way out for the Beast? The Unsolved Legitimacy Problem of European Governance. In: Journal of European Public Policy 6. 1999. 249-268

Hradil, Stefan/Immerfall, Stefan (Hrsg.) (1997): Die westeuropäischen Gesellschaften im Vergleich. Opladen: Leske & Budrich

Jeismann, Michael (2001): Auf Wiedersehen Gestern. Die deutsche Vergangenheit und die Politik von morgen. Stuttgart: DVA

Jeismann, Michael (2004): Herzstück. Mehr als ein Projekt: Das „Museé de l'Europe" in Brüssel. In: Frankfurter Allgemeine Zeitung. 11. Dezember 2004. 35

Joerges, Christian/Mahlmann, Matthias/Preuß, Ulrich K. (Hrsg.) (2008a): „Schmerzliche Erfahrungen der Vergangenheit" und der Prozess der Konstitutionalisierung Europas. Wiesbaden: VS Verlag für Sozialwissenschaften

Joerges, Christian/Mahlmann, Matthias/Preuß, Ulrich K. (2008b): Vorwort. In: Joerges et al. (2008a): 9-11

Judt, Tony (2006): Geschichte Europas von 1945 bis zur Gegenwart. München: Hanser

Kaelble, Hartmut (1997): Europäische Vielfalt und der Weg zu einer europäischen Gesellschaft. In: Hradil/Immerfall (1997): 27-68

Kaelble, Hartmut/Kirsch, Martin/Schmidt-Gernig, Alexander (Hrsg.) (2002a): Transnationale Öffentlichkeiten und Identitäten im 20. Jahrhundert. Frankfurt/Main: Campus

Kaelble, Hartmut/Kirsch, Martin/Schmidt-Gernig, Alexander (2002b): Zur Entwicklung transnationaler Öffentlichkeiten und Identitäten im 20. Jahrhundert. Eine Einleitung. In: Kaelble et al. (2002a): 7-33

König, Helmut/Schmidt, Julia/Sicking, Manfred (Hrsg.) (2008a): Europas Gedächtnis. Das neue Europa zwischen nationalen Erinnerungen und gemeinsamer Identität. Bielefeld: Transcript

König, Helmut (2008b): Statt einer Einleitung: Europas Gedächtnis. Sondierungen in einem unübersichtlichen Terrain. In: König et al. (2008a): 9-37

Korn, Salomon (2004): NS- und Sowjetverbrechen. Sandra Kalnietes falsche Gleichsetzung. In: Süddeutsche Zeitung. 31. März 2004. 13

Krause, Peter (2002): Der Eichmann-Prozess in der deutschen Presse. Frankfurt/Main: Campus

Kroh, Jens (2005): Holocaust transnational. Zur Institutionalisierung des Holocaust-Gedenkens. In: Blätter für deutsche und internationale Politik 50. 2005. 741-750

Kroh, Jens (2008a): Transnationale Erinnerung. Der Holocaust im Fokus geschichtspolitischer Initiativen. Frankfurt/Main: Campus

Kroh, Jens (2008b): Erinnerungskultureller Akteur und geschichtspolitisches Netzwerk. Die „Task Force for International Cooperation on Holocaust Education, Remembrance and Research". In: Eckel/Moisel (2008): 156-173

Leggewie, Claus (2008): Die Grenzen der Nationalkultur. In: Die Zeit. 24. April 2008. 56

Levy, Daniel/Sznaider, Natan (2001): Erinnerungen im globalen Zeitalter: Der Holocaust. Frankfurt/Main: Suhrkamp

Margalit, Avishai (2000): Ethik der Erinnerung. Max Horkheimer Vorlesungen. Frankfurt/Main: Fischer

Musner, Lutz/Wunberg, Gotthard (Hrsg.) (2002): Kulturwissenschaften. Forschung – Praxis – Positionen. Wien: WUV

Östling, Johan (2008): Swedish Narratives of the Second World War: A European Perspective. In: Contemporary European History 17. 2008. 197-211

Østergård, Uffe (2008): Der Holocaust und europäische Werte. In: Aus Politik und Zeitgeschichte 1-2. 2008. 25-31

Patel, Kiran Klaus (2004): Europas Symbole. Integrationsgeschichte und Identitätssuche seit 1945. In: Internationale Politik 59(4). 2004. 11-18

Rousso, Henri (2004): Das Dilemma des europäischen Gedächtnisses. In: Zeithistorische Forschungen/Studies in Contemporary History 1. 2004. 363-378

Sauerland, Karol (2008): Westen und Osten. Die Polen und das „Haus der Europäischen Geschichte". In: Frankfurter Allgemeine Zeitung. 15. Dezember 2008. 33

Schlögel, Karl (2007): Europa neu vermessen: Die Rückkehr des Ostens in den europäischen Horizont. In: Leviathan 35. 2007. 277-294

Schmale, Wolfgang (2000): Geschichte Europas. Wien: Böhlau

Schmid, Harald (2008): Europäisierung des Auschwitzgedenkens? Zum Aufstieg des 27. Januar 1945 als „Holocaustgedenktag" in Europa. In: Eckel/Moisel (2008): 174-202

Süß, Dietmar (Hrsg.) (2007): Deutschland im Luftkrieg. Geschichte und Erinnerung. München: Oldenbourg

Thamer, Hans-Ulrich (2007): Sonderfall Zeitgeschichte? Die Geschichte des 20. Jahrhunderts in historischen Ausstellungen und Museen. In: Zeithistorische Forschungen/Studies in Contemporary History 4. 2007. 167-176

Troebst, Stefan (2006): Jalta versus Stalingrad, GULag versus Holocaust. Konfligierende Erinnerungskulturen im größeren Europa. In: Faulenbach/Jelich (2006): 23-49

Troebst, Stefan (2009): „1945" als europäischer Erinnerungsort? In: Hammerstein et al. (2009): 223-232

Weigl, Michael (2009): Europa neu denken? Zur historischen Umorientierung europäischer Identitätspolitik. In: Hammerstein et al. (2009): 177-188

Europäische Identität, die EU und das Andere: Von der Vergangenheit und neuen Grenzziehungen

Thomas Diez

1 Europäische Identität

Die Frage nach der Existenz einer europäischen Identität wird immer wieder gestellt, in der Politik wie in der Wissenschaft. Gibt es etwas, das Europäerinnen bzw. Europäer gemein haben und das sie von anderen unterscheidet? Oder zumindest etwas, das man den europäischen *Staaten* zuschreiben könnte? Als Kandidaten gelten unter anderem: die gemeinsamen christlichen Wurzeln, das Erbe der Aufklärung, gemeinsame Werte, die sozialstaatliche Verfasstheit. Und gleich fallen einem Gegenargumente ein: die Zersplitterung der christlichen Kirchen und das muslimische Erbe sowie die religiöse Vielfalt im heutigen Europa, die Widerstände gegen die Aufklärung, die Schwierigkeiten, gemeinsame Werte zu finden sobald man die höchsten Abstraktionsniveaus verlässt, die Dispute über verbindliche Regelungen im wohlfahrtsstaatlichen Bereich von Europäischer Sozialcharta zur Charta der Grundrechte. Im Übrigen ist es ja keineswegs so, dass Europa ein Monopol auf auch nur eines dieser Charakteristika beanspruchen könnte.

Schwierig zu beantworten ist ja allein schon die Frage, wo Europa denn eigentlich liegt, oder vielmehr wo es aufhört. Nach Süden und Westen gibt es zwar mit den Meeren eine Art „natürliche" Grenze, aber auch die ist nicht gerade eindeutig – man denke an die Kanarischen Inseln, die spanischen Enklaven in Nordafrika und die Überbleibsel der französischen Kolonien in Südamerika, dem Indischen Ozean oder dem Pazifik. Nach Osten hin wird die Sache noch komplizierter. Warum ist Zypern Teil Europas, wo es nicht einmal auf die Karte auf der Rückseite der Euro-Banknoten passt, das Essen dort eher nahöstlich anmutet und die zyprisch-orthodoxe Kirche als ein zentraler Einflussfaktor im Leben der griechischen Zyprer einem Beitritt zur Europäischen Union (EU) lange Zeit eher skeptisch entgegenstand?[1] Gehört die Türkei nun zu Europa, Asien oder beidem? Dasselbe gilt für Russland, wo der Ural als Grenze Europas eine Erfindung des 18. Jahrhunderts ist.[2]

---

[1] Diez (2005a), 300.
[2] Neumann (1996), 12.

Auch wenn man davon ausgeht, dass Identität weniger eine objektive Realität denn eine subjektive Erfahrung ist, lässt sich einer europäischen Identität nicht so richtig auf die Spur kommen. In verschiedenen Variationen fragen die regelmäßigen Umfragen des im Auftrag der Europäischen Kommission durchgeführten Eurobarometers nach europäischer Identität. Wohlwollend lassen sich die Resultate vielleicht so interpretieren, dass es eine europäische Identität im Bewusstsein vieler Bürgerinnen und Bürger der EU-Mitgliedstaaten schon gibt, dass es sich hier aber eher um ein Eliten- denn ein Massenphänomen handelt und dass die Identifikation weniger mit Emotionen denn mit Nutzenkalkülen zu tun hat.[3]

Festhalten ließe sich als Ausgangspunkt für eine Diskussion über europäische Identität damit zweierlei. Erstens ist so eine Identität immer ein gesellschaftlich-diskursives Konstrukt. Das ist zwar in der Forschung über nationale Identitäten spätestens seit Benedict Anderson keine Neuigkeit mehr,[4] gerät gerade in der politischen Diskussion doch immer wieder in Vergessenheit. Außerdem ist das „Vorstellen" einer europäischen Gemeinschaft ein Prozess, der unter ganz anderen Voraussetzungen abläuft als im Fall vieler Nationalstaaten, deren Entstehung zum einen von einer starken Nationalbewegung getragen wurde, die zum anderen dann auch den öffentlichen Diskurs unter den Bedingungen des Buchdrucks und der entstehenden Kartografie ganz anders dominieren konnte als dies heute der Fall ist. Zweitens bedeutet dies aber auch, dass wir es bei einer europäischen Identität mit einem Sammelsurium ganz unterschiedlicher Geschichten, Traditionen und Erfahrungen zu tun haben.[5] Europa, europäische Identität ist ein „essentially contested concept",[6] ein leerer Signifikant, dessen Bedeutungszuschreibung ein zentraler Bestandteil politischer Debatten ist.[7]

Dabei ist freilich auf ein Paradox zu verweisen, dem auch ich in diesen einleitenden Absätzen nicht entkommen konnte: Man kann eine europäische Identität nicht hinterfragen ohne zugleich, gewissermaßen durch die Hintertür, die Existenz eines Europas vorauszusetzen. So schrieb ich gleich einleitend von „europäischen" Staaten, wo doch eigentlich gar nicht klar ist, welche Staaten hierzu zählen. Dies ist gewissermaßen die Umkehr des verbreiteten Problems, dass etwa der Europäische Verfassungskonvent eine europäische Identität voraussetzen und doch zugleich konstruieren musste, weil sie eben nicht einfach vorausgesetzt werden kann.[8]

Im Folgenden will ich nun das Argument entwickeln, dass die Konstruktion europäischer Identität in der Vergangenheit oftmals reflexiv vonstatten ging: sie

---

[3] Green (2007), 69, 129.
[4] Anderson (1991).
[5] Vgl. die Beiträge zu Demossier (2007).
[6] Connolly (1983).
[7] Diez (2001).
[8] Bialasiewicz et al. (2005); vgl. zur Diskussion über die Paradoxien europäischer Grenzen Diez (2005a).

bezog sich abgrenzend auf Europas eigene Geschichte. Seit einigen Jahren ist hingegen zu beobachten, dass das „Andere", gegenüber dem eine europäische Identität konstruiert wird, sich zunehmend auch auf andere Staaten und Regionen und nicht mehr so sehr auf das Selbst konzentriert. Dabei will ich nicht behaupten, dass die Türkei oder Russland nicht auch schon früher als Gegenfolie zu Europa benutzt wurden.[9] Jedoch lässt sich sagen, dass gerade auf der Ebene der offiziellen Rhetorik eine Verschiebung der Akzente auszumachen ist, die ich, wie ich ausführen werde, aus normativen Gesichtspunkten für problematisch halte. Ich werde dabei so vorgehen, dass ich die verschiedenen Aspekte dieser Thematik in der Reihenfolge der im Titel verwendeten Begriffe abhandeln werde. Zunächst werde ich mich also noch einmal näher mit Identitätsfindungen der EU beschäftigen, dann einige grundsätzliche Überlegungen zum „Anderen", also zum Verhältnis von Identität und Differenz anstellen, und schließlich die beiden Modi der europäischen Identitätskonstruktion näher betrachten.

2   Die EU

Das Verhältnis zwischen EU und europäischer Identität ist ebenso problematisch wie der Begriff der europäischen Identität selbst. Einerseits werden in dieser Diskussion „Europa" und die EU oftmals gleichgesetzt. Der europäische Integrationsprozess sollte von Anfang an die nationalstaatlichen Grenzen überwinden. Zwar war in den Römischen Verträgen noch nicht explizit von einer europäischen Identität die Rede, wohl aber von einem „immer engeren Zusammenschluss der europäischen Völker" (Präambel). Ernst Haas formulierte damals die Hypothese, dass es durch die Integration zumindest bei politischen Akteuren zu einer Verschiebung von „Loyalitäten, Erwartungen und politischen Aktivitäten" weg von der Nation hin zu einem neuen Zentrum kommen würde.[10]

So überrascht es denn kaum, dass verschiedene EU-Akteure immer wieder nicht nur von einer europäischen Identität reden, sondern sie auch herzustellen oder zu stärken versuchen. Ein bekannter früher Versuch war der Bericht des vom Europäischen Rat eingesetzten Adonnino-Komitees, das 1985 allerlei Vorschläge für ein Europa der Bürger unterbreitete, von denen zahlreiche in der Zwischenzeit umgesetzt wurden. Dabei drehte es sich vordergründig schon damals darum, die EU den Bürgerinnen und Bürgern „näherzubringen", wobei viele der Maßnahmen aber auf die Schaffung einer europäischen Identität abzielten, etwa die Einführung einer Europahymne und einer Europaflagge. Dabei muss dem Ausschuss zugute

---

[9] Neumann (1999), 39-112.
[10] Haas (1958), 16.

gehalten werden, dass er von einer europäischen Identität als solcher nicht sprach. Das 7. EU-Forschungsrahmenprogramm ist da direkter und führt in seinem Arbeitsprogramm für 2010 aus, dass „die EU europäische Identität als komplementär zu nationalen und regionalen Identitäten begreift".[11]

Andererseits kann, einmal abgesehen von den bereits angerissenen grundsätzlichen Problemen eines solchen Unterfangens, eine EU-Identität schon von daher nicht ohne weiteres einer europäischen Identität gleichgesetzt werden, als einige Staaten, die im allgemeinen Diskurs unbestritten zu Europa gehören, gar nicht Mitglied der EU sind, wie etwa die Schweiz oder Norwegen. Zwar ist dieses Kongruenzproblem durch die verschiedenen Erweiterungsrunden nicht mehr so groß, wie es einmal war; dennoch lässt sich vielleicht besser, wenn auch etwas umständlich, von der EUropäischen Identität sprechen.[12] Dies erhebt somit nicht den Anspruch einer Deckungsgleichheit mit europäischer Identität schlechthin, macht aber auch deutlich, dass die Signifikanz einer solchen Identität auf Grund der dominanten Position der EU über das EU-Territorium hinausgeht, so dass auch in der öffentlichen Debatte außerhalb Europas EUropäische und europäische Identität synonym gebraucht werden.

Eine solche EUropäische Identität hat zwei Dimensionen, die aber miteinander verknüpft sind. Zum einen gibt es das, was man eine „Bürgeridentität" nennen kann, um die sich bereits der Adonnino-Auschuss kümmerte. Hier dreht es sich um die Vermittlung eines europäischen Zugehörigkeitsgefühls an die EU-Bürgerinnen und -Bürger. Zentraler Bestandteil hierfür sind gemeinsame Symbole wie etwa die bereits erwähnte EU-Hymne und -Flagge, aber auch die Einführung des Euros wird unter einem identitären Aspekt gesehen.[13] Zum anderen existiert eine lange Debatte um die externe, internationale Identität der EU und insbesondere darüber, inwieweit sie sich von anderen Akteuren auf internationaler Ebene unterscheidet.[14]

Hierzu macht seit einigen Jahren der Begriff der „normative power", der „normativen Macht" die Runden.[15] Dieser wurde eingeführt, um die EU insbesondere von traditionellen Großmächten insofern zu unterscheiden, als sie sich in ihrem außenpolitischen Verhalten an internationale Normen bindet und diese auch im Widerstreit zu ihren eigenen materiellen Interessen durchzusetzen sucht, so jedenfalls die Verfechter dieser These. Dagegen ist oftmals angeführt worden, dass das tatsächliche Verhalten der EU und ihrer Mitgliedstaaten, vorsichtig gesagt,

---

[11] Europäische Kommission (2009), 31.
[12] Ähnlich: Antonsich (2008).
[13] Vgl. Europäische Kommission (2009), 32.
[14] Vgl. im Überblick Manners/Whitman (2003), 381-383.
[15] Manners (2002), Diez/Manners (2007). Kritisch u.a. Diez (2005b). Zur Diskussion siehe unter vielen anderen auch das Sonderheft des Journal of European Public Policy 13: 2, eingeleitet von Sjursen (2006).

sehr viel ambivalenter ist, als dies mit dem Begriff der normativen Macht suggeriert wird,[16] und sicherlich wird es schwierig sein, ein solch andersartiges Verhalten systematisch nachzuweisen. Aber als *Identitätskonstruktion* macht „normative
power" Sinn. Danach ließe sich der Erfolg des Artikels damit erklären, dass er sich
nicht nur in einen breiteren Diskurs einfügte, sondern ihn zuspitzte und in einem
Begriff auf den Punkt brachte. In diesem Diskurs wird die EU, gewissermaßen
stellvertretend für Europa, als eine neue, andere, bessere politische Macht dargestellt, eine Macht, die nicht mehr nur auf Militär, sondern vor allem auf die Durchsetzungsfähigkeit friedvoller Normen vertraut – eine Darstellung, mit der sich über
die mitgliedstaatlichen Differenzen hinweg Politiker wie Bürger identifizieren
können, und die als Reputationsmacht durchaus auch gegenüber anderen Staaten
wichtig ist, insofern sie die Konstruktion teilen.[17]

Bereits hier lässt sich nun aber ein Wandel im EUropäischen Identitätsdiskurs
ausmachen: zur Diskussion um die Stärkung eines Identitätsbewusstseins unter
den EU-Bürgerinnen und -Bürgern ist die Diskussion um die internationale Identität der EU hinzugekommen. Damit aber haben sich einige problematische Entwicklungen eingeschlichen, deren Bedeutung klarer wird, wenn wir uns zunächst
mit einigen grundsätzlichen Überlegungen zu Identität und Differenz beschäftigen.

3   Das Andere

Man muss kein Strukturalist oder Poststrukturalist sein, um nachvollziehen zu
können, dass Identität immer etwas mit Unterschied zu tun hat. Wenn es keine Unterschiede gäbe, wäre alles eins und mithin keine Identität feststellbar. Identität
kann also nicht nur „von innen" kommen, sondern muss zwangsläufig in der Konstruktion von Alteritäten generiert werden. Bei der Diskussion über die internationale Identität der EU wurde das oben ganz klar: hier drehte es sich vorrangig um
die Unterschiedlichkeit zu anderen Akteuren. Aber auch Symbole wie Flagge und
Hymne machen, wenn auch auf indirektem Wege, nur über Differenzen einen
Sinn. Zum einen unterscheiden sie sich von anderen Flaggen und Hymnen, aber
auch ihr Bezugspunkt, die Gemeinschaft, ohne die sie nur ein Stück Stoff oder ein
Musikstück wären, ist nur dann auszumachen, wenn Grenzen gezogen werden.
Identitäten kommen nicht ohne Differenzen aus; ja, Differenzen sind konstitutiv
für Identitäten, so dass auch vermeintlich positive Identifikationspunkte auf Ab-
grenzungen zurückgreifen müssen oder sie voraussetzen.

---

[16] Exemplarisch: Youngs (2004).
[17] Zu letzterem vgl. Diez/Pace (im Druck).

Dieser Gedankengang hielt in die Internationalen Beziehungen über die Rezeption so genannter „poststrukturalistischer" Arbeiten Einzug,[18] bisweilen auch über die Sozialpsychologie.[19] Inzwischen kann man wohl sagen, dass er weit verbreitet und akzeptiert ist, auch wenn die theoretischen Implikationen nicht immer ernst genommen und bisweilen auch abgelehnt werden.[20] Außenpolitik wird damit zu einer Praxis der Identitätszuschreibung: Durch Außenpolitik wird das Andere als das Andere wieder in den Diskurs eingeschrieben und gegen das Selbst, die eigene politische Gemeinschaft gesetzt, um dann beide wieder in Beziehung zu setzen.[21] Die Idee einer globalen, auf Individuen aufbauenden Weltgesellschaft wird so immer wieder unterminiert.

Allerdings, darauf haben neuere Arbeiten nachdrücklich hingewiesen, hat man es sich bei dieser Analyse vielleicht doch ein bisschen zu einfach gemacht. Im Mittelpunkt der Repräsentation des Anderen stand nämlich das „radikale Andere", das eine Bedrohung darstellt. So steht bei David Campbell ja auch ganz explizit das Verhältnis von *Sicherheit* und Identität im Mittelpunkt,[22] so dass Außenpolitik praktisch immer mit Sicherheitspolitik und entsprechend dramatisierten Identitätskonstruktionen gleichgesetzt wird. In diesem Sinne bauten alle Identitätskonstruktionen letztlich auf so genannten „Versicherheitlichungen" (securitisations) auf, also auf Repräsentationen des Anderen als existenzielle Bedrohung des Selbsts, das aber genau durch diese Repräsentationen (re)konstruiert wird.[23]

Identität wird aber nicht immer durch solche radikalen Alteritäten konstruiert. Lene Hansen verweist in diesem Zusammenhang auf den Entwicklungsdiskurs, der sicher andere Länder als unterentwickelt bezeichnet und damit als anders und dem eigenen Selbst auch unterlegen, aber nicht zwingend als Gefahr konstruiert.[24] Bahar Rumelili verweist ihrerseits darauf, dass zwar alle Identitäten auf Differenzen aufbauen, die sich als Potenzial für die Repräsentation eines radikalen Anderen eignen, dass es aber keineswegs ausgemacht ist, dass dieses Potenzial auch realisiert wird.[25] In der Tat würde eine andere Position nicht zuletzt auch normativ in die Irre führen: Wenn alle Differenzen Bedrohungen beschwören würden, aber Identität nur über Differenzen denkbar ist, dann stünden wir tatsächlich in einer Welt, die sich selbst Erzrealisten wohl kaum ausdenken könnten. Somit ist Camp-

---

[18] Exemplarisch Campbell (1998), insbesondere S. 73-90, und, wenn auch am Übergang zwischen IB und Politischer Theorie, Connolly (1991), insbesondere S. 36-63.

[19] Siehe z.B. Marcussen et al. (1999), 615-616.

[20] Siehe z.B. Risse-Kappen (1995), 173-174.

[21] Campbell (1998), 73-90.

[22] Vgl. bereits den Titel „Writing Security", Campbell (1998)!

[23] Wæver (1995); Buzan et al. (1998), 23-24.

[24] Hansen (2006), 40-41.

[25] Rumelili (2007), 34-36.

bells kritische Analyse der US-amerikanischen Außenpolitik wohl auch von der Hoffnung getragen, dass es letztlich zu anderen Formen der Abgrenzung kommen könnte, die das Andere respektieren und nicht auslöschen wollen. Ob daraus zu schließen ist, dass das Andere auch als Freund dargestellt werden kann, sei dahingestellt.[26] Hier regen sich Zweifel, ob die Freundschaft nicht zumindest einhergeht mit einem Anderssein in einem anderen Bereich – so sind etwa Frankreich und Deutschland durchaus freundschaftlich miteinander verbunden, zugleich gibt es aber schon die Einschreibung eines Anderen etwa in kulturellen Belangen, und die Geschichte ist natürlich auch mit „Versicherheitlichungen" gespickt. Es muss also nicht Freundschaft sein, aber auch Campbell verweist mit Emmanuel Levinas auf die Möglichkeit der Einsicht, dass dem Anderen mit Respekt gegenüberzutreten ist, weil ja die eigene Identität immer konstitutiv mit ihm verbunden ist.[27]

Aus dieser Diskussion lässt sich schließen, dass es unterschiedliche Formen der Repräsentation des Anderen gibt. Diese unterscheiden sich einmal in ihrer Intensität, zum anderen in ihrem Bezugspunkt.[28] Was die Intensität anbelangt, so habe ich bereits an anderer Stelle[29] vorgeschlagen, zwischen vier Ausprägungen zu unterscheiden:

1. Die Repräsentation des Anderen als existentielle Bedrohung („Versicherheitlichung") – diese habe ich oben bereits eingeführt.
2. Die Repräsentation des Anderen als unterlegen. Diese schwächere Form des so genannten „Othering" konstruiert das Selbst nicht als bedroht, sondern als überlegen, wie etwa im oben erwähnten Entwicklungsdiskurs. Besonders ausgeprägt ist diese Form im Orientalismus, in dem das Andere zwar zur exotischen Attraktion, zugleich aber herablassend betrachtet wird.[30]
3. Die Repräsentation des Anderen als universelle Prinzipien verletzend. Im Unterschied zur ersten Variante liegt hier nicht unbedingt die Bedrohung des Selbsts vor. Zugleich wird das Andere nicht zwingend als unterlegen gekennzeichnet, wohl aber als (normativ gesehen) „schlechter". Dabei wird das Selbst mit universellen Werten in Verbindung gebracht und damit zum „Guten" in der Welt.
4. Die Repräsentation des Anderen schlicht als anders. Diese Repräsentation beinhaltet zunächst einmal kein Werurteil: Das Andere ist weder Bedrohung noch unterlegen noch „schlecht".

Aus einem normativen Gesichtspunkt ergibt sich daraus eine Präferenz für die vierte Repräsentationsstrategie. Auch diese legt anderen bisweilen ein von ihnen

---

[26] So etwa Herschinger (2007).
[27] Campbell (1993), 91-99.
[28] Vgl. Hansen (2006), 46-51.
[29] Diez (2005b), 628.
[30] Einschlägig Said (1979).

keineswegs geteiltes Identitätskonstrukt auf, aber immerhin ist es nicht dazu geeignet, Handlungsweisen zu legitimieren, die dem Anderen direktes Leid zufügen.[31]

Darüber hinaus schlägt Hansen vor, eine räumliche, eine temporale und eine ethische Dimension des Anderen zu unterscheiden.[32] Eine internationale Identität wird im Staatensystem immer auch eine räumliche Differenzierung beinhalten. In der Repräsentation des Anderen als universelle Prinzipien verletzend spielt die ethische Dimension eine Rolle. Von Interesse ist für uns im Folgenden aber vor allem der Unterschied zwischen der räumlichen und der temporalen Konstruktion von Identität und Differenz.[33]

4   Von der Vergangenheit

Die temporale Identitätskonstruktion ist für die Diskussion von EUropäischer Identität von besonderer Bedeutung. Dies hat damit zu tun, dass etwa noch in Zeiten des Adonnino-Ausschusses das zentrale Andere des „neuen" Europas dessen eigene Vergangenheit war, die nun als überwunden galt. In den Worten Ole Wævers: „Europe's ‚Other', the enemy image, is today not to a very large extent ‚Islamic fundamentalism', ‚the Russians' or anything similar – rather, Europe's other is Europe's own past which should not be allowed to become its future".[34] Diese Zeilen stammen, wohlgemerkt, gerade einmal aus der zweiten Hälfte der neunziger Jahre. Ob Wæver heute noch so schreiben würde, ist zweifelhaft.

Worauf Wæver hier abzielt ist, dass praktisch alle großen Reden zum europäischen Integrationsprozess die Überwindung der von Kriegen durchzogenen Vergangenheit des Kontinentes als entscheidendes Charakteristikum der EU und damit auch als ihre Kernlegitimation ausmachen. Dies gilt im Prinzip noch heute. Als Joschka Fischer, damals deutscher Außenminister, im Mai 2000 an der Humboldt-Universität zu Berlin seine programmatische Rede zu Europa hielt, beschwor er umgehend die historische „Antwort" der europäischen Integration „auf Jahrhunderte eines prekären Gleichgewichts der Mächte auf diesem Kontinent, das immer wieder in verheerende Hegemonialkriege umschlug, die in den beiden Weltkriegen zwischen 1914 und 1945 kulminierten".[35]

Wem die Auswahl eines Zitats von Fischer einen zu starken föderalistischen Bias aufweist, der sei auf eine Rede von Gordon Brown als britischer Premiermi-

---

[31] Vgl. hierzu auch Linklater (2005).
[32] Hansen (2006), 46-51.
[33] Vgl. hierzu auch Diez (2004).
[34] Wæver (1998), 90.
[35] Fischer (2000), 2.

nister am 24. März 2009 vor dem Europäischen Parlament verwiesen. Dort heißt es: „And if anyone in any country or continent is in any doubt about how the human will and the courage of representatives with a mission can build a new future on past decades of despair, let them simply reflect upon how 60 years ago Europeans talked of enemies that were forever entrenched, relationships that could never be repaired. They talked of a hard, long and bitter cold war. They did not believe it possible that our Europe could ever be fully at peace, far less that it could unite and cooperate. And then let them think of how today, after years of cooperation and unity, none but those on the political extremes would question that we are stronger together, safer together than ever we are apart".[36]

Man könnte die Liste der Zitate nahezu endlos fortführen. Es mag sein, dass es sich bei diesen Passagen um bloße Lippenbekenntnisse handelt – im Falle Browns etwa, weil er dachte, vor dem Europäischen Parlament etwas Positives über Europa und den europäischen Integrationsprozess sagen zu müssen. Das würde aber wohl den Reden nicht gerecht, und davon unabhängig kommt es hier auch gar nicht auf die Motivation als solche an. Selbst wenn die Ausschnitte aus den Reden nur Lippenbekenntnisse wären, so zeigten sie doch, dass die Regeln des Diskurses über EUropäische Identität den Verweis auf die Geschichte weiter vorschreiben, und zugleich schreiben die Reden den Diskurs selbst fort.

Dabei sind es nicht nur Politiker, die in „Sonntagsreden" die Geschichte zum Referenzpunkt für die Identitätskonstruktion bemühen. Vielmehr ist der gesamte Integrationsdiskurs durchzogen von solchen Vergleichen zwischen dem alten Europa der Kleinstaaterei und der Kriege und dem neuen Europa, das eine neue politische Form gefunden und die kriegerischen Auseinandersetzungen damit überwunden hat (natürlich nur auf die EU bezogen).[37]

Das Interessante an dieser Identitätskonstruktion von EU-Europa als postmodernem, post-souveränem Gebilde im Gegensatz zu dem nationalstaatlichen Europa der Kriege ist nun, dass es sich hier im Grunde um eine erfolgreiche „Versicherheitlichung" handelt: Das Andere ist die Nationalstaaterei, die ins Verderben führt, und gegen die man unbedingt etwas unternehmen muss, nämlich den Integrationsprozess fortführen. Das Entscheidende ist aber, dass dieses Andere nicht räumlich gedacht ist, sondern temporal, und zwar auf dasselbe Selbst bezogen. Diese eingebaute Reflexivität hinterfragt das Selbst also in demselben Maße, wie es seine Identität herstellt. Zugleich trifft es keine Aussage über räumliche Andere, was nicht bedeutet, dass es gegenüber anderen gewissermaßen stumm bleiben muss, wie ich in den Schlussbemerkungen noch ausführen werde.

---

[36] Brown (2009).

[37] Vgl. etwa die Idee von der EU als „postmoderner Polity" in Ruggie (1993), 172 oder „post-souveränem Staat" in Wæver (1996), 172.

5   Neue Grenzziehungen

Über das letzte Jahrzehnt hinweg lässt sich nun aber beobachten, wie dem temporalen Identitäts-/Differenzdiskurs zunehmend eine räumliche Komponente hinzu-
gefügt wird und damit die Geopolitik wieder Einzug hält. Damit soll nicht gesagt
werden, dass die Bezüge auf die Kriege der Vergangenheit verschwinden – das
Beispiel der Rede Browns vom März 2009 liefert hiergegen ja bereits ein Beispiel.
Solche Referenzen setzen sich fort. Sie werden aber zunehmend gepaart mit Verweisen auf das Andere, die gewissermaßen als ‚Inkarnation der Geschichte' dargestellt werden.

Bereits die Debatte im Verlauf der Osterweiterung 2004/7 ist hierfür einschlägig. Die Erweiterung wurde vor allem durch Verweise auf den aufkeimenden Eth-
nonationalismus in den Staaten des ehemaligen Warschauer Paktes legitimiert; der
Zerfall Jugoslawiens tat das seine dazu, diesem Diskurs auch das rechte Gewicht
zu verleihen. Erweiterung wurde somit zur Notwendigkeit, um Sicherheit dauerhaft zu gewährleisten.[38] So sprach der damalige britische Premierminister John Major etwa davon, dass es ohne die Erweiterung zum Chaos in den Mittel- und Osteuropäischen Staaten kommen würde und die EU damit ihre eigene langfristige
Stabilität und Wohlfahrt gefährden würde.[39] Dabei setzte sich das Argumentati-
onsmuster der Vergangenheit Europas fort, nun aber wurde der Schluss gezogen,
dass auch die mittel- und osteuropäischen Länder den Nationalismus überwinden
müssten. Als Beispiel soll eine Rede von Romano Prodi in Sarajavo vom April 2002
dienen: „Confrontation, nationalism and extremism must give way to a new out-
look", so Prodi. „European integration has allowed us to cast off this narrow mind-
set. (…) Dialogue, cooperation and mutual respect are also vital for the future of
Bosnia and Herzegovina".[40]

Durch den Export von Grundwerten und letztendlich auch Integration kann
die EU den Ländern Mittel- und Osteuropas dabei aber helfen, ihre Probleme zu
überwinden und damit auch nicht mehr länger Gefahr für den Westen zu sein:
„Regional integration is the key to lasting peace". So wird zwar einerseits das Andere nicht mehr nur temporal betrachtet, sondern auf ein geografisch Anderes bezogen; andererseits sollen die dadurch legitimierten Maßnahmen dazu dienen, das
Andere letztlich zum Teil des Selbst zu machen und die Gefahr damit zu „befrieden". Im Falle der Türkei sieht dies schon anders aus. Dies liegt nicht zuletzt daran, dass der „europäische Charakter" der Türkei umstritten ist, und zwar auf bei-

---

[38] Higashino (2004).
[39] Major zitiert in Higashino (2005), 147.
[40] Prodi (2002).

den Seiten.[41] So war die Türkei etwa einerseits beim Haager Kongress der Europäischen Bewegung 1949 mit Delegierten vertreten und wurde anschließend Mitglied im Europarat wie in der NATO, andererseits blieb sie für viele ein nichteuropäischer Staat oder bestenfalls ‚auf dem Weg nach Europa'. Schon Atatürk wollte die Türkei durch seine Staatsreformen nach Gründung der modernen Republik auf diesen Weg bringen.[42] Heute sieht die AKP-Regierung dies ganz ähnlich, und auch auf Seiten der EU dienen die Verhandlungen dazu, „Fortschritte auf Europa hin" zu machen.[43] Sicher ist dabei oftmals schlicht eine Gleichsetzung von EU und Europa das Problem. Auch bei den 2004 bzw. 2007 der EU beigetretenen Staaten sprach man ja oft von einer „Rückkehr nach Europa" – aber eben einer Rückkehr (nach der Zeit der sowjetischen Dominanz) und nicht von einem noch zu beschreitenden neuen Weg.[44] Für die Türkei scheint stattdessen eher zuzutreffen, was Iver Neumann einmal (in einem größeren historischen Zusammenhang) für Russland ausmachte: Sie ist ein Land, „that is perpetually seen as being in some stage of transition to Europeanization".[45] Wir haben es hier also zunächst einmal mit der Repräsentation des Anderen als unterlegen zu tun – aber nicht nur.

Problematisch ist in diesem Zusammenhang die Rolle des Islam. Hier lässt sich zwar einerseits feststellen, dass auf offizieller Seite gerade auf Kommissionsebene der Umgang mit der Türkei, aber auch mit dem Islam insgesamt, auf konstruktiven Dialog ausgerichtet ist. Andererseits wird der Islam unterhalb dieser Ebene, von Wahlkampfauftritten hin zu politischen Kommentaren, immer wieder als Bedrohung konstruiert und dies als Argument gegen einen Türkei-Beitritt benutzt.[46] Nicht alle sind dabei so direkt wie der Griechische Europaabgeordnete Georgios Karatzaferis, der meinte: „Europe was determined by (…) the Christian religion. So now we are going to bring the Turks into Europe. That will be a crime for Europe".[47] Subtiler ging es da in der deutschen Debatte zu, die im Jahr 2003 entscheidend vom Historiker Hans-Ulrich Wehler geprägt wurde, der den Islam als einzige Religion ansah, die religiösen Glauben so mobilisieren könne, dass daraus ein radikaler anti-westlicher Fundamentalismus würde,[48] und zugleich darauf verwies, dass es in der Türkei ja bereits 75 Millionen Türken gäbe, mehr als die gesamte Zahl an Protestanten in Europa.[49] Immer wieder, auch bei Wehler, kommt

---

[41] Vgl. Rumelili (2003), 44.

[42] Vgl. Jung (1998).

[43] Rehn (2009).

[44] Vgl. etwa für Litauen: Pavlovaite (2003).

[45] Neumann (1999), 111.

[46] Vgl. Weisband et al. (2008), die aber auch wesentlich skeptischer gegenüber dem offiziellen EU-Diskurs sind.

[47] Zit. in Weisband et al. (2008), 63.

[48] Wehler (2003a).

[49] Wehler (2003b), 48.

dabei die Argumentation zum Tragen, die Europa als aufgeklärten, rationalistischen Kontinent darstellt, der auf christlichen Wurzeln baut, und nun vom irrationalen, gewalttätigen, expandierenden Islam bedroht wird.[50] Auch hier werden dem Islam also Eigenschaften zugeschrieben, die man in Europa zu überwunden haben glaubt, so dass das temporale Andere sich nun in einem geografischen Anderswo zeigt.

Schließlich kann auch noch einmal auf den bereits im zweiten Abschnitt eingeführten Diskurs über die „Normative Macht Europa" verwiesen werden. Wie oben dargelegt, konstruiert dieser Diskurs EU-Europa als eine Art „leuchtendes Beispiel" für den Rest der Welt. Zum Anderen, die aus dieser Sicht universelle Normen verletzen, gehören nicht nur die USA, wie in Manners Originalbeitrag dargelegt, sondern vor allem die Nachbarn der EU. Schon im so genannten Barcelona-Prozess, der die Mittelmeerländer enger mit der EU verknüpfen sollte (in „Partnerschaft", wohlgemerkt), wird dies deutlich, wenn etwa die Barcelona-Deklaration selbst vor allem Prinzipien ausführt, die klar an die südlichen Mittelmeerstaaten adressiert sind.[51] Nicht anders verhält es sich mit der Europäischen Nachbarschaftspolitik (ENP). In den bilateralen Verträgen der ENP wird ebenfalls zunächst eine gemeinsame Partnerschaft beschworen, dann aber vor allem auf die Anpassung der Normen und Standards der Partnerländer an die der EU abgestellt.[52]

So ist insgesamt festzustellen, dass der temporale Differenzierungsdiskurs zwar nicht verschwunden ist, im Verhältnis zum räumlichen, geopolitischen Diskurs aber an Bedeutung verloren hat. Dabei kommt das Andere, gegen das europäische Identität konstruiert wird, durchaus auch als Bedrohung vor, wie etwa im Falle des Islam, häufiger aber als unterlegen oder universelle Werte verletzend. Dies ist aus normativen Gesichtspunkten aber nicht weniger problematisch, da die beiden Grundprobleme des „Othering" bleiben: die fehlende Hinterfragung des eigenen Verhaltens und die Herabsetzung und entsprechende Behandlung der Anderen.

6   Eine Alternative?

Es bleibt die Frage, welche Alternativen zur räumlichen Abgrenzung bestehen, wenn jede Identität die Differenz, also die Grenzziehung braucht, und wenn EU-Europa, trotz der Charakterisierung als postmoderne Polity, letztlich auch eine räumliche Einheit sein soll. Hier reicht der Hinweis auf die temporale Differenzie-

---

[50] Siehe zur Diskussion auch Diez/Barbato (2008) sowie Silvestri (2007).
[51] Diez (2005b), 630-631. Für eine ausführliche Diskussion siehe Pace (2006).
[52] Kostadinova (2009), 248.

rung nicht aus, denn diese schafft ja eben keine räumliche Grenze, sondern setzt sie bereits voraus. Dennoch lässt sich hier ein Ansatzpunkt finden, denn in den Zeiten, als die Rede von der Vergangenheit in der EUropäischen Identitätsdiskussion vorherrschte, blieb der Diskurs reflexiv und somit vor allem eben auch auf die Hinterfragung des eigenen Verhaltens gerichtet, während die Anderen gar nicht erst thematisiert wurden. Die Grenzen Europas waren damit aber auch prinzipiell offen; die Erweiterung wurde als solche zum Charakteristikum der EU. Im Gegensatz dazu sucht der räumliche Differenzierungsdiskurs klare Grenzen zu setzen.

Eine Rückbesinnung auf den temporalen Differenzierungsdiskurs wäre daher vonnöten. Was bedeutet das für den Diskurs, der Europa als normative Macht darstellt? Sind die Normen Makulatur? Zu bedenken wäre ja, dass Manners Artikel eine klare normative Komponente hatte und die EU dazu anhalten wollte, eben nicht in alte Realpolitik zurückzufallen. Erinnern kann man aber auch daran, dass Manners für die Verbreitung der Normen unterschiedliche Strategien ausarbeitet, zu denen er auch die „Ansteckung" zählt, die er als nichtintendierte Diffusion von Normen definiert.[53] Eine solche „Ansteckung" funktioniert vor allem durch das Beispielgeben. Ein EU-Europa, das sich selbst an internationale Normen bindet, und anstatt andere zu ermahnen, sich vor allem selbst immer wieder kritisch beäugt, würde anstecken. Das heißt nicht, dass man schweigen muss, wo Unrecht geschieht. Aber erstens ist die EU hier nicht konsistent, und zweitens ließe sich in den Beziehungen mit anderen Staaten durchaus mehr Gegenseitigkeit vereinbaren. Gelänge dies, hätte die EU tatsächlich eine Identität, die sie unterscheiden würde von den meisten Großmächten, die die Geschichte bisher gekannt hat.

Literatur

Adler, Emanuel/Barnett, Michael (Hrsg.) (1998): Security Communities. Cambridge: Cambridge University Press

Anderson, Benedict ([2]1991): Imagined Communities. Reflections on the Origin and Spread of Nationalism. London: Verso

Antonsich, Marco (2008): EUropean Attachment and Meanings of EUrope. A Qualitative Study in the EU-15. In: Political Geography 27. 2008. 691-710

Berenskoetter, Felix/Williams, Michael J. (Hrsg.) (2007): Power in World Politics. London: Routledge

Bialasiewicz, Luiza/Elden, Stuart/Painter, Joe (2005): The Constitution of EU Territory. In: Comparative European Politics 3. 2005. 333–363

Brown, Gordon (2009): PM Speech to European Parliament. Transcript of an Address to the European Parliament on 24 March 2009. www.number10.gov.uk/Page18718

Buzan, Barry/Wæver, Ole/de Wilde, Jaap (1998): Security: A New Framework for Analysis. Boulder: Lynne Rienner

---

[53] Manners (2002), 244.

Campbell, David (1993): Politics without Principle. Sovereignty, Ethics, and the Narratives of the Gulf War. Boulder: Lynne Rienner

Campbell, David (²1998): Writing Security: United States Foreign Policy and the Politics of Identity. Minneapolis: University of Minnesota Press

Connolly, William E. (²1983): The Terms of Political Discourse. Princeton: Princeton University Press

Connolly, William E. (1991): Identity\Difference: Democratic Negotiations of Political Paradox. Ithaca: Cornell University Press

Demossier, Marion (Hrsg.) (2007): The European Puzzle: The Political Structuring of Cultural Identities at a Time of Transition. New York: Berghahn

Diez, Thomas (2001): Europe as a Discursive Battleground. Discourse Analysis and European Integration Studies. In: Cooperation and Conflict 36. 2001. 5-38

Diez, Thomas (2004): Europe's Others and the Return of Geopolitics. In: Cambridge Review of International Affairs 17. 2004. 319-336

Diez, Thomas (2005a): Eine doppelte Grenzproblematik: Zypern und die Europäische Union. In: Huget et al. (2005): 289-306

Diez, Thomas (2005b): Constructing the Self and Changing Others: Reconsidering ‚Normative Power Europe'. In: Millennium: Journal of International Studies 33. 2005. 613-636

Diez, Thomas (2006): The Paradoxes of Europe's Borders. In: Comparative European Politics 4. 2006. 235-252

Diez, Thomas/Barbato, Mariano (2008): Christianity, Christendom, Europe: On the Role of Religion in European Integration. In: Arès 23. 2008. 25-35

Diez, Thomas/Manners, Ian (2007): Reflecting on Normative Power Europe. In: Berenskoetter/Williams (2007): 173-188

Diez, Thomas/Pace, Michelle (im Druck): Normative Power Europe and Conflict Transformation. In: Whitman (im Druck)

Europäische Kommission (2009): Work Programme 2010, Cooperation Theme 8: Socio- Economic Sciences and Humanities. Brüssel: Europäische Kommission

Faltin, Lucia/Wright, Melanie J. (Hrsg.) (2007): The Religious Roots of Contemporary European Identity. London: Continuum

Fischer, Joschka (2000): Vom Staatenbund zur Föderation – Gedanken über die Finalität der Europäischen Integration. Vortrag an der Humboldt-Universität zu Berlin am 12. Mai 2000. Berlin: Walter-Hallstein-Institut für Europäisches Verfassungsrecht

Green, David Michael (2007): The Europeans. Political Identity in an Emerging Polity. Boulder: Lynne Rienner

Haas, Ernst B. (1958): The Uniting of Europe: Political, Social and Economic Forces 1950-57. Stanford: Stanford University Press

Hansen, Lene (2006): Security as Practice. Discourse Analysis and the Bosnian War. London: Routledge

Herschinger, Eva (2007): Collective Identities, Hegemony, and Security. Reconstructing Discourses on Terrorism and Drugs. Bremen: Diss.

Higashino, Atsuko (2004): For the Sake of ‚Peace and Security'? The Role of Security in the European Union Enlargement Eastwards. In: Cooperation and Conflict 39. 2004. 347-368

Higashino, Atsuko (2005): The Role of Security Discourses in the Eastern Enlargement of the European Union. Birmingham: Diss.

Huget, Holger/ Kambas, Chryssoula /Klein, Wolfgang (Hrsg.) (2005): Grenzüberschreitungen. Differenz und Identität im Europa der Gegenwart. Wiesbaden: VS Verlag für Sozialwissenschaften

Jung, Dietrich (1998): Wie europäisch ist die Türkei? In: Blätter für deutsche und internationale Politik 43. 1998. 410-414

Kostandinova, Valentina (2009): The Commission, ENP and Construction of Borders. In: Geopolitics 14. 2009. 235-255

Linklater, Andrew (2005): Dialogic Politics and the Civilising Process. In: Review of International Studies 31. 2005. 141-154

Lipschutz, Ronnie D. (Hrsg.) (1995): On Security. New York: Columbia University Press

Manners, Ian (2002): Normative Power Europe: A Contradiction in Terms? In: Journal of Common Market Studies 40. 2002. 235-258

Manners, Ian/Whitman, Richard G. (2003): The ‚Difference Engine': Constructing and Representing the International Identity of the European Union. In: Journal of European Public Policy 10. 2003. 380-404

Marcussen, Martin et al. (1999): Constructing Europe? The Evolution of French, British and German Nation State Identities. In: Journal of European Public Policy 6. 1999. 614-633

Müftüler-Baç, Meltem/Stivachtis, Yannis A. (Hrsg.) (2008): Turkey-European Union Relations. Dilemmas, Opportunities, and Constraints. Lanham: Lexington Books

Neumann, Iver B. (1996): Russia and the Idea of Europe. A Study in Identity and International Relations. London: Routledge

Neumann, Iver B. (1999): Uses of the Other. „The East" in European Identity Formation. Minneapolis: University of Minnesota Press

Pace, Michelle (2006): The Politics of Regional Identity: Meddling with the Mediterranean. London: Routledge

Pavlovaite, Inga (2003): Being European by Joining Europe: Accession and Identity Politics in Lithuania. In: Cambridge Review of International Affairs 16. 2003. 239-256

Prodi, Romano (2002): „Europe Beyond the Borders, Europe From Below". Speech by Mr. President Prodi, President of the European Commission, at the Ceremony Organised by the City of Sarajevo Sarajevo, 6 April 2002. http://europa.eu/rapid/pressReleasesAction.do?reference=SPEECH/02/139&format=HTML&aged=0&language=EN&guiLanguage=en

Rehn, Olli (2009): Turkey's Path Towards the EU-Progress Through Reforms. EU-Turkey Joint Parliamentary Committee, Brussels, 31 March 2009. http://europa.eu/rapid/pressReleasesAction.do?reference=SPEECH/09/162&format=HTML&aged=0&language=EN&guiLanguage=en

Risse-Kappen, Thomas (1995): Reden ist nicht billig. Zur Debatte um Kommunikation und Rationalität. In: Zeitschrift für Internationale Beziehungen 2. 1995. 171-184

Ruggie, John Gerard (1993): Territoriality and Beyond. Problematizing Modernity in International Relations. In: International Organization 47. 1993. 139-174

Rumelili, Bahar (2003): Constructing Identity and Relating to Difference. Understanding the EU's Mode of Differentiation. In: Review of International Studies 30. 2003. 27-47

Rumelili, Bahar (2007): Constructing Regional Community and Order in Europe and Southeast Asia. Basingstoke: Palgrave

Said, Edward (1979): Orientalism. New York: Vintage

Silvestri, Sara (2007): Does Islam Challenge European Identity? In: Faltin/Wright (2007): 14-28

Sjursen, Helene (2006): What Kind of Power? In: Journal of European Public Policy 13. 2006. 169-181

Wehler, Hans Ulrich (2003a): Die türkische Frage. Europas Bürger müssen entscheiden. In: Frankfurter Allgemeine Zeitung. 19. Dezember 2003. 35

Wehler, Hans-Ulrich (2003b): Konflikte zum Beginn des 21. Jahrhunderts. Essays. München: Beck

Weisband, Edward et al. (2008): Turkish Accession and the Quest for a European Polity. Discursive Strategies and Organized Hypocrisy. In: Müftüler-Baç/Stivachtis (2008): 41-73

Wæver, Ole (1995): Securitization and Desecuritization. In: Lipschutz (1995): 46-86

Wæver, Ole (1996): European Security Identities. In: Journal of Common Market Studies 34. 1996. 103-132

Wæver, Ole (1998): Insecurity, Security and Asecurity in the West European Non-War Community. In: Adler/Barnett (1998): 69-118

Whitman, Richard G. (Hrsg.) (im Druck): Normative Power Europe. Empirical and Theoretical Perspectives. Basingstoke: Macmillan

Youngs, Richard (2004): Normative Dynamics and Strategic Interests in the EU's External Identity. In: Journal of Common Market Studies 42. 2004. 415-435

Europa und der Osten

Kommt europäische Kultur aus dem Osten? Die EU-Osterweiterung beförderte essenzielle Narrative eines kulturellen Europas

Christian Domnitz

Der Beitrittsprozess der zentraleuropäischen Gesellschaften zur Europäischen Union gilt gemeinhin als ein Angleichen des Ostens an den Westen. Diesem Narrativ entsprechend erscheint die Transformation der ehemaligen staatssozialistischen Diktaturen hin zu Demokratie und Marktwirtschaft als ein Ergebnis von West-Ost Transfers europäischer Verfahren und Werte. Aus westlicher Sicht bedeutete die Europäisierung Zentraleuropas die Implementierung europäischer Normen in einem ausgeweiteten Territorium: Dies beschreibt der Begriff „Erweiterung" in seinem eigentlichen Sinne. Allerdings vernachlässigt das Verständnis der zentraleuropäischen Transformation als Erweiterung eines westlichen Kanons an Normen und Verfahren die Mechanismen des Transfers und der lokalen Aneignung. Transferanalysen erfordern die eingehende Untersuchung des Rezeptionskontexts, welcher die Aneignung der transferierten Inhalte wesentlich bestimmt.[1] Transferierte westliche Narrative trafen in Zentraleuropa auf eine regionale Tradition intellektueller Debatten über europäische Kultur, die auf Selbstabgrenzung und die Verortung der eigenen Nation in Europa ausgerichtet ist. Während westliche Akteure der EU-Erweiterung den Transfer politischer Normen und Verfahren vorantrieben, definierten zentraleuropäische Autoren Europa als kulturelles Gebilde und formten ihr europäisches Selbstverständnis kulturell. Mit der Erweiterung nach Osten kamen zentraleuropäische Europaverständnisse in die nationenübergreifend geführte Debatte um die *finalité* der EU-Integration. Damit diversifizierten sich die in der EU verfochtenen Europanarrative. Beispielsweise provozieren der Stellenwert der Nation in Europa und Föderalismusverständnisse bis heute Kontroversen zwischen dem ehemaligen Osten und Westen des Kontinents.

Unterschiedliche Auffassungen zur Gestalt Europas können zurückverfolgt werden bis in die Zeiten hinein, zu denen der Kontinent geteilt war. Auf Grund

---

[1] Das Konzept der Kulturtransfers wurde vom französischen Historiker Michel Espagne ausgearbeitet und vor kurzem selbst in die deutsche Historiographie transferiert. Vgl. hierzu Kaelble/Schriewer (2003); Middell (2000); Müller (1998). Aus ethnologischer Perspektive siehe Beck (2006).

der Kluft geschichtlicher Erfahrungen im Zweiten Weltkrieg und im Kalten Krieg unterscheiden sich Europavorstellungen im ehemaligen Osten und Westen des Kontinents. Bereits vor 1989 brachte hierbei transnationale Kommunikation über den „Eisernen Vorhang" hinweg Veränderungen in den zentraleuropäischen mentalen Geografien Europas hervor. Seit der *détente* der siebziger Jahre hatte sich die West-Ost-Kommunikation nach einer gegenseitigen Abgrenzung in den fünfziger Jahren verstärkt. Ideen und Narrative überquerten nationale Grenzen und auch die Trennlinie zwischen den Militärblöcken. In den letzten Jahrzehnten des Staatssozialismus wurde die fortlaufende Integration Westeuropas jenseits des „Eisernen Vorhangs" zwar intensiv wahrgenommen. Dennoch führten die West-Ost-Transfers nicht zu einer Konvergenz – Europa wurde in Zentraleuropa anders debattiert als im Westen. Dissidenten und Untergrundschriftsteller formulierten Europanarrative ausgehend von ihren Erfahrungen, Traditionen und Wertvorstellungen. Menschenrechtsgarantien westlichen Zuschnitts, demokratische Teilhabe und Wohlstand fehlten in den Staatssozialismen – sie wurden als „das Andere" wahrgenommen und idealisiert. Darüber hinaus wurde die eigene Zugehörigkeit zur europäischen Kultur und Zivilisation verfochten. Obwohl Zentraleuropa offensichtlich dem sowjetischen Machtbereich angegliedert war, vertraten unabhängige Stimmen die tiefe Überzeugung einer ununterbrochenen kulturellen Zugehörigkeit zu Westeuropa und der westlichen Zivilisation.

Während der Perestroika-Reformen lockerte Michail Gorbačev die sowjetische Dominanz in den westlichen Satelliten. Der sich auflösende Ostblock befand sich in einer Orientierungssuche. In der Neuorientierung wurde „Europa" als Schlüsselthema debattiert. Mit der EU-Erweiterung stand das westliche Streben nach einer Verankerung von Supranationalität, einer europäischen Staatsbürgerschaft und von *multi-level-governance* in den neuen Mitgliedstaaten der zentraleuropäischen Propagierung eigener Beiträge zur europäischen Kultur und Zivilisation gegenüber. Später wandelte sich dieser Ost-West-Gegensatz der *finalité politique* und einer kulturellen Gestalt Europas hin zu einem komplexen Muster, in dem vielfältige Vorstellungen sowohl zwischen den Zentren und Peripherien Europas als auch innerhalb der Gesellschaften variieren. Kulturelle Regionalismen und Europäismen sind heute auch im Westen gehäuft zu beobachten.

Ausgehend von Forschungsergebnissen zu Europavorstellungen in den Staatssozialismen argumentiert dieser Essay, dass zwischen transnationaler West-Ost-Kommunikation und regional verankerten Europavorstellungen eine Wechselwirkung bestand. Hierdurch wurde nicht allein eine politische Wiedervereinigung des Kontinents befördert, sondern es traten ebenso divergierende Europavorstellungen zu Tage, was eine EU-weite Karriere kultureller Essenzialismen besonders verdeutlicht. Der Essay diskutiert essenzielle Verständnisse europäischer

Kultur anhand ausgewählter Dokumente polnischer und tschechischer Politiker sowie Intellektueller. Die Dokumente wenden sich an eine gesamteuropäische Zielgruppe und beschreiben eine kulturelle Essenz Europas, begleitet von einem paneuropäischen Anspruch. Einige Äußerungen in den Quellen simplifizieren und vulgarisieren das Konzept kultureller Identität für eine massenmediale Öffentlichkeit.

Kulturelle Essenzialismen schreiben einem Gebilde oder Konstrukt – beispielsweise einer Nation, einer Region oder auch der europäischen Zivilisation – einen „natürlichen" Charakter zu. Dies kann ethnische, kulturelle, religiöse oder soziale Strukturen betreffen.[2] Das Konzept erlaubt es, nicht nur primordialen, ethnischen oder kulturellen Nationalismus zu erfassen, sondern auch ähnliche Reifizierungen von Konstrukten jenseits der Nation. Kulturelle Essenzialismen blenden oftmals die Pluralität wetteifernder Werte in der kulturellen Sphäre aus. Sie tendieren stattdessen dazu, einen „Gewinn" oder „Verlust" an Wertorientierung festzustellen, wobei sich die Wertorientierung auf eine apriorisch festgeschriebene, eng umrissene und „gegebene" Kultur bezieht. Essenzielle Sichtweisen von Kultur provozieren damit eine Kanonisierung von Werten. Die darauf bezogene, kulturell beschriebene Gruppe wird hierbei mittels In- und Exklusionen umgrenzt – über die Frage, wer die kanonisierten Werte teilt und wer dies nicht tut. Akademisch formulierte kulturelle Essenzialismen verstehen Kulturen als eine nicht weiter zu dekonstruierende, statische Basis abgeleiteter Mentalitäten, sozialer Praktiken und auch des Kulturaustausches. Sie vernachlässigen das historische Gewordensein, äußere Verflochtenheit und innere Widersprüche von Kulturen. Damit bilden sie einen Gegensatz zu kulturellem Relativismus, der Kulturen als dynamisch, konstruiert und künstlich versteht, ohne in ihnen einen „natürlichen" oder „ursprünglichen" Charakter zu sehen.

Der Essay unterscheidet zwischen drei Phasen. Erstens wird gezeigt, wie angeeignete Europanarrative im Zentraleuropa des Kalten Kriegs Veränderungsdruck produzierten. Zweitens wird der Beitrittsprozess der zentraleuropäischen Gesellschaften als temporäre Phase asymmetrischer Beziehungen dargestellt, in dem systematische West-Ost-Normentransfers stattfanden. Für die dritte Phase nach der EU-Erweiterung diskutiert der Essay mögliche Ursachen für eine Verstärkung kultureller Essenzialismen. Die Leitfrage hierbei ist, ob und wie transnationale Vernetzung und ein wachsendes Selbstbewusstsein bei Repräsentanten zentraleuropäischer Nationen hierzu beitrugen. Hierbei ist Grundannahme, dass Europavorstellungen durch Narrative konstruiert werden.[3] Demnach werden die untersuchten Quellen nicht auf ein „fixes" Europa bezogen, sondern es wird davon

---

[2] Für weitere Definitionen vgl. Grillo (2003); Rothbart/Taylor (1992).
[3] Vgl. Petri (2004).

ausgegangen, dass die Sprecher Europa in Performanzakten regelmäßig neu erfinden.[4] Auf Grund der begrenzten Quellenauswahl ist es nicht möglich, Verbrei-
tungsgrade oder eine Dominanz kultureller Essenzialismen abzuschätzen. Ziel ist
es vielmehr, die Funktionen kultureller Essenzialismen zu diskutieren und mögliche Folgen einer Zukunftsdebatte einzuschätzen, deren Schwerpunkt sich von der
politischen Ausgestaltung der EU entfernt und sich auf kulturelle Europaverständnisse ausrichtet.

1   Transfer und Aneignung: Europäismen östlich des „Eisernen Vorhangs"

Seit dem Erstarken der Oppositionsbewegungen in den späten 1970er Jahren nahmen Dissidenten und Untergrundautoren den Erfolg der westeuropäischen Integration wahr und orientierten sich nach Westen. Sie beabsichtigten, die Teilung des
Kontinents zu überwinden. Sie betonten historische Verbindungen von Ost und
West und arbeiteten sich an gesamteuropäischen Problemen ab, beispielsweise an
Friedens- und Umweltfragen. Linke Oppositionen führten einen Austausch mit der
westlichen Friedensbewegung. Sie engagierten sich für Abrüstung und kritisierten
die Unfähigkeit sowohl der östlichen als auch der westlichen Regierungen, das militärische Bedrohungspotenzial zu begrenzen, das sich in Europa konzentrierte.[5]

Der wachsende Austausch zwischen Ost und West rief Veränderung im Osten
hervor. Westliche Medien kommunizierten den Erfolg der Demokratien, welche
den Wohlfahrtsstaat in der Marktwirtschaft verankert hatten. Während westliche
Medien als Ersatz für die fehlende Meinungsfreiheit im Staatssozialismus fungierten, wurden eingeführte Produkte zu Ikonen des Wohlstands und westlicher Lebensstile. Beides unterminierte die Legitimität des Staatssozialismus. „Europa" erschien auf der Agenda der Gesellschaften des Ostblocks, und Zentraleuropa nahm
an den (west-)europäischen Trends der 1970er Jahre teil.[6] Allerdings nahm es nur
indirekt teil, eingeschränkt von den Limits der staatssozialistischen Herrschaft.
Jenseits einiger Erleichterungen in der Entspannungszeit hielten die staatssozialistischen Führungen den grenzübergreifenden Verkehr beschränkt, weshalb der
Westen durch das Prisma rigider Grenzen und fehlender Reisefreiheit wahrgenommen wurde.

Der so genannte Ostblock war stark fragmentiert und kann kaum als monolit-
hisch betrachtet werden. Horizontal war er nach Nationen strukturiert – die Abgrenzungen wurden in viel beachteten Diskussionen über die historische und zeit-

---

[4] Für Zentraleuropa vgl. Schmale (2003).
[5] Domnitz (2007b); Lazarski (1990).
[6] Für den Westen des Kontinents vgl. Kaelble (2002).

genössische Gestalt der Nationen deutlich.[7] Debatten über „uns" und „die Anderen" formten die Diskursgemeinschaften. Doch auch diese waren in sich fragmentiert.[8] Eine vertikale Stratifizierung äußerte sich in Gegenöffentlichkeiten der Oppositionen, die sich gegen die kommunistische Herrschaftsrepräsentation richteten.[9] Das Konzept der Parallelöffentlichkeiten beschreibt kulturelle und akademische Milieus, deren Angehörige nach Distanz zur Herrschaft strebten.[10] In den späten 1970er und den 1980er Jahren war die staatssozialistische Herrschaft nicht mehr in dem Sinne totalitär, dass Narrative der Partei die gesamte Gesellschaft durchdrangen und bestimmten. Im Kontrast zum Stalinismus tolerierten die Parteiführungen das Bestehen systemstabilisierender und scheinbar unpolitischer Parallelstrukturen, wenn sie die Herrschaft nicht in Frage gestellt sahen. Allerdings hatten nur wenige Bürger Zugang zu substanziell kritischen Debatten in wissenschaftlichen oder literarischen Kreisen.[11]

Unter den einschränkenden Bedingungen der staatssozialistischen Herrschaft eigneten sich sowohl unabhängige als später auch offizielle Publizisten aus dem Westen transferierte Narrative von Europa an. Sie passten sie dem lokalen Kontext an, indem sie sie umformulierten und ihren Inhalt teilweise ganz neu erfanden. Dabei ließen sie regionale Traditionen und ihrer eigene politische Überzeugung einfließen. Diese Aneignung ähnelt dem eng definierten Konzept der *cultural appropriation*, das von Kulturwissenschaftlern verwendet wird. Hierbei müssen die angeeigneten Narrative, Zeichen oder Symbole nicht zwingend die ursprünglich damit verbundenen Bedeutungen übertragen haben.[12]

Seit den 1970er Jahren entwickelten sich in Westeuropa Institutionen und Netzwerke, die den Nationalstaat transzendierten. Wachsendes Interesse an den Nachbargesellschaften und ihren Debatten bestimmten den Zeitgeist. Hartmut Kaelble definierte diesen Prozess als Transnationalisierung.[13] Östlich des „Eisernen Vorhangs" duldeten die Partei- und Staatsführungen allerdings keine Institutionen oder Netzwerke jenseits der offiziellen Parteistrukturen. Aus diesem Grunde rücken Vorstellungen, Selbstbilder und europäisches Bewusstsein in das Blickfeld der Untersuchung östlicher Europäismen. Untergrundautoren diskutierten in ihren Texten Internationalität[14] und Europäizität.[15] Im Gegensatz zur strukturellen

---

[7] Rostworowski (1979).

[8] Niedermüller (2002); Rittersporn et al. (2003); von Saldern (2003).

[9] Eichwede (2000); Kowalczuk (2002); Naumann et al. (2001); von zur Mühlen (2000).

[10] Hankiss (1988); Šiklová (1990).

[11] Eine Ausnahme war der verbreitete „Zweite Umlauf" polnischer Selbstverlage.

[12] Rogers (2006). Für die Verwendung des Begriffs in den *postcolonial studies* vgl. Ziff/Rao (1997).

[13] Kaelble et al. (2002b), 9f.

[14] Siehe die Definition von Schriewer et al. (1998), 167.

[15] Siehe das Konzept der Performanzakte in Schmale (2003).

Transnationalisierung definierte Hartmut Kaelble die kognitive Konstruktion von Zugehörigkeiten jenseits der Nation als ein Bewusstsein von Transnationalität.[16]

Institutionelle Transnationalisierung und kognitive Transnationalität provozierten unterschiedliche Ergebnisse. Während die europäische Integration im Westen des Kontinents auf einem von politischem Pragmatismus geprägten Pfad des *institution building* voranschritt, imaginierten Intellektuelle jenseits des „Eisernen Vorhangs" Europa als kulturelles Gebilde, das an eine zivilisatorische Norm gebunden sei. Den Intellektuellen in den Staatssozialismen erschien eine politische Integration ihrer Nationen in westliche Strukturen nicht machbar. Auch weil ihnen der Zugang zur von der Partei dominierten politischen Sphäre versperrt war, wurde das kulturelle Engagement zum Ersatz für politisches Räsonnieren und Handeln.[17] So beschrieben Dissidenten und Untergrundschriftsteller Europa in kulturellen Narrativen. Allerdings hatte dieser kulturelle Blick eine politische Bedeutung. Indem die Dissidenten das Zentrum der europäischen Zivilisation im Westen verorteten, verschoben sie die Sowjetunion aus dem Blickfeld und stellten die offizielle *mental map* des Staatssozialismus in Frage. Die Debatten um eine europäische Kultur waren politisch aufgeladen. Ein gut bekanntes Beispiel hierfür ist die Debatte um „Mitteleuropa", welche der tschechische Exilschriftsteller Milan Kundera mit der Annahme einleitete, Zentraleuropa gehöre zur westlichen Zivilisation.[18] Ein Beispiel für kulturelle Europäismen sind zentraleuropäische Verständnisse des europäischen Christentums. Polnische Publizisten betonen die Rolle ihrer Nation als „Bollwerk des Christentums" und befinden sich damit in einer langen nationalen Tradition. Die „antemurale christianitatis" war hierbei gegen östliche „Barbarei" gerichtet, sei es im Widerstand gegen eine Russifizierung oder im erfolgreichen Zurückschlagen der osmanischen Attacke auf Wien durch Jan III. Sobieski im Jahr 1683.[19] Auch eine Abgrenzung gegen den Westen erfolgte kulturell – einige Publizisten kritisierten übertriebenen Individualismus sowie einen fehlenden Sinn für Tradition und Werte in Westeuropa.[20] Polnische Untergrundautoren forderten nationale Selbstbestimmung und richteten Freiheitssemantiken gegen die sowjetische Dominanz. Die Idee einer nationalen Befreiung vom Kommunismus ließ ihre mentale Geografie Europas nationalen Gesichtspunkten folgen.[21]

Zudem wurde auch in der Offizialität eine europäische Kultur diskutiert. Parteifunktionäre betonten die Wichtigkeit des Kulturaustauschs zwischen den Nationen, wobei sie die Nation als Grundlage und Quelle des kulturellen Schaffens be-

---

[16] Kaelble et al. (2002b), 10.

[17] Siehe Havel (1985); Najder (1979).

[18] Kundera (1984).

[19] Morawiec (2001).

[20] Ein Beispiel aus der polnischen konfessionellen Presse ist Zagórski (1989).

[21] Domnitz (2007a).

trachteten. Der offizielle Europäismus der späten Staatssozialismen bezog sich auf die „Konferenz über Sicherheit und Zusammenarbeit in Europa" (KSZE), einem Forum der europäischen und nordamerikanischen Regierungen, das 1975 mit der Unterzeichnung der „Schlussakte von Helsinki" begründet wurde. In der KSZE war die Verhandlungsmacht nach Staaten strukturiert, wobei die Großmächte über ein hohes Stimmgewicht verfügten. Die staatssozialistischen Regierungen favorisierten hierbei ein Europa der Nationen „vom Atlantik zum Ural", während sie die westeuropäische Integration als ein imperialistisches Projekt unter der Führung der Vereinigten Staaten ablehnten. Agitatoren propagierten die KSZE in langen Artikelserien, darauf hoffend, den politischen und geografischen *status quo* eines Europas der koexistierenden kapitalistischen und sozialistischen Staaten dauerhaft festzuschreiben. Kulturfunktionäre unterfütterten diese Europavorstellung mit einem eigenen, sozialistischen Narrativ offiziell koordinierten Kulturaustauschs zwischen den Nationen.

Die offizielle Propagierung von Nationalkulturen korrespondierte mit der nationalen Legitimierung der staatssozialistischen Herrschaft im Nationalkommunismus.[22] Die kommunistischen Parteien instrumentalisierten Nationalismus in ihren Herrschaftstechniken und inkorporierten ihn gar in ihre Ideologie. Die zentraleuropäischen Parteieliten hatten sich sowjetische Ausprägungen von Nationalstolz und Patriotismus angeeignet. Dem offiziellen Verständnis nach konnte es keinen internationalen Austausch ohne starke Nationen geben. Gesellschaftswissenschaftler diskutierten eine „Dialektik von Internationalismus und Nationalstolz".[23] Diese Verbindung erlaubte den Kommunistischen Parteien, nationale Rhetoriken zur Festigung ihrer innenpolitischen Macht zu verwenden und gleichzeitig ihre Loyalität gegenüber der Kommunistischen Partei der Sowjetunion in internationalistischer Propaganda auszudrücken.

Der West-Ost-Transfer von Menschenrechtsnarrativen[24] und die sich anschließende Auseinandersetzung um deren Inhalt waren Schlüsselthemen im KSZE-Prozess ab 1975. Die Dissidenten kommunizierten die angeeigneten Narrative als westliche kulturelle Norm.[25] Sie forderten das Recht auf demokratische Teilhabe ein und warfen den Regierungen politische Verfolgung vor. In zusammenfassenden Berichten dokumentierten sie regelmäßig Menschenrechtsverletzungen.[26] Die

---

[22] Mevius (2005); Schöpflin (1981); Tismaneanu (1999); Tyszka (2004); Verdery (1991); Zaremba (2001).

[23] Timmermann (1983). Als Quelltexte sind aufschlussreich Mahlow (1989); Svirin/Reiner (1980); Wojna (1974).

[24] Thomas (2001). Für theoretische Ausarbeitungen zum Transfer von Menschenrechtsnormen vgl. Risse et al. (1999).

[25] Siehe die Textsammlung Najder (1989).

[26] Komisja Helsińska w Polsce (1980). Für die ČSSR vgl. die regelmäßigen Berichte des VONS in „Informace o Chartě 77" (Informationen der Charta 77) ab 1978.

Parteifunktionäre konnten Menschenrechtsthemen nicht ausklammern, da sie Bestandteil der KSZE-Verhandlungen waren. Ihrer Ideologie entsprechend entwickelten sie ein eigenes Menschenrechtsverständnis, welches das Individuum hintanstellte und in der Form kollektiver Rechte im sozialistischen System *per se* erfüllt sei. Sie kritisierten westliche Regierungen, Menschenrechte in imperialen Kriegen oder in der Unterdrückung und Ausbeutung der Arbeiterklasse zu verletzen. Auch offizielle Europavorstellungen wurden zunächst in antiimperialistischen Narrativen diskutiert.

Von Michail Gorbačevs Konzept des „Gemeinsamen Europäischen Hauses" angeregt, debattierten auch einige offizielle Autoren eine engere Verbindung von Ost und West unter dem Zeichen einer europäischen Kultur. Während polnische und ungarische Autoren sehr positiv auf das Konzept reagieren konnten, lehnten die Führungen der DDR und der ČSSR das Konzept in der Sache ab und verbreiteten über die von ihnen kontrollierten Medien abgrenzende, mit der Haus-Metapher verbundene Narrative, wie beispielsweise voneinander getrennter Wohnungen und verschließbarer Türen. Dennoch setzten sich die offiziellen Autoren auf diese Weise verstärkt mit Europa auseinander. Der Transfer westlicher und mit dem „Gemeinsamen Haus" nun auch östlicher Narrative, regionale Traditionen und letztlich die durch das sowjetische Konzept geweiteten Grenzen des Sagbaren hatten sowohl offizielle als auch unabhängige Autoren lange vor 1989 zum Nachdenken darüber gebracht, was West- und Osteuropa kulturell verbindet.

Trotz ihrer gegensätzlichen politischen Ideen haben sowohl die Untergrundbewegungen als auch die Kommunistischen Parteien ein Europa der Nationen imaginiert. Der hohe Stellenwert der Nation in heutigen zentraleuropäischen Europavorstellungen kann auch als Erbe der staatssozialistischen Offizialkulturen betrachtet werden – als Folge der zwangsweisen nationalen Homogenisierungen der Nachkriegszeit, der offiziell propagierten „europäischen Nachkriegsordnung" und des Nationalkommunismus. Allerdings verweist die heutige Publizistik, die an den Nationalstolz appelliert, nicht auf die staatssozialistische Vergangenheit, sondern auf die Zeit der Nationsbildung. So ist ein hoher Stellenwert der Nation nicht allein ein postkommunistisches Erbe, sondern auch eine wiedererfundene Tradition.

2 Asymmetrische Beziehungen: 1989, die Transformation des Ostens und die Rolle des Westens

Im Umbruch von 1989 konstatierten Publizisten, dass ein „Traum von Europa" für die Zentraleuropäer wahr würde.[27] Einerseits stand dieser „Traum von Europa" für ein Europa „von unten" – Menschen genossen die erstmalige Erfahrung von Redefreiheit, der demokratischen Teilhabe und des freien Reisens. Dieser Traum war vorgeformt von populären Dissidenten, die bald Politiker wurden.[28] Andererseits schätzten die Zentraleuropäer die Institutionalisierung westlicher Normen „von oben" als Motor für innere Veränderungen in den Gesellschaften – in der Demokratisierung, der Einführung der Marktwirtschaft, und in der Transformation des Rechts durch die Implementierung des *acquis*. Zentraleuropäische Medien debattierten intensiv beitrittsrelevante Fragen und Themen europäischer Reichweite. Diese Transfers der Beitrittsphase bewirkten strukturelle Konvergenz zwischen dem ehemaligen Osten und Westen. Mit der Implementierung westlicher Normen wurden die zentraleuropäischen Staatsverwaltungen mit denen Westeuropas kompatibel und vergleichbar. Die Fortschritte hierbei wurden regelmäßig in den Länderberichten der Europäischen Kommission gemessen und bewertet. So fanden sich die zentraleuropäischen Nationen in einem Wettbewerb um die beste Erfüllung der Beitrittskriterien wieder. Regionale Kooperationen – wie in der Visegrád-Gruppe[29] – wurden vernachlässigt.

Zwischen inkorporierten westlichen politischen Normen und Institutionen einerseits und tradierten regionalen Europavorstellungen andererseits entstand ein Bedeutungskonflikt. Das Ziel der „Rückkehr nach Europa" war für die Zentraleuropäer das kulturelle Europa, das sie imaginiert hatten, und das nicht immer kongruent mit der Europäischen Union war. Die „Rückkehr nach Europa" aktivierte regionale Traditionen und einen nationalen Zuschnitt von Europavorstellungen. Beobachtet werden kann dies in der Sprache der Politiker und in der politischen Publizistik – zahlreiche neue Magazine zu europäischen Themen wurden gegründet, darunter viele mit einem besonderen Fokus auf Fragen von Kultur und Identität.[30]

Aus westlicher Sicht stärkten westliche Normentransfers einen politischen Diskurs über die Europäische Integration, der auf einen EU-Beitritt ausgerichtet war und der Unterstützung für die Beitrittsreferenden mobilisierte. Aus dem Auf-

---

[27] Herterich/Semler (1989); Loew (2004).

[28] Jiří Dienstbier wurde im Dezember 1989 zum Außenminister ernannt: Dienstbier (1991).

[29] Aus kultureller Sicht siehe Vykoukal (2003).

[30] Gegründet wurden die Magazine „Nowa Europa" [Neues Europa, Warschau] and „Mezinárodní politika" [Internationale Politik, Prag]. Die Herausgeber von „Res Publica" (Warschau) und „Střední Evropa" [Mitteleuropa, Brno] publizierten nun legal und vervielfachten die Auflage ihrer Magazine.

einandertreffen westlicher Narrative und regionaler Europavorstellungen erwuchsen öffentliche Debatten über die *finalité* Europas. In den Diskussionen erschien Europa nicht allein als politisches Integrationsprojekt, sondern noch viel mehr als wertorientierte zivilisatorische Einheit, und dies in einem stärkeren Maße als im Westen.

Nach dem Zusammenbruch der kommunistischen Herrschaft wurden Integrationsangst und der nationalkommunistische Hang zur Selbstabgrenzung nicht überwunden. Sogar erklärte Antikommunisten verwendeten Narrative der Abgrenzung und funktionalisierten die mobilisierende Kraft nationaler Berufungen. Bis 2004 standen solche Äußerungen noch im Schatten der Normentransfers nach Osten. Zwischen integrationistischen und regionalistischen Zugängen in den politischen Landschaften Zentraleuropas bildete sich ein Spannungsfeld.[31] Im Kontext des EU-Beitritts vermengten Intellektuelle westliche Narrative und regionale Traditionen. Gelegentlich füllten sie westliche Narrative mit einer eigenen, regionalen Bedeutung, indem sie auf das bestehende Reservoir zentraleuropäischer Europäismen zurückgriffen. Oftmals schlugen sie pragmatisch vor, die zentraleuropäischen Staaten sollten in den Unterredungen mit und in der EU hart verhandeln, um Vorteile zu erlangen.[32]

Im sich transformierenden Zentraleuropa wurden Europavorstellungen in nationalen Kontexten neu erfunden. Forschungen zu Repräsentationen Europas und der Nation von 2001 bis 2004 zusammenfassend, hielt der Historiker Bo Stråth fest, sowohl eine nationale als auch eine europäische Identität würden gleichermaßen aus einer „Mischung ethnischer, bürgerlicher und instrumenteller Eigenschaften" kreiert, wobei diese Mischung in den verschiedenen Ländern differiere. Der Befund sei sowohl für die alten als auch für die neuen Mitgliedstaaten gültig[33] – Mechanismen der Mehrschichten-Identitätskonstruktion sind universell. Eine Besonderheit des sich transformierenden Zentraleuropas hingegen sind europäische Identitätsentwürfe, die sich gegen die Europäische Union richten. Im verbreiteten Unterscheidungsmechanismus zwischen „uns" und „den Anderen" nehmen regionale Akteure die EU als „das Andere" wahr.[34]

In Westeuropa wurde die Vertiefung der europäischen Integration gelegentlich als Teil nationaler Interessen gesehen.[35] In den Beitrittsländern wurden hinge-

---

[31] Für Details siehe Münch (2007); Weichsel (2007). Siehe auch die Länderberichte für Polen und Tschechien bei „Representations of Europe and the Nation" auf www.eui.eu/RSCAS/Research/EURONAT.

[32] Siehe beispielsweise einen Essay des Beraters des polnischen Präsidenten Lech Kaczyński: Cichocki (2004).

[33] EURONAT Final Report (2005), 32. Siehe auch den nach Nationen strukturierten Band Malmborg/ Stråth (2002a).

[34] Vgl. Kutter/Trappmann (2006).

[35] Vgl. Moravcsik (1998).

gen selten aus innenpolitischen Beweggründen heraus Forderungen nach einer Vertiefung der europäischen Integration geäußert. Wenige Politiker und Intellektuelle plädierten für eine „europäische Rettung" ihrer Nationalstaaten.[36] Zudem wird das westliche Föderalismusverständnis einer starken Supranationalität in Frage gestellt.[37] Zentraleuropäische Föderalismusverständnisse stehen einem *interstate federalism* nah und ähneln den eher losen Allianzen der Zwischenkriegszeit, die von Nationalkonservativen nach 1989 wiederentdeckt wurden.[38] Westlichen Verständnissen einer Integration, die entweder durch ein nationales Interesse oder durch institutionelle Dynamik befördert würde, fehlen somit die Verbindungen zu tradierten zentraleuropäischen Föderalismusideen.

Stattdessen besteht eine regionale Tradition, „nationale Beiträge" zu Europa zu konstruieren, wobei es sich zumeist um kulturelle Beiträge handelt. Das Bestreben, aktiv zu einem europäischen Kulturerbe beizutragen, kann bereits in der Untergrundpresse zu staatssozialistischen Zeiten beobachtet werden. Es zielt auf eine Anerkennung als „europäisch" trotz Defiziten bei der Übereinstimmung mit „europäischen" politischen Normen.[39] Mit der Erweiterung unterstützen die EU-Institutionen, europäische Politiknetzwerke und EU-Förderprogramme zur Bewahrung des europäischen Kulturerbes einen solchen Zugang.

3 Essenzielle Beschreibungen von Kultur: Eine Transformation Europas?

Nach dem EU-Beitritt wurden essenzielle Beschreibungen europäischer Kultur in Zentraleuropa sichtbar und irritierten westliche Beobachter. Auf Europa, aber gleichzeitig gegen die EU gerichtete Zugehörigkeitsgefühle bestanden nach 2004 fort und fanden in der Symbolpolitik ihren Ausdruck. Politiker stellten den EU-weiten Konsens zur fortschreitenden Vertiefung der Integration mithilfe von Narrativen europäischer Kultur öffentlich – und gelegentlich auf populistische Weise – in Frage. Politiker, welche EU-Standards ablehnten, strebten nach einer Universalisierung ihrer gegen die EU gerichteten Haltung.

Im Jahr 2005 verkündete der tschechische Präsident Václav Klaus (Bürgerlich-demokratische Partei), ein „europäischer Staat, der uns ununterbrochen nahegelegt wird", ignoriere die „natürliche Loyalität" der Menschen zu ihrer Nation. Sein Memorandum „Schaffen wir eine andere Europäische Union" wurde im Westen

---

[36] Für den Westen Europas siehe Milward (1992).

[37] Vgl. Burgess (2000).

[38] Vgl. Bokajło (1998); Mastny (2000).

[39] Solche „nationalen Beiträge" werden vorgestellt in Havel/Třeštík (2000); Piątkowska-Stepaniak/Rubisz (2000).

wenig beachtet und blieb dort unkommentiert.[40] Zwei Jahre später führte der polnische Minister für Bildung und Kultur Roman Giertych (Liga der polnischen Familien) auf der Europäischen Kultusministerkonferenz in Heidelberg aus, „Europa war stark, als es sich auf das Naturrecht berief" und plädierte für eine europaweite „Stärkung der Familien". Er attackierte eine „permissive" westliche „Propaganda des Homosexualismus" und forderte die Wiederherstellung europäischer Werte, insbesondere der Freiheit, die „durch kleine ideologische Gruppen bedroht" würde. Er verließ das Treffen vor dessen Abschluss.[41]

Auf dem Deutschen Historikertag 2008 in Dresden schockierte der ehemalige tschechische Außenminister Cyril Svoboda (Christliche und Demokratische Union) seine Zuhörer mit einem antiislamischen Vortrag. Er sah eine „muslimische Gefahr" auf Grund „sozialer Pathologien der westlichen Gesellschaften". Nach Europas Säkularisierung, dem Auseinanderbrechen der Familie und der Infragestellung der Autorität Gottes habe Europa einen komparativen Nachteil im Ringen mit der islamischen Welt. Mit Angst und einer europäischen Schwäche stünde jedoch die „Existenz unserer Zivilisation" auf dem Spiel. Europa wäre „nicht ausreichend definiert hinsichtlich seiner Zivilisation, Religion, Politik und Sicherheit", um gegenüber einer „nicht-europäischen Umgebung" sichtbar zu sein.[42] In den gleichen Tagen stellte die tschechische Regierung die offizielle Kampagne zur EU-Ratspräsidentschaft vor. Dessen Slogan „Evropě to osladíme" hat eine doppelte Bedeutung aus „wir werden es Europa versüßen" und „wir werden es Europa zeigen". Er unterscheidet bemerkenswert deutlich zwischen „Europa" und „uns". Im offiziellen Spot, den das tschechische Staatsfernsehen ausstrahlte, sitzen tschechische Prominente gelangweilt um einen Konferenztisch und spielen mit Würfelzucker, der als eine tschechische Erfindung dargestellt wird.[43] Dies bezieht sich auf eine frühere Äußerung Václav Klaus', die tschechische Souveränität würde sich in der EU auflösen wie ein Stück Zucker in einer Tasse Kaffee.[44] Der Fernsehspot wurde sowohl in tschechischen als auch in ausländischen Medien heftig kritisiert.

Paneuropäische Netzwerke und Vereinigungen entstanden, die Europa auf kulturessenzialistische Weise definieren. Die antiislamische „Stowarzyszenie Europa Przyszłości" (Vereinigung Europa der Zukunft) ist im polnischen Wrocław beheimatet und legitimiert sich damit, dass Werte wie Menschenrechte und Meinungsfreiheit die europäische Identität formten. Das von Tschechen initiierte „European values network" wirbt hingegen für Werte wie Freiheit, Verantwortlichkeit

---

[40] Klaus (2005).
[41] Giertych (2007).
[42] Svoboda (2008).
[43] Cameron (2008).
[44] Klaus (1994), 136. Klaus wiederholte diese Metapher in Zeitungsinterviews am Vorabend des tschechischen EU-Beitrittsreferendums, beispielsweise im französischen „Figaro".

und zivilgesellschaftliches Engagement, um damit „Freiheit, Sicherheit, Stärke und Prosperität" in Europa zu befördern. Inzwischen hat es Mitglieder und Beiträger aus verschiedenen europäischen Ländern, vor allem aus Zentral- und Südeuropa. Das Netzwerk pflegt zeitgemäße Kommunikationsstrukturen und bewirbt sich erfolgreich um Fördermittel der Europäischen Union.

4   Die Diversifizierung erklären

Nicht allein zentraleuropäische Stimmen bringen Plädoyers für eine Verteidigung der europäischen Kultur gegen äußere Bedrohungen vor. Nach der Osterweiterung wird verstärkt versucht, das Europa der EU kulturell zu bestimmen. Wie der tschechisch-irische Beistand gegen eine Ratifizierung des Vertrags von Lissabon zeigte, besteht auch jenseits von Zentraleuropa Skepsis gegenüber einer tieferen politischen Integration Europas. Im Westen des Kontinents werden kulturalistische Europavorstellungen in sich intensivierenden Diskussionen über die Grenzen Europas deutlich. Eine westliche „Kulturalisierung Europas" hat eingesetzt – sei es in der Debatte um eine EU-Mitgliedschaft der Türkei[45] oder in der Verbreitung einer kulturellen Identität Europas, die auch Wissenschaftler leisten.[46] Auch wird die Kultur auf tieferen Ebenen als der europäischen als Legitimationsbasis herangezogen, beispielsweise von ethnischen und regionalen Interessengruppen, die im Rahmen eines „Europas der Nationen" nach mehr Autonomie streben. Im Gegensatz hierzu machen sich freilich auch zentraleuropäische Stimmen für ein föderales und supranationales Europa stark. Wie lässt sich die gewachsene Diversität in Europa erklären?

Für die erweiterte Union ist es unzulässig vereinfachend, weiterhin von einer Ost-West-Trennung von Europhorie und Europhobie entlang des ehemaligen „Eisernen Vorhangs" auszugehen.[47] Enge Kommunikation zwischen Ost und West führte zu einem Vorhandensein sowohl politischen Universalismus' als auch kulturellen Essenzialismus' in der gesamten Union. Forschungen haben immer wieder bestätigt, dass Integration – sowohl auf europäischem als auch auf regionalem Niveau – mit der Konstruktion kultureller Gleichheit und der Abgrenzung gegenüber Anderen korrespondiert. Das Forschungsteam, das sich mit Repräsentationen Europas und der Nationen beschäftigte, regte eine Unterscheidung nach Nationen in Zentrum und Peripherie an, deren Integrationsfahrpläne „radikal unterschiedlich" seien. Weiterhin sei eine europäische Identität den nationalen Identitäten der Bür-

---

[45] Vgl. Wehler (2002). Siehe auch die darauf folgende Debatte in der „Zeit".

[46] Joas/Wiegandt (2008).

[47] Vgl. Laitin (2002).

ger jeweils eingeschrieben.[48] Demnach würden nationale Perspektiven in der Forschung Identifikationen mit Europa nicht zu Gunsten der Nation vernachlässigen,
sondern sie wären in der Lage, Europavorstellungen auf eine strukturelle Nationalisierung hin zu prüfen. Ein Großteil der sozialwissenschaftlichen Forschung ba-
siert auf der institutionalistischen Annahme, dass ein europäisches Bewusstsein
durch das Vorhandensein europäischer Institutionen angeregt würde. Im Gegensatz zu der Annahme, dass die Funktion der Form folge, setzen kulturwissenschaftliche Zugänge voraus, dass bei der Integration ein Diskurs über gemeinsame
Werte, Identität und Integration institutionalisiert wird.

Mögliche Interpretationen einer Verbreitung essenzieller Kulturverständnisse
sind erstens eine Anpassung der westlichen Gesellschaften an Herausforderungen
der Globalisierung, zweitens der Umgang der Staaten der EU-15 mit der Erweiterung nach Osten und drittens ein regionales Erbe in Zentraleuropa, das zunehmend in den Westen Europas ausstrahlt. Als Samuel Huntington die Anpassung
der westlichen Gesellschaften an die Globalisierungsherausforderungen im Ange-
sicht eines möglichen „clash of civilisations" beschrieb, argumentierte er selbst mit
essenziellen Kulturverständnissen.[49] Ein Forschungsteam um Edgar Grande argumentiert hingegen, es gebe in der westeuropäischen Politik seit 1989 eine Kulturalisierung wirtschaftlicher Konflikte. Eine neue „cultural cleavage" sei entstanden,
da neue Themen wie Migration und Europäische Integration in westeuropäischen
Wahlkampagnen sowohl für die Parteien als auch für die Wähler an Bedeutung
gewonnen hätten. Die ältere *cleavage* zwischen kulturellem Liberalismus einerseits
und „law and order" andererseits habe sich in eine neue Orientierung zwischen Integration und Abgrenzung gewandelt.[50] In seiner „Geschichte Europas" argumentiert Tony Judt, eine Ablehnung von Integration jenseits des Kerns der EU sei gegen die europäische und auch gegen staatliche Integration gerichtet. Die treiben-
den Momente von Separatismus in Belgien, Spanien und Italien sieht er in unterschiedlichen Wohlstandsniveaus. In einem Separatismus der Wohlhabenden würden Bewohner des westlichen Europas eine EU-weite Liberalisierung und Arbeits-
kräftemobilität fürchten. Allerdings würden sie die Separatismen kulturell begründen. Demnach nehmen sich die westlichen Gesellschaften Europas der EU-
Erweiterung in einer Krisenwahrnehmung an.[51]

In seinen Essays zu einem staatssozialistischen Erbe schrieb der Politikwissen-
schaftler Ken Jowitt 1992, das neue Zentraleuropa werde von der Hinterlassenschaft aus vierzig Jahren kommunistischer Herrschaft geprägt sein. Als mögliche

---

[48] EURONAT Final Report (2005), 148, 149.
[49] Huntington (1996).
[50] Vgl. Grande (2008).
[51] Judt (2006), 811ff.

Wirkungen der Desintegration des ehemaligen Ostblocks sah er entweder eine „parallele ethnische oder bürgerliche Konfrontation in Westeuropa und den Vereinigten Staaten" oder einen „Stimulus für den Westen, sich des Ostens anzunehmen". Während in der Transformationszeit hauptsächlich zweiteres geschah, gibt es ebenso Anzeichen, die auf das Szenario sich in den Westen fortschreibender Konfrontationen hindeuten. Eine „Neudefinition von *issue boundaries* und eine Neuformierung politischer Identitäten" liege – zumindest teilweise – im Zusammenbruch des Kommunismus und resultierender Migration begründet. Jowitts Vorhersagen zufolge kann Immigrationsangst zu einer Differenzierung von Europaverständnissen führen. Allerdings erwartete er, dass sich die neuen Begrenzungen in politischer und nicht in kultureller Form äußerten.[52] In ihrer Studie zu polnischen Eliten und 1989 betonte die Soziologin Jadwiga Staniszkis das „faszinierende Problem von Kontinuität inmitten des Wandels". Sie beschrieb das Fortbestehen wirtschaftlicher Eliten, die bereits in einer anarchischen Welt staatssozialistischer Ökonomie auf den Marktkapitalismus vorbereitet worden seien, als generationelle Kontinuität. Ihre Arbeit beschäftigte sich nicht allein mit sozialer, sondern auch mit einer daraus folgenden ideellen Kontinuität – „es ist einfacher, Ansichten zu ändern als die Denkungsart", schrieb Staniszkis.[53]

5   Fazit: Ein kulturell verstandenes Europa fordert bisherige Integrationsstrategien heraus

Seit 1989 werden bisherige Entwicklungsrichtungen der „Europäisierung Europas"[54] und einer „EU-Europäisierung"[55] durch die Verbreitung und Diversifizierung kultureller Europanarrative verwandelt. Innerhalb der verschiedenen Bedeutungen und möglichen Finalitäten des europäischen Integrationsprojekts gewann eine essenzielle Idee europäischer Kultur und Zivilisation an Gewicht. Neben dem pragmatischen Konsens, am politischen Integrationsprojekt der EU teilzuhaben, vertreten Politiker und Publizisten zunehmend ein an Werten orientiertes Europa jenseits einer sich fortlaufend vertiefenden supranationalen Integration. Dies geschah relativ früh in Zentraleuropa, wo Vorstellungen über die Gestalt der Nation und deren Platz in Europa auf kulturessenzialistischen Ideen basieren und regelmäßig tradiert werden. Der EU-Beitritt der zentraleuropäischen Gesellschaften beförderte kulturessenzialistische Europavorstellungen. Obwohl westliche Transfers

---

[52] Jowitt (1992), 285, 304f., 321.
[53] Staniszkis (1991), 9, 100.
[54] Siehe Bender (1981).
[55] Für eine Kritik am Verständnis von Europäisierung als „EUropäisierung" vgl. Kohler-Koch (2000).

hier die Verankerung demokratischer und marktwirtschaftlicher Normen und Institutionen beförderten, bestimmten sie das wahrgenommene Idealbild Europäischer Integration wenig.

Eine Kluft zwischen den geschichtlichen Erfahrungen in Ost und West, die in der Teilung Europas im Kalten Krieg wurzelt, hat kulturelle Verständnisse von Europäizität im ehemaligen Osten befördert. Unterschiedliche Erinnerungsmuster produzierten divergente Meistererzählungen Europas und seiner Geschichte in den Regionen. Dieses Erbe steht gegen die universale Idee einer politischen Integration Europas. Darüber hinaus fordern regionalistische Akteure mehr Platz für kulturelle Vielfalt in der EU ein oder stellen gar das Prinzip europäischer Solidarität mit dem Versuch in Frage, das regionale Wohlstandsniveau zu halten. Besonders in Krisenzeiten und Phasen der Neuorientierung kann die universelle Bedeutung des Europäischen Integrationsprojekts in Zentral- und Westeuropa damit weiterhin herausgefordert werden.

Der Versuch, die Diversifizierung regionaler und nationaler Europäismen zu erklären, muss sich auf ihr historisches Gewordensein richten. Die Bewertung eines Erbes des Staatssozialismus und des Nationalkommunismus in Zentraleuropa wirft die Frage nach Kontinuitäten in zentraleuropäischen Europavorstellungen über das Umbruchjahr von 1989 hinweg auf. Die Konzeptualisierung von „Europäischer Kultur" und „Europäischer Zivilisation" berücksichtigt die kulturelle Konstruktion dieser Narrative im gesamten Europa sowie die damit verbundenen Ideentransfers und Kommunikationsströme.

Die „Kulturalisierung Europas" stellt die *policies* der EU vor neue Anforderungen. Die Ausarbeitung neuer Strategien umfassender, nicht-exklusiver kultureller Integration und eines dementsprechenden *diversity management* kann hierauf angemessene Antworten geben.[56] Das öffentliche Debattieren über Kultur in Europa kann die Diskussion um die Ziele der europäischen Integration intensivieren und bereichern, wenn die Debatte nicht in einem geografischen oder gruppenbezogenen Determinismus europäischer Kultur gefangen bleibt. Ihr Gegenstand könnten der gewünschte Inhalt des europäischen Modells[57] oder die Vielfalt von Perspektiven auf Geschichte und Kultur in Europa sein.[58] Auch könnte ergründet werden, über welche universellen Werte ein Konsens getroffen werden kann, zum Beispiel in Debatten um Menschenrechte und um die EU-Grundrechtscharta.[59] Für die wissenschaftliche Forschung legen die in diesem Essay angesprochenen Fragen

---

[56] Vergangene Versuche werden diskutiert in Shore (2000).
[57] Aus transatlantischer Sicht vgl. Rifkin (2004).
[58] Domnitz (2004).
[59] Vgl. Goodhart (2003).

nahe, sich Bereichen jenseits des europäischen „Kerns" zu widmen,[60] Europavorstellungen in der Peripherie und jenseits der EU zu untersuchen sowie Meistererzählungen zur Geschichte der europäischen Integration zu hinterfragen.[61]

Literatur

Affinito, Michele/Migani, Guia/Wenkel, Christian (Hrsg.) (2009): Les deux Europes / The two Europes. Actes du IIIè colloque international de RICHIE / Proceedings of the 3rd international RICHIE conference. Brüssel: Peter Lang

Beck, Stefan (2006): Praktiken der Lokalisierung. Transfer, Hybridisierung und Interdependenz als Herausforderung ethnologischer Beobachtung. In: Comparativ 16(3). 2006. 13-43

Bender, Peter (1981): Das Ende des ideologischen Zeitalters. Die Europäisierung Europas. Berlin: Severin und Siedler

Bokajło, Wiesław (1998): Federalizm. Teoria i koncepcje [Föderalismus. Theorien und Konzepte]. Wrocław: Wydawnictwo Uniwersytetu Wrocławskiego

Burgess, Michael (2000): Federalism and European Union. The Building of Europe, 1950-2000. London: Routledge

Cameron, Rob (2008): One Lump or Two? Czechs Choose Sugary Theme for EU Ad Campaign. In: Radio Praha. 4. September 2008. www.radio.cz/en/article/107943

Cichocki, Marek (2004): Porwanie Europy [Die Entführung Europas]. Kraków: Ośrodek Myśli Politycznej

Dettling, Daniel et al. (Hrsg.) (2004): Euromission: Neue Perspektiven für das erweiterte Europa. Münster: LIT

Dienstbier, Jiří (1991): Träumen von Europa. Berlin: Rowohlt

Domnitz, Christian (2004): Den Kulturen ist die Verschiedenheit gemeinsam: Das Alte und das Neue Europa sind unterschiedlich gewachsen. Aus dem Verstehen ihrer kulturellen Verschiedenheit ergeben sich Perspektiven der europäischen Zukunftsdebatte. In: Dettling et al. (2004): 29-40

Domnitz, Christian (2007a): Im Zeichen von Europa. Nationale Selbstverortung in Opposition zur staatssozialistischen Macht. In: Kraft/Steffen (2007): 213-221

Domnitz, Christian (2007b): Der Traum von Helsinki. Bürgerrechtler entwickeln Ideen einer neuen europäischen Ordnung. In: Deutschland Archiv 40(1). 2007. 76-86

Eichwede, Wolfgang (2000): Samizdat. Alternative Kultur in Zentral- und Osteuropa. Die 60er bis 80er Jahre. Bremen: Edition Temmen

EURONAT Final Report (2005): Representations of Europe and the Nation in Current and Prospective Member-States: Media, Elites and Civil Society. www.iue.it/RSCAS/Research/EURONAT/200505 Rep.EURONAT-Final.pdf

Giertych, Roman (2007): Przemówienie Ministra Edukacji Narodowej w nieformalnym spotkaniu ministrów edukacji państw europejskich, Heidelberg [Rede auf der informellen Kultusministerkonferenz der Europäischen Union], Material der Pressestelle des polnischen Bildungsministeriums (1. März 2007). Archiv Christian Domnitz

Goodhart, Michael (2003): Origins and Universality in the Human Rights Debates: Cultural Essentialism and the Challenge of Globalization. In: Anthropological Theory 25. 2003. 935-964

---

[60] Pilotforschung wurde durchgeführt von Parker/Armstrong (2000).
[61] Vgl. die Arbeiten junger Historiker des RICHIE-Netzwerks: Affinito et al. (2009).

Grande, Edgar (2008): Globalizing Politics: The Change of Cleavage Structures, Parties and Party Systems in Comparative Perspective. In: Kriesi et al. (2008): 320-344

Grillo, Ralph (2003): Cultural Essentialism and Cultural Anxiety. In: Anthropological Theory 3. 2003. 157-173

Hankiss, Elemér (1988): „Second Society": Is There an Alternative Social Model Emerging in Contemporary Hungary? In: Social Research 55. 1988. 13-42

Havel, Ivan M./Třeštík, Dušan (2000): Co daly naše země Evropě a lidstvu. Část 3: Svobodný národ na prahu třetího tisíciletí [Was unser Böhmen Europa und der Menschheit gegeben hat; Teil 3: Die freie Nation an der Schwelle des dritten Jahrtausends]. Praha: Evropský literární klub

Havel, Václav (1985): Six Asides About Culture. In: Heneka et al. (1985): 129-141

Heneka, A. et al. (Hrsg.) (1985): A Besieged Culture: Czechoslovakia 10 Years After Helsinki. Stockholm: Charta 77 Foundation

Herterich, Frank/Semler, Christian (Hrsg.) (1989): Dazwischen. Ostmitteleuropäische Reflexionen. Frankfurt/Main: Suhrkamp

Heydemann, Günther/Oberreuter, Heinrich (Hrsg.) (2003): Diktaturen in Deutschland – Vergleichsaspekte: Strukturen, Institutionen und Verhaltensweisen. Bonn: Bundeszentrale für politische Bildung

Huntington, Samuel P. (1996): The Clash of Civilizations and the Remaking of World Order. New York: Simon & Schuster

Joas, Hans/Wiegandt, Klaus (Hrsg.) (2008): The Cultural Values of Europe. Liverpool: Liverpool University Press

Jowitt, Ken (1992): New World Disorder. The Leninist Extinction. Berkeley: University of California Press

Judt, Tony (2006): Geschichte Europas von 1945 bis zur Gegenwart. München: Hanser

Kaelble, Hartmut/Schriewer, Jürgen (Hrsg.) (1998): Gesellschaften im Vergleich. Forschungen aus Sozial- und Geschichtswissenschaften. Frankfurt/Main: Peter Lang

Kaelble, Hartmut (2002): Das europäische Selbstverständnis und die europäische Öffentlichkeit im 19. und 20. Jahrhundert. In: Kaelble et al. (2002a): 85-110

Kaelble, Hartmut/Kirsch, Martin/Schmidt-Gernig, Alexander (Hrsg.) (2002a): Transnationale Öffentlichkeiten und Identitäten im 20. Jahrhundert. Frankfurt/Main: Campus

Kaelble, Hartmut/Kirsch, Martin/Schmidt-Gernig, Alexander (2002b): Zur Entwicklung transnationaler Öffentlichkeiten und Identitäten im 20. Jahrhundert. In: Kaelble et al. (2002a): 7-36

Kaelble, Hartmut/Schriewer, Jürgen (Hrsg.) (2003): Vergleich und Transfer. Komparatistik in den Sozial-, Geschichts- und Kulturwissenschaften. Frankfurt/Main: Campus

Klaus, Václav (1994): Česká cesta [Der tschechische Weg]. Praha: Profile

Klaus, Václav (2005): Vytvořme jinou Evropskou unii [Schaffen wir eine andere Europäische Union]. In: Lidové Noviny. 16. Juli 2005. 5

Knodt, Michèle/Kohler-Koch, Beate (Hrsg.) (2000): Deutschland zwischen Europäisierung und Selbstbehauptung. Frankfurt/Main: Campus

Kohler-Koch, Beate (2000): Europäisierung: Plädoyer für eine Horizonterweiterung. In: Knodt/Kohler-Koch (2002): 11-31

Komisja Helsińska w Polsce (1980): Raport Madrycki. O przestrzeganiu praw człowieka i obywatela w PRL [Über die Einhaltung der Menschen- und Bürgerrechte in der Volksrepublik Polen]. Warszawa: Wydawnictwo im. Konstytucji 3-Maja

Kowalczuk, Ilko-Sascha (2002): Freiheit und Öffentlichkeit. Politischer Samisdat in der DDR 1985-1989. Eine Dokumentation. Berlin: Robert Havemann Gesellschaft

Kraft, Claudia/Steffen, Katrin (Hrsg.) (2007): Europas Platz in Polen. Osnabrück: Fibre-Verlag

Kriesi, Hanspeter et al. (Hrsg.) (2008): West European Politics in the Age of Globalization. Cambridge: Cambridge University Press

Kundera, Milan (1984): The Tragedy of Central Europe. In: The New York Review of Books 31. 26. April 1984. 33-38

Kutter, Amelie/Trappmann, Vera (Hrsg.) (2006): Das Erbe des Beitritts. Europäisierung in Mittel- und Osteuropa. Baden-Baden: Nomos

Laitin, David D. (2002): Culture and National Identity: „The East" and European Integration. In: West European Politics 25(2). 2002. 55-80

Lazarski, Christopher (1990): The Polish Independent Peace Movement. In: Tismaneanu (1990): 118-134

Loew, Peter Oliver (2004): Polen denkt Europa. Politische Texte aus zwei Jahrhunderten. Frankfurt/Main: Suhrkamp

Mahlow, Bruno (1989): Patriotismus und Internationalismus in der Politik der SED. In: Einheit 44. 1989. 545-552

Malmborg, Mikael af/Stråth, Bo (Hrsg.) (2002a): The Meaning of Europe: Variety and Contention within and among Nations. Oxford: Berg

Malmborg, Mikael af/Stråth, Bo (2002b): The National Meanings of Europe. In: Malmborg/Stråth (2002a): 1-25

Mastny, Vojtech (2000): The Historical Experience of Federalism in East Central Europe. In: East European Politics and Societies 14. 2000. 64-96

Mevius, Martin (2005): Agents of Moscow. The Hungarian Communist Party and the Origins of Socialist Patriotism 1941-1953. Oxford: Oxford University Press

Middell, Matthias (2000): Kulturtransfer und Vergleich. Leipzig: Leipziger Universitätsverlag

Milward, Alan S. (1992): The European Rescue of the Nation-State. London: Routledge

Moravcsik, Andrew (1998): The Choice for Europe. Social Purpose and State Power from Messina to Maastricht. Ithaca, N.Y.: Cornell University Press

Morawiec, Małgorzata (2001): „Antemurale christianitatis". Polen als Vormauer des christlichen Europa. In: Jahrbuch für europäische Geschichte 2. 2001. 249-260

Mühlen, Patrik von zur (2000): Aufbruch und Umbruch in der DDR. Bürgerbewegungen, kritische Öffentlichkeit und Niedergang der SED-Herrschaft. Bonn: Dietz

Müller, Dorothea (1998): Ambivalenzen der Okzidentalisierung – Zugänge und Zugriffe. Leipzig: Leipziger Universitätsverlag

Münch, Holger (2007): Leitbilder und Grundverständnisse der polnischen Europapolitik. Wiesbaden: VS Verlag

Najder, Zdzisław (1979): Polska i Europa [Polen und Europa]. In: Polskie Porozumienie Niepodległościowe (1983): 85-91

Najder, Zdzisław (1989): Wspólnota Europejska w oczach Polaków [Die Europäische Gemeinschaft aus der Sicht der Polen]. London: Polonia Book Fund

Naumann, Katja/Lotz, Christian/Klemm, Thomas (Hrsg.) (2001): Eine Zweite Öffentlichkeit? Zur Verbreitung von Untergrundliteratur während der 80er Jahre in Leipzig. Leipzig: Ed. Leipziger Kreis

Niedermüller, Peter (2002): Kultur, Transfer und Politik im ostmitteleuropäischen Sozialismus. In: Kaelble et al. (2002): 159-178

Parker, Noel/Armstrong, Bill (2000): Margins in European Integration. Basingstoke: Macmillan

Petri, Rolf (2004): Europa? Ein Zitatensystem. In: Comparativ 14(3). 2004. 15-49

Piątkowska-Stepaniak, Wiesława/Rubisz, Lech (2000): Europa i my [Europa und wir]. Opole: Wydawnictwo Uniwersytetu Opolskiego

Polskie Porozumienie Niepodległościowe (1983): Polityka niepodległościowa [Politik für die Unabhängigkeit], Warszawa: Selbstverlag

Rifkin, Jeremy (2004): Der europäische Traum. Die Vision einer leisen Supermacht. Frankfurt/Main: Campus

Risse, Thomas/Ropp, Steve C./Sikkink, Kathryn (Hrsg.) (1999): The Power of Human Rights. International Norms and Domestic Change. New York: Cambridge University Press

Rittersporn, Gábor T./Rolf, Malte/Behrends, Jan C. (Hrsg.) (2003): Sphären von Öffentlichkeit in Gesell-
    schaften sowjetischen Typs. Zwischen parteistaatlicher Selbstinszenierung und kirchlichen Ge-
    genwelten. Frankfurt/Main: Peter Lang
Rogers, Richard A. (2006): From Cultural Exchange to Transculturation: A Review and Reconceptualiza-
    tion of Cultural Appropriation. In: Communication Theory 16. 2006. 474-503
Rostworowski, Marek (1979): Polaków portret własny [Das Selbstporträt der Polen]. Kraków: Wy-
    dawnictwo Literackie
Rothbart, Myron/Taylor, Majorie (1992): Category Labels and Social Reality: Do We View Social Catego-
    ries as Natural Kinds? In: Semin/Fiedler (1992): 11-36
Saldern, Adelheid von (2003): Öffentlichkeiten in Diktaturen. Zu Herrschaftspraktiken im Deutschland
    des 20. Jahrhunderts. In: Heydemann/Oberreuter (2003): 442-475
Schmale, Wolfgang (2003): Die Europäizität Ostmitteleuropas. In: Jahrbuch für Europäische Geschichte
    4. 2003. 188-214
Schöpflin, George (1981): Kommunismus und Nationalismus in Osteuropa. In: Europäische Rundschau
    9. 1981. 71-81
Schriewer, Jürgen et al. (1998): Konstruktion von Internationalität: Referenzhorizonte pädagogischen
    Wissens im Wandel gesellschaftlicher Systeme. In: Kaelble/Schriewer (1998): 151-258
Semin, Gün R./Fiedler, Klaus (Hrsg.) (1992): Language, Interaction and Social Recognition. London:
    Sage
Shore, Cris (2000): Building Europe. The Cultural Politics of European Integration. London: Routledge
Šiklová, Jiřina (1990): The „Gray Zone" and the Future of Dissent in Czechoslovakia. In: Social Research
    57. 1990. 347-363
Staniszkis, Jadwiga (1991): The Dynamics of the Breakthrough in Eastern Europe. The Polish Experi-
    ence. Berkeley: University of California Press
Svirin, G. M./Reiner, R. (1980): Internacionalismus a národní hrdost v etapě rozvinutého socialismu [In-
    ternationalismus und Nationalstolz im entwickelten Sozialismus]. In: Tvorba. 8. Oktober 1980. 10
Svoboda, Cyril (2008): What is the Real Threat to Europe? Speech at the „Deutscher Historikertag",
    Dresden, October 2. Material des Pressestabs von Cyril Svoboda (2. Oktober 2008). Archiv Christi-
    an Domnitz
Thomas, Daniel Charles (2001): The Helsinki Effect. International Norms, Human Rights, and the De-
    mise of Communism. Princeton: Princeton University Press
Timmermann, Heinz (1983): „Proletarischer Internationalismus" aus sowjetischer Sicht. Eine historisch-
    politische Analyse. Köln: Bundesinstitut für Ostwissenschaftliche und Internationale Studien
Tismaneanu, Vladimir (Hrsg.) (1990): In Search of Civil Society: Independent Peace Movements in the
    Soviet Bloc. New York: Routledge
Tismaneanu, Vladimir (1999): Understanding National Stalinism. In: Communist and Post-Communist
    Studies 32. 1999. 155-173
Tyszka, Krzysztof (2004): Nacjonalizm w komunizmie. Ideologia narodowa w Związku Radzieckim i
    Polsce Ludowej [Nationalismus im Kommunismus. Nationale Ideologie in der Sowjetunion und
    in Volkspolen]. Warszawa: Wydawnictwo Instytutu Filozofii i Socjologii Polskiej Akademii Nauk
Verdery, Katherine (1991): National Ideology under Socialism. Identity and Cultural Politics in
    Ceauşescu's Romania. Berkeley: University of California Press
Vykoukal, Jiří (2003): Visegrád. Možnosti a meze středoevropské spolupráce [Visegrád. Möglichkeiten
    und Grenzen einer mitteleuropäischen Zusammenarbeit]. Praha: Dokořán
Wehler, Hans-Ulrich (2002): Das Türkenproblem. In: Die Zeit. 12. September 2002. 9
Weichsel, Volker (2007): Tschechien in Europa. Nationalpolitische Traditionen und integrationspoliti-
    sche Konzepte. Berlin: LIT
Wojna, Ryszard (1974): Patriotyzm i internacjonalizm [Patriotismus und Internationalismus]. In: Trybu-
    na Ludu. 3. Januar 1974. 3

Zagórski, Włodzimierz (1989): Powietrze miasta jest powietrzem wolności [Stadtluft hat den Duft von Freiheit]. In: Przegląd powszechny 4. 1989. 18-23

Zaremba, Marcin (2001): Komunizm, legitymizacja, nacjonalizm. Nacjonalistyczna legitymizacja władzy komunistycznej w Polsce [Kommunismus, Legitimierung, Nationalismus. Die nationalistische Legitimierung kommunistischer Herrschaft in Polen]. Warszawa: Trio

Ziff, Bruce/Rao, Pratima V. (Hrsg.) (1997): Borrowed Power. Essays on Cultural Appropriation. New Brunswick: Rutgers University Press

Bildwechsel in Stereoskopie: Rumäniens symbolische Orte im Europa der Jahre 1945-2008

Armin Heinen

1   Bukarest, Januar 2007: Beitrittsfeiern in einem fernen Land

Die europäische Einigung ist dem Versuch geschuldet, vier miteinander verschränkte Probleme des Kontinents zu lösen, so hat Wilfried Loth es herausgearbeitet:[1] Zu nennen sind

1. das Problem der Friedenssicherung,
2. die deutsche Frage,
3. die wirtschaftlich suboptimale Performanz der nationalstaatlichen Ordnung,
4. der Verlust an Macht und Konkurrenzfähigkeit der europäischen Staaten gegenüber den Weltmächten.

Fügt man noch

5. die Unterstützung von prekären Demokratisierungsprozessen als Handlungsmotiv für die europäische Zusammenarbeit

hinzu, so sind die entscheidenden Antriebskräfte genannt, mit deren Hilfe sich die europäische Integration erklären lässt.

Auch die Erweiterung vom Januar 2007, als Rumänien und Bulgarien der EU beitraten, genügt dem genannten Kriterienbündel. Die EU wollte den Frieden in ihrer südöstlichen Peripherie sichern, labile Demokratien stabilisieren, die Wirtschaftskraft der neuen Länder beleben und Zugriff auf attraktive neue Märkte erhalten. Nicht zu Unrecht betonten die Politiker im Westen den reziproken Nutzen, den die EU-Expansion Westeuropa, aber auch den neuen Mitgliedern bringe. Doch das nüchterne Kalkül gegenseitiger Interessenwahrung vermochte weite Teile der EU-Öffentlichkeit kaum zu überzeugen. 42% der Befragten wandten sich im Herbst 2006 gegen eine territoriale Änderung der Europäischen Union.[2] Keine Ge-

---

[1] Loth (2001), 87-106.
[2] Eurobarometer 2006: www.cap.lmu.de/download/2006/2006_Eurobarometer_Zukunft_EU.pdf.

bietsausdehnung der Europäischen Gemeinschaft hat so viel Skepsis hervorgerufen wie die Erweiterung des EU-Raumes um Rumänien und Bulgarien.

Wie zu zeigen sein wird, lag der Grund darin, dass erstmals das politische Projekt eines größeren Europas und das kulturelle Vorhaben einer Zusammenführung der europäischen Zivilisation auseinander fielen. Anders formuliert, die „Westeuropäer" konnten Rumänien und Bulgarien nicht in ihr Bild von Europa integrieren. Sie ordneten beide Länder dem „Balkan" zu, einem Raum der Unordnung, emotionalen Überhöhung und der Gewaltbereitschaft. Freilich, zwei Jahrzehnte zuvor war Rumänien noch mit ganz anderen Konnotationen versehen worden. Das gilt es zu erklären.

Wechseln wir die Blickrichtung, so empfanden die Rumänen und Bulgaren 2006 die EU-Zugehörigkeit als höchst attraktiv. Mehr als siebzig Prozent der Befragten einer demoskopischen Umfrage in Rumänien sprachen sich für eine Aufnahme in die EU aus.[3] Und doch ist der Beitritt keine Ankunft in der europäischen Heimat geworden, wie sie die Revolutionäre von 1989 erträumt hatten. Dafür gibt es durchaus gute Gründe, denn nie war Rumänien so „balkanisch" wie in der Zeit vor und nach der Revolution. Das gilt für die Sicht Westeuropas auf Rumänien, für die gesellschaftliche Struktur des Landes und für die Selbstbeschreibung seiner Bewohner. Europa schien den Rumänen Ende des 20. Jahrhunderts mehr als zuvor das beneidete, begehrte Andere zu sein, sozusagen die unerreichbare, ferne, „neue Welt".

Für die südosteuropäischen EU-Mitgliedsländer, so ist festzuhalten, fallen politische und kulturelle Integration noch auseinander. Europabilder und Rumänienbilder kommen nicht zur Deckung. Der westeuropäische Diskurs hat bis in die jüngste Zeit kein Narrativ entwickelt, in dem Rumänien Teil des Eigenen ist – und der innerrumänische Diskurs hat kein Bild herauspräpariert, das im Stande wäre, das autochthone Handeln als europäisches zu identifizieren.[4] Die kulturelle Europäisierung Rumäniens, so werde ich argumentieren, kann nur in Form eines Zukunftsprojekts gelingen, als dialogisches, zum Teil konfliktreiches Lernen über offene Grenzen hinweg.

Der dargestellte Befund überrascht auf den ersten Blick kaum – und doch widerspricht er gängigen Deutungsmustern. Maria Todorova hat eher die Kontinuitäten als die Diskontinuitäten der Imagination des „Balkanraums" im 20. Jahrhundert herausgearbeitet, was wenig Hoffnung für die Zukunft böte.[5] Umgekehrt hat Göran Therborn die Ähnlichkeit sozialgeschichtlicher Entwicklungen in West- und

---

[3] Samson (2006), 211.

[4] Ausführlich zu den Schwierigkeiten einer Bestimmung der Position Rumäniens in der mentalen Geografie Europas durch rumänische Intellektuelle seit dem 18. Jahrhundert: Antohi (2002). Dort auch eine kommentierte Bibliografie zum Thema.

[5] Todorova (1999).

Osteuropa betont und somit die Chance auf eine kulturelle Angleichung gesehen.[6] Aber weder die eine noch die andere Deutung finde ich überzeugend. Geschichte hält mehr Varianten und Alternativen bereit, als sie die „großen Erzählungen" nahe legen. Meine Argumentation wird daher kleinschrittiger erfolgen, eine Geschichte der Annäherung und Distanzierung vorstellen, von Verfestigung und Verflüchtigung von Bildern berichten und eine vage Idee von der Offenheit der Zukunft entwickeln. Mehrere Phasen der Entfernung und Annäherung zwischen Rumänien und Europa werde ich für den Zeitraum von 1945 bis 2008 unterscheiden und dabei jeweils drei Dimensionen betrachten: das politische Feld, die intellektuellen Reaktionen und die alltagsgeschichtliche Verankerung symbolischer Geografie. In der Bilanz wird sich zeigen, dass es gute Gründe für die Antinomie der Rumänien- und Europabilder gibt und dass diese Bilder auch heute noch das Verhalten prägen. Freilich werden sie in der Gegenwart reflektiert und stehen in Konkurrenz zu anderen Interpretationen. Kulturelle Integration entsteht – so das Ergebnis des Essays – nicht durch Ablösung vorhandener Deutungsmuster, sondern durch deren Pluralisierung und durch die Befähigung zum selbstbewussten Handeln in einer aufgebrochenen gesellschaftlichen Ordnung.

2   Europa: Rumänien als das nahe Fremde

2.1   Die Entdeckung des westlichen Abendlandes mit amerikanischen Zügen, 1950er Jahre

Als Winston Churchill am 5. März 1946 seine berühmte Rede in Fulton, Missouri, hielt und öffentlich vom Eisernen Vorhang sprach, den die UdSSR im Osten Europas heruntergelassen habe, war das *eine* der möglichen Wahrnehmungen Europas, denn noch gab es unterschiedliche Vorstellungen zur Zukunft des Kontinents. Für die 40er und 50er Jahre haben Martin Marcussen und Klaus Roscher fünf konkurrierende Europakonzepte unterschieden:[7]

1.   Die liberal-nationalistische Variante, bei der Europa durch Zusammenarbeit von Nationalstaaten entsteht;
2.   Die Idee eines Europas als Kulturgemeinschaft vom Atlantik bis zum Ural;
3.   Die Vorstellung von Europa als Dritter Kraft zwischen der kommunistischen Sowjetunion und den kapitalistischen USA;
4.   Das moderne Europa als Teil des Westens;
5.   Das christliche Abendlandeuropa.

---

[6] Therborn (2000).
[7] Marcussen/Roscher (2000), 325-357.

Zunächst blieb offen, wie die Politik im Westen auf die Veränderungen östlich der Elbe reagieren sollte. Doch waren keine intellektuellen Verrenkungen notwendig, um den Blick auf Westeuropa einzuschränken. Das christliche Abendland konnte man leicht mit dem Reich Karls des Großen identifizieren. Das moderne Europa hatte in den 1920er Jahren an der Grenze zu Polen und Ungarn geendet. Das Europa der Dritten Kraft umschloss einen ähnlich strukturierten Raum, trennte jedenfalls die eher ländlich geprägten Staaten Ost- und Südosteuropas vom industrialisierten Nordwesten ab. Selbst die liberal-nationalistische Variante konnte in den Satellitenstaaten östlich der Elbe anfangs keinen eigenständigen Ansprechpartner erkennen. So blieb nur die Idee von Europa als einer Kulturgemeinschaft, um der Verengung auf den Westteil des Kontinents zu begegnen. Freilich wurde diese Vorstellung täglich durch die politische Praxis im Osten desavouiert.

Für viele europäische Intellektuelle bedeutete die Verschiebung des kulturellen und politischen Gravitationszentrums Richtung USA einen Verlust an Einfluss, der als zivilisatorische Gleichmacherei interpretiert wurde. Der Niedergang Europas in der Weltpolitik war ja offensichtlich, der Zugriff auf die Kolonien erkennbar gefährdet, die innere Zerrissenheit kaum zu leugnen und der Verfall und die Stagnation der Wirtschaft im Vergleich zu Amerika augenscheinlich. In dieser Situation flüchteten sich die Intellektuellen in den Lobgesang europäischer Hochkultur und feierten den kultivierten Geschmack der oberen Schichten. Rundfunk und Fernsehen betonten damals ihren Bildungsauftrag. Osteuropa und mehr noch Südosteuropa spielten in dieser Perspektive keine Rolle.[8]

Für die Mehrheit der Menschen im Westen des Kontinents war Europa Anfang der fünfziger Jahre ein höchst heterogenes Gebilde, allenfalls zusammengehalten durch das Ausgreifen der amerikanischen Kultur. Die damalige Kombination von Ländern der EGKS, so hat Hartmut Kaelble die Situation beschrieben, glich sozialgeschichtlich dem Versuch, das heutige Albanien, Jugoslawien, Italien und die Schweiz zusammenzuschließen. Noch dominierte der lokale Raum das Denken. Nur wenige beherrschten die Sprache des europäischen Nachbarstaates, während für viele Europäer das Geschehen in den fernen Kolonien unmittelbare Relevanz besaß.[9] Südosteuropa verkam zu einem bunten Flickenteppich auf der geistigen Landkarte. Nachdem der Strom der Exilrumänen und Minderheitengruppen nach Westeuropa versiegt war, geriet Rumänien mit seiner fremdartigen, stalinistischen Diktatur aus dem Blickfeld des europäischen Horizonts, wurde *terra incognita*, übrigens ganz anders als Polen oder die Tschechoslowakei, an die die Vertriebenenverbände in Deutschland immer wieder erinnerten.[10]

---

[8] Kaelble (2001a), 136ff.
[9] Kaelble (2001b).
[10] Schwertfeger (1958), 292.

2.2 *Eine neues, selbstbewußtes Westeuropa, 1960er/Anfang der 1970er Jahre*

Mit dem Vietnamkrieg wandelte sich auch das Bild, das sich die Westeuropäer von den USA machten. Die eigene Wirtschaft florierte, während der Dollar unter Druck geriet. Die Europäische Gemeinschaft entwickelte sich trotz aller Widrigkeiten zu einer Erfolgsgeschichte, an der sogar die Amerika nahe stehenden Briten teilhaben wollten. Als erster beklagte De Gaulle die Abhängigkeit von den USA und suchte den Kontakt mit den Ländern Osteuropas. Er erkannte in Ceaușescus Rumänien eine Entwicklungsdiktatur, der es gelänge, Tradition und Moderne, bäuerliche Selbstgenügsamkeit und industrielle Lebensweise miteinander zu verbinden. Das passte gut zu seinem Konzept eines Europas der Nationalstaaten vom Atlantik bis zum Ural.[11] Anders motiviert war die Ostpolitik der deutschen Bundesregierung, aber auch sie honorierte die vermeintliche Selbstständigkeit der rumänischen Außenpolitik und band das Land frühzeitig in den europäischen Entspannungsdiskurs ein. So erhielt Rumänien Schlagzeilen in der europäischen Presse – und sogar positive.

Auf die politische, wirtschaftliche und kulturelle Krise Europas in den fünfziger Jahren hatten die Intellektuellen mit einer Hinwendung zu altständisch-bürgerlichen Werten reagiert. In den sechziger Jahren machten sie Schluss mit solch vormodernen Vorstellungen, öffneten sich dem kritisch-liberalen Diskurs Amerikas und führten ihn selbstständig als Fortschrittsdebatte weiter. Den westeuropäischen Raum betrachteten sie als den Geburtsort der Moderne, Hort der Demokratie, Raum des sozialen Ausgleichs. Sie glaubten, in der besten aller möglichen Welten zu leben, freilich mit dem Auftrag, die eigene Gesellschaft fortzuentwickeln.[12] Das Dritte-Kraft-Konzept erhielt unter diesen Bedingungen eine Neuauflage, freilich jetzt mit der Bereitschaft, den Entwicklungsweg anderer Länder außerhalb des europäischen Kernbereichs positiv zu begleiten. Das kam auch Rumänien zugute, das sich scheinbar so erfolgreich dem Weg der Modernisierung stellte.[13]

Während der goldenen Jahre Europas – dem großen Wirtschaftsboom, der Entspannung im Ost-West-Konflikt, der Dekolonialisierung – glichen sich die Lebensformen der Westeuropäer immer stärker an. Handel, Tourismus, Popmusik, Essenskultur, ja, eine verbreitete Bildung verflochten die westeuropäischen Gesellschaften miteinander und ließen einen deutlich abgegrenzten sozialen Raum entstehen, in dem das Konzept „Westeuropa" ein erfahrungsgesättigtes Fundament erhielt. Europa als Sozial- und Kulturraum entstand jetzt, und es war ein Raum,

---

[11] Durandin (1998), 318f.
[12] Kaelble (2001a), 219ff.
[13] Vgl. z.B. durchaus auch eine europäische Wahrnehmung reflektierend: Guha (1974), 298ff.

der die Grenzen der Europäischen Gemeinschaft weit überschritt, freilich nach wie vor an der Elbe endete.[14] Zeitweilig bestand die Chance, dass Rumänien in dieser neuen mentalen Landkarte einen peripheren Platz fände, denn das Land öffnete sich dem westlichen Tourismus. Was die Westeuropäer allerdings im Südosten vorfanden, wirkte bald wie eine Bestätigung allzu ferner, archaischer Verwandtschaft. In der Folge blieb die Schwarzmeerküste Ferienziel für Osteuropäer.

2.3 Die Mitteleuropäisierung Europas in den 1980er/1990er Jahren und die Folgen des staatlichen Zusammenbruchs im europäischen Südosten

Im internationalen Machtgefüge war Rumänien in den 1980er Jahren vollkommen isoliert.[15] Das lag nicht zuletzt an der Politik Ceaușescus selbst und soll deshalb an anderer Stelle diskutiert werden. Russland jedoch, Ungarn und die Tschechoslowakei öffneten sich den Argumenten des Westens, ließen Hoffnungen wach werden auf ein neues, ein friedlich-einiges Europa. In seinem berühmten Zehn-Punkte-Programm vom 28. November 1989 unterstrich Helmut Kohl, dass es einen direkten Nexus zwischen deutscher Wiedervereinigung und EG-Beitritt der reformorientierten Ostblockstaaten gebe.[16] Damit war gewiss nicht Rumänien gemeint, aber als die Dezemberrevolution die Diktatur hinwegspülte,[17] griff der Appell an die Solidarität mit dem europäischen Brudervolk. Italien, Belgien und Frankreich leisteten wertvolle Hilfe. Die Deutschen erinnerten sich an den Lebensraum einer bedeutenden deutschsprachigen Minderheit. Freilich, als dann die ersten Berichte über nationalistische Verfolgungen den Westen erreichten, die Szenen von prügelnden Bergarbeitern die Fernsehbildschirme füllten, Hilfskonvois in den verdreckten und überbelegten Waisenhäusern und Krankenhäusern eintrafen, da kamen die alten Bilder vom schmuddeligen „Balkan" wieder hervor.[18]

Die serbische Armee griff am 26. Juni 1991 Slowenien an, das sich aus dem jugoslawischen Staatsverband gelöst hatte. Der Kroatienkrieg, der Bosnienkrieg und der Kosovokrieg folgten. Während der Sitzung des Europäischen Rates am 25./26 März 1999 begannen die Bombenangriffe der NATO auf Serbien. Und nur sieben Monate später luden die EU-Staaten Rumänien, Bulgarien und andere Länder zu Beitrittsverhandlungen ein. Nur mit einem offenen Kooperationsangebot schien es möglich, Frieden im Südosten Europas zu schaffen, die jungen Demokratien zu stabilisieren, nationalistische Auswüchse zurückzudrängen und eine weitere

---

14 Kaelble (2007); Schmidt-Gernig (1999), 163-216.

15 Gilberg (1990), 222.

16 www.bundestag.de/geschichte/parlhist/dokumente/dok09.html.

17 Heinen (2003), 168-184.

18 Kissau (2006), 44-55.

Fluchtwelle aus Südosteuropa zu verhindern. Die politische Offerte zielte auf die Beruhigung des Balkanraumes durch eine europäische Perspektive. Aber sie verschärfte damit zunächst einmal die Diskrepanz von institutioneller Politik und politischer Kultur.

Bereits in den 1980er Jahren hatten deutsche, französische und belgische Intellektuelle sich von der Idee einer atlantisch-westlichen Zivilisation gelöst und nach der kulturellen Grundlage eines größeren Europas, einschließlich der Staaten Ostmitteleuropas gesucht. Im Hintergrund standen die erkennbare Auflösung des sowjetischen Imperiums, die gesellschaftliche Differenzierung in Polen, Ungarn und der Tschechoslowakei,[19] die wirtschaftliche Modernisierung der aufstrebenden südostasiatischen Staaten, vor allem aber die konservative Wende der USA selbst, die sich in der Tradition der religiös geprägten, missionarischen Einwanderergesellschaft neu erfand. Dem Anspruch einer zivilreligiösen Weltordnung setzten die Intellektuellen Europas das Konzept eines offenen, dynamischen, sozialen Europas gegenüber. Im Grunde lautete die Frage mit Max Weber: „Welche Verkettung von Umständen hat dazu geführt, dass gerade auf dem Boden des Okzidents, und nur hier, Kulturerscheinungen auftraten, welche doch – wie wenigstens wir uns gern vorstellen – in einer Entwicklungsrichtung von universeller Bedeutung und Gültigkeit lagen?" Richard Löwenthal hat in einem brillanten Aufsatz den Kernraum der europäischen Moderne als den katholisch-protestantischen Teil Europas bestimmt, einschließlich Polens, Böhmens und Ungarns, doch ausschließlich Südosteuropas und Russlands.[20] In diesem Raum entstanden, so Löwenthal, die Grundzüge der modernen Welt. Letztlich beruhe die spezifisch europäische Dynamik auf der Verbindung von nicht-byzantinischem Christentum mit germanisch-keltischen Kulturelementen. Zu den Werten des westlichen Christentums gehöre zuallererst die frühe Konzentration auf eine im Diesseits zu bewährende Moral, im Unterschied zur christologischen Spekulation im byzantinischen Bereich. Zweitens kennzeichne den westeuropäischen Raum das frühe Zurückdrängen der magischen Elemente des Glaubens zugunsten der Vernunft, für die es im byzantinischen und im späteren russischen Bereich kein Äquivalent gäbe. Drittens durchtrenne das frühe westeuropäische Christentum traditionale soziale Schranken und setze anstelle dessen die Idee einer freiwillig eingegangenen, Blutsbande transzendierenden Gemeinschaft, die Freie und Sklaven, Juden und Heiden vereine. Viertens falle die starke Stellung der Rechtsordnung auf. Und fünftens präge den Westen ein wertbetontes Verhältnis zur Arbeit. Die Verbindung von Arbeiten und beten, *ora et labora*, finde im byzantinischen Bereich mit seiner weltabgewandten Spiritualität keine Entsprechung.

---

[19] Baga/Tatur (1997), 114-135.
[20] Löwenthal (1985), 43-65.

Aber nicht nur Richard Löwenthal sah in der Grenze zur Orthodoxie die entscheidende kulturelle Scheidelinie Europas. Auch der Bayreuther Mediävist Peter Segl, um ein weiteres Beispiel zu nennen, hob hervor, dass das Verhältnis von Staat und Kirche im byzantinischen Raum grundsätzlich von der Situation im Westen verschieden sei und damit Gewaltenteilung und Freiheitsräume des einzelnen sich vollkommen anders entwickelt hätten.[21]

Parallel zur Diskussion im Westen reklamierten die Intellektuellen Ostmitteleuropas ihren Anspruch auf eine Teilhabe am modernen Europa.[22] Laut und vernehmlich machten sie sich hörbar, etwa in der tschechoslowakischen Bürgerrechtsbewegung der Charta 77, der katholisch-sozialen Solidarnosc oder als selbstbewusste Vertreter eines reformierten Ungarns. Auf die Menschenrechte rekurrierten sie und auf die gemeinsame Wertegeschichte, und sie verwiesen auf die ganz andere Konstellation im Südosten des Kontinents. So woben die Intellektuellen des Westens und die Gebildeten Ostmitteleuropas am Bild eines dynamischen, westlich-christlichen, aufklärerischen Europas, das sich deutlich vom orthodoxen, ehemals byzantinisch-osmanisch beherrschten Raum unterscheide.

Als dann die Grenzen fielen, 1989/1990, reisten die Westeuropäer tatsächlich nach Tschechien (Marienbad), Ungarn (an den Plattensee), Polen (nach Krakau), erlebten die wirtschaftliche Erfolgsgeschichte von Gesellschaften, die sich bereits zuvor den Marktkräften geöffnet hatten. Wie anders sah dagegen die Lage in Rumänien (oder Bulgarien) aus. Die deutsche Minderheit floh aus ihrer Heimat, berichtete von Korruption und Armut. Die Medien erzählten über verlassene, hungernde Waisenkinder am Bukarester Nordbahnhof. Das verstärkte nur die Kodierung Rumäniens als fremdartiges Balkanland, sicherlich nicht vollkommen entfernt von Europa, aber eher doch dessen Schandfleck als dessen Zukunft.

2.4 Vom „Armenhaus" zum „Tigerstaat" – Wirtschaftliche Erfolge der EU-Integration und kulturelle Distanzierung

Selbst wenn sich in den letzten Jahren mit der Aufnahme Rumäniens in die EU das Bild ein wenig gewandelt hat, Fernsehsendungen die Schönheit der Landschaft demonstrieren oder die Erfolgsgeschichte des „deutschen" Bürgermeisters in Sibiu verkünden, gilt die Ansiedlung von Continental oder Nokia in Temeswar oder Cluj wegen der niedrigen Löhne doch als unfairer Wettbewerb, der die Gefahr des Armutsexports nach Westeuropa heraufbeschwöre. Dass die Produktionsverlage-

---

[21] Segl (1994), 21-43.
[22] Antohi (1997b), 295-297; Todorova (1999), 201ff. Zusammenfassung des Redebeitrages von Anneli Ute Gabanyi in Henkel (2004), 101-105.

rung der Logik des europäischen Binnenmarktes entspricht und eine ungewöhnliche Erfolgsgeschichte europäische Integration darstellt, wird kaum diskutiert.

Seit kurzem prägt denn auch ein neues Bild die Wahrnehmung Rumäniens. Das Land gilt als „Tigerstaat", als ein durchaus attraktiver Markt, und allemal eine Reise für Geschäftsleute wert.[23] Von den Wachstumsraten über 6% kann der Westen nur träumen. Aber gleichzeitig erfährt der Interessierte in der vielgelesenen Online-Enzyklopädie Wikipedia[24] (freilich auch an anderer Stelle[25]), dass die Wirtschaft Rumäniens „zu den am stärksten deregulierten und privatisierten Volkswirtschaften der Welt" gehöre, während gleichzeitig Westeuropa sich als Ort sozialpolitischen Ausgleiches versteht. Neuerlich scheint Rumänien eher im Osten angesiedelt zu sein als im „geordneten Westen" – Tigerstaat eben, und nicht Teil der europäischen Festung gegen die Folgen der Globalisierung. Noch wirkt Rumänien wie ein fremdartiges Land, dessen touristische Attraktionen nur wenige Gebildete oder einige preisbewusste Verbraucher aus Ostdeutschland genießen und dessen Wirtschaft nur gewiefte Kapitalisten anzieht.

3   Rumänien: Europa als das ferne Andere

3.1   *Erzwungene Abkehr vom Westen und Hinwendung zum Osten, 1947-1956*

Richten wir den Blick nun auf Rumänien selbst. Bis 1944 hatte die Politik des Landes immer nach Westen geschaut, sei es nach Paris und London, sei es nach Berlin und Rom. Nie hatte Moskau eine Alternative dargestellt, jedenfalls nicht mehr seit Mitte des 19. Jahrhunderts, als die rumänischen Bojarensöhne gegen die russische Dominanz aufbegehrt hatten. Das änderte sich mit der sowjetischen Besetzung des Landes 1944. Jetzt gestaltete die neue Führung das Land im Sinne des Sowjetkommunismus um. Die alten Eliten wurden verdrängt, und an ihre Stelle trat eine Führungsschicht von Randständigen und Aufsteigern, deren einzige Legitimation in der Abkehr von der Vergangenheit und der Hinwendung zum „neuen Jerusalem" im Osten bestand.[26] Da die rumänische Politik immer radikale Wechsel erlebt hatte, da sie – wie die Konservativen seit dem 19. Jahrhundert beklagten – äußere Formen ohne das Fundament einer gefestigten politischen Kultur ausgebildet hatte,

---

[23] Höchst aufschlussreich in dieser Hinsicht ist die Stichworteingabe „Rumänien Tigerstaat" in Google.

[24] http://de.wikipedia.org/wiki/Rumaenien.

[25] https://www.sparkasse.at/sPortal/sparkasseat_de_0198_ACTIVE/Downloads/Treasury/Emissionen/ Eckdaten_Bedingungen/20061019_FL_AT0000A034N4.pdf.

[26] Durandin (1998), 269ff.; Baga/Tatur (1997), 120ff.

war jetzt Rumänien fester Bestandteil des Ostblocks, ohne dass der vorhandene Widerstand den lokalen Rahmen gesprengt hätte.[27]

Kulturell begann die Zeit der Ausrichtung auf den Marxismus-Leninismus-Stalinismus. Die Machthaber säuberten die Universitäten von alten professoralen Kadern und zwangen die Studierenden, an Kursen in Marxismus-Leninismus teilzunehmen. Das Studium der russischen Sprache gehörte zum Bildungskanon, und das von Mihai Roller herausgegebene Geschichtsbuch rühmte die Hilfe, die die Rumänen vom Osten erhalten hätten. Der sozialistische Realismus prägte Kunst und Literatur. Bezeichnenderweise stellte er die ländliche Basis Rumäniens gleichwertig neben den industriellen Neuanfang.[28] Am wenigsten Mühe mit dem Blick nach Osten hatten vielleicht die ehemaligen Anhänger der Legion „Erzengel Michael", die nicht alle in den Lagern gelandet waren und nur zu wiederholen brauchten, was sie immer gepredigt hatten, dass die Sonne im Osten aufgehe. Sie hatten das anders gemeint, die Ursprünglichkeit ihres archaisch-orthodoxen Glaubens gefeiert. Aber darauf kam es nicht an.

Tatsächlich gehörte zu den Profiteuren der neuen Zeit gewissermaßen die Orthodoxe Kirche. Sie erhielt das alleinige Vertretungsrecht für die orthodoxen Gläubigen, die Altreligiösen und die Unierten. Der Staat garantierte eine Weiterzahlung der Priestergehälter, während er gegen die anderen Kirchen vorging. Als Gegenleistung musste die rumänische Orthodoxie ihren Blick nach Moskau wenden. Das fiel ihr nicht wirklich schwer, bedeutete in jedem Fall keine unzumutbare Überwindung.[29]

Immer stärker „östlich" war das Leben der Vielen geprägt. In den Dörfern zerstörte der Staat gewachsene soziale Strukturen, indem er einzelne Personen förderte, andere benachteiligte. Der Abwehrkampf der Landbewohner dauerte viele Jahre und zermürbte.[30] An die Stelle geruhsamer Gewissheit trat das vage Versprechen gesellschaftlichen Aufstiegs für all jene, die sich auf die neue Zeit einließen. Noch faszinierte die Aussicht – zumindest bei den Jungen –, mit Hilfe totaler Gleichschaltung das Land zu modernisieren.

3.2 *Rückkehr in den west-östlichen Zwischenraum. Die 1960er Jahre*

Ende der 1950er Jahre änderte sich das Klima. Bukarest löste sich von der einseitigen Orientierung auf Moskau und beantwortete die Avancen des Westens. Der

---

[27] Heinen (2006/2007), 509-518.

[28] Durandin (1998), 287ff.; Chroust (2006), 70-85.

[29] Durandin (1998), 279ff.

[30] Saurer (2003), 69ff.; Verdery (2004).

Kontakt zu Frankreich, Deutschland und Amerika mochte helfen, den technischen Rückstand zu überwinden, erhöhte die außenpolitische Handlungsfreiheit und sicherte im Innern hoffnungsvolle Zustimmung. Dem äußeren Druck zur Entstalinisierung begegnete das Regime durch den Wechsel seiner Legitimationsbasis.[31] Nachdem der Kampf gegen die alte bürgerliche Ordnung gewonnen, rivalisierende kommunistische Kräfte zurückgedrängt und die Opposition der Bauern gegen die Zwangskollektivierung gebrochen war, öffnete der hierdurch konsolidierte Staat die Gefängnismauern.[32] An die Stelle des Klassenkampfes trat die Idee der nationalen Inklusion, weil doch die sozialen Gegensätze überwunden seien.[33] Wohlfahrtspolitik stand hoch im Kurs. Das Regime versprach bürgerlichen Fachkräften Anstellung, erlaubte Intellektuellen einen gewissen Freiraum und weckte Zukunftserwartungen an ein Land, das durch seine Stellung zwischen Ost und West rasche Fortschritte mache und den Traum nationaler Größe in einem Europa der Vaterländer erfülle. Der Misserfolg der Kommunistischen Partei in den zwanziger und dreißiger Jahren sei, so hieß es, Folge einer verfehlten internationalistischen Politik der Komintern gewesen, die die Partei dem Volk entfremdet habe.[34] Als Bukarest eine Beteiligung bei der Niederschlagung des Prager Frühlings 1968 verweigerte, war die Zustimmung groß.[35]

Für die Intellektuellen begann Mitte der sechziger Jahre eine aufregende Zeit der Wiederentdeckung nationaler Geschichte und der Adaption von westlichen Deutungsmustern. Der Strukturalismus fand in der Literaturkritik Aufnahme. Erstmals zeigten Bukarester Theater Stücke des Pariser Exil-Dramatikers Eugene Ionesco. Hier und dort erprobten Historiker eine an die französische Annales-Schule angelehnte Geschichtsschreibung. Sicherlich, man durfte sich nicht zu weit vorwagen. Doch der Westen selbst öffnete sich marxistischem Denken! Für die jungen Universitätsabsolventen, die in den Museen, Instituten und separaten Forschungseinrichtungen reüssierten, begann eine aufregende Zeit der Selbsterprobung, bei der wissenschaftliches Geschick und eine Argumentation entlang nationalen Leitlinien ein sicheres, wenn auch begrenztes Fundament boten. Insofern blieb der Aufbruch Richtung Europa unvollkommen.

Das Überleben fiel jetzt leichter, weil der politische Kampf beendet war. Die Partei forderte vom einzelnen weniger, und damit eröffnete sie die Möglichkeit des Rückzugs ins Privatleben. Einige Optimisten setzten auf die neue Führung, weil Gheorghiu-Dej jetzt tot und die Macht geteilt war. Vor allem aber prägte die Gesellschaft eine verbreitete Verachtung, so hat es Catherine Durandin eindrucksvoll

---

[31] Adamson (2004), 88ff.
[32] Deletant (1997), 123.
[33] King (1980), 120ff.
[34] Roper (2000), 35ff., 41.
[35] Roper (2000), 310ff.

geschildert: Verachtung für die vergangenen Jahre der Herrschaft Gheorghiu-Dejs, Verachtung der ehemals aristokratischen Familien für das neue Regime, Verachtung der städtischen Aufsteiger gegenüber den Zurückgebliebenen vom Lande und Verachtung der Zivilbevölkerung gegenüber dem politischen Apparat. Wer konnte, zog sich in die Privatsphäre zurück, suchte seinen eigenen Weg in die Moderne und verschärfte damit nur die Ungleichzeitigkeiten des realsozialistischen Systems. Manche Städter trafen sich in alten Cafés mit dem verblichenen Flair der zwanziger Jahre und erinnerten sich an ein Europa, das es nicht mehr gab.[36]

3.3 Rumänien – ein Land der Dritten Welt, 70er/80er Jahre

Der Preis der ruhigeren sechziger Jahre war die Veralltäglichung der sozialistischen Herrschaft, die Distanzierung gegenüber den Ansprüchen der erlahmenden Mobilisierungsdiktatur und die Hoffnung der Vielen auf eine Modernisierung von unten. In Polen und Ungarn entstanden zu dieser Zeit hybride Strukturen, die Freiräume schufen und die Transformation nach 1989 erleichtern sollten. Dazu zählten eine zunehmende Verrechtlichung gesellschaftlicher Teilbereiche, der Aufbau einer zweiten Ökonomie, die Pluralisierung von kulturellen und politischen Akteuren und die Öffnung gegenüber dem Weltmark.[37]

Ceaușescu dagegen reagierte auf die Passivität der Rumänen und die fehlende Begeisterung für große Ziele mit einem offenen Kulturkampf, mit ideologischer Schulung und direktem Zwang.[38] Die europäische Wirtschaftskrise der 70er/80er Jahre hoffte er mit einem Rückzug vom Weltmarkt zu überwinden. Und letztlich dienten die ausufernde Propaganda, die charismatische Erhöhung des Diktatorenehepaars und die Monumentalarchitektur nur einem Zweck, nämlich deutlich zu machen, dass der menschliche Wille alles sei und die Strukturen nur Randprobleme. Da Ceaușescu aber weder fähig noch willens war, über materielle Anreize die Bevölkerung zu gewinnen – das hätte größere Marktautonomie bedeutet –, musste er auf physische und symbolische Kontrolle setzen. In einer Gesellschaft, die alle mediaten Strukturen verloren hatte, in der den „Bauern" und „Arbeitern" offensichtlich „Nichtbauern" und „Nichtarbeiter" gegenüberstanden, bedurfte es Deutungsmuster jenseits des Klassenkampfschemas. An die Stelle des in Rumänien immer fremd gebliebenen Marxismus trat ein bäuerlich-archaischer Nationalismus, der die Rückständigkeit des Landes mit der Denkfigur der systematischen Benach-

---

[36] Roper (2000), 303ff.
[37] Baga/Tatur (1997), 125f.
[38] Durandin (1998), 334.

teiligung und Ausbeutung durch Fremde zu erklären vermochte.[39] Das Paradigma der Nation knüpfte an vertraute Wahrnehmungsmuster, Selbstreferenzierungen und Sprachmodelle an. Es ermöglichte eine Distanzierung von der Sowjetunion und überbrückte die Distanz von Regierung und „Volk". Für die Intellektuellen versprach der nationale Diskurs soziale Aufmerksamkeit, handwerklichen Entfaltungsspielraum sowie die Überwindung des sterilen Realismus, was zweifelsohne viele motivierte.[40]

Außenpolitisch führte Ceauşescu das Land von Europa weg und verortete es in den Reihen der Länder der Dritten Welt. Seine Politik des „Durch-uns-selbst" musste freilich misslingen, weil nachholende Entwicklung ohne Freiheit des Lernens von andern unüberwindbare Kosten verursacht.

Innenpolitisch beruhte das Herrschaftsmodell auf einem immer enger werdenden Kreis von Vertrauten, dem ein verunsicherter Apparat zur Seite stand.[41] In einer Gesellschaft ohne Ziele und ohne Zukunftsgewissheit, – genauer: des simulierten Wandels – übertrug sich die Unsicherheit auf die Administration, die ihre eigenen kurzfristigen Ziele verfolgte. Angesichts des Leerraums zwischen dem Machtwillen Weniger, fehlenden Ressourcen und täglicher Verweigerung der Vielen blieb den Funktionären gar nichts anderes übrig, als zahlreiche Kompromisse einzugehen. Das aber gefährdete die eigene Stellung. Die verbreitete Korruption bedeutete in dieser Situation eine Art Versicherungsprämie für hilflose Staatsdiener.

Während Ungarn und Polen zumindest in Teilen das westeuropäische Modell nachahmten, wandte sich Rumänien vom Westen ab, richtete den Blick auf die unterentwickelte Welt und reklamierte einen ganz eigenen Weg jenseits aller vertrauten Maßstäbe.

Bukarest erlebte keine Dissidentenbewegung wie in der Tschechoslowakei oder Polen. Dafür war das rumänische Regime zu autoritär,[42] und es eröffnete gleichzeitig zu viele Fluchtwege in den Westen. Die nur schwach ausgebildeten liberalen Traditionen Rumäniens boten kaum Anreiz zum Widerstand. Zudem legte das kulturelle Erbe des Landes den Intellektuellen ganz andere Reaktionsformen nahe.

Man konnte den Entwicklungsrückstand anerkennen und zugleich darauf verweisen, dass Rumänien das Potenzial hatte, alle anderen Nationen zu überstrahlen. Der Protochronismus erläuterte, dass Rumänien, wenn es sich auf seine eigene Kultur besinne und fremde Einflüsse abwehre, als Land prosperieren wer-

---

[39] Baga/Tatur (1997), 124.
[40] Verdery (1995), 100ff.
[41] Shafir (1985), 74ff.
[42] Durandin (1998), 327ff.

de. Denn in der Vergangenheit hätten sich die fremden Mächte des geistigen und materiellen Reichtums Rumäniens bemächtigt. Wenn aber jetzt die kreativen Kräfte dem Land selbst zugute kämen, sei der Aufschwung gewiss. Der rumänische Protochronismus griff populäre Denkschemata auf, versprach revolutionäre Erneuerung durch Abschottung vom Westen und instrumentalisierte den Hass gegen die alten bürgerlich-adligen Eliten. Die Junimea, der Sămănătorism, der Poporanism, doch auch der Nationalismus Eminescus wurden neu entdeckt und damit die innerrumänische Kritik an der Öffnung nach außen.

Für jene Intellektuellen, die – anders als die Protochronisten – sich dem System verweigern wollten und nicht den Weg in den Westen nahmen, standen zwei alternative Fluchtwege offen:

(1) Viele Historiker verblieben in dem vom Regime vorgegebenen Rahmen, nutzten die Freiräume, indem sie eine populäre Moralgeschichte verfassten, mit Schurken und nationalen Helden. Sie schrieben quellengesättigte Darstellungen der unvollkommenen bürgerlichen Demokratie der zwanziger und dreißiger Jahre und sie verwiesen auf die inhärenten Schwächen des von außen induzierten rumänischen Kapitalismus. Hier und dort nutzten sie die Gelegenheit, um durch Quellenauszüge allzu schematische politische Deutungen zu revidieren. Das war dann ihre Form der Resistenz und der Bewahrung professioneller Selbstachtung. Es gab erbitterte Auseinandersetzungen, ob die siebenbürgische Bauernrevolte 1784/85 ein sozialer Aufstand gewesen sei oder die Ankündigung einer nationalen Revolution.[43] Doch zur selben Zeit diskutierten Historiker aus Ungarn mit ihren westlichen Kollegen über Modernisierungspfade und deren Relevanz für die Herausbildung des Faschismus.[44] Aus westlicher Sicht erschienen die Texte rumänischer Geschichtsschreibung zu einem großen Teil unmodern, wie ein allzu einfacher Verschnitt zwischen dem Historismus Treitschker Prägung und einem voluntaristischen Marxismus. Dass namhafte Historiker mit dem Verweis auf die Quellen um professionelle Standards und Autonomie stritten, konnte von einer westlichen Geschichtswissenschaft, die sich gerade den sozialwissenschaftlichen Theorien öffnete, kaum als Fortschritt erkannt werden.

(2) Einige rumänische Intellektuelle und viele Jugendliche folgten dem Philosophen Constantin Noica in die Einsamkeit der Berghütte von Păltiniş.[45] Hier diskutierten sie über Platon und andere Gelehrte und empfanden das Vergnügen der Wahrheit jenseits unmittelbarer Realität.[46] Aus religionssoziologischer Sicht ist die Einsamkeit des Philosophierens in den Bergen Rumäniens in Gegensatz gestellt

[43] Verdery (1995), 215ff.
[44] Lackó (1969); Lackó (1973), 39-51; Lackó (1980), 395-400.
[45] Verdery (1995), 256ff.
[46] Liiceanu (1993), 109-115.

worden „zum in der Welt Leben" des westlichen Christentums polnischer und tschechischer Intellektueller.[47] Was immer daran richtig ist, den Medien und westlichen Beobachtern der osteuropäischen Kulturszene blieb die rumänische Form der Auseinandersetzung mit dem Diktatur-Regime fremd und unerklärlich.[48]

Es gab viele Formen des Überlebens in Rumänien. Für die breite Bevölkerung bedeutete Leben seit Ende der siebziger Jahre, sich durchzukämpfen, kleine Geschäfte auf dem Schwarzmarkt zu tätigen, Werkzeuge am Arbeitsplatz zu entwenden, um damit Dienstleistungen anbieten zu können.[49] Der Familien- und Freundeskreis zählte. Dagegen galt es, die Umwelt mehr oder weniger offen zu belügen, Statistiken zu fälschen sowie Staat und Partei mit ihren illegitimen Ansprüchen systematisch von der Privatsphäre fern zu halten.[50] Das „balkanische Skript" erlaubte Selbstachtung in der diktatorialen Scheinwelt, es beruhte auf der Wahrheit der Lüge und einer geradezu Caragialischen Form des Widersinns. Die Rumänen hielten zu Europa, indem sie ein höchst komplexes, widersprüchliches Schauspiel ablieferten, das freilich vom Westen kaum zu dechiffrieren war und dessen innere Struktur eine erfolgreiche demokratische Transition erschweren musste.

3.4 Eine Vergangenheit, die nicht vergeht, 1989-2008

Während in Polen, Ungarn und der Tschechoslowakei 1989/90 neue konkurrierende Eliten bereitstanden, um das Erbe der Vergangenheit zu begraben und den Blick nach Westen zu lenken, oder zumindest reformkommunistische Kräfte den bewussten Bruch mit der Vergangenheit vollzogen, endete die rumänische Revolution mit einem Sieg des moskau-orientierten Perestroikismus. Angewiesen auf die Unterstützung nationalistischer Gruppen blieb die rumänische Politik in den ersten fünf Jahren der Logik des autoritär-populistischen Diskurses der Ceauşescu-Jahre verhaftet. Als dann die Wende eintrat, nach 1995, da schien die Ausrichtung nach Europa äußerlich aufgesetzt, wie eine Form ohne Fundament, obwohl doch zumindest teilweise die rechtliche Pluralisierung differenzierte politische Strukturen schuf, die Ausdifferenzierung der Medien den öffentlichen Diskurs beförderte und die Privatisierung des Staatseigentums die Familien zu Eigentümern machte.

Rumänien wurde ein gespaltenes Land, gespalten zwischen „jung" und „alt", getrennt zwischen Stadt und Land, entzweit zwischen gewendeten Eliten und frustrierten Anhängern einer verlorenen Revolution. In der Verfassungswirklichkeit

---

[47] Baga/Tatur (1997), 127ff.
[48] Das gilt auch für die subversive Opposition mancher Schriftstellerinnen und Literaten. Deletant (1997), 144ff.
[49] Durandin (1998), 331.
[50] Samson (2006), 180ff.; Adamson (2004), 108ff.

fehlt dem Staat noch jene ausgeklügelte Machtteilung, wie sie das moderne Europa kennzeichnet. Die Differenzierung zwischen politischen, wirtschaftlichen und sozialen Eliten ist noch wenig ausgeprägt. Politische und wirtschaftliche Macht fallen noch weitgehend zusammen. Die regelmäßigen Mahnungen der EU wegen ausbleibender Justizreformen und ausufernder Korruption bestätigen aus westlicher Sicht scheinbar das Bild von Rumänien als einem Balkanstaat, der zwar äußerlich modern wirkt, dem aber die innere Strukturerneuerung noch bevorsteht.

Gewiss haben die Intellektuellen Rumäniens vieles unternommen, um dem Land ein neues Gesicht zu geben. Hans-Christian Maner hat in einem Aufsatz fünf verschiedene Diskursstränge unterschieden.[51] Demnach gibt es

1. die überzeugten Europäer wie Andrei Marga,[52] Alexandru Zub oder Alina Mungiu-Pippidi, die Europa als Modell und Rumänien als Teil des europäischen Kulturraumes deuten.

2. Eine deutlich andere Position nehmen jene ein, wie Ion Iliescu, die geopolitisch argumentieren, den Nutzen Rumäniens für den europäischen Kontinent herausstellen, aber die Kultur des Landes selbst nur wenig verändern wollen.

3. Der „balkanische Blick" auf Europa, als Beispiel sei auf Andrei Pleşu verwiesen, betrachtet den Westen als zivilisatorische und politische Utopie, Europa als einen Raum der Vielfalt und das Zusammenwachsen als einen gegenseitigen Lernprozess.

4. Sorin Antohi hat die Idee netzartiger, entterritorialisierter Identitäten in die rumänische Diskussion eingebracht und damit postmoderne Vorstellungen angesprochen, die aus dem Dilemma nationalistischer Selbstreferenzierung herausführen.

5. Besonders einflussreich, so Christian Maner, sei der byzantinische Diskurs. Er knüpfe an Iorga an, führe aber in ganz unterschiedliche Richtungen weiter. So falle es der orthodoxen Kirche nach wie vor schwer, sich dem säkularisierten Westen zu stellen. Dagegen hat Alexandru Duțu die besondere Fähigkeit des rumänischen Raumes zur kulturellen Assimilation herausgearbeitet.

Eine Polyphonie der Stimmen also ist zu vernehmen. Sie zeigt, dass Rumänien seinen Platz in Europa noch nicht gefunden hat, ein Ausweg aus der politischen, wirtschaftlichen und sozialen Krise der Transformationsjahre noch nicht aufgespürt worden ist. Rumänien ist ein Land voller Gegensätze geworden, dessen Intellektuelle noch auf der Suche sind nach ihrem Ort in Europa. Nicht das Ende der Meistererzählungen charakterisiert den innerrumänischen Diskurs, obwohl einige das Thema aufgegriffen haben, sondern die Konkurrenz alternativer Narrationen.

Ein genauerer Blick auf die politische Kultur nach 1989 zeigt, wie das Alltagsleben nach wie vor bestimmt ist von der Wahrnehmung der Rumänen, in einem typischen Balkanland zu leben: Gesetze, die vermeintlich nur den äußeren Schein

---

[51] Maner (2003).
[52] Vgl. Marga (2006), 57-78.

der Zivilisiertheit vermitteln, Ordnungen, die der je eigenen Interpretation der Beamten unterliegen. Was ein Überleben in den Jahren der Diktatur möglich gemacht hat – das Vertrauen in die eigene Familie und den Freundeskreis, das Misstrauen gegenüber dem Staat, die individuell ausgehandelte Übertretung öffentlicher Ordnung, die Indienstnahme gesellschaftlichen Eigentums, die Deutung, dass die formalen Anforderungen das eine und die Wirklichkeit das andere seien – erweist sich heute als dysfunktional, als unzivilisiert, als uneuropäisch. Europa ist zum bewunderten Anderen geworden, das nur durch die dauerhafte physische Flucht aus Rumänien erfahren werden kann.

Aufschlussreich in dieser Hinsicht ist ein Artikel, den der „Evenimentul Zilei" am 27. Dezember 2007 veröffentlich hat. „De ce nu respectăm regulile? – Warum akzeptieren wir nicht die Regeln?". „Wir missachten die Verkehrsordnung", heißt es dort, „aber wir beschweren uns, wenn der Verkehr alptraumartig zusammenbricht. Wir lügen, aber wir mögen es nicht, wenn uns die Politiker für dumm verkaufen. Wir geben Schmiergelder, aber wir verurteilen die Korruption. Wir halten uns nicht an die Regeln und begründen es mit unserer lateinischen Kultur, doch wir klagen darüber, dass wir nicht in Deutschland wohnen". Laut einer Meinungsumfrage glauben 66% der Rumänen, dass sie ihr Ziel nur mit Hilfe von Korruption erreichen können. Wer nicht „Şmecher" ist, gilt als unsozial gegenüber der eigenen Klientel und als höriger Trottel, das ist die Lektion, die die Ceauşescu-Diktatur gelehrt hat und die auch heute noch gültig zu sein scheint, sobald der beschützte Raum der Familie verlassen wird. Ist unter diesen Umständen Wandel möglich? Die Antworten im elektronischen Kommentarbereich des Evinementul Zilei lassen kaum Zweifel zu. Den Rumänen bleibe nur die Auswanderung nach Europa, wenn sie mit der Verlogenheit nicht leben könnten. „Flieht aus Rumänien und denkt nicht daran zurückzukehren!"

Anders als 1848, 1859 oder 1918, so das Fazit, ist Europa nicht mehr nachzuahmendes Vorbild Rumäniens, sondern dessen bewundertes, beneidetes *alter ego*. Europa erfahren, das meint, physische Distanz herzustellen zur eigenen, „balkanischen" Realität. Freilich, die Frage bleibt, ob Europa immer noch das Europa des Westens ist, ob es sich nicht selbst in den letzten Jahren „balkanisiert" hat? Darauf wird weiter unten einzugehen sein.

4   Annäherung durch Kontakt – Überlegungen zur kulturellen Europäisierung Rumäniens

Zunächst sei abschließend gefragt, warum die mentale Distanz zwischen Europa und Rumänien heute so groß ist. Es genügt nicht, so habe ich zum einen argumentiert, auf langfristig wirksame kulturelle Deutungsmodelle für den Balkanraum zu verweisen, auf stereotype westliche Erklärungsmuster, die seit Ende des 19. Jahrhunderts wirksam seien.[53] Tatsächlich konnte ja das Jugoslawien Titos zeitweilig in das Bild eines sozial offenen, experimentierfreudigen Europas integriert werden, galt auch Rumänien Ende der sechziger Jahre durchaus als „europanah". Stereotype sind offensichtlich weit fluider als von Historikern vielfach angenommen. Freilich widersprechen unsere Beobachtungen andererseits auch der alternativen Deutung Göran Therborns, der in seiner Sozialgeschichte Europas nach 1945 einen Entwicklungsgleichklang zwischen Ost und West beobachtet hat,[54] woraus eine quasi natürliche kulturelle Verschmelzung abgeleitet werden könnte.

Wenn die Westeuropäer heute Rumänien als ein nah gelegenes, gleichwohl fremdes Land wahrnehmen, die Rumänen dagegen Europa als ein fernes Anderes deuten, dann resultiert dies aus einer konkreten Geschichte wechselseitiger Entfremdung und Annäherung nach 1947. In vier Etappen lässt sich die Geschichte untergliedern. Sie beginnt mit der Trennung zwischen Ost und West in den ersten Jahren des Kalten Krieges, als die Europäer lernten, dass die Welt geteilt und die Grenzen nicht zu überschreiten seien. In den sechziger Jahren gab es die Chance auf eine Auflockerung vorgefasster Meinungen, auf ein Wiederanknüpfen an ältere Traditionslinien, weil der Westen sich aus der Verklammerung mit den USA löste und die Kosten des Kalten Krieges rechts und links der Elbe zu groß wurden. Doch als die vermeintlich von äußeren Zwängen befreite rumänische Gesellschaft auf mehr Autonomie pochte, wie in der Tschechoslowakei, Ungarn oder Polen, da verordnete ihr Ceauşescu eine „Kulturrevolution", die Rumänien an die Seite von Albanien, Nordkorea, China oder den Irak führte – und damit aus Europa heraus. Haften blieben die Bilder eines größenwahnsinnigen Diktators, der in den siebenbürgischen Wäldern tote Bären jagte und bunte Bauernmärkte besuchte, während gleichzeitig die Menschen froren und hungerten.

Zu einer Zeit, da die intellektuellen Führungskräfte Ungarns, Polens und der Tschechoslowakei engen Kontakt zur westlichen Intelligenz suchten, blieb die innerrumänische Auseinandersetzung mit dem Ceauşescu-Regime für den Westen fremd und unverständlich. Eine Mehrzahl der Rumänen ließ sich auf den Kompromiss zwischen äußerem Schein und innerem Sein ein, suchte ihr privates Glück in der alltäglich vollzogenen „balkanischen" Desavouierung staatlicher Ansprüche.

Niemals war Rumänien so „balkanisch" wie im Dezember 1989, und daran änderte sich auch in den ersten Folgejahren wenig. Der Westen entdeckte Ostmitteleuropa und schloss den mitteleuropäischen Kulturraum in sein Bild von einem

---

[53] Todorova (1999).
[54] Therborn (2000).

modernen, liberalen Europa ein. Die Intellektuellen Tschechiens, Ungarns und Polens griffen die Argumente ihrer westlichen Partner auf und betonten die kulturelle Differenz zu Südosteuropa. Tatsächlich kam es ja im ehemaligen Jugoslawien zu unfassbaren, nationalistisch motivierten Gewaltausbrüchen, während die Slowakei und Tschechien ihren Konflikt friedlich lösten.

Durch die „Balkanisierung" ihrer Gesellschaft hatten die Rumänen das Überleben in der Ceaușescu-Diktatur erträglich gestaltet. Ihr Widerstand erfolgte nicht offen, sondern subtil und untergründig. Das Problem bestand darin, dass die Revolution die Gesellschaft nicht sofort veränderte. So vermochte das „balkanische Skript", also die Deutung Rumäniens als Raum der „Formen ohne Fundament", als Ort der gesellschaftlichen Unverbindlichkeit und individuellen Übertretung öffentlicher Normen, sogar die Verwerfungen der Transition zu erklären. Nur langsam griffen die Reformen nach 1989. Eine differenzierte Parteienlandschaft und eine kritische, medienwirksame Öffentlichkeit entstanden verspätet. Die westeuropäische Politik hätte unter diesen Umständen vermutlich viele Jahre bis zu einem Beitrittsangebot für das Land gewartet. Dass es anders kam, hing wiederum mit dem Jugoslawienkonflikt zusammen. Für Brüssel war die EU-Integration ein vorrangig politisches, dabei weitgehend defensives Projekt, dem die kulturelle und alltagsrelevante Verankerung in Westeuropa fehlte. Für die Eliten Rumäniens ging es um politische Anerkennung und wirtschaftliche Perspektiven für ihr Land, freilich auf einem durchaus schwachen alltagsrelevanten kulturellen Fundament.

Die „Balkanisierung" der rumänischen Gesellschaft, so die Quintessenz dieser Überlegungen, war kein natürliches Resultat langfristiger Geschichte. Sie war die Folge kurzfristiger Wandlungen. Politik hat das Land aus dem europäischen Kulturkreis hinausgeführt, es zeitweise wieder zurückgeholt und dann in den achtziger Jahren erneut gründlich herauskatapultiert, wobei die Gesellschaft der Politik immer gefolgt ist. Kulturelle Integration nach Europa ist für Rumänien insofern, wenn die politischen Weichen richtig gestellt sind, ein durchaus denkbares Zukunftsprojekt, Ergebnis wechselseitiger Lernprozesse zwischen den „Europäern" und den „Rumänen". Erzwungen wird der Lernprozess durch den gegenseitigen Kontakt und die Ausbreitung des westeuropäischen Kapitalismus. Letztlich wird beides zu einer Umdeutung des „balkanischen Skripts" der rumänischen Kultur führen müssen,[55] wobei die Ansatzpunkte immerhin schon erkennbar sind, wenn etwa der „Balkan" als ein Raum der Assimilation unterschiedlicher Kulturen geschildert und die Fähigkeit der Menschen herausgestellt wird, Fremdsprachen zu erlernen. Ansiedlungsunternehmen rühmen den Fleiß und die Zuverlässigkeit von Deutschen, Ungarn und Rumänen in den neu angesiedelten globalen Unternehmen gemischtkultureller Regionen. In dem Maße, in dem wirtschaftliche Eliten an

---

[55] Ähnlich argumentiert Antohi (2002).

Bedeutung gewinnen werden und jene Gruppen an Einfluss verlieren, die ihre Autorität aus der verbindlichen Interpretation von Überzeugungssystemen erhalten, wird das soziale Anerkennungsbedürfnis nicht mehr allein kulturell verhandelt, sondern auch sozial und wirtschaftlich.[56] Dies ist auch ein Element von Europäisierung.

Die Vermutung einer in der Zukunft glückenden kulturellen Integration Rumäniens kann durchaus in die Systematik des vorliegenden Essays eingeordnet werden. Europa, um mit der politischen Seite zu beginnen, ist nicht mehr das Europa des erfolgsverwöhnten Westens. Es ist „östlich" geworden. Die Erfahrungen ehemaliger Zugehörigkeit zahlreicher Länder zum Ostblock fließen in die Politikdefinition ein. Donald Rumsfelds Unterscheidung zwischen einem „neuen" und einem „alten Europa" meint ja nichts anderes als die Tatsache, dass unterschiedliche Weltdeutungen zusammentreffen und dass unsicher ist, wie Europa die Gegensätze aufhebt.

Intellektuell muss der Versuch, das politische Europa unmittelbar aus der Geschichte heraus zu deuten, als gescheitert gelten Die kulturelle Vielfalt übertrifft erkennbar das gemeinsame historische Fundament. Nicht die geteilte Vergangenheit bildet die Basis europäischer Zusammenarbeit, sondern die Verständigung auf verbindliche Verfahrensregelungen in der Zukunft.[57] Als „postmodern" könnte man eine solche Herangehensweise bezeichnen oder als „institutionalistisch", weil der Macht der Institutionen ein Sieg über die Last der Vergangenheit zugetraut wird. Wenn es ein verbindendes Fundament gibt, dann ist es die Distanzierung gegenüber der Erfahrung totalitärer Staatlichkeit.[58] Freilich bleiben die Erinnerungen noch unverbunden, sind die Täter- und Opfergeschichten noch nicht zu einem europäischen Narrativ vereinigt, legen gerade die Deutschen „bei der Wahrnehmung der verwickelten Repressionsgeschichte im europäischen Osten einen noch größeren Widerwillen an den Tag [...] als die anderen westlichen Gesellschaften". Im Westen wie im Osten wird es darauf ankommen, „den Erinnerungen und Erzählungen zuzuhören",[59] sich auf die Vielfalt der Wahrnehmungen einzulassen und gemeinsame Wertmaßstäbe im Dialog zu entwickeln. Immer häufiger publizieren rumänische Wissenschaftler in Englisch, Französisch und Deutsch. Und immer häufiger erhalten westliche Intellektuelle die Möglichkeit, ihre Publikationen in Rumänien zu veröffentlichen.

In alltagsrelevanter Sicht hat das Bild von Rumänien neue, überraschende Züge erhalten. Der westeuropäische Einzelhandel verkauft Waren mit englischer,

---

[56] Sterbling (1997b), 246-261.
[57] Das ist der Grundgedanke der „Kopenhagener Kriterien", die die Beitrittsländer erfüllen müssen.
[58] Heinen (2006), 209-227.
[59] König (2008), 652.

französischer und rumänischer Produktbeschreibung. Die deutschen und die rumänischen Konsumenten essen demnach dasselbe und lesen hierzu dieselben Informationen. Wenn Continental und Nokia Markenerzeugnisse in Rumänien herstellen, dann verändert auch dies die Wahrnehmung des Landes, da der Sachverhalt nicht in das Bild vom „chaotischen Balkan" einzufügen ist. Auf den in Piteşti und Mioveni hergestellten Dacia Logan erwirbt der deutsche Käufer bis zu fünf Jahre Garantie. Zugleich erfahren die Leser breiter Publikumszeitschriften, dass Rumänien sich auf dem internationalen Korruptionsindex von Platz 87 im Jahr 2004 auf Platz 69 im Jahr 2007 verbessert habe, Deutschland jedoch Platz 15 nicht halten konnte.[60] Zwischen dem „balkanischen" Rumänien und dem „sittenverlorenen" Deutschland scheint die Distanz gar nicht mehr so groß.

Trotz aller Widrigkeiten, den Übertreibungen, der Skandalisierung von Politik, hat die intellektuelle Debatte in Rumänien mit der Suche nach einer realistischen Beschreibung für das Land begonnen. Dass die Gebildeten bislang keine konsensfähigen Antworten zu geben vermögen, haben sie mit der gesamteuropäischen Diskussion gemein.

Alltagsgeschichtlich sammeln junge Rumänen derzeit ihre eigenen Erfahrungen mit Europa, lernen Sprachen, studieren im Ausland oder schauen regelmäßig Fernsehen, das die westliche Bilderflut längst übernommen hat.

Ramona Samson hat von einer doppelten Synchronität gesprochen und in dieser Begrifflichkeit eine breit angelegte soziologische Diskussion gebündelt: Europa und Rumänien, so führt sie aus, unterlägen demselben Prozess der Transition, seien denselben Veränderungen ausgesetzt, denn Europa insgesamt und nicht nur die neuen Mitgliedsstaaten müssten sich im Übergang zu postnationalen und postwestlichen Strukturen behaupten und Antworten finden, wie sie mit kultureller Vielfalt und multiplen Modernitäten umgehen wollen.[61] Die Europäische Union verändere sich durch die Aufnahme Rumäniens. Und Rumänien wandle sich durch den Beitritt zur EU.

Die kulturelle Integration Rumäniens in Europa ist insofern ein Vorhaben für die Zukunft, dessen Gelingen in der Offenheit der Gegenwart und in den gemeinsamen Problemen des Jetzt begründet ist. Gesellschaftliche Verzahnung in einer Welt, die keine klaren Grenzen mehr kennt und deren soziale Strukturen der Moderne (Familie, Milieus, Nationalstaat) überlagert sind von transethnischen und transnationalen Netzwerken, lässt einen Raum entstehen, in dem Bilder des nationalen Anderen nur noch eine abgeschwächte Relevanz haben.

---

[60] Vgl. die entsprechenden tabellarischen Übersichten bei Transparency International: www.transparen cy.de und www.transparency.org.
[61] Samson (2006).

Literatur

Adamson, Kevin David (2004): Socialism, Revolution, and Transition. The Ideological Construction of the Romanian Post-Communist Order. Colchester: Dissertation University of Essex

Antohi, Sorin (1997a): Exerciţiul distanţei. Discursuri, societăţi, metode. Bukarest: Nemira

Antohi, Sorin (1997b): Românii în anii '90: Geografie simbolică şi identitate socială. In: Antohi (1997a): 292-316

Antohi, Sorin (2002): Romania and the Balkans. From Geocultural Bovarism to Ethnic Ontology. In: Tr@nsit online 21. 2002. www.iwm.at/index.php?option=com_content&task=view&id=235&Itemid=411

Baga, Eniko/Tatur, Melanie (1997): Rumäniens Sonderweg in Mitteleuropa. Ein Beitrag zu den zivilgesellschaftlichen Ressourcen der Transformation in Mitteleuropa. In: Comparativ 4. 1997. 114-135

Chroust, Peter (2006): Wo liegt Rumänien? Eine Erkundung zwischen Balkanismus, Rumänismus und Okzidentalismus. In: Halbjahresschrift für südosteuropäische Geschichte, Literatur und Politik 18. 2006. 70-85

Deletant, Dennis (1997): România sub regimul communist. Bukarest: Editura Fundaţiei Academia Civică

Durandin, Catherine (1998): Istoria Românilor. Iaşi: Institutul European

Gilberg, Trond (1990): Nationalism and Communism in Romania. The Rise and Fall of Ceausescu's Personal Dictatorship. Boulder: Westview Press

Gregori, Ilina/Schaser, Angela (Hrsg.) (1993): Rumänien im Umbruch. Chancen und Probleme der europäischen Integration. Bochum: Winkler

Guha, Amalendu B. (1974): Rumania as a Development Model. In: Journal of Peace Research 11. 1974. 297-323

Heinen, Armin (2003): Der Tod des Diktators und die Gegenwart der Vergangenheit. Rumänien 1989-2003. In: Leviathan. Zeitschrift für Sozialwissenschaft 31. 2003. 168-184

Heinen, Armin (2006): Das „neue Europa" und das „alte Amerika". Die Geschichte der Todesstrafe in Deutschland, Frankreich und den USA und die Erfindung der zivilisatorischen Tradition Europas. In: Metzger/Kaelble (2006): 209-227

Heinen, Armin (2006/2007): Stalinizarea României. Istoria minorităţilor naţionale şi logica argumentelor între anii 1944-1947. In: Anuarul Institutului de Istorie „A.D. Xenopol" 43/44. 2006/2007. 509-518

Henkel, Jürgen (2004): „Ist der Ruf erst ruiniert …". Das Rumänienbild in deutschsprachigen Medien nach 1989. In: Südosteuropa Mitteilungen 44. 2004. 101-105

Kaelble, Hartmut (2001a): Europäer über Europa. Frankfurt/Main: Campus

Kaelble, Hartmut (2001b): Die gesellschaftliche Seite des europäischen Modells der transnationalen Integration. In: The 21st Century Forum: The European Integration and Japan: The Bulletin of Yokohama City University 52(2). 2001. 88-106

Kaelble, Hartmut (2007): Sozialgeschichte Europas. 1945 bis zur Gegenwart. München: Beck

Kaelble, Hartmut/Schriewer, Jürgen (Hrsg.) (1999): Diskurse und Entwicklungspfade. Der Gesellschaftsvergleich in den Geschichts- und Sozialwissenschaften. Frankfurt/Main: Campus

King, Robert R. (1980): A History of the Romanian Communist Party. Stanford: Hoover Institution Press

Kissau, Kathrin (2006): Ceauşescu, Dracula und Waisenhäuser? Einblicke in das Image Rumäniens in Deutschland. In: Südosteuropa-Mitteilungen 46. 2006. 44-55

König, Helmut (2008): Politik und Gedächtnis. Weilerswist: Velbrück

Lackó, Miklós (1969): Arrow-Cross Men, National Socialists, 1935-1944. Budapest: Akadémiai Kiadó

Lackó, Miklós (1973): Ostmitteleuropäischer Faschismus. In: Vierteljahreshefte für Zeitgeschichte 21. 1973. 39-51

Lackó, Miklós (1980): The Social Roots of Hungarian Fascism. The Arrow-Cross. In: Larsen et al. (1980): 395-400

Larsen, Stein Ugelvik et al. (Hrsg.) (1980): Who Were the Fascists. Bergen: Universitetsforlaget

Liiceanu, Gabriel (1993): Was bedeutet es, in der Nachkriegszeit im Osten Europäer zu sein? In: Gregori/Schaser (1993): 109-115

Loth, Wilfried (2001): Beiträge der Geschichtswissenschaft zur Deutung der Europäischen Integration. In: Loth/Wessels (2001): 87-106

Loth, Wilfried/Wessels, Wolfgang (Hrsg.) (2001): Theorien europäischer Integration. Opladen: Leske & Budrich

Löwenthal, Richard (1985): Die Gemeinsamkeiten des geteilten Europa. In: Weidenfeld (1985): 43-65

Maner, Hans-Christian (2003): Multiple Identitäten. Der Blick des orthodoxen Südosteuropa auf „Europa". www.zei.de/download/zei_dp/dp_c125_maner.pdf

Marcussen, Martin/Roscher, Klaus (2000): Europe. Life-Cycles of Nation-State Identities in France, Germany and Great Britain. In: Stråth (2000): 325-357

Marga, Andrei (2006): Identitätsbildung und politische Kultur in Osteuropa – methodische Aufgaben. In: Mosser (2006): 57-78

Metzger, Chantal/Kaelble, Hartmut (Hrsg.) (2006): Deutschland – Frankreich – Nordamerika. Transfers, Imaginationen, Beziehungen. Stuttgart: Steiner

Mosser, Alois (Hrsg.) (2006): Politische Kultur in Südosteuropa. Identitäten, Loyalitäten, Solidaritäten. Frankfurt/Main: Lang

Roper, Steven D. (2000): Romania. The Unfinished Revolution. Amsterdam: Harwood Academic

Samson, Ramona (2006): The Cultural Integration Model and European Transformation. The Case of Romania. Kopenhagen: Diss.

Saurer, Andreas (2003): Modernisierung und Tradition. Das rumänische Dorf, 1918-1989. St. Augustin: Gardez-Verlag

Schlumberger, Jörg A./Segl, Peter (Hrsg.) (1994): Europa – aber was ist es? Aspekte seiner Identität in interdisziplinärer Sicht. Köln: Böhlau

Schmidt-Gernig, Alexander (1999): Gibt es eine „europäische Identität"? Konzeptionelle Überlegungen zum Zusammenhang transnationaler Erfahrungsräume, kollektiver Identitäten und öffentlicher Diskurse in Westeuropa seit dem Zweiten Weltkrieg. In: Kaelble/Schriewer (1999): 163-216

Schwertfeger, Richard (1958): Rumänien – vergessene Volksdemokratie. In: Gewerkschaftliche Monatshefte 5. 1958. 292-299

Segl, Peter (1994): Europas Grundlegung im Mittelalter. In: Schlumberger/Segl (1994): 21-43

Shafir, Michael (1985): Romania. Politics, Economics and Society. London: Pinter

Sterbling, Anton (1997a): Kontinuität und Wandel in Rumänien und Südosteuropa. München: Südostdeutsches Kulturwerk

Sterbling, Anton (1997b): Soziale Anerkennungsbedürfnisse und Autoritätsbeziehungen. Eliten und Konfliktpotentiale in südosteuropäischen Gesellschaften. In: Sterbling (1997a): 246-261

Stråth, Bo (Hrsg.) (2000): Europe and the Other and Europe as the Other. Brüssel: Lang

Therborn, Göran (2000): Die Gesellschaften Europas, 1945-2000. Ein soziologischer Vergleich. Frankfurt/Main: Campus

Todorova, Maria (1999): Die Erfindung des Balkans. Europas bequemes Vorurteil. Darmstadt: Wissenschaftliche Buchgesellschaft

Verdery, Katherine (1995): National Ideology Under Socialism. Identity and Cultural Politics in Ceauşescu's Romania. Berkeley: University of California Press

Verdery, Katherine (2004): Dialogic Collectivization. Rich Peasants, and Unreliable Cadres in the Romanian Countryside, 1948-1959. Vortrag am Russian and East European Research Center, Harvard University. http://web.gc.cuny.edu/Anthropology/docs/ChiaburiEng9-6-03.doc

Weidenfeld, Werner (Hrsg.) (1985): Die Identität Europas. Bonn: Bundeszentrale für politische Bildung

Europa und die Eliten

Ein Europa der „Hintergründigen". Antikommunistische christliche Organisationen, konservative Elitenzirkel und private Außenpolitik in Westeuropa nach dem Zweiten Weltkrieg

Johannes Großmann

Unter dem Titel „Ein Zentrum der ‚Hintergründigen'" publizierte das *Hamburger Echo* im Juni 1963 einen Bericht über die Jahrestagung einer Organisation mit dem ebenso nichtssagenden wie irreführenden Namen *Centre Européen de Documentation et Information* (CEDI). Die Organisation, deren Mitglieder in Spanien zusammengekommen waren, sei letzten Endes nichts anderes als eine „Mischung von ‚guter Gesellschaft' des Fin de siècle und politischen Avantgardisten von gestern und vorgestern". Jedoch, so der Autor des Artikels, genüge „ein Blick auf die Namenslisten der einzelnen CEDI-Landeskomitees, um sich zu überzeugen, dass diese Organisation ausgezeichnete Beziehungen zu Regierungen, Heeresleitungen, Finanz, Wirtschaft und Universität hat. Bieten die Jahreskongresse das Bild eines eher harmlosen und langweiligen Debattierklubs, so lässt es sich gut vorstellen, dass die der Öffentlichkeit abgewandte Tätigkeit des CEDI alles andere denn wirkungslos ist. Das ‚Dokumentationszentrum' dürfte heute wohl eine bloße Interessensvereinigung sein; man kann sich aber gut eine Situation denken, in der es zur machtvollen Pressionsgruppe wird".[1]

Die Spekulationen des *Hamburger Echo* verdeutlichen ein grundlegendes Dilemma von Journalisten und Wissenschaftlern, wenn es um die Analyse und Bewertung transnationaler Beziehungen geht: Was sind die Motivationen und Absichten privater außenpolitischer Akteure und wie groß ist ihr Einfluss auf politische, wirtschaftliche und gesellschaftliche Entscheidungsprozesse? Je bedeutender die Namen der Akteure erscheinen, je weniger sie ihre Absichten präzisieren und je weniger konkrete Ergebnisse ihres Handelns erkennbar sind, umso mehr neigen Außenstehende zu verschwörungstheoretischen Mutmaßungen. Der vorliegende Beitrag hat mehrere Organisationen und Elitenzirkel aus dem christlich-konservativen, antikommunistischen Milieu Westeuropas zum Thema, die sich –

---

[1] „Ein Zentrum der ‚Hintergründigen'. Adelsthing oder doch internationale Pressionsgruppe?" In: Hamburger Echo, 20. Juni 1963.

teils mehr teils weniger – alle im Laufe ihrer Entwicklung mit dem Vorwurf konspirativer Tätigkeit konfrontiert sahen. Mithilfe einer quellengestützten Analyse sollen einerseits wissenschaftlich verlässliche Informationen über das Wirken dieser Einrichtungen gesammelt, andererseits ein Beitrag zur Analyse nichtstaatlicher, transnationaler Organisations- und Kommunikationsstrukturen im Westeuropa der Nachkriegszeit geleistet werden.[2]

Ein erster Schritt besteht darin, möglichst genaue und zuverlässige Auskünfte über Aufbau, Mitglieder und Arbeitsweise der unterschiedlichen Gruppen zu sammeln. Wann und in welchem Kontext entstanden die Organisationen? Wie finanzierten sie sich? Wo und wie oft traten ihre Mitglieder zusammen? Was waren die Inhalte ihrer Arbeit, und verfolgten sie konkrete politische oder gesellschaftliche Ziele? Im Zentrum des Interesses steht zweitens die Wirkungsgeschichte. Nahmen diese Organisationen oder einzelne ihrer Mitglieder Einfluss auf staatliche oder zwischenstaatliche Entscheidungsprozesse? Unterhielten sie Kontakte zu Regierungen, Behörden oder internationalen Institutionen? Drittens geht es um die ideengeschichtliche Verortung der hier untersuchten Gruppierungen. Welche Position nahmen sie im Verhältnis zu anderen politischen und gesellschaftlichen Strömungen ein? Wie und in Reaktion auf welche Ereignisse und Entwicklungen veränderten sich Einstellungen und Werte der betroffenen Personengruppen? Worin liegt rückblickend ihre historische Bedeutung und welchen Beitrag leisteten sie zu einer kulturellen Integration Europas?

1   Das Internationale Comité zur Verteidigung der Christlichen Kultur

Die Anfänge der hier analysierten Organisations- und Kommunikationsstrukturen im konservativen Milieu Westeuropas reichen bis in die unmittelbare Nachkriegszeit zurück. Anders als von vielen erhofft, hatte der Sieg über das nationalsozialistische Deutschland keine unmittelbare Überwindung der ideologischen Gegensätze in Europa zur Folge gehabt. Vielmehr zeichnete sich angesichts des Vorgehens der Roten Armee in Ostmitteleuropa eine neuerliche konfliktreiche Spaltung ab. Der griechische Bürgerkrieg, die Durchsetzung sowjetischer Interessen in Polen, Ungarn, Rumänien und Bulgarien, spätestens aber die einem Staatsstreich gleichkommende alleinige Machtübernahme der Kommunisten in Prag ließen keine Zweifel daran, dass Stalin bereit war, seine neue Machtsphäre mit allen Mitteln zu konsolidieren und auszubauen. So gründete sich der breite Zuspruch, den der Ge-

---

[2] Der Autor arbeitet derzeit an einem Promotionsprojekt über die Formen privater außenpolitischer Kommunikation im konservativen Milieu Westeuropas nach dem Zweiten Weltkrieg. Der vorliegende Beitrag ist gleichzeitig eine erste inhaltliche Skizze dieses Dissertationsvorhabens.

danke einer europäischen Einigung während der Nachkriegsjahre in Westeuropa erhielt, nicht zuletzt auch auf die Einsicht, dass man nur gemeinsam gegen die sowjetische Bedrohung bestehen konnte.

Für die katholische Kirche waren diese Entwicklungen mit einem kaum erhofften Autoritätszuwachs verbunden, der einerseits auf ihre vermeintliche moralische Integrität während der Zeit der nationalsozialistischen Gewaltherrschaft zurückging, sich andererseits aus ihrem offensiven Auftreten gegen die „atheistischen" kommunistischen Machthaber und ihrer symbolischen Bedeutung für die Einheit Europas speiste. So hatte die Idee eines katholisch geprägten, „vatikanischen" Europas sowohl unter kirchlichen Würdenträgern als auch unter Laien viele Anhänger.[3] In diesen Zusammenhang fiel 1948 auch die Gründung des *Comité International de Défense de la Civilisation Chrétienne*. Seine Initiatoren waren Paul Lesourd, Professor am Institut Catholique de Paris, und Paul van Zeeland, der in den dreißiger Jahren belgischer Ministerpräsident gewesen war und von 1949 bis 1955 das Amt des belgischen Außenministers bekleiden sollte.[4]

Das *Internationale Comité zur Verteidigung der Christlichen Kultur*, so der spätere deutsche Name der Organisation, sah sich als Speerspitze des christlichen Europas gegen die kommunistische Aggression. Im Sinne einer „christlichen Kominform" wollte man über Radiosendungen, bereits existierende und neu zu gründende Presseorgane, durch Broschüren, Traktate und Aushänge sowie durch Konferenzen und Versammlungen gleichermaßen auf die Eliten und auf die Öffentlichkeit Westeuropas einwirken. So sollte ein weit verzweigtes Propagandanetzwerk mit strenger hierarchischer Gliederung bis hinunter auf die Ebene kleinerer Ortschaften geschaffen und den staatlichen Instanzen zur Seite gestellt werden: „À côté de l'action du Gouvernements qui établissent des accords militaires et économiques sur le plan international, nous devons poursuivre notre action propre qui tendra à établir des accords en vue d'une propagande commune pour donner une âme, des buts précis, des objectifs élevés à toute cette population que menace l'ennemi même de la civilisation".[5]

---

[3] Vgl. Chenaux (1990).

[4] Lesourd, der der *Action catholique* nahestand und enge Kontakte in den Vatikan unterhielt, hatte bereits im März 1947 ein *Centre Catholique International de Documentation et Statistiques* gegründet, das wohl später im *Comité International* aufging; vgl. „Centre Catholique International de Documentation et Statistiques. Document II: Notice" (o.D.). In: Archivo del Ministerio de Asuntos Exteriores, Madrid (im Folgenden AMAE Madrid) R 3035/138. Zu Van Zeeland, der sich außerdem in einer Vielzahl weiterer christlicher und antikommunistischer Europaorganisationen betätigte, vgl. Dujardin/Dumoulin (1997), insbesondere 156–159. Zur Geschichte des *Comité International* gibt es bisher kaum wissenschaftliche Literatur; vgl. lediglich einzelne Hinweise aus einer spanisch-deutschen Perspektive in: Sanz Diaz (2005), 450-457.

[5] „Programme d'action" (o.D.). In: AMAE Madrid R 3035/138.

Die Statuten sahen eine internationale Organisation nach belgischem Recht mit Sitz in Brüssel vor.[6] Letztlich blieben jedoch die nationalen Sektionen die eigentlichen Träger des *Internationalen Comité*. Diese gab es nach eigener Auskunft anfänglich in Belgien, Brasilien, Frankreich, Griechenland, Großbritannien, Kanada, den Niederlanden, Portugal, Spanien und sogar in Togo. Dazu kamen *Comités*, die von prominenten Vertriebenen aus den kommunistisch regierten Ländern geleitet wurden, namentlich aus Albanien, Litauen, Ungarn und der Slowakei. Die mit Abstand stärksten Sektionen kamen in den Anfangsjahren aus Belgien und Frankreich. Unter ihnen befanden sich so namhafte Persönlichkeiten wie der ehemalige belgische Premierminister Henri Carton de Wiart, Pierre Harmel, damals noch Vizepräsident des belgischen Parlaments und später ebenfalls Premierminister, der einflussreiche belgische Senator Pierre Nothomb, Prinz Xavier de Bourbon, Paul Claudel, Edmond Michelet und General Weygand.[7]

Die deutsche Sektion des *Internationalen Comité* wurde zwar erst Anfang der fünfziger Jahre gegründet, übernahm jedoch unter der Präsidentschaft von Hermann Pünder, ehemaliger Oberdirektor des bizonalen Wirtschaftsrates, schon bald eine Führungsrolle: „Dank dem sprichwörtlichen deutschen Sinn für Organisation und Ordnung war schon bald unsere Sektion und ihr Sekretariat Musterbeispiel für viele andere".[8] Da der Elan des *Comité International* in Belgien und Frankreich bereits Anfang der fünfziger Jahre weitgehend verflogen war, nahm die deutsche Sektion über die Pariser Botschaft im Februar 1957 Kontakt mit einer Gruppe um den früheren französischen Ministerpräsidenten Antoine Pinay auf, wovon man sich eine „Aktivierung der internationalen Zusammenarbeit" erhoffte.[9] Faktisch lief dieses Vorgehen auf eine Neugründung der französischen Sektion und eine Ausschaltung der bisherigen Leitung um Paul Lesourd hinaus.[10] Das *Internationale Comité*, deren neuer Präsident mit Hermann Lindrath nun auch ein Deutscher wurde, sollte von da an einen zusehends interkonfessionellen Charakter annehmen.

Die deutsche Sektion selbst entwickelte sich zu einer effizienten antikommunistischen Propagandaorganisation. Sie publizierte periodische Druckschriften wie

---

[6] Vgl. „Statuts", ibid.

[7] Vgl. „Quelques Comités Nationaux", ibid.

[8] Pünder (1968), 528f. Zu den prominentesten deutschen Mitgliedern zählten außerdem Hermann Lindrath, von 1957 bis zu seinem Tode im Jahr 1960 Bundesminister für den wirtschaftlichen Besitz des Bundes, sowie die Bundestagsabgeordneten Friedrich Holzapfel und Friedrich Willeke.

[9] Rudolf Junges an Josef Jansen, deutscher Gesandter in Paris, 6. Februar 1957. In: Politisches Archiv des Auswärtigen Amtes, Berlin (im Folgenden PAAA) B 5/4; vgl. auch den Bericht von Arthur Ruppert und Georg Jäschke an das Auswärtige Amt über das Treffen mit besagter französischer Gruppe, 21. März 1957, ibid.

[10] Das Auswärtige Amt unterstützte diese Entwicklung wohlwollend; vgl. Junges an Georg Federer, 26. März 1957, ibid.

die monatlich erscheinende und in mehrere Sprachen übersetzte Zeitschrift *IC-Information*, die kostenlos an Unternehmen, Ministerien, Botschaften und weitere öffentliche Einrichtungen verteilt wurde, und veranstaltete Schulungen für Betriebe und Gewerkschaften, um vor den Gefahren einer kommunistischen Unterwanderung zu warnen.[11] Große mediale Resonanz erntete das deutsche *Comité* außerdem mit der Ausstellung „Vier Jahrzehnte Kommunismus", die ab Februar 1959 über einen Zeitraum von mehreren Monaten hinweg in Zusammenarbeit mit mehreren Vertriebenenorganisationen in verschiedenen deutschen Städten gezeigt wurde.[12] Um auch auf Länderebene eine effiziente „Aufklärungsarbeit" betreiben zu können, richtete man so genannte „Landeskanzleien" ein, die teils ehrenamtlich, teils von bezahlten Mitarbeitern geleitet wurden.[13] Ein zweiter Schwerpunkt der Arbeit lag auf der Auslandspropaganda, die nach offizieller Darstellung die europäische Einigung fördern sollte, in der Realität aber vor allem dazu diente, im Ausland ein weitgehend eindimensionales Bild von den Hintergründen der deutschen Teilung zu vermitteln.[14]

Ohne staatliche Unterstützung wären diese Aktivitäten nicht möglich gewesen. Vermutlich aus dem vom Bundestag nicht kontrollierten „Reptilienfonds" des Bundeskanzleramtes, das die Arbeit des *Comité* als „wertvoll" einstufte,[15] erhielt die deutsche Sektion über das Bundespresseamt eine finanzielle Zuwendung, die 1957 bei monatlich knapp 1.500 DM lag.[16] Das Auswärtige Amt förderte die Auslandsarbeit seit dem Geschäftsjahr 1957 mit einer jährlichen Zuwendung von zunächst 10.000 DM,[17] die 1960 bereits auf 40.000 DM angestiegen war.[18] Den Großteil seiner Ausgaben bestritt das deutsche *Comité* aber wohl aus Mitteln des Bundesinnenministeriums.[19]

---

[11] Vgl. beispielsweise den von Jäschke gezeichneten Geschäftsbericht der deutschen Sektion für die Jahre 1954 bis 1957 (o.D.), ibid.

[12] Vgl. entsprechende Korrespondenz und Presseausschnitte in: PAAA B 5/36; Zentralverband Politischer Emigranten aus der UdSSR e.V. (1959).

[13] Vgl. die Auflistung der Landeskanzleien, Jäschke an Bundesaußenministerium, 22. März 1956, ibid.

[14] Vgl. z.B. den Bericht zur Auslandsarbeit im Jahr 1960, Pünder an Heinrich von Brentano, 14. Oktober 1960. In: PAAA B 5/37.

[15] Günther Abicht an Bundespresseamt, 9. Juli 1957. In: Bundesarchiv, Koblenz (im Folgenden BA Koblenz) B 136/4376. Adenauer ließ sich nach Ende seiner Kanzlerschaft sogar zum Ehrenpräsidenten des deutschen *Comité* ernennen.

[16] Vgl. Zöller (Bundespresseamt) an Abicht, 16. Juli 1957, ibid.

[17] Vgl. Aufzeichnung über „Finanzielle Beihilfe für die Deutsche Sektion des Internationalen Comités" (o.D.), mit Sichtvermerk von Wilhelm Grewe in Vertretung des Staatssekretärs und des Bundesministers vom 29. Dezember 1957. In: PAAA B 5/4.

[18] Vgl. Jäschke an Auswärtiges Amt, 11. Januar 1960. In: PAAA B 5/37.

[19] Vgl. „Ordentlicher Haushaltsplan für 1956 der Deutschen Sektion", 26. November 1956. In: PAAA B 5/4; demnach leistete das Innenministerium in diesem Jahr einen Beitrag von 49.000 DM; private Zuschüsse aus „Freundeskreisen" deckten mit 3.240 DM nur einen kleinen Teil der Ausgaben.

Das *Internationale Comité zur Verteidigung der Christlichen Kultur* war nicht die einzige private Propagandaorganisation, die finanzielle Unterstützung von der Bundesregierung erhielt. Was das *Comité* von anderen staatlich geförderten Einrichtungen wie der *Kampfgruppe gegen Unmenschlichkeit*, dem *Untersuchungsausschuss freiheitlicher Juristen* oder dem *Kuratorium unteilbares Deutschland* unterschied, war die in erster Linie christliche Begründung seines Engagements und vor allem die Zusammenarbeit mit ausländischen Partnern im Rahmen einer internationalen Organisationsstruktur. In dieser Hinsicht war die deutsche Sektion des *Comité International* wohl lediglich mit dem *Volksbund für Frieden und Freiheit* (VFF) vergleichbar, der sich Anfang der fünfziger Jahre unter seinem Präsidenten Fritz Cramer als deutsche Vertretung des in Frankreich gegründeten *Comité Paix et Liberté* etabliert hatte.[20]

Für die Bundesregierung erschien die meist geheime Förderung dieser Organisationen aus mehreren Gründen sinnvoll. Einerseits musste sie sich nicht selbst die Hände mit antikommunistischer Basisarbeit beschmutzen, andererseits konnte man auf diese Weise unangenehme Nachfragen und drohende Vergleiche mit der nationalsozialistischen Propaganda geschickt umgehen. Denn in den genannten Gruppen betätigten sich auffällig viele ehemalige Mitarbeiter nationalsozialistischer Behörden, die ihre propagandistische Arbeit in nur unwesentlich abgewandelter Form fortführten.[21] Zweitens versprach die Nutzung privater und ehrenamtlicher Ressourcen mehr Überzeugungskraft und eine größere Breitenwirkung als offizielle staatliche Kampagnen. Schließlich bot die finanzielle Abhängigkeit dieser Organisationen hervorragende Kontroll- und Lenkungsmöglichkeiten, um konservative und radikale Strömungen in das politische System und den gesellschaftlichen Meinungsbildungsprozess einzubinden und ihren Rückfall in antidemokratische Attitüden zu verhindern.

Im Zuge dieser „Auslagerung" antikommunistischer Propaganda durch Regierungsbehörden entwickelte sich ein symbiotisches Verhältnis, mit dessen Hilfe sich die staatlichen Instanzen weit reichende Eingriffsrechte sichern und durch die die betroffenen Organisationen ihre Interessen durch wohlwollende Fürsprecher in den zuständigen Bundesministerien geltend machen konnten. So saß im Deutschlandreferat des Auswärtigen Amtes mit Rudolf Junges ein Gründungsmitglied des deutschen *Comité*.[22] Er stand vehement und unverhohlen für die Belange des *Comité* ein, spielte ihm Gelder zu und vermittelte Kontakte ins Ausland. Außerdem

---

[20] Zu den Verbindungen des VFF mit *Paix et Liberté* vgl. Ludwig (2003), 33-42.

[21] Für das besonders auffällige Beispiel des VFF vgl. Friedel (2001).

[22] Vgl. „Propaganda Anticomunista en Alemania Occidental", Vermerk der spanischen Botschaft in Bonn für den Außenminister, 25. Juni 1952. In: AMAE Madrid 2679/11. Junges hatte von 1949 bis 1953 den Nachrichtendienst der CDU geleitet. Von 1953 bis zu seiner Abberufung an das Auswärtige Amt im März 1956 war er Pressereferent der deutschen Botschaft in Madrid.

nahmen Mitarbeiter der Ministerien regelmäßig an Veranstaltungen des *Comités* teil, wodurch dessen Arbeit gleichermaßen gewürdigt und überwacht werden konnte.

Im Werben um die Gunst staatlicher Stellen kam es nicht selten zu Rivalitäten zwischen den geförderten Organisationen. Als größter Konkurrent für das *Internationale Comité* erwies sich dabei der bereits genannte *Volksbund für Frieden und Freiheit*, der für seine Aktivitäten im Rahmen von *Paix et Liberté* – 1956 aus Gründen der Tarnung umbenannt in *Comité International d'Action Sociale* (CIAS) – ebenfalls vom Auswärtigen Amt gefördert wurde.[23] In der Tat ähnelten sich Aufgabenfelder und Methoden beider Organisationen stark, die außerdem personell eng miteinander verbunden waren. So hatte Van Zeeland außer seiner Präsidentschaft im *Internationalen Comité* auch noch den Ehrenvorsitz des CIAS übernommen. Der erste Sekretär des *Volksbundes*, Arthur Ruppert, war auch Gründungsmitglied des deutschen *Comités* gewesen, für das er dann wiederum seit Mitte der fünfziger Jahre als Geschäftsführer und späterer Vizepräsident tätig sein sollte. Gleiches galt für Georg Jäschke, der vor seiner Tätigkeit als Generalsekretär des deutschen *Comités* für den *Volksbund* gearbeitet hatte. Trotzdem oder gerade deswegen entwickelten sich häufig Konflikte zwischen beiden Organisationen, in die auch die staatlichen Unterstützer verwickelt wurden.

So beschwerte sich 1964 ein Mitarbeiter des *Volksbundes* über das *Internationale Comité*: „Man ist immer wieder erstaunt, wenn diese Organisation sich anbietet wie sauer Bier. Sie machen alles umsonst und scheinen über erhebliche Mittel zu verfügen. Wir dagegen müssen um jeden Pfennig betteln und gewärtig sein, dass auch wirklich gute Vorhaben abgelehnt werden. Es sollte wirklich einmal eine Überprüfung dieser Organisation erfolgen".[24] Tatsächlich reichte Fritz Cramer als Präsident des *Volksbundes* bei seinem wichtigsten Geldgeber, dem Bundesministerium für gesamtdeutsche Fragen, eine Beschwerde ein, die beinahe zu einer Einstellung jeglicher Fördermittel für das deutsche *Comité* geführt hätte. So bemerkte der Vertreter des Innenministeriums im Rahmen der eigens für die Förderung antikommunistischer Propagandaorganisationen anberaumten Koordinationsbesprechungen, „das BMI wäre froh einen Anlass zu haben, um sich vom Komitee distanzieren zu können". Von Seiten des Verteidigungsministeriums hieß es, „das Komitee sei bei 1953 stehengeblieben". Der Vertreter des Auswärtigen Amtes verwies auf „die nicht

---

[23] Vgl. Vermerk über „Politische Gesellschaften und Verbände, die bisher von Referat 991 verwaltete Zuwendungen des Auswärtigen Amtes erhalten haben", 5. Januar 1962. In: PAAA B 5/36; demzufolge erhielt der VFF im Jahr 1961 eine Zuwendung von 44.000 DM und damit 4.000 DM mehr als das deutsche *Comité*.

[24] Walter Schwedow an Cramer, 30. September 1964. In: BA Koblenz B 137/5986.

unproblematischen Kontakte zu spanischen Stellen und vermutlich indirekt zu rechtsextremistischen Kreisen in den USA".[25]

Beziehungen zu Spanien hatte das *Comité International* seit seiner Gründung unterhalten. Die streng katholische und antikommunistische Ausrichtung des Franco-Regimes bot vielerlei Anknüpfungspunkte, so dass die Gründer des *Comité* anfänglich sogar mit dem Gedanken gespielt hatten, ihren Verwaltungssitz teilweise oder ganz nach Madrid zu verlegen.[26] Dass man von diesen Ideen wieder Abstand nahm, lag wohl einerseits an der 1949 noch kaum gelockerten internationalen Isolation Spaniens, andererseits an der eher zurückhalten Reaktion der spanischen Behörden. Eine einflussreiche und schlagkräftige spanische Sektion entstand daher erst gegen Ende der fünfziger Jahre auf Initiative von José Solis Ruiz, der als Vorsitzender der spanischen Einheitsgewerkschaft und Generalsekretär der Falange mit Ministerrang über eine beträchtliche Hausmacht innerhalb des Regimes verfügte.[27]

Den Kontakt zu Solis Ruiz hatten wiederum Mitarbeiter von Antoine Pinay geknüpft. Die Verbindungen liefen dabei über einen französischen Rechtsanwalt namens Jean Violet und den Syndikatsattaché der spanischen Botschaft in Madrid, José Sanz Catalán. Damit nutzte das *Internationale Comité* eine Einrichtung, die auf eine Besonderheit der spanischen Regimestruktur zurückging. Diese erlaubte es der Einheitsgewerkschaft, eine eigene Verbindungsstelle für Kontakte ins Ausland zu unterhalten und Attachés an spanische Botschaften zu entsenden, die dort weitgehend selbstständig und unabhängig agieren konnten. Ihr vorrangiges Ziel war die Herstellung dauerhafter Kontakte mit ausländischen Gewerkschaften und eine Aufnahme Spaniens in die verschiedenen internationalen Gewerkschaftsorganisationen.[28]

Solis Ruiz, der inzwischen Vizepräsident des *Comité International* geworden war, nutzte seine neuen Beziehungen für eine intensive Reisediplomatie, mit deren Hilfe er sich insbesondere in der Bundesrepublik als künftiger starker Mann des Franco-Regimes zu präsentieren wusste.[29] Die spanische Sektion begann nun nach und nach, das deutsche *Comité* aus seiner führenden Rolle zu verdrängen. Mit einem pompös inszenierten internationalen Kongress in Madrid unterstrich Solis im

---

[25] Alle Zitate aus: Entwurf eines Vermerks des Bundesministeriums für gesamtdeutsche Fragen über das *Internationale Comité*, 16. Dezember 1964, ibid.

[26] Vgl. „Centre Catholique International de Documentation et Statistiques. Document III: Organisation" (o.D.). In: AMAE Madrid R 3035/138.

[27] Zur Entwicklung der spanischen Sektion vgl. Sanz Diaz (2005), 452-457.

[28] Siehe Baeza Sanjuán (2000), insbesondere 141-149.

[29] Vgl. z.B. „Franco schickt seinen besten Mann. Madrid ist an der Bundesrepublik stark interessiert". In: Deutsche Zeitung und Wirtschafts-Zeitung, 18. Juni 1959.

Januar 1960 seine Ambitionen.[30] Knapp anderthalb Jahre später wurde er als Nachfolger des verstorbenen Hermann Lindrath zum internationalen Präsidenten des *Comités* bestimmt.

2 Das Centre Européen de Documentation et d'Information

Das *Comité International* war nur eine unter einer unüberschaubaren Zahl nichtstaatlicher Organisationen, die im Zeichen kriegsbedingten Neuaufbaus und spiritueller Erneuerung, des einsetzenden Kalten Krieges und der Anfänge der Europäischen Integration gegründet worden waren. Wie erwähnt gab es häufig enge personelle Überschneidungen zwischen diesen Gruppierungen. So saßen Anfang der fünfziger Jahre mit Hermann Pünder, Friedrich Holzapfel, Theodor Oberländer und Rudolf Junges gleich mehrere Mitglieder des *Internationalen Comité* im Kuratorium der *Abendländischen Akademie*. Die abendländische Bewegung, nach Kriegsende im Umfeld der Zeitschrift *Neues Abendland* entstanden, war rasch zu einem Sammelbecken verschiedener konservativer Strömungen geworden. Neben einigen Intellektuellen, die sich bereits während der Zwischenkriegszeit in Anlehnung an die kulturpessimistische Philosophie Oswald Spenglers zusammengefunden und politisch engagiert hatten, trafen hier vor allem konservative Mitglieder der Unionsparteien, teils prominente Vertreter des süddeutschen Adels, katholische, aber auch evangelische Geistliche, führende Mitglieder von Vertriebenenverbänden und politisch aktive Remigranten zusammen.[31]

Hatte das *Neue Abendland* anfänglich noch Distanz zur Tagespolitik gewahrt, so nahm die Zeitschrift seit Herbst 1947 eine eindeutig rechtskonservative Ausrichtung an. Im April 1951 wurde die Zeitschrift schließlich an Fürst Erich von Waldburg-Zeil verkauft, der sie gezielt zum publizistischen Forum seiner politischen Aktivitäten ausbaute. So kündigte der neue Herausgeber Gerhard Kroll an, nun „in die Phase der kämpferischen Auseinandersetzung" mit den bestehenden politischen und gesellschaftlichen Verhältnissen eintreten zu wollen.[32] Im August 1951 wurde eine *Abendländische Aktion* ins Leben gerufen, deren ideologisch-politisches Programm sich eng an ein gleichnamiges Manifest Krolls anlehnte.[33] Mit der Gründung einer *Abendländischen Akademie* im Frühjahr 1952 stellte Fürst Waldburg-

---

[30] Vgl. den Tagungsband der Sección Española del Comite Internacional de Defensa de la Civilización Cristiana (1960).

[31] Ausführlich hierzu und zum Folgenden vgl. Schildt (1999), 21-82; Conze (2005), 127-169; speziell zu den Verbindungen zwischen der deutschen politischen Emigration in Österreich und der abendländischen Bewegung siehe Seefried (2006), insbesondere 463-471.

[32] Kroll (1951a), 145.

[33] Vgl. Kroll (1951b).

Zeil dem konservativen Aktionismus Krolls ein anspruchsvolles Diskussionsforum für die theoretische Fundierung abendländischen Denkens zur Seite.

Die Mitglieder der *Abendländischen Akademie* plädierten für eine föderalistische und ständestaatliche Neuordnung Deutschlands und Europas im Geiste des christlichen Subsidiaritätsgedankens. Ihre strikt antikommunistische Einstellung wurzelte in einer spezifisch christlichen Totalitarismustheorie, die in Kommunismus und Nationalsozialismus zwei Erscheinungsformen einer letztlich gleich gearteten materiellen und antireligiösen Verblendung sah und die deshalb jegliche Form von massengestützter Herrschaft ablehnte. So stand die *Abendländische Akademie* auch der liberalen Demokratie westlicher Prägung zunächst sehr reserviert gegenüber, wobei antikapitalistische und antiamerikanische Untertöne kaum zu überhören waren. Entsprechende Äußerungen wurden der *Akademie* schließlich zum Verhängnis. Obwohl viele Mitglieder sich inzwischen reibungslos in das demokratische System der Bundesrepublik integriert hatten, entspann sich nach der Publikation eines *Spiegel*-Artikels im Sommer 1955 eine hitzige Diskussion über eine mögliche Verfassungsfeindlichkeit der Organisation.[34] Wenngleich ein entsprechendes Verfahren vor dem Bundesgerichtshof im September 1956 eingestellt wurde,[35] war die *Abendländische Akademie* als politisches Gremium fortan diskreditiert.

Anstatt sich ins Privatleben zurückzuziehen, suchten die in die innenpolitische Isolation gedrängten „Abendländler" nun ihr Heil auf europäischer Ebene. Als geeignete Partner boten sich Spanien und Portugal an, deren politische Systeme ganz den christlichen und ständestaatlichen Ordnungsvorstellungen der *Abendländischen Akademie* entsprachen. Bereits 1952 waren mehrere prominente Mitglieder der *Akademie* im spanischen Santander mit Konservativen aus verschiedenen europäischen Ländern zusammengetroffen. Unter der Bezeichnung *Centre Européen de Documentation et Information* (CEDI) hatten sie eine Organisation gegründet, die eine erste Front bilden sollte „contre les courants matérialistes qui menacent le patrimoine culturel et la base séculaire de la grandeur de notre continent".[36] In den ersten Jahren seines Bestehens genügte dem CEDI ein loser organisatorischer Rahmen, um einen reibungslosen Ablauf von Treffen und Kongressen zu ermöglichen – zumal

---

[34] Die missionäre Monarchie. In: Der Spiegel, 10. August 1955.

[35] Vgl. die Begründung des Oberbundesanwalts für die Ablehnung der Klage, 20. September 1956, beglaubigte Abschrift vom 4. Oktober 1956. In: Archiv für Christlich-Soziale Politik, München (im Folgenden ACSP) NL Richard Jaeger-D 74; das Dokument bietet außerdem einen guten Überblick zur Geschichte von *Abendländischer Aktion* und *Abendländischer Akademie*.

[36] Buts du CEDI, zitiert nach: Gaupp-Berghausen (1971), 51. Zur Geschichte des CEDI vgl. Conze (2005), 169-206; Conze verweist zwar darauf, dass der abendländischen Bewegung im Rahmen des CEDI „der Sprung in die ‚Neue Bundesrepublik' der sechziger und siebziger Jahre" gelungen sei (204), sie beschränkt sich im Rahmen ihrer Fragestellung jedoch weitgehend auf die deutschen Mitglieder des *Dokumentationszentrums* und verfolgt den organisatorischen und ideengeschichtlichen Wandlungsprozess lediglich bis Ende der sechziger Jahre.

die spanische Regierung ausreichende finanzielle Mittel und geeignete Räumlichkeiten bereitstellte.[37]

Das Interesse des Franco-Regimes am CEDI ging zunächst vor allem auf die problematische Stellung Spaniens in der europäischen Nachkriegsordnung zurück. Erst 1953, ein Jahr nach der Gründung des CEDI, markierten das Konkordat mit dem Vatikan und das Stützpunktabkommen mit den USA den Übergang von der Isolation zu einer zumindest partiellen Integration in das westliche Staaten- und Verteidigungssystem. Die aufwändigen Jahreskongresse des CEDI, abgehalten meist in der geschichtsträchtigen Schloss- und Klosteranlage des Escorial vor den Toren Madrids, hatten daher den Charakter einer „Substitutionsdiplomatie".[38] Entsprechend hochrangig besetzt war die spanische Sektion des *Dokumentationszentrums*. Mit dem damaligen spanischen Außenminister Alberto Martín Artajo, Erziehungsminister Joaquín Ruíz Giménez, Alfredo Sánchez Bella als Direktor des Hispanischen Kulturinstitutes und Manuel Fraga Iribarne brachten sich vor allem solche Politiker und Funktionäre ein, die dem nationalkonservativen Flügel des Regimes zuzuordnen waren.

Besonderen Wert legte man auf herzliche Beziehungen zu den deutschen Vertretern, die nach den Spaniern die größte Gruppe im CEDI stellten. Hans-Joachim von Merkatz, ab 1955 Bundesminister für Angelegenheiten des Bundesrates, Richard Jaeger, langjähriger Vizepräsident des Bundestages, und der Chefredakteur des *Rheinischen Merkur*, Otto B. Roegele, nahmen regelmäßig an den Tagungen des CEDI teil. Wie ein vertraulicher Bericht Jaegers an Bundeskanzler Adenauer über die Jahrestagung 1954 zeigt, nutzten sie das CEDI nicht nur für eine Intensivierung der deutsch-spanischen Beziehungen, sondern auch für die Kontaktpflege mit anderen westeuropäischen Ländern: „Im Rahmen dieser Tagung fanden einige nicht uninteressante Gespräche mit französischen Teilnehmern, vor allem Graf [François Aubry] de la Noë, der Bidault nahe stehen soll, General [Georges] Revers und Prof. [André] Tolédano statt. Die französischen Herren bemühten sich sehr, den übrigen Kongressteilnehmern zu erklären, dass mit der Abstimmung in Paris zwar die EVG erledigt sei, dass sich aber dieselben Resultate auf dem Wege über eine Koalitionsarmee erreichen ließen".[39] Außer in Spanien, Deutschland und Frankreich existierten weitere nationale Zentren in Belgien und Österreich, später auch in Großbritannien, Liechtenstein, Griechenland, der Schweiz, Schweden, Portugal und Finnland. Hatten diese Sektionen anfangs noch weitgehend selbstständig

---

[37] Den Jahreskongress des CEDI von 1953 subventionierte die spanische Regierung beispielsweise mit insgesamt 760.000 Peseten. Vgl. das Budget der Tagung in: AMAE Madrid R 4776/6.

[38] Aschmann (1999), insbesondere 425-435. Zur Rolle des CEDI in den deutsch-spanischen Beziehungen vgl. außerdem Sanz Diaz (2005), 434-450; Weber (1992), 205-268; Lehmann (2006), 65-75.

[39] Jaeger an Adenauer, 13. September 1954, persönlich und vertraulich. In: ACSP NL Jaeger-S 72.

agiert, so übernahmen sie nach der vereinsrechtlichen Konstituierung des CEDI im Herbst 1957[40] – anders als im *Internationalen Comité* – kaum mehr inhaltliche, sondern hauptsächlich formale Funktionen. So war das CEDI im Prinzip hierarchisch gegliedert, wobei ein internationaler Kreis eng befreundeter Politiker, Geschäftsmänner, Militärs und politisch interessierter Privatleute die Aktivitäten und Beschlüsse der Organisation bestimmte.

Die zentrale Persönlichkeit des *Dokumentationszentrums* war jedoch – zumindest in den Anfangsjahren – Otto von Habsburg, ältester Sohn des letzten Kaisers Karl I. von Österreich-Ungarn und Thronprätendent des untergegangenen Habsburgerreiches. Er war bereits in der *Abendländischen Akademie* ein gern gesehener Gast gewesen, was mit zu deren schweren Stand gegenüber der Presse beigetragen haben dürfte. Denn Otto von Habsburg, dem Anhänger wie Gegner eine hervorragende Kenntnis der Weltpolitik und einen scharfen analytischen Sinn bescheinigten, wurde von vielen als Inbegriff eines reaktionären und klerikalen Konservativen wahrgenommen, zumal er zum damaligen Zeitpunkt noch keinen offiziellen Verzicht auf den Thron der Donaumonarchie erklärt hatte.[41] Als eine der wichtigsten ausländischen Informationsquellen des Franco-Regimes genoss er in der spanischen Öffentlichkeit höchstes Ansehen.[42] Die Gründung des CEDI, dessen erster Präsident er wurde, ging ebenso auf seine Initiative zurück wie die Eröffnung einer königlich-ungarischen Gesandtschaft in Madrid und andere Zugeständnisse an die in Spanien ansässigen Flüchtlinge aus ehemaligen Ländern der Habsburgermonarchie.[43]

Neben Otto von Habsburg standen auf den Mitgliederlisten des CEDI so klangvolle Namen wie die der fürstlichen Häuser von Liechtenstein und Waldburg-Zeil. Gerade in der Frühphase des *Dokumentationszentrums* leisteten Verwandtschafts- und Abhängigkeitsverhältnisse innerhalb des süddeutschen, österreichischen und böhmischen Hochadels wichtige Dienste für Aufbau und Pflege eines zuverlässigen internationalen Kontaktnetzes. Dessen besonderer Wert lag darin begründet, dass es gerade auch die Länder umfasste, die nicht in den zwischenstaatlichen europäischen Integrationsprozess eingebunden waren. In der Tat

---

[40] Vgl. das Protokoll der Arbeitstagung des internationalen Präsidiums auf Schloss Zeil im Allgäu vom 18.-19. Oktober 1957. In: AMAE Madrid R 11055/10 sowie Archiv für Christlich-Demokratische Politik, Sankt Augustin (im Folgenden ACDP) I-148-131/03 (Nachlass Hans-Joachim von Merkatz).

[41] Zur Person Otto von Habsburgs vgl. die „autorisierte" Darstellung von Baier/Demmerle (2002), darin zum CEDI S. 239-241; aus der Feder eines spanischen Journalisten: Pérez Maura (1997), insbesondere 275-306; allgemein über das Haus Habsburg seit Ende des Ersten Weltkriegs siehe Stickler (2004), 397-444.

[42] Vgl. z.B. die Berichte Ottos und die Informationsschreiben von spanischen Behörden zu seiner Person in: AMAE Madrid R 3034/233. Nach Pérez Maura (1997), 282-290, wurde Otto von Habsburg sogar kurzzeitig als möglicher Kandidat für den spanischen Thron gehandelt.

[43] Vgl. dazu Eiroa (2000), insbesondere 108-113.

reichte das Interesse der adeligen Teilnehmer am CEDI über bloße Traditionspflege und Selbstvergewisserung hinaus, hatten sie doch in der Europapolitik ein Betätigungsfeld gefunden, das ihren persönlichen Erfahrungen, Vorstellungen und Möglichkeiten scheinbar besonders entgegenkam. Der geistige Horizont des Hochadels hatte sich – so zumindest die eigene Darstellung – schon immer mehr auf Europa als auf die Nation bezogen. Gesellschaftliche und finanzielle Unabhängigkeit, eine fundierte Bildung und Fremdsprachenkenntnis, politische Vision und die Neigung, kurzfristige Entwicklungen stets in einem breiteren historischen Zusammenhang zu sehen, prädestinierten die adeligen Mitglieder des CEDI, zur Diskussion über gemeinsame europäische Wurzeln und Werte beizutragen.

Anders als noch in der Zwischenkriegszeit bekannte sich der im CEDI vertretene Hochadel von Anfang an zu einer konstruktiven politischen Zusammenarbeit mit nicht-adeligen Vertretern aus unterschiedlichen Gesellschaftsbereichen. So reichte auch ein Adelstitel allein nicht aus, um Mitglied des CEDI zu werden. Entscheidende Aufnahmekriterien waren vielmehr ein klares Bekenntnis zu konservativen Ordnungsbildern, ein hohes intellektuelles Niveau und Interesse für das weltpolitische Geschehen. Den Zusammenhalt der Gruppe sicherten gemeinsame christliche Wertvorstellungen und eine entschiedene Ablehnung des Kommunismus, die jedoch – anders als beim *Internationalen Comité* – nur sehr selten in konkreten Aktivismus mündete. Der so entstandene Personenkreis ermöglichte den adeligen Mitgliedern, in exklusivem Rahmen am politischen Leben teilzunehmen und sich weiterhin als Teil einer europäischen Elite zu fühlen.[44]

In den Anfangsjahren gaben die spanischen und deutschen Mitglieder des CEDI den Ton an, während sich die Beteiligung anderer Länder oft auf einzelne Personen beschränkte. So fußte die Tätigkeit der französischen Sektion, des *Centre technique d'études européennes*, zu Beginn fast ausschließlich auf dem aufopferungsvollen Engagement des Grafen De la Noë.[45] Seit der Jahrestagung 1955 nutzten jedoch mehrere prominente Gaullisten, darunter Edmond Michelet, Louis Terrenoire und vorübergehend auch Michel Debré, das *Dokumentationszentrum* als außenpolitisches Forum. Der Zeitpunkt des gaullistischen Interesses war kein Zufall, versprachen die hochrangigen internationalen Kontakte des CEDI den innenpolitisch isolierten Gaullisten doch eine gewisse Kompensation für das sich anbahnende Ende des *Rassemblement du peuple français* (RPF). Doch fühlten sich die gaullistischen Teilnehmer auch hier eher als Außenseiter: „La majorité des participants prêcheront volontiers la croisade contre la Russie. Il faut dire que nombreux sont les représentants des pays d'au-delà le rideau de fer. Les Français – Michelet en

---

44 Ausführlicher zur adelshistorischen Dimension des CEDI vgl. Großmann (2009).

45 Zum französischen Zentrum sowie zur Biografie De la Noës vgl. Großmann (2008), 321-329.

tête – apparaissent, en l'occurrence, comme des non-conformistes".[46] Dennoch bot ihnen das CEDI die Möglichkeit, mit konservativen europäischen Politikern zusammenzuarbeiten und dadurch eine Alternative zur traditionellen christdemokratischen Parteienkooperation aufzuzeigen.

Nach der Rückkehr De Gaulles auf die politische Bühne im Juni 1958 wirkte das CEDI als konsequenter Verfechter der umstrittenen gaullistischen Europapolitik und erhielt dafür beträchtliche staatliche Mittel.[47] Das Interesse der Gaullisten für das *Dokumentationszentrum* fiel zusammen mit mehreren Neugründungen und Wiederbelebungsversuchen transnationaler Gremien und privater politischer Foren. So übernahmen seit Ende der fünfziger Jahre gaullistische Funktionäre die Führung in Parlamentariergruppen und Freundschaftsgesellschaften. Auch die Gründung einer französischen Sektion der *Paneuropa-Union* durch einige enge Wegbegleiter De Gaulles zielte wohl darauf ab, internationale Kontakte zu intensivieren und andere Organisationen zurückzudrängen, die – wie beispielsweise die *Europäische Bewegung* – der gaullistischen Europapolitik ablehnend gegenüberstanden.

Direkt auf die Einflussnahme des CEDI zurück ging eine deutschlandpolitische Initiative zur Kooperation der beiden Parlamentsfraktionen von UNR-UDT und CDU/CSU. So nahm De la Noë im Januar 1963, nur wenige Tage vor Unterzeichnung des Élysée-Vertrages, Kontakt mit den deutschen Vertretern des *Dokumentationszentrums* auf, um durch die Anregung von Parlamentariergesprächen ein positiveres Klima für die Umsetzung des Vertragswerkes in der Bundesrepublik zu schaffen.[48] Eine erste Zusammenkunft fand bereits am 15. Februar in Bad Godesberg statt, bis Ende 1964 folgten mindestens fünf weitere Treffen an wechselnden Orten.[49] Vor dem Hintergrund der schwelenden Auseinandersetzung zwischen „Atlantikern" und „Gaullisten" über die außenpolitische Orientierung der

---

[46] Tagebuchaufzeichnungen von Louis Terrenoire, 1. Juni 1955. In: Centre Historique des Archives Nationales, Paris (im Folgenden CHAN) 582 Mi (Papiers Louis Terrenoire); zur Frühphase des gaullistischen Engagements im CEDI vgl. außerdem Le Dorh (2005), 490-492.

[47] Vom französischen Außenministerium erhielt die französische Sektion noch gegen Ende der sechziger Jahre eine monatliche Zuwendung von 3.000, später 1.500 Francs; siehe Archives du Ministère des Affaires Étrangères, Paris-Cabinet du Ministre-Couve de Murville-349. Der überwiegende Teil der Finanzierung wurde nach eigenen Angaben jedoch bis 1966 aus dem Budget des Premierministers bestritten; vgl. Aufzeichnung „Au sujet des buts et activités du Centre Technique d'Etudes Européennes", Februar 1968. In: CHAN 603 AP-7 (Papiers Yvonne Jougla et Jacques Sauvage).

[48] De la Noë an Gaupp-Berghausen, 2. Januar 1963. In: ACDP I-148-132/01. De la Noë war inzwischen zum „Conseiller technique" im Kabinett des Staatssekretärs für Auswärtige Angelegenheiten aufgestiegen.

[49] Vgl. Korrespondenz und Protokolle in: ACDP I-148-075/03. Zur Zusammenkunft am 15. Februar siehe auch: Treff im Adler. In: Der Spiegel, 6. März 1963.

Unionsparteien erwiesen sich diese Kontakte als besonders brisant.[50] Letztlich beschleunigten sie wohl die weitere Entfremdung der Unionsparteien von den französischen Volksrepublikanern, mit denen man bis dahin in verschiedenen Gremien christdemokratischer Parteienkooperation zusammengearbeitet hatte.

So gut dokumentierbar wie im Falle dieser Parlamentariergespräche sind konkrete Eingriffe des CEDI in die Politik jedoch selten. Die eigentliche Wirkungsmacht der Organisation lag vermutlich ohnehin eher in ihrer Funktion als Sozialisierungsinstanz und konservativer Kontaktpool, wobei die freundschaftliche Verbundenheit der Mitglieder untereinander eine Instrumentalisierung dieser Kontakte eher erschwerte als erleichterte. Zu stark war das Verlangen nach Konsens innerhalb der Gruppe, zu groß die Rücksicht auf die Belange der anderen, zu tief die Abneigung gegenüber den Banalitäten des tagespolitischen Geschäfts, als dass die Freundschaft zugunsten kurzlebiger politischer oder gar persönlicher Vorteile aufs Spiel gesetzt worden wäre. In dieser Hinsicht unterschied sich das CEDI deutlich von anderen außenpolitischen Foren wie beispielsweise den *Bilderberg*-Konferenzen. So erinnert sich der Wiener Verleger Fritz Molden, der in den fünfziger und sechziger Jahren sowohl an Tagungen des CEDI als auch an mehreren Treffen der *Bilderberg*-Gruppe teilnahm: „Bilderberg, das war eine Pressure-Group. Wenn in Bilderberg etwas beschlossen wurde […], dann hat das zumindest medial, aber auch in den Parlamenten Westeuropas, einen Widerhall gefunden. Das hat das CEDI nie erreicht".[51]

Tatsächlich lohnt ein Blick auf die vergleichsweise gut dokumentierten Aktivitäten der *Bilderberg*-Gruppe, um Gemeinsamkeiten und Unterschiede transnationaler außenpolitischer Organisationsformen und diplomatischer Parallelstrukturen besser analysieren zu können. Die Gruppe, die sich später nach dem Tagungsort ihrer ersten großen Konferenz – dem Bilderberg-Hotel im niederländischen Oosterbeek – benannte, hatte sich 1952, im gleichen Jahr wie das CEDI, auf Betreiben von Józef Retinger zusammengefunden.[52] Dieser beabsichtigte, ein Forum zu schaffen, in dem sich hochrangige Politiker, Berater und Geschäftsleute von beiden Seiten des Atlantiks ungezwungen über politische und gesellschaftliche Entwicklungen austauschen konnten. Wie das CEDI, so stand auch die *Bilderberg*-Gruppe lange Jahre unter dem Vorsitz einer Persönlichkeit von königlichem Rang. Doch entstammte Prinz Bernhard, der Gemahl der niederländischen Königin, einem protestantischen Adelsgeschlecht, und abgesehen von ihm waren Mitglieder des Hochadels auf *Bilderberg*-Konferenzen eher eine Ausnahmeerscheinung.

---

[50] Allgemein und umfassend zu diesen Auseinandersetzungen vgl. neuerdings Geiger (2008).
[51] Zeitzeugengespräch des Autors mit Fritz Molden am 6. September 2007 in Wien.
[52] Zur Geschichte der *Bilderberg*-Konferenzen bis in die Mitte der sechziger Jahre siehe Gijswijt (2007); zur angelsächsischen Perspektive vgl. Wilford (2003), 242-261.

Direkte politische Einflussnahme ist aber auch im Falle von *Bilderberg* kaum nachweisbar. Eigentliches Ziel der Konferenzen war vielmehr, zu einem besseren gegenseitigen Verständnis von Europäern und Amerikanern beizutragen und dadurch den transatlantischen Zusammenhalt zu fördern.[53] Antikommunismus spielte in der *Bilderberg*-Gruppe bei weitem keine so starke Rolle wie im CEDI oder im *Internationalen Comité*, wenngleich die Suche nach gemeinsamen Strategien für eine Abwehr der kommunistischen Herausforderung ursprünglich einer der Beweggründe für die Gründung von *Bilderberg* gewesen war. Zu den Teilnehmern zählten Persönlichkeiten fast jeder politischen Couleur, wobei das bürgerliche Spektrum eindeutig überwog. Letztlich entscheidend war aus Sicht der Initiatoren jedoch die politische oder gesellschaftliche Stellung der Teilnehmer.[54]

3   Der Wandel internationaler Kommunikationsstrukturen in den sechziger Jahren

In der jüngeren deutschen Forschung zur Ideengeschichte des zwanzigsten Jahrhunderts wird der Zeitraum von etwa 1920 bis in die sechziger Jahre zunehmend als Einheit verstanden, die über die großen politischen Zäsuren hinausgreift. Dies gilt, wie Vanessa Conze eindrucksvoll nachweisen konnte, gerade auch für das europäische Denken der deutschen Eliten.[55] Die sechziger Jahre erscheinen demzufolge als eine Art Sattelzeit in der Entwicklung weg von einem auf traditionelle Milieus und nationalstaatliche Allmacht bezogenen intellektuellen Horizont und in Richtung einer zunehmenden Entgrenzung der kulturellen, wirtschaftlichen und politischen Ideenwelt. Vieles spricht dafür, eine ähnliche Periodisierung auch für den Bereich der internationalen Beziehungen anzuwenden, deren Vorzeichen sich während der sechziger Jahre in fundamentaler Weise wandelten.

Wohl am offensichtlichsten war der strategisch-diskursive Wandel. Spätestens seit den Erfahrungen der Kuba-Krise gingen die beiden Supermächte und ihre jeweiligen Bündnispartner in Anerkennung politischer und sozioökonomischer Interdependenz von einer Logik und Rhetorik der ideologischen Konfrontation zum Gebot der Entspannung und der Annäherung über. Gleichzeitig sorgten der Entkolonialisierungsschub der späten fünfziger und frühen sechziger Jahre sowie die

---

[53] Zur transatlantischen Dimension von *Bilderberg* vgl. Aubourg (2003), 92-105.

[54] Zu den Mitgliedern und Teilnehmern zählten so unterschiedliche Akteure wie Max Brauer, Hugh Gaitskell, Alcide De Gasperi, Henry Kissinger, Guy Mollet und David Rockefeller. Anders als im Falle des CEDI sollte es daher den Gaullisten trotz entsprechender Anläufe nicht gelingen, die Ausrichtung der *Bilderberg*-Konferenzen nach eigenen politischen Vorstellungen zu beeinflussen; vgl. Gijswijt (2007), 243-292.

[55] Conze (2005).

Aufweichung der Machtverhältnisse innerhalb der vermeintlichen „Blocksysteme" für eine zunehmende Multipolarität der Weltpolitik. Zwar blieb der Antagonismus zwischen West und Ost bestehen, doch änderten sich die Methoden und Erscheinungsbilder seiner Austragung. In Deutschland ließ dieser Strategie- und Diskurswechsel noch am längsten auf sich warten, setzte er doch voraus, dass man sich mit einer zumindest mittelfristigen Anerkennung der deutschen Teilung abfinden musste. Er fand schließlich in der „Neuen Ostpolitik" der sozialliberalen Koalition seinen Niederschlag.

Dieser Richtungswechsel ließ sich nicht zuletzt auf einen tiefgreifenden sozialen Wandel zurückführen, den insbesondere die westeuropäischen Gesellschaften seit Ende des Zweiten Weltkrieges durchlaufen hatten.[56] Die politische und wirtschaftliche Integration Europas im Rahmen des transatlantischen Bündnisses wurde von einem Prozess der soziokulturellen Annäherung begleitet, für den die jüngere zeitgeschichtliche Forschung in Deutschland den Begriff der „Westernisierung" geprägt hat. Die Auflösung traditioneller sozialer Milieus, Wertewandel und fortschreitende Säkularisierung, gesteigerte physische und soziale Mobilität, Konsumkultur und steigender Lebensstandard, höhere Bildungschancen und wachsendes zivilgesellschaftliches Engagement bewirkten einerseits die grenzüberschreitende Angleichung von vormals national bestimmten Gesellschaftsordnungen und schlugen sich andererseits vielerorts in den innenpolitischen Machtverhältnissen nieder.

Die sozialen und strategisch-diskursiven Umbrüche wurden begleitet und verstärkt durch einen nachhaltigen Wandel der internationalen politischen Kommunikationsstrukturen. Aus der überschaubaren Diplomatenwelt der frühen fünfziger Jahre waren große und oft undurchsichtige politische Apparate geworden. Die Zahl der Mitarbeiter in den Außenministerien und Botschaften wuchs stetig an. In den Ländern, die im Zuge des Entkolonialisierungsprozesses unabhängig wurden, mussten neue diplomatische Vertretungen eröffnet werden. Insbesondere die Bundesrepublik war bestrebt, in den neuen Ländern Asiens und Afrikas einen diplomatischen Vorsprung gegenüber der DDR zu wahren und ihren Alleinvertretungsanspruch durch ein verstärktes entwicklungspolitisches Engagement zu untermauern.[57] Der Schauplatz des Kalten Krieges verschob sich dadurch einerseits in geografischer Hinsicht, andererseits auch institutionell – so zum Beispiel durch einen erheblichen Bedeutungszuwachs der UNO-Vollversammlung.

Den neuen Herausforderungen entsprach eine zunehmende Verwissenschaftlichung und Technokratisierung außenpolitischer Kontakte. Politikberatung und Professionalisierung, Expertise und Spezialisierung hielten Einzug in die internati-

---

[56] Vgl. hierzu neuerdings grundlegend Kaelble (2007).
[57] Vgl. Gray (2003), 87-139; allgemein zur bundesdeutschen Entwicklungspolitik vgl. Hein (2006).

onalen Beziehungen. Neue Kommunikations- und Verkehrsmittel und eine extensivere Nutzung bereits bestehender Techniken verbesserten die Möglichkeiten direkter Verhandlungsführung – auch zwischen untergeordneten staatlichen Partnerinstanzen. Eine rege Reisediplomatie und formalisierte politische Konsultationen sowie die enge Zusammenarbeit innerhalb der europäischen und transatlantischen Gremien drängten die Auslandsvertretungen immer stärker in eine rein repräsentative Rolle.

Nicht nur im Hinblick auf die wachsende Zahl souveräner Staaten, sondern auch infolge einer zunehmenden grenzübergreifenden Betätigung nichtstaatlicher Akteure und Instanzen schritt die Multilateralisierung der internationalen Beziehungen unaufhaltsam voran. Wirtschaftsunternehmen und Interessensgemeinschaften, Pressure-Groups und Think Tanks gewannen in wachsendem Maße internationalen Einfluss und sorgten dadurch für die Diversifizierung, Privatisierung und wachsende Komplexität außenpolitischer Entscheidungsprozesse. Die Erleichterung transnationaler Karrieren und die zunehmende Internationalisierung von Eliten gingen ebenso auf diesen Wandel zurück wie die stärkere Rücksichtnahme der Entscheidungsträger auf das Urteil von Presse und öffentlicher Meinung. All diese Entwicklungen verdichteten sich zu einer unauflöslichen strukturellen und diskursiven Interdependenz von Außen- und Innenpolitik, von nationalen und globalen, von politischen, wirtschaftlichen und gesellschaftlichen Abläufen.[58]

Der ideologisierende antikommunistische Aktionismus der Nachkriegsjahre, wie ihn beispielsweise das *Internationale Comité zur Verteidigung der Christlichen Kultur* pflegte, schien kaum mehr mit dem gewandelten politischen und gesellschaftlichen Klima vereinbar. Die Niederschlagung des ungarischen Volksaufstandes und der Mauerbau in Berlin hatten gezeigt, dass die sowjetische Führung nicht zu entscheidenden Zugeständnissen innerhalb ihrer Machtsphäre bereit sein würde. Die Konsolidierung der kommunistischen Herrschaft in Osteuropa und Asien, die militärische Pattsituation und die Infragestellung der eigenen moralischen Integrität im Zuge des oft schmerzhaften Entkolonialisierungsprozesses ließen Pläne für eine aktive Befreiungspolitik in Europa und die damit verbundenen Hoffnungen auf einen baldigen Triumph im Kampf der Ideologien aussichtslos erscheinen.[59]

Verdammung und Dämonisierung des Kommunismus allein genügten dementsprechend nicht mehr, um gegen den in der westlichen Öffentlichkeit wachsenden Wunsch nach internationalem Ausgleich und Entspannung anzukämpfen. Eine zeitgemäße Auseinandersetzung erforderte von den konservativen Wortführern und Aktivisten eingehende Kenntnisse der wirklichen Ziele, Mittel und Methoden des Sozialismus, außerdem ein differenziertes Analyseraster für Spannungen und

---

[58] Vgl. dazu instruktiv Conze (2000), 117-140.
[59] Vgl. dazu aus nordamerikanischer Perspektive Stöver (2002), 783-832.

Konflikte innerhalb der kommunistischen Welt. Man müsse den Gegner – so die Einsicht, die sich in konservativen Kreisen nun nach und nach durchsetzte – verstehen, um ihn angemessen bekämpfen zu können. Gleichzeitig erforderte dieser Richtungswechsel Techniken, mit deren Hilfe die gesammelten Informationen sowohl an die politischen Entscheidungsträger als auch an die breite westliche Öffentlichkeit vermittelt werden konnten.

Als Vorläufer dieser neuen Form eines „intelligenten" Antikommunismus kann das *International Information and Documentation Center* (*Interdoc*) gelten. *Interdoc* war 1963, aufbauend auf einer Kooperation mehrerer westeuropäischer Geheimdienste, als deutsch-niederländische Studien-, Beratungs- und Koordinationsstelle in Den Haag gegründet worden, um eine psychologische Antwort auf die sowjetische Kampagne für „friedliche Koexistenz" zu formulieren. Der Ausgangspunkt dieser geheimdienstlichen Zusammenarbeit war die Idee, die ursprünglich militärische Konzeption einer „psychologischen Kriegsführung" in das alltägliche gesellschaftliche Leben zu übersetzen. Dies war durchaus noch mit den Absichten von Organisationen wie *Paix et liberté* oder dem *Internationalen Comité* vereinbar. Bald aber entwickelte sich daraus das Ziel, Kontakte mit dem Osten im Zuge von Entspannungspolitik und Annäherung systematisch für eine Einflussnahme auf die Gesellschaften in den kommunistischen Ländern zu nutzen. Der völlige Entzug finanzieller Unterstützung durch den Bundesnachrichtendienst führte jedoch nach dem Regierungswechsel in Deutschland zu einem weitgehenden Zusammenbruch von *Interdoc*, das sein durchaus vorhandenes Potenzial zum Aufstieg in die Rolle eines führenden Beratungsgremiums für Ost-West-Kontakte deshalb nicht mehr ausschöpfen konnte.[60]

Das *Internationale Comité zur Verteidigung der Christlichen Kultur* war in besonderem Maße von den weltweiten Umbruchserscheinungen betroffen. Als Reaktion auf die sich abzeichnende Entspannungspolitik in Europa begann vor allem die deutsche Sektion, ihre antikommunistische Propagandatätigkeit nach Lateinamerika auszudehnen, das zum neuen Schwerpunkt kommunistischer Agitation zu werden schien. Dabei konnte sie wiederum mit der tatkräftigen Unterstützung Rudolf Junges' rechnen, der inzwischen als Legationsrat an die Botschaft in Montevideo gewechselt war.[61] Eine Rundreise von vier Rednern im Auftrag des deutschen *Comités* durch mehrere lateinamerikanische Länder erweckte jedoch eher den Eindruck eines Abenteuerurlaubes als den einer gut organisierten und auf die

---

[60] Zur Entstehung und Entwicklung von *Interdoc* vgl. Scott-Smith (2007), 19–43.
[61] Vgl. z.B. Junges an Jäschke, 27. Oktober 1961. In: PAAA B 5/37.

Ängste und Sorgen der einheimischen Bevölkerung abgestimmten Propagandaarbeit.[62]

Seit Mitte der sechziger Jahre zog man im Außenministerium, wo die Tätigkeit des *Comités* mit wachsender Skepsis bewertet wurde, eine Kürzung oder völlige Einstellung der inzwischen auf 64.000 DM angestiegenen jährlichen Förderung in Erwägung. So hatte eine Umfrage bei mehreren Botschaften ergeben, dass der „überragende Teil der Vertretungen [...] keine nennenswerte Tätigkeit" des *Comité* in den von ihm als Schwerpunkte seiner Arbeit angegebenen Ländern feststellen konnte.[63] Zunehmende Haushaltsengpässe und der im Zuge der großen Koalition erfolgte Wechsel an der Spitze des Ministeriums beschleunigten das Abrücken von der Tätigkeit des *Internationalen Comités*. Die Kritik des Auswärtigen Amtes berührte dabei ein Grundproblem propagandistischer Auslandsarbeit, schienen doch bei den Auslandsverbindungen des *Comités* die Kontakte „zu solchen Kreisen und Persönlichkeiten zu überwiegen, die ohnehin betont antikommunistisch eingestellt sind und der deutschen Frage aufgeschlossen gegenüberstehen".[64]

Die hier beschriebene übersteigerte Selbstreferenzialität erklärt womöglich auch, warum das deutsche *Comité* die sich abzeichnende Entwicklung unterschätzte und von der Einstellung jeglicher finanzieller Beihilfe durch das Außenministerium im Januar 1967 völlig unvorbereitet getroffen wurde.[65] Zwar konnte die Arbeit zunächst in eingeschränktem Umfang weitergeführt werden, doch zeigten sich rasch erste Auflösungstendenzen, als eine Gruppe von überwiegend jüngeren Landesvertretern unter Protest aus der deutschen Sektion austrat und das Bundesinnenministerium als einziger verbliebener Geldgeber begann, auf eine Fusion des deutschen *Comité* mit dem *Volksbund für Frieden und Freiheit* hinzuarbeiten.[66] Als nach dem Antritt der sozialliberalen Koalition auch die Förderung des Innenministeriums wegfiel, löste sich die deutsche Sektion schließlich im März 1970 selbst auf. Lediglich die spanische und die italienische Sektion setzten die internationale Arbeit des *Comité* fort.

Die Reaktionen des CEDI auf die Entspannungspolitik waren verhalten und beschränkten sich auf einen allgemeinen Appell an die westliche Welt, den Weg der transatlantischen und europäischen Annäherung fortzusetzen. Eine wirkliche Entspannung sei außerdem nur dann möglich, wenn die Kommunisten ihre welt-

---

[62] Vgl. den Abschlussbericht über die „Aufklärungsaktion" vom 12. Oktober bis 13. Dezember 1961, mit Schreiben vom 8. Februar 1962 von Jäschke an das Auswärtige Amt übersendet, ibid.

[63] Referat II A 3 an Referat L 2, 14. Oktober 1964, ibid.

[64] Referat II A 3 an Referat L 2, 21. Oktober 1966, ibid.

[65] Vgl. Ruppert und Heinz Gehle an Auswärtiges Amt, 27. Juli 1967, ibid.

[66] Vgl. Vermerk des Bundeskanzleramtes, 7. November 1968. In: BA Koblenz B 136/4376.

weite subversive Tätigkeit einstellten.[67] Noch konsequenter als im *Internationalen Comité* verfolgte das *Dokumentationszentrum* die Strategie einer weiteren Internationalisierung seiner Kontakte. 1957 nahm erstmals eine kleine Gruppe von konservativen US-Amerikanern um James Burnham am Jahreskongress des CEDI teil. In Lateinamerika wurde mit dem *Centro Iberoamericano de Documentación Europea* eine eigenständige Sektion gegründet. Die Hinwendung zu diesem vermeintlich unberührten und vom Katholizismus geprägten Kontinent verwies einerseits auf den Abendland-Gedanken als geistigen Ausgangspunkt des CEDI und bot andererseits die Möglichkeit, latente Emotionen gegen die weltpolitische Dominanz der USA zu kanalisieren.

Im Gegensatz zum *Internationalen Comité*, das von der antikommunistischen Propaganda als dem eigentlichen Zweck seiner Existenz nicht abrücken konnte, tat sich das CEDI deutlich leichter, neue Themen zu besetzen. Entwicklungshilfe in ihrer karitativen, wirtschaftlichen und europäischen Dimension[68] sowie die Auseinandersetzung mit den als „Revolte der Jugend"[69] charakterisierten gesellschaftlichen Umwälzungen boten dem *Dokumentationszentrum* Anknüpfungspunkte für Diskussionen über konservative Selbstvergewisserung und Selbstverortung. Wenngleich die engere Führungsriege des CEDI deutlich festgefahrener in ihrer personellen Zusammensetzung, dabei aber wesentlich schwächer organisiert und weniger zielgerichtet war als das *Internationale Comité*, so erwies sich das *Dokumentationszentrum* gerade durch seinen inneren Zusammenhalt als wesentlich flexibler, was die Inhalte seiner Arbeit anging. War das *Comité* in erster Linie eine Zweckgemeinschaft, so definierte sich das CEDI als Freundeskreis und Schicksalsgemeinschaft.

Den neuen politischen Mehrheitsverhältnissen in der Bundesrepublik konnte das CEDI, das sich in Deutschland praktisch vollständig aus privaten Mitteln finanzierte, gelassen entgegenblicken. Wesentlich härter wurde die Organisation von den Entwicklungen in Spanien getroffen, wo die umfangreichen staatlichen Zuschüsse bereits Anfang der siebziger Jahre reduziert und nach dem Tode Francos und dem Übergang zur Demokratie schließlich vollständig eingestellt wurden.[70] 1976 zelebrierte das CEDI in Madrid seinen letzten großen Jahreskongress. Danach war an eine geregelte Fortsetzung der Arbeit kaum noch zu denken. Offiziell blieb das *Dokumentationszentrum* zwar noch bis 1990 bestehen, doch verstri-

---

[67] Vgl. die Beiträge der Jahrestagung vom Juli 1964 in: Centre Européen de Documentation et d'Information (1964).

[68] Vgl. z.B. Centre Européen de Documentation et d'Information (1966).

[69] Vgl. Centre Européen de Documentation et d'Information (1969).

[70] Vgl. Ansprache von Gaupp-Berghausen auf der Vorstandssitzung des CEDI in Bendern (Liechtenstein), 25. September 1977. In: ACSP NL Jaeger-D 86.

chen verschiedene Anläufe, die frühere Tätigkeit zumindest in beschränktem Rahmen zu reaktivieren, mehr oder weniger ergebnislos.[71]

4   Das Vaduzer Institut d'Études Politiques

Dieses schleichende Ende des *Dokumentationszentrums* bedeutete jedoch nicht, dass seine Mitglieder ihr gemeinsames politisches Engagement aufgegeben hätten. Vielmehr war es dem engen Kreis der einstmaligen CEDI-Gründer gelungen, einen Teil ihrer transnationalen Aktivitäten unbemerkt von der Öffentlichkeit in eine andere Einrichtung zu verlagern. Bereits die ersten Statuten des CEDI von 1957 hatten die Errichtung eines „Europäischen Instituts für politische Studien" ins Auge gefasst, „das unter Mitwirkung von Fachkräften praktische Vorschläge politischer, wirtschaftlicher, sozialer und kultureller Art zur Vorlage an alle nationalen und internationalen Organisationen und Institutionen ausarbeiten soll".[72] Der Initiative des Schweden Arvid Fredborg und der Unterstützung des Fürstenhauses von Liechtenstein war es zu verdanken, dass schließlich im Januar 1959 ein *Institut d'Études Politiques* mit Sitz in Vaduz gegründet wurde.[73]

Entgegen der ursprünglichen Idee galt das *Institut* seinen Statuten zufolge offiziell als ein vom CEDI unabhängiger „privater Club, dessen Aufgabe und Zweck die Aufnahme und Pflege von Kontakten zwischen Menschen ist, die sich im Leben zu den Grundsätzen des Christentums oder anderer Religionen, den Glauben jedes einzelnen respektierend, bekennen, ebenso wie die Bearbeitung und Förderung von Studien über grundsätzliche Probleme der internationalen Politik und der Geisteswissenschaften überhaupt".[74] Die personellen Überschneidungen mit dem CEDI waren jedoch offensichtlich. Die drei Gründerväter des *Institut d'Études Politiques* – Fredborg, Hans-Joachim von Merkatz, der das Amt des Präsidenten übernahm, und Prinz Heinrich von Liechtenstein, der jüngste Bruder des amtierenden Fürsten Franz Josef II. – hatten sich im CEDI kennen gelernt. Mit Erik Anners, Prinz Georg von Fürstenberg, Georg von Gaupp-Berghausen, der hier wie auch im CEDI das Amt des Sekretärs übernahm, Alberto Martín-Artajo, François

---

[71] Vgl. zu diesen Bemühungen ACSP NL Jaeger-D 96.

[72] Informationsbroschüre des CEDI mit Angaben zu Zielen und Methoden, Abdruck der Statuten und Informationen zu Mitgliedern und Jahresversammlungen, 1959, S. 19. In: ACSP NL Jaeger-D 76.

[73] Für einen Überblick zu Tätigkeit und Entwicklung des Instituts bis 1969 siehe den von Gaupp-Berghausen verfassten Text „10 Jahre Institut d'Études Politiques Vaduz. Rückblick – Ausblick". In: ACDP I-148-134/03.

[74] Informationsbroschüre des *Institut d'Études Politiques* mit Abdruck der Statuten, Überblick über die Aktivitäten der vergangenen Monate, Mitgliederübersicht und Kurzbiografien, 1963-1964, S. 10. In: ACDP I-148-134/03.

de la Noë, Jean-Claude Prost, dem konservativen britischen Unterhausabgeordneten Geoffrey Rippon und dem früheren stellvertretenden Regierungschef von
Liechtenstein, Alois Vogt, waren auch die anderen Teilnehmer der ersten Arbeits-
sitzung im April 1959 praktisch ausnahmslos Mitglieder des *Dokumentationszentrums*.[75]

Als politischer Debattierclub sollte das *Institut d'Études Politiques* nach Vorstellung seiner Initiatoren eng an angelsächsische Vorbilder angelehnt werden. An
vier Wochenenden im Jahr, davon in der Regel drei in Liechtenstein und eines in
einem anderen europäischen Land, trafen die Institutsmitglieder und ausgewählte
Gäste zusammen, um über Themen der internationalen Politik zu diskutieren und
sich über die aktuelle politische Lage in einzelnen Ländern auszutauschen. Die Inhalte der Gespräche waren streng geheim, weshalb in der Regel auch keine offiziellen Protokolle angelegt wurden.[76] Deutlich stärker vertreten als im CEDI, wo die
Mitglieder aus südeuropäischen und mehrheitlich katholischen Ländern den Ton
angaben, waren im *Institut* die nordeuropäischen, protestantisch geprägten Länder, insbesondere aber Schweden und Großbritannien.

Das Budget bewegte sich in den ersten Jahren um etwa 90.000 Schweizer
Franken und stieg 1964 auf gut 130.000 Franken an.[77] Für eine Einrichtung von dieser Größe verfügte das *Institut* damit über beachtliche finanzielle Mittel. Der mit
Abstand größte finanzielle Beitrag kam dabei aus schwedischen Unternehmerkrei-
sen, zu denen Fredborg gute Kontakte unterhielt. Zu den wichtigsten Spendern
aus Deutschland zählten Fürst Georg von Waldburg-Zeil sowie Harald von Bohlen
und Halbach, der 1967 zunächst das Amt des Schatzmeisters übernehmen und in
den siebziger Jahren Präsident des *Institut* werden sollte. Seit 1969 wurden auch
Mitgliedsbeiträge erhoben, die zunächst auf 150 SFr für so genannte „Urmitglie-
der" und 100 SFr für „korrespondierende Mitglieder" festgesetzt wurden.[78]

Die Aufnahmekriterien für neue Mitglieder waren streng und unterstrichen
damit den elitären und exklusiven Anspruch der Initiatoren. Für eine Aufnahme in
Frage kamen nur Personen mit herausragenden intellektuellen Qualitäten, die bereits einen gehobenen Rang in Politik oder Wirtschaft erklommen hatten oder deren bisheriger Werdegang baldige Erfolge vorausahnen ließ. Sie mussten von einem der Gründungsmitglieder in das *Institut* eingeführt werden und durften zunächst nur als Gäste an den Diskussionen teilnehmen. Erst dann war eine förmli-

---

[75] Vgl. ibid., S. 32.

[76] Über die Inhalte der meisten Sitzungen geben deshalb, wenn überhaupt, lediglich die handschriftlichen Aufzeichnungen von Teilnehmern Auskunft, wie sie beispielsweise im Nachlass von Hans-
Joachim von Merkatz überliefert sind; vgl. ACDP I-148-134/02 und 134/03.

[77] Vgl. die Finanzberichte und Haushaltspläne für 1960-1964, ibid.

[78] Vgl. Rundschreiben von Gaupp-Berghausen an die Institutsmitglieder, 1. Februar 1969. In: ACDP I-
148-134/03.

che Bewerbung unter Vorlage des Lebenslaufes möglich, über die der Vorstand zu entscheiden hatte. Selbst nach dieser Entscheidung konnte jedes „Urmitglied" noch binnen dreißig Tagen sein Veto gegen eine Aufnahme einlegen.[79]

Anders als dem CEDI, dessen engerer Führungskreis über Jahrzehnte hinweg unverändert bleiben sollte, gelang es dem *Institut* trotz, vielleicht sogar gerade wegen dieser strikten Aufnahmeregeln, einen bescheidenen, aber stetigen Zufluss an hoch qualifizierten neuen Mitgliedern sicherzustellen und einer Überalterung vorzubeugen. Bezeichnend für das *Institut* war deshalb gerade die Mischung aus altgedienten Politikern, Geschäftsmännern oder Militärs und solchen, die den Höhepunkt ihrer Karrieren noch vor sich hatten. So gewann die Organisation eine wichtige Rolle als konservative Sozialisierungsinstanz, in der sich eine werdende europäische Elite unter Ausschluss der Öffentlichkeit zusammenfinden und sich aus erster Hand über die politische Lage in den einzelnen Ländern informieren konnte.

Die treibende Kraft und eigentliche Seele des *Institut* blieb jedoch Arvid Fredborg, der 1967 schließlich auch das Amt des Präsidenten übernehmen sollte. Fredborg wurde 1915 im schwedischen Hudiksvall geboren, er studierte in Uppsala, Stockholm, Budapest und Wien. Von 1941 an arbeitete er für *Svenska Dagbladet* als einer der wenigen verbliebenen ausländischen Korrespondenten in Berlin, musste Deutschland jedoch 1943 auf wachsenden Druck der Behörden hin verlassen. Noch im selben Jahr veröffentlichte er das Buch „Hinter dem Stahlwall"[80], in dem er die nationalsozialistische Propaganda- und Verfolgungsmaschinerie vor dem Hintergrund der zunehmend prekären militärischen Lage analysierte. Von 1949 an arbeitete er wiederum als Auslandskorrespondent für *Svenska Dagbladet*, zunächst ein Jahr lang in Portugal, anschließend in Bonn.[81] In diese Zeit fielen wohl auch seine ersten Kontakte mit den deutschen Protagonisten der abendländischen Bewegung.

Ab 1952 war Fredborg, der sich nun wahlweise in Deutschland, Schweden, Österreich und Liechtenstein aufhielt, als freier außenpolitischer Berater mehrerer schwedischer Firmen tätig. Dabei wandte er sich zunehmend wirtschaftsliberalen Überzeugungen zu. Er korrespondierte mit dem neoliberalen Wirtschaftstheoretiker und späteren Nobelpreisträger Friedrich August Hayek, den er 1962 sogar für einen Vortrag auf einer Sitzung des *Institut* gewinnen konnte.[82] Ähnlich wie dieser warb er für eine solide Geldwertpolitik, eine Belebung der internationalen Konkurrenz durch Zollsenkungen und die Abschaffung von Wettbewerbsbeschränkungen

---

[79] Vgl. Informationsbroschüre des *Institut d'Études Politiques*, 1963-1964, S. 14, ibid.

[80] Fredborg (1943).

[81] Einige wenige biografische Hinweise gibt die Informationsbroschüre des *Institut d'Études Politiques*, 1963-1964, S. 43f. In: ACDP I-148-134/03.

[82] Vgl. „Informe de lo tratado en la reunión del Instituto de Estudios Politicos de Vaduz", 15.-16. Dezember 1962. In: AMAE Madrid R 7259/54.

sowie für eine strikte Begrenzung öffentlicher Ausgaben.[83] Vor allem aber war er mit Hayek der Überzeugung, dass jede Form des Sozialismus auf Grund staatlicher Eingriffe in die Wirtschaft zwangsläufig in Widerspruch zu liberalen und rechtsstaatlichen Prinzipien geraten müsse.

In diesem Zusammenhang stand auch Fredborgs Entwurf für die Gründung einer „World Foundation for Human Liberty and Free Enterprise", den er den Institutsmitgliedern 1961 vorlegte. Darin propagierte er die Untrennbarkeit von gesellschaftlicher und wirtschaftlicher Freiheit und forderte eine enge Verknüpfung antikommunistischer und wirtschaftsliberaler Strategien in einem gemeinsamen Aktionsplan: „Businessmen and intellectuals within the free world who believe that the ideas of human liberty and economic freedom are closely linked together must form an alliance, must combine their resources and fight together. Men of ideas and men of action must collaborate".[84] In Anlehnung an dieses Projekt wurde noch im Dezember 1961 eine *International Freedom Academy* (INFRA) gegründet, die zwar offiziell unabhängig agierte, aber sowohl personell als auch inhaltlich eng mit dem *Institut* zusammenarbeitete.[85]

Die Synthese von konservativem Antikommunismus und wirtschaftlichem Liberalismus kam auch in der seit 1973 von Fredborg herausgegebenen Monatsschrift *International Background* zur Geltung, die gewissermaßen als Sprachrohr des *Institut d'Études Politiques* diente.[86] Neben oftmals polemischen Texten über die großen Tendenzen der internationalen Politik gab es hier jeweils kurze Informationen zu Entwicklungen in einzelnen westlichen Ländern und – so der Name einer eigenen Rubrik – in der „Welt des Sozialismus". Zu dieser zählten nach einhelliger Auffassung der Autoren nicht nur kommunistisch regierte Länder, sondern auch die kommunistischen und sozialdemokratischen Parteien Westeuropas. Die meisten Artikel stammten aus der Feder Fredborgs, der sein auf Tagungen des *Institut* erworbenes Insiderwissen hier journalistisch verwerten konnte. *International Background* begrüßte die durch Margaret Thatcher eingeleitete konservative Wende in Großbritannien und die Wahl Reagans zum US-Präsidenten, standen diese doch für eine Deregulierung der Wirtschaft und für eine neue Politik der Stärke gegenüber den sowjetischen Machthabern.

Für Außenstehende, die mit den politischen Überzeugungen der Institutsmitglieder nicht übereinstimmten, musste die provokante Rhetorik des *International*

---

[83] Vgl. Fredborg (1971).

[84] „World Foundation for Human Liberty and Free Enterprise" (o.D.) [1961]. In: ACDP I-148-134/02.

[85] Fredborg wurde Sekretär der INFRA; vgl. „10 Jahre Institut d'Études Politiques Vaduz". In: ACDP I-148-134/03. Einige wenige Informationen über die Arbeit dieser Organisation finden sich in: ACDP I-148-135/01.

[86] Die Zeitschrift trug den Untertitel „An International Journal of Current Political, Social and Economic Affairs" und wurde 1985 eingestellt.

Background befremdlich erscheinen. So hieß es in einem Leserbrief der Februarausgabe von 1981 über einen Artikel Geoffrey Rippons mit dem Thema der „globalen Bedrohung des Westens", dieser sei „in itself a challenge to world peace. It recommends, without reservation, an accelerated armaments race between the USA and the Soviet Union as well as between NATO and the Warsaw Pact countries".[87] Tatsächlich können die Ansichten, die im *Institut* zu einigen besonders brisanten Themen vertreten wurden, durchaus als extrem, wenn nicht sogar als extremistisch bezeichnet werden. So brachten die meisten Mitglieder den Apartheidsregimen in Südafrika und Rhodesien Verständnis entgegen, indem sie auf deren Bedeutung im Kampf gegen die weltweite kommunistische Subversionstätigkeit verwiesen. Außerdem gehörten dem *Institut* mit dem ehemaligen Generalgouverneur von Mosambik, Manuel Sarmento Rodrigues, und dem langjährigen Außenminister des Salazar-Regimes, Alberto Franco Nogueira, zwei prominente Protagonisten der umstrittenen portugiesischen Kolonialpolitik an.

In eine ähnliche Richtung wiesen die Verbindungslinien zur *Mont Pèlerin Society* um Friedrich August Hayek, der sich dem chilenischen Diktator Augusto Pinochet bereitwillig als wirtschaftlicher und politischer Berater anbot. An einer Regionalkonferenz von *Mont Pèlerin* 1981 in Viña del Mar nahm Fredborg ebenso teil wie an mehreren anderen Kongressen dieser neoliberalen Denkfabrik, aus deren Reihen gleich mehrere Nobelpreisträger hervorgingen.[88] Graf Max von Thurn-Valsassina, der sich sowohl im CEDI als auch im Vaduzer *Institut* seit Beginn der sechziger Jahre intensiv engagierte, war von 1976 bis 1988 Generalsekretär der *Mont Pèlerin Society*. Der Kölner Wirtschaftswissenschaftler Günter Schmölders, Ende der sechziger Jahre Präsident von *Mont Pèlerin*, zählte zum Herausgeberkreis von *International Background* und war in den achtziger Jahren wohl auch Mitglied des *Institut d'Études Politiques*. Otto von Habsburg, inzwischen zum Ehrenpräsidenten des CEDI und zum Ehrenmitglied des *Institut* ernannt, war ebenfalls mehrmals auf Tagungen von *Mont Pèlerin* zu Gast.

Die Inhalte der vom *Institut d'Études Politiques* veranstalteten Versammlungen sind auf Grund der spärlichen Quellenlage nur bruchstückhaft rekonstruierbar. Das Themenspektrum war während der ersten zehn Jahre breit gefächert und umfasste neben Analysen zur aktuellen Lage in verschiedenen westlichen und kommunistischen Ländern sowie zu allgemeinen weltpolitischen Entwicklungen auch Überlegungen zum Demokratiebegriff und zum konservativen Selbstverständnis.

---

[87] Leserbrief von Sten Möllerström an Fredborg, abgedruckt in: International Background 9/2. 1981. 59f.

[88] Zur 1947 gegründeten *Mont Pèlerin Society* gibt es praktisch keine neutralen wissenschaftlichen Darstellungen; aus Perspektive der Mitglieder vgl. Hartwell (1995); aus neomarxistischem, entschieden distanzierterem Blickwinkel siehe Walpen (2004). Über die Verbindungen zum Pinochet-Regime und die Regionalkonferenz in Viña del Mar siehe Walpen/Plehwe (1999), 42-70, insbesondere 63-67.

Zunehmend wurden seit Mitte der sechziger Jahre jedoch auch wirtschaftstheoretische und finanzpolitische Themen erörtert.[89] Die Zusammensetzung der Mitglieder und die Ausrichtung des *International Background* als offiziöses Publikationsorgan des *Institut* lassen vermuten, dass sich dieser Trend während der siebziger Jahre in Richtung eines explizit neoliberalen und neokonservativen Themensettings fortsetzte.

Eine direkte Einflussnahme auf politische und wirtschaftliche Entscheidungsprozesse kann auch im Falle des *Institut* nur schwerlich nachgewiesen werden. Der streng vertrauliche Charakter der Organisation schloss jegliche Form von Publizität aus und verhinderte dadurch ein aktives Auftreten in der Öffentlichkeit. Der Wunsch einiger Mitglieder, „die Arbeit des Institutes über dessen Rahmen hinaus verwerten zu können",[90] sollte sich daher als kaum realisierbar erweisen. Die eigentliche Stärke des Liechtensteiner *Institut* war jedoch gerade, ein abgeschiedenes Forum zum ungezwungenen und ehrlichen Austausch für konservative Eliten zu bieten und dabei potenziell radikale und auf ihre nationale Unabhängigkeit bedachte Kreise in einen gesamteuropäischen Diskurs einzubinden. Was im *Institut* besprochen und diskutiert wurde, konnte so über die einzelnen Teilnehmer der Versammlungen – meist bedeutende Persönlichkeiten und einflussreiche Entscheidungsträger – in Politik und Wirtschaftswelt hineingetragen werden.

Aus ideengeschichtlicher Perspektive liegt die Bedeutung des *Institut d'Études Politiques* darin, dass hier namhafte Protagonisten der abendländischen Bewegung ihre Reserviertheit gegenüber der parlamentarischen Demokratie und dem kapitalistischen Wirtschaftssystem überwanden und sich neoliberalen Positionen zuwandten. Dies ermöglichte eine Synthese konservativen und wirtschaftsliberalen Gedankenguts, in deren Zuge der moralisierende und auf christliche Werte gegründete abendländische Diskurs sukzessive von utilitaristischen Erwägungen und Argumenten abgelöst wurde. Die Ablehnung von Kommunismus und Sozialismus blieb zwar äußerlich bestehen, doch berief sich der Antikommunismus nun nicht mehr in erster Linie auf religiöse Motive, sondern vor allem auf wirtschaftstheoretische Überlegungen und auf konkrete Anhaltspunkte für eine kommunistische Subversionstätigkeit im Westen und in der Dritten Welt. So waren Konservative zu konservativen Demokraten, „Abendländler" zu Vorkämpfern des Neoliberalismus geworden.

---

[89] Für eine allerdings unvollständige Aufzählung von Themen vgl. „10 Jahre Institut d'Études Politiques Vaduz". In: ACDP I-148-134/03.
[90] Ibid.

5   Der Cercle, Jean Violet und die Académie Européenne de Sciences Politiques

Neben dem *Institut*, das direkt aus dem *Dokumentationszentrum* hervorgegangen war, gab es noch ein weiteres politisches Forum, das man zumindest als halbes Kind des CEDI bezeichnen kann. Die Entstehung dieser Einrichtung mit dem enigmatischen Namen *Le Cercle* liegt ebenso im Dunkeln wie die Inhalte, Methoden und Absichten ihrer Arbeit. Allein die Namen derjenigen, die mit dem *Cercle* in Verbindung gebracht wurden, und die Aura des Geheimen, mit der sie ihre Zusammentreffen umgaben, boten Anlass für wilde Verschwörungstheorien und unbelegte Mutmaßungen über die Aktivitäten dieser „Polit-Mafia".[91] Die jahrelang verheimlichte Existenz des *Cercle* flog Anfang der achtziger Jahre auf, als sich der *Spiegel* im Zuge der Kanzlerkandidatur von Franz Josef Strauß mit dessen Auslandskontakten im rechtskonservativen Milieu befasste[92] und als sich – einige Zeit später – der Leiter des Landesamtes für Verfassungsschutz im bayerischen Innenministerium für die Weitergabe vertraulicher Informationen an das linksgerichtete Monatsmagazin *Konkret* vor einem Untersuchungsausschuss des bayerischen Landtags verantworten musste.[93]

Die Arbeitsweise des *Cercle* war gleichermaßen einfach und schwer greifbar. In unregelmäßigen Abständen, meist zweimal jährlich, versammelten sich im Rahmen von kurzfristig anberaumten und an wechselnden Orten veranstalteten Treffen vielleicht zwanzig bis dreißig prominente europäische und nordamerikanische Persönlichkeiten, die aus ihren konservativen Überzeugungen keinen Hehl machten. Unter strengster Geheimhaltung und frei von jeglichen organisatorischen Zwängen konnten sie sich hier gegenseitig über ihre Sicht der weltpolitischen Lage unterrichteten. Da der *Cercle* keine geschriebene Satzung hatte und nicht über eigene finanzielle und institutionelle Mittel verfügte, war er als politisches Gremium für Außenstehende kaum greifbar, zumal die Kontakte wohl größtenteils auf telefonischem Wege abgewickelt wurden und deshalb kaum schriftliche Spuren hinterließen.

---

[91] Roth/Ender (1984), hier 60. Im Internet kursieren unzählige, oft frei erfundene Gerüchte über den *Cercle*, der beispielsweise mit der vermeintlichen Ermordung Prinzessin Dianas in Verbindung gebracht wird. Die umfangreichsten Angaben wurden im Rahmen des so genannten *Project for the Exposure of Hidden Institutions* zusammengetragen, das inzwischen unter dem Namen *Institute for the Study of Globalization and Covert Politics* firmiert; vgl. www.isgp.eu/organisations/Le_Cercle.htm. Archivgestützte und quellengesättigte Arbeiten, die wissenschaftlichen Ansprüchen genügen würden, gibt es bisher nicht.

[92] Vgl. Franz Josef sein Milljöh. Die außenpolitischen Aktivitäten des Kanzlerkandidaten der Union (II). In: Der Spiegel, 3. März 1980.

[93] Aus Sicht der Redaktion von *Konkret* vgl. dazu Heigl/Saupe (1983).

Die zwei eigentlichen Gründungsväter des CEDI, der omnipräsente Otto von Habsburg und der zwischenzeitlich zum Tourismusminister des Franco-Regimes aufgestiegene Alfredo Sánchez Bella, besuchten vermutlich fast jedes Treffen des *Cercle*. Auch General Pierre-Marie Gallois, der als geistiger Vater der auf dem Gedanken der atomaren Abschreckung beruhenden französischen Nuklearstrategie gelten konnte, verkehrte ab Mitte der siebziger Jahre im *Cercle*, nachdem er schon seit 1960 immer wieder an Jahreskongressen des *Dokumentationszentrums* und auch an mehreren *Bilderberg*-Konferenzen teilgenommen hatte. Hans Graf Huyn, seit 1971 als außenpolitischer Berater in Diensten von Franz Josef Strauß, stieß um etwa 1975 zum *Cercle*. Zuvor war er bereits in den internationalen Rat des CEDI aufgenommen worden.[94] Strauß selbst hatte zwar lediglich einen Jahreskongress im Escorial besucht,[95] galt jedoch als zuverlässiger Freund und entschiedener Fürsprecher des CEDI. Im *Cercle* allerdings übernahm er seit den sechziger Jahren eine aktive und tonangebende Rolle.

Die Initiative für die Entstehung dieses außergewöhnlichen politischen Forums war vermutlich von Antoine Pinay und einigen seiner Mitarbeiter ausgegangen. Nach seinem Rücktritt als Finanzminister im Januar 1960 zog sich Pinay weitgehend aus der französischen Politik zurück. Stattdessen baute er die internationalen Kontakte, die bereits auf seine Zeit als Ministerpräsident und Außenminister der Vierten Republik zurückgingen, nun zielstrebig aus.[96] Einer seiner Kontakte auf deutscher Seite war neben Strauß der frühere persönliche Referent und außenpolitische Berater Adenauers, Franz-Josef Bach, der während der sechziger Jahre auf Grund seiner Ämter als Generalkonsul in Hongkong und Botschafter in Teheran vorübergehend als Ansprechpartner ausfiel, in den siebziger Jahren jedoch die praktische Organisation der Treffen übernahm.[97]

Unterstützt wurde er dabei durch den italienischen Industriellen Carlo Pesenti, der als einer der reichsten und einflussreichsten Männer Italiens galt und unter den ersten Mitgliedern des *Cercle* war.[98] Da er selbst bereits im Laufe der fünfziger

---

[94] Zur Person von Hans Graf Huyn – vor allem im Hinblick auf seine Rolle als junger Diplomat während der so genannten „Atlantiker-Gaullisten-Kontroverse" – vgl. Geiger (2008), 388-395.

[95] Vgl. z.B. Strauß schlägt europäischen Atompool vor. In: Frankfurter Allgemeine Zeitung, 9. Juni 1963; Strauß für europäischen Atompool. In: Süddeutsche Zeitung, 10. Juni 1963.

[96] Oft wird das Gremium in der Presse und im Internet deshalb auch als *Cercle Pinay* bezeichnet.

[97] Vgl. z.B. Bach an Strauß, 1. Dezember 1975. In: ACSP NL Franz Josef Strauß-Büro PV 7845; Bach an Strauß, 26. April 1977. In: ACSP NL Strauß-Büro BN 3709; Bach an Strauß, 3. Mai 1978. In: ACSP NL Strauß-Büro PV 11133. Mit Alois Mertes, den Pinay vermutlich aus dessen Zeit an der Botschaft in Paris von 1958 bis 1963 kannte, war ein weiterer deutscher Diplomat unter den Teilnehmern der Treffen.

[98] Vgl. z.B. Violet an Marianne Strauß, 22. September 1966, Kopie. In: ACSP NL Strauß-Fam 165; Violet an Strauß, 7. Mai 1967. In: ACSP NL Strauß-BMF 180; Pesenti an Strauß, 15. August 1970. In: ACSP NL Strauß-Büro PV 6725; Pesenti an Strauß, 24. Mai 1972, personnelle. In: ACSP NL Strauß-Büro PV 6727;

und sechziger Jahre ein zuverlässiges und hochkarätiges internationales Kontakt-
netz geknüpft hatte, das er in den *Cercle* einbrachte, wurde dieser von einigen seiner Teilnehmer auch als *Pesenti Group* bezeichnet.[99] Auch zwei der bedeutendsten
italienischen Politiker der Nachkriegszeit, nämlich Giulio Andreotti und der spätere Staatspräsident Oscar Luigi Scalfaro, zählten zum engeren Bekanntenkreis Pinays. Andreotti beschreibt den *Cercle* rückblickend als „a small and entirely informal group of Europeans and Americans set up to discuss current world affairs".[100]

In der Tat unterschied sich die Zusammensetzung des *Cercle* insbesondere dadurch vom CEDI und vom *Institut d'Études Politiques*, dass hier mehrere US-
Amerikaner als gleichberechtigte Teilnehmer an den Sitzungen teilnahmen. Neben
dem Multimilliardär David Rockefeller, den man auf Grund seiner führenden Rolle in mehreren Gremien wie dem *Council of Foreign Relations*, *Bilderberg* und der von
ihm mitbegründeten *Trilateral Commission* durchaus als professionellen privaten
Außenpolitiker bezeichnen könnte, nahmen der Industrielle Crosby M. Kelly und
Henry Kissinger, damals außen- und sicherheitspolitischer Berater Richard Nixons,
schon in den sechziger Jahren an Treffen des *Cercle* teil. Zwischen 1968 und 1979
tagte der *Cercle* mindestens achtmal in den USA.

Treibende Kraft hinter dem *Cercle* war jedoch der Pariser Anwalt Jean Violet,
der sich bereits im Zusammenhang von Pinays Kontaktaufnahme mit dem *Internationalen Comité* hervorgetan hatte. Violet wurde 1917 geboren. Er studierte an mehreren namhaften französischen Instituten, erwarb Abschlüsse an Sciences Po, am
Institut des Hautes Études Internationales, am Institut de Criminologie und am Institut de Droit Comparé.[101] Als Anwalt an der Cour de Paris lernte er Anfang der
fünfziger Jahre Antoine Pinay kennen, der damals auf dem Höhepunkt seiner politischen Laufbahn angelangt war. Pinay machte Violet zu seinem informellen Mitarbeiter und empfahl ihn außerdem an den französischen Auslandsgeheimdienst,
den *Service de Documentation Extérieur et de Contre-Espionnage* (SDECE), für den er
von da an bis 1970 als freier Mitarbeiter tätig war.[102] Unterstützt von dem Domini-

---

Pesenti an Strauß, 23. September 1973. In: ACSP NL Strauß-Büro PV 8719; Pesenti an Strauß, 25. März
1974. In: ACSP NL Strauß-Büro PV 8720; Pesenti an Strauß, 22. April 1976. In: ACSP NL Strauß-
Büro PV 8724; Pesenti an Strauß, 3. März 1977. In: ACSP NL Strauß-Büro PV 10267.

[99] Vgl. „Carlo Pesenti Group", Tagung vom 9.-13. November 1977 in Washington. In: ACSP NL Strauß-
Büro PV 10439. Vgl. auch Rockefeller (2002), 412; demnach war Rockefeller 1967 selbst von Pesenti in
den *Cercle* eingeführt worden.

[100] Andreotti (1992), 61. Andreotti war spätestens seit 1970 regelmäßig im *Cercle* zu Gast; Scalfaro besuchte mindestes eines der Treffen.

[101] Vgl. seinen Lebenslauf. In: ACDP I-148-134/03. Insgesamt glaubwürdig, wenngleich an einigen Stellen unnötig aufgebläht, scheinen die Angaben von Péan (1984), 33-54. Da er seine Aussagen zum Werdegang Violets jedoch nicht belegt, wird hier auf eine ausführliche Wiedergabe verzichtet.

[102] Vgl. hierzu und zum Folgenden Faligot/Krop (1989), 151-156. Faligot und Krop stützen sich unter
anderem auf ein persönliches Gespräch mit Violet.

kanerpater Yves-Marc Dubois, der Mitglied der päpstlichen Delegation bei den Vereinten Nationen war und dem ebenfalls Verbindungen zum SDECE sowie zum vatikanischen Geheimdienst nachgesagt wurden, nahm Violet während des Algerienkrieges bei mehreren, vor allem lateinamerikanischen Regierungen Einfluss, um die für eine Verurteilung Frankreichs durch die UNO-Vollversammlung notwendige Zweidrittelmehrheit zu verhindern.

Parallel dazu war Violet in verschiedenen christlich-konservativen und antikommunistischen Organisationen aktiv. So erzählt Alfredo Sánchez Bella, dass ihn Violet im Zuge des Eucharistischen Kongresses 1952 in Barcelona mit Otto von Habsburg bekannt gemacht habe[103] – eine Bekanntschaft, die noch im selben Jahr zur Gründung des CEDI führen sollte. Am Aufbau der französischen Sektion des *Comité International* war er ebenso beteiligt wie an der Aufnahme von Beziehungen zwischen dem *Comité* und den spanischen Syndikalisten. Ganz im Sinne seines politischen Mentors Pinay war Violet sehr an einer Intensivierung der deutschfranzösischen Beziehungen interessiert. Spätestens seit 1954 stand er in regem Kontakt mit Strauß. Dieser war es wohl wiederum, der ihn und seinen ständigen Begleiter Dubois bei Adenauer einführte.[104] Bis zu dessen Tod waren die beiden Franzosen immer wieder bei Adenauer zu Gast und versorgten ihn – so zum Beispiel im Zuge der Machtübernahme De Gaulles – mit wertvollen Hintergrundinformationen zur politischen Lage in Frankreich.[105]

So hatte Violet im Laufe der Jahre und abseits der Öffentlichkeit ein zuverlässiges europäisches und transatlantisches Beziehungsnetz geknüpft, das ihn vermutlich zu einem der effizientesten Kontaktmänner der konservativen Politszene in Westeuropa machte. Von Anfang an handelte Violet wohl nicht nur im Auftrag Pinays, sondern arbeitete auch aus eigenem Antrieb, verfolgte eigene Vorstellungen und Ziele. Den *Cercle*, in gewisser Weise ein nützliches Nebenprodukt von Violets privaten außenpolitischen Kontakten, nutzte er vor allem, um seine Erkenntnisse über die weltweite kommunistische Subversionstätigkeit darzulegen und die einflussreichen Teilnehmer auf eine harte antikommunistische Linie einzuschwören: „Using an overhead projector, Violet displayed transparency after transparency filled with data documenting Soviet infiltration of governments around the world and supporting his belief that the threat of global Communist victory was quite real".[106]

---

[103] Pérez Maura (1997), 281.

[104] Vgl. Violet an Strauß, 10. Dezember 1954. In: ACSP NL Strauß-BMVg 854.

[105] Eine geheime Aufzeichnung über ein Gespräch Adenauers mit Violet vom 15. Juli 1958 zitiert beispielsweise Schwarz (1991), 1021 Anm. 11.

[106] Rockefeller (2002), 413.

Um seinem stets proklamierten Ziel einer koordinierten „action psychologique" gegen den Kommunismus näher zu kommen, setzte Violet sich mit einem Mann in Verbindung, der wie kaum ein anderer für die Verwissenschaftlichung antikommunistischer Propagandaarbeit stand – Brian Crozier. Der gebürtige Australier Crozier, im jungen Alter selbst ein überzeugter Marxist, leitete seit 1965 die antikommunistische Nachrichtenagentur *Forum World Features*, die dem *Congress for Cultural Freedom* nahestand.[107] 1969 gründete er in London das *Institute for the Study of Conflict* (ISC), das sich die wissenschaftliche Erforschung kommunistischer Infiltration und Subversion in den westlichen Ländern und in der Dritten Welt zur Aufgabe gemacht hatte und dafür unter anderem mit *Interdoc* zusammenarbeitete. In seinen Erinnerungen beschreibt Crozier sein erstes Zusammentreffen mit Violet: „A small round man with a sallow complexion and intelligent dark eyes, Violet impressed me with the clarity and precision of his arguments – Gallic logic at its best – and with the breadth of his intellectual grasp of world problems. [...] He suggested that the ISC should organise a conference, or a study group, to consider the problems inherent in the ‚détente' process. He undertook to raise the necessary funds".[108]

Crozier und Violet arbeiteten von nun an eng zusammen. Dies kam auch dadurch zum Ausdruck, dass Crozier von 1971 an im *Cercle* verkehrte und sogar dessen Leitung übernahm, als Violet 1980 schwer erkrankte.[109] Auf Veranlassung Violets erschien in Paris ab 1972 in unregelmäßigen Abständen von ein- bis viermal jährlich die Zeitschrift *Le Monde moderne*, welche die umfangreichen Berichte des ISC über vermeintliche kommunistische Aktivitäten in der „freien Welt" ins Französische übertrug und ungekürzt publizierte. In der gleichen Zeitschrift konnten Franz Josef Strauß und sein außenpolitischer Berater Hans Graf Huyn offene und teilweise diffamierende Kritik an der „Neuen Ostpolitik" der Bonner Regierung üben.[110] Auch andere Teilnehmer der *Cercle*-Treffen wie Sánchez Bella oder der Brasilianer Antonio de Larragoiti kamen hier zu Wort.

Wie im *Institut d'Études Politiques*, so erhoffte man sich auch im *Cercle* von der Wahl Margaret Thatchers zur britischen Premierministerin den Startschuss für eine allgemeine konservative Wende in der westlichen Welt. Mit Crozier und Nicholas Elliott, einem ehemaligen Mitarbeiter des britischen *Secret Intelligence Service* (SIS), gehörten dem *Cercle* mindestens zwei Mitglieder von Thatchers Beraterkreis an.[111]

---

[107] Zur Geschichte des *Congress for Cultural Freedom* vgl. z.B. Scott-Smith (2002); zur deutschen Perspektive siehe Hochgeschwender (1998).
[108] Crozier (1993), 97.
[109] Ibid. 190-193.
[110] Vgl. Strauß (1973), 66-73; Huyn (1973), 131-148.
[111] Überhaupt waren seit Mitte der siebziger Jahre immer mehr Briten im *Cercle* zu Gast, so beispielsweise Julian Amery, Frederic Bennett, Baron Chalfont, Douglas Dodds-Parker, Neil McLean und Peter

Sie waren es auch, die empfahlen, ihre in Großbritannien angewandte Taktik einer populistischen und antikommunistischen Medienkampagne auf den Bundestagswahlkampf 1980 zu übertragen, um so die sozialliberale Regierung zu schwächen und Strauß' Chancen auf die Kanzlerschaft zu erhöhen.[112] Die anvisierte Verbesserung des Bildes, das in der internationalen Medienöffentlichkeit vom bayerischen Ministerpräsidenten gezeichnet wurde, sollte jedoch letzten Endes ohne Einfluss auf den Ausgang der Wahlen bleiben.

Zumindest dem Ergebnis nach erfolgreicher war eine andere Kampagne, die Violet und Crozier bereits Anfang der siebziger Jahre im Zusammenhang mit der *Konferenz für Sicherheit und Zusammenarbeit in Europa* (KSZE) konzipiert hatten. Sie nutzten dafür eine weitere Organisation, die ihren Sitz in Brüssel hatte: „The operator Violet had chosen was an eccentric man, with the delectable name of Florimond Damman. Having made a small fortune from property deals, he ran a tiny but effective outfit with the grandiloquent name of the Académie Européenne des Sciences Politiques. The three of us – Damman, Violet and I – drafted an appeal for ‚Peace without Frontiers', in which we defined our concept of a true détente".[113] Die Mitglieder dieser *Académie Européenne de Sciences Politiques* (AESP) – unter ihnen Otto von Habsburg, Fraga Iribarne, von Merkatz, Pesenti, Pinay, Violet und Dubois – rekrutierten sich sowohl aus den Reihen des CEDI als auch aus dem *Cercle*.[114]

Wenn der Entspannungsprozess, so das Kalkül hinter der Kampagne, schon nicht mehr aufgehalten werden könne, solle er zumindest gezielt dafür genutzt werden, die Schwachpunkte der kommunistischen Regime bloßzustellen und Angriffsflächen für eine offensivere Politik des Westens zu bieten. Ein von Violet verfasster Aufruf für einen „Frieden ohne Grenzen", der von namhaften französischen Politikern und Generälen unterzeichnet und an prominente konservative Amtsträger in ganz Westeuropa versandt wurde, ermahnte deshalb zur unbeugsamen Verteidigung der von den westlichen Regierungen in die Verhandlungen eingebrachten Forderungen: „Que la totale liberté de circulation et d'établissement qui existe entre les pays occidentaux s'étende aux rapports entre les pays de l'Est et de l'Ouest! Et que cette liberté devienne réalité inscrite dans les textes".[115]

Tennant. Kontakte zu Geheimdienstkreisen waren, wie auch die Teilnahme der ehemaligen CIA-Funktionäre William Colby und Vernon Walters ab 1977 zeigt, keine Ausnahme.

[112] Vgl. „Victory for Strauss". Wie ein Rechtskartell den Kanzlerkandidaten Strauß unterstützte. In: Der Spiegel, 13. September 1982.

[113] Crozier (1993), 99.

[114] Siehe die Mitgliederliste, 21. Juni 1970, abgedruckt in Péan (1984), 234f.; zur personellen Zusammensetzung und zu den Absichten der AESP vgl. auch ihr Einladungsschreiben zum 13e Grand Dîner Charlemagne, 6.-7. Mai 1970. In: ACSP NL Jaeger-A 80.

[115] Appel pour une vraie „Sécurité Européenne", Januar 1973. In: ACSP NL Jaeger-A 80.

Durch die Berufung auf die Menschenrechte und die Argumentation mit der Freiheit des Einzelnen – nicht nur auf wirtschaftlicher, sondern auch auf gesellschaftlicher Ebene – hatten sich die Initiatoren der Kampagne zumindest den Begrifflichkeiten nach an liberale Wertvorstellungen angenähert. Der Erfolg des Aufrufs schien ihnen Recht zu geben. Die *Académie Européenne* sammelte insgesamt mehrere hundert Unterschriften von angesehenen westeuropäischen Persönlichkeiten, weshalb sich zumindest Crozier zu einem überaus euphorischen Fazit hinreißen ließ: „It is no exaggeration to claim that this initiative led to the Western insistence on ‚Basket III' in the Helsinki discussions".[116] Ob diese Einschätzung zutrifft, kann nur schwer beurteilt werden. Auf jeden Fall aber stellte die Kampagne ein Paradebeispiel dar für die Taktik, die die Konservativen in Reaktion auf die neuen internationalen Herausforderungen eingeschlagen hatten – nämlich die Verknüpfung elitären Denkens und Empfindens mit ergebnisorientierten und öffentlichkeitswirksamen Strategien.

6   Resumé

Die Kampagne der *Académie Européenne* für einen „Frieden ohne Grenzen" verweist auf die anfänglich gestellte Frage nach konkreter politischer und gesellschaftlicher Einflussnahme der hier untersuchten Organisationen. Diese Frage mag auf den ersten Blick einleuchtend erscheinen, greift jedoch letztlich zu kurz. Internationale Entscheidungsprozesse sind – nicht zuletzt infolge des hier skizzierten Wandels außenpolitischer Kommunikationsstrukturen während der zweiten Hälfte des zwanzigsten Jahrhunderts – äußerst verworren und deshalb wohl nur selten mit monokausalen Modellen erklärbar. Wichtiger als die Suche nach den Spuren direkter Einflussnahme scheint daher die Erkenntnis, dass es sich bei diesen Organisationen um unterschiedliche Ausprägungen eines „gelebten Europa" handelte, das politische und gesellschaftliche Akteure ein Stück weit aus ihrem jeweiligen nationalen Zusammenhang löste und ihre Augen für eine europäische Sicht der Dinge öffnete. Einrichtungen wie das CEDI und das liechtensteinische *Institut d'Études Politiques* entwickelten sich so zu konservativen Sozialisierungsinstanzen, die tendenziell radikale Kräfte in ein europäisches Umfeld – in eine im Entstehen begriffene europäische politische Kultur – einbanden und dadurch vor einem Rückfall in nationalistische und isolationistische Handlungsmuster bewahrten. Die Erfahrungen aus dem Austausch mit politischen Funktionsträgern und geistigen Eliten anderer Länder wirkten dabei über die einzelnen Beteiligten zurück auf nationale Entscheidungsabläufe. Dass sich die Arbeit des *Internationalen Comité zur Verteidi-*

---

[116] Crozier (1993), 100.

gung der Christlichen Kultur in dieser Hinsicht als weniger wirksam erwies, lag vor allem daran, dass seine internationale Organisationsstruktur deutlich schwächer ausgeprägt war und deshalb internationale Kontakte zeitlich eng begrenzt und auf eine technische Ebene beschränkt blieben.

Der christlich begründete, abendländische Konservatismus vollzog im Rahmen der hier analysierten Organisationsstrukturen einen doppelten Gesinnungswandel. So wich im Laufe der Jahrzehnte einerseits die ursprüngliche Reserviertheit gegenüber der parlamentarischen Demokratie westlicher Prägung. Organisationen wie das CEDI waren aus dieser Perspektive weniger – wie ihnen das zeitgenössisch oft vorgeworfen wurde – verbliebene Bastionen eines reaktionären Konservatismus als die eigentlichen Träger oder Katalysatoren dieses Wandlungsprozesses. Der Einstellungswandel vollzog sich dabei unstet und in individuell variierenden Geschwindigkeiten, ohne dass er sich an festen Zeitpunkten oder bestimmten Ereignissen festmachen ließe. Bis heute unterscheiden sich die Vorstellungen dieser konservativen Demokraten in einigen Punkten durchaus erheblich vom liberalen Demokratieverständnis, und einige von ihnen mögen zumindest in ihrem Herzen Monarchisten geblieben sein. Entscheidend war jedoch, dass der fortan positiv besetzte Begriff der Demokratie von Konservativen schließlich als eigene Argumentationsgrundlage akzeptiert wurde. Denn erst dadurch schufen sie die Voraussetzung für ihre politische und kulturelle Integration in die westeuropäische Nachkriegsgesellschaft. Dazu zählt vor allem, dass nun die inhaltliche Auseinandersetzung mit den Ansichten des politischen Gegners als wesentliches Grundprinzip demokratischen Zusammenlebens zum handlungsleitenden Maßstab aufstieg. Dies gilt auch und insbesondere für den Umgang mit dem Kommunismus, der spätestens seit den siebziger Jahren nicht mehr auf eine pauschalisierende Verdammung beschränkt blieb, sondern sich immer mehr zu einer argumentativen, auf wissenschaftliche Erkenntnisse gestützten Auseinandersetzung entwickelte. Lediglich das *Internationale Comité*, das bis in die siebziger Jahre an einem starren und unreflektierten Antikommunismus festhielt, sollte diesen Wandel nicht überleben – zumal es stets von staatlichen Geldern abhängig und dementsprechend auch an politische Konjunkturen gebunden blieb.

Auf der anderen Seite verkehrte sich die anfänglich noch deutlich spürbare Distanz zur kapitalistischen Marktordnung ins Gegenteil. Seit den sechziger Jahren rückte vor allem das *Institut d'Études Politiques* in auffällige Nähe zu neoliberalen und marktradikalen Überzeugungen. Während die Bedeutung der Religion als Grundlage konservativen Denkens spürbar zurückging, trugen utilitaristische und individualistische Erwägungen zur Entstehung eines neuen, von wirtschaftsliberalen Vorstellungen geprägten Werterahmens bei. So wurde die politische, wirtschaftliche und gesellschaftliche Freiheit des Individuums – zumindest auf diskur-

siver Ebene – zur Grundlage konservativen Denkens und Handelns. Wie beispielsweise auch das zunehmende Engagement Otto von Habsburgs in der *Paneuropa-Union* verdeutlicht, die sich unter seiner Präsidentschaft seit den siebziger Jahren in eine mitgliederstarke und medienwirksame Großorganisation verwandelte,
wurde das ursprüngliche elitäre Selbstverständnis des abendländischen Konservatismus nun auch konsequent um öffentlichkeitswirksame Strategien ergänzt. So
waren aus den ehemaligen „Abendländlern" spätestens bis Anfang der achtziger
Jahre Vorreiter eines europäischen Neokonservatismus geworden. Diese ähnelten
ihren geistigen Brüdern jenseits des Atlantiks in vielerlei Hinsicht. Sie hatten aber
letztlich doch ihren eigenen Weg in die neue, globale Gesellschaftsordnung gefunden und dabei – trotz oder gerade auf Grund ihrer kulturellen Integration in den
Wertehorizont der „westlichen" Gesellschaften – ein Gros ihres ursprünglichen
geistigen Besitzstandes in die Gegenwart gerettet.

Literatur

Andreotti, Giulio (1992): The U.S.A. Up Close. From the Atlantic Pact to Bush. New York: New York
    University Press
Aschmann, Birgit (1999): „Treue Freunde …"? Westdeutschland und Spanien 1945-1963. Stuttgart:
    Steiner
Aubourg, Valérie (2003): Organizing Atlanticism. The Bilderberg Group and the Atlantic Institute, 1952-
    1963. In: Krabbendam/Scott-Smith (2003): 92-105
Baeza Sanjuán, Ramón (2000): Agregados laborales y acción exterior de la Organización Sindical
    Española. Un conato de diplomacia paralela (1950-1961). Madrid: Ministerio de Trabajo y Asuntos
    Sociales
Baier, Stephan/Demmerle, Eva (2002): Otto von Habsburg. Die Biographie. Wien: Amalthea
Centre Européen de Documentation et d'Information (Hrsg.) (1964): Aspects de la politique de détente.
    Madrid: Centre Européen de Documentation et d'Information
Centre Européen de Documentation et d'Information (Hrsg.) (1966): Vers une coordination de l'aide
    européenne en Afrique. Madrid: Centre Européen de Documentation et d'Information
Centre Européen de Documentation et d'Information (Hrsg.) (1969): La révolte de la jeunesse. Madrid:
    Centre Européen de Documentation et d'Information
Chenaux, Philippe (1990): Une Europe Vaticane? Entre le Plan Marshall et les Traités de Rome. Brüssel:
    Ciaco
Conze, Eckart (2000): Zwischen Staatenwelt und Gesellschaftswelt. Die gesellschaftliche Dimension in
    der internationalen Geschichte. In: Loth/Osterhammel (2000): 117-140
Conze, Vanessa (2005): Das Europa der Deutschen. Ideen von Europa in Deutschland zwischen Reichs-
    tradition und Westorientierung (1920-1970). München: Oldenbourg
Crozier, Brian (1993): Free Agent. The Unseen War 1941-1991. London: Harper Collins
Dujardin, Vincent/Dumoulin, Michel (1997): Paul van Zeeland (1893-1973). Brüssel: Racine
Eiroa, Matilde (2000): Las relaciones de Franco con Europa Centro-Oriental (1939-1955). Barcelona: Ariel
Faligot, Roger/Krop, Pascal (1989): La Piscine. The French Secret Service since 1944. Oxford: Blackwell

Fredborg, Arvid (1943): Bakom stålvallen. Som svensk korrespondent i Berlin 1941-43. Stockholm: Norstedt (engl. Übersetzung [1944]: Behind the Steel Wall. A Swedish Journalist in Berlin, 1941-43. New York: Viking Press)

Fredborg, Arvid (1971): Die manipulierte Inflation. Währungspolitik und Geldentwertung. Wien: Molden

Friedel, Mathias (2001): Der Volksbund für Frieden und Freiheit (VFF). Eine Teiluntersuchung über westdeutsche antikommunistische Propaganda im Kalten Krieg und deren Wurzeln im Nationalsozialismus. Sankt Augustin: Gardez

Gaupp-Berghausen, Georg von (Hrsg.) (1971): 20 años C.E.D.I. Madrid: Editora Nacional

Geiger, Tim (2008): Atlantiker gegen Gaullisten. Außenpolitischer Konflikt und innerparteilicher Machtkampf in der CDU/CSU 1958-1969. München: Oldenbourg

Gijswijt, Thomas W. (2007): Uniting the West. The Bilderberg Group, the Cold War and European Integration, 1952-1966. Heidelberg: Diss.

Gray, William Glenn (2003): Germany's Cold War. The Global Campaign to Isolate East Germany 1949-1969. Chapel Hill: University of North Carolina Press

Großmann, Johannes (2008): Auf dem Jakobsweg. Das Centre Européen de Documentation et d'Information (CEDI) als Mittler zwischen Spanien, Deutschland und Frankreich. In: Heinen/Hüser (2008): 321-329

Großmann, Johannes (2009): „Vom Rand zur Mitte". Adel und Politik nach 1945 am Beispiel des Centre Européen de Documentation et d'Information (CEDI). In: Discussions 2. 2009 – Adel im Wandel (16.-20. Jahrhundert)/La noblesse en mutation (XVIe-XXe siècle). www.perspectivia.net/content/publikationen/discussions/2-2009/grossmann_rand

Hartwell, Ronald M. (1995): A History of the Mont Pelerin Society. Indianapolis: Liberty Fund

Heigl, Frank P./Saupe, Jürgen (1983): Operation Eva. Die Affäre Langemann. Essen: Konkret

Hein, Bastian (2006): Die Westdeutschen und die Dritte Welt. Entwicklungshilfe zwischen Reform und Revolte 1959-1974. München: Oldenbourg

Heinen, Armin/Hüser, Dietmar (Hrsg.) (2008): Tour de France: Eine historische Rundreise. Festschrift für Rainer Hudemann. Stuttgart: Steiner

Hochgeschwender, Michael (1998): Freiheit in der Offensive? Der Kongress für Kulturelle Freiheit und die Deutschen. München: Oldenbourg

Huyn, Hans Graf (1973): Une Allemagne socialiste dans une Europe socialiste. In: Le Monde Moderne 4. 1973. 131-148

Kaelble, Hartmut (2007): Sozialgeschichte Europas. 1945 bis zur Gegenwart. München: Beck

Krabbendam, Hans/Scott-Smith, Giles (Hrsg.) (2003): The Cultural Cold War in Western Europe 1945-1960. London: Cass

Kroll, Gerhard (1951a): An die Leser. In: Neues Abendland 6. 1951. 145

Kroll, Gerhard (1951b): Grundlagen der abendländischen Erneuerung. Das Manifest der Abendländischen Aktion. München: Neues Abendland

Le Dorh, Marc (2005): Les démocrates-chrétiens français face à l'Europe. Mythes et réalités. Paris: Harmattan

Lehmann, Walter (2006): Die Bundesrepublik und Franco-Spanien in den 50er Jahren. NS-Vergangenheit als Bürde. München: Oldenbourg

Loth, Wilfried/Osterhammel, Jürgen (Hrsg.) (2000): Internationale Geschichte. Themen – Ergebnisse – Aussichten. München: Oldenbourg

Ludwig, Bernard (2003): La Propagande Anticommuniste en Allemagne Fédérale. Le „VFF", Pendant Allemand de „Paix et Liberté"? In: Vingtième siècle 80. 2003. 33-42

Péan, Pierre (1984): V. Enquête sur l'affaire des „avions renifleurs" et ses ramifications proches ou lointaines. Paris: Fayard

Pérez Maura, Ramón (1997): Del Imperio a la Unión Europea. La huella de Otto de Habsburgo en el siglo XX. Madrid: Rialp

Pünder, Hermann (1968): Von Preußen nach Europa. Lebenserinnerungen. Stuttgart: DVA

Rockefeller, David (2002): Memoirs. New York: Random

Roth, Jürgen/Ender, Berndt (1984): Dunkelmänner der Macht. Politische Geheimzirkel und organisiertes Verbrechen. Bornheim-Merten: Lamuv

Sanz Diaz, Carlos (2005): España y la República Federal de Alemania (1949-1966). Política, económica y emigración, entre la Guerra Fría y la Distensión. Madrid: Diss. www.ucm.es/BUCM/tesis/ghi/ucm-t28931.pdf

Schildt, Axel (1999): Zwischen Abendland und Amerika. Studien zur westdeutschen Ideengeschichte der 50er Jahre. München: Oldenbourg

Schulz, Günther/Denzel, Markus A. (Hrsg.) (2004): Deutscher Adel im 19. und 20. Jahrhundert. St. Katharinen: Scripta-Mercaturiae

Schwarz, Hans-Peter (1991): Adenauer; Bd. 2: Der Staatsmann. 1952-1967. Stuttgart: DVA

Scott-Smith, Giles (2002): The Politics of Apolitical Culture. The Congress for Cultural Freedom, the CIA and Post-war American Hegemony. London: Routledge

Scott-Smith, Giles (2007): Confronting Peaceful Co-existence. Psychological Warfare and the Role of Interdoc, 1963-72. In: Cold War History 7. 2007. 19-43.

Sección Española del Comite Internacional de Defensa de la Civilización Cristiana (Hrsg.) (1960): Actas del II Congreso del Comité Internacional de Defensa de la Civilización Cristiana. Madrid: Comercial Española de Ediciones

Seefried, Elke (2006): Reich und Stände: Ideen und Wirken des deutschen politischen Exils in Österreich 1933-1938. Düsseldorf: Droste

Stickler, Matthias (2004): Abgesetzte Dynastien. Strategien konservativer Beharrung und pragmatischer Anpassung ehemaliger Häuser nach der Revolution von 1918 – Das Beispiel Habsburg. In: Schulz/Denzel (2004): 397-444

Stöver, Bernd (2002): Die Befreiung vom Kommunismus. Amerikanische *Liberation Policy* im Kalten Krieg 1947-1991. Köln: Böhlau

Strauß, Franz Josef (1973): L'Allemagne entre l'Est et l'Ouest. In: Le Monde Moderne 3. 1973. 66-73

Walpen, Bernhard (2004): Die offenen Feinde und ihre Gesellschaft. Eine hegemonietheoretische Studie zur Mont Pèlerin Society. Hamburg: VSA-Verlag

Walpen, Bernhard/Plehwe, Dieter (1999): „Wahrheitsgetreue Berichte über Chile". Die Mont Pèlerin Society und die Diktatur Pinochet. In: Zeitschrift für Sozialgeschichte des 20. und 21. Jahrhunderts. 16(2). 1999. 42-70

Weber, Petra-Maria (1992): Spanische Deutschlandpolitik 1945-1958. Entsorgung der Vergangenheit. Saarbrücken: Verlag für Entwicklungspolitik

Wilford, Hugh (2003): The CIA, the British Left and the Cold War. Calling the Tune? London: Cass

Zentralverband Politischer Emigranten aus der UdSSR (Hrsg.) (1959): Vier Jahrzehnte Kommunismus. Europäische Dokumentar-Ausstellung. München: Zentralverband Politischer Emigranten aus der UdSSR

Intellektualität in der europäischen Integration

Georg Vobruba

1   Vom Intellektuellenprojekt zur Europapolitik als Beruf

„Die Idee der ‚Vereinigten Staaten von Europa' ist sehr alt. In ihr sehen auch heute viele Europäer das ersehnte Ideal, die einzige Rettung aus dem Chaos der Gegenwart – vor dem Zusammenbruch der Zukunft. Dennoch blieb dieses Ideal inaktiv; es blieb ein literarisches Problem, ohne jemals politisches Programm zu werden".[1] Unter dem Eindruck der Ergebnisse des ersten Weltkriegs kontrastiert Richard Coudenhove-Kalerghi mit dieser Charakterisierung der früheren Geschichte der Eingung Europas als einer puren Ideengeschichte seinen groß angelegten Entwurf „Pan-Europa".[2] Er sieht in den „Vereinigten Staaten von Europa" die unabdingbare Voraussetzung dafür, dass Europa mit seiner kriegerischen Vergangenheit bricht und in der ökonomischen Konkurrenz mit den „internationalen Komplexen" – Panamerika, dem Russischen Bundesreich, dem britischen Bundesreich und Ostasien – bestehen kann. Die Idee zu einem „Pan-Europa" wird in einem universalistischen Moralanspruch verankert und, fünfzehn Jahre vor dem Beginn des zweiten Weltkriegs, „als die Lebensfrage von Millionen von Menschen" vorgetragen.[3]

Von Ideen geleitete Großprojekte zur Gesellschaftsgestaltung sind für die Zeit nach der Wende vom 19. zum 20. Jahrhundert typisch. Sie ergeben sich aus der damaligen klassischen Positionierung von Intellektualität in der Gesellschaft. Intellektualität bezeichnet eine Mischform aus Elementen modernen und vormodernen Denkens, lässt sich somit wissenssoziologisch präzise fassen.[4] Vormodern ist die Berufung auf absolut gültige moralische Ideale. In der Logik des traditional-vormodernen Weltbildes bedeutete erklären, alles was ist auf einen absoluten Bezugspunkt zurückzuführen, der selbst jeder Erklärungsnotwendigkeit enthoben

---

[1] Coudenhove-Kalerghi (1924), 39.
[2] Pan-Europa umfasst in dieser Vorstellung sechsundzwanzig europäische Hauptländer, fünf „Territorien" genannte Kleinststaaten, die zu „Europäisch Westafrika" zusammengefassten französischen, belgischen, portugiesischen, italienischen, spanischen sowie einige weitere „zerstreute" Kolonien. Vgl. Coudenhove-Kalerghi (1924), Anhang: Tafel I und Landkarte.
[3] Coudenhove-Kalerghi (1924), 166.
[4] Vgl. Vobruba (2009).

ist.[5] Diese Logik von Erklärung impliziert also eine gesellschaftsexterne Quelle der Geltung von Moral und bietet die Grundlage für unbedingte Handlungsorientierungen. In klassischen intellektuellen Selbstdarstellungen schlägt sich dies in dem selbstverständlich genommenen Anspruch nieder, generalisierte Anliegen, Wertvorstellungen, Normen zu vertreten.[6] Daraus beziehen Intellektuelle einen gesellschaftlichen Generalvertretungsanspruch; also die Legitimation, im Namen der Leute, nicht aber unbedingt in ihrem unmittelbaren Interesse zu handeln.[7]

Modern ist die Idee der Gestaltbarkeit der Gesellschaft durch ihre Mitglieder. In der vormodern-absolutistischen Logik sind die sozialen Verhältnisse Ausdruck eines absoluten Willens und damit den Leuten immer schon vorausgesetzt. Widerstand gegen den Status quo ist allenfalls im Sinne der Rückbesinnung und Rückkehr zu früheren authentischeren Verhältnissen, nicht aber als Anspruch auf Gesellschaftsgestaltung, denkbar. Mit dem Abbau des traditionalen Weltbildes und dem Ende der Verbindlichkeit der absolutistischen Logik entfällt diese Rückführbarkeit der Verhältnisse auf einen absoluten Willen, und die Selbstgestaltung der Gesellschaft durch ihre Mitglieder gerät in den Vorstellungshorizont.

Die Verknüpfung von vormoderner Unbedingtheit des Moralanspruchs und moderner Gesellschaftsgestaltung macht das Spezifische der Wissensform Intellektualität aus. Daraus ergibt sich eine intellektuelle Disposition, gesellschaftliche Großprojekte im Namen „Aller" zu entwerfen und zu realisieren. Dies hat quer durch das 20. Jahrhundert zu unterschiedlichen Formen der Verbindungen von Macht und Intellektualität geführt, teils mit dramatischen Folgen.[8] Hier interessiert ein spezifischer Aspekt der intellektuellen Disposition zu gesellschaftlichen Großprojekten. Der Impetus zur Gestaltung der sozialen Verhältnisse in Form eines Gesamtentwurfes zieht die Notwendigkeit von politischer Institutionalisierung nach sich. Darin freilich steckt eine selbstnegatorische Tendenz der europäischen Integration als Intellektuellenprojekt: Die Werte, auf denen das intellektuelle Engagement gründet, können auf Grund ihres Universalitätsanspruchs selbst kein Kriterium zur Abgrenzung eines Projekts Europa bieten.[9] Erst die politische Institutionalisierung des Projekts erzwingt territoriale Festlegungen. Damit verbunden sind bezeichnenderweise chronische Probleme mit der Festlegung von „Grenzen Europas".[10]

---

[5] Vgl. Dux (2000).

[6] Vgl. Winock (2007).

[7] Zur soziologischen Verwendung des Begriffs „Leute" vgl. Vobruba (2009).

[8] Vgl. Vobruba (2009); Konrád/Szelényi (1981).

[9] Vgl. Müller (2010). Vor analogen Schwierigkeiten stehen Abgrenzungsversuche im Rahmen moderner Ästhetik; vgl. Bezzola (2008).

[10] Vgl. Medick (2006); Bös/Zimmer (2006); Bach (2010).

Das Intellektuellenprojekt richtet sich auf umfassende Gesellschaftsgestaltung. Gesellschaftsgestaltung erfordert eine Politik umfassender Institutionalisierung, mit der politische Karriere- und Berufschancen entstehen. Damit entwickeln sich auf der Europa-Ebene Möglichkeit, nicht nur *für* die europäische Integration sondern auch *von* ihr zu leben;[11] mit anderen Worten: Mit der Institutionalisierung des europäischen Integrationsprojekts wird *Europapolitik als Beruf* möglich. Die Entwicklung politischer Institutionen erfordert und fördert die Entwicklung von einschlägigen Spezialisten, europäischen Berufspolitikern, Diplomaten und Beamten.[12] So wird das Projekt Europa von einer Funktionselite übernommen, vorangetrieben und verwaltet. Im Ergebnis wird das intellektuelle Projekt Europa zum politischen Programm der europäischen Integration. Das intellektuelle Engagement verliert damit seine Promotoren-Rolle, und die europäische Integration wird von einem intellektuellen Projekt zu einem Objekt intellektueller Beobachtung.[13]

Im Folgenden will ich dieser Vermutung folgen: Die institutionelle Entwicklung der europäischen Integration sperrt sich gegen Intellektualität. Dies manifestiert sich in charakteristischen Schwierigkeiten, Probleme und Perspektiven der europäischen Integration zum Thema intellektueller Texte zu machen. Sofern man gegenwärtig noch von Intellektuellen[14] sprechen kann, lässt sich sagen: Sie tun sich schwer, den Übergang von ihrer Europa-Idee zur europäischen Integrationspolitik zu verkraften. Sie sind auf der Suche nach einer Perspektive zwischen der alten affirmativen Position einerseits und Kritik an der europäischen Integrationspolitik andererseits.

2   Zwischen Affirmation und Kritik

Das Anregungspotenzial der europäischen Integration für die sozialwissenschaftliche Theoriediskussion wird nur langsam realisiert.[15] Insbesondere gibt es kaum Ansätze zu einer kritischen Theorie der europäischen Integration.[16] Das ist aus mehreren Gründen erstaunlich. Zum einen handelt es sich bei der europäischen Integration um eine unwahrscheinliche Entwicklung. Dass sie überhaupt in Gang gekommen ist, muss als glücklicher Sonderfall in der kriegerischen Geschichte Europas angesehen werden, und der erreichte Integrationsstand übertrifft alle Erwar-

---

[11] Vgl. Weber (1919/1994), 42.

[12] Vgl. Bach (2008).

[13] Vgl. Münch (2008).

[14] Zur Ausbreitung von Intellektualität bei gleichzeitiger Verflüchtigung der Intellektuellen vgl. Vobruba (2009), 57ff.

[15] Vgl. jetzt aber Eigmüller/Mau (2010).

[16] Vgl. Vobruba (2007b).

tungen. Gleichwohl wird die europäische Integration auch als Errichtung einer neuartigen politischen und bürokratischen Herrschaftsstruktur und als groß angelegte Strategie der Markterschließung gesehen – Diagnosen, die vielfältige Ansatzpunkte für Kritik bieten. Weiter hat der Prozess der europäischen Integration vielfältige und komplexe Veränderungen individueller Lebenslagen zur Folge. Ohne Zweifel haben wir es also mit einen relevanten und interpretationsbedürftigen Vorgang zu tun. Und schließlich handelt es sich um einen rasch ablaufenden und ergebnisoffenen Prozess; also um einen Prozess, bei dem Einmischung möglich und lohnend erscheint.

All diese Merkmalsbündel disponieren die europäische Integration zum Gegenstand intellektueller Aufmerksamkeit, kritischer Diskurse und Deutungsarbeit. Gleichzeitig gibt es spezifische Schwierigkeiten intellektueller Befassung mit dem Thema europäische Integration.

Dafür sind zwei Entwicklungen ausschlaggebend. Zum einen ging schon mit den ersten Ansätzen der Institutionalisierung, der Gründung des Europarats (1949), der Europäischen Gemeinschaft für Kohle und Stahl (1952) und schließlich mit den Römischen Verträgen (1958), das Thema Europa von den Intellektuellen in die Zuständigkeit von Berufspolitik und Bürokratie über. Im Zuge der zunehmenden Institutionalisierung entwickelten sich stark institutionell orientierte EU-Eliten.[17] Ihnen gegenüber standen und stehen Bevölkerungen, denen die europäische Integration erst gleichgültig war. Je deutlicher der Integrationsprozess jedoch die individuellen Lebenslagen erfasste, je erfolgreicher die institutionelle Integration der EU also war,[18] umso mehr wurden skeptische Einstellungen in den Bevölkerungen diesen Eliten und den Institutionen der EU gegenüber manifest und politisch relevant. Diese, freilich stark vereinfachende, Skizze mag hier immerhin reichen, um das Grundproblem einer intellektuellen Befassung mit der EU plausibel zu machen:[19] Zwischen der affirmative Position der politischen EU-Eliten und den kritischen Positionen in den Bevölkerungen der Mitgliedsländer ist für eine genuin intellektuelle Perspektive auf die europäische Integration kaum Platz.[20] Die Frage ist, wie in dieser Konstellation dennoch eine intellektuelle Perspektive auf die europäische Integration entwickelt werden kann. Dazu skizziere ich erst kurz die Hauptdifferenz zwischen einer Soziologie der Intellektuellen und der Kritischen Theorie. Dann erörtere ich unterschiedliche Akteursperspektiven auf den europäi-

---

[17] Vgl. Bach (1999); Haller (2008).

[18] Vgl. Vobruba (2007a).

[19] Vgl. ausführlich Brunn (2002); Dinan (2005).

[20] Zur den Problemen Intellektueller als Konstrukteuren einer Europäischen Identität, die sowohl zu den politischen Eliten als auch zu den Leuten Distanz zu halten vgl. auch Giesen (1999), 140f. – allerdings auf der Basis eines vagen Intellektuellen-Begriffs.

schen Integrationsprozess und die Schwierigkeiten intellektueller Kritik, im Rahmen dieser Akteursperspektiven eine eigene Perspektive zu finden.

3   Intellektuelle Kritik

Der Begriff „Intellektueller" wurde im Zuge der Dreyfus-Affaire gegen Ende des 19. Jahrhunderts in denunziatorischer Absicht geprägt, mutierte bald jedoch zur Selbstbezeichnung von Leuten, „die, aus allen Richtungen kommend, sich um eine Idee scharen und daran unerschütterlich festhalten".[21]

Da es sich um Personen mit gleichsam überschießendem Drang, Wissen zu kommunizieren, handelte, bot sich bald ein Anschluss an die sich damals zeitversetzt entwickelnde Wissenssoziologie an. Gegenstand der soziologischen Analyse sind dann nicht die „sozial freischwebenden" Intellektuellen, sondern die intellektuellen Wissensbestände, die „durch soziale Standorte fixiert sind",[22] also nicht Personen, sondern Texte. „Intellektualität" bezeichnet danach eine bestimmte Art von öffentlich kommuniziertem Interpretationswissen.

Den sozialstrukturellen und den wissenssoziologischen Zugang kombinierend hat Rainer Lepsius (1964) knapp und prägnant eine Soziologie der Intellektuellen entwickelt. Einen raschen Zugang zu seinem Ansatz findet man über die Vergegenwärtigung des historischen Hintergrunds, vor dem er entwickelt wurde. Dies waren zum einen die Erfahrungen mit den politischen Verbindungen aus Intellektualität und Macht, die sich in der Folge der Oktoberrevolution gebildet und zu Diktaturen verfestigt hatten. Diese Erfahrungen machten die Einsicht unabweisbar, dass die Kritik der bestehenden Verhältnisse, wenn sie in gesellschaftliche Machtpositionen überführt wird, zur staatsterroristischen Durchsetzung neuer Gesellschaftsverhältnisse tendiert, und dass die Maßnahmen zur Herstellung von damit kompatiblen, „neuen" Menschen, zahllosen das Leben kostet. Erfahrungshintergrund war zum anderen der zunehmende Konformitätsdruck, dem Intellektuelle in den Sechziger Jahren in der BRD ausgesetzt waren, ihre Beschimpfung als „Pintscher" (Ludwig Erhard), und die staatlichen Versuche, intellektueller Kritik nicht nur die Legitimität abzusprechen, sondern sie in die Illegalität abzudrängen. Die Strauß-Affaire in der Folge der Beschlagnahmung des Spiegel war das Ereignis, das diese Intellektuellengeneration entscheidend prägte. Vor dem Hintergrund ergeben sich die folgenden beiden Koordinaten zur soziologischen Bestimmung der Position der Intellektuellen: Zum einen steht der Intellektuelle im Rahmen der „Di-

---

[21] George Clemenceau, zit. nach Bering (1978), 41.
[22] Mannheim (1984), 147.

chotomie von Macht und Geist"[23] der Macht fern. Und zum anderen ist den Intellektuellen die Legitimität ihrer Interventionen weder a priori garantiert, noch prinzipiell verwehrt. Vielmehr müssen sie sich in öffentlichen Auseinandersetzungen kontinuierlich um Anerkennung bemühen. Im einem ähnlichen Sinn beschreibt Jean-Paul Sartre die Konstellation der Intellektuellen nach dem Ende der Rückgriffsmöglichkeiten auf traditional begründbare Moral: „Von den ewigen Werten verlassen, müssen wir unsere eigenen Werte schaffen".[24] Damit aber ist jede Allgemeinverbindlichkeit von Referenzpunkten für Kritik dahin. Konsequenz ist, dass Kritik eine Form von Praxis wird, die sich nicht mehr wissenschaftlich betreiben, wohl aber sozialwissenschaftlich beobachten lässt. Dies ist der Ansatzpunkt für die Entwicklung einer Soziologie der Intellektualität.[25]

Im Zentrum der Soziologie der Intellektualität steht die Frage nach den Bedingungen und den Folgen intellektueller Kritik. Worauf es hier ankommt ist, dass die Soziologie der Intellektualität die Kritik und die Position des Kritikers in der Gesellschaft selbst zu Untersuchungsgegenständen macht. Damit wählt sie eine systematisch andere Argumentationsstrategie als die Kritische Theorie.[26] Warum ist die Differenz zwischen der Kritischen Theorie und der Soziologie der Intellektualität wichtig? Sie ist wichtig, weil an ihr der Übergang von soziologischer Kritik zu einer Soziologie der Kritik deutlich wird. Man kann auch sagen: Im Übergang von der Kritischen Theorie zur Soziologie der Intellektualität wird Kritik von einer sozialwissenschaftlichen Praxisform zum Objekt soziologischer Beobachtung. Ich werde erst kurz auf diese Differenz eingehen und dann Konsequenzen diskutieren, die sich daraus für eine intellektuelle Positionierung zur europäischen Integration ergeben.

Schon in der frühen Entwicklung der Kritischen Theorie finden sich Tendenzen, die in der Praxis vermissten revolutionären Subjekte durch eine starke Position des Theoretikers als Gesellschaftskritiker zu substituieren.[27] Die Selbstermächtigung der theoretischen Kritik erscheint ihr angesichts der zunehmenden ideologischen und machtpolitischen Abdichtung der Gesellschaft als alternativlos. „In der herrschenden Gesellschaftsform … hat die Menschheit weder Stimme noch Bewusstsein, es sei denn als Theorie, welche die jeweils fälschlich sich als Allgemeinheit aufspreizenden partikularen Interessen und Mächte im Widerspruch mit der öffentlichen Meinung kritisiert".[28] In der Dialektik der Aufklärung schließlich diagnostizieren Horkheimer und Adorno alles erfassende „Metamorphosen von

---

[23] Lepsius (1964), 78.
[24] Sartre (1977), 131.
[25] Vgl. Vobruba (2009), 29ff.
[26] Vgl. Vobruba (2009), 77ff.
[27] Vgl. Dubiel (1978).
[28] Horkheimer (1933), 172f.

Kritik in Affirmation" mit schlimmen Konsequenzen: „Es gehört zum heillosen Zustand, dass auch der ehrlichste Reformer, der in abgegriffener Sprache die Neuerung empfiehlt, durch Übernahme des eingeschliffenen Kategorienapparats und der dahinter stehenden schlechten Philosophie die Macht des Bestehenden verstärkt, die er brechen möchte".[29] Diese Theorieanlage macht Gesellschaft zum allumfassenden Verblendungszusammenhang, in dem Kritik nicht möglich und für Kritiker kein Platz ist. Dass dies als Zeitdiagnose zutraf und mit Blick auf das dritte Reich buchstäblich der Fall war, ändert nichts an ihrem grundlegenden Konstruktionsfehler. Denn um die Verdrängung von Kritik aus der Gesellschaft im Zustand ihrer totaler Verblendung darzustellen, muss „im Augenblick der Beschreibung noch von der totgesagten Kritik Gebrauch" gemacht werden.[30] Der performative Widerspruch, in dem sich die Dialektik der Aufklärung verfängt, drängt Kritik, ob sie will oder nicht, auf gesellschaftsexterne Quellen ihres Geltungsanspruchs ab. Dieser geltungsstiftende Rückgriff aber ist mit dem Strukturwandel von traditionalen zu modernen Weltbildstrukturen, mit dem der Mensch „rückverwiesen auf sich selbst"[31] wird, abgeschnitten. Denn für das Denken in der Moderne entfallen alle Möglichkeiten des Rekurses auf einen absolutistischen Bezugspunkt von Welterklärung. „Wo immer deshalb Sinn in Frage steht, gibt es keine Weiterverweisung, nicht in der Erkenntnis, nicht in der Ethik, nicht in der Ästhetik".[32] Habermas beschreibt die Folgen der „paradoxen Struktur eines Denkens der totalisierten Kritik"[33] sehr deutlich, sieht aber selbst einen „Ausweg aus der Verlegenheit einer Kritik, die die Voraussetzungen ihrer eigenen Geltung angreift"[34] nur im Rückgriff auf Normen, die der empirisch erhebbaren Praxis vorausgesetzt sind. Deren Konstitutionsbedingungen widmet er darum in der Theorie des kommunikativen Handelns seine ganze Energie.[35] Aber auch dieser Ansatz muss auf vor-empirische Geltungsgründe von Kritik rekurrieren, fasst die Kritik an der Gesellschaft darum nicht als empirisches Phänomen und kann weder sie noch die kritisierenden Akteure im Objektbereich der Theorie lokalisieren. Mit anderen Worten: Die in der Gesellschaft selbst stattfindende Kritik der Gesellschaft bleibt für die Kritische Theorie in allen Spielarten unbeobachtbar.

Wie steht es unter diesen Voraussetzungen nun um intellektuelle Kritik an der europäischen Integration?

---

[29] Horkheimer/Adorno (1969), 2, 4.
[30] Habermas (1985), 144.
[31] Dux (1982), 303.
[32] Dux (1982), 303f.
[33] Habermas (1985), 145.
[34] Habermas (1985), 154.
[35] Vgl. Habermas (1981).

4   Drei Perspektiven

Von den ersten Institutionalisierungsschritten ausgehend entwickelte die europäische Integration eine Eigendynamik, die von politischen Eliten exekutiert und von den Bevölkerungen lange Zeit weitgehend ignoriert wurde. Diese Eigendynamik führte die Europäische Union zu einem Integrationsniveau, auf dem die Lebensverhältnisse der Bevölkerungen der EU-Mitglieder nun massiv beeinflusst werden und die Institutionenbildung der EU explizite Positionierungen der Leute zur EU erzwingt.[36] Dass die Institutionenbildung der Bewusstseinsbildung voraus ging, liegt also daran, dass politische Eliten erst ein politisches Großprojekt im Windschatten öffentlicher Indifferenz institutionalisieren konnten.[37] Dann aber hob der Erfolg dieser Institutionalisierungen die öffentliche Gleichgültigkeit gegenüber dem Projekt auf und machte die EU zum Objekt von praktischen Beobachtungen und Interpretationskämpfen. Damit sind wir bei der gegenwärtigen, für „die Dynamik Europas" relevanten, Akteurskonstellation.[38] Ich muss sie kurz rekapitulieren, um die Problematik der Positionierung intellektueller Kritik an der EU beschreiben zu können.

Wenn die Institutionenbildung der Bewusstseinsbildung vorausgeht, dann empfiehlt es sich, unterschiedliche Akteursperspektiven auf die europäische Integration entsprechend ihrer institutionellen Verfassung als „Mehrebenensystem" zu unterscheiden.[39] Es bieten sich an: Die Perspektive der politischen EU-Eliten, die Perspektive der nationalen politischen Eliten und die Perspektive der Bevölkerungen.[40]

Mit der Entwicklung der Europapolitik zu einen Berufsfeld werden das ideelle Engagement für das Integrationsprojekt und individuelle Karriereinteressen kongruent. Aus dieser Konstellation entwickeln sich professionelle EU-Eliten, welche die europäische Integration als ein umfassendes Positivsummenspiel interpretieren. Unterschiedliche Zeithorizonte und spezifische Verteilungsmuster, in denen Kosten und Nutzen des europäischen Integrationsprozesses anfallen, werden in aller Regel übergangen.[41] Der Integrationsprozess erscheint als ebenso fortschrittlich wie ohne Alternative. Die weiteren Integrationsfortschritte sind in der Perspektive der EU-Eliten eine Frage angemessener politischer Steuerung und der Aufklärung der Bevölkerung darüber. Der Erfolg der weiteren Entwicklung der Europäischen Union ist eine policy-Aufgabe und ein Darstellungsproblem.

---

[36] Vgl. Vobruba (2007a), 9.
[37] Lepsius (1999), 206.
[38] Vgl. Vobruba (2007a), 29ff., 75ff.
[39] Scharpf (1994).
[40] Vgl. Vobruba (2007b).
[41] Vgl. Tang (2000); Vobruba (2007a), 29.

Nationale politische Eliten sind als die „Herren der Verträge" einerseits treibende Kraft der Entwicklung der EU. Andererseits aber sind sie – stärker als die EU-Eliten – an die Interessen und Interpretationen rückgebunden, welche die Wahlbevölkerungen bezüglich der EU entwickeln. Ein Indiz für die Berücksichtigung der Wählerinteressen durch nationale politische Eliten findet sich in den nationalen Programmen der Parteien der EU-Mitgliedsländer: Langfristig (1950-2005) nimmt in den Programmen die Bedeutung des Europathemas langsam zu, zugleich aber nehmen affirmative Einstellungen dazu ab.[42]

Die Einstellungen der Bevölkerungen zur EU sind überwiegend utilitaristisch geprägt. Das bedeutet zwar keineswegs, dass die Bevölkerungen der einzelnen Mitgliedsländer gegen weitere Integrationsschritte der EU sind, jedoch sind die nationalen politischen Systeme für integrationsskeptische Positionen in den Wahlbevölkerungen stark resonanzfähig.[43] Generell sind Angehörige von Nettozahlerländern der EU gegenüber kritischer eingestellt als Angehörige von Nettoempfängerländer;[44] Angehörige von Ländern mit generösen, universalistischen Wohlfahrtsstaaten befürworten die Übertragung von sozialpolitischen Kompetenzen auf die EU-Ebene weniger als Angehörige von Ländern, in denen der Zugang zu sozialstaatlichen Leistungen restriktiver geregelt ist.[45] Jedenfalls bis zur globalen Finanzkrise 2008f. hat die Skepsis gegenüber der EU langsam aber kontinuierlich zugenommen.

Die politischen EU-Eliten besetzen also die historisch aus dem intellektuellen friedenspolitischen Engagement hervorgegangene affirmative Position zur europäischen Integration. Die nationalen Eliten nehmen in unterschiedlichen Schattierungen eine vermittelnde Position zwischen den Exponenten des europäischen Integrationsprojekts und den Interessen der Wähler ein. Und die Bevölkerungen positionieren sich entsprechend ihren Interessen, also ihren institutionell präformierten Gewinn- und Verlusterwartungen. Wir können somit unsere Ausgangsvermutung konkretisieren: Das Problem einer genuin intellektuellen Positionierung zur europäischen Integration besteht darin, dass neben diesen Akteurspositionen kaum Platz für die Entwicklung einer eigenen Perspektive bleibt. Man erkennt dies an den Schwierigkeiten, mit denen intellektuelle Versuche offensichtlich zu kämpfen haben.

---

[42] Vgl. Volkens (2006).

[43] Zur Arbeitnehmerfreizügigkeit in der erweiterten EU in den Einstellung der Bevölkerungen einerseits und als politisches Issue andererseits vgl. Nissen (2009).

[44] Vgl. Nissen (2006).

[45] Vgl. Mau (2003).

5 Intellektuelle Versuche

Die überwiegende Mehrheit der intellektuellen Texte zur EU folgt der Tradition des Intellektuellen-Projekts Europa: Die Integration Europas ist erforderlich, um diesen traditionell kriegerischen Kontinent zu befrieden und damit Europa in der globalen Konkurrenz bestehen kann. „Kein Mittel darf unversucht bleiben, um der Welt den europäischen Zukunftskrieg zu ersparen".[46] Durchgehend wird auch heute die Bedeutung der europäischen Integration als Friedensprojekt betont.[47] Speziell mit Blick auf die Osterweiterung 2004/2007 kommt noch das Argument der Wiedergutmachung für Jalta hinzu.[48] Soweit die intellektuellen Texte aus den neuen Mitgliedsländern kommen, wird – ganz in der Stoßrichtung der policy-Akteure dieser Länder – die historisch tief verankerte Europazugehörigkeit und die aktuelle EU-Reife dieser Länder betont.[49] Werden zugleich auch wirtschaftliche Integrationsvorteile erwähnt, so werden in der Regel – im Gleichklang mit den EU-Eliten – Differenzierungen von Gewinnern und Verlierern, kurzfristig und langfristig, übergangen.[50] „Für mich bedeutet die Europäische Union größere Sicherheit und Freiheit, einen erweiterten Horizont und umfassendere Erfahrungen. In der Europäischen Union sind wir den lokalen Verblendungen weniger ausgeliefert, auf dem internationalen Arbeitskräftemarkt bewegen wir uns ungezwungener, und weder die Informationen noch das Kapital müssen wegen politischer Hindernisse an den Grenzen unseres Landes halt machen".[51] Konrad verwendet „das rhetorische Wir",[52] um – ganz in der Tradition klassischer Intellektueller – die Verallgemeinerbarkeit seiner Position deutlich zu machen. Eine analoge Struktur weist die Argumentation auf, mit der Timothy Garton Ash für den Zusammenhalt und die Erweiterung des Handlungsspielraum der EU in der internationalen Finanzkrise wirbt.[53] Er warnt vor dem Dominantwerden nationaler Egoismen, denn die langfristiger Interessen seien in einer intakten EU am besten aufgehoben. Dabei bedient auch er sich des „rhetorischen Wir". Ash macht sich zum Anwalt eines politischen Steuerungsinteresses, indem er bei den Leuten für größere Handlungsspielräume der politischen Eliten wirbt: „Ich glaube nicht, dass wir sie genug machen lassen". Aber diese Art der intellektuellen Identifikation mit den Leuten bleibt rein rhetorisch. Dem aufgeklärt-technokratischen Engagement für die Erweiterung der EU-

---

[46] Coudenhove-Kalergi (1924), 102.
[47] Vgl. Konrad (2004), 19.
[48] Geremek (2004), 11.
[49] Vgl. Geremek (2004), 12.
[50] Vgl. Vobruba (2007a).
[51] Konrad (2004), 19f.
[52] Horkheimer (1937), 265.
[53] Ash (2009), 39.

politischen Handlungsspielräume muss die Skepsis der Leute ebenso unverständlich bleiben wie der Brüsseler Politikelite selbst. Die Entgegensetzung zwischen politischen Eliten und Bevölkerungen wird in diesen intellektuellen Perspektiven auf die europäische Integration nicht aufgenommen und reflektierend in die eigene Position eingebaut. Man schlägt sich vielmehr auf eine Seite – und bleibt so selbst in der Entgegensetzung verfangen.

In dieser Konstellation sehe ich für kritische intellektuelle Positionierungen zur europäischen Integration nur eine Perspektive. Ich werde die Etablierung diese Perspektive erst an drei intellektuelle Texten zur EU als empirischem Material vorbereiten und dann das Problem des systematischen Orts von Gesellschaftkritik wieder aufnehmen.

Kritik an der EU aus einer eigentümlich gesellschaftsfernen Position findet sich in einem 1987 publizierten Text von Hans Magnus Enzensberger.[54] Im Jahr 2006 reist der Ich-Erzähler, ein Journalist aus den USA, durch Europa. Im Zuge seiner Reise trifft er den nach vierjähriger Amtszeit pensionierten EU-Präsidenten Erkki Rintala. Der sitzt in der Einsamkeit finnischer Wälder in seinem Blockhaus, pflegt einen alten Jaguar XK 150 als „ein Andenken an die Moderne", und unterzieht die institutionelle Integration der EU einer Fundamentalkritik: Der EU-Präsident sei ein „Herrscher aus Pappmaché", Brüssel ein riesiger supranationaler Wasserkopf, die europäische Einheit, die jahrzehntelang verfolgt wurde, „eine Chimäre" – und deshalb „musste der Brüsseler Schwachsinn in einer gigantischen Pleite enden".[55] – Ganz offensichtlich lebt man nach dem Ende der institutionellen Integration Europas. Enzensberger entwirft das Bild eines Europa, dessen merkwürdige Anziehungskraft in seiner kulturellen Vielfalt besteht mit der vagen Perspektive einer „Einheit ohne Einheit".[56] Europa wird ohne Institutionalisierung gedacht, aber dennoch – ganz in der intellektuellen Tradition – als großes Pazifizierungsprojekt vorgestellt. „Wir blicken auf einen sechzigjährigen Frieden zurück", sagt der pensionierte EU-Präsident, „das hat es in der dreitausendjährigen Geschichte dieses Erdteils noch nie gegeben. Und noch sensationeller als dieses Resultat ist die Tatsache, dass niemand es sensationell findet".[57]

Die hier entscheidenden Merkmale dieser Version intellektueller Kritik sind: Die Kritikerperspektive ist weitgehend ausgeklinkt aus der Gesellschaft; die Kritik ist, gemessen an der realen institutionellen Entwicklung der EU, Fundamentalkritik. Der Text ist im Effekt eher ein Echo der EU-Skepsis der Bevölkerungen als eine eigenständige Position intellektueller Kritik der europäischen Integration.

---

[54] Enzensberger (1987), 482.
[55] Enzensberger (1987), 479ff.
[56] Enzensberger (1987), 482.
[57] Enzensberger (1987), 480.

Ein Text von Tony Judt kommentiert die europäische Integration weniger pessimistisch, geht aber zugleich deutlich auf Distanz zur politischen EU-Elite und ihrem professionellen EU-Optimismus.[58] Anläufe zur Entwicklung einer originär soziologischen Perspektive auf die EU finden sich bei ihm überall dort, wo er vorhandene Einstellungen zur europäischen Integration beobachtend in seine Perspektive aufnimmt und daraus Schlüsse zieht. Dies läuft auf die Prognose hinaus, dass „die Länder des ehemals kommunistischen Europa niemals zu gleichen Konditionen Mitglieder der Union werden können".[59] Ob die Osterweiterung der EU 2004/2007 diese widerlegt hat, wird man im Lichte der Folgen der internationalen Finanzkrise für diese Länder jedenfalls als offene Frage zu behandeln haben. Als Leidtragende sieht Judt in erster Linie die Intellektuellen der Reformländer, die mit „ihrem eigentlichen Anliegen, der eigenen (tschechischen, polnischen, ungarischen, kroatischen) Kultur einen festen Platz in diesem Europa zu verschaffen" nicht weiter kommen.[60] Die entscheidenden Merkmale dieses intellektuellen Textes sind: Indem die Kritik in eine historische Rekonstruktion eingebaut wird, kommt der Text (weitgehend) ohne Formulierung einer eigenen Kritikerperspektive aus; die Kritik wird nicht als kategorische Entgegensetzung sondern als eine Form von Skepsis formuliert, die auch darauf eingestellt ist, von der zukünftigen Geschichte der EU überrascht zu werden; der Text meidet die Nähe zu EU-relevanten Akteursgruppen.

Jenseits von politischer Affirmation und intellektueller Kritik werden Europäisierungsprozesse im Sinne einer „Methodologie des Reisens" beobachtet.[61] Integrationseffekte ergeben sich daraus, dass durch Reisen innerhalb Europas Nationen übergreifende Gemeinsamkeiten entdeckt werden, oder dass durch Differenzerfahrungen im Zuge von Fernreisen Identitätsbildung gefördert wird. Karl Schlögel berichtet von Alltagsformen von Europäisierung in Facetten des transnationalen Berufsverkehrs.[62] Der internationale Autobasar in Marjampole in Litauen, die kilometerlangen Truckstaus an den EU-Außengrenzen, ein auf das Allerwesentlichste reduziertes Englisch als Grundlage transnationaler Verständigung, die Verbreitung von Ratgeberliteratur für Fernfahrer. „Es gibt ein Europa, das wächst: lautlos, fast unbemerkt, unspektakulär. Es wird kaum thematisiert, hat wenig Resonanz, da es von Selbstverständlichkeiten handelt, mit denen sich Berufseuropäer und Konferenzprofis nicht abgeben. Dieses Europa hat fast keine Stimme, weil es nicht von Berufs wegen mit Literatur, Visionen und politischen Projekten beschäftigt ist,

---

[58] Judt (1996).
[59] Judt (1996), 150.
[60] Judt (1996), 98.
[61] Wagner (2005), 109.
[62] Schlögel (2004).

sondern mit der Bewältigung des Alltags und den Routinen, die normales Leben
möglich machen. Dieses Europa findet man nicht auf Kongressen, sondern auf Au-
tobahnen, in Zügen, an Grenzübergängen".[63] Die entscheidenden Merkmale: Indem sich Schlögels Text auf Beobachtungen real stattfindender Europäisierungsprozesse beschränkt, verzichtet er auf die Formulierung einer eigenen Kritikper-
spektive, enthält aber eine implizite Kritik an EU-Elitenpolitik. Aus einer solchen
Perspektive lassen sich Prozesse einer Graswurzel-Europäisierung durch Reisen in
den Blick bekommen.[64] Es kann hier unentschieden bleiben, wie weit solche Formen der Europäisierung tragen. Entscheidend ist, dass mit der Beobachtung solcher empirisch ablaufender Europäisierungsprozesse und ihrer – allerdings begrenzten – Folgen, die intellektuelle Attitüde von Kritik auf die Beobachtung ei-
gensinnigen Handelns der Leute umgestellt wird. So entwickelt sich die intellektuelle Position von Versuchen, einen eigenen kritischen Standpunkt zu formulieren,
über eine zunehmende Distanz gegenüber den relevanten Akteursgruppen zu einer Position, von der aus sich die Einstellungen der Leute zur EU beobachten lassen. Damit ist die intellektuelle Standortsuche in der Soziologie angekommen.

An diese Zugänge zu Konstitutionsprozessen eines europäischen Gesell-
schaftsbewusstseins und einer europäischen Identität lässt sich die empirische Beobachtung anschließen, dass die Integrationsbereitschaft der Bevölkerungen den
politischen Integrationswillen der nationalen politischen Eliten übertrifft; dass also
nicht die Entgegensetzung von EU-Eliten und den Bevölkerungen, sondern eher
Allianzen zwischen nationalen politischen Eliten und politisch durchsetzungsfähi-
gen Minderheiten in den Bevölkerungen die europäische Integration behindern.[65]

Ich habe diese drei Beispiele gewählt, um die Möglichkeit der Transposition
von intellektueller Kritik an der EU in eine politische Soziologie der EU-Kritik an-
zudeuten. Diese Transposition halte ich für unabdingbar, will man den Schwierigkeiten entgehen, in die intellektuelle Kritik gerät, die sich in eine Gegenposition
zur EU als ihrem Kritikobjekt begibt, statt die in ihrem Objekt real vorfindbare Kritik zu beobachten und aufzunehmen. Die Transposition von intellektueller Kritik
in eine politische Soziologie der EU-Kritik ist erforderlich, weil man anders den
gesellschaftsinternen Standort der eigenen Kritik nicht ausweisen kann, zugleich
die Kritik übersieht, die ohnehin stattfindet, und – gerade deshalb – Gefahr läuft,
dass die eigene Position von relevanten Gruppen und deren Haltung zur EU bereits besetzt ist.

---

[63] Schlögel (2004), 7.
[64] Vgl. Gostmann/Schatilow (2008); Mau (2007).
[65] Vgl. allgemein Habermas (2008), 123; speziell zur Arbeitnehmerfreizügigkeit vgl. Gerhards/Lengfeld
(2009); Nissen (2009).

6   Eine Perspektive für Intellektualität

Ich stelle hier die Frage nach der systematischen Möglichkeit von Intellektualität in der Gegenwart beiseite.[66] Für meine abschließende Überlegung reicht die Beobachtung, dass es nach wie vor eine Textproduktion gibt, die sich als intellektuell versteht und die auch als solche rezipiert wird.

Das Problem einer intellektuellen Positionierung zur europäischen Integration ist offensichtlich: Wenn sich die intellektuelle Kritik unmittelbar in die Interpretationskämpfe um die europäische Integration hinein begibt, muss sie die Erfahrung machen, dass alle einfachen Perspektiven schon besetzt sind. Nimmt die intellektuelle Position das Pazifizierungs- und das Prosperitätsargument auf, verhält sie sich zur EU-Elite weitgehend affirmativ und geht letztlich in ihr auf. Übt sie Kritik an konkreten Formen und Folgen der EU-Politik, läuft sie Gefahr, zwischen dem Unbehagen und den Orientierungsproblemen der Leute und deren populistischer Ausbeutung zu verschwinden. Im Sinne unmittelbaren Engagements ist für Intellektualität in der europäischen Integration kein Platz.

Was tun? Ich erinnere noch ein mal kurz an die Ausgangskonstellation. Das intellektuelle Projekt Europa trat mit einem Generalvertretungsanspruch auf und zielte auf umfassende Gesellschaftsgestaltung. Aus beidem haben sich die Intellektuellen zurückziehen müssen. Das ist das Resultat der Erfahrungen, welche aus den Verbindungen von Intellektualität und Macht bis in die zweite Hälfte der zwanzigsten Jahrhunderts gemacht wurden. In der Folge wechselten die dominanten intellektuellen Ambitionen von Gesellschaftsgestaltung zu Kritik. Die Entwicklung der europäischen Integration von der Idee zur Institutionalisierung brachte jedoch mit sich, dass beide Positionen, Gestaltung und Kritik, für Intellektuelle nicht mehr verfügbar sind. Also: Was tun?

Erstens. Die intellektuelle Attitüde, der Gesellschaft Entwürfe zu ihrer Gestaltung zu liefern, hat sich historisch überholt. Die Gestaltungsoption ist professionell besetzt. Intellektuelle können sich auf die europäische Integration und ihre Institutionalisierungen beziehen, sie aber nicht betreiben. Zweitens. Aufgabe von Intellektuelle kann nicht länger sein, Kritik zu üben, sondern die Kritik der Leute zu beobachten und aufzunehmen. Zusammen: Eine genuin intellektuelle Positionierung zu Europäischen Union kann nur darauf beruhen, die Kritik und die Handlungspotenziale der Leute aufnehmend sich mit ihnen auf die Institutionalisierungen beziehen. Intellektuelleninterventionen scheint dann am ehesten möglich und sinnvoll, wenn sie Interessen und Deutungen der Leute aufnehmen und in die Form europapolitischer Gestaltungsideen bringen, welche in den europäischen Integrationsprozess passen, die politischen EU-Eliten gleichwohl irritieren. Ein Bei-

---

[66] Vgl. Vobruba (2009).

spiel für eine solche Idee, die eine genuin intellektuelle Perspektive auf die europäische Integration markieren könnte, scheint zu sein, die europäische Integration in den Modus abgestufter Integration zu überführen.[67] Mit dieser Idee wird eine Entwicklung der Europäischen Union aufgenommen, die sich ohnehin abzeichnet, die Kritik der Leute an der EU als empirisches Datum genommen und das Projekt der institutionellen Einigung Europas doch nicht preisgegeben.[68]

Literatur

Alber, Jens/Merkel, Wolfgang (Hrsg.) (2006): Europas Osterweiterung: Das Ende der Vertiefung? Berlin: Sigma

Ash, Timothy Garton (2009): Der Spielraum, über den wir mitentscheiden. In: Der Standard. 28. Februar 2009. 39

Bach, Maurizio (1999): Die Bürokratisierung Europas. Verwaltungseliten, Experten und politische Legitimation in Europa. Frankfurt/Main: Campus

Bach, Maurizio (2008): Europa ohne Gesellschaft. Wiesbaden: VS Verlag für Sozialwissenschaften

Bach, Maurizio (2010): Die Konstitution von Räumen und Grenzbildung in Europa. In: Eigmüller/Mau (2010): 133-141

Bach, Maurizio et al. (Hrsg.) (2006): Europe in Motion. Social Dynamics and Political Institutions in an Enlarging Europe. Berlin: Sigma

Bering, Dietz (1978): Die Intellektuellen. Geschichte eines Schimpfworts. Stuttgart: Klett-Cotta

Bezzola, Tobia (2008): Was macht denn das europäische Zuhause so anders, so anziehend? In: Bezzola/Lentzsch (2008): 9-15

Bezzola, Tobia/Lentzsch, Franziska (Hrsg.) (2008): Europop. Köln: DuMont

Bös, Mathias/Zimmer, Kerstin (2006): Wenn Grenzen wandern. Zur Dynamik von Grenzverschiebungen im Osten Europas. In: Eigmüller/Vobruba (2006): 157-184

Brunn, Gerhard (2002): Die europäische Einigung. Stuttgart: Reclam

Coudenhove-Kalergi, Richard N. (1924): Pan-Europa. Wien: Pan-Europa-Verlag

Dinan, Desmond (2005): Ever Closer Union. An Introduction to European Integration. New York: Palgrave Macmillan

Dubiel, Helmut (1978): Wissenschaftsorganisation und politische Erfahrung. Studien zur frühen Kritischen Theorie. Frankfurt/Main: Suhrkamp

Dubiel, Helmut (1985): Was ist Neokonservatismus? Frankfurt/Main: Suhrkamp

Dux, Günter (1982): Die Logik der Weltbilder. Frankfurt/Main: Suhrkamp

Dux, Günter (2000): Historisch-genetische Theorie der Kultur. Weilerswist: Velbrück

Eigmüller, Monika/Mau, Steffen (Hrsg.) (2010): Gesellschaftstheorie und Europapolitik. Wiesbaden: VS Verlag für Sozialwissenschaften

Eigmüller, Monika/Vobruba, Georg (Hrsg.) (2006): Grenzsoziologie. Die politische Strukturierung des Raumes. Wiesbaden: VS Verlag für Sozialwissenschafen

Enzensberger, Hans Magnus (1987): Ach Europa! Frankfurt/Main: Suhrkamp

Geremek, Bronislaw (2004): Wider die Erweiterungsskepsis. Das neue Europa und seine Feinde. In: Osteuropa 54(5-6). 2004. 9-18

---

[67] Vgl. Habermas (2008); Zielonka (2007).
[68] Vgl. Vobruba (2007a).

Gerhards, Jürgen/Lengfeld, Holger (2009): Von der nationalen zur europäischen sozialen Sicherheit? Das Gleichheitsskript der Europäischen Union und die Einstellungen der Bürger. In: Nissen/Vobruba (2009): 109-131

Giesen, Bernhard (1999): Europa als Konstruktion der Intellektuellen. In: Viehoff/Segers (1999): 130-146

Gostmann, Peter/Schatilow, Lars (2008): Europa unterwegs. Die europäische Integration und der Kulturtourismus. Münster: LIT-Verlag

Habermas, Jürgen (1981): Theorie des kommunikativen Handelns; 2 Bde. Frankfurt/Main: Suhrkamp

Habermas, Jürgen (1985): Der philosophische Diskurs der Moderne. Frankfurt/Main: Suhrkamp

Habermas, Jürgen (2008): Ach, Europa. Frankfurt/Main: Suhrkamp

Haller, Max (2008): European Integration as an Elite Process. The Failure of a Dream? London: Routledge

Horkheimer, Max (1933): Materialismus und Moral. In: Zeitschrift für Sozialforschung 2. 1933. 162-197

Horkheiner, Max (1937): Traditionelle und kritische Theorie. In: Zeitschrift für Sozialforschung 6. 1937. 245-294

Horkheimer, Max/Adorno, Theodor W. (1969): Dialektik der Aufklärung. Frankfurt/Main: Fischer

Judt, Tony (1996): Große Illusion Europa: Gefahren und Herausforderungen einer Idee. München: Hanser

Konrad, György (2004): Europas Identität und die Dominanz Amerikas. In: Osteuropa 54(5-6). 2004. 19-30

Konrád, György/Szelényi, Iván (1981): Die Intelligenz auf dem Weg zur Klassenmacht. Frankfurt/Main: Suhrkamp

Lepsius, M. Rainer (1964): Kritik als Beruf. Zur Soziologie der Intellektuellen. In: Kölner Zeitschrift für Soziologie und Sozialpsychologie 16. 1964. 75-91

Lepsius, M. Rainer (1999): Die Europäische Union. Ökonomisch-politische Integration und kulturelle Pluralität. In: Viehoff/Segers (1999): 201-222

Mannheim, Karl (1984): Konservatismus. Ein Beitrag zur Soziologie des Wissens. Frankfurt/Main: Suhrkamp

Mau, Steffen (2003): Wohlfahrtsstaatlicher Verantwortungstransfer nach Europa? In: Zeitschrift für Soziologie 32. 2003. 302-324

Mau, Steffen (2007): Transnationale Vergesellschaftung. Die Entgrenzung sozialer Lebenswelten. Frankfurt/Main: Campus

Medick, Hans (2006): Grenzziehungen und die Herstellung des politischen Raumes. Zur Begriffsgeschichte und politischen Sozialgeschichte der Grenzen in der frühen Neuzeit. In: Eigmüller/Vobruba (2006): 37-51

Müller, Hans-Peter (2010): Die europäische Gesellschaft als Ausdruck einer Fortentwicklung der Moderne? In: Eigmüller/Mau (2010): 109-129

Münch, Richard (2008): Die Konstruktion der europäischen Gesellschaft. Frankfurt/Main: Campus

Nissen, Sylke (2006): European Identity and the Future of Europe. In: Bach et al. (2006): 155-174

Nissen, Sylke (2009): Arbeitnehmerfreizügigkeit – Gebremste Europäisierung des Arbeitsmarktes. In: Nissen/Vobruba (2009): 173-204

Nissen, Sylke/Vobruba, Georg (Hrsg.) (2009): Die Ökonomie der Gesellschaft. Wiesbaden: VS Verlag für Sozialwissenschaften

Scharpf, Fritz W. (1994): Optionen des Föderalismus in Deutschland und Europa. Frankfurt/Main: Campus

Schlögel, Karl (2004): Europas Comeback. Marjampole oder die stille Verfertigung eines Kontinents. In: Lettre International 64. 2004. 6-10

Tang, Helena (Hrsg.) (2000): Winners and Losers of EU Integration. Washington: The World Bank

Viehoff, Reinhold/Segers, Rien T. (Hrsg.) (1999): Kultur, Identität, Europa. Frankfurt/Main: Suhrkamp

Vobruba, Georg (2007a): Die Dynamik Europas. Wiesbaden: VS Verlag für Sozialwissenschaften

Vobruba, Georg (2007b): Kritik der Europakritik. Die intellektuelle Perspektive auf die europäische Integration. In: Osteuropa 57(7). 2007. 3-12

Vobruba, Georg (2008): Die Entwicklung der Europasoziologie aus der Differenz national/europäisch. In: Berliner Journal für Soziologie 18. 2008. 32-51

Vobruba, Georg (2009): Die Gesellschaft der Leute. Kritik und Gestaltung der sozialen Verhältnisse. Wiesbaden: VS Verlag für Sozialwissenschaften

Volkens, Andrea (2006): Programmatische Stellungnahmen nationaler Parteien zur Europäischen Union. In: Alber/Merkel (2006): 253-279

Wagner, Gerhard (2005): Projekt Europa. Hamburg: Philo

Weber, Max (1919/1994): Politik als Beruf. Max Weber-Studienausgabe I/17. Tübingen: Mohr: 35-88

Winock, Michel (2007): Das Jahrhundert der Intellektuellen. Konstanz: UVK

Zielonka, Jan (2007): Europa als Empire. In: Blätter für deutsche und internationale Politik 3. 2007. 294-301

Kultur und Kulturen in Europa

Trinkkulturen in Europa. Strukturen, Transfers, Verflechtungen

Hasso Spode

Europa hat es gut. Die Menschen in der Europäischen Union erfreuen sich großer Freiheiten, vorzüglicher Infrastrukturen und sozialer Sicherungssysteme, hoher Einkommen, guter Gesundheit und einer hohen Lebenserwartung – und sie konsumieren traditionell sehr viel alkoholische Getränke. Letzteres hat freilich immer wieder Anlass zu größter Besorgnis gegeben; wellenartig kam es zu Kampagnen, die die „Trinksitte" – wie es um 1900 hieß – als Zerstörer des Körpers und der Gesellschaft bekämpften. Allerdings war diese Besorgnis bislang ungleich verteilt: In einigen Ländern wurden Anti-Alkohol-Bewegungen zu mächtigen politischen Akteuren, in anderen waren sie bedeutungslos. Ähnlich ungleich verteilt war und ist auch der Pro-Kopf-Verbrauch. Alkohol fungiert als ein Lackmustest des Wertesystems einer Kultur. Er eignet sich vorzüglich, Trennendes und Gemeinsames, Tradition und Wandel im „gemeinsamen Haus Europa" sichtbar zu machen. Dabei ist eine Geschichte der Trinkkulturen, wie jede andere Geschichte, besonders dann von Wert, wenn es gelingt, drei Forschungsperspektiven[1] zu integrieren: den vergleichenden Blick auf die (nationalen) Strukturen, auf den Transfer zwischen diesen Strukturen und auf deren Verflechtung.[2] Hierzu eine Vorbemerkung.

1   Einheit, Vielfalt, Trinkkultur

In der endlosen, seit dem Fall des Eisernen Vorhangs nochmals intensivierten Debatte über das „Wesen" oder die „Identität" Europas[3] stehen zwei konträre Argumente im Vordergrund: die „Vielfalt" und die „Einheit".

Da ist zum einen die Betonung der großen kulturellen und sprachlichen Mannigfaltigkeit auf kleinem Raum, die sich der nationalstaatlichen Zersplitterung des

---

[1] Vgl. Kocka (2003).

[2] Ich beschränke mich hier weitgehend auf die intangiblen Aspekte von Trinkkulturen, auf Verbrauchs- und Wissensmuster, obschon die Konsumtion selbstredend eng mit Produktion und Distribution zusammenhängt.

[3] Vgl. beispielsweise Eberhard/Lübke (2009); Fikentscher (2005).

Kontinents verdankt. Das Konzept des souveränen Nationalstaats als Agentur eines homogenen Staatsvolks hatte sich auf dem Boden der alteuropäisch-dynastischen Territorialstaaten herausgebildet, um schließlich zur alternativlosen Grundform staatlicher Vergemeinschaftung zu werden. In Europa wurde nach dem Zweiten Weltkrieg allerdings ein historisch beispielloser Weg organisierter Verflechtung beschritten, der schließlich in die Suprastaatlichkeit der Europäischen Union führte: Souveränitätsrechte werden an die Union abgetreten, die dafür im Gegenzug Prosperität, Sicherheit und globalen Einfluss verspricht. „In Vielfalt geeint" lautet neuerdings das offiziöse EU-Motto. Doch über Ziel und Grenzen des Einigungsprozesses besteht zwischen „europhilen" und „europhoben" Mitgliedsländern ein tiefer Riss, und die Osterweiterung hat der Union enorme kulturelle und ökonomische Disparitäten beschert.[4] Die „Vielfalt" bleibt also groß – indes kann sie eine Identität schon aus logischen Gründen allenfalls schwach begründen.

Der zweite Argumentationsstrang hebt denn auch auf die „Einheit" ab. Eine anonyme, der demokratischen Kontrolle entzogene Brüsseler Machtzentrale, die neoliberalen „Wettbewerb" mit Rauch- und Glühbirnenverboten kombiniert, taugt freilich wenig zum Identitätsanker. Mit „Einheit" ist daher nicht ein politisches Gefüge gemeint, sondern ein kulturelles. Zum einen wird dabei ein „Sonderweg" konstatiert und gefragt, wie und warum der Industriekapitalismus eine Erfindung Europas werden konnte. Hier sind weniger ökonomische als mentalitätshistorische Narrative[5] von Interesse, man denke an Max Webers „okzidentale Rationalisierung", an den „Zivilisationsprozess" von Elias oder schlicht an die Formel *the West and the rest*, die die kulturelle Kluft zwischen Europa und Amerika zurecht relativiert – wie zu zeigen ist, verdeutlicht gerade die Alkoholgeschichte die enge Verzahnung von Alter und Neuer Welt. Generell wohnt dem „europäischen Sonderweg" eine entgrenzende Dynamik inne; dank seiner universalistischen „Rationalität" im Sinne Webers hebt er sich – Huntingtons Kulturkampftheorie zum Trotz – tendenziell selbst auf und eignet sich immer weniger zum raumbezogenen Differenzierungsmerkmal.[6]

Aufs Engste verbunden mit der Sonderwegsthese, doch mit eher geistesgeschichtlichem Akzent, wird zum anderen auf die ideellen Erbschaften verwiesen, die Europas Eigenart ausmachen: auf das Amalgam jüdisch-christlicher und antiker Traditionen, aus dem dann Renaissance und Humanismus erwuchsen, die schließlich in der Aufklärung mündeten. Sie entthronte das Christentum und bildete das geistige Gegenstück zum Industriekapitalismus – beide vereint im Freiheitsbegriff der Französischen Revolution, die nicht von ungefähr eine der Antike

---

[4] Vgl. beispielsweise Spode (2008b).
[5] Vgl. beispielsweise Spode (1999a).
[6] Vgl. Ritzer (2006).

entlehnte Ästhetik entwickelte. Aus dieser Sicht erscheint Europa – unbeschadet der universalistischen Struktur von Christentum und Aufklärung – als eine letztlich mediterrane Kultur, als Erbin Roms (so wie sich ja auch die großen Herrscher ‚Caesar' – Kaiser bzw. Zar – oder ‚Imperator' – Emperor, Empereur, Emperador – nannten). Doch bereits um 1500 hatten Celtis, Hutten und Luther dieser Identitätskonstruktion vehement widersprochen, wobei sie sich auf die unlängst entdeckte *Germania* des Tacitus beriefen und den Arminius zum „deutschen" Freiheitshelden erhoben. Zumal seit dem späten 18. Jahrhundert trat neben das südlich-antike das nördlich-germanische, teils auch das keltische und slawische Element Europas in den Blick der Intellektuellen, wobei es – etwa bei Rousseau, Gibbon oder Klopstock – dem überzivilisierten Süden als Hort der Natürlichkeit und Freiheit gegenübergestellt wird.

Hier nun kommt der Alkohol ins Spiel. Als sich in der Frühen Neuzeit die europäischen „Völker" aus den *nationes* und *gentes* herausbildeten, ging dies mit einem Prozess der Kanonisierung und Typologisierung der jeweiligen „Bräuche" und „Sitten" einher. Dabei spielten die Trinksitten neben der Konfession und der Staatsform eine entscheidende Rolle, galten sie doch als ein Schlüssel zur seelischen „Charakteristik" der Völker,[7] d.h. zu den Alltagskonzepten von Tugend und Untugend, Recht und Unrecht, Freiheit und Knechtschaft, Männlichkeit und Weiblichkeit, Kultiviertheit und Barbarei.

Im Umgang mit alkoholischen Getränken ein kulturelles Schlüsselphänomen zu sehen, ist auch heute aktuell – im Alltagswissen wie in der Wissenschaft.[8] Nur spricht letztere statt von Trinksitten von Trinkkulturen oder -mustern: das Ensemble der Praktiken, Werte und Normen, das in einem Kollektiv – zumal einer „Nation"[9] – den Umgang mit dieser psychotropen Substanz kennzeichnet. Hierbei hat die Forschung gewisse Grundmuster und Tendenzen identifizieren können.[10] Im Folgenden wird diesen nachgegangen, um abschließend nach einer möglichen Konvergenz im heutigen Europa zu fragen. Zunächst aber gilt es, historisch weit zurückzugehen; denn in der Bewertung und Praxis des Trinkens sind basale Divergenzen wirksam, die bis in die Antike reichen.

---

[7] Anonymus (1772); vgl. Spode (1997).

[8] Vgl. Spode (1993), 10; sowie die Einleitungen zu Fahrenkrug (1986); Barrows/Room (1991); Blocker et al (2003); siehe auch die „reflexion essays" in Social History of Alcohol and Drugs.

[9] Jede Trinkkultur setzt sich wiederum aus Teilkulturen zusammen; die regionen-, schicht-, alters- und geschlechtsspezifischen Konsummuster können jedoch als Elemente einer „Totalität" aufgefasst werden, so wie man ja auch abstrahierend von einer italienischen oder japanischen „Kultur" spricht.

[10] Vgl. Spode (1993); Heath (1995); Gros (1996); Social Issues Research Centre (1998); Hengartner/Merki (2001) jeweils mit weiterer Literatur; zu Europa siehe auch Fikentscher (2008); Engs (1995).

2   Heiliges und profanes Saufen

Schon immer beobachten sich die „Völker" wechselseitig und machen sich Bilder über die Nachbarn, die Fremden. So galten den Griechen die Thraker und Skythen im Norden als frei aber roh, die Perser im Osten als kultiviert aber sklavisch – wobei man sich selbst die „rechte Mitte" attestierte. Die Trinksitten spielten in solchen Bewertungsschemata eine fundamentale Rolle. Den Wein „nach skythischer Art" ungemischt zu trinken, war den Griechen ein Zeichen der Versoffenheit. Genauso sahen dann die Römer ihre nördlichen Nachbarn, die Kelten und Germanen: ungezügelte Barbaren, die dem Trunk ergeben seien. Selbst Tacitus, der die Germanen zu edlen Wilden stilisierte, vermerkte um 100 n.Chr. in seiner *Germania*: „am wenigsten können sie den Durst ertragen".[11]

Mit dem antiken Bild der nördlichen Barbarenvölker als freiheitsliebend aber versoffen war ein Topos geboren, dessen Spuren sich bis in die Gegenwart verfolgen lassen. Dabei war der durchschnittliche Weinkonsum der Römer wahrscheinlich höher als der Bier- bzw. Metkonsum der halbnomadischen Germanen. Dennoch steckte in diesem Stereotyp durchaus ein wahrer Kern: Griechen und Römer tranken beim *Symposion* bzw. *Convivium* bis zum Erbrechen – doch dies erschien nicht wenigen als Missbrauch, als Verletzung der ethischen Grundregel der „rechten Mitte" (*mesotes, temperantia*). Bei den nördlichen Barbaren hingegen war die gemeinsame Berauschung eine heilige Ehrenpflicht. Tacitus schrieb: „Tag und Nacht hindurch zu zechen", gelte den Germanen „nicht als Schande"; vielmehr glaubten sie, dass der Geist dann besonders offen sei für große Dinge, wie eine Fürstenwahl oder die Entscheidung über Krieg und Frieden.

Was Tacitus da verwundert registrierte, erweist sich als eine nahezu ubiquitäre Institution in Stammesgesellschaften: das archaische Gelage.[12] Die kollektive Berauschung am Festtag war eine magisch-sakrale Handlung und zielte auf Transzendenz und Integration. Das Trinken und Zutrinken ist dabei stark ritualisiert; einen dargebotenen Becher abzulehnen, wäre ein unerhörter Frevel. Der Trinkzwang gewährleistet die kontrollierte Aufhebung der Kontrollen: Von den Teilnehmern – häufig nur die Männer – wird erwartet, im Zweifel bis zur Bewusstlosigkeit mitzutun. Indem die Berauschung die Einheit der Welt, die Gemeinschaft der Götter, Ahnen und Menschen wiederherstellt, kommen ihr essenzielle psychische, religiöse und soziale Funktionen zu.

Gebildeten Römern wie Tacitus war die Magie des Trinkens fremd geworden. In tribalen Gesellschaften ist die Herstellung vergorener Getränke nicht oder nur

---

[11] Zur Taciteischen Germania und anderen Quellen vgl. Spode (1993), Kapitel 1; siehe auch Fikentscher (2008), Kapitel 7.
[12] Wie Anm. 10, 11 und 13.

wenig verstetigt, sodass sie nur sporadisch in größeren Mengen zur Verfügung stehen. In komplexen Gesellschaften wird die Produktion rationalisiert und professionalisiert, und es wird die Haltbarkeit verbessert: Die Verfügbarkeit alkoholischer Getränke steigt; sie werden zu einem zentralen Bestandteil der täglichen Ernährung und decken einen hohen Anteil des Bedarfs an Kalorien und Nährstoffen. Dies traf auf die Bierkulturen im Zweistromland, am Nil und am Ganges ebenso zu wie auf die Weinkulturen am Mittelmeer und in Persien. Die Veralltäglichung des Alkohols musste auf Kosten seiner magischen Qualitäten gehen. Neben der Funktion als Nahrungs-, Stärkungs- und Heilmittel bleiben Wein und Bier zwar Rauschmittel, die Transzendenz erzeugen. Dabei wird der Rausch aber zunehmend profanisiert:[13] Beim *Symposion* bleiben die Regeln des Trinkzwangs teils in Kraft, nehmen jedoch spielerisch-ironische Formen an; die Berauschung ist weiterhin ein Mittel der Entgrenzung der Trinker untereinander, aber nicht mehr zwischen der irdischen und der überirdischen Welt. Damit verliert sie ihre unbefragte Legitimität und kann Gegenstand moralischer Diskurse werden. Es wird eine Grenze zwischen *usus* und *abusus*, Ge- und Missbrauch gezogen, eine Grenze, die freilich hoch variabel war – und ist.

3   Mittelalterliche Trinkkulturen

Hatte Tacitus die germanischen Götter noch mit den römischen gleichgesetzt, so wird dann im Mittelalter die sittliche Binärcodierung ‚römische Zivilisiertheit vs. germanisches Barbarentum' religiös überformt: ‚christlich vs. heidnisch'.[14] Als sich in der Völkerwanderungszeit das Christentum nach Norden ausbreitete, stießen die Missionare nicht nur auf einen abscheulichen Polytheismus, sondern auch auf ebensolche Trinksitten. Zumal das Bier war ihnen anfangs verhasst, schrieb doch das Sakrament des Abendmahls den Wein vor. Bei einem Wodansfest zerstörte der heilige Columban ein riesiges Bierfass. Mit dem heidnischen Trank machte der Missionar freilich bald seinen Frieden.[15] Vergorene Getränke, egal ob gekeltert oder gebraut, waren nun einmal ein fester Bestandteil der „rechten Nahrung". Die Herrscher waren bemüht, die Versorgung sicherzustellen. auch wenn sie, wie Karl

---

[13] Bei einigen Festen wie den Eleusien und den (186 v.Chr. verbotenen) Bacchanalien bleibt der heilige Rausch erhalten; doch tendenziell wird der sakrale bzw. „rituelle" zum profanen bzw. „sozial-konvivialen" Konsum; vgl. Bales (1946).

[14] Vgl. Ohnacker (2003), v.a. 261.

[15] Er vollbrachte ein Bierwunder, das heißt wandelte Wasser in Bier. Zum Folgenden vgl. Spode (1993), Kapitel 2; Montanari (1993), Kapitel 27.

der Große, die „Trunkenheit verabscheuten" und Trunkenbolden Strafen androhten.

Im Hoch- und Spätmittelalter ist dann von einem Tagesverbrauch von rund einem Liter Vergorenem auszugehen (also zwei- bis viermal mehr als im heutigen Europa[16]); nicht selten betrug er aber auch zwei oder – beim Bier – fünf und mehr Liter. Bei solchen Flüssigkeitsmengen spielte auch der starke Salzkonsum eine Rolle, aber primär galt: je höher der soziale Status, desto größer die tägliche Trinkmenge. Viele der Reichen und Mächtigen gingen daher wohl nie ganz nüchtern durch den Tag.[17] Bei Missernten musste das Volk Wasser trinken, doch wer es sich irgend leisten konnte, mied dieses oft ungesunde (da keimbelastete) Getränk der Bettler und Büßer. Die Hochschätzung von Wein und Bier als Nahrungs-, Stärkungs- und Heilmittel war im moralisch-theologischen und medizinisch-diätetischen Diskurs unbestritten. Gegen den Exzess hingegen – die „Trunkenheit" – führten weltliche und geistliche Autoritäten einen ebenso erbitterten wie vergeblichen Kampf. Über die „notwendige" Nahrung und die erlaubten Anlässe hinaus konsumierte Mengen wurden dabei als Missbrauch und Sünde definiert: Der Säufer nehme Schaden an „Seele, Ehre, Leib und Gut". Doch wo lag die Grenze des rechten Gebrauchs? Einerseits traf akut Betrunkene[18] der Bannstrahl der Sittenprediger und sie konnten der Lächerlichkeit anheimfallen; andererseits wurde in zahlreichen Situationen Trunkenheit jedoch erwartet und positiv bewertet. Der starke Trinker war ein Held.

Hierin zeigte sich Europa allerdings gespalten: Grob gesprochen lassen sich zwei Grundtypen von Trinkkulturen, und damit auch von Missbrauchsdefinitionen, unterscheiden:

- der „mäßig-regelmäßige" romanische **Südtypus** und
- der „periodisch-exzessive" germanisch-slawische **Nordtypus**.

Wir finden hier also ein Fortleben der alten Topoi: das römisch-christliche „rechte Maß" gegen die barbarisch-heidnische „sporadische Verausgabung". Eine exakte geografische Bestimmung der Binärcodierung von ‚Nord' und ‚Süd' müsste freilich an der realen Buntheit des Lebens scheitern. Dies zumal als sich quer zum geografischen ein sozialer Zwiespalt aufgetan hatte: zwischen einer monastisch-geistlichen und einer Laienkultur, wobei wiederum zahllose Abstufungen und

---

[16] In Deutschland liegt der Tagesverbrauch an Alkoholika (Bier, Wein, Branntwein) zur Zeit bei 0,4 l bzw. knapp 30 g Reinalkohol; siehe Anm. 63.

[17] Eine Ration von 2 l Wein bedeutete eine Aufnahme von 100-200 g Reinalkohol, der in der Regel erst über Nacht abgebaut werden konnte.

[18] Das Konzept zwanghaften Trinkens im Sinne des heutigen Alkoholismus war unbekannt; dazu Spode (1993) und (2005); Valverde (1998).

Wechselwirkungen in Betracht zu ziehen wären, insbesondere die höfische Ritter-kultur, die germanische und antik-christliche Ideale zu einem „Tugendsystem" verband.[19] Zweifellos liefern uns die Quellen zu den regional differenzierten Prak-tiken des Essens und Trinkens holzschnittartige Zuschreibungen – Embryonalfor-men von Völkerstereotypen. Dennoch war der Nord-Süd-Gegensatz mehr als eine bloße Konstruktion.[20] Im germanischen und slawischen Sprachraum behauptete sich die männerbündische[21] Institution des archaischen Gelages gegen alle Erlasse und Predigten – Ausdruck einer Mentalität bzw. „Geistesverfassung" beim *populus vulgaris*, die im Widerstreit mit der moraltheologischen „Reflexion" über das Trin-ken lag.[22] Wenn Menschen zum Trinken zusammenkamen – und hierfür gab es zahllose Anlässe: Taufe, Hochzeit, Begräbnis, Vertragsabschluss, Ankunft von Gäs-ten etc. – galten die strengen Regeln des „Zutrinkens": Ein Zechgenosse erhob den Becher, brachte eine Segensformel auf die „Gesundheit" aus und leerte ihn in ei-nem Zug; der so Geehrte hatte „Bescheid zu tun", d.h. den Becher auf die selbe Weise zu leeren. Bisweilen kam es auch zum Trinkkampf, bei dem sich zwei Kont-rahenten bis zur Bewusstlosigkeit Gesundheiten zutranken. Sich alleine zu berau-schen war hingegen undenkbar. Im Süden war dieses Zutrink-Ritual ungewöhn-lich; bezeichnenderweise hatten die Italiener für das Saufen ein deutsches Lehn-wort eingeführt: *trincare*. Freilich ist zu bedenken, dass ihnen die Deutschen zu-meist als Soldaten begegneten. Wie schon in der Antike sagte das Kollektivattribut „Säufer" nichts über den Pro-Kopf-Verbrauch, vielleicht nicht einmal über die Häufigkeit von Trinkexzessen. Vielmehr unterschieden sich der Nord- und der Südtypus in der Bewertung, der Form und der Funktion der Trunkenheit. Die ritu-alisierte Berauschung erschien aus dem Blickwinkel des Südens als roher, ungesit-teter „Brauch", während ihr Fehlen aus dem Blickwinkel des Nordens als Aus-druck „welscher" Verschlagenheit und Verweichlichung galt.

4   Ernüchterung in der Frühen Neuzeit

Im 16. Jahrhundert kommt es zu einer spektakulären Umerziehungskampagne mit dem Ziel der Abschaffung des Zutrinkens.[23] Schauplatz ist das von der Reformati-

---

[19] Hierzu schon Dawson (1932), Teil 3, der in dieser Verbindung den Kern der europäischen Kultur sah.

[20] … wenngleich die Rede von „zwei Europa" – Montanari (1993) – diesen Gegensatz überzeichnet.

[21] Frauen veranstalteten separate „Weiberzechen"; die Mischung der Geschlechter und Stände beim Trinken galt als verwerflich; vgl. Tlusty (2001), Kapitel 7.

[22] Zum Verhältnis von sozialer Lage, (unbewusster) „Mentalität" und (bewusster) „Ideologie" siehe immer noch Geiger (1932), hier 78; vgl. allgemein Spode (1999a).

[23] Hierzu und zum Folgenden vgl. Spode (1993) und (1997); Tlusty (2001); Gros (1996).

on erschütterte Mitteleuropa. Martin Luther und andere Prediger zogen wortge-
waltig gegen den „Saufteufel" zu Felde; Stadträte und Fürsten stellten das Zutrinken unter Strafe; auf den Reichstagen ergingen Abschiede „wider solchs Hauptlas-
ter", und Adlige gründeten „Mäßigkeitsorden", deren Mitglieder dem Zu- und
Wetttrinken abschworen. Genützt hat das alles wenig. „Der Sauf bleibt ein allmächtiger Abgott bei uns Deutschen", bilanzierte Luther unter Bezug auf Tacitus.

Die Trunkliebe, die einerseits mit Gastfreundschaft, Offenheit und Männer-
freiheit, andererseits mit Ungeschliffenheit, Rauflust und Unbildung assoziiert war,
wurde zum völkerpsychologischen Kristallisationskern, der das Selbst- und
Fremdbild der Deutschen noch lange bestimmen sollte, wobei freilich auch andere,
etwa die Engländer, Holländer und Dänen, durch ähnliche Identitätsmarker charakterisiert wurden.

Die Kampagne gegen den „Saufteufel" war nicht allein von der Angst vor
ewiger Verdammnis getrieben; vielmehr zielte die „protestantische Ethik" – indem
sie die Tilgung der Sünde durch die bußfertige Tat verwarf – bekanntlich auf eine
beständige, gewissensgesteuerte Selbstkontrolle und fungierte damit als Mittel und
Ausdruck neuartiger Verhaltensanforderungen. Gegen die innerweltlichen Zwänge des aufkommenden Berufsmenschen, gegen die zunehmende Pazifizierung, Individualisierung, Affektregulierung und Entkörperlichung hatte sich heftiger Widerstand geregt (zumal seitens des dem Untergang geweihten niederen Land-
bzw. Raubadels), der die Kampagne scheitern ließ; doch langfristig bahnte sie neu-
en Funktionen, Bewertungen und Praktiken des Trinkens den Weg. Mehr und
mehr entfernten sich dabei die um 1500 verfestigten Völkerstereotype von den
Realitäten.[24]

In England entfachen die Puritaner im 17. Jahrhundert eine vergleichbare
Kampagne gegen das Bierhaus; zugleich verliert in den Oberschichten das archaische Gelage seine Legitimation. Auch in Deutschland wird es im 18. Jahrhundert
allmählich in Subkulturen abgedrängt, etwa bei den Studenten und an einigen
Fürstenhöfen. Tendenziell wird das Trinken entritualisiert und „hinter Kulissen"
(Norbert Elias) verbannt, d.h. privatisiert und verhäuslicht. Der „einsame Zecher"
und die „heimliche Trinkerin" betraten die Bühne.

In weiten Teilen Europas obsiegt das Vorbild der französischen Zentralelite:
Die „Geschliffenheit" verdrängt die rohe Sinnenfreude, Trunkenheit wird zur
peinlichen Entgleisung. Leitfossil dieser Verhaltensänderung an der Tafel ist die
Essgabel, die sich in den europäischen Oberschichten überall durchsetzt:[25] Im Bereich des Nordtypus gingen Gabelgebrauch und Ernüchterung Hand in Hand. Die
eingangs erwähnte „Charakteristik der vornehmsten Europäischen Nationen" kri-

---

[24] Zum Folgenden vgl. Clark (1983); Brennan (1988); Spode (1993).
[25] Vgl. Jaeger (2005), Artikel Essen.

tisiert 1772 zwar noch, dass der Gast an vielen deutschen Höfen trinken müsse, „bis er den Gebrauch seiner Vernunft verloren hat. Doch diese Gewohnheit war ehedessen stärker Mode als jetzo" – manche Höfe wären gar „Muster der Artig-keit" geworden.[26] Der Verhaltenswandel war den Zeitgenossen sehr bewusst und rief Abwehrreaktionen hervor: Goethe vermerkt in einer Rezension zu diesem Buch, die „polierten", d.h. nach französischem Vorbild zivilisierten Nationen droh-ten jede Eigenart zu verlieren, und Schillers Freund Petersen beklagt in diesem Sinne den Niedergang der „deutschen National-Neigung zum Trunke".[27]

Ausdruck und Mittel dieser „Rationalisierung des Lebensstils" (Max Weber) wird die „Polarisierung der Getränke":[28] Die schwach berauschenden, vergorenen Getränke Wein und Bier werden gleichsam zerlegt: auf der einen Seite der kon-zentriert berauschende Branntwein und auf der anderen die konzentriert ernüch-ternden, vigilanzsteigernden Heißgetränke Kaffee und Tee. Sie werden zum Trank der Geistesarbeiter, erobern die Höfe und ersetzen schließlich – zusammen mit den Branntweinprodukten – auch in breiteren Schichten allmählich die vergorenen Ge-tränke. Zu dieser neuen Drogenkultur gehört auch der Tabak; den Menschen steht dank der einsetzenden Globalisierung nun eine breite Palette psychotroper Sub-stanzen zur Verfügung, die eine Feinregulierung des Befindens zwischen Rausch und Nüchternheit, Exitation und Sedierung, erlauben. Sie bilden eine neue Klasse von Konsumgütern: die im Unterschied zu den unentbehrlichen Nahrungsmitteln im Zweifel entbehrlichen Genussmittel.[29]

Gegen Ende dieser langen, unspektakulären Ernüchterungs- und Polarisie-rungsphase in der Frühen Neuzeit wird daher von Volkserziehern schließlich auch der nutritive Gebrauch alkoholischer Getränke abgelehnt. Und zwar zunächst für Frauen, Kinder und die Randschichten (die bis dato bei Armenspeisungen mit Wein oder Bier bedacht wurden). Auf Grund sinkender Realeinkommen konsu-mierten die breiten Schichten ohnehin deutlich weniger Alkoholisches als im Mit-telalter:[30] Der Pro-Kopf-Verbrauch an Reinalkohol fiel zwischen 1500 und 1800 auf eine mit heute vergleichbare Größenordnung, obschon der Branntweinverbrauch punktuell stieg.

Beim Militär und in einigen nördlichen und östlichen Regionen Mitteleuropas trat der Branntwein[31] in Konkurrenz zum Bier, primär im Stadtbürgertum. In Ost-

---

[26] Eberhard/Lübke (2009), 27 und 54; dazu Goethe zitiert nach Goethe's sämmtliche Werke; Band 5. Stuttgart 1863, 541f.

[27] Petersen (1782).

[28] Vgl. kurz www.karenbartram.de/Kaffeeh%E4user.htm.

[29] Zum Begriff vgl. die Einleitung zu Hengartner/Merki (2001).

[30] Vgl. Abel (1981), Kapitel II.5.

[31] Vgl. ibid. und Jaeger (2005), Artikel Branntwein; Blocker et al. (2003), Artikel Gin; Gros (1996), Kapitel 2.3.

europa begann der Roggenbrand (später Wodka genannt) allmählich sogar das Bier zu verdrängen. Besonders aber in England stieg der Konsum in der ersten Hälfte des 18. Jahrhunderts dramatisch, und zwar bei den städtischen Unterschichten. Hier wurde erstmals eine Substanz – der „Gin" – und nicht ein bestimmtes Trinkverhalten als soziale Bedrohung thematisiert. Durch Steuererhöhungen und Schanklizenzierung gelang es, das „Gift" zugunsten von Bier und Tee zurückzudrängen. Fortan trug der Branntwein bei Gebildeten das Odium, ein „Zerstörer" der Ordnung zu sein. In Schweden kam es 1756/76 sogar zu einem (wenig effektiven) Schnapsverbot, doch in anderen Teilen des Nordens und zumal in Osteuropa wurde die negative Wertung nicht übernommen.

Die südlich-mediterrane Weinkultur blieb von diesen Entwicklungen weitgehend unberührt. Wohl erreichte die „Polarisierung der Getränke" auch hier die Oberschichten, doch in der breiten Masse hielt die neue Drogenkultur – mit Ausnahme des Tabaks – keinen Einzug; der Wein galt unbestritten als unersetzliches Nahrungsmittel und sein Konsum blieb auf einem hohen Niveau. Auch die beiden anschließenden, dramatischen Phasen des Kampfes gegen den Alkohol sollten am Südtypus nahezu spurlos vorübergehen.

5   Moralische Globalisierung im langen 19. Jahrhundert

Den Auftakt zum kapitalistischen „Maschinenwesen", das Goethe 1829 heraufziehen sah, markierte ein deutlicher Anstieg des Branntweinkonsums bei den Unterschichten: Im frühen 19. Jahrhundert wiederholte sich die englische „Gin-Panik" in weiten Gebieten der nördlichen Trinkkultur. Technische Innovationen (Dampfbrennerei) erlaubten nun die fabrikmäßige Verarbeitung von Maischen aus billigen Rohstoffen, die Getreide und Wein ersetzten: Kartoffeln in Europa, Melasse in Amerika. Die Brennerei gehörte zu den frühesten Industriezweigen. Die Preise sanken, Produktion und Durchschnittsverbrauch nahmen zu. Was bislang primär ein stärkendes Getränk der Soldaten, Bergleute und ehrbaren Handwerker war, wird zum Alltagsgetränk der Armen in Stadt und Land, wo es das Bier, aber auch alle anderen Nahrungsmittel, zurückdrängt. In Preußen z.B. lag der Pro-Kopf-Verbrauch um 1840 bei 24 Litern Schnaps – erwachsene Männer tranken jährlich um 60 Liter –, während der Bierkonsum auf unter 20 Liter fiel.[32]

Begünstigt durch das Fehlen tradierter Trinkmuster für das Alkoholkonzentrat und den schlechten Ernährungsstatus der neuen Konsumentenschichten wur-

---

[32] Auf Grund des geringen Bier- und Weinkonsums lag allerdings der Pro-Kopf-Verbrauch an Reinalkohol mit rund 10 l auf dem heutigen Niveau. Hierzu und zum Folgenden vgl. Spode (1993); Tappe (1994).

den Folgeschäden bislang unbekannten Ausmaßes sichtbar. Es bildeten sich soziale Bewegungen, die für ein neuartiges Alkoholwissen kämpften. Deren manifeste und latente Motivlagen waren nicht immer deckungsgleich, doch hatten sie gemeinsame Grundlagen. Auslöser war stets ein demokratisierter Branntweinkonsum (und keineswegs ein hoher Gesamtalkoholverbrauch), der mit einer erhöhten Varianz der Konsummuster einherging – eine verstärkte „Ambivalenz"[33] gegenüber dem Alkohol hielt in diesen Ländern Einzug: Während einige Milieus sorglos dem Schnaps oder Rum zusprachen, andere dem teuren Wein, zeigten wieder andere einen sehr niedrigen Alkoholkonsum, und zumal für Frauen war er einzig noch zu Heil- und Stärkungszwecken moralisch statthaft. Vor allem aber: Die Welt schien aus den Fugen geraten. „Alles Ständische und Stehende verdampft, alles Heilige wird entweiht", schrieb Karl Marx – der Kapitalismus hatte den „Weltmarkt hergestellt".[34] Die Auflösung der Ständegesellschaft stürzte breite Schichten ins Elend oder bedrohte zumindest ihren Status. Während Marx und andere diese nicht-intendierten Effekte der Modernisierung ökonomisch analysierten, wurden sie von etlichen Zeitgenossen auf den Alkohol projiziert: ein „künstliches Gift", das quasi von außen in die an sich wohlgeordnete Welt einsickert, um sie ins Chaos zu stürzen. In diesem Kontext entstand nicht zuletzt das Krankheitsmodell der Trunksucht: ein Trinkzwang, der nicht mehr von den Zechgenossen ausgeht, sondern einer Substanz innewohnt. Was lag näher, als diese Substanz[35] abzuschaffen?

Hatte einst die englische „Gin-Panik" kaum Beachtung auf dem Kontinent gefunden, so sind nun die Kommunikationsstrukturen so hoch entwickelt, dass der Transfer der Ideen mühelos die Grenzen überwindet. Der Alkoholdiskurs wurde globalisiert. Die Thematisierung des Alkohols als soziales Problem verlief dabei zyklisch in zwei großen Wellen:[36]

- die erste Welle etwa im zweiten Drittel des 19. Jahrhunderts,
- die zweite vom Ende des 19. Jahrhunderts bis zum Zweiten Weltkrieg.

---

[33] Siehe Anm. 59.

[34] Manifest der Kommunistischen Partei, London 1848.

[35] Anfangs wurden einzig dem Branntwein eine suchtbildende Wirkung zugeschrieben; seit den 1820er Jahren wurde sie auf sämtliche alkoholischen Getränke ausgedehnt (siehe Anm. 18).

[36] Einschließlich des Kampfs gegen den „Saufteufel" und einer kürzeren Debatte um 1800 ergeben sich vier Thematisierungszyklen des Alkohols, wobei selbstredend nicht alle Länder völlig synchron liefen; vgl. Spode (im Druck); siehe auch das Tableau unter www.dhs.de/makeit/cms/cms_upload/dhs/beitrag _spode.pdf. Aus der Fülle der Literatur zum Folgenden hier nur zu England: Harrison (1971); Deutschland: wie Anm. 32; USA: Gusfield (1986); Lender/Martin (1987); Barr (1999); übergreifend: Paulson (1973); Fahrenkrug (1986); Barrows/Room (1991); Heath (1995); Blocker et al. (2003).

Von großer Folgewirkung war dabei, dass im ersten Zyklus eine neuartige Trink-kultur entsteht: die „Temperenzkultur"[37] bzw. der Temperenztypus. Er entfaltet sich mit dem Einsetzen der Frühindustrialisierung um 1820 in den USA. Mit bei-spiellosem Ingrimm sollte das Land fortan über den Alkohol streiten. Die Moder-nisierungskrise nahm hier spezifische Formen an: Ausgeprägte Frömmigkeit und Großstadtfeindschaft verbanden sich mit dem Geschlechterkampf und vor allem mit der Verteidigung der Hegemonie der englisch-protestantischen Mittelschich-ten: Das Neue Jerusalem der Pilgerväter sei ein Opfer des „Alkoholteufels" gewor-den, der bevorzugt unter den Zugewanderten aus Deutschland, Italien und Irland wüte. Hochmotivierte Akteure in Kirchen und Zivilgesellschaft wähnten sich in ei-ner *drunken republic* und gründeten „Temperenzgesellschaften", wobei sich die Be-deutung von *temperance* von der Mäßigkeit bis zum Alkoholverbot radikalisierte: In den 1850er Jahren wurden in 15 Bundesstaaten Prohibitionsgesetze durchgesetzt – die freilich nur von kurzem Bestand waren. Spätestens im Bürgerkrieg brach die Bewegung weitgehend zusammen, hinterließ allerdings, wie sich zeigen sollte, dauerhafte Strukturen.

Es entsprach dem Missionarismus des Puritanertums, dass die einmal erkann-te Wahrheit über den Alkohol der Welt nicht vorenthalten werden durfte. So schickte die *American Temperance Union* 1835 einen Abgesandten nach Europa, der vom preußischen König empfangen wurde, Briten und Amerikaner gründeten 1846 eine kurzlebige *World's Temperance Union*, und angloamerikanische Kirchen initiierten Temperenzvereine. Angestoßen von solchen Vereinen, entfesselte in Ir-land ein obskurer katholischer Priester, Theobald Mathew, um 1840 einen chiliasti-schen „Kreuzzug" zur Abschaffung des Alkohols. Die Hälfte der Iren schwor auf Massenversammlungen feierlich dem „Alkoholteufel" ab und bekannte sich zur Abstinenz, zum *teetotalism*. Doch so hochgespannt die Heilserwartungen in diesem bettelarmen Land waren (viele glaubten, Mathew sei ein Wunderheiler), so rasch schlief die Bewegung wieder ein. Die 1845 einsetzende Hungerkatastrophe machte ihr endgültig den Garaus. Das gleiche Schicksal ereilte den vom Pastor Heinrich Böttcher angeführten „Kreuzzug" in Nord- und Ostdeutschland, der von Amerika und Irland angeregt worden war. Hier predigte man aber nur gegen den Brannt-wein und pries das Bier als gesunde Alternative. In einigen Gebieten, wie dem vom Massenelend besonders betroffenen Oberschlesien, erfasste der „Kreuzzug" ebenfalls die Hälfte der Bevölkerung, doch bald waren die Schwüre vergessen, und in der Märzrevolution 1848 brach die Bewegung – im liberalen Bürgertum zu Recht als „Pietisterei" und zu Unrecht als Projekt der verhassten „Obrigkeit" be-argwöhnt – zusammen; fast alle der 1200 lokalen Mäßigkeitsvereine lösten sich auf.

---

[37] Vgl. wegweisend Levine (1992), der ihre Grundlage im Zusammentreffen von Protestantismus und Branntwein sieht.

Ihre Hinterlassenschaft bildete ein positives Image des Biers – und ein negatives des freudlos-frömmelnden „Temperenzlers". Vergleichbar verlief die Entwicklung in England und Skandinavien, wenngleich hier die spektakulären Massenbekehrungen weniger Menschen in den Bann schlugen als in Irland und Deutschland. Während es in England, wie in Amerika, heftigen Streit um den *teetotalism* gab, beschränkte man sich in Nordeuropa, wie in Deutschland, auf den Versuch, den Schnaps abzuschaffen. Auch in diesem Ländern erlahmte die Bewegung nach ein bis zwei Jahrzehnten. Jedoch war hier ihr Anliegen – anders als in Deutschland – nicht vollends desavouiert, und das Thema ‚Alkohol' verschwand nicht gänzlich von der Agendaliste. Auch in Südwestdeutschland, Österreich, Belgien, Holland, Frankreich und der Schweiz regten sich Mäßigkeitsvereine, doch erzielten sie weit geringere Resonanz als in den vorgenannten Ländern; in den südlichen Ländern (einschließlich Bayerns) und in Osteuropa (mit Ausnahme Preußisch-Polens) war die Bewegung nahezu inexistent.

Betrachtet man die trinkkulturelle Landkarte des Okzidents am Ausgang der ersten Welle des Antialkoholismus, also etwa um 1860, so zeigt eine grobe strukturelle Typologie folgendes Bild:

- Wenig verändert bleibt der permissive **Südtypus**, wo weder der Schnaps noch die Temperenzidee reüssieren konnten, und wo stattdessen ein hoher täglich-nutritiver Konsum – klassischerweise von Traubenwein, nördlich der Alpen auch von Fruchtwein und Bier – selbstverständlich, der Exzess jedoch verpönt ist.

- Beim **Nordtypus** hingegen lassen sich drei Untergruppen unterschieden:

  1. der in Mittel- und Teilen Westeuropas vorherrschende, mit der Industrialisierung des Brauwesens wieder expandierende **Biertypus** mit einer ebenfalls eher permissiven Einstellung gegenüber dem täglich-nutritiven Konsum und auch dem sporadischen Exzess,
  2. der strukturell ähnliche und davon nicht immer deutlich abzugrenzende **Schnapstypus** in Teilen des Nordens und Westens und zumal im slawischen Osten,
  3. der genuin nordamerikanische, ambivalente **Temperenztypus**, der sich im und gegen den Nord- bzw. Schnapstypus entwickelt hatte und auf den britischen, norddeutschen und skandinavischen Raum ausgriff.

Den Zeitgenossen war klar, dass hier ein ganz neuartiger Typus vorlag, dass in Amerika ein ganz neuartiges Alkoholwissen aufgekommen war, das die Gesellschaft spaltete und ein hoch expansives Potenzial entfaltete – unklar war, wie stabil diese Struktur sein würde, hatte doch das Temperenzprogramm überall schwere Rückschläge erlitten. Diese Frage sollte sich erst im zweiten Thematisierungszyklus des Alkohols klären, als sich die Spreu vom Weizen trennte und sich eine Gruppe von Ländern formierte, die sich recht eindeutig dem Temperenztypus zuordnen lassen.

Der zweite Zyklus setzte im späten 19. Jahrhundert ein; viele Länder traten in die Phase der Hochindustrialisierung ein und wiederum begann ein globaler Temperenz-Transfer.[38] Experten vernetzten sich international und christlich fundierte Vereine operierten weltweit, voran das Schweizer Blaue Kreuz und aus den USA der *Order of Good Templars* und die *Women's Christian Temperance Union*. In Amerika selbst stand die Institution des *Saloons* im Zentrum der Kritik von engagierten Unternehmern, Frauen und Kirchenleuten. Fanatikerinnen zertrümmerten mit dem Hackebeil die Kneipen, doch prinzipiell wurde die Argumentation verwissenschaftlicht und verrechtlicht – und damit besser gegen Einwände immunisiert.[39] Am erfolgreichsten setzte diese kühl-rationale Strategie die 1893 gegründete *Anti-Saloon League* um, die auf Missionsarbeit weitgehend verzichtete: Bis 1913 führten neun Bundesstaaten auf ihren Druck wieder eine Prohibition ein; zudem machten viele Gemeinden vom Recht zur „lokalen Option" Gebrauch und erließen Alkohol- oder Ausschankverbote; vergleichbar war die Entwicklung in Kanada.

Zentren der zivilgesellschaftlichen Antialkoholbewegung in Europa waren Skandinavien und Großbritannien, später zudem Deutschland und die Schweiz, teils auch Frankreich, Holland und Belgien; sogar in Italien, Österreich und anderen Ländern des Südtypus gab es entsprechende Vereine. Die Globalisierung der „Alkoholfrage" erklärt sich aus dem Zusammenwirken eines wissenschaftlichen Ideentransfers bzw. lebensreformerischen Missionarismus mit sozioökonomischem Strukturwandel: Erstens gerieten die noch häufig ländlich geprägten Trinksitten breiter handarbeitender Schichten mit den Anforderungen einer Industriegesellschaft in Konflikt; zweitens führte das Anwachsen bürgerlicher Mittelschichten zu verstärkter Konkurrenz und Statusunsicherheit, was mit der Akkumulation moralischen Kapitals in Gestalt einer selbstkontrollierten Lebensführung kompensiert werden sollte. Außerhalb Skandinaviens blieben durchgreifende politische Reformen jedoch aus. In Norwegen setzte sich hingegen das „Gotenburger System" durch, das den Ausschank bzw. Verkauf in kommunale Regie überführte. In Schweden, das unter amerikanisch-freikirchlichen Einfluss geriet und wo Abstinenzorganisationen fast eine halbe Million Mitglieder zählten, obsiegte 1909 eine Petition zum totalen Alkoholverbot, doch beschränkte man sich zunächst auf Verkaufsrestriktionen bzw. die lokale Option; ähnlich die Entwicklungen in Finnland und Island: Skandinavien wurde ein Bollwerk der Temperenz.

---

[38] Siehe Anm. 36 sowie Sulkunen et al. (2000); Nourrisson (1988); Prestwich (1988).
[39] Vgl. Anm. 42 und 72.

Aber auch in Deutschland wuchs die Besorgnis über die „Alkoholfrage". Allerdings wurde betont, einen eigenen Weg zu gehen: „Die absolute Unterdrückung des Genusses alkoholischer Getränke, die von vielen Seiten zum Prinzip erhoben ist, wird … nur in einzelnen Ländern ein erstrebenswertes Ziel bleiben".[40] Nicht den Alkohol, sondern dessen „Missbrauch" gelte es zu bekämpfen. Die wichtigste Organisation in diesem Sinne war der 1883 gegründete „Deutsche Verein gegen den Mißbrauch geistiger Getränke" (DVMG), ein von Beamten und Unternehmern dominierter Interessenverband. Während in Schweden, Finnland, Frankreich, Belgien und Österreich die Arbeiterbewegung eine führende Rolle im Kampf gegen den Alkohol spielte, hielt sich die deutsche Sozialdemokratie[41] lange zurück und schwenke erst um 1900 auf die „mäßige" Linie des bürgerlichen DVMG ein. Er verzeichnete beachtliche Erfolge, insbesondere wurde der Konsum an den Arbeitsstätten zurückgedrängt und der Anteil des Branntweins am Gesamtalkoholverbrauch sank.

In Abgrenzung zu den frommen Kreuzzügen im ersten Zyklus bediente man sich nun pronociert wissenschaftlicher Argumente. Da die Wissenschaft, wie Pasteur formulierte, kein „Vaterland" hat, forcierte die objektivierte Problemkonstruktion die Internationalisierung des Diskurses. Wichtigstes Forum in Europa wurde seit 1885 der „Internationale Kongreß gegen den Alkoholismus".[42] Besonders Statistiken – die freilich höchst umstritten waren – sollten beweisen, dass die „Trinksitte", sprich: der Alkoholkonsum, eine vorrangige Ursache von Krankheit und Tod, Verbrechen, Sittenverfall und ökonomischen Schäden sei – und schließlich auch von rassenbiologischen: es drohe die kollektive „Entartung".

Die „Eugenik" bzw. „Rassenhygiene" nahm sich des Themas an. Wie keine andere Strömung verstand sie es, utopisch-lebensrefomerische Moral in kühle Wissenschaft umzumünzen. Ging es anfangs sekundärpräventiv vor allem um den Branntweinkonsum in der Arbeiterschaft, so stand nun primärpräventiv der Konsum aller Arten von Alkoholika in allen Schichten zur Disposition. Die soziale „Alkoholfrage" wurde zu einer „Rassenfrage", wie der Psychiater Auguste Forel formulierte. Der vieltalentierte Schweizer Gelehrte wurde zum Vormann der Alkoholforschung in Kontinentaleuropa: es gelte einen „unbarmherzigen Ausrottungskrieg" gegen den Alkohol zu führen und die Trinker als „Pestbeulen am gesellschaftlichen Körper" an der Fortpflanzung zu hindern. Dies blieb nicht unwidersprochen. Als auf dem Internationalen Alkoholismus-Kongress 1903 die „Vernichtung oder Ausstoßung" von Trinkern gefordert wurde, kam es zu tumultarti-

---

[40] Meyers Lexikon, Ausgabe 1885/92; Band 15: 873.

[41] Der sozialistische Deutsche Arbeiter-Abstinentenbund blieb eine Splittergruppe.

[42] ‚Alkoholismus' bezeichnete die Summe der sozialen und individuellen Folgeschäden des Alkoholkonsums; vgl. Spode (2008b).

gen Szenen. Die Spaltung der Antialkoholbewegung in „Mäßige" und „Abstinente", die in den Temperenzkulturen längst aufgebrochen war, hatte dank der Rassenhygiene auch die anderen Trinkkulturen erfasst. Hier wie dort sahen die „Abstinenten" (auch „Enthaltsame" oder „Teetotaler" genannt) in den „Mäßigen" ihren Hauptfeind und drängten sie argumentativ und zahlenmäßig an den Rand. In Deutschland zählten die Abstinenzvereine vor dem Krieg 400.000 Mitglieder; der „mäßige" DVMG nur 40.000. Wohl hielten hier die meisten Menschen nichts vom „Geschrei" der „amerikanischen Wasserapostel", doch wissenschaftlich ließ deren Sicht wenig Widerspruch zu: Bedroht der Alkoholkonsum – und zwar vorrangig der „mäßige"[43] – den „Volkskörper", wird die Prohibition zu einem „Akt der Notwehr" – das Recht auf Unversehrtheit aber ist unverhandelbar.

6   Die Zeit der Temperenz

Manche Historiker sehen die Jahre von 1914 bis 1945 als einen ununterbrochenen „Weltbürgerkrieg", in dem sich die strukturellen Spannungen des 19. Jahrhunderts entluden. Diese Spannungen waren aber nicht nur zwischenstaatlicher und sozioökonomischer Natur, sondern ebenso ideologischer.[44] Mit dem Triumph wissenschaftlichen Wissens über die kirchliche Deutungshoheit waren im 19. Jahrhundert zahlreiche neue Gedankensysteme entstanden, die die Welt nicht nur erklären, sondern – wie es Marx gefordert hatte – verändern wollten. Einige dieser „verkappten Religionen" (Carl Christian Bry) gerannen nun zur fatalen Aktion, zur „Patendlösung" (Paul Watzlawick): voran Nationalismus, Rassismus und Kommunismus und dann die synkretistischen Lehren des Faschismus und Nationalsozialismus. Ihre Verfechter trennten – teilweise – Welten, doch gemeinsam war ihnen der gesellschaftssanitäre, „hygienische" Impetus, die Utopie der optimierten Effizienz und der normierten Homogenität als Basis einer wahren Gerechtigkeit und der Erschaffung eines „neuen Menschen". Dabei musste der totale Umgestaltungsanspruch keineswegs mit politischem Totalitarismus einhergehen, sondern konnte sich ebenso im Rahmen demokratisch verfasster Vergemeinschaftung zu verwirklichen suchen.[45]

Der Siegeszug diverser Heilslehren in der Zwischenkriegszeit erscheint heute als ein kollektiver Rauschzustand, der die vermeintlich „zivilisierte" Welt erfasst hatte. Der ideologische Rausch ging bezeichnenderweise Hand in Hand mit einer

---

[43] … denn während die Säufer die „Alkoholausjäte" treffe, könnten die „mäßigen" Konsumenten ihr „entartetes" Erbgut lange verbreiten. Vgl. Spode (1993) und (2005); Valverde (1998).
[44] Vgl. Anm. 22.
[45] Vgl. Etzemüller (2007).

physischen Ernüchterung: Der Konsum alkoholischer Getränke fiel auf historische Tiefststände;[46] in einigen Ländern war er nun illegal. Vielen schien es um 1920, die Abschaffung des Alkohols sei nur noch eine Frage der Zeit. Sahen die einen ein Goldenes Zeitalter der Ordnung und des Wohlstands gekommen, so entsetzte die anderen die Tyrannei der „verkappten Religion" des Antialkoholismus.[47]

Aufstieg und Fall der Prohibition kann hier nur angedeutet werden. Ihren Durchbruch erzielte sie während des Ersten Weltkriegs, als der Genussmittelkonsum in vielen Ländern ohnehin gedrosselt wurde. Paradigmatisch war die Entwicklung in den USA. Nachdem bereits 23 Bundesstaaten „trocken" waren, gelang es 1917 den Abstinenzverbänden, die *National Prohibition* als Verfassungszusatz zu verankern. Als das Verbot 1920 voll in Kraft trat, sank der Alkoholverbrauch in den ärmeren Migrantenschichten, die das Gesetz ja primär treffen wollte, deutlich – weniger in den angelsächsischen Ober- und Mittelschichten, die von Wein und Bier auf illegal beschafften Gin und Whiskey umstiegen.[48] Hier verbuchte man die schwarzmarktbedingte Verteuerung zunächst als eine Art Abgabe für das „Gemeinwohl". In der Tat stellte sich ein Rückgang der Trunkenheitsdelikte und der Leberzirrhoseinzidenz ein. Bald aber ließen nicht-intendierte Effekte das Meinungsklima kippen, voran die endemisch umsichgreifende „Gesetzlosigkeit" – was sowohl die organisierte Kriminalität der Schmuggler und Schwarzbrenner meinte als auch die gängige Gesetzesmissachtung durch die ansonsten unbescholtenen Konsumenten. Mit 1,5 Millionen übertraf allein der Frauenbund zur „Reform" der Prohibition den Mitgliederstand sämtlicher Abstinenzorganisationen. Die Lobbyarbeit der Alkoholwirtschaft, vor allem aber der Einstellungswandel in den städtischen Mittelschichten brachten das „noble Experiment" zu Fall: Nach seinem Wahlsieg 1933 stellte Roosevelt den alten Verfassungszustand wieder her, der die Alkoholpolitik den Bundesstaaten überließ. Nur drei hielten noch länger am Totalverbot fest.[49]

Wenig Wirkung zeitigte die bei Kriegsbeginn 1914 in Russland verfügte Prohibition; 1917 verschärften die Bolschewiki die Bestimmungen drastisch, doch musste auch die KPdSU vor der Nachfrage kapitulieren und hob das Verbot 1925

---

[46] Der Verbrauch in den meisten europäischen Ländern lag unter 5 l Reinalkohol; nur noch in drei Ländern überstieg er 10 l (gegenüber 6 l vor dem Krieg): Spanien, Italien und voran Frankreich, das sich vom globalen Trend abkoppelte. Vgl. Hengartner/Merki (2001), hier 84; zum Folgenden siehe Anm. 36 und 38.

[47] Vgl. Bry (1964), Kapitel XII, der 1924 den Antialkoholismus als Utopie vom „neuen Menschen" analysierte, die sich mit „Statistik" wappnete.

[48] Wahrscheinlich lag der Pro-Kopf-Verbrauch an Reinalkohol im Durchschnitt der Prohibitionsjahre bei 3-4 l, das ist halb so hoch wie zuvor.

[49] Mississippi bis 1966; hinzu kamen – und kommen – etliche „trockene" Kleinstädte und Landgemeinden.

auf. Ansonsten wurden Prohibitionsgesetze fast nur in protestantisch dominierten Staaten eingeführt:[50] neben den USA in einigen kanadischen Landesteilen, in Island, Finnland und Norwegen; hinzukamen Grönland und Färöer sowie kurzfristig die de-facto-US-Kolonien Panama und Honduras und die junge Türkei. Färöer blieb bis 1992 „trocken", doch die wichtigsten Prohibitionsgesetze wurden um 1930 – teils auch auf Druck der weinexportierenden Länder – aufgehoben. Letztere bremsten auch alle Versuche skandinavischer Staaten aus, eine internationale Alkoholkontrollpolitik im Rahmen des Völkerbunds zu installieren.[51]

Einen rechtssystematisch etwas anderen, gleichwohl prohibitiven Weg beschritt Schweden während des Krieges: die moralische Rationierung mittels des „Bratt-Systems". Spirituosenkäufe wurden in einem Heft, dem *motbok*, registriert, das nur Unbescholtene ab 26 Jahren erhielten; verheiratete Frauen bekamen kein *motbok*; die monatliche Ration war auf einen Liter festgelegt. Nachdem 1922 ein Referendum für eine völlige Prohibition knapp scheiterte, wurden die Beschränkungen ausgeweitet und die Kontrollen verschärft, bis hin zu Denunziation und Hausdurchsuchungen. Wein und Bier waren weiterhin erhältlich und Spirituosen ließen sich schwarz organisieren,[52] doch die strikte Alkoholpolitik – die auch ein staatliches Alkomonopol, limitierte Verkaufs- bzw. Ausschankmöglichkeiten und harte Zwangstherapien umfasste – wurde integraler Bestandteil des schwedischen „Volksheims", des sozialdemokratisch-paternalistischen Wohlfahrtsstaats: eine kollektivistische Kontrollgesellschaft auf demokratischer Grundlage, die Inklusion und Exklusion penibel, gerecht und streng wissenschaftlich zu regeln trachtete.[53]

Nach dem Scheitern der Totalprohibition übernahmen die anderen nordischen Länder *grosso modo* das schwedische Modell. Dänemark folgte allerdings dem mitteleuropäischen Weg und führte lediglich eine hohe Branntweinbesteuerung ein, die die Dänen von Schnaps- zu Biertrinkern machte. Striktere Restriktionen galten hingegen auch in vielen britischen Kolonien, wie Australien und Neuseeland, während sich im Mutterland die Kontrollpolitik primär auf die Begrenzung der Öffnungszeiten und Schanklizenzen beschränkte: England zählte trotz heftiger alkoholpolitischer Kontroversen faktisch eher zum Bier- als zum Temperenztypus.

Auch in Deutschland war die Alkoholproduktion im Krieg stark gedrosselt worden, doch eine dauerhafte Kontrollpolitik war chancenlos; eine Petition zur Einführung der lokalen Option scheiterte kläglich. Man beließ es im wesentlichen

---

[50] Unberücksichtigt bleiben hier Schwarzafrika, wo die Kolonialmächte 1890 de jure ein Importverbot beschlossen hatten, Britisch-Indien, wo die Temperenzidee stark war und vereinzelt zur lokalen Option geführt hatte (aber erst nach der Unabhängigkeit 1947 einige Bundesstaaten eine Prohibition einführten), und die islamischen Länder, wo Alkoholika zumindest für Nicht-Muslime meist erhältlich waren.
[51] Vgl. Blocker et al. (2003), Artikel League of Nations und WHO.
[52] Vgl. die Schilderung Tucholskys (1960), z.B. 61 zum *motbok*.
[53] Vgl. Etzemüller (2006); speziell zur Alkoholpolitik Sulkunen et al. (2000).

bei einem Branntweinmonopol. 1925 wurde sogar die Weinsteuer ausgesetzt, um den Absatz zu fördern (sie wurde bis heute nicht wieder eingeführt). Aber Alkoholika galten nun in weiten Kreisen als „Genussgifte", die wohlmöglich das Erbgut schädigen. Ganz ohne Verbote fiel der Reinalkoholkonsum auf das gleiche Niveau wie in den USA oder Schweden, nämlich drei bis vier Liter (gegenüber neun Litern um 1900). Dessen ungeachtet beklagten die „alkoholgegnerischen" Verbände eine „wachsende Alkoholnot".

Nach der Machergreifung der Nationalsozialisten 1933 wähnten sie dann ihre Stunde gekommen. Doch Hitler, obschon er öffentlich niemals Alkoholisches trank, dachte nicht daran, die „Volksgemeinschaft" über die „Alkoholfrage" zu entzweien, zumal die Prohibition überall gescheitert war. Zwar wurden auch primärpräventive Maßnahmen (Verschärfung des Jugendschutz- und Gaststättenrechts, Förderung „gärungsloser" Säfte etc.) ergriffen – letztlich aber schädige der Alkohol nur die „Schwachen". Die Abstinenzpropaganda verstummte und die Verbände – tonangebend waren die Guttempler – wurden in die „Reichsstelle gegen die Alkohol- und Tabakgefahren" integriert. Für die „Erbgesunden", die an Alkoholismus[54] litten, galt: Wer der „Pflicht zur Gesundheit" gegenüber der „Volksgemeinschaft" nicht nachkam, war mit Zwangstherapie oder Arbeitslager zu „heilen". Für die vermeintlich „geborenen" Trinker hingegen sah das „Gesetz zur Verhütung erbkranken Nachwuchses" die „Ausmerze" ihres „minderwertigen Erbguts" in Gestalt der Sterilisation vor.

Im schwedischen „Volksheim" und der deutschen „Volksgemeinschaft" zwei „völlig unterschiedliche" Projekte zu sehen,[55] ist zwar unbestreitbar hinsichtlich der Legitimität und Finalität, aber irreführend in Bezug auf das basale Postulat der „Hygiene", der Effizienz und Homogenität einer normierten Kontrollgesellschaft. Keineswegs war das 1934 eingeführte Erbgesundheitsgesetz etwas genuin Nationalsozialistisches; die „Reinigung der menschlichen Gesellschaft von Kranken, Hässlichen und Minderwertigen" – so der SPD-Gesundheitsexperte Alfred Grotjahn 1926 – war ursprünglich eher ein „fortschrittliches" Projekt der Fabrikation eines „neuen Menschen".[56] Das erste Forschungsinstitut für „Rassenbiologie" war 1922 in Uppsala gegründet worden und arbeitete eng mit dem fünf Jahre später

---

54 Hier bedeutete „Alkoholismus" bereits, wie wenig später in den USA, ausschließlich Trunksucht (siehe Anm. 42 und 58).; eine tragfähige Methode, wie erworbener und angeborener Alkoholismus zu unterscheiden sei, fehlte – und musste auch fehlen (denn Alkoholismus ist nicht erblich, sondern allenfalls – und nur bei Männern – eine erhöhte „Vulnerabilität").

55 So Götz (2001), 540; siehe dagegen Etzemüller (2006); Spektorowski (2004); vgl. allgemein Weingart et al. (1992).

56 Siehe Anm. oben und den Artikel zu Forel in Blocker et al. (2003): Forel, der Vormann der rassenhygienischen Abstinenz, stritt auch für Sozialismus, Pazifismus und Frauenrechte und wurde ein erklärter Gegner der Nazis.

entstandenen Institut für „Anthropologie, menschliche Erblehre und Eugenik" in Berlin zusammen, das wiederum Fördergelder von der *Rockefeller-Foundation* erhielt. Eugenische Zwangssterilisation wurde bereits seit der Jahrhundertwende in Teilen der USA und von Forel in der Schweiz praktiziert; das erste landesweite Sterilisationsgesetz erließ Dänemark 1929. Rund eine Dekade später bestanden eugenische Gesetze in 28 US-Bundesstaaten, dem Deutschen Reich, den fünf skandinavischen und den drei baltischen Staaten, sowie in Jugoslawien, der CSR, Ungarn, Großbritannien, Panama, Kuba, Türkei, Japan und in Teilen der Schweiz, Kanadas, Australiens und Mexikos.[57] Damit waren solche Gesetze in fast der Hälfte der Mitgliedsstaaten des Völkerbunds gültig. Führend waren dabei protestantisch geprägte Länder (Pius XI. hatte die Sterilisation „Minderwertiger" 1930 verdammt); generell bildeten Rassenhygiene und Temperenz ein Syndrom. Das Programm einer „Ausrottung" des Alkohols hatte sich zwar als Fehlschlag erwiesen, gleichwohl konnten die Experten in den meisten Ländern des Nordtypus meinen, die Lösung der „Alkoholfrage" sei auf einem guten Weg: Erblicher Alkoholismus stand zur biologischen „Ausmerze" an, erworbener zur Zwangstherapie, und der Gesamtkonsum war in den allermeisten Ländern höchst moderat.

7   Die Zeit der Indulgenz

Und doch oder gerade deshalb: mit dem Zweiten Weltkrieg brach die Antialkoholbewegung zusammen. Die Predigt der Askese war das Letzte, was die Menschen jetzt hören wollten – das Pendel schwang zurück. Die verpönten „Genußgifte" galten plötzlich als Sendboten der Freiheit und des Überflusses: Whiskey und Zigaretten mutierten zu Symbolen des Wohllebens und der Weltläufigkeit. Zum zweiten mal innerhalb eines Jahrhunderts war der Versuch der Temperenzkulturen, die Welt nach ihrem Bilde zu formen, gescheitert.

Selbst in den USA galt das Temperenzideal jetzt als eine Sache von Landeiern und Betschwestern. Obschon ein Drittel der Bevölkerung weiterhin abstinent lebte, hatte die sukzessive Freigabe in vielen Milieus zu einem sehr laxen Umgang mit Alkoholika geführt, wobei das sporadisch-exzessive Muster die Regel wurde, und „harte" Drinks, die dank der Prohibition einen enormen Imagegewinn verbucht hatten, immer beliebter wurden.

---

[57] Besonders hohe Opferraten hatten Schweden, Norwegen und einige US-Bundesstaaten, die höchste das Dritte Reich, wo über 360.000 Zwangssterilisationen, davon ein Zehntel an Alkoholikerinnen und Alkoholikern, vorgenommen wurden; nur hier wurde der um 1900 von Forel und anderen vorgedachte Ansatz dann im „Euthanasie"-Programm umgesetzt, das eine Brücke zwischen der Rassenhygiene und der Rassenlehre à la Chamberlain bildete, die dann in den Holocaust führte.

Die amerikanische Alkoholforschung folgte dem „nassen" Zeitgeist: Zum einen fragte sie erstmals nach „funktionalen" Aspekten des Konsums; zum anderen entwickelte sie das berühmte, von der WHO übernommene „Krankheitsmodel des Alkoholismus", das die Ursache der Sucht von der (wieder legal verfügbaren) Substanz in den (individuellen) Körper verlegte.[58] Beides implizierte einen Schwenk von der Primär- zur Sekundär- bzw. Risikogruppenprävention. Die Prohibition – als die konsequenteste Primärprävention – sah sie durchweg kritisch, hatte sie doch die Zerstörung sozial integrierter Trinkmuster bei einer ungewöhnlich großen Varianz des Konsums hinterlassen – und damit wohl auch einen Anstieg der Alkoholismusrate. In einer einflussreichen Studie wurden die USA denn auch als eine „ambivalente" Trinkkultur charakterisiert.[59] In der Tat hatte das Ende der Prohibition die (alkohol-)kulturelle Spaltung des Landes nicht geheilt, sondern nur einmal mehr die Machtbalance zwischen *dry* und *wet* verschoben: Es war unklar, ob das Nachkriegsamerika eine ehemalige Temperenzkultur war – oder eine auf Abruf.

Die Gespaltenheit im Umgang mit Alkohol kennzeichnete die anglophonen Länder in besonderem Maße, traf aber nun mehr oder weniger für den Nordtypus insgesamt zu. Die Meinungsführerschaft lag jedoch eindeutig bei den „hedonistisch" eingestellten Milieus. In nahezu allen europäischen Ländern – beiderseits des Eisernen Vorhangs – stieg die Kurve des Alkoholkonsums mit dem wachsenden Wohlstand, ließ den Tiefstand der Zwischenkriegszeit rasch hinter sich, überschritt die Werte der Jahrhundertwende und erreichte in den 1970/80er Jahren ihr Maximum (in West- und Ostdeutschland rund 12 Liter Reinalkohol).[60] Dennoch war der Alkohol ein gesundheitspolitisches Randthema; ungleich mehr Aufregung verursachten Haschisch und andere „neue Drogen".

Eine Weltgegend aber hielt unbeirrt am Temperenzprogramm fest: In Skandinavien trotzte man den Zeitläuften. Wohl lässt sich auch hier von einer ambivalenten Trinkkultur sprechen, doch die Deutungshoheit lag nicht bei den „Hedonisten", sondern weiterhin bei den „Asketen". Das gesellschaftssanitäre „Volksheim"-Konzept hatte sich nachhaltig durchgesetzt, das individuelle Freiheiten im Namen des „Gemeinwohls" massiv einschränken darf und soll. Besonders in

---

[58] Wie Anm. 18.

[59] Bales (1946) verglich das sporadisch-exzessive Konsummuster der Iren mit dem mäßig-regelmäßigen der Juden, bei denen Alkoholismus kaum vorkam. Diese „Permissivkultur" entsprach primär dem Südtypus; des weiteren wurden von Bales „abstinente" Trinkkulturen (z.B. islamische Länder) und „permissiv-funktionsgestörte" unterschieden, wo der Exzess allgemein gebilligt werde (z.B. nord- und osteuropäische Länder); vgl. auch Pittman (1967).

[60] ... seither sinkt der Verbrauch langsam; siehe Anm. 63.

Schweden wurde die eugenische Sterilisationspolitik ungerührt fortgesetzt;[61] die Alkoholkontrollpolitik zeigte zwar ein Auf und Ab von eher liberalen und eher restriktiven Phasen, stand aber nicht grundsätzlich zur Disposition.[62] Das *motbok* wurde 1955 abgeschafft und das Kaufalter auf 21, später 20 Jahre gesenkt, doch es blieb bei der Registrierung: Polizeilich auffällige Trinker erhielten einen sechsmonatigen Sperrvermerk. Eine Alko-Bürokratie Orwell'schen Ausmaßes überzog die nordischen Länder. Die Angst vor dem Alkohol war ein integraler Bestandteil der Identität geworden, der im Ausland als ein wunderlicher Anachronismus erschien, der seltsam mit dem freizügig-fortschrittlichen Image kontrastierte, das sich zumal Schweden in den 1960er Jahren zulegte.

Im Nachkriegseuropa war die überkommene Dichotomie der Trinkkulturen mithin weiterhin wirksam. Den permissiven **Südtypus** kennzeichnete eine unbefragt positive Einstellung zum Alkohol. Der tägliche nutritive Konsum – und damit auch der Pro-Kopf-Verbrauch an Reinalkohol – war hoch; getrunken wurde vor allem zu den Mahlzeiten. Die Varianz war relativ gering, exzessive Berauschung eher selten, ebenso die Prävalenz des Alkoholismus; wogegen somatische Schäden, wie Leberzirrhose, eher häufig vorkamen. Exemplarisch standen die mediterranen Weinländer für diesen Typus, er reichte aber bis in die oberdeutschen Wein- und Biergebiete und andere mitteleuropäische Regionen. Beim ambivalenten **Nordtypus** wurde der Alkoholkonsum teils kritischer gesehen, allerdings galt er auch hier – außerhalb Skandinaviens – nicht mehr als ein drängendes soziales Problem. Trunkenheit am Steuer war ein Kavaliersdelikt. Getrunken wurde (auch) während des Tages, aber zunehmend (nur) in der Freizeit und zwar nicht selten nach dem sporadisch-exzessiven Muster, zumal bei Jugendlichen und in den Schnapskulturen Ost- und Nordeuropas (so gesehen, zählte Skandinavien auch zum Schnapstypus). Die Varianz des Konsums war höher als beim Südtypus, ebenso die Prävalenz des Alkoholismus, wogegen somatische Schäden seltener waren.

Diese Typologie des Trinkens lässt sich auch heute noch auf Urlaubsreisen besichtigen. Weiterhin wird in den mediterranen, weinproduzierenden Ländern bevorzugt Wein konsumiert, auch tagsüber, gefolgt von alpin-mitteleuropäischen Regionen; hier und im Norden bleibt auch das Bier beliebt, während im Osten relativ viel Branntwein getrunken wird. Indes ist in den letzten Jahrzehnten ein tief-

---

[61] … bis 1976; auch in vielen anderen Ländern blieben eugenische Gesetze noch lange gültig (in Deutschland wurden sie jedoch von den Alliierten außer Kraft gesetzt). Die EU will Zwangssterilisation verbieten; sie wird andernorts weiterhin z.B. gegen ethnische Minderheiten angewandt.

[62] Vgl. Sulkunen et al. (2000); trotz niedrigen Pro-Kopf-Verbrauchs hielten noch 1981 96% der Schweden das Alkoholproblem für „ernst" oder "sehr ernst" (ibid., 117).

greifender, für Touristen nicht immer erkennbarer Angleichungsprozess in Gang gekommen. Er hat zwei unterschiedliche, gleichwohl verbundene Wurzeln.

8   Europäische Trinkkultur?

Da ist zum einen eine untergründige Konvergenz der Moden und Konsumstile in Europa.[63] Gerade auf dem Feld der Ernährung gilt das jeweils Andere, Importierte als begehrenswert, symbolisiert es doch Wohlhabenheit und Geschmack. Im Norden regiert nicht nur der Pasta-Standard, es wird auch Weinkennerschaft erwartet. In Deutschland hat der Wein das „Nationalgetränk" Bier wertmäßig überholt. Da Deutschland partiell auch ein Weinland ist, fiel der Konsumzuwachs andernorts noch stärker aus: In Dänemark, Finnland, England und Norwegen steigerte er sich im letzten Drittel des 20. Jahrhunderts um das Vier- bis Fünffache, Spitzenreiter ist das Wirtschaftwunderland Irland, wo er sich fast verachtfacht haben soll und den deutschen Weinkonsum übertrifft. Nicht nur der Bier-, sondern auch der Branntweinkonsum zeigt in vielen Ländern des Nordtypus eine abnehmende Tendenz, wobei Osteuropa, voran Russland, trotz recht hoher Abstinentenquoten (noch) ausgenommen ist. Der daraus resultierende Trend des Pro-Kopf-Verbrauchs an Reinalkohol beim Nordtypus verläuft uneinheitlich, im Ganzen jedoch leicht rückläufig, wobei Länder mit einem hohen Gesamtkonsum, wie Deutschland, eher eine sinkende, solche mit niedrigem, wie Irland, eher eine steigende Tendenz aufweisen.

Ungleich rasanter verläuft der Wandel indes in den klassischen Ländern des so lange stabilen Südtypus. Hier nimmt umgekehrt der Bierabsatz zu, während der Weinverbrauch einbricht: In Italien, Frankreich und Spanien halbierte er sich seit 1970. Bier – oder Wasser – zum Essen wird die Regel. Im mediterranen Raum nehmen die Quoten der Abstinenten zu und sollen – laut EU-Statistik – die in Mittel- und Nordeuropa übertreffen. Die Substitution des Weins durch Bier und die steigenden Abstinentenquoten bewirkten jedenfalls zumeist einen Rückgang des durchschnittlichen Reinalkoholverbrauchs. Zugleich nimmt freilich der Trinkexzess am Wochenende zu; bei Jugendlichen halten „englische" bzw. „amerikanische" Trinksitten Einzug: Das kollektive öffentliche Rauschtrinken (*binge drinking*, Komasaufen) kommt in Mode. Die wachsende Varianz der Konsummengen und -muster ging Hand in Hand mit einer Individualisierung und Entkirchlichung der Gesellschaft. Die Lücke, die der Katholizismus hinterlässt, wird mit wissenschaftli-

---

[63] Zum Folgenden siehe Edwards (1997), Kapitel 2; Social Issues Research Centre (1998), 52ff.; Deutsche Hauptstelle für Suchtfragen (2001), Kapitel 2.1; Simpura/Karlsson (2001), passim; Blocker et al. (2003), passim; Babor (2005), Kapitel 3; sowie – mit teils fragwürdigen Zahlen – WHO (2004) und EC (2007).

chem Wissen gefüllt. Dazu zählt nicht zuletzt ein von Besorgnis geprägtes Alkoholwissen. Alkohol wird auch in Südeuropa vom Nahrungs- zum Genussmittel
und als solches eine umstrittene Freizeitdroge. Aus permissiven Trinkkulturen
werden ambivalente. Dies mag man als nachholende Modernisierung deuten, so
wie diese Länder ja im Rahmen der EU auch sozioökonomisch einen rasanten Um-
bau durchleben. Jedenfalls verweist die Problematisierung des Trinkens auf einen
tiefgreifenden Mentalitätswandel: Das unbekümmerte „Leben-und-Leben-lassen"
taugt nicht mehr zum Selbst- und Fremdbild des „Südens";[64] zumindest bezüglich
des neuen Leitwerts ‚Gesundheit' haben genuin protestantische Körperkonzepte,
Selbstkontrollen und Ordnungsansprüche die Mittelmeerländer erreicht.

Kurzum: Der klassische Südtypus, bei dem die zwei Thematisierungszyklen
des Alkohols wenig Spuren hinterlassen hatten, ist heute in heller Auslösung begriffen – steht im andalusischen Restaurant ein Rotwein auf dem Tisch, dürfte es
sich bei den Gästen um Touristen handeln, die sich fälschlich im Einklang mit der
Landessitte wähnen. Hingegen zeigt sich der alpin-oberdeutsche Raum, der sich
im weiteren Sinne ebenfalls dem Südtypus zuordnen lässt, noch relativ stabil. Hier
war die zweite Temperenzbewegung präsenter gewesen, ohne jedoch eine tiefe
Ambivalenz zu hinterlassen. Ob hier (deshalb) eine strukturelle Beharrungskraft
vorliegt, die diese Länder vom klassischen Südtypus unterscheidet, ist derzeit
nicht absehbar.

9   Rückkehr der Temperenz

Der zweite Grund für die Angleichung der Konsummuster ist die Wiederaufersteh-
hung des Temperenzideals. Getragen wird es heute wie damals von Bildungsmi-
lieus, die im Kontext „sozialer Distinktion" einen Schwenk vom Hedonismus zur
Askese vollziehen und so auf zunehmende Statusunsicherheiten reagieren:[65] Ein
selbstkontrollierter, „gesunder" Lebensstil repräsentiert moralische Überlegenheit.
Zwar bleibt die „kreative Klasse" in ihren Praktiken und Werten gespalten, doch
die asketisch-temperenzaffine „Geistesverfassung" gerinnt zu konkreten „Reflexionen",[66] die von engagierten Akteuren in Wissenschaft und Politik propagiert, ela-
boriert und implementiert werden.

---

[64] Dies kann, aber muss sich nicht auf die politische Kultur erstrecken, wie besonders Italien zeigt, wo
das amerikanisiert-populistische Berlusconi-Regime einerseits Antitabak- und Antialkoholgesetze erließ, anderseits Korruption und Gesetzesbeugung zur *raison d'etre* erhob.

[65] Vgl. Brandt/Rozin (1997); siehe für Deutschland auch Spode (2008b).

[66] Im Sinne Geigers (1932).

Ausgangspunkt war diesmal Skandinavien: 1975 plädierte ein WHO-Report unter Federführung finnischer Experten für eine Senkung des Durchschnittsverbrauchs durch an die Gesamtbevölkerung gerichtete Maßnahmen, wie Steuererhöhungen und Reduzierung der Griffnähe.[67] Das Manifest – später zum primärpräventiven „bevölkerungsbezogenen Ansatz"[68] ausgebaut – postulierte einen engen Zusammenhang zwischen dem Pro-Kopf-Verbrauch eines Landes und der Alkoholismusrate und anderen Folgeschäden. In der Bundesrepublik und anderen EWG-Ländern fand die altneue *alcohol control policy*[69] zunächst keinerlei Beachtung – umso mehr in Skandinavien und Nordamerika. In den nordischen Staaten sollte sie die zunehmend als unzeitgemäß empfundene individuelle Kontrolle durch indirekte Steuerungsinstrumente ersetzen. Davon unabhängig zerbrach in den USA der Konsens, die Prohibitionsära als einen moralinsauren „Exzess" zu verdammen. Alkoholkontrollpolitik wurde wieder hoffähig, und es erfolgte eine analoge Übertragung auf andere Felder (1972: *war on drugs*, 1984: *smoke free society*). Amerika erwies sich eben doch als eine Temperenzkultur, und zwar als eine hochgradig gespaltene. Gegen heftige, bis heute nicht verstummte Widerstände setzte sich in den 1980er Jahren die Ansicht durch, nicht die Zielstellung des „noblen Experiments" sei falsch gewesen, sondern das Mittel des Totalverbots zu unsubtil. Das so genannte *new temperance movement* schrieb einerseits amerikanische Traditionen fort,[70] andererseits übernahm man den skandinavischen primärpräventiven Ansatz.

Engmaschiger noch als im vorigen Thematisierungszyklus organisiert sich seit dem späten 20. Jahrhundert eine global vernetzte Alkoholforschung, in der erneut Skandinavien und Amerika die Richtung vorgeben.[71] Sie fungiert wieder als „moralischer Interessenverband", der seine ethischen Maximen mit vermeintlich unan-

---

[67] Bruun et al. (1975).

[68] Zum Aufstieg des „total consumption models" siehe Tigerstedt (1999); Sulkunen et al. (2000); sowie Heath (1989) und (1995) und Lender/Martin (1987), 191ff.

[69] Dieses harte Wort wollte man den deutschen Lesern nicht zumuten, sondern sprach von „Maßnahmen zur Bekämpfung des Alkoholismus": Bruun et al. (1975).

[70] So wurde 1983 in Tennessee ein Gesetz eingebracht, dass wegen Trunkenheit am Steuer Verurteilte eine Uniform mit „D-U-I" (driven under influence) auf dem Rücken zu tragen hätten; im kolonialen Amerika wurden Trinker bisweilen mit einem aufgenähten „D" (drunkard) markiert: Lender/Martin (1987), 204; siehe auch Heath (1989). In den meisten Bundesstaaten sind Unter-21-Jährige heute wieder der „Prohibition ausgesetzt"; vgl. Barsch (2005).

[71] Die drei einschlägigen „internationalen Standardwerke" aus dem Umfeld der WHO zeigen eine extreme Herkunftshomogenität der Autorenschaft: Bei Bruun et al. (1975), 11 Autoren, stammten 54% aus Skandinavien und jeweils 18% aus Nordamerika und anderen englischsprachigen Ländern; bei Edwards (1997), 17 Autoren, lauten die Anteile 41%, 35% und 18%; bei Babor et al. (2005), 15 Autoren in der Originalfassung, 20%, 47% und 27%. Es zeigt sich also lediglich eine Verschiebung *innerhalb* der Temperenzkulturen. Die Exklusion der „schweigenden Mehrheit" trifft zumal den deutschsprachigen Raum, immerhin der größte in der EU, wo sekundärpräventive Ansätze noch viele Fürsprecher haben, obschon auch hier offiziös der „bevölkerungsbezogene Ansatz" propagiert wird: DHS (2008).

fechtbaren Zahlen „camoufliert".[72] Eine Schaltstelle bildet dabei die WHO (die 1978 erstmals eine Senkung des Pro-Kopf-Verbrauchs forderte), voran das Europäische Regionalbüro. In diesem Netzwerk des *policy making* hat ein temperenzaffiner Expertenzirkel das offiziöse Alkoholwissen monopolisiert; Entschlüsse fallen hinter verschlossenen Türen – ein Grundproblem von *global governance*. Ein solcher Entschluss war der „Europäische Aktionsplan Alkohol" der WHO von 1992, wonach jedes Land den Pro-Kopf-Verbrauch an Reinalkohol um 25 Prozent senken müsse.[73] Eine Reaktion auf das hohe Konsumniveau in vielen Ländern war gut begründbar. Indes galt das 25 Prozent-Ziel für alle Länder, etwa auch für Norwegen mit seinen vier bis fünf Litern Reinalkohol: Der „bevölkerungsbezogene Ansatz" ist mithin grenzenlos; er impliziert eine fortschreitende Reduzierung, bis die schadenfreie Nullmarke erreicht ist. Hierbei stehen nicht mehr „Risikogruppen" im Fokus, sondern – wie schon um 1900 – die „mäßigen" Konsumenten als die bei weitem größte Gruppe. Individuell mögen sie vom Konsum physisch und psychisch sogar profitieren,[74] doch kollektiv würden sie einerseits dem „riskanten" Konsum Vorschub leisten und anderseits durch die schiere Summe der eher geringen „Folgeschäden" das „Gemeinwohl" am meisten schädigen. Die „Pflicht zur Gesundheit" ist in neuem Gewand zurückgekehrt.

Der kryptoprohibitionistische „Aktionsplan" verdankte sich dem angepeilten EU-Beitritt der nordischen Länder, die die drohende Liberalisierung ihrer Alkoholpolitiken mit einer Proliferation *ihrer* Werte und Normen zu unterlaufen suchten. Inzwischen sind Schweden und Finnland EU-Mitglieder. Hatten diese Länder zuvor versucht, ihre Kontrollpolitik als Bestandteil der kulturellen Identität vor marktliberalen Eingriffen zu schützen, so soll dieses Argument nach dem erfolgten Beitritt nicht mehr gelten, wenn es umgekehrt um eine restriktivere Politik in anderen Trinkkulturen geht.[75] Aus Transfer wird dann Verflechtung: Während die „Aktionspläne" der WHO eher appellativen Charakter haben,[76] erlaubt die EU handfeste, direkte Eingriffe. Dies obschon sie – trotz eines Gesundheitskommissars – für die Gesundheitspolitik *de jure* nicht zuständig ist. Den inhaltlichen und juristischen Dammbruch bildete die Tabakkontrollpolitik, die die Kommission über den weidlich überdehnten Hebel des „Arbeitsschutzes" (für den sie zuständig ist) an sich gezogen hatte: Nach dem erfolgreichen „Vorstoß gegen die Tabakindust-

---

[72] So Spode (1999b) bzw. Uhl (2007); siehe auch Spode (2002), 42ff.; Heath (1995), Kap. 30; Brandt/Rozin (1997), passim.

[73] Das 25%-Ziel wurde von WHO-EURO verbreitet, ohne dass es in den Vertragstext der Signatarstaaten Eingang gefunden hätte; bei der Fortschreibung des „Aktionsplans" wurde auf eine Quantifizierung verzichtet; vgl. Spode (2002).

[74] Vgl. Peele/Grant (1999).

[75] Vgl. Spode (2002); Sulkunen et al. (2000); Uhl (2008).

[76] Nur zwei Parlamente, Norwegen und Schweden, hatten das 25%-Ziel in geltendes Recht umgesetzt.

rie" will sich Brüssel künftig dem „Alkohol als Europas Volksdroge Nummer Eins" zuwenden.[77]

10 Resümee

Sowohl die veränderten Konsumstile als auch das Einsetzen eines erneuten Thematisierungszyklus bewirken eine Konvergenz der Trinkkulturen in Europa. Führt man sich die traditionelle trinkkulturelle Spaltung Europas vor Augen, so legt dies einen tiefen Mentalitätswandel nahe. Wobei über die Nachhaltigkeit dieses Wandel freilich noch nicht das letzte Wort gesprochen ist; denkbar wäre ja auch, wie in der Zwischenkriegszeit, ein reversibler Prozess. Bezüglich des Temperenzideals ist längerfristig ein zyklischer Umschlag von der Askese zum Hedonismus sogar sehr wahrscheinlich – umso mehr, je erfolgreicher es umgesetzt wird.[78] Hingegen schleift sich der jahrtausendealte Nord-Süd-Kontrast offenbar endgültig ab und weicht tendenziell einem „europäischen" Umgang mit Alkohol, auch wenn es eine einheitliche Trinkkultur niemals geben wird. Physiologisch gesehen, zielt die absehbare Entwicklung auf einen Pro-Kopf-Verbrauch von sieben bis neun Liter Reinalkohol, wovon die Hälfte auf Bier, ein Drittel auf Wein und der Rest auf Spirituosen entfällt; die Unterschiede zwischen den Geschlechtern werden sich dabei weiter verringern.[79] Trinkkulturell setzt sich eher der Nordtypus durch. Jedenfalls zielt die Entwicklung auf einen restriktiv-ambivalenten Umgang mit Alkohol: Er ist ein in der Freizeit konsumiertes Genuss- und Rauschmittel; die Grenzen des Missbrauchs werden eng gezogen, insbesondere bei Jugendlichen, und die Varianz des Konsums ist hoch – je mehr der alltägliche Verbrauch abnimmt, desto ungleicher ist die soziale und individuelle Verteilung. Als Richtwert kann dann gelten, dass ein Zehntel der Menschen die Hälfte des Gesamtalkohols verbraucht. Entsprechend konzentrieren sich in diesem Quantil die gesundheitlichen und sozialen Folgeschäden.

Der auf den Pro-Kopf-Verbrauch an Reinalkohol und damit auf die Masse der Konsumenten fixierte „bevölkerungsbezogene Ansatz" kann hierauf keine adäquate Antwort sein. Vielmehr legt die historische Analyse nahe, dass die „alkoholbedingten Störungen" zumeist in dem Maße zunehmen, in dem eine solche *alcohol*

---

[77] Zitiert nach www.europa-digital.de/aktuell/fdw/hopfenundmalz.shtml. Bereits Bry (1964), 187, hatte prophezeit, dass eine „Lebensreform mit tödlicher Sicherheit die andere nach sich zieht". Formalrechtlich wird es wohl wie beim Tabak um den Schutz Dritter gehen, ganz so wie um 1900 die Prohibition als ein „Akt der Notwehr" begründet worden war.

[78] Wenn die Temperenz weithin obsiegt hat, kann sie nicht mehr der sozialen Distinktion dienen und wird in der trendsetzenden „kreativen Klasse" obsolet; vgl. Spode (im Druck).

[79] Vgl. Edwards (1997); Spode (2007).

control policy Erfolg hat – ein klassischer Fall nicht-intendierter Folgen intentiona-
len Handelns: Mit der Stigmatisierung und Marginalisierung des Konsums und
der Konsumenten geht ein Schwinden integrativ-sichernder Trinkmuster einher
und damit ein Verlust an Risikokompetenz – plakativ gesprochen: je „ambivalenter" eine Trinkkultur, desto größer die „Probleme".[80]

Die derzeitige Alkoholforschung hat diese Geschichtslektion verlernt und ist
wieder zur bloßen „Alkoholfolgeschädenforschung"[81] retardiert, die den Gesamt-
verbrauch, d.h. primär den Konsum der „Mäßigen", senken will. Dieser Ansatz hat
sich historisch nicht bewährt. Hingegen hat sich allerdings gezeigt, dass sich die
Getränkepräferenzen und oft auch die damit verbundenen Konsummuster sehr
wohl in wünschbare Bahnen lenken lassen, frei nach dem Motto: „No nation is
drunken, where wine is cheap".[82] Anders gesagt: Wir brauchen Prävention, allerdings eine mit Augenmaß, die „ausschließlich auf die Verhinderung des Missbrauchs" zielt.[83] Dies erfordert die prinzipielle Anerkennung funktionaler Aspekte
des Konsums alkoholischer Getränke. Temperenzkulturen sind dadurch definiert,
dass ihnen dieses Wissen verloren gegangen ist. Man sollte ihnen daher keine al-
koholpolitische Richtlinienkompetenz einräumen. Vielmehr sollten sie umgekehrt
auf Unterstützung aus Mitteleuropa zählen dürfen, wenn sie eine weniger ambivalente Trinkkultur anstreben möchten.[84] Im Grundsatz sollte Präventionspolitik aber
Sache der Mitgliedsländer sein und bleiben und so die unterschiedlichen Traditionen und Identitäten respektieren.

Literatur

Abel, Wilhelm (1981): Stufen der Ernährung. Göttingen: Vandenhoeck & Ruprecht
Anonymus (1772): Charakteristik der vornehmsten Europäischen Nationen. Aus dem Englischen. Leip-
      zig: Engelhart
Babor, Thomas et al. (2005): Alkohol – kein gewöhnliches Konsumgut. Forschung und Alkoholpolitik.
      Göttingen: Hogrefe
Bales, Robert F. (1946): Cultural Differences in Rates of Alcoholism. In: Quarterly Journal of Studies on
      Alcohol 6. 1946. 480-499
Barr, Andrew (1999): Drink. A Social History of America. New York: Carroll & Graf
Barrows, Susanna/Room, Robin (Hrsg.) (1991): Drinking. Behavior and Belief in Modern History. Berke-
      ley: University of California Press
Barsch, Gundula (2005): Was ist dran am Binge Drinking? In: Dollinger/Schneider (2005): 239-266

---

[80] Vgl. Lender/Martin (1987), 201.

[81] Vgl. Spode wie Anm. 72.

[82] So plädierte Thomas Jefferson 1818 für eine Senkung der Weinsteuer, zitiert nach Barr (1999), 174.

[83] Hurrelmann/Settertobulte (2008), 14.

[84] Dies setzt freilich eine eigenständige Grundlagenforschung voraus; vgl. Bühringer (2002).

Blocker, Jack S. et al. (Hrsg.) (2003): Alcohol and Temperance in Modern History. An International Encyclopedia. Santa Barbara: ABC-CLIO

Brandt, Allan M./Rozin, Paul (Hrsg.) (1997): Morality and Health. New York: Routledge

Brennan, Thomas (1988): Public Drinking and Popular Culture in 18th Century Paris. Princeton: Princeton University Press

Bruun, Kettil et al. (1975): Maßnahmen zur Bekämpfung des Alkoholismus in volksgesundheitlicher Perspektive. Helsinki: World Health Organization

Bry, Carl C. (³1964): Verkappte Religionen. Lochham: Gans

Bühringer, Gerhard (Hrsg.) (2002): Strategien und Projekte zur Reduktion alkoholbedingter Störungen. Lengerich: Pabst

Clark, Peter (1983): The English Alehouse. A Social History, 1200-1830. London: Longman

Dawson, Christopher (1932): The Making of Europe. London: Sheed & Ward

Deutsche Hauptstelle für Suchtfragen (Hrsg.) (2002): Jahrbuch Sucht 2002. Geesthacht: Neuland

Deutsche Hauptstelle für Suchtfragen (Hrsg.) (2008): Aktionsplan Alkohol der DHS 2008. Hamm: Deutsche Hauptstelle für Suchtfragen

Dinges, Martin (Hrsg.) (2007): Männlichkeit und Gesundheit im historischen Wandel. Stuttgart: Franz Steiner Verlag

Dollinger, Bernd/Schneider, Wolfgang (Hrsg.) (2005): Sucht als Prozess. Berlin: Verlag für Wissenschaft und Bildung

Eberhard, Winfried/Lübke, Christian (Hrsg.) (2009): Die Vielfalt Europas. Identitäten und Räume. Leipzig: Universitätsverlag

Edwards, Griffith (Hrsg.) (1997): Alkoholkonsum und Gemeinwohl. Stuttgart: Enke

Engs, Ruth C. (1995): Do Traditional Western European Drinking Practices Have Origins in Antiquity? In: Addiction Research 2. 1995. 227-239

Etzemüller, Thomas (2006): Die Romantik des Reißbretts. Social Engineering und demokratische Volksgemeinschaft in Schweden: Das Beispiel Alva und Gunnar Myrdal. 1930-1960. In: Geschichte und Gesellschaft 32. 2006. 445-466

Etzemüller, Thomas (2007): Totalität statt Totalitarismus? Europäische Themen, nationale Variationen. In: Clio-Online. Themenportal Europäische Geschichte 2007. www.europa.clio-online.de

European Commission (Hrsg.) (2007): Attitudes towards Alcohol (= Special Eurobarometer No 272b). Brüssel: European Commission

Fahrenkrug, Hermann (Hrsg.) (1986): Zur Sozialgeschichte des Alkohols in der Neuzeit Europas. Lausanne: Fachstelle für Alkoholprobleme

Fikentscher, Rüdiger (Hrsg.) (2005): Kultur in Europa. Einheit und Vielfalt. Halle: Mitteldeutscher Verlag

Fikentscher, Rüdiger (Hrsg.) (2008): Trinkkulturen in Europa. Halle: Mitteldeutscher Verlag

Fountain, Jane/Korf, D.J. (Hrsg.) (2007): Drugs in Society: European Perspectives. Oxford: Radcliffe

Geiger, Theodor (1932): Die soziale Schichtung des deutschen Volkes. Stuttgart: Enke

Götz, Norbert (2001): Ungleiche Geschwister. Die Konstruktion von nationalsozialistischer Volksgemeinschaft und schwedischem Volksheim. Baden-Baden: Nomos

Gros, Hans (Hrsg.) (1996): Rausch und Realität I. Eine Kulturgeschichte der Drogen. Stuttgart: Klett

Gusfield, Joseph R. (²1986): Symbolic Crusade: Status Politics and the American Temperance Movement. Urbana: University of Illinois Press

Hahn, Heinz (Hrsg.) (1999): Kulturunterschiede. Frankfurt/Main: Verlag für Interkulturelle Kommunikation

Harrison, Brian (1971): Drink and the Victorians: The Temperance Question in England, 1815-1872. Pittsburgh: University Press Faber

Heath, Dwight B. (1989): The New Temperance Movement. In: Drug and Society 3. 1989. 143-168

Heath, Dwight B. (Hrsg.) (1995): International Handbook on Alcohol and Culture. Westport: Green-
      woord Press

Hengartner, Thomas/Merki, Christoph M. (Hrsg.) (2001): Genussmittel. Eine Kulturgeschichte. Frank-
      furt/Main: Insel-Verlag

Hurrelmann, Klaus/Settertobulte, Wolfgang (2008): Alkohol – kulturelle Prägung und Problemverhal-
      ten. In: Aus Politik und Zeitgeschichte. 28. 2008. 9-14

Jaeger, Friedrich (Hrsg.) (2005): Enzyklopädie der Neuzeit. Stuttgart: Metzler

Kocka, Jürgen (2003): Comparison and Beyond. In: History and Theory. 42. 2003. 39-44

Lader, Malcolm et al. (Hrsg.) (1992): The Nature of Alcohol and Drug Related Problems. Oxford: Oxford
      University Press

Legnaro, Aldo/Schmieder, Arnold (Hrsg.) (1999): Suchtwirtschaft. Münster: LIT-Verlag

Lender, Mark E./Martin, James K. (1987): Drinking in America. A History. New York: Free Press

Levine, Harry G. (1992): Temperance Cultures. In: Lader et al. (1992): 16-36

Montanari, Massimo (1993): Der Hunger und der Überfluß. Kulturgeschichte der Ernährung in Europa.
      München: Beck

Nourrisson, Didier (1988): Alcoolisme et antialcoolisme en France sous la Troisème Republic; 2 Bde. Pa-
      ris: Documentation Française

Ohnacker, Elke (2003): Die spätantike und frühmittelalterliche Entwicklung des Begriffs barbarus. Müns-
      ter: LIT-Verlag

Paulson, Ross E. (1973): Women's Suffrage and Prohibition. Glenview: Scott, Foresman & Co.

Peele, Stanton/Grant, Marcus (Hrsg.) (1999): Alcohol and Pleasure: A Health Perspective. Philadelphia:
      Brunner/Mazel

Petersen, Johann Wilhelm (1782): Geschichte der deutschen National-Neigung zum Trunke. Leipzig:
      Haug

Pittman, David J. (1967): Alcoholism. New York: Harper & Row

Prestwich, Patricia E. (1988): Drink and the Politics of Social Reform: Antialcoholism in France Since
      1870. Palo Alto: Society for the Promotion of Science and Scholarship

Ritzer, George (2006): Die McDonaldisierung von Gesellschaft und Kultur. In: Kultur 1. 2006. 259-266

Schaller, Sabine (Hrsg.) (im Druck): Der Geist der Mäßigkeitsbewegung. Halle: Mitteldeutscher Verlag

Simpura, Jussi/Karlsson, Thomas (2001): Trends in Drinking Patterns in 15 European Countries, 1950 to
      2000. A Collection of Country Reports. Helsinki. www.stakes.fi/verkkojulkaisut/muut/ECAS.pdf

Social Issues Research Centre (Hrsg.) (1998): Social and Cultural Aspects of Drinking. Oxford.
      www.sirc.org/publik/drinking_contents.html

Spektorowski, Alberto (2004): The Eugenic Temptation in Socialism. In: Comparative Studies in Society
      and History 46. 2004. 84-106

Spode, Hasso (1993): Die Macht der Trunkenheit. Sozial- und Kulturgeschichte des Alkohols in
      Deutschland. Opladen: Leske & Budrich

Spode, Hasso (1997): „Der Sauf bleibt ein allmächtiger Abgott bei uns Deutschen". Trunkenheit als Bau-
      stein der nationalen Identität. In: Teuteberg et al. (1997): 283-302

Spode, Hasso (1999a): Was ist Mentalitätsgeschichte? In: Hahn (1999): 9-62

Spode, Hasso (1999b): Alkoholismusprävention in Deutschland. In: Legnaro/Schmieder (1999): 41-68

Spode, Hasso (2002): Übersichtsvortrag. In: Bühringer (2002): 32-60

Spode, Hasso (2005): Was ist Alkoholismus? Die Trunksucht in historisch-wissenssoziologischer Per-
      spektive. In: Dollinger/Schneider (2005): 89-122

Spode, Hasso (2007): Alkohol, Geschlecht und Gesundheit unter besonderer Berücksichtigung des deut-
      schen Kaiserreichs. In: Dinges (2007): 191-210

Spode, Hasso (2008a): Alkoholismus. In: Aus Politik und Zeitgeschichte. 28. 2008. 3-9

Spode, Hasso (2008b): Ressource Zukunft. Die sieben Entscheidungsfelder der deutschen Reform. Op-
      laden: Leske & Budrich

Spode, Hasso (im Druck): „Extrem hoher Alkoholkonsum". Thematisierungskonjunkturen des sozialen Problems ‚Alkohol'. In: Schaller (im Druck)

Sulkunen, Pekka et al. (2000): Broken Spirits. Power and Ideas in Nordic Alcohol Control. Helsinki: Nordic Council for Alcohol and Drug Research

Tappe, Heinrich (1994): Auf dem Weg zur modernen Alkoholkultur: Alkoholproduktion, Trinkverhalten und Temperenzbewegung in Deutschland vom frühen 19. Jahrhundert bis zum Ersten Weltkrieg. Stuttgart: Steiner

Teuteberg, Jürgen et al. (Hrsg.) (1997): Essen und kulturelle Identität. Europäische Perspektiven. Berlin: Akademie-Verlag

Tigerstedt, Christoffer (1999): Alcohol Policy, Public Health and Kettil Bruun. In: Contemporary Drug Problems 26. 1999. 209-235

Tlusty, B. Ann (2001): Bacchus and Civic Order. The Culture of Drink in Early Modern Germany. Charleottesville: University Press of Virginia

Tucholsky, Kurt ([13]1960): Schloss Gripsholm. Reinbek: Rowohlt

Uhl, Alfred (2007): How to Camouflage Ethical Questions in Addiction Research. In: Fountain/Korf (2007): 116-130

Uhl, Alfred (2008): Suchtprävention zwischen Paternalismus und Emanzipation: Ethische Reflexionen. In: Suchttherapie 9. 2008. 177-180

Valverde, Mariana (1998): Diseases of the Will: Alcohol and the Dilemmas of Freedom. Cambrigde: Cambridge University Press

Weingart, Peter et al. (1992): Rasse, Blut und Gene. Geschichte der Eugenik und Rassenhygiene in Deutschland. Frankfurt/Main: Suhrkamp

World Health Organization (Hrsg.) (2004): Global Status Report on Alcohol. Genf: WHO

Europäische Identitätsbildung durch Kultur?

Jörn Rüsen

Bei einem Thema, das Kultur, Europa und Identität anspricht, ist es sinnvoll, zunächst die Begriffe zu klären.

Also: Was ist Kultur? Die einschlägige Literatur gibt verwirrende Antworten, und fast scheint es so, als ließe sich dieser Begriff nicht definieren. Ich versuche es trotzdem. Wenn ich im Folgenden von Kultur rede, dann meine ich nicht den Gegenbegriff zu Natur, der alles das am Menschen und seiner Welt umgreift, was nicht Natur ist. Diese Bedeutung ist viel zu weit, als dass man mit ihr das bezeichnen könnte, was wir mit unserer Frage nach der Identität Europas meinen. Kultur ist vielmehr der Teil, oder besser die Dimension der menschlichen Welt, die durch die Deutungsarbeit des Menschen an seiner Welt und an sich selbst bestimmt ist. Kultur ist also Inbegriff der menschlichen Sinnbildung im deutenden Umgang mit der Natur, im Verständnis der Welt und dem Selbstverständnis der Menschen. Solche Sinnbildung ist eine lebensnotwendige Arbeit des Geistes an der harten Materie der menschlichen Lebensbedingungen.

Und was ist Identität? Identitätsbildung ist ein Prozess der Selbstdeutung des Menschen. Ohne Selbstdeutung und Selbstverständnis können wir nicht leben. Der Identitätsbegriff ist genauso umstritten und vieldeutig wie der Kulturbegriff, und doch geht es mit ihm um etwas genauso Elementares und letztlich Selbstverständliches wie Kultur als Sinnbildung und Deutungsleistung. Bei der Identität geht es um die elementare Tatsache, dass Menschen sich von anderen unterscheiden müssen, um sozial leben zu können. Dass wir wir selbst sind, ist so selbstverständlich, dass wir uns gar nicht so recht bewusst sind, wie wenig selbstverständlich ein solches Selbst, ein solches lebensermöglichendes Selbstverhältnis oder Selbstbewusstsein ist. Das menschliche Selbst ist eben keine schlichte Tatsache, wie die Gehirnzellen im Kopf und ihre Vernetzung, sondern eine Angelegenheit mentaler Praxis, die sich in allen Schichten und Dimensionierungen des Bewusstseins vollzieht. Selbstsein ist ein dauernder Prozess der Auseinandersetzung mit anderen und des Rückbezuges von den anderen auf einen selbst. Es geht nicht nur darum, dass wir nur wir selber sein können, wenn wir uns von anderen unterscheiden, sondern auch darum, dass die Art und Weise, wie die anderen auf diese Unterscheidung reagieren und sich auf uns beziehen, wenn es ihnen um sich selbst geht, für unser Selbstverhältnis, für das, was wir sind, ganz wesentlich ist.

Identität meint zweierlei: Einmal das für unsere gesellschaftliche Natur entscheidende Bewusstsein der Zusammengehörigkeit mit anderen. Diese Zusammengehörigkeit ist freilich undenkbar ohne Unterscheidung von den Anderen, die nicht dazu gehören. Solche Zusammengehörigkeit erstreckt sich auf Vieles und Verschiedenes: auf unser Geschlecht, auf lokale und regionale politische Gebilde, auf die Nation, auf unsere Religion, unsere Weltanschauung, auf unser Menschsein, aber auch auf so Triviales wie Mitgliedschaften in Vereinen, Zugehörigkeiten in unserer Berufswelt und im privaten Leben.

Europäische Identität ist also die schlichte Tatsache, dass wir uns eine Zugehörigkeit zuschreiben, sozusagen in uns hineinschreiben, die wir europäisch nennen und die uns mehr oder weniger viel bedeutet.

Zugehörigkeiten gibt es viele. Wir aber sind nicht viele, sondern eines, und das nicht nur als Person, sondern auch in der sozialen Dimension unseres Lebens, also als Kollektiv. Etwas in dieser Vielfalt von Zugehörigkeiten und Abgrenzungen hält sich also durch, hält sie zusammen, gibt ihr Kohärenz, so dass wir in dieser Vielfalt wir selber sind und bleiben und nicht in Stücke auseinanderfallen. Diese Kohärenz nennen wir seit den entscheidenden Denkanstößen, die uns die Psychologie (z. B. Eric Ericson[1]) gegeben hat, auch Identität. In ihr lebt das Ich einer Person oder das Selbst einer Gemeinschaft. Wir nennen diesen innersten Punkt unseres Selbstverhältnisses Subjektivität; und wir erstrecken diese Subjektivität auf das, dem wir uns zugehörig fühlen, und machen sie damit zu einer geistigen Größe, zu einem Sinnträger unserer Kultur.

Identität ist eine geistige Erstreckung in die Vielfalt von Zugehörigkeiten und Rückkehr in das eigene Ich oder Wir. Es ist Bewegung, Dynamik, Arbeit – ständige Herausforderung der Selbstpositionierung im sozialen Gefüge unseres Lebens, und das heißt: in ständiger Auseinandersetzung mit den anderen, mit denen wir zusammenleben (müssen).

Dieses Selbst ist durch und durch zeitlich. Es ist dauernd in Bewegung und zeitlichen Veränderungen ausgesetzt, die uns von außen und von innen zukommen und mit denen wir ständig sinnbildend und denkend fertig werden müssen. (Selbst wenn wir schlafen; denn, das lehrt uns nicht nur die Psychoanalyse, auch unsere Träume sind Sinnbildungsarbeit an uns selbst.)

Geschichte, historisches Denken als Prozess von Erinnern und Vergessen, von Eigengedenken und Verdrängen, ist für die Arbeit menschlicher Identitätsbildung das wichtigste kulturelle Medium. Man kann sagen: Identität ist eine in uns wirksame Geschichte, die uns sagt, wer wir sind. Diese Geschichte müssen wir uns und den anderen, mit denen wir zusammenleben, aber auch den anderen, von denen wir uns unterscheiden, dauernd erzählen. Wir müssen sie auch immer wieder neu

---

[1] Erikson (1973); Erikson (1975).

erzählen, da sich die Umstände unseres Lebens und damit unserer Bezüglichkeit zu anderen und zu uns selbst dauernd verändern.

Und Europa? Was ist Europa für uns, also nicht als geografische, politische, soziale oder ökonomische Tatsache, sondern als Teil, als Dimension unserer Identität? Als Antwort auf diese Frage drängt sich der Titel auf, den Hans Magnus Enzensberger seinem Europabuch von 1987 gegeben hat: „Ach Europa!".[2] Heute können wir Enzensbergers „Ach!" nur wiederholen, wenn wir danach fragen, wie es um die europäische Kultur als Faktor unserer Identität bestellt ist.

Enzensbergers „Ach!" läßt sich mühelos auf die gegenwärtige Verfassung Europas beziehen, auf die Rolle seiner Kultur und deren Bedeutung für uns. Ich mache es kurz: Der Einigungsprozess ist nach dem Scheitern des französischen, niederländischen und irischen Plebiszits über die europäische Verfassung und nach der Neuaufnahme von mehr als zehn neuen Mitgliedern ohne strukturelle Veränderungen der politischen Form der Europäischen Union in eine schwere Krise geraten. Ein wesentlicher Faktor dieser Krise ist ihre Verdrängung in der politischen Routine der europäischen Institutionen: *Business as usual* und der Einstieg in die Erweiterung der Mitglieder um den – wie ich finde – gegenwärtig unverdaulichen Brocken der Türkei. Beides zeigt überdeutlich an, wie weit sich die Europäische Union von den Einstellungen und Überzeugungen der Menschen entfernt hat, für die sie doch letztlich erfolgen soll.

Damit stellt sich die Identitätsfrage umso dringlicher. Und mit ihr stellt sich die Frage nach der Zukunft Europas in einer neuen Dimension, eben derjenigen der Kultur. Ein wirklicher Fortschritt des europäischen Einigungsprozesses ist ohne die Kraft der Kultur als neuer Antrieb undenkbar. Europa bleibt auf der Strecke, wenn seinen Institutionen und Strategien der Einigung nicht neue Impulse zuwachsen, und die können nur aus der Kultur, also aus den Mächten stammen, die in den Prozessen der Identitätsbildung wirken. Hier sehe ich ein Potenzial der europäischen Einigung, das sich noch nicht erschöpft hat, sondern in dem unverbrauchte Energie schlummert.

Aber wo liegen diese Kräfte? Wo geschieht europäische Identität? Auf diese Frage gibt es zunächst einmal eine klare negative Antwort: Sie geschieht nicht in den Institutionen der Europäischen Union; sie ist keine Angelegenheit zentraler Regelungen und Verordnungen mehr oder weniger bürokratischen Charakters. Im Gegenteil: Sie ist dort lebendig, wo sich europäischer Geist zuerst und langfristig ausgebildet hat, nämlich in den Städten, in unserer urbanen Lebensform oder – um es emphatisch zu sagen – in der Kultivierung von Menschen zu Bürgern. Noch emphatischer würde ich es im Rückgriff auf eine Formulierung der Frauenrechtle-

---

[2] Enzensberger (1987).

rin Luise Otto Peters, das „Reich der Freiheit" nennen (zu dem sie 1848 die Frauen als ‚Bürgerinnen' gewinnen wollte[3]).

Europäische Identität ist uns also zunächst als Tradition vorgegeben, eben in dieser urbanen Lebensform unserer kulturellen Bürgerlichkeit. Sie ereignet sich dort, wo wir Bürger sind, und d.h. wo wir uns einem historisch in unserer Kultur vorgegebenen Wertekanon und einer durch ihn geprägten Lebensweise verpflichtet fühlen. Deshalb ist das Europäische auch keine besondere oder eine eigene Dimension unserer Identität – jenseits oder oberhalb unserer nationalen oder gar anstelle unserer nationalen Identität –, sondern ein Element oder ein Faktor innerhalb der historisch schon entwickelten und uns traditionell vorgegebenen Ausprägungen von Zugehörigkeit. Deshalb ist die gleiche europäische Tradition in den verschiedenen Nationen und Volksgruppen der europäischen Länder auch unterschiedlich konstelliert, eben mit den Besonderheiten, mit denen sich die Bürgerinnen und Bürger dieser Nationen und Gruppen voneinander unterscheiden.

Nimmt man das Bürgersein oder die Urbanität nicht bloß als politischen Status, sondern als umfassendere und grundsätzlichere kulturelle Orientierung, dann lassen sich leicht die wichtigsten Faktoren dieser Traditionen aufzählen, die bis heute wirksam sind. Sie stellen die Basis unserer europäischen Identität in der Vielfalt ihrer nationalen, regionalen und lokalen Ausprägung dar: Der auf die Polis gerichtete Gemeinsinn, der Logozentrismus der Philosophie, römische Rechtsvorstellungen und stoischer Humanismus, durch das Christentum gesteigerte Individualität, wissenschaftliche Rationalität mit allgemeinen Wahrheitsansprüchen, wissenschaftlich fundierte Technologie, ästhetisch verstandene und erfahrene Kunst, hermeneutische Fähigkeiten des Fremdverstehens, Rechts- und Sozialstaatlichkeit, demokratische Organisation politischer Herrschaft, universell geltende Menschen- und Bürgerrechte. Diese Liste lässt sich natürlich fortsetzen. Ich würde auch die kapitalistische Rationalität der Ökonomie und die nationale Form politischer Identität in ihrer modernen voluntaristischen Form dazurechnen, aber das dürfte umstritten sein.

Aber nicht nur der Kapitalismus und die Nation sind umstritten. Im Gegenteil: Alle genannten Traditionen sind im Fluss diskursiver Verhandlungen und kritischer Auseinandersetzungen. Es ist diese geistige Dynamik, die unser Europäertum auszeichnet. Ein entscheidender Faktor europäischer Identität ist damit schon angedeutet: Die dynamisierende Kraft der Kritik, die als Bewegungs- und Veränderungskraft zu den genannten Traditionsbeständen wesentlich dazu gehört.

Genau dieses Element droht in der aktuellen Rückbesinnung auf die kulturellen Traditionen Europas verloren zu gehen. Ist es denn die Wirkungsmächtigkeit der europäischen Kultur gewesen, wie sie heute in allen Festreden, in denen die

---

[3] Gerhard et al. (1979).

Europäische Union sich darstellt und feiert, die zu dieser Einigung geführt hat? Eben nicht. Die europäische Einigung ist vielmehr das Ergebnis einer Katastrophenerfahrung, in der genau diese Traditionen zu Schanden zu gehen drohten. Es ist diese dunkle Seite der Geschichte Europas, die wir neben unseren zukunftsfähigen Traditionen systematisch in den Blick nehmen müssen, wenn wir uns darüber verständigen wollen, was es heißt, europäisch zu sein.

Wir müssen also in die Züge unserer kulturellen Identität diesen Schatten, der sich durch unsere Geschichte zieht und der sich ja mit vielen Ereignissen und Sachverhalten belegen lässt, integrieren: z.B. die unglaubliche Unmenschlichkeit, mit der die Griechen ihre Sklaven behandelt haben,[4] die römische Unterdrückung anderer Völker und Kulturen, die Kreuzzüge mit ihrer Blutbädern, die Ketzer- und Hexenverfolgungen, die genozidalen Elemente in der Französischen Revolution, die dauernden kriegerischen Konflikte zwischen den europäischen Nationen, der imperialistische Ausgriff Europas auf die anderen Länder der Welt und deren Unterdrückung und Ausbeutung und dann natürlich die Verbrechen gegen die Menschlichkeit im 20. Jahrhundert, die im Holocaust gipfelten. „Ruinen sind das unansehnliche und doch unentbehrliche Fundament" des gegenwärtig werdenden Europas.[5]

Erst wenn es uns gelingt, diesen Schatten in unser Selbstbild systematisch zu integrieren, konzipieren wir europäische kulturelle Identität auf der Höhe der historischen Erfahrung. Ein Blick auf die unterschiedlichen Geschichtskulturen der europäischen Länder und Regionen zeigt, wie weit wir davon entfernt sind. Und doch sind wir auf dem Wege dazu,[6] und mit dieser Arbeit an der inneren Ambivalenz unserer Zugehörigkeit zu dem, was wir europäische Kultur nennen, können wir auch selbstbewusst den anderen, den nichteuropäischen Kulturen in der wachsenden Verdichtung interkultureller Kommunikation als Folge des Globalisierungsprozesses gegenübertreten.[7] Indem wir uns bewusst beiden Seiten unserer Geschichte, der zivilisatorischen Erfolgsgeschichte und der desaströsen Geschichte des Destruktionspotenzials unserer Kultur vergewissern (das Verhältnis zur Natur sollten wir dabei nicht vergessen), erreichen wir ein Selbstverhältnis, mit dem wir die Zwänge ethnozentrischer Selbstbehauptung gegen die Anderen durchbrechen, uns in ein neues Verhältnis zum Anderssein der Anderen setzen[8] und mit einigem Selbstbewusstsein in die interkukturelle Kommunikation eintreten (können).

Die westlichen Intellektuellen haben in den letzten Jahrzehnten die Selbstkritik der europäischen Kultur auf die Spitze postmoderner Selbstpreisgabe universa-

---

[4] Flaig (2001), 27-49.

[5] Muschg (2005), 16.

[6] Als Beispiel verweise ich auf Karlsson/Zander (2003) und Karlsson/Zander (2004).

[7] Dazu Rüsen (2004a), 135-158; Rüsen (2006), 241-252.

[8] Ausführlicher dazu Rüsen (2004b), 59-74.

listischer Geltungsansprüche unseres Wertsystems getrieben. Sie haben dabei indirekt die Vorgänge kultureller Identitätsbildung in den nicht-westlichen Ländern unterstützt, mit denen sie sich in Form eines negativen Ethnozentrismus gegen uns zur Geltung bringen: Sie legen schlicht dar, dass sie anders waren, sind und bleiben wollen, als wir in ihrer Wahrnehmung waren und immer noch sind. Damit affirmieren sie sich in der klassischen ethnozentrischen Weise: Sie gewinnen eine werthaft positive historische Identität durch negative Abgrenzung und Abwertung der unsrigen.

Die europäische Geschichtskultur hat Ansätze zu einer fundamentalen Überwindung, zumindest aber Eindämmung des Ethnozentrismus in der historischen Identitätsbildung hervorgebracht, der jedem *clash of civilizations* zugrunde liegt. Daran können wir anknüpfen; wir können und sollten sie weiter entwickeln und auch selbstbewusst interkulturell zur Geltung bringen. Zu diesen Ansätzen gehören die zivilisatorische Errungenschaft einer menschheitlichen Gleichheitsvorstellung, hochentwickelte hermeneutische Fähigkeiten des Fremdverstehens und eben ein konstitutives Element von Selbstkritik in den öffentlich wirksamen Formen kultureller Identität.

Es ist eine der wichtigsten Aufgaben der Humanwissenschaften, an dieser Ausprägung einer neuen Form kultureller Identität zu arbeiten. Wir sollten nicht in den alten ethnozentrischen Fehler verfallen und uns allein diese Errungenschaft selbstkritischer Ambivalenz zubilligen. Wir sollten vielmehr ein neues historisch begründetes Selbstbewusstsein in unserem Verständnis europäischer Identität genau daran festmachen, dass wir nicht mehr einseitig unsere Errungenschaften beschwören, sondern sie in ihrer inneren Widersprüchlichkeit deutlich machen und an uns selber wahrnehmen. Damit erst werden wir – und zwar auf der Ebene der Kultur – in einer neuen Weise friedensfähig, und zugleich damit bleiben wir den Impulsen verpflichtet, die nach den Schreckenserfahrungen des 20. Jahrhunderts die Europäische Union auf den Weg gebracht haben.

Wir sollten also nicht vergessen, dass diese ‚Kultur', um die es geht, unser Europäertum also, mehr und anderes ist als sich in grandiosen Events der Kunst darstellen und sich als Errungenschaften unserer Urbanität feiern lässt (so berechtigt und angenehm beides auch ist). Wir sollten dieses Element der Widersprüchlichkeit, der Unabgeschlossenheit, der durch Kritik inspirierten Arbeit an der Integration unseres Schattens öffentlich zur Geltung bringen und damit der Gefahr entgehen, es uns mit uns selbst zu leicht zu machen.

Ich möchte nicht verschweigen, dass wir uns mit dieser qualitativen Veränderung unseres Identitätskonzepts ein Problem eingehandelt haben, an dessen Lösung wir noch arbeiten müssen. Es handelt sich um die eingangs erwähnte Kohärenzbedingung, die Zugehörigkeitsgefühle und Abgrenzungen in der Mannigfaltigkeit der in Frage kommenden Felder betrifft. Traditionell steht für diese Kohärenz ein starker, alles überragender Identitätspol, ein Zentrum, in dem menschliche Subjektivität ruht und die Unterschiedlichkeit seiner Selbstbezüge im Verhältnis zu sich selber aushält und organisiert. Diese Subjektivität war lange Zeit religiös verfasst. Die Religion mit ihren unterschiedlichen Mischungen mit sozialem Status, politischen Herrschaftsansprüchen und anderen den Menschen im Kern seiner Person betreffenden sozialen Lebensverhältnissen stand für Identitätskohärenz. Die kohärenzverbürgende Integrationskraft der menschlichen Subjektivität beruhte und beruht immer noch auf starken Wertüberzeugungen, auf normativ hoch aufgeladenen Selbstzuschreibungen. In der internationalen und interkulturellen Kommunikation heutzutage übernimmt diese Rolle eine universalistische Moral. Von ihr wird lebhaft Gebrauch gemacht in der Selbstzuschreibung moralischer Qualität und in der entsprechenden ethnozentrischen Abwertung der Anderen, wie es vor allem in der interkulturellen Kommunikation zwischen nicht-westlichen und westlichen Kulturen der Fall ist. Auch der weltweite Trend der Viktimisierung steht dafür: Ein Opfer zu sein, stattet eine Gemeinschaft mit der moralischen Qualität der Unschuld aus, und das Anderssein der Anderen besteht in deren Täterschaft. (Der so genannte „Sündenstolz", mit dem sich manche Kreise in Deutschland die Täterschaft der Menschheitsverbrechen in der nationalsozialistischen Diktatur zuschreiben, gehört in diesen Zusammenhang einer moralistischen Identitätskonfirmation.)

Ambivalenz ist mit solchen starken normativen Haltepunkten menschlicher Identität nur schwer vereinbar. Sie hat aber den Vorteil, dass sie das ethnozentrische Ungleichgewicht im Wertehaushalt des Verhältnisses zwischen Eigenem und Anderem überwindbar macht. Zugleich damit aber stellt sich unabweisbar die Frage: Was steht dann noch für die innere Einheit persönlicher oder kollektiver Identität? (Die postmoderne Antwort auf diese Frage, die diese Einheit grundsätzlich aufgibt und die Identität mit den hübschen Metaphern der Hybridität oder des Patchworks bezeichnet, ist eine lebenspraktisch wenig überzeugende Intellektuellengeburt.)

Worauf lässt sich dann noch rekurrieren, wenn es keine stolze Selbsterhöhung im Verhältnis zu den anderen mehr sein kann, die der eigenen Identität Lebenskraft gibt? Die einzige Antwort, die ich darauf geben kann und für die sich auch zukunftsfähige kulturelle Traditionen Europas und des Westens namhaft machen lassen, ist ein *humanistisches Verständnis des Menschen*: Die kohärenzverbürgende Größe unserer Identität ist unser Menschsein.[9] Humanistisch wird ein solches Menschsein verstanden, wenn es die Fragilität, die Verletzbarkeit und die Fehlbarkeit des Menschen betont und aus ihr soziale Solidarität und Anerkennungspoten-

---

[9] Siehe dazu Nida-Rümelin (2006).

ziale im Verhältnis zwischen Eigenem und Anderen gewinnt und den Prozesscharakter von Subjektivität betont, für den wir das schöne deutsche Wort ‚Bildung‘ haben.

Ein solches Konzept macht bescheiden und anspruchsvoll zur gleichen Zeit. Bescheiden im Blick auf die Preisgabe der Herrschaftsansprüche, die sich die moderne Subjektivität der westlichen Kultur mit ihren innerweltlichen Fortschrittsabsichten zugeschrieben hatte. Anspruchsvoll insofern, als mit einem humanistischen Menschheitskonzept eine fundamentale und umfassende Größe von Subjektivität angesprochen wird, die alle Angehörigen der Gattung *homo sapiens sapiens* teilen und die jedes Individuum in seinen unterschiedlichen sozialen Verfasstheiten mit der einen unaufgebbaren und in der Tat kohärenzverbürgenden Qualität seiner Menschenwürde ausstattet. Immanuel Kant hat diese humanistische Qualität des Menschseins in die folgende Fassung des kategorischen Imperativs gebracht: „Handle so, dass du die Menschheit sowohl in Deiner Person, als in der Person eines jeden andern, jederzeit zugleich als Zweck, niemals bloß als Mittel brauchest".[10] Dies, so finde ich, ist der kulturelle Kern unserer europäischen Identität. Um ihn muss es gehen, wenn wir uns und den anderen klarmachen wollen, was es heißt, europäisch zu sein.

Literatur

Enzensberger, Hans-Magnus (1987): Ach Europa! Wahrnehmungen aus sieben Ländern. Mit einem Epilog aus dem Jahre 2006. Frankfurt/Main: Suhrkamp

Erikson, Eric H. (1973): Identität und Lebenszyklus. Drei Aufsätze. Frankfurt/Main: Suhrkamp

Erikson, Eric H. (1975): Dimensionen einer neuen Identität. Frankfurt/Main: Suhrkamp

Flaig, Egon (2001): Den Untermenschen konstruieren. Wie die griechische Klassik den Sklaven von Natur erfand. In: Von den Hoff/Schmidt (2001): 27-49

Gerhard, Ute/Hannover-Druck, Elisabeth/Schmitter, Romina (1979): „Dem Reich der Freiheit werb' ich Bürgerinnen". Die Frauen-Zeitung von Louise Otto. Frankfurt/Main: Syndikat

Karlsson, Klas-Göran/Zander, Ulf (Hrsg.) (2003): Echoes of the Holocaust. Historical Cultures in Contemporary Europe. Lund: Nordic Academic Press

Karlsson, Klas-Göran/Zander, Ulf (Hrsg.) (2004): Holocaust Heritage. Inquiries into European Historical Culture. Malmö: Sekel

Muschg, Adolf (2005): Was ist europäisch? Reden für einen gastlichen Erdteil. München: Beck

Nida-Rümelin, Julian (2006): Humanismus als Leitkultur. Ein Perspektivenwechsel. München: Beck

Radebold, Hartmut/Heuft, Gereon/Fooken, Insa (Hrsg.) (2006): Kindheiten im Zweiten Weltkrieg. Kriegserfahrungen und deren Folgen aus psychohistorischer Perspektive. Weinheim: Juventa

Rüsen, Jörn (2004a): Tradition and Identity: Theoretical Reflections and the European Example. In: Taiwan Journal of East Asian Studies 1. 2004. 135-158

Rüsen, Jörn (2004b): How to Overcome Ethnocentrism: Approaches to a Culture of Recognition by History in the 21st Century. In: Taiwan Journal of East Asian Studies 1. 2004. 59-74

---

[10] Kant *Grundlegung zur Metaphysik der Sitten* BA 65f. (Werke VII [ed. Weischedel]: 61).

Rüsen, Jörn (2006): Elemente einer zukunftsfähigen europäischen Geschichtskultur. In: Radebold et al.
    (2006): 241-252
Von den Hoff, Ralf/Schmidt, Stefan (Hrsg.) (2001): Konstruktionen von Wirklichkeit. Bilder im Grie-
    chenland des 5. und 4. Jahrhunderts v. Chr. Stuttgart: Steiner

Epilog

Europa und die See: Das kulturelle Erbe

Michael Salewski

1   Grenzen zwischen Land und Meer

Europa ist Land, manches Land ist eine Insel; das um Europa herumschwappende Wasser hat mit Europa nichts zu tun, zumindest jenseits der 12 sm-Zone beginnt das große Niemandsmeer, und dafür ist Europa nicht zuständig.

Dass das lange nicht mehr gilt, bedarf keines Beweises, schließlich haben die europäischen Staaten oft mit großer Mühe die Schelfmeere unter sich aufgeteilt, und denkt man an Bohrplattformen oder Erdölfelder, an Offshore-Windkraftanlagen oder Gasröhren durch die Ostsee, wird schon deutlich, dass man Europa sehr wohl als ein Gebilde deuten kann, das aus Land und Meer – und, notabene, dem Luftraum über Land und Meer – besteht. Ins schier Absurde wurde das im Jahr 2007 durch Russland getrieben, als es eine Nationalflagge aus Titan auf dem Grund des Nordpols aufpflanzte – 4261 Meter unter Wasser – und behauptete, das „Land" unter dem Pol gehöre via Schelfrücken zur wirtschaftlichen Interessenzone Russlands. Dahinter stand der Wunsch, sich einen gehörigen „Claim" abzustecken, in dem man wertvolle Rohstoffe, u.a. Öl vermutet. Das mag Spekulation sein, aber schon die europäischen Fischereirechte und Fangquoten deuten auf die immense Bedeutung des Meeres für Europa hin, und es gibt, mindestens seit Frank Schätzings Roman „Der Schwarm", auch in einer breiten Öffentlichkeit bekannte Utopien, die sich mit den Meeresbodenschätzen – und deren Gefahren teilweise realistisch beschäftigen.

Für all das ist auch „Europa" zuständig. Das „Grünbuch für Meerespolitik" der Europäischen Union wurde 2006 unter der Überschrift: „Die künftige Meerespolitik in der EU: Eine europäische Vision für Ozeane und Meere" mit großem propagandistischem Aufwand und ziemlich einstimmig verabschiedet. Da ist von allem die Rede – nur nicht von „Meereskultur", obwohl vieles von dem, das in diesem Dokument angesprochen wird, mit „Kultur" im weitesten Sinn zu tun hat – nur hat das niemand bemerkt, und das ist typisch für die Europäische Union, die sich seit jeher als „Zweckverband" empfindet und hilflos reagiert, wenn es um die „europäische Kultur" geht, von der niemand zu wissen scheint, was sie überhaupt ist – geschweige denn eine „Kultur der See". Dabei ist Europa selbst der Inbegriff von „Kultur", denkt man daran, dass sie, die Europa, auf dem Stier aus dem Meer kam; und die Darstellungen von „Europa und dem Stier" sind zahl- und variantenreich – bis zum heutigen Tag. Dieser Mythos wird in der EU ständig gepflegt, und deswegen kann man behaupten: auch alle Kultur kommt aus dem Meer. Aber bisher hat sich nahezu kein Bewusstsein davon entwickelt, dass all dieses zusammen Europa neu definieren muss, und wo die Meere um Europa herum eine Rolle spielen, ist nicht Europa oder Brüssel, sondern das Seevölkerrecht zuständig, und es gibt inzwischen einen europäischen Seegerichtshof (Hamburg). Aber einen „Meereskommissar" sucht man in Brüssel vergeblich; das Kontinentale überlagert das Maritime völlig, sieht man vom Navalistischen, also den Kriegsmarinen ab, die es jedoch auch noch nicht zu einer einheitlichen „europäischen" Flotte gebracht haben, obwohl dies zu erreichen es bereits mit der MLF („Multi Lateral Force"), der de Gaulle'schen Vision einer europäischen Nuklearflotte in den sechziger Jahren des 20. Jahrhunderts und der SNFL („Standing Naval Force Atlantic") Ansätze dazu gegeben hat.

Um Europa zu „verstehen", wird man es freilich nicht nur von seinen Ländern her sehen müssen, sondern auch von den Meeren, die es umspülen. Dabei ist nicht so sehr an die althergebrachte Unterscheidung zwischen „kontinentalen" und „maritimen" Staaten zu denken, als an die Wechselwirkungen des Zusammenspieles zwischen Meer und Land und dessen Auswirkungen auf ganz Europa. Dass alle Kontinente von Ozeanen umgeben sind, weist die europäische Situation noch nicht als eine besondere aus; dennoch lässt es sich nicht leugnen, dass beispielsweise Afrika als kontinentaler, Australien als maritimer Erdteil verstanden werden. Der asiatische lässt sich unter diesem Gesichtspunkt ebenso wenig als einheitlich erkennen wie der amerikanische, und es ist charakteristisch für beide, dass zu bestimmten Zeiten und in bestimmten Ländern einmal das kontinentale, ein anderes Mal das maritime Moment die Überhand gewann.

Konzentriert man sich auf Europa, muss man mit der Geografie beginnen, und zwar einer Geografie, die die Meere von Anfang an mit einbezieht. Dies war bereits der Ansatz der alten „Geopolitik" vor und nach dem Ersten Weltkrieg, wie sie Ferdinand von Richthofen und Friedrich Ratzel vor, Nicholas Spykman und Albert Haushofer nach dem Ersten Weltkrieg vertraten.

Zunächst geht es um die Grenzen Europas: Diese sind durch die Küstenlinien bestimmt – nahezu überall, mit der schwerwiegenden Ausnahme der östlichen Grenze, die deswegen über Jahrhunderte hinweg immer wieder diskutiert und in Frage gestellt werden konnte – wie weit reicht Europa nach Osten? Viel von der Dynamik, welche die europäische Machtpolitik prägt, resultiert aus dieser „dynamischen" Grenze. Die aktuelle Frage nach dem Für oder Wider des türkischen Beitritts zur EU entzündet sich nicht zuletzt an dem ungelösten Problem, wie weit die Türkei überhaupt „europäisch" im Sinne der Geografie ist. In Bezug auf die übri-

gen Himmelsrichtungen besteht demgegenüber kein Diskussions- und Hand-
lungsbedarf: Ob Frankreich, Spanien, Portugal: Diese an den Atlantik und ans Mittelmeer angrenzenden Staaten sind seit altersher geografisch eindeutig und unwi-
derrufbar bestimmt; England genießt darüber hinaus das Privileg der „splendid
isolation", was hier ganz wörtlich zu nehmen ist. Gerade deswegen wehrte sich
dieses Land ein paar Jahrhunderte lang, sich auf welche Weise auch immer mit
dem europäischen Festland verbinden zu lassen, und der EURO-Tunnel gilt ge-
schichtsbewussten Briten immer noch als Sünde wider den Geist der britischen
Seeräson.

Diese klar durch das Meer definierten Grenzen haben diesen Staaten eine historische Ruhe beschert, deren sich typische Kontinentalstaaten wie Russland, Österreich oder Deutschland nie haben erfreuen können. Aber auch diese profitierten
von wenigstens einigen klaren Meeresgrenzen: Russland grenzt im Norden an die
Barentsee und den arktischen Ozean, im Süden, an das Schwarze, teilweise das
Kaspische Meer; Deutschland ist nördlich durch Nord- und Ostsee begrenzt, das
Habsburgerreich grenzte im Süden bis 1919 an das Mittelmeer. Machtpolitisch
hoch her ging es meistens an den jeweiligen Landesgrenzen, die eben nie „natürlich" waren, sondern bestenfalls als „natürliche" deklariert wurden; Tejo, Rhein,
„Oder und Neisse", auch die Wolga, genossen zeitweise dieses zweifelhafte Privileg, und oft wurden solche Grenzen als „Front" gesehen. Die amerikanische „fron-
tier" drückte das symbolisch aus. Die Amerikaner waren froh, als sie verschwand –
im Pazifik.

Kann man sich einige Staaten Europas, heute der EU, ohne „ihr" Meer kaum
vorstellen, so sind andere davon völlig depraviert – so Österreich, die Schweiz,
Luxemburg, die Tschechische Republik, Ungarn, und diesen Ländern fehlt immer
auch ein Stück von maritimer Kultur, manchmal werden Alpen oder Karpaten
trotzig als Gegenkultur propagiert. Setzt man diese Gruppe von Staaten in ein
Verhältnis zu jenen, die in welcher Form auch immer am Meer liegen, Anteil am
Meer haben, wird sofort ein qualitativer Unterschied sichtbar. Dieser war, quer
durch die Weltgeschichte, immer so groß, wurde als so wesentlich empfunden,
dass die zu kurz gekommenen Landstaaten geradezu verzweifelt versuchten, wenigstens ein Zipfelchen Meer zu erhaschen, bis hin zu nationalen Flotten ohne
Meer – die Schweiz verfügt bis heute über eine beachtliche Handelsmarine, die
2006 aus 32 Schiffen mit insgesamt etwa 500 000 BRT bestand.

Europa liegt am atlantischen Ozean, und dieser selbst gehört nicht zu Europa
– höchstens seine „Randmeere", im Norden das Eismeer, die Norwegensee, die
Nordsee, im Süden die Biskaya, das Mittelmeer und das Schwarze Meer. Wenn
man will, zählt auch die Ostsee zu den nördlichen Meeren, dennoch ist hier ein
qualitativer Unterschied auszumachen: Während die erstgenannten Meere in einer

breiten Zone mit dem Atlantik zusammenfließen, so dass das „Europäische" dieser Seegebiete irgendwo verschwimmt, bilden Ostsee, Mittelmeer und Schwarzes Meer Flächen innerhalb Europas – was für das Mittelmeer allerdings nur zu bestimmten Zeiten galt. Der Kampf um diese Meere prägte lange Perioden der europäischen Geschichte, wohingegen es einen Kampf um Nordsee, Norwegensee und Eismeer ebenso wenig gegeben hat wie um die Biskaya. Hier ging es „nur" um Seeherrschaft. Darum ging es in den Binnenmeeren zwar auch, aber die Machtprojektionen waren doch anders als jene, die nach Westen ins Unbestimmte wiesen: Die Ostsee als „blaue Banane" konnte zum Zentrum von Reichsbildungen ebenso werden wie das Mittelmeer. Hier genügte die bloße Seeherrschaft nicht, sondern sie musste ergänzt werden um die Beherrschung der jeweiligen Gegenküsten, was diese Meere gleichsam mit einem Netz überzog und sie in mancherlei Hinsicht den Charakter eines Territoriums gewinnen ließ. Italien und Mittelmeer, beispielsweise, gehören so eng zusammen, dass man sich das eine oder das andere ebenso wenig wie im Fall Griechenland vorstellen kann; es kommt nicht von ungefähr, dass schon die Römer vom *mare nostrum* redeten, Mussolini schwätzte nur nach.

2   Meer und Kultur: ein Überblick

Meer und Macht sind in der europäischen Geschichte ebenso synonym wie Meer und Kommerz; einer besonderen „Kultur" bedarf es anscheinend nicht, und wo es sie gibt, wird sie Dichtern wie Joseph Conrad oder Lothar-Günter Buchheim, Malern wie van de Velde oder Bergen, Komponisten wie Grieg oder Mendelssohn überlassen. „Seestücke", seien sie literarischer, künstlerischer oder musikalischer Natur, gibt es in Europa reichlich – das Gegenteil ebenfalls: „Bergstücke", in denen Gebirge wie die Alpen oder die Karpaten künstlerisch behandelt werden. Seen und Flüsse haben ebenfalls „Kulturelles" hervorgebracht; Geografie und Topografie Europas werden seit jeher von „Kultur" begleitet, und es ist keine Frage, dass auf diese Weise so etwas wie eine kulturelle europäische Identität gestiftet wird. Dass dies auch in den religiösen, den philosophischen Bereich hineinschwingt, unterstreichen griechische und römische Mythen; Europas Meere sind mit Wassergöttern- und Nixen belebt, und dass vom Meer Gefühle des Religiösen, des „Erhabenen" und „Schönen", des „Existenziellen" und „Philosophischen" ausgehen – man denke an Stanislaw Lems „Solaris" –, führt bis heute dazu, dass Hotelzimmer mit „Meerblick" oft doppelt so viel kosten wie solche mit „Parkblick".

Denkt man freilich daran, dass dies ein typisch spätneuzeitliches Phänomen ist, werden die hiermit verbundenen Selbstverständlichkeiten fragwürdig. In den längsten Zeiten der europäischen Geschichte nämlich galt der Anblick des Meeres als grässlich – die Odyssee steht dafür – das reichte vom „Fliegenden Holländer"

Richard Wagners, Storms „Schimmelreiter" bis zur Tsunami-Katastrophe von 2004, die auch moderne, „aufgeklärte" Menschen etwas von jenem existenziellen Schrecken ahnen ließ, den das Meer verbreiten kann. In den Kassandrarufen zur „Klimakatastrophe" mischt sich die Vorstellung vom unaufhaltsam steigenden Meeresspiegel, der den Kölner Dom im Wasser stehen lassen und ganze Staaten verschlingen wird. Dem sehen die Menschen hilflos zu und fliehen in die Berge, wie einst Boccaccio vor der Pest in Florenz.

Diese gegensätzlichen Gefühle dem Meer gegenüber – in Debussys „La Mer" grandios-musikalisch umgesetzt – sind das Grundsubstrat der Meereskultur, wie sie sich in Europa entwickelt hat und offenbar ständig weiterentwickelt, denn der Prozess ist nicht an ein Ende gelangt.

Diese „Kultur" ist keineswegs eine literarische, künstlerische und musikalische allein, sie ist sehr handfest, denkt man daran, dass ganze „Kulturen" im Sinne der „Kulturgeschichte" vom Meer bestimmt wurden und weiterhin werden. Das beginnt mit der griechischen „Meereskultur", die in Europa ein erstes mächtiges Reich schuf – nicht allein auf der griechischen Halbinsel, sondern im gesamten Mittelmeerraum, der, mit griechischen „Kolonien" durchsetzt, maßgeblich zur Verbreitung der griechischen Kultur im engeren Sinn beigetragen hat: Die griechischen Kolonien lesen sich wie die Stichworte der europäischen Hochkultur der kommenden zweitausend Jahre. Dieses „Kolonialreich" hätte ohne das Meer, genauer: ohne Kenntnisse darüber, wie man das Meer „verwenden" konnte, nicht entstehen und über Jahrhunderte existieren können.

Was für die griechische Meereskultur gilt, ist für die römische billig – nur mit dem charakteristischen Unterschied, dass die Römer anders als die Griechen erst „lernen" mussten, dass das Meer mehr war als eine probate Projektionsfläche für allerlei Machtgelüste. Schon Schiller hat es auf den Punkt gebracht: „Die Griechen empfanden natürlich, wir empfinden das Natürliche". Dies auf das Phänomen Meer, Griechen und Römer übertragen heißt: Während wir annehmen, dass die Griechen wie die Phönizier „von Anfang an" ihre Kultur mit und auf dem Meer samt seinen zahllosen Inseln gründeten, mussten die Römer zunächst ihre kontinentalen Bedürfnisse befriedigen, bevor sie begreifen konnten, dass das Meer und ein bestimmtes „Meeresbewusstsein" ihnen Zugang zur ganzen damals bekannten Welt verschafften. Vielleicht war die Seeschlacht von Actium der „point of no return", indem die Idee der Kultur von nun an im Römerreich „abendländisch" und nicht „morgenländisch" war, wie das – vielleicht – Antonius (und Cleopatra) es sich vorgestellt hatten – mit all den Folgen für Politik und Kultur, die hier nicht zu erörtern sind. In beiden Fällen: Dem griechischen wie dem römischen war es unbestritten, dass sämtliche kulturellen Hervorbringungen wesentlich aus dem Meer kamen, und wer das Meer nicht beherrschte, hatte keine Chance – seien es die mit

Bravour aus dem *mare internum* vertrieben Seeräuber zu Pompejus Zeiten, seien es die nach 1492 vertriebenen Araber aus Spanien oder die Osmanen nach Lepanto.

Die Kultur „über das Meer tragen" wurde in der europäischen Geschichte Standard – das gilt auch für die Religion, kann man sich die Mission im frühen Mittelalter doch ohne das Meer kaum vorstellen: Sie kam, was Mitteleuropa betraf, wesentlich von Irland, Schottland, den englischen Inseln, also über das Meer. Das Land auf der anderen Seite des Ärmelkanals galt als „Übersee".

Aber Kultur wurde nicht nur über das Meer gebracht, sie konnte auch vom Meer aus zerstört oder verändert werden. Das Schicksal von Lindesfarne hat schon zeitgenössisch den tiefsten Eindruck hinterlassen, und die Verheerungen, die die „Wikinger" über das karolingische Europa brachten, haben sich tief ins kollektive Gedächtnis der Europäer eingegraben: Meere und Flüsse wurden die Adern, in denen Unheil, Zerstörung flossen. Aber genauso wurden sie zu Zentren der Kultur: Nahezu alle großen Städte Europas lagen am Meer oder in seiner Nähe, und falls dies aus geografischen Gründen nicht der Fall sein konnte, so doch an Flüssen nach dem Prinzip: je größer (und schiffbarer) umso besser. So entwickelten sich Paris, London, Lissabon und Rom, die skandinavischen Hauptstädte, auch Wien und Budapest waren über die Donau mit dem Schwarzen Meer aufs Engste verbunden, wohingegen es Städte wie Madrid, Moskau oder Berlin schwer hatten, sich im Kreis dieser „Meeresstädte" zu behaupten.

Handfest: Das galt auch für den Umstand, dass das Meer und große Ströme die Baukultur herausforderten und bestimmten – sei es in Abwehr des Meeres durch gigantische Festungswerke, Deichbauten, – bis hin zum „Weltwunder" des Kolosses von Rhodos oder des Pharos von Alexandria, den bekanntlich ein Grieche gebaut hatte – in Nutzung durch Hafenanlagen oder Brücken, die oft zum Inbegriff von Kultur wurden – von der symbolträchtigen Brücke über die Neretva in Mostar, deren Zerstörung vor allem als kulturelles Desaster empfunden wurde, über die Brücke am Tay, die mit ihrem Einsturz eine der bekanntesten Balladen Europas provozierte, bis zu den gigantischen Brücken über Sunde und Belte, und der nun beschlossene Bau der Fehmarnbeltbrücke hat nicht nur ökologische und ökonomische, sondern auch schwerwiegende kulturelle Folgen, welche die Länder diesseits und jenseits der Brücke prägen werden.

Freilich sind dies nur beliebig vermehrbare Einzelheiten. Das Meer hat Europa auch noch in einem ganz anderen Sinne bestimmt, sind doch viele „Kulturen" unmittelbar aus dem Meer gekommen. So lassen sich Venedig und seine Geschichte buchstäblich nur aus dem Meer deuten. Die gegenwärtige Horror-Vision, diese Stadt werde einmal im Meer versinken, wird im 21. Jahrhundert zu einer europäischen Obsession. Vielleicht enthüllt Venedig am spektakulärsten den Zusammenhang zwischen Meer und europäischer Kultur, den es ja mit der Atlantissage seit

Platons Zeiten gibt. Das Meer bringt Kultur hervor, das Meer verschlingt Kultur. Was Atlantis für Platon und die Griechen, ist Rungholt für die Friesen und Deutschen: Auch hier hat sich die Geschichte des Untergangs einer ganzen Stadt im Meer tief ins kollektive Gedächtnis gegraben, und jeder „Experte", der behauptet, er habe Atlantis wiedergefunden, kann sich der Aufmerksamkeit ganz Europas sicher sein – in Deutschland gelangte Jürgen Spanuth zu diesem zweifelhaftem Ruhm. Der Klimawandel mit dem anscheinend unaufhaltsamen Anstieg des Meeresspiegels sorgt dafür, dass diesen „alten" Geschichten immer auch etwas höchst Aktuelles anhaftet, so gibt es eine lebhafte Diskussion darüber, ob das Meer über kurz oder lang nicht auch Sylt verschlingen wird. Manche Ozeanografen sagen, dies wäre „natürlich". Dennoch stemmen sich die Menschen Jahr für Jahr mit „Sandvorspülungen", die viele Millionen Euro verschlingen, gegen das schier Unvermeidliche – wie lange?

Was hier im Kleinen zu beobachten ist, gibt es auch im Großen und im Umgekehrten, hier ist in erster Linie an die Landgewinnung in den Niederlanden zu erinnern. Die Zuidersee wird Land, die Landmasse Europas nimmt zu. Demgegenüber könnte Norwegen ins Meer kippen, wie es Franz Schätzing prophezeit, und es gab, wie Dirk van Laak („Weiße Elefanten") es dargestellt hat, im 20. Jahrhundert gigantische Großprojekte, in denen die sibirischen Flüsse in ihrer Richtung zum Schwarzen Meer umgeleitet, das Mittelmeer abgeschlossen und zur Fruchtbarmachung Nordafrikas benutzt werden sollte. Schon vor 1914 gab es bei Bernd Kellermann („Der Tunnel") die Utopie, einen Tunnel durch den Atlantik zu bauen. All dies grenzte an Größenwahn oder Blasphemie, gerade deswegen muss es als eine Facette der Kultur gelten, die ja keineswegs nur immer „gut und schön" ist – das wird uns bei der navalistischen Kultur Europas noch zu beschäftigen haben. Das Meer hat für die Europäer immer auch eine metaphysische Dimension besessen. Das reichte von Poseidon und der dem Meer entstiegenen Pallas Athene über eine ganze Phalanx von Meeresgöttern, Melusinen, Meerjungfrauen, Nöcks bis zum „blanken Hans" und dem „Schimmelreiter" an der Nordsee, und das Meer „spuckt" alle sieben Jahre den verdammten Fliegenden Holländer an Land und manchmal einen Lohengrin – was wäre Wagner ohne das Meer!

Venedig ist spektakulär, aber bei genauerem Hinsehen ist der Zusammenhang zwischen Meer und Kultur in der „Makroebene" auf Schritt und Tritt zu finden. Auch St. Petersburg ist ganz bewusst dem Meer entrissen worden, und die russische Kultur, über lange Jahrhunderte einseitig dem Kontinent, der asiatischen Steppe verbunden, wurde mit Peter dem Großen „maritim". Das spiegelt sich im europäischen Bewusstsein bis heute in der Oper „Zar und Zimmermann" von Albert Lortzing. Das Meer „bezwingen", sich über das Meer zu „erheben" ist tief ins kulturelle Gedächtnis der Europäer eingebrannt. Ob Heinrich der Seefahrer oder

Kolumbus, James Cook oder Drake: Sie alle fuhren im Bewusstsein über das Meer, Europa in die Ferne zu tragen, und ohne das Meer hätte es – so banal das klingen mag – keinen überseeischen Kolonialismus gegeben. Sich bewusst über das Meer zu erheben, ist europäische Tradition, die sich beispielsweise im Mont St. Michel spiegelt, der dem Meer und seiner gewaltigen Tide trotzt.

3   Die Meeresbasis der Kultur: Handel und Wirtschaft

Seit altersher leben Menschen aus und von dem Land oder aus und von dem Meer. Je nachdem, was überwiegt, sprechen wir von kontinentalen oder maritimen Kulturen. In Europa wechselten sich Zeiten, die „kontinental" geprägt waren, mit solchen, die man als „maritim" bezeichnen könnte, ab. Der Begriff „Seemacht" war nicht nur im Gegensatz zu „Landmacht" zu verstehen, sondern bezeichnete ganz bestimmte Staaten, im 17. und 18. Jahrhundert England und die Niederlande, die man zusammen „die Seemächte" nannte. Die maritimen Kulturen währten in der Regel länger als die kontinentalen, und das hing unmittelbar mit zwei Grundbefindlichkeiten zusammen: Dem Meer als Nahrungsquelle und dem Meer als Handelsweg. Zwar gab es beides auch „auf dem Land" und berühmte Handelswege quer durch Europa – man denke an die „Salzstraße" oder den „Ochsenweg" in Deutschland –, aber Massengüter, welche ganze Völker prägten, konnten immer nur über See und mit Schiffen transportiert werden. Die großen europäischen Häfen spiegeln die daraus entstandene Kultur, sei es Lissabon, London, Amsterdam, Hamburg, St. Petersburg oder welche große Hafenstadt auch immer. Dass dieser Seehandel eine ganz eigene Kultur nach sich zog, mag man beispielhaft an der Geschichte der Hanse erkennen; „Hansestädte", die es bis heute gibt, erkennt man an ihrem Baustil, oft ihrer Stadtverfassung, also an ihrer Kultur. Die großen Messen der Champagne im Mittelalter wären ohne Seetransporte nicht denkbar gewesen, und die Römer wären ohne die sie aus Ägypten erreichenden Getreideschiffe verhungert. Noch im Ersten Weltkrieg verursachte die Unterbrechung des Seehandels pandemischen Hunger, dem 900.000 Menschen zum Opfer fielen. Seit der Ostindischen Kompanie, der bald andere mächtige Seehandelsorganisationen folgten, lässt sich der Zusammenhang zwischen Handel und Kultur gut erkennen: Ob die großen Handelshäuser und Kontore, die Villen der reichen Bürger und Reeder in Amsterdam oder Bremen, die gewaltigen Schiffbauanlagen in London, Rotterdam, Hamburg, Danzig: Diese Kultur war maritim geprägt. Als um die Mitte des 19. Jahrhunderts die „Lustsegelei" aufkam, entwickelte sich eine ganz spezifische „Segelkultur", die man bis heute vor Valencia („America's Cup") oder Kiel („Kieler Woche") bequem besichtigen kann. Damit waren (und sind) vielfältige kulturelle Ereignisse verbunden, die allesamt im Kern auf das Meer zurückgehen.

Das Meer als Handelsweg war das eine, es bestimmte aber lange Jahrhunderte, dass das Meer als unmittelbare Nahrungsquelle begriffen wurde, ist doch die Fischerei das älteste Gewerbe neben dem Landbau. Mit ihm einher gingen Schiffsbauten jenseits der Fischerei, die ohne weiteres als kulturelle Hervorbringungen gewertet werden können – das gilt bereits für das Nydamboot. Die Hansekogge von 1380 (und ihre Nachbauten), die „Vasa" von 1628, die „Titanic" von 1912 sind unbestritten auch kulturelle Phänomene, und denkt man daran, dass der Untergang der beiden letzteren Schiffe erst ihre symbolische Bedeutung schuf, wird erneut der metaphysische Bereich berührt – ein Kennzeichen der europäischen Kultur. Wie eng der Zusammenhang zwischen der vermeintlich „realen" und der bloß „gedachten" Geschichte ist, mag man an der „Nautilus" erkennen: Sie war das literarische Schiff von Jules Verne, das „20.000 Meilen unter dem Meer" tauchen konnte, und das Atom-U-Boot „Nautilus", das unter dem Nordpol durchtauchte.

Die Fischerei war nicht nur Knochenarbeit, sondern gebar eine ganz eigenständige Kultur, die sich mancherorts in Europa bis heute erhalten hat, selbst wenn es mit dem Fischen nicht mehr weit her ist. Denn es ist kennzeichnend für Europa, dass es absterbende Kulturen museal und per Folklore, geht es hochtrabend zu als „Weltkulturerbe", zu erhalten sucht. Heute sind ganze „Fischerdörfer" zu Freilichtmuseen verwandelt, wie auch die Schiffe, die einst zu bloßem Kommerz und Transport verwendet wurden. Sie dümpeln heute in Museumshäfen – man denke an die „Seute Deern" in Bremerhaven, die „Rickmer Rickmers" in Hamburg, den „Bussard" in Kiel und unzählige andere museale Schiffe. Selbst die Instrumente des zutiefst Antikulturellen schlechthin, des Seekriegs, sind ins Positive gewendete Museumsstücke geworden: Nicht nur die Modelle und die Modell-Kulturen von Kriegsschiffen (man denke an die „Wiking"-Modelle) , sondern die Schiffe selbst; am berühmtesten dürfte die „Victory" in England sein, Nelsons Flaggschiff, das nur vordergründig „real" in Southhampton existiert, in Wahrheit längst zu einer Replik geworden ist – wie der Dresdner „Brandtaucher" auch, das erste U-Boot in Deutschland. Das schon angesprochene Mythische gehört zur „Meereskultur", besonders anspruchsvoll bei Jules Vernes „20.000 Meilen unter dem Meer" und Buchheims „Das Boot". Diese Romane sind Hoch-Kultur – und stammen gleichsam „aus dem Meer".

Der Zusammenhang zwischen der Hochseefischerei und der Entstehung bestimmter Kulturen wurde in der Geschichte der Hanse besonders deutlich, aber auch der skandinavische (und deutsche) Walfang hat bis zum Beginn des 20. Jahrhunderts kulturell gewirkt, um von „Moby Dick" gar nicht erst zu reden. Die kleinen Küstenorte des Nordens sind bis heute übersät mit kulturellen Relikten des Walfangs. Wale zu jagen, verlieh den Walfängern ein besonderes Prestige, das sie in ihren Häusern und Verhaltsweisen zur Schau trugen. Demgegenüber entwickelten die „armen Fischer" ihre eigene Kultur, die harte Arbeit, ständige Gefährdung, den Kampf mit Wind und Wellen zum Inhalt hatten. Ziel ehrgeiziger Fischer war es oft, sich über die Fron des Fischens zu erheben: Die Kultur der Partenreederei ist daraus hervorgegangen, indem Fischer, die zu etwas Geld gelangt waren, sich mit anderen zusammentaten, um ein Schiff zu kaufen – „ihr" Schiff. Und wenn dies unterging, was in der Segelschiffszeit das Schicksal jedes dritten Schiffes und ganz gewöhnlich war, war damit immer auch ein materieller Untergang verbunden. Dass davon die „Strandräuberei" „lebte", war eine makabre Folge: Auch sie war eine, heute würde man sagen: Sub-Kultur, die bis ins 19. Jahrhundert hinein existierte. Dass Sturm und Seegang, das Scheitern des Schiffes immer auch künstlerischen Ausdruck fanden, versteht sich von selbst, hier mag das Scheitern des Sindbad'schen Schiffes am Magnetberg in Rimski-Korsakoffs „Sheherazade" als Beispiel dienen, und die spektakulärsten „Seestücke" waren immer jene, in denen ein Schiff unterging. Noch der Untergang der „Andrea Doria" 1956 und der „Pamir" im Jahr 1957 haben fünfzig Jahre nach den Ereignissen diese Reflexe ausgelöst. „Alles klar auf der Andrea Doria" von Udo Lindenberg wurde zu einem kulturellen Ereignis eigener Art und eroberte die Charts.

Seeverkehr und Weltwirtschaft wurden um 1900 zu einer europäischen Faszination. Das führte zu Gründungen wie der „Seewarte" in Hamburg oder des Instituts für Seeverkehr und Weltwirtschaft" in Kiel, daraus entstanden ganze Wissenschaftsdisziplinen wie die Ozeanografie, die Meteorologie, die Wirtschafts – und Verkehrswissenschaft. Die großen Reedereien der Zeit – der Norddeutsche Lloyd, Woermann, Laisz, Cunard z.B. – entfalteten bald eine Art „Eigenleben", indem sie Staat, Politik und Kultur massiv zu beeinflussen begannen, Albert Ballin mag hier als Repräsentant stehen. Die wirtschaftliche Kraft dieser Unternehmer stammte aus dem Meer, aber sie sorgten auch für bestimmte kulturelle und „zivilisatorische" Errungenschaften. Die großen Linien-Passagierdampfer – wie „Imperator", „Queen Elizabeth" oder „France" – die Reihe ist schier unendlich – prägten einen eigenen Lebensstil, der sich in nahezu allen Sparten niederschlug; der „Dampferstil" wurde sprichwörtlich, und noch heute imponieren nicht nur die gewaltigen Schiffe à la „Queen Mary II." sondern auch die prachtvollen Interieurs solcher Passagierschiffe. Hier spiegelte sich – maritim gewendet – was die betuchten Passagiere auch an Land hatten oder zu haben wünschten, aber es ging von den Dampfer-Interieurs auch Einfluss auf das Land aus – beispielsweise auf das Interieur großer Hotels, von denen sich einige (bis zum heutigen Tag) gern „Maritim" nennen, und Residenzen der großen Reeder, so dass man eine enge Wechselwirkung im kulturellen Bereich von Architektur, Innenarchitektur und art deco beobachten kann – die Elbphilharmonie in Hamburg ist das jüngste Beispiel. Das alles kostete enormes Geld und bewies einmal mehr, dass das Meer Geld schaffen, die Wirtschaft

beflügeln konnte, und daran hatten die großen Im- und Exporteure den Hauptan-
teil. Ob Tee, Kaffee, Rum: Das alles kam mit Schiffen, und noch heute sind die großen Teehandelshäuser und Kaffeeröstereien Zentren der jeweils maritimen Kultur
– ob in Porto oder Bremen –, und die „Teeklipper" leben als heroische Erinnerung
an den Höhepunkt der europäischen Segelschiffszeit im Gedächtnis weiter – die
„Cutty Sark" kennt noch heute jeder Europäer, und ihr Bild ziert so manche Rum-
flasche.

4   Krieg, Meer, Kultur

Es wurde schon angedeutet: Töricht wäre, wer leugnen wollte, dass der Krieg –
hier der Seekrieg – nicht auch etwas „Kulturelles" an sich hätte – und etwas Künst-
lerisches, den Begriff „Kriegskunst" gibt es nicht von ungefähr. Von den großen
welthistorischen Seeschlachten gingen bestimmte kulturelle Strömungen aus, die
sich manchmal Jahrhunderte lang erhalten haben. Das begann bereits mit der Seeschlacht von Salamis, definiert sich „das Griechische" doch bewusst und gewollt
gegen das „Persische", dessen kultureller Aplomb in den Ritualen sichtbar wurde,
die Xerxes im Umfeld der Schlacht veranstaltete. Von Actium war schon die Rede,
aber auch die Seeschlacht von Lepanto, 1571, gewann eine ähnliche kulturelle Bedeutung. Der „abendländische" Sieg hatte machtpolitische Auswirkungen; aber
die berühmten Darstellungen Don Juan d'Austrias und seiner Flotte gehören zu
den großen kulturellen Errungenschaften dieser Schlacht. Freilich ist nicht dies
entscheidend, sondern der Umstand, dass mehr als hundert Jahre vor dem „Kah-
len Berg" die Selbstbehauptung der abendländischen Kultur per Seeschlacht unterstrichen wurde – das hat Europa bis heute nicht vergessen, es spielt bis in die müh-
seligen EU-Türkeiverhandlungen hinein.

Von geradezu weltstürzender Bedeutung aber wurde das Schicksal der Armada im Jahr 1588. Dabei geht es nicht um den Sieg der englischen über die spanische Flotte allein, sondern um den Umstand, dass auf diese Weise eine der großen
europäischen kulturellen Konstanten festgelegt wurde: die Aufteilung Europas in
ein „katholisches" und ein „protestantisches". Es gibt Spekulationen, die davon
ausgehen, wie sich die europäische und die Weltgeschichte weiterentwickelt hätten, wäre den Spaniern 1588 der Sieg zugefallen: England, wenn nicht eine spanische Kolonie, so doch ein unbedeutendes Land, das keine Chance besessen hätte,
sein Weltreich aufzubauen – und die „seadogs" ihrer Majestät, Elizabeth I., hätte es
auch nicht gegeben.

Freilich konnten sich die Spanier trösten – galt der Genuese Kolumbus doch
als einer der ihren, und der war pointiert katholisch, deswegen wurde es ganz
Südamerika am Ende auch. Die europäischen Kulturen des 16. bis 18. Jahrhunderts

waren durch die Konfessionen geprägt; ganz Südeuropa war katholisch, Nord-
und Westeuropa eher protestantisch, und wo die beiden Kulturen zusammenstie-
ßen, entzündeten sich wahre Weltkriege mit dem schaurigen Höhepunkt des Drei-
ßigjährigen. All dies, so ließe sich vermuten, hätte es nicht gegeben, wenn der Herzog von Medina Sidonia mit seiner gewaltigen Flotte 1588 England erobert hätte.

Die Seekriege aller Zeiten schufen Kultur oder färbten auf sie insgesamt ab.
Admirale und Kommandanten großer Schiffe waren oft Träger dieser Kultur und
gewannen Vorbildfunktion: von Don Juan d'Austria über de Ruyter und Nelson
bis hin zu Tirpitz und Beatty. Aber auch ganz unten gab es die navalistische Kultur
– und sei es im „Kieler Knabenanzug", der bis 1945 getragen wurde. Und die See-
mannspfeife wurde Legende! Selbst im heikelsten Bereich gab es eine Art von
„Kultur", wenn jeder „echte" Seemann eine „Braut" in jedem Hafen haben sollte.
Auch eine subtile oder grelle Bordell-Kultur, wie in Hamburg-St. Pauli, wird bis
heute von braven Zeitgenossen besichtigt und still bewundert: Die Idee organisierter „käuflicher Liebe" im Hafen gebar Kunst, Filme („Auf der Reeperbahn nachts
um halb eins"), war europäische Kultur, und das Schiff selbst als „Braut" des See-
manns zu begreifen wurde kulturell vermittelt. Heute sind alle Schiffsnamen weib-
lich!

Zweifellos begreift sich die englische Kultur mindestens seit der Armada-
Pleite als eine „maritime", wohingegen die spanische zwar auch mit maritimen
kulturellen Versatzstücken gespickt ist, insgesamt jedoch als „kontinental" begriffen wird. Der große kulturelle Gegensatz zwischen Flamen und Wallonen, mehr
als einmal in der europäischen Geschichte Zündstoff für Kriege, basierte auf einem
kulturellen Selbstverständnis, das zum Meer oder zum Land hin ausgerichtet war.
Die „Geusen" als „Meeresbewohner" par excellence spielten im holländischen
Freiheitskampf eine Rolle – und wurden dank großer kultureller Hervorbringungen unsterblich: durch eine Novelle von Wilhelm Raabe („Die Schwarze Galeere"),
die jeder Schüler zu lesen bekam, und die Geschichte des niederländischen Frei-
heitskampfes von Friedrich Schiller. Auch die Eigenheiten der bretonischen und
normannischen Kultur stehen als eine „ozeanische" gegen die binnenmeerische
des Mittelmeers in Frankreich. Ähnliche Unterscheidungen findet man in vielen
europäischen Ländern, auch in Deutschland, wo dem „Norddeutschen" ein Mehr
an „Meeresbewusstsein" zugesprochen wird als dem „Süddeutschen", und es ist
eine schier unausrottbare Legende, dass gerade deswegen in der Kaiserlichen Ma-
rine mehr Süddeutsche als Norddeutsche Dienst getan hätten – um der nationalen
Einheit willen. Das Gegenteil war der Fall.

Die vom Seekrieg ausgehenden kulturellen Strömungen und Impulse lassen
sich kontinuierlich feststellen, zu manchen Zeiten häuften sie sich und veränderten
das kulturelle System insgesamt. Das galt in erster Linie für England und Holland,

die eben deswegen als die „Seemächte" schlechthin galten und als solche bewusst und gewollt gegen die „Landmacht" Frankreichs abgegrenzt wurden. Wilhelm von Oranien wurde zum ersten Heros der „Seemächte" und zum Gegenspieler Ludwigs XIV. Während der Bourbone als der Herr des Kontinents galt, mauserten sich Wilhelm von Oranien wie dann auch Wilhelm III. zu Herrschern, die Poseidon geboten – und ebenso wurde das künstlerisch festgehalten. Versailles war die eine Ikone, und die atmete strengen kontinentalen Geist, das Parlament von Westminster lag an der Themse, und das heißt an der Pforte zum Weltmeer – ein gleichsam ultimativer Hafen.

Der Gegensatz Land/Meer bestimmte auch die folgenden Zeiten und führte zu kulturellen spezifischen Erscheinungen, zu denen beispielsweise Ernährungsgewohnheiten und die Kleidung zählten. Während die „Seemächte", nicht zuletzt dank ihrer prachtvollen Kompanien, von denen die ostindische am berühmtesten werden sollte, aus Übersee exotische Genussmittel, Pflanzen, Gewürze, aber auch Baumwolle und Pelze einführen konnten, die nach und nach das Bild der Mode und der Esskultur bestimmten – die britische Tea-time ist hier am bekanntesten geworden –, blieben die kontinentalen Mächte auf das angewiesen, was ihr eigenes Land, die Nachbarländer und mühselige Landtransporte ermöglichten. Hinzu kam, dass England in dem Maße, in dem es seine Ernährung von Übersee her gewährleisten konnte, die alten Kulturlandschaften in England selbst zu verändern begann. Weitläufige englische Parklandschaften waren Folge des Umstands, dass man diese Flächen nicht mehr als solche für den Ackerbau benötigte, wohingegen auf dem Kontinent auch den sandigsten Böden noch irgendwelche Erträge abgerungen werden mussten. Bezeichnend war es, dass auf dem Kontinent in dieser Epoche der „französische Garten" aufkam, in dem die Bäume und Sträucher zu einem gezirkelten, symmetrischen, letztlich „unnatürlichen" Ensemble stilisiert wurden, das durch hohe Parkmauern umgeben sich vom Ackerland darum herum scharf abgrenzte, während auf der Insel „englische Gärten" sich harmonisch und wie übergangslos in weitläufige „natürliche" Parklandschaften einpassten. Der ganz andere „Umgang" mit Grund und Boden in den „Kontinentalstaaten" (was zu der nationalsozialistischen Parole von „Blut und Boden" führte) war Folge der Erkenntnis, dass man vom Land mehr erwarten musste als vom Meer. Denn über die See geboten diese Staaten nur unzureichend. „Rule Britannia, rule the waves" – dem hatten die Landmächte nichts entgegenzustellen.

Man nehme Preußen: Des „Heiligen Römischen Reiches Streusandbüchse" war das genaue Gegenteil des englischen Parks. Man muss nicht eigens erläutern, dass diese Unterschiede sich quer durch die Gesellschaft fraßen, was nicht zuletzt zu jenen Stereotypen führte, die man später mit „dem Engländer", „dem Franzosen" oder „dem Preußen" verband. Die médisance von den Engländern als einem

„Krämervolk", bis in die Zeit des Ersten Weltkriegs hinein im Schwange, ging darauf zurück, dass „die Engländer" via Meer und Seehandel ihren Unterhalt anscheinend mühelos verdienten, reiche „Pfeffersäcke" das Bild der Nation bestimmten, wohingegen der deutsche Gutsbesitzer wie der deutsche Landmann mühevoll
im Schweiße ihres Angesichts den kargen Boden bearbeiten mussten.

Diese Gegensätze schlugen sich bis ins Begriffliche nieder, wenn Napoleon eine „Kontinentalsperre" gegen England verhängte und damit beweisen wollte, dass
„der Kontinent", also das kontinentale Europa, dem „maritimen" England nicht
nur Paroli bieten, sondern dieses vernichten könnte – und solche Ideen spukten
dann im Ersten, vor allem aber im Zweiten Weltkrieg auch noch im Hirn Hitlers.

Eine der „welthistorischen Lehren" aus den napoleonischen Kriegen lautete:
Da könne einer ganz Europa beherrschen und bis Moskau marschieren: Am Ende
wird er auf einem englischen Schiff in die ödeste Wasserwüste des Ozeans ver-
frachtet. Napoleon auf St. Helena war als Schmach gedacht und wurde von den
Franzosen als solche empfunden, da war es nur natürlich, dass sich das Land ungeachtet seiner politischen Kultur darum bemühte, den Helden von Austerlitz in
den Invalidendom heimzuführen. Dieser war der genaue Widerpart zur Trafalgar-
säule in London: Hier standen gleichsam Meer gegen Land. Wie sehr die Seekriege
des 18. und frühen 19. Jahrhunderts das kulturelle Empfinden aber auch anderer
europäischer Staaten beeinflussten, mag man in der Marotte Friedrich Wilhelms
IV. sehen, im Wannsee mit der „Gazelle" ein besonders hübsches Kriegsschiff
dümpeln zu lassen, und eine „Matrosenstation" gab es auch. Als Preußen seine
große Ostasienexpedition (1860-62) plante, wurde diese als militärisches, wissenschaftliches und kulturelles Ereignis ersten Grades aufgezäumt. Es war dann aber
vor allem der deutsche Kaiser, Wilhelm II., der See und Seemacht als *conditio sine
qua non* einer prestigeträchtigen „Weltmacht" begriff. Das spiegelte sich in dem an
sich lächerlichen Begriff „Hochseeflotte", während England ein schlichtes „grand"
genügte. Damit im Zusammenhang stand die hohe gesellschaftliche Achtung, die
der Kaiser Marineoffizieren entgegenbrachte – und diese ihm. Alles Weitere ist bekannt, und hier soll nur gefragt werden, was die maritime Manie des Kaisers für
die deutsche Kultur der wilhelminischen Zeit bedeutete.

Der „Platz an der Sonne" sollte immer auch ein „Platz am Wasser" sein, und
es kommt nicht von Ungefähr, dass sich im Vor- und Umfeld des Tirpitzschen
Flottenbaus eine reichhaltige maritime Kultur zu entfalten begann, die mit den
„Flottenprofessoren" und den „Staatsmalern" wie Bohrd, Stöwer, Bergen begann,
um beim „Kieler Knabenanzug" zu enden. Dazwischen gab es mit großen maritim
geprägten Ereignissen wie Flottenparaden, riesig inszenierten Stapelläufen oder
der „Kieler Woche" den Versuch, das „maritime Bewusstsein" in breite Bevölkerungsschichten zu verankern, die immer noch verdächtigt wurden, nicht „richtig"

und „ausreichend" „maritim" zu denken. Noch in der Segelschiffszeit hatte man damit begonnen, große wissenschaftliche Organisationen und Institutionen zu gründen, die sich mit der Polarforschung, der Meteorologie, dem Fischfang, der Prospektion der Schelfmeere beschäftigten, und all dies trug zu einer sehr spezifischen „maritimen Kultur" bei, durch die, beispielsweise, Hamburg oder Kiel maßgeblich geprägt wurden – teilweise bis zum heutigen Tag, wenn alte Hamburger Hafenspeicher sich zu einem postmodernen, luxuriösen und „angesagten" Wohnquartier verwandeln, eine alte Reedervilla an der Elbchaussee zu einem vielbeachteten Schifffahrtsmuseum wurde, alte Schiffe – man denke an die „San Diego" – Mittelpunkt vielfältiger kultureller Events sind – die Liste ließe sich fortsetzen. Der museale Drang ist besonders deutlich zu erkennen, wenn in Bremerhaven das Deutsche Schifffahrtsmuseum und das Alfred-Wegener-Institut (mit musealem Anhang), in Wilhelmshaven das Marinemuseum, in Cuxhaven ein U-Boot Museum entstehen, manchmal ganze Orte (wie Papenburg), oder Werften (wie die Meyerwerft) unmerklich von Kommerz zu Kultur driften und selbst kleine Orte sich um „ihr" Kriegsschiff als Anziehungspunkt für Touristen bemühen. „Wikinger-" und „Piratentage" wie in Schleswig oder Eckernförde verwandeln geschichtliche Reminiszenzen in aktuelle Folklore. Dass die Piraterie aller Zeiten in der einen oder anderen Form auch zur „Kultur des Meeres" zählt, gewinnt angesichts der Ereignisse vor Somalia einen bitteren Beigeschmack. Wer mag, kann auch das „Kultur" nennen. Die Marineschule in Mürwik steht unter Denkmalschutz, die Marineakademie in Kiel wurde gar zum Parlament. Diese Gebäude aus der maritimen Kaiserzeit wurden aufwendig restauriert – nur die Kadetten in Mürwik sind noch aktuelle maritime Gegenwart.

Bei alledem darf man nicht vergessen, dass die „Einfärbung" der nationalen Kulturen durch das Marineblau entscheidend zu einer „Navalisierung" (dem Parallelbegriff zu „Militarisierung") der Gesellschaft beigetragen hat. Deswegen ist es fragwürdig, an diese Relikte aus einer „großen Zeit" nur naiv bewundernd oder folkloristisch heranzugehen. So imponierend noch heute – beispielsweise – die deutschen Kolonialbauten in Quingdao (Tsingtau) erscheinen mögen, so sehr sollte man daran denken, dass sie einst für einen als unvermeidbar angesehenen Seekrieg gebaut worden sind. Das gilt auch für andere „kulturelle" Errungenschaften, wie die Erfindung der „Funkentelegrafie", den Turbinenantrieb, schließlich, um in die Gegenwart vorzublicken, satellitengesteuerte Navigationssysteme, „treffsichere" Waffensensoren. Man kann sich die Ambivalenz dieser Kultur verdeutlichen, betrachtet man die großen Mahnmale aus der Zeit nach dem Ersten Weltkrieg: Ob das Ehrenmal von Laboe oder das Möltenorter U-Boot-Ehrenmal: Das sind zweifellos künstlerische Relikte – aber um welchen Preis! Heute streitet man sich darum, ob man am Ehrenmal Laboe eine Verdi-Oper aufführen darf …

Die spezifisch europäische maritime Kultur, die mit der „Seemacht" verbunden war, endete mit einem Vertrag: Dem Washingtoner Abkommen von 1922, in dem England endgültig seinen Weltmachtanspruch via „rules the waves" aufgeben musste. Was folgte, war der langsame aber konsequente Versuch einer anderen „Weltmacht", das englische Erbe anzutreten, und fortan war es insgesamt nicht mehr Europa, sondern Nordamerika, das die Tradition der maritimen Kultur übernahm – dafür mögen die Filme: „Die Caine war ihr Schicksal" oder „Crimson Tide" stehen.

Der Stellenwert alles Maritimen ging schon vor dem Zweiten Weltkrieg deutlich zurück, das lag zum einen an der strikten Ausrichtung Mitteleuropas unter deutscher Führung auf den eurasiatischen Kontinent, auf der anderen an der Aufgabe englischer maritimer Traditionen zugunsten der USA, was zuerst für Übersee galt, sich aber nach Großbritannien langsam „durchfraß". Selbst die erneute zwangsweise „Maritimisierung" Englands durch den Zweiten Weltkrieg war keine Wiederherstellung der alten Zustände, sondern das Inselreich war nur abhängig von den maritimen Ressourcen der US-Amerikaner, was man an solchen Regelungen wie der Abtretung englischer Kolonien an Amerika zwecks Erwerbs von ein paar alten Zerstörern ablesen kann. Frankreich, Spanien, die Beneluxstaaten entkleideten im Fahrwasser Hitlers sich ebenfalls alles genuin „Maritimen", und wo sich Italien dennoch darum bemühte, wirkte es lächerlich. Die Invasion von 1944 war ein maritimes Großereignis – und ein außereuropäisches.

Bei der Betrachtung des dialektischen Zusammenhangs zwischen Krieg und Kultur darf ein besonderer Faktor nicht fehlen: der U-Bootkrieg im Atlantik. Gewiß, dieser hatte mit „Europa" und der „europäischen Kultur" anscheinend nichts zu tun. Bereits im Ersten Weltkrieg war es zu merkwürdigen kulturellen „Übersprüngen" gekommen, wenn eine Persönlichkeit wie Otto Weddigen, der drei englische (ältere) Panzerkreuzer mit seinem „U 9" versenkt hatte, zu einem Helden und Kulturträger stilisiert wurde. Im Zweiten Weltkrieg verschärfte sich dies, wenn „U-Boots-Asse" wie Prien, Schepke, Topp, Heßler zu Vorbildern der Jugend stilisiert, sie selbst auf Briefmarken (Topp) abgebildet wurden, ihre Namen Straßen zierten, ihre Bilder in so manchem „patriotischen" Haushalt hingen. Zwar gab es solche „Helden" auch bei der Luftwaffe und beim Heer (und bei der SS, notabene!), aber sie drangen nicht so tief ins kulturelle Gedächtnis der Nation wie die des U-Bootkrieges, und das hatte kulturelle Folgen für die Nachkriegszeit.

5   Eine europäische Seekultur?

Ob „Horatio Hornblower" oder „der Alte" bei Buchheim: Inmitten der größten Verdammung des Krieges nach 1945 erhielten sich nicht nur Relikte aus der kriegerischen Meereskultur, sondern sie wurden weitergetrieben und schmolzen in das kulturelle Gedächtnis der Europäer ein. Das Unheimliche, Tückische, Gefährliche der See korrespondierte zu offensichtlich mit dem Phänomen Seekrieg, als dass es nicht zu einem Signum der Zeit geworden wäre, darauf wurde schon hingewiesen. Dabei ging es vom Tragischen und Hochdramatischen bis zum Heiteren und Absurden – von Buchheims „Boot" oder Missfelds „Steilküste" bis zum „Roten Korsar" oder dem „Fluch der Karibik". Denkt man an die Pop-Musik, hat jeder Europäer noch heute das „Yellow submarine" von den Beatles im Ohr.

Zum Seekrieg gab es ein Gegenstück: den Strand- und Seetourismus, der das Bild vor allem Südeuropas seit den sechziger Jahren entscheidend prägte, wenn Millionen von Urlaubern die Strände am Mittelmeer „heimsuchten". Das hatte enorme kulturelle Folgen, von denen die italienische Pizzeria, „der Italiener" und „der Grieche" noch am geringsten sind. Die eher „kontinental" erzogenen und aufgewachsenen Mitteleuropäer lernten, wie Menschen in Europa aus und mit dem Meer lebten; sie begriffen das Meer als eine unvergleichliche Attraktion, die wesentlich zur „Lebensqualität" beitrug. Die ersten Anfänge dieses „Lustmeeres" fanden sich im frühen 19. Jahrhundert, als nach und nach überall in Europa, von Biarritz bis Sylt und Heiligendamm modische Badeorte entstanden, die eine ganz eigentümliche „Meereskultur" schufen. Auch ganze Küstenabschnitte wurden kulturell überformt; Adriastrände, griechische Inselidyllen, Zypern, Malta, Menorca, vor allem Mallorca – um nur einige Beispiele zu nennen – sind aus dem kulturellen Gedächtnis der Europäer nicht mehr fortzudenken. Immer dann, wenn infolge der Umweltbelastung Strände gesperrt werden mussten, kam das einem kleinen Weltuntergang gleich, und das jährliche „Ranking" bei der Badewasserqualitäten adelte die „guten" und „verdammte" die „bösen" Bewohner der Meeresstrände. Auf diese Weise entstand, buchstäblich aus dem Meer heraus, ein geschärftes Umweltbewusstsein, das sich zunehmend auch mit der Frage herumschlug, ob und inwieweit man die Küstenlinien und die ersten paar Seemeilen vor der Küste mit elektrische Energie erzeugenden Windrädern gleichsam „zubauen" durfte – oder darf. Noch ist es nicht soweit, aber man kann prophezeien, dass diese Windkraftanlagen wie selbstverständlich zur Meereskultur (oder Unkultur) gerechnet werden. Die dadurch veränderten Meereslandschaften kontrastierten am heftigsten mit neuen Feriensiedlungen am Meer, seien es die „urbanicationes" in Spanien oder die Ferienhaussiedlungen in Dänemark. Hier und da lässt sich bereits beobachten, dass solche Häuschen nicht nur als Feriendomizil genutzt, sondern dank ihrer Lage direkt „am Meer" zum Lebensmittelpunkt werden – so als steige das menschliche Leben in einem umgekehrten Evolutionsprozess vom Land wieder ins Meer. Dass die exponentiell anwachsenden Yachtflotten eine ähnliche Tendenz aufweisen, sei nur am Rand bemerkt, und während des Kalten Kriegs war es eine ernsthafte Frage, wie im Falle von „General Alert" – also dem Krieg – dafür gesorgt werden könnte, dass die Meeresbuchten und -engen von fliehenden Yachten freiblieben – zwecks „ordentlicher" Seekriegführung.

Inzwischen explodierte geradezu die Anzahl von Hochseeyachten in Europa, jede entsprechende Messe (etwa die „Hanseboot" in Hamburg) übertraf ihre Vorläuferinnen bei weitem, Yachtwerfen boomen, ein Ende ist nicht absehbar. Darin spiegeln sich drei Dinge: Zum Ersten der ständig wachsende Wohlstand der europäischen Bevölkerung, die sich solche Schiffe gönnen kann, zum Zweiten die zunehmende Rolle der See im Bewusstsein von Menschen, die keinerlei ökonomische oder traditionelle Verbindung zum dem Meer haben, sondern dieses als einen großen Freizeitteich empfinden. Ein drittes Moment kommt hinzu: Da sich die Küstenlinien nicht vermehren lassen, werden sie immer wertvoller und knapper, so dass ein Boot oft auch das Eingeständnis dafür ist, dass man sich die Villa am Meer nicht leisten kann. Die Verfreizeitung und Verniedlichung des Meeres erfüllt alle, die die See ernstnehmen, mit Besorgnis, gemischt mit einem Schuss Verachtung: Hier bahnt sich ein grundsätzlicher Konflikt an, wie wir ihn auch im Hinblick auf manche Gebirge – bis hin zum Mount Everest – beobachten können. Ob dieser hedonistische Umgang der Europäer mit dem Meer auf Dauer Segen oder Fluch sein wird, lässt sich (noch) nicht entscheiden, aber es wäre blauäugig anzunehmen, dass Menschen die See (und ihre Anwohner) besser „verstünden", nur weil sie im Meerwasser plantschen und sich auf der Gummimatte bräunen lassen. Wahrscheinlich ist das Gegenteil der Fall, und es wird Aufgabe einer europäischen Meereskultur sein, den Menschen das Meer wieder so nahezubringen, wie es tief in der abendländischen Geschichte verankert war – von Odysseus angefangen. Daraus könnte nicht nur ein besseres Verstehen Europas als des „maritimen" Kontinents hervorgehen, sondern auch eine neue Bescheidenheit: die des Landmenschen einem Element gegenüber, dem er ebensoviel verdankt, wie er Grund hat, sich vor ihm zu fürchten.

MIX
Papier aus verantwortungsvollen Quellen
Paper from responsible sources
FSC® C105338

If you have any concerns about our products,
you can contact us on
ProductSafety@springernature.com

In case Publisher is established outside the EU,
the EU authorized representative is:
Springer Nature Customer Service Center GmbH
Europaplatz 3, 69115 Heidelberg, Germany

Printed by Libri Plureos GmbH
in Hamburg, Germany